중국 전근대 사상의 굴절과 전개

중국 전근대 사상의 굴절과 전개

(개정본)

초판 / 1999년 7월 29일
개정판 / 2007년 3월 3일

지은이 / 미조구찌 유조(溝口雄三)
옮긴이 / 김용천
펴낸이 / 궁리나
디자인 / 디자인클립
편　집 / 황웅 정재상 류종우

펴낸곳 / 도서출판 동과서
410-330
경기도 고양시 일산동구 풍동 숲속마을 402-105
등록번호 / 제22-405호

D.K.S. Publishing Co.
402-105 Supsok-Maul, Pung-Dong, Ilsandong-Gu,
Goyang City, Gyunggi-Do, Korea 410-330

전화 / (02)333-7533, (031)905-7553
팩스 / (02)849-4429, (02)6280-2353
이메일 / master@book-dks.com
홈페이지 / www.book-dks.com

값 25,000원

ISBN 978-89-87304-75-5 (93100)

중국 전근대 사상의 굴절과 전개

(개정본)

미조구찌 유조 지음

김용천 옮김

동과서

서 문

본래 '근대'는 유럽에 한정되어 사용된 지역적인 개념으로서 기껏해야 그들 내부에서 자신들의 구시대를 찬양하는 개념이었다. 하지만, 유럽이 세계 속으로 자신을 팽창시켜 감에 따라 어느덧 범세계적인 개념이 되었다. 이때, 근대라는 용어는 그들의 세계사적 우위를 입증하는 지표이기까지 하였다. 아시아는 이에 저항하다 굴복하기도 하였고 찬미하면서 추종하기도 하였지만, 결국에는 이 개념을 받아들일 수밖에 없었다. 이러한 사정으로 아시아에서의 근대는 다양하게 굴절된 개념이 될 수밖에 없었다.

본서의 의도는 그 어쩔 수 없었던 굴절로부터 자유롭고자 하는 데 있다. 유럽에 저항도 추종도 않겠다. 이미 받아들인 것이라면 차라리 이를 아시아에 토착시키고자 한다. 애초부터 유럽과는 체제를 달리하였던 아시아, 그곳에서 근대를 찾아내고자 한다면 필경 아시아의 전근대로 소급하여 연원을 찾아야 한다. 말하자면 아시아의 고유한 개념으로 근대를 완전히 새롭게 구성해야 하는 것이다.

이제 일방적으로 근대를 전근대에 비해 더욱 진보되고 우월한 발전 단계로 규정하여 찬양할 필요는 없다. 그렇지만 근대가 전근대 발전상의 역사적 성과라는 측면까지 부정할 필요도 없다. 아시아의 전근대 속에서 아시아 고유의 근대를, 그 역사의 성과로서 추출하고 이를 현대에 되살리는 작업은 부질없는 일은 아닐 것이다. 그러한 작업은 세계를 진실로 세계답게 하고, 자신을 진실로 자신답게 하는 데에 오히려 유용할 것으로 생각된다.

필자는 근대에 대한 굴절감에서 중국사상을 연구대상으로 삼게 되었다. 하지만 필자의 본마음은 이를 통해서 일본을 포함한 아시아의 고유하고 본래적인 역사 가치를 직접 인식하고 싶었다. 본서는 이러한 모색 또는 시행의 한 과정이다. 본서의 교정 인쇄를 앞둔 지금, 문제에 대한 미숙한 천착에 부끄러운 생각뿐이다. 너무 서둘러 간행하는 것이 아닌가 하는 느낌을 금할 수 없다. 하지만 이제 여기까지 온 이상, 부족하나마 누군가 이 책의 서투른 의도를 양해하고 더욱 비판적으로 넘어서 주기를 바랄 뿐이다. 필자 자신도 힘이 닿는 데까지 그렇게 하고자 한다.

차 례

일러두기

1. 이 책은 『中國前近代思想の屈折と展開』(東京大學出版會, 1980)를 우리말로 옮긴 것이다. 옮기는 과정에서 정확성을 기하기 위해 중국어 번역본 『中國前近代思想的演變』(索介然 譯, 북경: 중화서국, 1997)을 참조하였다.
2. 내용의 성격상 평이하고 정확한 우리말로 옮기는 데에 주안점을 두었다.
3. 역서의 각주는 원서의 미주에 해당한다.
4. 역자의 주는 *로 표기하였다.
5. 본문 속의 굵은 글씨는 원서의 강조 표시점 부분을 나타낸다.
6. 문헌 출전 표기는 원서의 각장 끝부분에 있는 것이지만, 역서에서는 편의상 본문 안에 ( )로 묶어 표기하였다.
7. 역서에서는 다음과 같은 기호들을 사용하였다.
   ① [ ] : 번역문의 원문에 대한 표시이다. 예 : 멈출 수 없음[不容已]
   ② 『 』: 책명에 대한 표시이다.
   ③ 「 」: 편명에 대한 표시이다.
   ④ “ ” : 인용문에 대한 표시이다.
   ⑤ ‘ ’ : 강조하는 단어나 문구에 대한 표시이다.

서 장
중국적 근대의 연원

1. 머리말

중국 16세기의 저 유명한—이라고 지금은 말할 수 있는— 사상가, 아니 차라리 '사상인'이라는 표현이 어울릴 이지(李贄, 호는 卓吾; 1527~1602)는 명교의 파괴자・모독자로 지목되어 76세의 고령으로 옥에 갇히고, 마침내 옥중에서 스스로 목숨을 끊고 생애를 마감하였다. 이러한 인물을 사상사의 관점에서 어떻게 평가해야 좋을까? 그에 대한 평가는 16~7세기의 이른바 명말청초 시기의 역사 평가와 그대로 맞닿아 있다. 뿐만 아니라 역사적으로 중국의 전근대를 어떻게 조감할 것인가, 나아가서는 중국의 근대를 어떠한 내실로 파악할 것인가와도 관련된다.

중국에서의 평가는 잠시 보류해 두겠다.[1] 일본에서는 어떠한가? 중국사상사에 있어 너무나도 조숙했던 근대의 탄생, 너무 조숙했기 때문에 좌절할 수밖에 없었던 중국적 근대의 진정한 선행자로 보는 견해와 봉건 말기에 체제의 재편・보강을 꾀한 유능한, 하지만 종말적인 체제 이념가로 보는 견해가 있다.[2]

이처럼 정반대의 견해가 병존하는 것은 이탁오에 앞선 왕양명(王

---

1) 森紀子, 「中國における李卓吾像の變遷」(『東洋史研究』 33-4, 1975) 및 金儒杰 編, 『李贄新評』(神州圖書公司) 등 참조.

2) 전자의 견해로는 島田虔次, 『中國における近代思惟の挫折』(筑摩書房, 改訂版, 1970), 후자의 견해로는 奥崎裕司, 『中國鄉紳地主の研究』(汲古書院, 1978) 및 岩間一雄, 『中國政治思想史研究』(未來社, 1968) 등이 있다.

陽明; 1472~1528)의 사상을 청말 이래의 중국적 근대의 먼 사상적 연원으로 볼 것인가, 아니면 봉건적 이념가의 최후의 성채로 볼 것인가 하는 두 가지 다른 관점에서 유래한다. 이에 대한 가부 판단은 뒤에서 서술하겠다.

먼저 누구의 눈에도 명백한 명말청초 사상사의 특징을 들어 고찰을 시작해 보겠다. 이 시기에는 현상적으로 수많은 특징을 들 수 있겠지만 이전 시기와 뚜렷이 구별되는 두 가지 새로운 변화는 첫째 욕망을 긍정하는 언설이 표면에 나타나기 시작했다는 점, 둘째 '사(私)'가 긍정적으로 주장되고 있다는 점이다. 잘 알고 있듯이 송학에서 양명학에 이르는 5세기 동안 유학의 정통 속에서 '인욕'이란 용어는 '존천리'에 대립되는 '멸인욕'·'거인욕'으로서, 또한 **사(私)**는 '천리의 공'에 대립되는 '인욕의 사'로서 모두 제거되어야 할 대상으로 인식되었다. 그 기나긴 도통(道統)에서 보자면 명말의 이러한 변화는 유학사에서는 물론 사상사에서도 정말이지 철저한 (drastic) 변화라고 할 만하다.

그런데 여기서 말하는 욕망이나 사는 단순히 개체의 생리적·본능적인 정욕 일반 또는 관·국가에 대응되는 사사로운 마음[私心]·사사로운 감정[私情] 등 개인 내부의 영역, 그리고 이타심에 대립되는 이기심 등 도덕적 영역을 추상적으로 표현한 것만은 아니다. 본론에서도 서술하겠지만 욕망을 예로 들어 말하자면, 그것은 '입고 먹는 것'(이탁오), '재화와 여색'(풍종오), '부귀'(조남성), 극단적 말하면 '민의 토지'(황종희) 등 의식 따위의 생존욕, 그리고 이와 관련된 재화나 토지 등의 물질욕·소유욕을 포함한다. 사(私)를 예로 들어 말하자면, 이 역시 "사람은 각자 자신을 위해 사사로움을 도모하고, 각자 자신을 위해 이익을 꾀한다"(황종희), "창고의 수확물을 사사로이 한다"(이탁오)라고 하였듯이 욕망의 사적 측면을 말한다. 요컨대 무언가 사적 소유와 관계된 주장이다.

전통적으로 부정적 개념이었던 '인욕'과 '사'의 좌표 위치를 180

도 긍정적 측면으로 전환시키는 기세로 이 시기에 나타난—유가 도통의 중층적인 역사에서 볼 때— 그 놀라운 위치전환을 철저한 변화라고 말하는 것이다. 그렇지만 '인욕'이란 용어를 긍정적인 위치로 전환시켰다고 해서 곧바로 '천리'라는 용어를 부정적인 위치로 추방하였다는 뜻은 아니다.

"입고 먹는 것이 인간의 윤리이며 사물의 이치이다"(이탁오), "재화와 여색을 공적으로 하는 것이 천리이다"(풍종오), "인욕에서의 알맞은 것이 천리이다"(진확), "인욕의 커다란 공평함이 천리의 지극한 올바름이다"(왕선산) 등 어느 발언에서도 천리를 부정한다거나 천리의 위치를 역전시켜 추방하려는 의도는 보이지 않는다. 천리의 위상은 여전히 태산처럼 확고하다. 인욕의 위치가 전환되었다고는 하지만 인욕이 스스로의 자립적 기반을 획득한 것은 아니다. 인욕은 오히려 천리에 포섭됨으로써 존립을 보증받았다고 보아야 한다. 천리를 봉건적 신분질서, 인욕을 인간의 욕망자연이라고 한다면 인욕은 오히려 봉건적 질서 속에서의 '공(公)'·'알맞은 것'의 성분이 되었으며, 천리는 인욕을 자신 속에 수렴하면서 스스로를 재편·보강하였다고 할 수 있다. 인욕·**사** 속에서 사유 재산권을 포착하고 이를 기점으로 봉건적 지배를 타파하고 시민적 권리를 확립해 가는 과정으로 역사의 발전을 조망하려는 안목에서 본다면, 이는 또 하나의 좌절일 수밖에 없다. 또한 이러한 인욕의 위치전환을 위치전환이라는 이유만으로 철저한 변화라고 평가하는 것도 오히려 공허해진다. 우리는 이 위치전환의 실태를 진일보하여 분명히 할 필요가 있다. 도대체 '인욕'에서의 공·알맞은 것 혹은 사, 이러한 것들이 나타나게 된 사회적 기반은 무엇이었을까?

먼저 유명한 황종희(黃宗羲; 1610～1695)[3)*]의 『명이대방록(明夷待

---

3)* 황종희(黃宗羲; 1610～1695): 자는 태충(太沖), 호는 남뢰(南雷)·이주(梨洲). 절강성 여요(餘姚) 출신. 동림학파의 핵심인물인 황존소(黃尊素)의 아들이다. 유종주(劉宗周)에게 수학하여 경세치용을 제창하고 실사구시를

訪錄)』「원군(原君)」의 한 구절을 살펴보자.

> 인류사회가 생겨난 처음에 모든 사람은 자신을 위해 사사로움을 도모하였고[自私], 모든 사람은 자신을 위해 이익을 꾀하였다[自利]. … 후세의 군주는 … 천하 사람으로 하여금 감히 자신들의 사사로움을 도모하거나 자신들의 이익을 꾀하지 못하도록 하였다. 군주는 자기 개인의 사적인 이익을 천하 사람의 공적인 이익이라고 우겨댔다. … 그렇다면 천하에 큰 해를 끼치는 자는 군주일 뿐이다. 군주만 없어진다면 사람들은 각자 자신의 사사로움을 성취할 수 있으며 사람들은 각자 자신의 이익을 얻을 수 있다.

일별해 보면 알 수 있듯이 이 발언은 황제의 **커다란 사사로움[大私]**에 대립되는 천하인의 사사로움[私]을 주장하는 것이며, **커다란 공평함[大公]**이라는 외피를 뒤집어쓰고 천하를 마치 한 개인의 소유물처럼 여기는 황제의 커다란 사사로움에 대해 인민의 사사로움을 요구하는 반항이다. 뒤집어 말하면 이른바 공(公)이란 황제 한 사람만이 사(私)를 충족하고 있는 상태에 불과하다는, 기성의 공에 대한 탄핵이다. 또 바꾸어 말하면 기성의 공은 천하인이 사를 결여하고 있는 상태에 불과하다는 탄핵이기도 하다.

같은 시대 고염무(顧炎武; 1613～1682)[4)*]도 다음과 같이 말했다.

강조하여 청대 사학에 큰 영향을 끼쳤다. 『명유학안』 및 아들 황백가(黃百家)와 전조망(全祖望))이 보충하여 완성한 『송원학안』이 있다.

4)* 고염무(顧炎武; 1613～1682): 자는 충청(忠淸)·영인(寧人), 호는 정림(亭林). 강소성 곤산(昆山) 출신. 청대 고증학의 창시자. 청년시절 복사(復社)의 구성원이었으며, 명이 멸망한 후 소주 및 곤산에서 반청 군사투쟁에 참가했지만 실패하였다. 이후, 상인으로 변신하여 강회(江淮) 사이를 왕래하였는데, 이는 염상(鹽商) 등과 연결하여 명조 부흥운동을 하기 위한 것이었다고 한다. 이후에도 어머니의 유훈을 지켜 평생 청조에서 벼슬하지 않았다. 45세에 북방 방랑의 여행길에 올라 산동과 산서에서 개간사업을 하였으며, 마지막에는 섬서의 화음현(華陰縣)에 정착하였다. 그 와중에도 여행을 하여 금석문을 채집하고, 지세와 민생의 역사적 실증적 연구를 하여 『천하군국이병서(天下郡國利病書)』 120권을 저술하였다. 그는 명말의

사람이 사(私)를 추구하는 것은 본디 인정상 피할 수 없다. … 세상의 군자들은 걸핏하면 공은 있지만 사는 없다고 말한다. 이는 후대의 겉치레말[美言]이지 선왕의 지극한 가르침은 아니다.(『日知錄』 권3, 「言私其豵」)

이 발언은 천하인이 사를 결여하고 있는 사실을 토대로 기성의 공의 기만적인 외피를 벗겨낸 것이다.

그렇다면 그들에게 있어 공(公)이란 어떠한 것이어야 하는가?

선왕은 이것(사람들이 사를 추구하는 것)을 금하지 않았다. 금하지 않았을 뿐 아니라 그들의 마음을 헤아려 은택까지 내려주었다. 그리하여 나라를 세운 제후에게는 봉토를 내려주고 씨(氏)를 명하였으며, (민에게는) 정전(井田)을 구획하여 토지를 나누어 주었다. 천하의 사를 합하여 천하의 공을 실현하였으니, 이것이 왕도정치가 되는 까닭이다.(『일지록』 권3, 「언사기종」)

이렇게 말하고 있는 고염무에게 공이란 이제 말할 필요도 없이 천하인의 사를 충족시켜 주는 것이어야 한다.

이른바 '천하인의 사'는 앞 인용문에 근거해서 말한다면 구체적으로 '(봉)토'이며 '(정)전'이다. 따라서 사의 충족은 우선 토지의 충족을 뜻한다고 일단은 예상할 수 있다. 사실 황종희도 다음과 같이 말하고 있다.

『시(詩)』에 "온 하늘 아래 왕의 땅이 아닌 것이 없네"라고 읊었다. … (그러나) 후세의 토지는 민(民)이 사들인 것이다. 그러므로 이것은 민의 토지이지 왕의 토지가 아니다.(『破邪論』)

관념론철학을 수신과 치국에 보탬이 되지 않는다고 비판하고, 실증과 역사적 고찰을 중시하여 『일지록(日知錄)』 32권, 『음학오서(音學五書)』 38권 등 불후의 명저를 남겼다. 이밖의 저술로 『좌전두해보정(左傳杜解補正)』, 『구경오자(九經誤字)』, 『석경고(石經考)』 등이 있다.

수전법(授田法)이 폐지된 이후, 민은 토지를 사들여 스스로 먹고살았다. 그런데 (황제가) 여기에 세금을 부과하여 괴롭혔다. … 이는 매우 어질지 못한 짓이다. 그런데도 부질없는 명분을 내세워 "군주 아버지여! 군주 아버지여!"라고 하도록 하였다.(『명이대방록』「學校」)

황종희가 말하는 자사(自私)와 자리(自利)도 결국 '민의 토지'의 안정, 즉 천하인 각자가 토지와 재산을 보유해야 한다는 주장을 바탕에 깔고 있다.

이렇게 보자면 '인욕'에서의 공·알맞음으로서의 천리란 천하인의 토지와 재산이 황제의 커다란 사사로움을 충족시켜 주기 위한 대상이 되지 않도록 하고, 천하인으로 하여금 각자의 충분한 토지와 재산을 보유할 수 있도록 해 주는 것을 가리킨다고 할 수 있을까? 하지만 사정은 그리 간단치가 않다.

2. '사(私)'의 주장과 그 사회적 배경

황종희·고염무보다 약간 앞서 살았던 여곤(呂坤; 1536~1618)[5)*]의 발언을 들어보자.

세상만물은 모두 욕망을 가지고 있다. 그 욕망은 하늘의 이치이며 인간의 감정으로서 천하만세에 공통된 마음이다.(『呻吟語』 권5, 「治道」)

사적이면 자기를 이롭게 하고 남을 탓한다. 그리하여 공법(公法)이

---

5)* 여곤(呂坤; 1536~1618): 자는 숙간(叔簡), 호는 심오(心吾)·신오(新吾). 하남성 영릉(寧陵) 출신. 원기론(元氣論)을 주장하였으며, 양지양능설(良知良能說)을 반대하고 사물에 나아가 이치를 탐구하는 '학지(學知)'를 강조하였다. 저서로 『사례의(四禮疑)』, 『사례익(四禮翼)』, 『사례약언(四禮約言)』, 『교태운(交泰韻)』 등이 있다.

무너진다. … 공법이 무너지면 호강(豪強)이 횡포를 부리고, 빈천한 사람은 호소할 곳이 없어 근심과 원망이 많아진다.(『呂氏節錄』 권상)

별고에서도 언급했듯이[6], 명말에 **사(私)**는 긍정적 측면과 부정적 측면 두 가지 용법으로 사용되었다. 사적 소유를 의미하는 사를 긍정하면서도 아집(我執)·이기(利己) 등의 **사**(에고이즘)에 대해서는 여전히 부정적이었다. 위 인용문에 보이는 **사**는 부정적 용례이다.

여곤이 말하는 공법(公法)에 대해 살펴보자. 이는 위 인용문에 한정하여 말한다면 호강 즉 특권적 대지주의 횡포를 억제하여 빈천한 사람의 근심과 원망을 없애고, 그리하여 모든 사람이 지니고 있는 욕망에 있어서 특정인의 사(에고이즘)를 배제하여 빈부 사이의 불균형을 평준화하려는 것이라고 일단 말할 수 있다.

그러나 한편에서는,

평(平)이라는 글자는 매우 의미가 있다. 그래서 어떤 왕조가 잘 다스려질 때, '천하가 태평하다'고 말한다. … 세상의 수많은 인간, 무수한 사물, 온갖 일에는 각각 분량이 있으며 각각 차등이 있다. 다만 각각 자기 위치에 편안하여 털끝만큼도 서로 어긋나고 불안한 마음이 없는 것, 이것이 바로 태평이다. 그대처럼 "물에는 높고 낮음이 없어 한번 흘러가고 나면 다시 평평하게 된다"고 말한다면, 이는 존비·귀천·대소를 동등하고 똑같게 만드는 것이다. 이보다 더 태평스럽지 못한 것은 없다.(『신음어』 권5, 「治道」)

라고 말하는 데에서 분명하듯이, 그가 말하는 평(平)은 평준(平準)을 뜻하는 것이 아니다. 존비·귀천·대소가 각각 분수를 지켜서 차등을 유지하고, 그리하여 각자 자기 위치에 편안한 것이 **평**안(**平**安)의 떳떳한 길이라고 말하는, 그러한 의미의 평이다. 요컨대 그가 말하는 공법에서의 공은 사(에고이즘)를 배척한 공평을 의미한다. 동시

6) 溝口雄三, 「中國における公·私概念の展開」(『思想』 669, 岩波書店, 1980) 참조.

에 그 공평은 평안의 공동체적 실현이며, 공법은 이를 위한 법이다. 또한 그 법의 내실에 대해서 여곤은, "부유한 자는 베푸는 것으로 덕을 삼고, 가난한 자는 요구하지 않는 것으로 덕을 삼는다"(『신음어』 권2, 「修身」)고 하였다. 상위자의 분수는 은혜를 베푸는 것이며, 하위자의 분수는 요구 없이 순종하는 것이다. 그리하여 각자가 분수를 지킴으로써 평안하게 된다. 이것이 공(公)이라는 것이다. 그는 이러한 입장에서 호강의 **횡포**를 억제해야 한다고 주장하였지 호강과 빈천자—일반적으로 말하면 지주와 농민—의 존재상의 불평등을 문제삼은 것은 아니다. 여곤이 호강의 횡포를 비판하였지만, 그의 입장은 호강과 연계된 지주의 입장이다. 횡포에 대한 비판도 지주계급의 지배 안정을 지향하고 있다. 이런 점에서 그의 입장은 개별 지주의 입장이 아니라 지주 일반의 계급적 입장이라고 할 수 있다.

앞에서 풍종오(馮從吾; 1556~1627)[7)*]가 공화공색(公貨公色)[8)*]이라고 했을 때의 공도 사실 여곤이 말한 공법의 공과 마찬가지로 지주의 계급적 권익의 안정—이에 포괄되는 한에서의 농민층의 생존 안정—을 지향하는 입장이다.

이러한 입장은 황종희·고염무 역시 예외가 아니었다. 요컨대 앞서 말한 '천하인'이란 지주와 농민을 동등하게 병렬한 민 일반을 가리키는 것이 아니다. 그것은 지주·상인 등 부민층을 주체로 한, 그리고 이들 지주·상인들에 의해 위로부터 종속적으로 파악된 한에서의 천하 전반의 민을 가리킨다. 따라서 천하인의 토지나 재산

---

7)* 풍종오(馮從吾; 1556~1627): 자는 중호(仲好), 호는 소허(少墟). 장안(長安) 출신이다. 명 신종의 실덕을 항소(抗疏)하다가 형장(刑杖)을 받아 귀향한 후 학문에 전념. 염락(濂洛)의 송학에 뜻을 두고 허부원(許孚遠)에게 수학. 추원표(鄒元標)와 함께 수선서원(首善書院)을 창건하여 정학을 창도하였다. 저서로 『원유고략(元儒考略)』, 『풍소허집(馮少墟集)』, 『풍자절요(馮子節要)』 등이 있다.

8)* 공화공색(公貨公色): 재화나 여색을 혼자 독점하지 않고 타인과 함께 공적으로 하는 것. 『맹자』「양혜왕하」에 나오는 말. 본서 하론 제1장 제1절 참조.

이 보전된다는 것은 구체적으로 말하면 이들 부민층의 계급적 권익이 보전된다는 말이다. 좀 단면적으로 말하면, 그들은 향촌에서의 자신들의 계급적 지배의 관철을 황제에게 요구하였던 것이다.9)

여곤과 풍종오에 비해 황종희와 고염무가 특히 이를 황제에게 요구한 것은 전자에 비해 후자가 명조 붕괴를 총괄하는 시점에서 발언하고 있는 그 입각점의 차이 때문이었다. 즉 광세(礦稅)10)*라는

---

9) '좀 단면적'이라 한 것은 그들의 사대부적 선민의식(選民意識) 속에서, 그들은 주관적으로는 농민을 포함한 모든 인민의 생존을 보전해야 한다는 경세적 책무를 자임하였던 또 다른 일면이 있기 때문이다. 이른바 만물일체의 인(仁)이 그것이다. 하지만 그들이 지주와 농민의 계급적 차등을 부정한 것은 결코 아니었다. 이를테면 기표가(祁彪佳; 1602~1673)가 "부민(富民)은 국가의 원기(元氣)이다. … 부유한 사람이 모두 없어진다면 가난한 사람은 무엇에 의지하겠는가?"(『祁彪佳集』 권5, 「救荒全書」序)라고 말한 것은 그들의 공통된 인식이었다. 이는 확실히 당시에 부민층이 그들의 주도 하에서 황제권과 대립하여 부민층의 권익을 대변하는 체제를 건립하고자 하였음을 보여준다. 황제의 전민적(全民的) 수탈에 대항하여 그들이 천하 민 전반의 생존과 토지의 보전을 꾀하면 할수록 결과적으로(비록 그들 사대부의 주관적인 경세 의도는 모든 인민이 만물일체의 충족을 얻는 것이었지만) 그들은 부민층의 재산·토지 및 그들의 계급적 권익을 위해서 향촌에서의 자신들의 지배 관철을 더욱 강렬하게 황제에게 요구하게 되는 것이다. 본 절에서의 서술은 그들의 그러한 객관적인 측면을 강조한 것으로 이해해 주기 바란다. 이를 뒤집어 말하면, 그들은 농민층에 대한 계급적 수탈의 강화를 직접적인 목적으로 하여 부민층의 '천하적 사'를 주장한 것은 아니라는 뜻이기도 하다.

종래, 경제사 연구 분야에서는 이들 사대부층의 경세 의식이 갖는 적극적 측면이 무시되었다. 여기서의 서술도 그와 같은 의미에서 좀 단면적인 혐의가 있기는 하지만, 사실 그들의 '사'의 주장이 민 전반의 생존 보전을 책무로 삼는 사대부적 자각과 자부에서 발단하였다는 측면도 잊어서는 안 될 것이다.

10)* 광세(礦稅): 명나라는 16세기말 재정이 극도로 궁핍하여 조정의 경비 조달에도 힘겨운 상황이 되었다. 신종은 이를 해결하기 위해 1596년 환관을 광감(礦監)·세감(稅監)으로 임명하고 전국에 파견하여 상세(商稅)의 특별징수, 광산의 특별개발을 단행하였다. 그런데 이들은 황제의 특명임을 빌미로 불법적인 가렴주구를 일삼았기 때문에 각지에서 민중의 폭동을 유발하였다. 광세 문제는 신종 후반의 사회를 혼란케 한 커다란 문제

미명 아래 행해지는 무차별적인 수탈, 왕부(王府)의 장전(莊田) 문제에 나타나는 황실의 문자 그대로의 커다란 사사로움, 그 만족할 줄 모르는 커다란 사사로움으로 인하여 향촌에서의 자신들의 계급적 권익을 침해당한 지주계급의 명말 체험을, 후자는 전제체제의 존재방식을 포함해서 총괄한 것이다. 이로 인해 전자와의 차이가 생겨났지만, 그러나 양자의 계급적 입장은 물론 일치한다.

이렇게 보자면 앞서 고염무가 "천하의 사를 합하여 천하의 공을 이룬다"고 한 저 **사**의 천하적 충족의 주장이 의미하는 바도 자연스럽게 이해될 것이다. 요컨대 그것은 개별적인 민 각자의 재산·토지의 천하적 충족을 횡적으로 나란히 실현하려는 것은 아니다. 적어도 그것은 객관적으로 보자면 향촌과 도시에서의 부민층의 계급적 지배의 천하적 성취를 황제에게 요구한 것이다.

사실 고염무는 「군현론(郡縣論)」에서 다음과 같이 말했다.

> 만약 현령이 그 백리의 땅을 사사로이 할 수 있다면, 현의 인민은 모두 그의 자손, 현의 토지는 모두 그의 농토, 현의 성곽은 모두 그의 울타리, 현의 창고는 모두 그의 곳간이 된다. (자신의) 자손이 된다면 반드시 사랑하여 다치지 않게 하고, 농토가 되면 가꾸어서 방치하지 않으며, 울타리·곳간이 되면 반드시 수리하여 손상시키지 않는다. 현령측에서 보면 사(私)이겠지만, 천자의 입장에서 보면 천하를 다스리고자 하는 한 이 이외에 달리 방법이 없다. … 사를 위하는 것이 곧 천자를 위하는 것이다. 그러므로 천하의 사는 천자에게 있어 공(公)이다.(『亭林文集』 권1)

고염무의 「군현론」에 보이는 특징은 "봉건(封建)의 뜻을 군현(郡縣) 속에 담는다"고 말한 데에 있다. 그 요점은 천리 이내에 거주하여 그 지역 사정에 정통한 자 가운데서 현령을 선임하고, 적임자는 종신토록 벼슬을 주어 사실상의 세습까지도 인정하자는 데에 있다.

로서, 명조의 쇠운을 촉진한 일대 실정으로 간주되고 있다.

위 인용문은 그 한 구절이다. 이때, 덕망 있고 유능한 인사를 현령에 임명하는 것이 전제 조건이 될 터이지만, 그러나 그것이 사실상 유력한 지주층에 한정되리라는 것은 자명하다.

그런데, 이 개혁안은 "지금의 군주는 온 사해를 자기의 군현으로 삼고서도 부족하게 여긴다"고 말해질 정도로 "모든 권한이 위에 있는" 황제의 일원적인 전제체제(專制體制)를 군현제의 결함으로 인식한 바탕에서 제기되었다. 덧붙여 그는 「군현론」에서 이러한 전제(專制)에 대응하여 "옛 성인은 공적인 마음으로 천하 사람을 대하여, 토지를 하사하고 국(國)을 나누어주었던" 것을 궁극적인 이상으로 이해하였다. 이리하여 「군현론」에서 언급한 '천하의 사'와 앞서 말한 '천하의 사'의 논의가 서로 연관되어 있음을 알 수 있다.

이상에서 살펴보면 고염무가 말하는 '천하의 사'란 부민층의 토지 보존뿐 아니라 부민층의 재지(在地) 지배권을 포함한 계급적 이익의 주장—사대부적인 경세 의도에서 보자면 이를 통한 농민층 등 민 전반의 생존 보전이 목적이 되겠지만—까지를 포함한 것임이 명백해진다. 즉 종래 군주~관료~민이라고 하듯이 관료를 가산(家産) 관료적으로 파악한 황제의 일원적인 전제체제에 대해서 부민층의 재지 지배권을 인정하고, 이에 근거한 새로운 전제체제의 전망이 '천하의 사를 합한다'는 구절에 담겨 있는 것이다. 황종희가 "자신의 커다란 사사로움을 천하의 커다란 공평함이라 우겨댄다"고 한 황제 비판이나 "토지는 민의 토지이다"라는 주장도 근본적으로 고염무와 궤를 같이한다. 고염무가 황종희에게 보낸 편지에서, 『일지록』에서 언급한 내용 가운데 60~70%가 『명이대방록』과 합치된다고 한 것은 각각의 입론에 있어 양자의 공통된 입장을 보여준다.

이렇게 보자면 명말청초 시기 '욕망의 긍정'과 '사의 주장'이라는 사상사상의 새로운 조류는 지주를 중심으로 한 부민층의 재지에서의 경제적 실력, 따라서 계급적 지배력의 '어떤 상승의 기운'을 배경으로 한 것은 아닐까? 그렇게 생각해서 좋을지 어떨지. 명말에는 항조(抗租)・노변(奴變) 등 이른바 민변(民變)의 격발, 특권적 대지주의 겸병에 따른 재지 중소 지주의 고통과 쇠락이 있었다. 이에 더하여 광세를 비롯한 부세의 가렴주구 앞에서 중인(中人)층은 급속히 파산되어 "읍에 온전한 집이 없다"(『范文忠集』 권1, 「革大戶行召募疎」)고 말해지고 있었다. 이렇듯 위아래로부터 다양한 모순에 직면하여 재지 지주층의 경제력・지배력은 오히려 위기에 빠져들었다고 보는 쪽이 타당하지 않을까?

이는 확실히 부정할 수 없는 일면적 사실이다. 그렇지만 한편에서는 명말청초 시기의 혼란과 동요를 포함한 16세기에서 18세기까지를 거시적으로 볼 때, 지주층은 일군만민(一君萬民)적・개별인신(個別人身)적인 이갑제(里甲制)[11)*]의 틀을 깨고 아래로는 전호・노복과 새로운 질서관계를 맺으면서 지주제적 구조를 재편・보강해 나아갔고, 위로는 청조 권력과 타협하면서 이를 사실상 지주계급의 권력으로 상호보완적으로 정립시켰다. 총괄적으로 그들이 전제권력 아래에서 재지 지배권을 강화시키고 있었던 역사적 과정도 상당히 구체적으로 밝혀지고 있다. 따라서 이 또한 부정할 수 없는 또 다른 일면이다.

그리고 사상사상에서 검출되는 이 시기의 제 변화는 후자의 과정에 매우 잘 부합된다. 이에 상승의 기운이라 한 것이다. 다만 그것은 신분제의 정점을 향한, 요컨대 봉건 영주를 목표로 한 상승은 아니다. 어떤 특정한 체제, 즉 '전제체제 내부에서의'라는 한정된 틀 속에서의 상승을 말한다.

---

11)* 이갑제(里甲制): 농촌과 부역황책 등을 유지시킬 필요에 의해서 명 태조(1381)가 처음으로 만든 향촌지배체제. 이갑제는 지리적으로 가까운 110호(戶)를 1리(里)로 하여 부유한 10호를 이장호(里長戶), 나머지 100호를 갑수호(甲首戶)로 하고, 전체를 10갑(甲)으로 나누어 각 갑에 갑수(甲首)를 두며, 매년 각 리의 이장으로 하여금 10명의 갑수를 지휘하여 1리의 일을 관리하게 하는 제도. 전국적으로 인구조사를 실시해 작성된 부역황책(賦役黃冊)을 근거로 한 국가의 세역징수의 최말단 기구로 리 내의 권농, 교화와 하급재판의 임무까지 부여되었다.

3. 군주관의 변화

'어떤 기운'이라는 새로운 동향을 보여주는 또 다른 지표로서 군주관의 변화를 들 수 있다. 이미 「별론(別論)」[12)]에서 소개하였지만 논술의 편의상 다시 한 번 인용하겠다.

> 무릇 군주의 눈과 귀는 하나밖에 없지만 군주의 눈과 귀가 될 수 있는 자는 천하에 수없이 많다. (군주가) 아무리 신성한 능력을 지녔다 해도 그의 총명함만 가지고는 천하를 골고루 다스릴 수 없다. 그러므로 때때로 반드시 의탁할 사람이 있어야 한다.(顧允成, 『顧端公集』 권20, 「先弟季時述」)

> 천하는 광대하여 군주 혼자서 다스릴 수 없는 까닭에 대신에게 의탁하여 나누어 다스린다[分治]. 대신이나 관료는 군주와 함께 천하를 다스리는 존재이다.(徐如珂, 『徐念陽公集』 권3, 「無欲然後可與言王佐」)

> 무릇 국가의 시비 판단은 뭇 마음의 자연스러움에서 나와 뭇 사람들의 동의를 얻어야 한다. 군주 혼자서 판단할 수 없다면 조정의 신하가 이를 판단한다. 조정의 신하가 판단할 수 없다면 천하의 필부필부(匹夫匹婦)가 이를 판단한다. 필부필부가 옳다고 하면 군주나 대신도 이를 뒤집어 잘못되었다고 할 수 없으며, 필부필부가 잘못되었다고 하면 군주나 대신도 이를 뒤집어 옳다고 할 수 없다.(繆昌期, 『從野堂存稿』 권1, 「國體國法國是有無輕重解」)

> 저 광대한 천하는 한 사람이 두루 다스릴 수 없는 까닭에 반드시 나누어 다스려서[分治] 함께 커다란 순리로 돌아가게 해야 한다.(陳龍正, 『幾亭外書』 권1, 隨處學問, 「齊治平」)

---

12) 溝口雄三, 「いわゆる東林派人士の思想—前近代期における中國思想の展開(上)」(『東洋文化硏究所紀要』 第75冊, 1978). 이하 본서에서는 「별론」이라 칭함.

왕도정치는 반드시 무욕에 근본한다. (무욕이란) 욕망을 없앤다는 뜻이 아니라 천하의 욕망을 욕망으로 삼는 것이다. 무릇 천하는 광대하며, … 천하 사람은 각각의 욕망을 가지고 있다. 어찌 군주에게만 욕망이 있다고 하겠는가?(錢謙益, 『牧齋初學集』 권89, 「聖王必以其欲從天下之心」)

하늘은 민(民)을 위해 군주를 세우고 사(士)는 민을 위해 군주를 섬긴다.(진용정, 『기정외서』 권1, 「學言」)

하늘이 민을 낳은 것은 군주를 위함이 아니다. 하늘이 군주를 세운 것은 민을 위함이다. 어찌 자신을 위해 민을 병들게 할 수 있겠는가? 무릇 군주의 도리는 다름이 아니다. 천지자연의 이익을 이용해서 민을 위해 이를 개도하고 방향을 설정해 주며, 사람의 타고난 본성을 이용해서 민을 위해 이끌어주고 조절하여 그들이 함께 원하는 바를 충족시켜 주며, … 제 자리를 잃지 않도록 한 뒤에 하늘이 군주를 세운 이념이 완성된다. 어찌 (하늘이) 한 사람으로 하여금 민 위에서 제멋대로 방자하고, 천하를 착취하여 그 한 사람을 받들도록 하였겠는가?(여곤, 『신음어』 권5, 「치도」)

무릇 천하를 한 사람이 다스릴 수 있겠습니까? 한 사람의 총명만을 믿고 신하로 하여금 자신의 충성을 발휘할 수 없게 한다면 폐하의 눈과 귀는 때때로 막히게 될 것입니다. 한 사람의 뛰어난 결단력에만 의지하여 여러 대부나 국인들로 하여금 그 시비를 바르게 할 수 없게 만든다면 폐하의 의견은 때때로 빗나가게 될 것입니다.(劉宗周, 『劉子全書』 권15, 「面恩陳謝預矢責難之義以致君堯舜疏」)

일일이 예를 들 수 없을 정도의 동림파(東林派) 인사들의 이른바 '공론(公論)'은 한결같이 군주의 개인적이고 일원적인 전제(專制)를 비판한다.

정치란 '민'(다만 부민을 주축으로 한, 하론 제2장 참조)을 위해 존재하는 것이라고 하면서 군주에게 민의 목소리(또는 민의 욕망)

를 존중할 것과 정치상의 분치(分治)를 요구하였다. 이러한 '공론'의 전면에 황종희·고염무의 정치론이 있었다. 즉,

> 이른바 천자란 천하의 대권(大權)을 잡은 자이다. 그 대권은 어떻게 잡게 되는가? 천하의 권한을 천하 사람에게 의탁해야 비로소 그 권한이 천자에게 돌아간다. 공경대부로부터 100리의 읍재(邑宰)나 초급 관리에 이르기까지 한 번 관직에 임명되면 반드시 천자의 권한을 나누어 가지고 각기 그 일을 처리할 수 있도록 해야 한다. 이렇게 해야 천자의 권한도 더욱 높아진다. 후세에 제대로 다스리지 못하는 자가 나타나 천하의 모든 권한을 모조리 위로 거두어들였다. 그렇지만 군주의 수많은 정사는 본디 한 사람이 처리할 수 있는 것이 아니다.(고염무, 『일지록』 권9, 「守令」)

> 천하는 광대하므로 한 사람이 다스릴 수 없는 까닭에 백관을 통해 나누어 다스려야 한다[分治]. 그러므로 우리가 벼슬길에 나아가는 것은 천하를 위한 것이지 군주를 위한 것이 아니며, 만민을 위한 것이지 군주 한 개인을 위한 것이 아니다. 우리는 천하 만민에 의지하여 견해를 일으킨다. 도에 맞지 않는다면 설령 군주가 위엄을 갖추고 우리를 강요한다 해도 결코 따르지 않는다.(황종희, 『명이대방록』 「原臣」)

이러한 새로운 전제 분권적(專制分權的) 정치관 위에서 그들의 '군현론', '전제론(田制論)', '학교론'이 구상되었음은 말할 나위도 없다.

하론에서도 서술하겠지만(제2장), 이를 유럽의 민권사상에 비유하는 것도 비사실적이지만 그렇다고 단순히 맹자 이래 민본사상 전통의 연장으로 보는 것도 비역사적인 견해이다. 또한 이를 "지주 계급의 자구(自救)를 위한 호도책"(譚丕模, 『淸代思想史綱』 제2장, 開明書店)이라고 냉소하는 것도 필자로서는 동의할 수 없다.

이러한 공론으로 인해 황종희의 아버지 황존소(黃尊素)를 포함한

수많은 동림파 인사들이 흘린 피를 잊어서는 안 된다.

위대중(魏大中; 1575~1625)[13)*]은 "가혹한 형벌과 고문으로 피와 살이 낭자하였고", 그의 "시체는 문드러져 아무도 식별할 수 없을 정도였다." 조용현(趙用賢; ?~1625)[14)*]은 "몸체가 손바닥 크기만하게 너덜너덜 떨어져 나가 그의 아내가 이를 건육(乾肉)으로 만들어 원한의 증거로 보존하였다." 양련(楊漣; 1572~1625)[15)*]은 "가혹한 법으로 고문을 당해 몸에 온전한 살갗이 남아 있지" 않은 채 죽어갔다. 오중행(吳中行; ?~1625)[16)*]은 "곤장을 맞은 끝에 나무판자 위에 실려 내쫓겨가던 도중 숨이 끊겨 기절하였다. … 의원이 와서 약 한 숟가락을 먹이자 비로소 깨어났다. … 베어낸 썩은 살점이 수십 조각이나 되었는데 큰 것은 손바닥만하고 깊이가 한 치나 되었다. 마침내 다리 하나가 없어졌다." 주순창(周順昌; 1584~1625)[17)*]은 "매질로 심문을 받을 때마다 환관 위충현을 향해 큰 소리로 욕

---

13)* 위대중(魏大中; 1575~1625): 자는 공시(孔時), 호는 곽원(廓園). 절강성 가선(嘉善) 출신. 저술로 『장밀재집(藏密齋集)』이 있다.

14)* 조용현(趙用賢; ?~1625): 자는 여사(汝師), 호는 정우(定宇). 소주 상숙(常熟) 출신. 만력 연간에 장거정의 부상탈정(父喪奪情)을 논소(論疏)하다가 오중행과 함께 제명되었다. 시문에 뛰어나 왕도행(王道行)과 더불어 '속오자(續五子)'로 칭해졌으며, 또 호응린(胡應麟) 등과 더불어 '말오자(末五子)'로 칭송되었다. 저술로 『국조전장(國朝典章)』, 『삼오문헌지(三吳文獻志)』, 『인혁론(因革論)』, 『송석재집(松石齋集)』 등이 있다.

15)* 양련(楊漣; 1572~1625): 자는 문유(文孺), 호는 대홍(大洪). 호북성 응산(應山) 출신. 1607년(만력 35)에 진사에 급제. 상숙(常熟)의 지현(知縣)에서 급사중(給事中)이 되었으며, 광종(光宗) 때 환관 최문승(崔文昇)의 음모를 타개하였고, 희종(熹宗)의 즉위 때에는 광조의 총희(寵姬) 이선시(李選侍)가 태감(太監) 위충현과 결탁하여 국정에 참여하려 한 것을 배척하여 이궁(移宮)의 안(案)을 일으켰다. 이윽고 좌부도어사(左副都御史)로 승진하여 위충현의 24가지 죄목을 들어 탄핵하였지만 오히려 박해를 받아 옥사하였다. 저술로 『양대홍집(楊大洪集)』이 있다.

16)* 오중행(吳中行; ?~1625): 자는 자도(子道), 호는 복암(復庵). 상주(常州) 무진(武進) 출신. 저술로 『사여당집(賜餘堂集)』이 있다.

17)* 주순창(周順昌; 1584~1626): 자는 경문(景文), 호는 요주(蓼洲). 소주 오현(吳縣) 출신. 저술로 『신여집(燼餘集)』이 있다.

을 퍼부었다. 허현순(許顯純)이 몽둥이로 그의 이빨을 부러뜨리고, 그 자리에서 일어나 '또다시 위상공(魏上公; 위충현)을 욕할 수 있겠느냐?'고 물었다. 주순창은 피를 뿜어 그의 얼굴에 내뱉고 더욱 거세게 욕을 퍼부었다. 마침내 그날 밤중에 죽임을 당했다." 사인(士人)만이 아니었다. 주순창과 함께 체포된 5인의 시정배도 "형틀에 다가서자 5인은 목을 내빼어 칼날에 들이대고는" 그들을 재판한 상대방에게 "그대가 관직을 좋아한다면 우리는 의를 좋아한다. 어지럽힐 수 없음을 모르는가!"라고 하였다. 그 당당한 태도에 형관(刑官)은 눈물을 흘리며 이들을 참수하였다. 이는 모두 『명사(明史)』에 간략하게 기록된 단편들이다.

다만 사실에 근거해서 말한다면, 그들은 환관 위충현(魏忠賢)[18)*]과 싸우다 죽은 것이지 앞에서 말한 새로운 정치 이데올로기를 주장하다 죽은 것은 아니었다. 그러나 명말의 환관과 동림파 인사의 항쟁의 배경에는 환관을 직접 파견하여 광세 등을 거두어들이는 무차별적인 조세 수탈 등 말하자면 재상 이하 관료층 전체의 반대를 억누른 황제의 사적인 권력의 노골적인 행사가 있었다. 이를 고려에 넣는다면, 이 항쟁을 환관 대 반(反)환관으로 왜소화시킬 수 없다는 것은 「별론」에서 서술한 대로이다. 다양한 현상 속에서 사실

---

18)* 위충현(?~1627): 명말의 환관. 무뢰배 출신으로 도박에 져서 스스로 궁형을 받아 환관이 되었다고 한다. 희종(熹宗; 1621~1627)의 유모 객씨(客氏)와 사통한 인연으로 희종 즉위 후 객씨와 함께 총애를 받았다. 희종 초년 동림파와 반동림파의 당쟁이 격화되는 가운데, 반동림파는 위충현과 결탁하여 비열한 수단으로 동림파를 배척하였다. 이에 동림파인 부도어사(副都御史) 양련은 24가지의 대죄를 들어 위충현을 탄핵했지만, 위충현은 황제에게 읍소하여 사면되었다. 이후 위충현은 더욱 가열차게 동림당을 탄압하여, 1625~6년에는 양련 등 동림파의 중추적 지도자들을 체포 옥사시키고, 동림파의 서원을 폐쇄시켰다. 그러나 의종(毅宗)이 즉위하자 공생(貢生) 전가징(錢嘉徵)의 탄핵에 기초하여 위충현을 봉양(鳳陽)으로 유배보내기 위해 체포하려고 하였기 때문에 스스로 목을 베어 자살하였다. 이어 황제는 역안(逆案)을 발표하고 위충현 일파를 모조리 추방하였다. 『명사』 305, 「위충현전」 참조.

을 검출하는 것이 역사학의 하나의 과제라고 한다면—이들의 희생 위에 공론이 있으며 또 그 공론의 집대성으로서 황종희·고염무 등의 군주론, 제도론이 제기되는 경위에서 볼 때— 그들의 피가 단순히 위충현 때문에 흘린 것이 아님을 알 수 있다. 이 피는 당시 지주·상인 등 부민층이 그들의 계급적 권익을 관철(아울러 그들의 주도하에 도시·향촌의 안녕을 보전)하기 위해 황제의 전제 사권(專制私權)과 투쟁하였던, 말하자면 공론을 위한 피였다.

신시행(申時行; 1535~1614)[19)*]·왕석작(王錫爵; 1534~1610)[20)*]·섭향고(葉向高; 1559~1627)[21)*] 등 신종(神宗) 황제 말기 재상의 상주문을 통독해 보면, 황태자 책립 문제 이외에 당시 내각의 커다란 문제가 되었던 것은 광세 및 복왕(福王; 1586~1641)의 장전(莊田) 문제였는데[22),*] 그 모두가 신종 황제의 전횡 때문이었다. "명의 멸

19)* 신시행(申時行; 1535~1614): 자는 여묵(汝墨), 호는 요천(瑤泉)·만호휴림거사(晩號休林居士). 소주 장주(長洲) 출신. 가정(嘉靖) 41년(1562)에 진사가 되었고, 좌서장(左庶長)을 거쳐 만력 연간에 이부상서가 되었다. 정무에 관대하여 세상에 장자(長子)로 칭해졌다. 저술로 『서경강의회편(書經講義會編)』, 『사한당집(賜閑堂集)』이 있다.

20)* 왕석작(王錫爵; 1534~1610): 자는 원어(元馭), 호는 형석(荊石). 강소성 태창(太倉) 출신. 명대의 정치가. 1562년(嘉靖 41), 회시(會試) 제1, 정시(廷試) 제2로 진사에 급제하여 한림편수를 제수받았다. 거듭 승진하여 1577년(萬曆 5), 한림원(翰林院)을 관장하였다. 그때 장거정(張居正)의 탈정(奪情)문제가 일어나자 왕석작은 이를 비판하였고, 이듬해 예부우시랑(禮部右侍郞)으로서 장거정의 복직에 반대하여 서명하지 않다가, 장거정의 미움을 받아 관직에서 물러났다. 장거정 사후, 1584년(만력 12)에 예부상서겸문연각대학사(禮部尙書兼文淵閣大學士)가 되었고, 1593년(만력 21)에는 수보(首輔)로 승진하였지만, 언관의 탄핵을 받아 이듬에 퇴관하였다. 저술로는 『왕문숙집(王文肅集)』, 『왕문숙소초(王文肅疏草)』가 있다.

21)* 섭향고(葉向高; 1559~1627): 자는 진경(進卿), 호는 태산(台山). 복주(福州) 복청(福淸) 출신. 저술로 『설류(說類)』가 있다.

22)* 복왕의 이름은 주상순(朱常洵). 만력제 신종의 3자로서 어머니는 정귀비(鄭貴妃). 신종은 장자 주상락(朱常洛)을 낳은 왕공비(王恭妃)보다는 정귀비를 총애하였기 때문에 황태자 책립을 지연시켜 명말 당쟁의 한 원인이 되었다. 1601년에야 주상락을 황태자로, 주상순을 복왕으로 삼았는데, 복

망은 실로 신종 때부터 시작되었다"라고 한 것은 유명한 『명사』의 논찬(論贊)이다. 이는 이 시기에 이미 왕조가 교체되지 않을 수 없을 만큼 모순과 대립이 극에 달했음을 암암리에 전하는 것이다.

이탁오가 투옥되었을 당시의 예부상서(禮部尙書)였던 풍기(馮琦; 1558~1603)[23)*]—이탁오의 비판자로도 알려진 동림파 인사—는 광세에 반대하였다.

> 당변(璫弁; 징세를 위해 파견된 환관들)이 사방에서 출현하여 (집안의 재산을) 몰수하니 (집집마다) 이미 텅 비게 되었다. 이제 사대부는 백성의 주인이 될 수 없게 되었다. … 명교의 역사에 기록되지 못할 뿐 아니라 천리왕법(天理王法)에서도 더 이상 용납받지 못하게 되었다.(『宗伯馮先生集』 권27, 「申飭計典」)

풍기의 이러한 발언은 향촌에서의 사대부의 기반을 뒤흔들 정도로 모순과 대립이 격화되었으며, 그들은 이 대립에 스스로의 존망을 걸었고, 때문에 신종의 전제권력은 명교의 역사는 물론 천리왕법에서도 허락될 수 없는 것으로 자각하였음을 보여준다. 이로 인해 그들은 환관을 전면에 내세운 황제의 전제 노선에 목숨을 걸고 저항하였던 것이다.

아래로는 항조·노변 등으로 지주적 지배의 재편을 강요당하였고, 위로부터는 황제의 수탈에 직면하였다. 이렇게 존망의 위기에 빠져든 그들은 이제 이 위기를 오히려 천리왕법의 위기로 자각할

왕의 혼례비가 일반적인 경우의 10배인 30만, 저택은 28만에 이르렀다고 한다. 신종은 생전에 복왕에게 총 4만 경(頃)에 달하는 장전을 사여하였는데, 이는 전국 경지면적의 100분의 1에 해당하는 것이었다. 이에 반발하여 관료들이 상소문을 올렸지만 신종은 이를 불문에 부치고 언관을 비롯한 관료를 제거하였다. 조영록, 『중국근세정치사연구』(지식산업사, 1988), 252~253쪽 참조.

23)* 풍기(馮琦; 1558~1603): 호는 용온(用韞), 호는 탁암(琢庵). 산동성 임구(臨朐) 출신. 저술로 『경제유편(經濟類編)』, 『종백집(宗伯集)』 등이 있다.

만큼 주체적으로 고양되어 있었다. 그들은 황제에게 선정을 요구하거나 개심(改心)을 촉구하는 데 머물지 않았다. 그들은 황제의 전제권력이란 자신들의 **사사로움[私]**을 부정하는 커다란 사사로움[大私]이라고 비난하였다. 자신들의 **사**・욕망을 천리의 이름 아래 용인하고자 할 만큼의 경제적 주체성을 확립하고 있었던 것이다. 이러한 주체성으로 인해 그들은 존망을 존망으로 자각할 수 있었으며, "읍에 온전한 집이 없다"고 한 것처럼 그 위기를 자각할 수 있었다. 이러한 자각된 주체의식으로 저항의 피가 뿌려졌다. 이와 같은 주체의 확립을 통해 단순히 악정에 대한 원한에 머물지 않고 공론을 제기하였으며, 그들에게 알맞은 전제권력의 존재방식을 그려낼 수 있었다.

요컨대 민본사상에 바탕을 둔 요구나 비판에 머물지 않고 그들 자신의 체질에 맞는 새로운 체제, 즉 분권적 전제체제[24]를 그려낼 수 있었던 것이다.

이상과 같은 욕망에 대한 긍정과 '사'의 주장은 명말 시기에 있어서 하나의 역사적 의의를 갖는 것이다.

4. 천리(天理)・인욕(人欲), 공(公)・사(私)의 새로운 관계

24) '분권적'이라 하였지만 군사권・재판권을 갖는 봉건영주적인 분할지배를 의미하는 것은 아니다. 이를테면 청초의 이공(李塨)이 "천자 혼자서 다스릴 수 없다"고 하면서(하론 제3장 참조) 봉건적 번왕(藩王)과 군현적 관료의 양면을 겸비한 체제, 구체적으로는 3년마다 고적(考績)을 실시하여 중임을 인정하는(세습은 인정하지 않음), 다시 말해 기본적으로는 황제의 임면권을 인정하면서도 사실상의 행정권한을 대폭 관료에게 맡기는 체제—이공은 "일의 큰 줄기는 위에서 총괄하지만 구체적인 세목은 모두 아래에 맡긴다. 이렇게 하면 권한이 거의 없는 오늘날의 관료와는 다르게 되며, 오래도록 일을 맡겨 업적의 성취를 이루게 될 것이다"(『平書訂』 권2, 「分土」 제2)라고 하였다—를 제안한 것이 그 한 예이다. 이는 앞의 고염무와 표현은 다르지만 취지를 같이하는 것이다.

여기서 다시 명말청초 시기의 천리-인욕, 공-사의 새로운 관계 양상에 눈을 돌려보도록 하자. 먼저 여곤의 발언을 들어보자.

> 사물의 이치와 인간의 감정은 자연스러운 것이다. 성인은 그 자연스러움을 얻어서 천하를 살펴보았으며, … 그 인욕자연(人欲自然)의 사(私)를 떨쳐버리고 그 천리자연(天理自然)의 공(公)에 따랐다. 그러므로 아무리 완고하고 고질적인 사람이라도 깨닫고 순종하지 않는 자가 없었다. 성인은 그 자연스러움의 기틀[機]을 알아서 그 자연스러운 감정을 고무시켰던 것이다.(『呻吟語』 권5, 「治道」)

여기서 우리는 이 시기와 너무나도 어울리는 '인욕자연의 사'라는 새로운 용어에 주목할 필요가 있다.

중국에서 '자연'이라는 용어는 유럽이나 일본과 달리 본연(本然)·본래(本來)의 뜻을 내포하면서 사용되었다. 일찍이 3세기의 노장 사상가 곽상(郭象; ?~312)[25)*]은 조물주의 유무를 둘러싼 논쟁에서 "분명하도다! 사물은 저절로 이렇게 존재하는 것이어서, 이렇게 존재하도록 만든 것이 없다[明物之自然, 非有使然也]"(『莊子』 「知北遊」注)고 하여, 결국 만물에 선행하는 조물주는 존재하지 않는다고 결론을 내렸다. 우리는 곽상이 말하는 자연을 상기할 필요가 있다.[26)] 만물은 조물주나 초월자에 의해 생성되는 것이 아니라 그 자체로서 이렇게 존재한다는 것이다. 또다시 곽상은 "천지는 만물로서 체(體)를 삼는데, 만물은 반드시 자연으로서 정(正)을 삼는다. 자연이란 작위하지

---

25)* 곽상(郭象; ?~312): 자는 자현(子玄). 서진(西晋) 시대의 사상가. 동해왕(東海王) 월(越)을 섬겨 한때 권세를 휘둘렀지만, 영가(永嘉)의 난 와중에 병사하였다. 노장의 학을 좋아하여 이 점에서 위(魏)의 왕필(王弼)에 필적하며, 그의 청담(淸談)은 왕연(王衍)·유개(庾凱) 등으로부터 칭송받았다. 『장자』를 산정(刪定)하여 현존하는 33권의 책으로 엮었으며, 그 주를 달았는데, 본문에 억매이지 않고 독특한 이론을 전개하여 위진철학을 대표하는 학자가 되었다.

26) 島田虔次, 『朱子學と陽明學』(岩波新書, 1967), 제1장 제1절, 참조. *한국어판으로 김석근/이근우 옮김, 『주자학과 양명학』(까치, 1986)이 있음.

않는데도 저절로 그렇게 되는 것이다"(『장자』「逍遙遊」注)라고 하였다. 어떤 외부 작용에 의해서 이렇게 되어 있는 것이 아니라 원래부터 이렇게 되어 있다. 이것이 자연으로서 올바름[正]을 삼는 만물의 본래 상태라는 것이다. 그는 또 이 자연을 일컬어 "사물의 저절로 그러함[物之自爾]"(『장자』「지북유」주)이라고도 하였다. 아마도 '자이(自爾)'라는 용어는 불교에서 '자연법이(自然法爾)'[27)*]를 '자이(自爾)'라고도 할 때의 그 '자이'와 관련 있는 것으로 보인다. 요컨대 곽상은 합법칙적인 본연의 상태가 자연이라고 생각한 듯하다.

본디 자연(自然)의 '자(自)'는 '저절로', '스스로' 이외에 원자(原自)·본자(本自)·고자(固自)라는 결합어에서도 알 수 있듯이 '본래', '원래'의 뜻을 가지고 있다. 따라서 자연이란 '이렇게 되어 있는' 자연적 상태임과 동시에 '이렇게 될 수밖에 없는' 본래적 상태이기도 하다. 주자는 "부모와 자식이 친애하고자 하고, 군주와 신하가 의롭고자 하는" 것은 "저절로 그렇게 되어서 의도할 필요도 없다"(『朱子語類』 권6-81)고 하였다. 이는 '자연'의 자연적(自然的)과 본래적(本來的)의 양면을 '본래적'의 측면에서 일원화한 것이다. 그러므로 이 자연이라는 용어는 이와 같이 될 수밖에 없으며 **그 때문에** 이와 같이 되어 **있어야만 하는** '천리자연'으로서 천리와 쉽게 결합할 수 있었다.

그런데 여곤의 발언에서는, 그 자연이 이전까지 부정적 이미지였던 '인욕'이라는 용어와 결합되어 '인욕자연'이라는 용어가 만들어지고 있다.(필자가 본 바로는 이것이 '인욕'이라는 용어가 긍정적인 의미로 전환되기 시작한 최초의 예이다) 본디 중국에서 인간의 생리적·본능적인 개체의 욕망 그 자체가 부정된 적은 없었다. 주자도 "먹고 마시는 것은 천리"(『주자어류』 권13-22)라고 하였다. 다만 바로 뒤이어서 "맛있는 음식을 추구하는 것은 인욕"이라는 단서를

---

27)* 다른 힘을 빌림이 없이 자신이 가지고 있는 법칙에 따라 본래의 법이 그러한 것. 자연히 이루어지는 것.

달았다. 다시 말해서 먹고 마시는 욕망 그 자체는 긍정하였지만, 다만 그것은 마땅히 어떠해야 한다는 전제가 미리 규정된 욕망으로서 본래적 측면에서만 용인된 것이다. 이에 반하여 여곤의 인욕자연은 그것이 동시에 사(私)로 간주되고 있는 데에서도 알 수 있듯이 '본래적'과는 구별되는 '자연적'이다. 이와 같이 될 수밖에 없으며 **그 때문에** 이와 같이 되어 있는 자연이다. 물론 여기에서 자연에서의 본래적과 자연적이 분열을 시작하고, 인욕자연이 자립적 영역을 확립하기 시작하였다고 보는 것은 섣부른 판단이다. 이것은 교정을 받지 않으면 안 되는, 교정을 받음으로서만 천리자연의 본래로 회귀할 수 있다고 예정된 자연이다. 그렇지만 이 본래적으로의 회귀는 주자의 '먹고 마시는 것'이 자연적을 인욕이란 용어로 사상시켰던 그것과는 달리 자연적의 기반을 인정한 뒤에 **그것을 토대로 한** 본래적으로의 회귀이다. 주자는 본래 혹은 본래만이 자연이라고 생각하였지만, 여곤은 본래를 자연**의** 본래로 파악하고 있다. 주자의 천리자연을 본래적 자연이라 한다면, 여곤의 천리자연은 자연적 본래라고 할 수 있다. 본래가 자연이 아니라 자연이 본래이며, 자연이 본래이므로 자연을 본래로 회귀시키고자 한다. 이와 같이 될 수밖에 없다는 점에서 천리도 인욕도 자연이지만, 인욕이 이와 같이 되어 **있는** 자연임을 인정하고 그것을 있다고 인정한 뒤에 다시 그것을 마땅히 그러해야 할 참다운 본래로 회귀시키고자 한다.

이 차이는 본론에서도 후술하겠지만 천리의 **질적** 전환을 초래한다. 그 질의 차이는 이 인욕이 단순히 개체의 생리적·본능적인 개인 내부의 욕망이 아니라 물질·소유 등의 외향적인 사회적 욕망이라는 사실에 기초한다. 개체 욕망의 본래가 한 개인의 내부에서 추구될 수 있는 것임에 반하여, 이 사회적 욕망의 본래는 욕망 상호간의 문제로 사회화된다. 따라서 교정은 한 개인의 내부적인 욕망을 극복하는 것에 머물지 않고 욕망 상호간의 사(egoism)를 조정하는 의미를 갖는다.

바꾸어 말하면 여곤의 천리자연은 인욕자연들 사이의 상호 대립의 지양태(止揚態, Aufheben)이다. 그것은 천리**자연**으로서 **미리** 지양이 예정된 것이기는 하지만, 그러나 지양이 지양이기 위해서는 대립이 필연적으로 전제되어야 한다. 즉 여곤의 천리는 인욕들 사이의 대립을 원리적으로 내포하였다. 이를 새로움의 첫번째로서 먼저 지적해 두고자 한다.

그렇다면 대립이 미리 지양을 예정하고 있다고 했을 때의 그 '미리'란 구체적으로 무엇일까? 여곤에게 있어 그것은 '분(分)'이었다. 여곤은 아래와 같이 말한다.

> 성인은 윗자리에 있으면서 천하만물로 하여금 각자가 그 당연(當然)한 곳에 머물게 하여 능멸하여 빼앗거나 남의 힘을 빌려야 하는 근심이 없도록 하였다. 무릇 이를 두고 만물이 각기 자기 분수에 편안하고 천지가 각기 제 자리를 잡는다고 하는 것이다. 천지만물로 하여금 각각 그 똑같이 원하는 마음을 이루게 하여 억눌려 마음이 답답하거나 강인한 고집으로 남을 굴복시키는 상태가 없도록 하였다. 무릇 이를 두고 만물이 각기 자기 소원을 얻어서 만물이 길러진다고 하는 것이다.(『신음어』 권5, 「치도」)

앞의 능멸하여 빼앗는 자와 남의 힘을 빌려야 하는 자, 뒤의 억눌리는 자와 억누르는 자를 상호 '분'에 의해서 서로 규제한다. 그 '분'이 미리 정해져 있다는 것이다. 위 인용문 가운데의 당연(當然)에 대해서 여곤은 다음과 같이 풀이하였다.

> '자연'이란 가장 중요한 말이니, 하는 바가 없는데도 저절로 이루어지는 것이다. '당연'이란 그 다음으로 중요한 말이니, 성분(性分)에 있어서 마땅히 그러해야 할 바이며 직분(職分)에 있어서 마땅히 극진히 해야 할 바이다.(『신음어』 권1, 「談道」)

이렇게 보자면 여곤이 말하는 '당연의 분'이란 성분·직분 등 당시로서는 현실적으로 주어진 신분질서의 분(分)임이 명백하다.

그러나 이 신분적 질서는 자연을 본래에 일원적으로 수렴시켜서 모조리 신분제도에 속박시킨 고정적인 질서는 아니다. 상위자의 우월성—경제적 우월성을 신분적 우월성으로 의제시킨 한에서의—을 현실적으로 주어진 것으로 승인하면서도, 상하 분(分)의 대립을 인정하고 이를 조화시키고자 하는 질서이다. 적어도 원리상에서 이 질서는 '분' 사이의 대립을 조화시키는 조리(條理)로 이해되고 있다. 리(理)는 이렇게 상하 방향이기는 하지만(좌우의 평등 방향은 아님) 상호간의 대립을 조화시키는 **사회적 조리**로 관념되기 시작하였다. 이를 새로움의 두번째로 지적해 두겠다.

그렇다면 조리를 조리답게 만드는 원리는 무엇인가? 다시 여곤의 말을 들어보자.

> 세상만물은 모두 욕망을 가지고 있다. 이 욕망은 모두 하늘의 이치이며 사람의 감정으로서, 천하 만세에 공통된 마음이다. 늘 슬퍼하노니, 만물 가운데에는 자기가 소유할 수 있는 합당한 욕망을 얻지 못하는 자가 있다. 욕망을 과도하게 채운 자는 욕망이 그의 수요를 초과하여 사망을 초래하는 경우가 있다. 욕망을 충족하지 못한 자 역시 욕망을 충족시키기 위해 이리저리 바쁘게 뛰어다니다 피로가 누적되어 죽음에 이르는 경우가 있다. 두 가지는 똑같이 생명을 손상시키는 길이다. 내 늘 생각하노니, 하늘과 땅은 수많은 인간과 사물을 낳았고, 자연은 그들을 양육시키기에 충분하다. 그런데도 충족되지 못하는 자가 생기는 것은 바로 불균(不均) 때문이다.(『신음어』 권5, 「치도」)

인용문에는 전통적인 만물일체의 인(仁)이 배경에 흐르고 있다. 이념적으로 말하면 만물은 일체로 생성되어 각각의 생을 온전히 하는데, 이것이 천리의 조화 상태이며 조화시키는 조리의 원리가 '균(均)'이다.

물론 여기서의 균은 절대 평등을 뜻하는 균은 아니다.

그렇지만 지주 상호간에 있어서는, 예를 들면 "부역황책(賦役黃冊)28)*을 만들 때 대두(大蠹=豪强=특권적 대지주)를 개혁하고 인심을 평안하게 하여 … 그리하여 온갖 부역을 균등히 하도록 힘써야 한다"(『기정전서』 권37, 「辛巳役法議」)는 등의 이른바 균전(均田)·균역(均役)의 균처럼 일단 대등한 입장에서의 횡적인 균분(均分)을 말한다. 여곤이 말하는 균에도 당연히 이러한 의미가 포함되어 있다. 그러나 동시에 지주와 전호·노복이 서로 은혜를 베풀고 요구하지 않는 상하간의 균도 당연히 포함되어 있다. 예컨대 코끼리와 쥐가 각자의 충족분을 균등하게 취하는 방식의 균이기도 하다.

그러나 욕망을 얻지 못하는 자가 존재하는 것, 앞의 비유로 말하자면 쥐가 자신의 몫까지 빼앗겨 버리는 부조화를 불균(不均)으로 자각한다. 곧 하위자를 **상대자로**, 더욱이 욕망의 대립 상에 놓여진 상대자로 자각한다. 이러한 바탕에서 균을 조리로 하여 하위자뿐 아니라 상위자에게도 규제를 가하고자 하는 것이다. 이렇게 조리에 있어서 균, 즉 상호관계성의 지향을 리에 있어서 새로움의 세번째로 지적할 수 있다.

대체적으로 말하면 상하의 분이라는 한계는 있지만 리(理)의 내실에 ① 욕망 상호간의 대립, ② 조화의 사회적 조리, ③ 상호관계적인 균의 세 가지가 내포되기 시작한 이 새로움을 사상사적으로

---

28)* 부역황책(賦役黃冊): 명대에 시행된 일종의 호적. 1381년(홍무 14)에 처음 작성되어, 종전의 호첩(戶帖)을 대신하였다. 당시 110호를 단위로 하여 리(里)라는 관제 인보(隣保)조직이 만들어졌는데, 이 리를 단위로 하여 각 호의 가족의 씨명(氏名)·연령·재산 등을 기입한 장부 4부를 만들어 주현(州縣)마다 정리해 두고, 1부는 부(府)에, 1부는 포정사(布政司)에 보존하였으며, 다시 1부를 중앙의 호부(戶部)로 보냈다. 호부에서는 다시 이를 남경 후호(後湖)의 부고(府庫)에 수납 보존하였다. 그 표지를 황색의 종이로 하였기 때문에 황책(黃冊)이라는 이름이 붙었다. 또 이는 호적이면서 동시에 전부(田賦)나 요역(徭役)의 할당을 위한 장부이기도 하였기 때문에 부역황책이라 불린다. 그 작성은 이갑(里甲)의 재편성에 대응하여 10년마다 행해졌다.

볼 때 질적인 전환이라 하는 것이다. 그리고 이 전환은 욕망을 리 속에서 인정한 것에 기초한다.

욕망이 리의 이름 아래 인정되었다는 사실은 한편에서는 욕망의 몰자립성을 보여주는 것이며, 또한 천리의 측면에서 말하면 인욕을 그 안에 포함시킴으로써 스스로를 재편·보강하였다고 할 수 있다. 반면에 욕망이 리의 이름 아래 긍정적으로 인정받게 됨으로써 욕망은 도리어 전통적 관념 속에서 그 지위를 확립하게 되었다. 나아가 욕망이 리 안에 수렴됨으로써 오히려 리의 내부에 침투하였고, 마침내는 리의 내실을 질적으로 변혁시키기에 이르렀다.

이러한 리의 질적 변화는 공(公)과 사(私)의 관계에도 파급되어, 이미 보았던 것처럼 송학 이래 공과 사의 이율배반 관계가 붕괴되기 시작하였다. **사**는 욕망에 있어서 개체의 사[個私]를 의미하게 되었으며 개체의 사를 배제한 공, 즉 천하인은 없고 황제 한 개인의 자의에 의해서 완성되는 천하의 공[天下公]은 원리적으로 부정되었다. 공은 천하인의 개체의 사를 매체로 하여 성립되는 한 차원 높은 공으로 지양되었다. 개체의 사는 공과 대립되는 개체의 사가 아니라 공에서의 개체의 사로서 공에 의해 관통된다. 하지만 개체의 사를 관통하는 공은 공의 질을 입체적이고 구조적인 것으로 전환시켰다.

"공적이면 하나요 사적이면 만 갈래, 지극히 합당한 것은 하나로 귀결된다. … 인심(人心)이 사람의 얼굴처럼 각기 다른 것이 사심(私心)이다"(『程氏遺書』 권15)라고 말하는 송학의 평면적인 '하나'인 공, 즉 개별적인 만 갈래를 '하나'라고 하는 **정해진** 이치[定理]로 포섭하고 궁극에는 군신적 신분질서로 통일시키려고 한 저 평면적이고 일원적인 천리의 공과 비교해 본다면 양자의 차이는 뚜렷하다. 천리의 공은 이제 어떠한 의미에서도 보편적이고 절대적인 '하나'는 아니었다. 일찍이 이탁오는 다음과 같이 말했다.

> 무릇 천하는 지극히 광대하고 만민은 지극히 많으니, 사물이 한결

같지 않은 것은 사물의 실정이다. '중용[中]'이란 고정되어 있는 것이 아니다. … 그런데도 빽빽한 법률에 의지해서 자기만의 조리(條理)에 끼워 맞추기를 요구하고 그것이 '중용'이라고 단정한다. … 이는 천하 사람을 강제하여 자기를 따르고 '예(禮)'를 따르게 하려는 것이다. … 예란 사람들이 마음으로 함께 인정하는 바로서 본디 천변만화하여 활기로 가득한 리(理)이다. 그런데 이를 고정 불변하는 것이라고 고집하고, … 억지로 이를 한결같게 하려고 한다. 이 때문에 아무리 덕망 있는 군주라 해도 어쩔 수 없이 형정(刑政)을 사용하게 된다. … 좋아하고 싫어하는 것을 민의 욕망에 따르고 자기의 욕망에 따르지 않는 것, 이것을 예라고 한다.(『道古錄』 권1)

지극히 광대하고 지극히 많은 천하 사람은 개별적이고 다양하다. 그런데 상위자가 '나의 조리[吾之條理]', 즉 고정 불변하는 것이라고 주관적으로 억측한 리의 관념을 가지고 이 천하 사람들을 동일하게 규율하려 한다면 그것은 사실상 리가 아니다. 그것은 형벌에 의한 정치이지 예에 따른 정치가 아니다. 리(理)란 결코 '하나'가 아니라 온갖 변화를 하면서 활기로 가득 찬 것이다. 그 개별적이고 다양한 주체적 활용태가 바로 진정한 예라는 것이다. 여곤 역시 다음과 같이 말한다.

천하의 일에는 자기는 하고 싶지 않은데 남들은 하고 싶어 하는 경우가 있으며, 자기는 하고 싶은데 남들은 하고 싶지 않은 경우가 있다. 이 점을 이해해야만 무한한 묘처(妙處)가 있다.(『신음어』 권3, 「應務」)

무선무악파(無善無惡派)든 반(反)무선무악파든 리가 현실의 제 관계 속에서 다양하게 발현된다는 인식은 당시의 주류가 되어 있었다. 이는 리나 공이 사회의 현실적 제 관계의 대립 속에서 중층적이고 입체적으로 기능하기 시작하였음을 의미한다. 천리의 공은 '하나'라고 하는 리를 개인이 내적으로 추구함으로써 정적(靜的)으로 깨닫는 것이 아니라, 개별적이고 다양한 관계의 조리로서 객관적으로 인식하는 것이었다. 이는 경세치용 혹은 고증학이라 일컬어지는 청초 이후의 유리학(儒理學, 뒤에 서술)의 새로운 조류에 선행하는 움직임으로써 사상사적으로 주목할 만하다.

이상과 같은 몇 가지 문제를 종합해 보면, 명말에 나타나는 욕망의 긍정과 사의 주장은 유학사, 사상사에 있어 하나의 철저한 변화라고 결론내릴 수 있다.

5. 이탁오에 대한 평가

그렇다면 이탁오에 대한 평가는 어떠한가? 본론에서도 다시 서술하겠지만 이탁오는 욕망의 긍정과 사의 주장은 물론 군주 중심이 아닌 민 중심적인 정치관을 내세웠으며 리의 다양한 발현을 주장하는 등 지금까지 살펴본 제 변화의 모든 것에 선행하였던 인물이다. 따라서 이상의 변화를 어떻게 평가할 것인가가 이탁오를 평가하는 선결 조건이 된다.

먼저 이탁오에게서 중국 근대 사유의 좌절을 본다는 시마다 겐지(島田虔次)의 견해를 살펴보기로 하겠다.

미리 말해 둘 필요가 있는데, 시마다가 이 좌절을 중국사상사의 좌절이라는 의미로 사용하지는 않았다. 오히려 시마다는 정당하게도 가장 먼저 명청(明淸)의 "연속되는 기초 구조의 파악"(『中國における近代思惟の挫折』 서문, 이하 『좌절』이라 표기함)을 스스로의 과제로 삼았던 사람이다. 그 밑바탕에는 송 이래 유학사상의 **역사적** 전개를 그것의 **독자적인 양상** 속에서 검출하고, 그 결과로서 가당치도 않은 이른바 아시아적 정체론을 타파하려는 의도가 있었다.

동서(同書)가 1948년 4월, 즉 중국혁명이 일어나기 1년 6개월 전에 탈고되었다는, 아니 최초의 구상은 이보다 훨씬 빠른 2차 세계대전 발발 약 1년 전이었다는 점을 고려할 때, 시마다의 이러한 의도가 얼마나 시대에 앞선 것이었는가 알 수 있다. 거의 때를 같이하여 구상된 마루야마 마사오(丸山眞男; 1914~1996)의 『일본 정치사상사 연구』[29)*]가 중국을 정체된 사회로 규정하여—이런 시각은 마루야마의 책임만은 아니다. 마루야마도 언급하고 있듯이(발문) 그것은 당시 중국 학계의 대세였다— 입론하였던 것을 상기한다면 그의 선행적인 태도를 알 수 있다.

그의 의도 혹은 그 결과로서, 이를테면 명청을 연속적으로 파악하려 한 점, 유교의 역할을 긍정적으로 평가한 점, 중국 근대의 완성을 부르주아 시민혁명이 아니라 인민공화국혁명으로 보려 한 점

---

29)* 마루야마 마사오(丸山眞男; 1914~1996): 일본정치사상가. 동경제대 대학생 시절 신(新)칸트 학파의 인식론과 마르크스주의의 사회과학·역사학의 영향을 받았다. 그 후 무교회파 기독교인이었던 정치철학자 난바라 시게루(南原繁)를 사사하였다. 근대사상의 극복이 논단의 대세를 이룬 전시 체제하에서, 후에 『일본정치사상사』(1952)로 간행되는 제 논문을 집필, 근세 일본에서 근대적 사유의 내재적 발전을 서술하고, 그 좌절의 지점으로서 일본제국의 성립을 비판하였다. 이 글에서 주자학적 사유양식의 붕괴가 진사이학(仁齋學)·소라이학(徂徠學)·노리나가학(宣長學)에 의해서 진행되었다는 구도는 그 후 일본 근세사상사 연구의 기본틀이 되었다. 전시체제 하에서 단련된 비판의 논리는 전후 『초국가주의의 논리와 심리』(1946)로 꽃을 피우고, 일본제국의 속박으로부터의 해방의 선언으로 커다란 영향을 끼쳤다. 『증보판 현대정치의 사상과 행동』(1946)으로 일본 파시즘 연구의 기초를 다졌고, 또 정치학의 학문적 자립을 추구하였다. 실천적으로도 강화(講和)문제, 쇼와천왕이나 일본공산당의 전쟁책임문제, 스탈린 비판 등에 대해 적극적으로 발언하는 등 전후 민주주의의 오피니언 리더의 역할을 하였다. 또 1950년대 후반부터 초기의 보편사적인 근대화론에 자기 수정을 가하기 시작했으며, 『일본의 사상』(1957)에서는 제사상이 잡거하는 일본의 사상상황을 무구조의 전통으로 파악하였다. 그의 대표작 『일본정치사상사』는 김석근 옮김, 『日本政治思想史研究』(통나무, 1995)로 우리나라에 소개되어 있으며, 松澤弘陽他 編, 『丸山眞男集』 전 16권이 1995~1997년에 걸쳐 岩波書店에서 간행되었다.

등등 모두 필자가 공감할 수 있는 바이다. 결국 필자는 시마다의 이러한 모든 것에 대해서 후발, 후진에 지나지 않는다.

시마다에게는 애초부터 중국사상사에 대해 어떠한 '좌절'감도 없었다. 그런데도 시마다가 '좌절'을 말하고 또한 필자가 새삼스레 그의 『좌절』을 문제삼는 것은 어떠한 점에서인가?

그것은 시마다가 "처음부터 중국의 독자성을 내세우려다 이해를 단념하기보다는 우선 잘 정비된 유럽식 학문의 제 개념을 지표로 삼아 중국 속에서 유럽을 읽어나갈 수밖에 없다"(『좌절』 발문)고 하였듯이, 그가 중국 속에서 유럽을 읽어 내고자 하였기 때문이다. 아니, 읽어 내고자 하였던 것으로 필자에게 생각되었기 때문이다. 중국 속에서 유럽을 읽는다고는 하였지만, 시마다의 경우는 2차 세계대전 전후의 연구에 자주 보이는 것처럼 유럽 개념 속에 중국을 억지로 끼워 맞추어 유럽을 통해서 중국을 읽거나 중국을 유럽식으로 읽어내는 해석방식과는 물론 다르다.

시마다가 "양명으로부터 황종희, 고염무 등에 이르기까지의 사상사에서 루터**적**, 로크**적**, 루소**적** 사상"(『좌절』 「보론」, 굵은 글씨는 시마다 겐지)을 본다고 한 그 '**적(的)**'이라는 신중하고 심장한 용어 사용에서도 그것은 잘 나타나 있다.[30]

동시에 거기에 필자의 이론(異論)도 있다. 이론은 그가 이어서 "… 로크**적**, 루소**적** 사상이 단편적으로 왜곡되고 뒤섞여 있다. 하지만 결코 그 나름의 체계를 갖추지 못하였다는 의미는 아니며, 확실히 하나의 체계가 존재하고 있음을 느낀다"고 했을 때의 '단편적으로 왜곡되고 뒤섞임'에 있다. 시마다는 유럽의 개념을 통해서 읽어낸 중국—유럽적 기준에서 비(非)로 간주되는 한에서의 **비유럽적** 중국—적 독자성이 나름대로 독자적 체계를 갖추고 있다고는 하였

---

30) 이 '적'의 의미는 시마다의 제 연구에 비추어 말한다면, 이를테면 황종희는 그대로 루소는 아니지만 루소가 유럽에서 수행한 것과 같은 역할을 다른 형태로 중국에서 수행하였다는 의미로 이해된다. 그리고 글자 그대로의 의미에 있어서 필자가 공감하는 바이다.

지만, 그것은 무언가 충분치 못한 것으로 이해하였음을 말해준다. 이것은 말꼬리를 붙잡고 늘어지는 것처럼 보이겠지만 사실은 일본의 근대에 뿌리를 둔 적잖은 문제가—여기서 다룰 여유는 없지만—가로놓여 있다.

문제는 유럽을 통해 중국적 독자성을 검출하면서도, 같은 방식으로 중국을 통해 유럽을 독자적으로 보려는 상대적 관점이 시마다에게는 희박하였다는 점에 있다. 적어도 당시의 시마다에게는 유럽을 통해 중국을 보면서도 역으로 중국을 통해 유럽을 보는 관점, 즉 유럽에서 볼 때 중국이 단편적으로 왜곡되어 있는 것과 마찬가지로 역으로 중국에서 본다면 다른 형태로 유럽 역시 단편적으로 왜곡된 것으로 파악하는 관점이 약하였다. 바꾸어 말하면 유럽이 완전한 혹은 불완전한 것이라면, 이와 마찬가지로 즉자적(an sich)으로 또는 대자적(fur sich)으로 볼 때 중국 역시 완전한 혹은 불완전한 것으로 보는 고집이나 대담성이 약하였다. 따라서 시마다와 필자의 차이는 "처음부터 중국의 독자성을 내세우려다 이해를 단념하기보다는"이라고 한 이 한 구절에 모아진다. 필자의 입장을 말하자면, 필자는 처음부터 중국적 독자성에 대한 이해를 스스로의 과제로 삼았다. 그것은 단념할 것인가 아닌가의 차원이 아니라 필수적인 전제가 되어야 한다. 이를 단념한다는 것은 중국을 읽지 않겠다는 것으로까지 생각되었다. 필자는 상대적인 독자성 속에서 완전한 혹은 불완전한 중국을 밝히고 싶었다. 그렇다고 이제 필자가 그것을 밝힐 수 있게 되었다는 의미는 아니다. 이론(異論)이 있다고는 했지만 정확히 말하면 다름[異]이 있을 뿐 논리[論]는 아직 없다고 해야 할지도 모른다. 하지만 적어도 시마다에 공감하는 가운데서 다름을 제기하는 것이며, 그 다름의 제기 속에서 『좌절』을 새삼 문제 삼고자 하는 것이다.

이렇게 다름을 제기하는 것은 시마다의 본뜻과 어긋날 수도 있다. 왜냐하면 시마다가 유럽 개념을 지표로 삼은 것은 말하자면 어쩔 수 없는 방편적 수단이며, 본디 시마다의 의도는 애초부터 중국적 독자성을 해명하는 데에 있었기 때문이다. 그러나 시마다가 구상한 40년 전 시대에 있어서 중국적 독자성은 아시아적 특수성이며, 그 아시아적이란 대체로 정체·후진을 의미하는 특수성이었다. 이러한 사정으로 동서(同書)를 출간하던 시기에 중국적 독자성을 '제기'한다는 것은 시마다에게는 중국을 **읽지 않는** 것과 마찬가지 의미로 받아들여졌을 것이다. 따라서 필자가 다름을 제기하는 것은 시마다에 대해서가 아니라 이제까지 일본에서의 중국사상사 연구의 성과에 대한 것이다. 아니, 그 성과가 있었기 때문에 비로소 세워질 수 있는 다름이다. 따라서 사실은 다름이라기보다는 오히려 종래의 연구를 계승하는 것이라 해야 할지도 모르겠다. 그렇다면 어떠한 점에 필자의 후발·후진으로서의 다름이 있는가?

시마다가 말하는 근대는 엄밀하게 말한다면 근대의 맹아를 의미한다. 그런데 문제는 이 근대에는 천·인의 분열에 따른 천리적 사회에 대한 인욕적 인간의 자립, '외(外)'라는 규범에 대한 '내(內)'라는 인간자연의 자립 혹은 사회[公]에 대한 개인[私]의 자립 등등 대체로 일본 명치 이래의 근대 개념이 도입되고 있다는 점이다. 또한 그 배경에 신(神)과 인(人)의 분열을 연원으로 하는 유럽 근대의 시민적 사회가 조망되고 있음은 말할 나위도 없다. 그런데 이러한 근대 개념의 특징은 천리를 봉건적 질곡으로, 인욕적 혹은 인간적 자연을 그것과의 배반·대항으로 파악하려는 점에 있다.

그러나 중국의 리적(理的) 도통의 실제 추이를 보면, 청말에도 자유·평등이 천리로 이해되었고(엄복·강유위 등), 삼민주의가 공리(公理)로서 주장되었으며(손문), 또 혁명의 추세를 리의 힘으로 파악하는(이대조) 등, 리는 단순히 용어로만 잔존한 것은 아니었다. 리는 시대의 사회적 '당위(sollen)'를 주도하는 현실적 영향력을 수반하면서 생생하게 존재하였다. 그리고 이 '리'는 청말에 갑작스레 재생한 것이 아니었다. 앞서 언급한 명말청초 시기의 질적 변화 속에서, 이를테면 대진의 리관(理觀) 등을 거치면서 착실히 리 스스로를 변혁시켜 왔던 결과였다. 요컨대 리는 청대를 경유하는 과정에서 봉건적 질서 원리로부터 이윽고 청말의 공화적 질서 원리로 자기 전환하고 있었다. 여기에 중국적 근대—천리의 전개로서의—의 상대적 독자성이 있다.

시마다가 이탁오에게서 "중국 근대 사유의 하나의 정점"을 보고, 이탁오가 말하는 '동심(童心)'을 '양지(良知)의 성년(成年)'으로 파악하는(앞의 책, 183쪽) 그 근거는 필경 '외'적인 천리적 규범에 대립되는 '내'적인 인간자연의 철저한 자기주장(개인의 자율)의 맹아가 그곳에 나타난다고 생각하였기 때문일 것이다. 그렇지만 무릇 이 '동심'은 외·천리에 대한 내·인욕이라는 관점으로는 충분하게 파악될 수 없다.

물론 동심을 '양지의 성년'으로 파악하는 점에는 필자도 이론이 없다. 오히려 왕양명~이탁오의 사상사적 전개를 입증한 시마다의 선구자적 연구에 깊은 경의를 표하지 않을 수 없다. 그러나 이제 필자가 이를 '양지의 성년'으로 파악하는 근거는 그것이 양명에게 보이는 '리장(理障)'(테제로서는 무선무악)을 철저하게 성장시켰다고 보기 때문이다.

잘 알려져 있듯이 이 '리장(理障)'은 부처를 존재론적으로 부정하는 것이 아니라, 분별에 의해서 가상(假想)된 거짓 부처에 대해 무분별(無分別), 자연법이(自然法爾)의 실체로서의 참된 부처를 발견하려는 것이다. 요컨대 그들(이탁오를 포함하여 상술한 몇몇 사람들)은 거짓 리—송대 이래 기성의 정해진 이치[定理], 앞의 '나의 조리[吾之條理]'—에 대한 진정한 리—명대의 사회적 현실에 근거한 리, 상술한 새로운 리 즉 '거인욕(去人欲)'이 아니라 '존인욕(存人欲)'적인—를 발견하고자 격렬하게 투쟁하였다. 이를 최초로, 더욱이 철저하게 수행한 것이 이탁오의 '동심'(=리)이었다는 의미에서 이를 '성년'으로 부르고자 하는 것이다. '최초로'라고 말한 것은 자연을 **정(情)의** 자연으로 파악하면서도 또한 그 정을 효도와 우애의 정으로밖에 보지 못하였던 당시의 본래(本來) 일원적인 한계를 최초로 무너뜨렸음을 뜻한다. 또 '철저하게'라고 말한 것은 이탁오가 마침내 자연을 '입고 먹는 것'으로 파악하였음을 가리킨다.

다만 이탁오는 리를 '진공(眞空)'이라는 불교 개념으로밖에 파악하지 못하였다. 비록 "인간의 윤리이며 사물의 이치"라고 하였지만, 그 존인욕적 리의 내실을 명백히 하지 못하였으며 더구나 이론화하지도 못하였다. 결과적으로는 얄궂게도 그의 비판자인 왕선산(王船山; 1619~1692)31)*이 "인욕의 커다란 공평함[大公]이 곧 천리의 지극한 올바름[至正]"이라 함으로써 비로소 관념상의 변혁 이론화가 이루어졌다. 이러한 추이로 인하여 이탁오가 말하는 '진공'은 흡사 존재론적으로 리를 부정한 것처럼 비추어져 이단으로 비판받지 않을 수 없었다. 그러나 사실은 "공(空)조차도 비우고자" 한다는 이탁오의 이 '진공'이야말로 진정한 리를 향한 그의 외로운 투쟁이었다. 이에 대한 개략적인 경과는 뒤의 상론에서 서술하는 대로이며, 또한 최근 아라키 겐고(荒木見悟)가 더욱 상세하고도 명확하게 서술하고 있다.32)

---

31)* 왕선산(王船山; 1619~1692): 왕부지(王夫之). 자는 이농(而農), 호는 강재(薑齋)·매강옹(賣薑翁)·미재(美齋)·이호도인(一壺道人)·선산노농(船山老農) 등. 호남성 형양(衡陽) 출신. 명말 혼란한 시대 상황에 형양의 석선산(石船山)에 토실을 쌓고 관생거(觀生居)라 칭하면서 은거하여 저술에 몰두하였다. 그 초고는 후일 호남의 학자들에 의해 간행되어, 청말 담사동(譚嗣同) 등에게 영향을 끼쳤다. 박학하여 경학·사학·문학을 두루 섭렵하였는데, 그의 사상은 장재(張載)에 경도되어 『정몽주(正夢注)를 저술하였다. 그러나 그의 특색은 사학으로, 대표적인 저작으로 『독통감론(讀通鑑論)』 및 『송론(宋論)』이 있다. 이민족 청에 멸망된 감개와 그 반성으로 정치개혁에 대한 열정을 보여주었으며, 정통론이나 경세적 사론(史論)에 그의 독창성이 엿보인다. 또 제도의 개혁론으로 『황서(黃書)』, 『악몽(噩夢)』의 저서가 있으며, 전집으로는 『왕선산유서(王船山遺書)』가 있다.

정확히 말하면 이탁오는 **기성의** 천리에 대한 반역자였다. 그것이 너무나도 철저하고 처절하였기 때문에 고독하였으며, 그 고독감조차 느끼지 못하는 견개(狷介)[33)*] 같은 모습으로 인해 극도로 리에 배치되고 개인적인 것으로 보였던 것이 실상이다.

이 때문에 그의 사상의 계승자일 수 있는 황종희·고염무·왕선산 등 모든 이들로부터 일제히 이단시되고 배척당하였다. 많은 사람들이 그의 '개인'적인 주체가 시민사회에서 계승하기에 적합하다고 느낄 만큼 확실히 그의 '개인'적 주체는 시대에 돌출하였다.

하지만 이는 결코 그가 전제체제로부터 벗어나 자유의 땅으로 날아오르고 있었음을 뜻하는 것은 아니다. 그렇기는커녕 이탁오가 충·효를 적극적으로 강조하는 사람이었음은 새삼 말할 필요도 없이 명백하다. 그는 시대 밖으로 혼자 삐어져 나와 있었던 것은 아니다. 다만 당시의 무선무악파 인사 대부분이 그러했던 것처럼, 이탁오 역시 "집안일을 돌보지 않는" 그 도(道)에 대한 강렬한 갈망으로 초세간적이라고도 할 원대한 식견[遠見]을 통해 인간의 본질을 파고 들어갔다. 더욱이 유·불의 경계조차 떨쳐버리고 너무나도 리얼하게 '진공'을 투시하였다. 이 때문에 정치 프로그램적인 지주 주도의 향촌 재편의 동향으로부터 이탈되었던 것이다.

당시의 시대는 황제와 지주, 특권적 대지주와 비특권적 지주, 지주와 자영농, 지주·자영농과 전호·노복, 상인과 지주·자영농·전호 등등 제 계층 사이의 모순이 뒤섞여 드러나기 시작한 시기였다. 이탁오는 물론이고 황종희·고염무·왕선산 등 수많은 인사 역시 지역을 달리하며, 삶을 달리하며, 시기를 달리하며, 기질을 달리하

---

32) 荒木見悟, 『佛教と陽明學』(第三文明社, レグルス文庫, 1979); 同, 『明末宗教思想硏究』(創文社, 東洋學叢書, 1979). *전자의 한국어판으로 김석근 역, 『불교와 양명학』(서광사, 1993)이 있다.

33)* 견개(狷介): 고집스럽게 자신의 입장을 견지하여 남들과 화합하지 못하는 사람을 비유. 『논어』「자로」; 『국어』「진어」 2; 유소(劉劭)의 『인물지(人物志)』 상, 「별체(別體)」 등에 나오는 말이다.

면서 서로 다른 입장과 관점에 따라 그 복잡하고 다양한 시대의 모순을 각각 끄집어내었다. 입장과 관점의 차이 때문에 각각의 사상과 행동에 차이가 생겨나고 갈등과 대립이 생겨났다. 그럼에도 욕망·사의 주장 혹은 정치관의 변혁 방면에서, 그들은 거의 공통된 길을 달리고 있었다. 그들은 한결같이 명말청초 시대의 아들들이었다.

대체적으로 말하면 이탁오는 흡사 '개인'의 자립을 지향하였고 그 지향은 계승될 만한 것으로 생각될 만큼 고독하게 앞서 가고 있었다. 하지만, 결과적으로 그의 선행성은 돌출적인 태도로 인해 이단시되었다. 그렇지만 그의 사상과 행동의 진수는 곧바로 **역사의** 진수였기 때문에 도리어 역사적으로 계승되었던 것이다. 여기에 '좌절'이라는 표현을 사용하는 것은 사상사 상에서 볼 때 어울리지 않는다. 앞 절에서 보았던 이 시기의 새로운 변화를 정당하게 평가하지 못한다는 점에서, 그리고 그 변화에 있어서 이탁오의 진정한 선행성을 평가하지 못한다는 점에서, 좌절이라는 표현은 어울리지 않는다.

시마다는 '근대'를 내적 자아의 확립(즉 개인의 자립)과 외적 세계에 대한 객관적·합리적 파악이라는 방향으로 인식하였다. 이러한 인식은 청대 고증학을 "본디 깊은 의미에서 명대 심학(心學)의 연속이며 전개였다"고 하면서도, 그러나 그것은 "자연적인 전개가 아니라 강제되고 비틀어진 것이다"(『朱子學と陽明學』 후기)라고 평가하는 데에도 영향을 끼쳤다. 시마다가 청대 사상이 불행했다고 구체적으로 언급하지는 않았지만, 적어도 그 사상을 비틀어진 것으로 파악하는 관점으로는 명청의 연속성은 차치하고 청말 혁명사상의 역사적 계승성도 전혀 밝힐 수 없다. 이렇게 생각하는 입장에서 이제 이탁오에 대한 평가에도 다름[異]이 있다고만 말해 두겠다.(이는 아마 양명학에 대한 평가에도 관계될 터인데, 그 일단은 다음 항에서 서술하겠다)

다음으로 이탁오를 체제 이념가로 보는 견해는 어떠한가? 이는 양명학에 대한 평가와 직접적으로 맞닿아 있으므로 주로 다음 항에서 고찰하기로 하겠다. 다만 다음 항에서도 서술하겠지만 이는 명말청초 시기에서 사상사 상의 종언을 보려는 견해, 즉 청대는 사상사적으로 볼 만한 것이 없다는 견해와 관련되므로 그 점만을 문제 삼아 언급하겠다.

청대를 사상사적으로 몰역사적인 암흑의 시대로 이해하는 견해는 상당히 일반화되어 있으며, 사실 거기에는 그 나름의 근거가 있다.

첫째, 황종희·고염무·왕선산 등 사상사적으로 높이 평가되는 인사가 대체로 반청(反淸)의 이른바 수절(守節)의 유로(遺老)였다는 점이다. 둘째, 장병린(章炳麟; 1869~1936)34)*을 비롯한 청말의 혁명파가 반청을 통해서 반전제(反專制)의 길로 나아갔다는 점, 즉 반청이 공화혁명의 기점이 되었다는 점이다. 셋째, 루쉰(魯迅)을 비롯한 민국 초기의 새로운 문학·사상 활동에 있어서 반봉건이 사실상 청대 이래 지주 주도의 가부장제적인 종족 지배로 향해 있었다는 점이다. 끝으로 모택동 혁명이 타도 목표로 삼은 '정권(政權)·족권(族權)·신권(神權)·부권(夫權)' 등의 '봉건적 동족 지배체제의 사상과 제도' 및 이러한 권력의 총 근간인 '지주정권'(『湖南農民運動考察報告』)이 바로 청조 정권의 특질이며 동시에 그 잔재로 인식되었다는 점이다. 이들 중국에서의 반청=반전제=반봉건이 2차 세계대전 이후

34)* 장병린(章炳麟; 1869~1936): 자는 매숙(枚叔), 호는 태염(太炎). 절강성 여항(餘杭) 출신. 본래 이름은 학승(學乘)인데, 고염무를 흠모하여 한 때 이름을 강(絳)으로 고쳤다고 한다. 고문 경학자인 유월(兪樾)과 황이주(黃以周)에게 배웠다. 처음에 변법파에 가까웠지만, 무술변법 후 일본에 유학하여 손문 등과 손잡고 강유위의 보황회(保皇會)에 반대하였다. 귀국 후, 상해에서 채원배(蔡元培) 등과 함께 『소보(蘇報)』를 간행하여 배만흥한의 민족주의를 고취시켰다. 그러나 1903년 체포되어 금고 3년에 처해졌다. 출옥 후 일본에 건너가 동맹회(同盟會)에 참가, 『민보(民報)』의 편집장으로서 활약하였는데, 후에 손문과 대립하여 사임하였다. 저술로는 『고문상서유습(古文尙書拾遺)』, 『태사공고문상서설(太史公古文尙書說)』, 『국학개론(國學概論)』, 『장씨총서(章氏叢書)』 등이 있으며, 후인이 편집한 『장태염문초(章太炎文抄)』, 『장태염전집』이 있다.

일본의 반파시즘·반봉건의 제 조류, 그리고 중국 혁명에서 아시아의 빛을 보려는 인민적 동경(憧憬)에 대해 일정 정도로 공명(共鳴) 작용을 하였으며, 그 공명 감각이 역사학자가 반청적 관점을 갖는데 하나의 내적 근거가 되었다는 사정을 먼저 들 수 있다.

한편, 2차 세계대전 이후 일본에서의 중국철학 연구는 이전의 경학적 연구의 틀을 깨고 철학 고유의 시야 속에서 주자학·양명학을 파악하여 특히 이기론 방면에 커다란 성과를 거두었다. 그러나 반면에 이기론 중심의 시각으로는 청대 사상의 다양한 국면을 파악할 수 없다는 문제가 남게 되었으며, 여전히 그 시각의 한계를 뛰어넘지 못하고 있는 실정이다.

청대 고증학을 심학의 횡류에 대한 자기비판 혹은 청조의 사상탄압에 따른 자기 보신으로 보려는 속론(俗論)은 그림자를 감추고 있다. 그러나 성리학→심학→경세치용→고증학이라는 편리한 범주 구분이 그 편리함으로 인해 오히려 이에 얽매이는 일부 폐해를 낳았으며, 범주에 따른 구분이 수단보다는 자기 목적화 해 버렸다. 현상적으로 나타나는 차이가 어떠한 기초 구조 상에서 전개되었는지에 대한 종합적이고 **역사적**인 연구가 거의 진행되지 못하였다. 이로 인해서 청대 사상사의 연구는 청말 혁명사상 연구의 도달점의 높이에서 볼 때 너무나도 불균형을 이루고 있다. 이러한 우리 청대 사상사 연구의 현실이 앞서 언급한 반청적 관점과 얽혀져 청대를 한결같이 부정적으로 평가하는 결과를 낳았다.

그렇지만 이 시대는 안원(顔元; 1635~1704)[35)*], 이공(李塨; 165

---

35)* 안원(顔元; 1635~1704): 자는 이직(易直)·혼연(渾然), 호는 습재(習齋)·심재(心齋). 하북성 박야(博野) 출신. 만년에 비향(肥鄉))의 장남서원(漳南書院)의 주강을 지냈으며, 그의 제자 이공(李塨)과 함께 공소한 담론을 비판하고 실천적 학문을 주장하여 '안이학파(顔李學派)'로 칭해졌다. 저술로 『사서정오(四書正誤)』, 『주자어류평(朱子語類評)』, 『존성편(存性編)』, 『존학편(存學編)』, 『존치편(存治編)』, 『존인편(存人編)』, 『습재기여(習齋記餘)』 등이 있다.

9～1733)[36)*], 대진(戴震; 1724～1777)[37)*], 장학성(章學誠; 1738～1801)[38)*], 기윤(紀昀; 1724～1805)[39)*], 원매(袁枚; 1716~1797)[40)*]를 비롯

---

36)* 이공(李塨; 1659～1733): 자는 강주(剛主), 호는 서곡(恕谷). 하북성 여현(蠡縣) 출신. 1690년에 거인(擧人)이 되었고, 만년에 통주학정(通州學政)에 제수되었지만 칭병으로 사양하고, 습재학사(習齋學舍)에서 강학하였다. 아버지 이명성(李明性)에게 수학하였고, 후에 안원의 문하에 들어가 안이학파를 형성하였다. 저술로 『대학변업(大學辨業)』, 『평서정(平書訂)』, 『성경학규찬(聖經學規纂)』 등이 있다.

37)* 대진(戴震; 1724～1777): 자는 신수(愼修)・동원(東原), 호는 과계(果溪). 안휘성 휴녕(休寧) 출신. 젊은 시절 극도의 곤궁함 속에서도 강영(江永)을 사사하여 학문에 힘썼으며, 후에 북경에 올라가 기윤(紀昀)・전대흔(錢大昕)・왕명성(王鳴盛) 등과 돈독한 교유를 하였다. 40세에 거인(擧人)이 되었지만 끝내 진사에 급제하지 못하였다. 특명으로 한림원 서길사(翰林院庶吉士)의 자격을 부여받았고, 사고전서관(四庫全書館)의 편수관(編修官)으로서 수많은 해제를 썼다. 지리학과 고대 수학 방면에서도 업적을 남겼지만, 최대의 업적은 소학(小學)에 있었다. 단옥재(段玉裁)・왕념손(王念孫)・왕인지(王引之) 등 걸출한 후계자를 배출하여 '대단이왕'으로 칭해진다. 그는 청대 고증학의 환파(皖派)의 창시자로서, 혜동(惠棟)의 오파(吳派)처럼 단지 옛 예증을 주워 모으는 것이 아니라, 법칙을 세워 논단하는 것을 중시했다. 즉 경전 연구에서 성음(聲音)과 문자를 통해 훈고를 구하고, 훈고를 통해 의리를 구할 것을 강조하였다. 저술로는 『맹자자의소증』, 『모정시고증(毛鄭詩考證)』, 『고공기도(考工記圖)』 등이 있다.

38)* 장학성(章學誠; 1738～1801): 본명은 문효(文斆), 자는 실재(實齋), 호는 소암(少巖). 절강성 회계(會稽) 출신. 젊은 시절에는 그다지 기대를 받지 못했지만, 유종주(劉宗周)・황종희 등 절동학파(浙東學派)의 영향을 받고, 주균(朱筠)에게 고문을 배워 여러 서적을 독파하면서 이름이 알려지게 되었다. 그 후 소진함(邵晋涵)・홍양길(洪亮吉) 등과 교유하면서 사학을 연구하였다. 41세에 진사에 급제했지만 관직의 마음을 끊고 유랑생활을 하면서 화북의 여러 서원을 출입하였다. 만년의 필원(畢沅; 1730～1797) 밑에서 『호북통지(湖北通志)』를 편찬했지만, 불우한 나날을 보내다 죽었다. 그러나 그의 저서 『문사통의(文史通義)』, 『교수통의(校讐通義)』 등은 독특한 사학이론을 전개하여 높게 평가된다.

39)* 기윤(紀昀; 1724～1805): 자는 효람(曉嵐), 호는 석운(石雲). 하북성 직예(直隷) 출신. 1754년(건륭 19)에 진사가 됨. 시독학사(侍讀學士)까지 올랐지만, 어떤 사건에 연루되어 우루무치로 유배되었다. 후에 소환되어 사고전서관총찬관(四庫全書館總纂官)이 되었다. 『사고전서총목제요(四庫全書總

하여 사상·역사·문학 분야에서 많은 인재를 배출한 시대였으며, 동시에 상인·지주 등 부민(富民) 문화의 최전성기에 상응하는 다양한 문화의 시대이기도 하였다.

이 시대를 몰역사적인 암흑의 시대로 단정하는 것은 사실을 사실로서 보지 않는 것이다. 요컨대 사실을 종합적으로 파악하려는 관점이 우리들 사이에 확립되지 못하였음을 스스로 인정하는 셈이다. 동시에 이는 또 사상사에 있어서 중국적 근대의 추출 작업과도 밀접한 관계가 있기 때문에 여기에 부언하였다.

6. 양명학에 대한 평가

주자학을 중국 봉건사상의 성립, 양명학을 주자학(=중국 봉건사상)의 동요·해체기에 즈음하여 이의 재편·보강을 꾀한 학문으로 파악하는 논자[41]의 요지는 대략 다음과 같다.

주자학은 군신 상하의 신분질서[忠]를 기축으로 하면서 이를 아시아적 혈연적 상하의 분[孝]으로 보완하였다. 이 혈연적 분(分)의 개입은 봉건적 토지 소유자(지주)가 왕조 권력 기구에 관료로서 봉건체제 내부에 참여하고, 동시에 그 체제 속에 지주 대 전호의 가부장적 의제(擬制) 혈연관계를 포함시키려 하였음을 반영한다. 그러

目提要)』및 『간명목록(簡明目錄)』을 주편하였다. 한학과 송학의 장단점을 회통시켜 각각의 장점을 취할 것을 주장하였다. 저술로 『대씨고공기도서(戴氏考工記圖序)』, 『열미초당필기(閱微草堂筆記)』가 있다.

40)* 원매(袁枚; 1716~1797): 자는 자재(子才), 호는 간재(簡齋)·수원(隨園). 절강성 전당현(錢塘縣) 출신. 고문(古文) ·변문(騈文)에 뛰어나 시문집으로 『소창산방집(小倉山房集)』,권), 시론으로 『수원시화(隨園詩話)』가 있다. 그는 미식가로도 알려졌는데 『수원식단(隨園食單)』을 저술하기도 하였다.

41) 守本順一郎, 『東洋政治思想史硏究』(未來社, 1967) 및 岩間一雄, 『中國政治思想史硏究』(未來社, 1968) 등 참조. *전자의 한국어판으로는 김수길 옮김, 『동양정치사상사연구』(동녘, 1985)가 있다.

나 명대에 들어서면서 재지 지주의 몰락, 노복의 전호화·자립화 추세, 전호의 지위 상승 등으로 인해 향촌의 혈연적 편성은 동요·해체될 위기에 직면하였다. 이 위기에 대응하여 왕양명은 양지(良知, 즉 孝)를 기본 시각으로 하는, 다시 말해 의제 혈연적 이데올로기를 전면적으로 확대시켜 현실적 의제 혈연질서 해체의 위기를 극복하고자 하였다. 그러나 결국 그 시도도 명말청초에 이르러 자기모순에 봉착하는 형태로 사실상 좌절되지 않을 수 없었다. 따라서 이러한 견해를 지지하는 인사의 눈으로 볼 때 중국사상사는 이 시점에서 '종언' 혹은 '동결'되었던 것으로 이해하였다.[42]

---

42) 이와미 카츠오(岩間一雄)는 이탁오에 있어서 자립적인 인간자연[童心的 人間]이 동시에 철저한 자기 부정 혹은 무조건적 공순[孝]을 스스로의 본성으로 간주하는 자가당착에 빠져들었고, 이리하여 이 탁오학(卓吾學) 속에서 아시아적(혈연적 분)·고대적(불교적 사유)·봉건적(신분질서) 각 요소의 "거의 현저한 분열을, 아니 무엇보다 주자학에 대한 보강의 학인 양명학의 종언을 본다"고 하였다.(앞의 책, 292쪽)

오쿠자키 유시(奥崎裕司)는 이러한 견해를 대체로 원용하면서 양명학은 "중국적 봉건사상 그 자체의 파탄"이며, "봉건말기라는 이 역사적 단계를 지탱한 최후의 사상, 최후의 환상"이며, 따라서 그 결과는 단지 "혼란과 헤매임"일 수밖에 없다고 하였다. 이 때문에 양명학의 계승자로서의 이탁오를 체제에 대해 재편과 보강을 꾀한 유능한 지배측 최후의 체제 이념가—예를 들면 이탁오의 욕망 긍정은 그 목적이 농민의 욕망을 지배 이데올로기 속으로 끌어들여 그것의 무해화를 꾀한 것으로 보는 등—라고 하였다. 또한, 그 이후 새로운 사상은 "창출이 곤란하게 되었으며", 사상은 "청조 군사정권 아래에서 동결"되기에 이르렀다고 하였다.(奥崎裕司, 앞의 책, 398~405쪽, 450쪽, 474쪽 등 참조)

또한 여기에서 이와미 카츠오가 말하는 '고대적' 혹은 '자기 부정'이란 불교의 자기 부정을 현실 긍정, 즉 노예지배를 반영하는 고대적 사유라고 한 모리모토 준이치로(守本順一郎)의 특이한 불교관을 원용한 것이다. 이러한 관점에 근거하여 이와미는 「李卓吾における思想の歷史的性格」(『科學と思想』 13호, 新日本出版社)에서 이탁오의 '진공'을 "의외로 보수적이며 정통적인 사고"라고 평하였다. 뿐만 아니라 이탁오는 "전체를 진실(眞實)로 보고, 개체를 공무(空無)로 보는 불교적 사유"에 얽매임으로써 "부처라는 전체에 의지해서만 개체가 성립할 수 있는 세계, 즉 어떤 관념적 허구를 통해서만 개체가 성립되는 세계로 가교(架橋)되지 않으면 안 되었

이러한 견해의 특징은 황제·지주의 연합 지배체제를 명대의 봉건체제로 이해하고, 따라서 명대의 주요 모순을 사실상 지주와 농민의 대항관계 속에서 파악하여 농민의 자립과 지위 상승을 그대로 봉건체제 동요의 주요 원인으로 보는 데에 있다. 이러한 관점에서 왕양명은 체제 측의 한 사람으로서 향촌에서의 혈연관계 동요에 대응하여 이를 혈연적 이데올로기를 통해 봉건체제의 재편과 보강을 꾀한 것으로 이해하였다. 그 결과 양명학은 사상사적으로 **명대** 봉건체제의 체제 이데올로기로서, 따라서 농민 측에서 보면 장기적으로는 해체·변혁되어야 할 혹은 그렇게 될 수밖에 없는 학문으로 자리 매김 되었던 것이다.

그런데 양명학을 체제의 재편과 보강을 꾀한 학문으로 이해하는 관점에 한정시켜 말한다면, 양명학의 출현이 십단법(十段法)[43)*]의

다"고 하였다. 결국 "이탁오에 의하면, 부처란 인류의 시조로서 일체의 귀신[鬼]을 처음 탄생시킨 최초의 부모, 즉 '초생(初生)의 야랑(爺孃)'이었으며, 바로 그러한 이유로 일체의 영혼[靈] 위에 군림하였다. … 이리하여 리(理)에 의해서 통괄되던 지주들의 봉건 연합은 이제 불(佛)에 의해 통괄되는 성현 주도하의 생산자 연합, 즉 애(愛)의 공동체로 전환되었다. … 즉 어떤 관념적 허구를 통해서만 개체가 성립되는 세계로 가교되었다"고 하였다. 이 '초생의 야랑'이란「관음문(觀音問)」속의 말이다. 그 의미는 불교에서 말하는 '부모가 태어나기 이전', 즉 '본래면목(本來面目)'을 뜻한다. 그렇다면 "인류의 시조로서 일체의 귀신을 처음 탄생시킨 최초의 부모"라는 기이한 해석은 어디에서 나온 것일까? '초생의 야랑', 즉 '본래면목'이란 자기가 곧바로 부처의 실체임을 뜻하는 것이다.「관음문」속에서의 이 구절은 관념적 색채가 강한 것이기는 하지만, 그러나 이 구절의 본래 의미에서 본다면 인류의 시조를 뜻하는 것이 아님은 명백하다. "솔직히 말해서 이렇게 강인한 사변을 추사변(推思辨)하기에는 나의 두뇌가 너무나도 박약하여 이해할 수가 없다"(이와미에 대한 시마다의 평.『좌절』 후기)고 하였는데, 필자 역시 동감하는 바이다.

또한 오쿠자키 유우시의 이탁오론에 대한 필자의 견해는「明末淸初思想研究の當面の課題」(『歷史學研究』 468호, 1979)라는 논문에 서술되어 있다.

43)* 십단법(十段法): 십단법은 1주현(州縣)의 정전(丁田)을 10단(段)으로 균분하여, 매년 그 1단씩 균요를 할당하는 것으로, 이렇게 하여 요역 부담의 공평을 기하였다. 천순(天順; 英宗, 1457~1464) 연간에 복건에 최초로 시

실시 시기와 겹쳐진다는 사실에 비추어 볼 때[44] 이갑제의 동요·해체에 대응하여 무언가 향촌질서의 재편과 보강을 겨냥하였다는 점에는 이의가 없을 것이다. 문제는 그 재편과 보강의 결과가 결국 어떠하였는가 하는 점이다. 앞의 논자들은 그 시행의 결과 또 다른 새로운 모순이 발생하였으며 그리하여 **명말에** 좌절되었다고 이해하고 있다. 이는 양명학을 이갑적 체제 즉 봉건체제와 그 운명을 함께한 이데올로기로 보는 입장이다. 요컨대 논자들이 인식하는 명대 봉건체제는 이갑적 전제체제이며, 그것의 동요와 해체는 명청 교체기를 통과하는 중국 봉건체제에 전류의 단락(短絡, short circuit)이 발생하였다고 보고 있는 것이다. 이 때문에 이갑체제를 재편·보강하는 형태로 재구축된 새로운 봉건체제, 즉 청대 전제체제는 사실상 배제되어 버렸다.

그러나 왕양명이 시행한 재편과 보강은 사실상 이후 이탁오·황종희·고염무·왕선산 등에 의해 계승되었으며, 아울러 그들이 사상사 방면에서 거둔 발전성과는 청대 봉건체제의 새로운 발전과정에 상응한다. 이렇게 볼 때 왕양명의 재편과 보강의 결과는 결코 좌절이 아니라 성취였다고 보아야 한다.

바꾸어 말하면 왕양명의 주관적 입장은 이갑체제의 재편과 보강에 있었지만 객관적으로는 오히려 그 체제의 해체를 촉진하였다. 그리하여 비(非)이갑적, 즉 향촌지주 주도의 **반(反)명대** 전제적 재편을 형성하였으며 바로 여기에 왕양명 사상의 역사적 의의가 있었던 것이다.

가령 송 이후를 중국에서의 봉건시대로 본다면, 필자는 왕양명이 활동하였던 정덕제(正德帝; 明 武宗, 1506~1521) 시기부터 명말청초

행되었고, 가정(嘉靖; 世宗, 1522~1566) 연간이 되면 각지에서 시행되었다. 십단법은 일조편법(一條鞭法)으로 발전해가는 과도기적 방법이었다.

44) 小山正明, 「明代の十段法について(一)」(仁井田陞追悼論集 『前近代アジアの法と社會』 수록); 同, 「明代の十段法について(二)」(『文化科學紀要』 10號, 千葉大學文理學部) 참조.

에 이르는 과도기를 경계로 그 봉건시대는 사상사 상에서는 명백하게 전기와 후기로 구분할 수 있다고 생각한다. 또한 당시의 조건하에서 그 후기는 이제 새로운 사상이 없는 자멸의 동결기가 아니라 한편에서는 전기를 계승하고 또 다른 한편에서는 새로운 전개를 맞이하였지만, 이로 인하여 또다시 새로운 모순, 즉 **예기치 않게** 그 자신 속에 새롭게 근대라는 '도깨비'를 배태시킨 변증법적으로 '반(反)'의 발전단계로 파악할 수 있다.

여기서 우리는 다나카 마사토시(田中正俊)가 봉건제 연구에서 가장 중요한 과제는 "봉건제의 해체과정과 변혁과정에 근거하여 봉건제를 밝히고, 그 해체와 변혁의 **주체**가 무엇인가에 근거하여 봉건제를 밝히는 것"이라고 한 발언을 상기하게 된다.[45] 이 발언에서 말한 해체와 변혁의 주체를, 앞의 논자들은 좁은 의미로 지주 대 전호의 대항 관계에서 전호(혹은 노복) 측에 한정시켜 적용하였다. 요컨대 왕양명 등 지주계급 출신의 사대부 층에게는 사실상 변혁주체로서의 역할이 부여되지 않았으며, 설령 부여되었다 해도 그들은 단지 체제 미봉적인 재편을 진행하였을 뿐이며, 이로 인해 도리어 모순을 격화시키고 해체를 가속화시켜 말하자면 마이너스적인 주체가 될 수밖에 없었다는 것이다.

그렇다면 도대체 이 후기로의 이행에 있어 양명학이 수행한 사상사적 역할은 무엇인가? 대체로 다음과 같은 몇 가지 점으로 요약될 수 있다.

(1) 왕양명은 주자학적 리관—군신 상하의 일원적인 '하나'라고 하는 정해진 이치[定理]—을 가지고는 당면한 향촌 내외의 제 모순에 대응할 수 없다는 현실인식 아래, 현실상황에 적응할 수 있는 질서윤리를 제 모순에 근거하여 모색하고[事上磨練], 다시 그 판단을 실제 모순과 직면해 있는 현장의 당사자에게 맡기고자 하였다. 즉 '리'를 외부에 존재하는 정해진 이치[定理]가 아니라 각자의 마

45) 田中正俊, 「中國の變革と封建制研究の課題(一)」(『歷史評論』 271호, 1972).

음속에 존재하는 도덕적 주체로 이해하였다[心卽理一致良知]. 그 결과 시마다도 언급하였듯이, 현실을 교조적 입장에서가 아니라 심(곧 주체)의 측면에서 파악할 것을 강조하였으며, 유가 경전은 교조적이고 절대적인 것이 아니라 역사적으로 상대화되기에 이르렀다.

(2) 송학은 사대부의 개인적인 도덕적 완성을 향촌 통치의 핵심으로 파악하였으며, 그러한 사대부의 덕풍을 통해 민을 위로부터 감화시킬 수 있다는 낙천주의[新民] 및 그 반면으로서 사대부의 엄격한 도학적 수양(학문을 통해서 성인에 도달함)을 필수로 하는 방법론[格物窮理]을 가지고 있었다. 그러나 양명학은 이러한 관점에서 탈피하여 스스로를 민의 지평에 두고[親民, 萬物一體의 仁], 민이 지금 당장 갖추고 있는 양지(良知)의 발휘에 기대를 걸었다.(거리에 가득 찬 사람이 모두 성인이다) 그리고 도덕의 담당자를 사대부나 관료에 한정시키지 않고 향촌의 지주층, 도시의 상인층, 나아가서는 농민·노동자층 말하자면 부로(父老)·포의(布衣)로부터 전부(田父)·야로(野老) 및 시정(市井)의 서민층으로까지 확대시키고자 하였다. 이것은 일면에서는 향촌과 도시의 각 하층에까지 질서 이데올로기(주로 효도와 우애)를 침투시키고자 하는 것이었지만, 반면에 각 계층의 주체적 각성을 불러일으키고 리가 각 계층에 맡겨지게 된 결과, (1)과 함께 리의 개별적이고 다양한 발현이 승인되고 리가 상대화되는 길을 열었다.

(3) 기성의 리 관념[定理]을 외부로부터 현실에 강제하거나 현실을 기성의 리 관념 속에 끼워 맞추는 것을 배격하였다[無善無惡, 理障]. 또한 '내 마음의 시비'를 주장하여 현실 속에 심(곧 리)을 기능하게 한 결과, 리 관념에 현실이 반영되었으며 이윽고 리의 내실에 욕망이 파고 들어가게 되는 길을 열었다.

그리고 이 (1), (2), (3)은 잘 알려져 있듯이—이탁오 사상이 앞의 (1), (2), (3)의 '성년'이었음은 말할 나위도 없다— 청대에 들어와 현실적 리 질서의 모색(경세치용의 학, 존인욕적 천리), 경전의 상대화(고증학), 역사학의 자립(절동사학), 사회 상관적 욕망을 기초로 한 리관의 성립(대진의 리학) 등을 이끌어냄으로써 더욱 심화・발전되었다. 요컨대 이탁오가 다음 세대에 대해 선행적이었다면, 왕양명은 더욱 거슬러 올라가 선행적이었으며 앞 절에서의 이른바 새로운 변화는 양명학을 연원으로 하여 출현한 것이었다.

결국 왕양명 사상은 기성물의 파탄 부분에 대해 구조는 그대로 둔 채 단지 또 다른 외피로 덮어 버리려 한 것이 아니라 파탄할 수밖에 없게 된 기성물 가운데의 이물(異物) 혹은 신생물(新生物)을 기축으로 구조틀 그 자체를 다시 짜고자 하였다. 그의 이데올로기적 재편은 주관적으로야 어쨌든 간에 객관적으로는 비(非)체제 혹은 배(背)체제적 재편이 됨으로써,[46] 그의 사상은 기성의 체제에 대해 변혁의 주체가 **될 수** 있었다.

이상의 서술을 기초로 이탁오를 체제 이념가로 보는 견해에 대해 살펴보겠다.

"봉건**체제**를 전기에서 후기로 전환시켰다"는 말의 표면적인 뜻에 근거하여 왕양명과 이탁오를 체제 이념가로 부른다거나 혹은 그 전환 속에서 나타나는 새로운 체제상의 변화를 문자적 표현으로 체제 이념가가 체제에 재편과 보강을 꾀하였다고 한다면, 그것은 수사(修辭) 상의 기호인 이상 특별히 이의를 제기할 수는 없다.

그러나 이른바 '체제 이념가'라고 할 때의 체제라는 용어가 봉건적 지배체제를 가리키는 이상 변혁의 대상일 수밖에 없으며 또한 봉건질서의 담당자인 사대부의 사상은 근본적으로 변혁의 피체일

46) 부언한다면 양명의 리[良知]에는 효도와 우애[孝悌] 등 가부장적 질서윤리가 다소 많이 담겨 있는데, 이것은 군민 일원적 질서에 대응하여 향촌적 질서에 적응하는 기능을 하였음을 반영한다. 이를 향촌적(=혈연적) 질서 해체에 역설적으로 대응된다고 보는 견해는 피상적이다. 더구나 이것은 이와미 카츠오(岩間一雄)의 이른바 '효의 전면화'와 같은 단순한 것이 아니다. 이러한 리는 장량(丈量)・광세(礦稅)・구기(救饑)・시빈(施貧)・이서(吏胥)・균전균역(均田均役) 등 명말 향촌 재편의 중요한 사례에서도 분명하게 반영되고 있다.(「별론」 234~235쪽 참조)

수밖에 없다고 한다면, 이것은 수사상의 기호 차원의 문제로 끝나지 않는다.

문제는 사대부, 즉 지식인을 역사에 있어서 이른바 변혁의 주체로서 인정할 것인가? 아니면 사대부의 계급 속성이 농민에 대한 지배계급인 이상 그들의 이데올로기가 일견 진보적으로 보일지라도 사실은 자구(自救)를 위한 타협과 미봉에 지나지 않으며, 따라서 그들의 이데올로기는 필연적으로 해체될 수밖에 없거나 혹은 스스로 해체를 촉진함으로써만 변혁의 마이너스적 주체가 될 수 있을 뿐이라고 이해할 것인가 하는 점에 있다. 이탁오의 사상을 체제적 혹은 체제에 대한 재편・보강을 꾀한 것으로 이해할 수 있는가 어떤가? 아마도 문제는 여기에 달려 있을 것이다.

여기에서는 3천 년 동안의 중국 봉건사회의 주요 모순을 농민과 지주의 계급적 모순으로 파악하여, "농민의 계급투쟁, 농민의 봉기 및 농민의 전쟁이야말로 역사를 발전시킨 동력이다"[47]라고 한 모택동의 농민 일원 사관(農民一元史觀)이 함께 문제가 된다. 말할 나위도 없이 이러한 역사관은 프롤레타리아적 농민만을 변혁의 주체로 파악하는 중국 혁명의 현재적 과제를 짊어진 것이다. **관(觀)**으로서의 역사는 과거, 현재, 미래를 관통하는 변혁의 계기를 관의 내용으로 한다. 이러한 자각적 입장에서 말한다면 이 농민 일원 사관이야말로 혁명기 중국의 역사학을 '학'으로 성립시킨 것이라고 하지 않을 수 없다. 적어도 혁명기 중국을 살았던 사람의 입장에서 말한다면….[48] 우리에게 모택동의 역사관을 왈가왈부할 자격은 없다. 하지만 현재 일본을 살아가는 우리의 입장에 한정하여 말한다면, 그것

47) 『중국혁명과 중국공산당』 제1장 제2절. 또한 모택동은 이 속에서 "이러한 사회(봉건사회를 가리킨다)에서는 농민과 수공업 노동자만이 부를 창출하고 문화를 만들어 내는 기본적인 계급이다"라고 기술하고 있다.

48) 다만 최근 1979년 12월 6일자 『광명일보(光明日報)』에서 곽자량(郭子亮)의 「농민전쟁은 단지 산파역할만을 하였을 뿐이다(農民戰爭只起"助産婆"的作用)」라는 소논문을 보았다. 아마 4대 현대화 추진을 지지하는 입장일 것이다. 이것도 하나의 현재적인 관(觀)이다.

은 외국사 특히 중국사, 더구나 근대와 직접적으로 관계된 시기의 중국사를 배우는 우리에게 자기 내적 의의의 문제로서 거듭 부메랑처럼 던져졌다가는 되돌아오는 것이다.

사실 중국학과 관계된 개개의 관련 인사에 따라 변혁의 계기에 대한 인식 차이가 존재하며, 또한 현재의 일본에 어떻게 역사관을 응용할 것인가도 사람에 따라 달라질 것이다. 그러므로 필자는 여기서 이를 논할 마음도 없으며 행여 그럴 지면의 여유도 없다. 다만 본서의 주된 의도만을 말한다면, 그것은 사상사 영역에서의 아시아적 근대 주체의 본질을 토론하는 것이며, 또한 우리의 현재적 사상—일상적 사유 · 의식 · 가치관까지를 포함하여—의 역사적 본질을 모색하는 데에 있다. 이 점에 근거하여 말하면, 이탁오의 사상이 체제적인가 비(非)체제적인가 또는 반(反)체제적인가 하는 논의는 부차적일 수밖에 없다고 말하지 않을 수 없다.

각도를 달리하여 만일 이탁오를 단지 변혁의 피체로만 파악한다면, 그가 기성물 속의 무엇을 변혁시키고 어떻게 변혁시키고자 하였는가 하는 그의 사상과 행동의 주관적이고 능동적 측면은 사실상 사상되어 버린다. 그리하여 그와 관계된 '**무엇**'과 '**어떻게**'의 역사적 질은 안타깝게도 종단면(縱斷面)을 결한다. 아시아의 근대와 관련되는 아시아적 주체, 즉 유럽에 대립되는 '대자(對自)'는 흡사 개체의 누에고치가 한 줄 생사로 환원되듯이 농민 일원의 중국적 '즉자(卽自)'의 관점 속에 흡수되어 버릴 것이다. 이러한 두려움 때문에 필자는 어디까지나 이탁오를 생생하게 살아가는 하나의 개체적 인간, 주체적인 개체로서 보고자 한다. 그리고 그 주체에 근거해서 '**무엇**'과 '**어떻게**'를 깊이 있게 관찰한다면, 왕양명이 그러했던 것처럼 이탁오 역시 하나의 변혁의 주체일 수 있다고 말하고 싶다. 설령 그것이 새로운 체제로의 재편으로 귀결되었다 해도 이에 대한 평가—곧 농민 혹은 중국에 근거한 평가이든 아니든—는 별도로 논해야 할 문제이며 본서의 주된 의도에 있어서는 부차적일 수밖에 없다.

7. 중국사상사에서의 근대

그래도 문제는 남는다. 앞항에서 말한 봉건 후기를 사상사 상에서 어떻게 조감할 것인가 하는 점이다. 당연하지만 이 문제는 이와 직접적으로 연속하는 근대 시기를 어떠한 시각—즉 어떻게 중국적으로 독자적인가—으로 그 근대의 역사적 혹은 주체적 질을 추출할 것인가와 관계된다.

시대구분 상에서는 필자도 대부분의 연구자와 마찬가지로 태평천국 전후를 경계로 그 이후를 근대로 본다. 그 이유는 이 시기부터 종래의 '분(分)'에 담겨 있는 '균'·'평'의 의미가 그 역사적 본질상에서 그런 대로 근대적인 '평등'의 의미로 전환되기 시작한다고 생각하기 때문이다. 이 근대는 정치·경제사상 상에서는 손문(孫文; 1866~1925)의 부르주아 주도의 공화사상—민생주의를 포함하고 있는 점에서 중국적 특색을 갖고 있다—으로 봉오리를 맺고, 이어서 일어난 인민적 민생 혁명을 거치며 꽃을 피움으로써 단계적으로 새롭게 현대로 진입한다. 필자가 '꽃을 피웠다'고 말하는 이유는 농촌에서의 프롤레타리아 혁명, 즉 토지혁명이야말로 중국혁명의 본류였다고 생각하기 때문이다. 이는 당연한 것처럼 보일 테지만 사실 매우 중요한 점이다. 왜냐하면 왕양명 이후 나타나는 상술한 새로운 흐름이 명말청초에 이르면 왕의 토지[王土]에 대응하여 민의 토지[民土]를 주장하는 형태로 나타났고, 그 이후 직간접적으로 이 민의 토지를 둘러싸고 일어났던 안원·대진·이공·공자진 등의 의론은 전호의 지위 상승을 배경으로 하면서 착실히 '균'·'평' 사상을 충실케 하였다는 역사적 사실이 있었기 때문이다. 이러한 지향을 하나의 흐름으로 본다면, 태평천국의 격렬한 흐름은 바야흐로 근대로 흘러 들어가는 것이었다. 바꾸어 말하면, 필자의 이른바 봉건 후기는 사상사적으로는 근대의 배태기로서 자리매김할 수 있다. 이 점에서 말한다면, 봉건 후기를 근대로 진입하는 준비단계로 파악하여 '전근대기'라 칭할 수 있다. 본서의 표제로 이 용어를 사용한 이유이기도 하다.

필자의 입론은 시마다와의 다름[異]을 내세우는 데에 있었지만, 사실 필자 역시 시마다와 마찬가지로 사상사 상에서는 왕양명을 근대의 먼 연원으로 보지 않을 수 없다. 왕양명의 이른바 재편・보강, 다시 말해 지주제적 분권적 전제로의 선행적 지향은 도리어 필연적으로 근대의 씨앗을 배태시켰다고 말할 수 있다. 명말청초를 전환점으로 하는 지주 주도의 계급적 재편성—상인・자영 지주를 그 동반자로 하는—이 전호의 **계급적인** 대응을 낳았으며, 그 계급적 대립에 전제적 공권력이 복잡하게 얽혀지면서 한편에서는 향신 지주들과 타협하기도 하였고 다른 한편에서는 그들과의 대립 속에서 그들을 제한하기도 하였다. 또 다른 한편에서는 전제적 공권력과 향신 지주들이 상호 보완하는 형태로 궁극에는 지주제적 **구조**를 토대로 한 중국 최후의 전제(專制)로서 화려하게 말기적으로 기능한 그 후기 봉건적 구조의 발전이, 그 발전 속에서 도리어 멈추기 힘든 민**생**주의적 근대를 배태하지 않을 수 없었다. 이러한 역설적인 씨앗이 양명 사상의 출현이었다.

그렇다면 철학사상에서는 어떠한가? 대진의 리학(理學)은 이 시대의 하나의 성과였다. 그가 말한 '자연의 분리(分理)'로서의 리(理)는 욕망 상호간에 조화를 이루어주는 상호적인 조리라는 점에서 여곤을 계승하는 것이었지만, 그러나 여곤의 '분'이 성분・직분 등 소여의 상하적인 분으로 미리 규정되어 있었던 것과는 다르다. 대진의 '자연의 분리'는 본론(하론, 제3장)에서 후술하겠지만, 혈기(血氣)의 자연(욕망)을 조화시키는 심지(心知)의 자연(도덕적이고 선천적인 인식능력)에 의한 것으로서 상하의 분을 직접적인 조리로 삼지는 않았다. 조리는 사람들의 심지에 근거하는 것으로서 성분・직분은 아니며, 심지는 원리적으로 말하면 심지 일반으로서 모든 사람에게 있어 동등한 것으로 이해되었다. 분리의 분은 적어도 원칙적으로는 모든 사람들에게 있어서 서로 소유를 나누는[分有] 혹은 경계를 나누는[分界] 분이었다. 게다가 '존인욕적 천리'를 의사(擬似) 공화국(Commonwealth)49)*이라고 할 수도 있는 '분리(分理)'로서 정립하였다. 이 시점에서 주자학 이래의 리관은 완전히 면모를 일신하고 청말의 공리관(公理觀)으로의 길을 열었다. 이러한 의미에서 대진의 리관이야말로 근대의 맹아라고 할 만하다.

아니, 청말민국초에 유학은 사람을 잡아먹는 봉건적 예교로서 타도의 주요 대상이 아니었던가라고 말할 수 있을지도 모르겠다.

확실히 청조에서도 주자학을 정통적인 체제교학으로 삼아 사상적 통제를 꾀하였다. 하지만 그러한 전제적 체제교학으로서의 유학과 양명 이래 대진에 이르는 유학을 봉건적 예교라는 한 마디 말로 동일하게 묶어버릴 수는 없다. 이러한 용어상의 혼란을 피하기 위해 필자는 '유리학(儒理學)'이라는 용어로 후자의 흐름을 개괄하여 고찰하고자 한다. 요컨대 다음과 같은 것이다.

주자학은 송대라는 새로운 시대를 떠맡은 이데올로기였다. 이를테면 『주자행장(朱子行狀)』에서 "한결같이 굳세고 정직하여 도를 지키고 리를 따르는 인사가 그들 사이에 나아가면, 뭇 사람들이 의론하고 배척하며 도학(道學)이라 지목하여 과격하다는 죄를 뒤집어씌운다"라고 전하고 있듯이, 주자학은 당시 과격한 학문으로 지목될 만큼 앙양되어 있었다. 모리모토 준이치로(守本順一郞)가 다른 방식으로 논술한 것처럼,50) 송대의 주자학은 송대에서의 역사적 역할이

---

49)* 토마스 홉스(Thomas Hobbes; 1588～1679)의 『리바이어던(Leviathan)』에서 유래한 말. 권리에 대한 개인적이고 이기주의적인 판단들 사이의 갈등에서 비롯되는 무정부 상태를 피하기 위해 자연법의 계율에 따르고 평화를 추구하는 인간들은 자신들의 권리나 자유의 일부를 포기하고 사회계약을 맺어 인위적인 인간 즉 공화국(commonwealth)이나 국가(state)라 불리는 리바이어던을 창출시킨다고 한다.

50) 守本順一郞, 앞의 책. 모리모토는 리의 고유한 성격으로서 내재적・원리적・자연적 및 초월적・실체적・초자연적의 두 가지 측면을 들고, 이 가운데 후자의 성격 때문에 리를 봉건적이라 규정한다. 봉건시대에 신분질

있었던 것이다.

그런데 이 주자학은 리의 세계관을 기초로 하여 체계화되었기 때문에 당(唐) 이전의 유학과는 본질적으로 뚜렷한 차이를 보여준다. 이 때문에 신유학 또는 리학으로 칭해진다. 이러한 리의 세계관은 송대 주자학 단계에 머물지 않고 명대의 양명학을 거쳐 다시 청대까지 이어진다. 다만 청대 중엽의 대진 이후에는 그 체계가 분해된다. 하지만 리의 기본적인 부분은 거의 유지되면서 청말까지 전개되어, 각 시대의 전개과정 속에서 다양한 학파 사이의 갈등과 대립을 낳았다. 개괄적으로 말하면 리관의 갈등과 대립이며, 이는 결국 리관의 변혁과 관계되는 것이었다. 이기이원론에 대한 이기일원론, 성즉리에 대한 심즉리, 위선거악(爲善去惡)에 대한 무선무악(無善無惡), 거인욕적 천리에 대한 존인욕적 천리 등의 갈등과 대립의 흐름은 리관 변혁의 흐름이었다. 이 흐름을 개괄하여 유리학이라는 용어로 파악하고자 한다. 이렇게 볼 때 주자학은 유리학의 확립이라는 획기적인 의의뿐 아니라 송대에 적응할 수 있는 리관을 수립하

서는 현실적으로 주어진 것으로 간주되어, 그것이 리의 관념 속에 투영되었다. 이러한 점에서 가 주자학적 리를 봉건적이라고 규정한 데에는 달리 이론의 여지가 없을 것이다. 모리모토 그리고 이 경우 리가 초월적으로 기능하였다고 표현하는 것도 허용될 것이다. 그러나 리의 고유한 성격을 말한다면, 자연의 개념이 그렇듯이 소여적·선천적(곧 내재적) 및 올바름·조리(곧 원리적)의 양자로 개괄하면 될 것이다. 문제는 올바름·조리가 소여·선천적인 것으로 간주되는 소여성(所與性)이 문제가 된다. 이 소여성이 신분질서로 관념될 때, 리는 말하자면 초월적으로 기능하게 된다. 그러나 한편 이 소여성이 이후의 추이에서 보이듯이 욕망이나 천부 인권으로 관념되는 단계에 들어서면, 리는 그 내재적·원리적인 소여성으로 인해 도리어 신분질서에 대항적 혹은 파괴적으로 작용하게 된다. 요컨대 초월적이라는 것을 결코 리의 고유한 성격으로 규정할 수는 없는 것이다. 실제의 추이를 본다면 분명하듯이, 양명학에서는 송학적 리의 실체적 기능[定理]의 파괴로 힘이 집중되며, 이후 리는 인간적 자연을 착실하게 그 내실에서 획득하고 있었다. 리는 초월적으로 기능하지 못하였던 것은 물론 실체적으로도 초자연적으로도 기능하지 못하였다. 이것이 실제 상황이다.

였다는 점에서 송대의 주자학은 유리학의 역사 속에서 특정한 위치를 차지한다. 그렇게 본다면 양명학은 그 유리학의 흐름을 계승하면서, 다만 송대의 리관을 극복하고 명대의 리관을 수립한 것이라 하겠다. 청대의 학자들 역시 유리학의 흐름 속에서 명대의 리관을 부정적으로 계승하면서 이를 청대의 리관으로 발전시킨 것으로 자리매김할 수 있다. 요컨대 유리학은 각 시대의 학자, 이를테면 주자·왕양명·이탁오·여곤·왕선산·안원·대진 등의 리 학설, 각 시대의 리를 가진 리학의 흐름 및 그 리관 전개의 흐름에 대한 총칭이다. 이렇게 볼 때 유리학의 전개 끝부분에 강유위(康有爲; 1858~1927)·담사동(譚嗣同; 1865~1898)·손문(孫文; 1866~1925) 등의 리관이 자리한다. 그들은 이러한 리관에 의거하여 최종적으로는 반전제·반봉건의 이념을 획득하였고, 봉건적 예교를 타도하는 이데올로기적 주체를 확립하였다고 할 수 있다.

그렇다면 타도의 대상이 되었던 예교란 무엇인가? 기본적으로는 주자학이지만, 과격하다고까지 지목된 송대 주자학은 아니다. 그것은 명청 시대를 통해 과거(科擧)의 중심과 전제통치의 이데올로기가 된 주자학이며, 군신·부자의 상하적 질서 이데올로기로 기능한 송대 주자학을 체제교학에 적응할 수 있도록 개조한 명청 시대의 주자학이다. 그것은 체제 주자학, 보다 일반적으로는 체제 유학이라 부를 수 있다. 물론 이 체제 유학조차도 송대 주자학이 화석처럼 그대로 존속된 것이 아니라, 당연히 시대에 따른 나름대로의 변질이 있었다. 그리고 체제 유학과 유리학이 한쪽은 체제적 또 다른 한쪽은 반체제적으로 절연히 구별되어 대치하고 있었던 것도 아니었다.

유리학은 체제 유학에 대해 재편과 보강의 작용을 하였고, 체제 유학은 유리학의 전개에 규제 혹은 지향의 작용을 하는 등 양자는 상호 영향을 끼쳤다. 그런 의미에서 이 두 가지는 흡사 새끼줄처럼 서로 뒤엉켜서 혼연히 흐르고, 그 때문에 하나의 흐름처럼 보이기도 한다. 그러나 체제 유학이 엄격하게 상하 신분적 질서(충과 효)를 고수한 반면, 유리학은 이윽고 청대 중엽 이후 그 상하적 질서의 틀을 스스로 깨뜨렸으며 또한 상하적 질서에 대항하는 도깨비가 되었다. 이러한 추이에서 말한다면 이 두 가지는 역시 구별하여 보아야 한다.

요컨대 체제 유학이 오로지 위로부터의 전제적·가부장적 이데올로기였다면, 각 시대의 유리학은 그 시대의 현실과 서로 밀착하거나 현실적 모순과 격렬하게 투쟁하면서 이를 리관 속에 반영시켜 스스로를 변혁시켰다. 그리고 체제 유학의 경직성·현실 괴리에 의해서 유리학과의 차이가 생겨났으며, 결국에는 후자의 '근대적 성숙'—다만 여기에는 외부로부터의 크리스트교·진화론·근대 유럽 시민 사상·마르크스의 영향, 안으로부터의 공양춘추·불교·제자학의 혼합 등 여러 개재가 있었지만—으로 인해 그 차이는 더욱 현격해져 전자는 후자에 의해 변혁의 대상이 되기에 이르렀던 것이다.

이렇게 볼 때 2차 세계대전 이후 야마노이 유(山井湧)·야마시타 류지(山下龍二) 등에 의해서 정력적으로 해명된 이른바 '기(氣)의 철학'의 계보는 유리학의 흐름의 계보로 다시 파악되어야 한다. 또한 기의 철학은 종종 오해되듯이 리에 대한 기의 우위 혹은 리를 부정하고 기를 확립하고자 한 것이 아니라 기의 비중을 확대함으로써 혹은 기를 리에 침투시킴으로써 리의 내실을 변혁시키고자 한 것이었다.

리관 속에서 중국 철학사상—사대부의 경세학인 유학·유리학에 공통된 독자적 특징이라는 점에서 그것은 동시에 정치·경제 사상의 일면도 갖는다—의 전개를 보는 관점은 중국사상에 있어서 근대적 전개의 독자적 양상의 해명을 전제로 하며 동시에 결론으로 삼아야 한다. 예를 들어 '리'에 늘 붙어 다니는 —'천리자연의 공'이라 할 때의— 천, 자연, 공 등의 제 개념이 일본의 이러한 개념 혹은 유럽의 신, 자연, 근대 국가 등 제 개념과 대비하여 어떻게 상대적으로 독자적인가? 또 중국의 이러한 개념들이 '리'의 전개에 따라 내실 상에 어떠한 변화가 일어났는가? 이러한 점들이 전제로서 또 결론으로서 설명되지 않으면 안 된다.

만약 이러한 점들이 설명된다면 자연으로부터 작위, 신인(神人) 분열에 대응하는 형태로의 천인(天人) 분열, 전체[국가]에 대한 개체[개인]의 자립이라는 유럽적 혹은 일본적인 지표, 요컨대 유럽 및 일본의 근대에 기초한 평가 기준이 중국의 근대에는 거의 통용될 수 없음이 명백해질 것이다.

예를 들자면 앞서 보았던 '자연이 본연'이라고 하는 중국의 독자적 자연관은 작위의 개입을 인정하지 않는 본연적 자연관으로서 도덕이 자연으로부터 분리되는 것을 방해하였다. 또한 자연을 **존재**한다기보다는 존재할 수밖에 없는 본래적 모습으로 이해하는 그 자연관이 자연을 **존재하는** 대상으로 여기고 이에 분석을 가하는 자연과학의 발전을 방해하였다. 그러나 이러한 본연적 자연관으로 인해 중국인들은 '리'의 범주 안에서 사회적 욕망을 용인하였으며, 또한 욕망의 조화를 선험적(apriori)인 것으로 이해하였다. 그 결과 정치를 도덕적으로 파악하는 독자적인 근대 정치관(공리적 정치관)을 낳았다. 또한 본연적 자연관에 의해서 자연을 분석의 대상으로 삼지 않았으며, 이로 인하여 마음과 몸의 본래 기능을 종합적으로 파악하는 동양(중국)적 의학을 낳기도 하였다.

또한 '천인합일(天人合一)'의 전통으로 하늘의 법칙적인 질서를 자기 속에 내재해 있는 자연으로 이해하여, 정치를 이성의 활동으로 보는 유럽 근대의 자연법을 부정하였다. 그러나 이 천인합일에서의 '천'은 운명적 혹은 천체 운행의 천이라기보다는 리(理)의 천이었다.[51] 그런 까닭에 하론 제4장에서 후술하는 것처럼 이윽고 '리'의 내실이 전개됨에 따라 도리어 평등을 천부의 인권으로 파악

---

51) 溝口雄三, 「天人合一における中國的獨自性」(日本思想大系 『佐藤一齋・大鹽中齋集』 수록, 岩波書店, 1980) 참조.

하였다. 아울러 천의 전체성·보편성을 배경으로 평등을 유럽처럼 단순히 정치적 권리의 평등으로 보지 않고 모든 민(民)의 경제적 평등까지를 포함하는 것으로 이해하였다. '공(公)' 역시 일본의 이른바 '공(公)'52)*과 달리 어원적으로 '통(通)'·'공(共)'의 의미를 가지고 있으며, 또한 사(私)와는 도덕 원리적으로 이율배반적이었다. 이 때문에 오규 소라이(荻生徂徠; 1666~1728)53)*식, 즉 일본식의 '공'에 대립되는 '사'라는 '영역적 자립'을 낳을 수 없었다.(「弁名」 참

52)* 일본어의 オオヤケ. 국가권력, 관, 조정, 정부를 그 주된 내용으로 한다.

53)* 오규 소라이(荻生徂徠; 1666~1728): 일본 근세 중기 고학파(古學派)를 대표하는 유학자. 중국 명대의 고문사파(古文辭派)의 영향을 받으면서, 문장은 진한 이전에, 시는 성당(盛唐)에 전범을 두는 의고(擬古)적인 시문을 제창하여 한시 문단에 커다란 영향을 끼쳤다. 또한 그에 앞선 주자학이나 진사이학(仁齋學)을 비판하면서, 육경에 의거하여 '선왕의 도'를 밝힌다는 슬로건으로 고학을 창시하여 일본 근세사상사의 새로운 국면을 열었다. 본명은 나베마츠(双松), 자는 모케이(茂卿), 소라이(徂徠)는 그의 호. 에도(江戶) 출신. 상고시대 유력씨족의 하나였던 모노노베씨(物部氏)의 후예라 하여 '모노모케이(物茂卿)'라고 자칭하였다. 40세경에 명의 고문사파의 시문집을 우연히 입수하여 충격을 받고, 고문사의 학습을 시작한다. 1714년에는 주자학의 입장에서 진사이학을 비판한 『훤원수필(蘐園隨筆)』과 그의 중국어연구의 성과로 유명한 『역문전제(譯文筌蹄)』를 간행하였다. 또한 이토 진사이(伊藤仁齋)의 『논어고의(論語古義)』에 대한 비판적 검토를 통해 독자적인 고학을 형성하면서, 1717년(52세)부터 3년에 걸쳐 그의 고학의 핵심을 이루는 『변도(弁道)』, 『弁名)』, 『논어징(論語徵)』이 완성한다. 그의 새로운 고학은 그 방법론을 서술한 『학칙(學則)』이라는 저작에서 성립되었다. 만년의 소라이는 8대 쇼군 요시무네(吉宗)의 하문에 답하여 올린 경세론인 『태평책(太平策)』, 『정담(政談)』과 『대학해(大學解)』, 『중용해(中庸解)』, 『소라이선생답문서(徂徠先生答問書)』, 『명률국자해(明律國字解)』 등을 저술하였다. 한편 소라이의 고학은 유학의 측면에서는 절충학으로 총칭되는 탈형이상학적이며 반고학적인 다양한 지적 활동을 환시시켰으며, 동시에 소라이학을 '공리의 학'으로 비판하면서 수신의 복권을 제창하는 정학파 주자학의 성립을 촉진하기도 하였다. 또 옛 언어에 즉해서 옛 모습을 밝힌다는 소라이의 고학 방법적 입장은 모토오리 노리나가(本居宣長; 1763~1828)에 의해서 고대 일본에 전략적으로 전용되어 국학의 방법적 입장의 성립과도 관계되었다.

조) 반면에 중국인들은 '사사롭게 하다'의 뜻을 갖는 사(私)에 대립되는 '통(通)' · '공(共)'으로서의 '평분(平分)'(許愼, 『說文解字』) 혹은 소수자의 이기심을 뜻하는 사(私)에 대립되는 다수 · 전체의 반(反)이기심으로서의 공(公)과 반사(反私) · 반전제(反專制)로서의 국민적 공(公)을 낳았다.[54)]

이들 중국사상사 상의 제 개념의 상대적 독자성은 앞으로 다시 면밀하게 해명될 필요가 있겠지만, 지금까지 대략적으로 살펴본 바 이러한 것들은 중국 근대 사유로서 추출할 수 있을 만큼 독자적 전개의 양상을 보이고 있다고 할 수 있다.

'개인의 자립'이라는 흐름은 중국의 근대 속에서 추출할 수 없지만, 반면 중국인들은 독자적인 공화혁명과 인민혁명을 근대로서 이끌어냈으며 아울러 이를 토대로 미래를 전망하였다. 대체로 중국의 근대사상은 공동체적인(예를 들면 만물일체의 인) 대동사상으로부터 나왔으며, 천 · 리 · 자연 · 공의 제 개념은 이러한 공동체적인 것의 표상이었다. 따라서 사상사 상에서 아시아 근대의 역사적, 주체적인 본질에 대한 인식은 이러한 개념에 대한 탐색을 통해서 정립되어야 할 것이다.

본서는 이러한 모색과 정립을 위한 제1단계의 작업에 지나지 않는다. 모색과 정립은 당연히 정립을 위한 모색의 영역을 벗어나지 않는다. 그러나 제1이 제2로 나아가기 위한 필수단계라 한다면, 그러한 한에서 나름대로의 의의는 있을 것이다.

이상, 이탁오에 대한 평가를 언급하면서 한편으로는 명청 사상 속에 전개된 중국적 독자성과 문제점 등을 근대의 연원으로 거슬러 올라가는 관점에서 서장(序章)으로 미리 개괄하였다.

---

54) 溝口雄三, 「中國における公・私概念の展開」(『思想』 669호, 1980) 참조. * 중국과 일본의 공 · 사 개념에 대해서는 溝口雄三/정태섭 · 김용천 역, 『중국의 공과 사』(신서원, 2004) 참조.

상 론
명대 후기의 사상 전환

이끄는 말

본서의 체제는 약간 이례적이라 할 수 있다. 상론에서는 전적으로 명말을 살았던 한 사람의 사상인(思想人) 이탁오의 삶의 내면에 초점을 맞추어 서술을 시도해 보고자 한다. 그 이유로서 먼저, 명말(16세기 말~17세기 초)이라는 시기가 **중국사상사** 속에서 많은 사람의 주목을 끌면서도 다양한 색채와 복잡한 국면 때문에 해명이 쉽지 않은 시기라는 점 때문이다. 다른 하나는, 이탁오야말로 이 시기를 가장 전형적으로 살았던—흡사 루쉰(魯迅)이 민국 시기에 그랬던 것처럼— 인물로 뽑아낼 수 있기 때문이다. 바꾸어 말하면 이탁오의 삶에는 명말이라는 시대의 역사적 모순이 극히 날카롭게 드러나 있다고 생각된다. 또 다른 하나는, 필자가 그를 사상가라기보다 '사상인(思想人)'이라 부르고 싶었던 것처럼, 그가 이를테면 왕양명의 '심즉리' 같은 테제조차 제시하지 않은, 요컨대 구축된 사상 진지랄 것이 없으며, 있다고 한다면 기성의 질서윤리에 대한 거부의 자각뿐 철저한 **'비(非)'** 혹은 **'배(背)'**의 존재였기 때문이다. 또한 이탁오는 76세의 고령으로 옥중에서 스스로 목숨을 끊고 자살한 심상치 않은 종언에서도 볼 수 있듯이 시대의 역사를 전형적으로 살았음에도 혹 그 때문인지 오히려 그가 살았던 시대에 이미 배격 당하였으며, 더욱이 그의 사상적 계승으로 지목되는 다음 세대 즉 명말청초 시기의 대표적 사상가들(황종희 · 고염무 · 왕선산 등)에게조차 배척당한 전말이 있었다.

이러한 사정으로 필자는 이 인물의 '인간'에 대한 강한 인간적 관심을 갖게 되었으며, 그의 **인간**을 모른다면 그의 사상활동의 맥락과 그 속에 표현되는 명말의 시대상은 해명될 수 없을 것이라는 생각이 더욱 깊어갔다. 그러나 3백 수십 년을 지난 타국의 인물을 안다는 것은 쉬운 일이 아니다. 먼저 그 인물이 살았던 시대상을 이해하지 못한다면 그 인물을 이해한다는 것은 사실상 불가능에 가까울 것이다. 그러나 필자는 무모하게도 이 승산 없는 싸움판에 뛰어들어 그와 동시대를 살았던 인물 특히 그와 관계 깊은 인물들의 글을 읽기 시작했다. 그리고 이들의 역사적 위치를 알기 위해 전후 시대의 대표적인 인물의 글을 읽어 가면서 더듬더듬 어두운 발걸음을 계속하였다. 감히 이렇게 할 수 있었던 것은 무엇보다 이탁오라는 인물에 대한 '인간'적 관심—혹은 그의 문장의 굴절 속에서 느끼는 공감대—의 지속이 필자에게 있었기 때문이다. 나아가서는 이 인물이야말로 사상사적으로 일급의 인물일 것이라는 직감이 필자에게 있었으며, 그 일급의 증거를 필자 나름으로 증명하고 싶었다. 일급이란 역사적 전형이라고 할 수 있다. 무릇 중국철학사의 상식에서 본다면, 허점투성이의 이 인물—이기론도, 천리·인욕론도, 인성론도 없으며 그렇다고 해서 경세론도 없는, 더구나 유자도 불자도 아닌—의 그 일정한 자취에서 벗어난 족적이야말로 명말이라는 시대상의 단적인 표현은 아닐까 하는 직감이 있었다. 그리고 결과적으로 이단시된 이 인물이야말로 당시대를 가장 진지하게 살았던, 요컨대 당시의 역사와 가장 리얼하게 관계하였던 인물일 것이라는 확신이 깊어졌다.

그러한 경과가 있었기 때문에 앞머리에서도 언급하였듯이 사상사적 서술로서는 약간, 아니 거의 이례적인 체제를 취하게 되었다. 특히 제1장은 과도하게 이탁오에 초점을 맞추었다는 느낌마저 들어 필자 스스로 부끄러움을 면할 수 없다. 그러나 굳이 변명을 한다면 이것은 일단 밟지 않을 수 없는 한 단락이었다. 결점이 많기는 하지만 이 방법에 의해서 당시의 사상 상황 속의 문제점이 이탁오를 통해 그대로 드러났다. 그 결과 그의 '무'나 '진공'이 갖는 사상사적 의의를 그럭저럭 2단계로서 제2장에서 서술할 수 있게 되었다.

명치 시대 이래 근대 일본인에게 있어서 중국사상 특히 유학사상은 잊어버리고 싶은, 아니 극복해야 할 사상이었다. 유럽 사상을 차안으로 끌어들이는 그만큼 피안으로 멀어져 갔으며 혹은 멀어져야 할 것으로 여겨졌다. 이 때문에 현대 우리들에게 유교의 용어는 그 어느 것도 매우 낯선 것이 되어버렸다. 이뿐만 아니라 논리적인 사변의 구조상에서도 유럽적인 것에 익숙해진 우리에게는 중국적인 논리 그 자체가 이미 이질감을 자아낼지도 모른다. 느닷없이 이렇게 어떤 인물에 초점을 맞추어 진행하는 서술방식에 곤혹스러워할지도 모른다. 상론에서 다룬 문제는 하론에서 이 인물의 바깥 측면에서 사상사적으로 다시 보게 될 것이다. 그러므로 경우에 따라서는 하론부터 읽어가는 것도 한 방법이 될 것이다. 그렇지만 낯선 세계의 일이기 때문에 이렇게 한 인물에 초점을 맞추어 읽는 방법에 익숙해진다면 뜻밖의 좋은 결과를 낳을 수도 있을 것이다.

이 서술 속에서 당초 목적으로 삼았던 명말이라는 시대상이 해명된 것은 아니다. 한 사람의 인물에 초점을 맞추는 방법론적인 한계가 애당초부터 있었다. 말하자면 목적에 대한 방법 자체에 이미 모순이 있었던 것이다. 본디 그것은 무모한 시도에서 유래하였지만 제1단계로서 어쩔 수 없는 시도라 양해해 주기 바란다.

제1장
명말을 살았던 이탁오(李卓吾)

제1절 허구적인 '리(理)'의 거부

자기 성명(性命)의 도 / '본래(本來)'와 '자연(自然)' /
진정한 '리(理)'의 갈망

남쪽 사람은 쌀을 주식으로 하고 북쪽 사람은 기장을 주식으로 하여 그것이 각자 자신의 입에 가장 잘 맞는다고 생각한다.

남쪽 사람 이지(李贄; 호는 卓吾, 1527~1602)가 북쪽 지방을 여행하던 어느 겨울, 사흘 내내 추운 날씨에 폭설이 세차게 몰아쳤다. 일주일 동안이나 식량이 떨어져 굶주림에 떨고 피곤함에 지친 그는, 어느 외딴집을 발견하고는 그곳을 향해 달려갔다. 그를 불쌍하게 여긴 집주인은 기장으로 밥을 지어 주었다. 그는 게 눈 감추듯 먹어 치울 뿐 먹고 있는 것이 쌀밥인지 기장밥인지 분별할 여유가 없었다. 단숨에 먹어 치운 뒤에야 겨우 정신을 차린 그는, "아아! 지금 먹은 것은 쌀밥이었던가? 어찌 이리도 맛있는 음식이 있을까?" 하고 겨우 생각났다는 듯 의아스러워하였다. 그러자 주인은 "그건 기장밥이었는데요"라며 빙그레 웃고는 "이 기장은 여태까지 먹어 왔던 곡식과 다름없습니다. 다만 하도 굶주린 나머지 특별히 맛있었던 게지요. 그래서 배도 더욱 부른 거구요. 이제부터 쌀밥이 어떻고 기장밥이 어떻고 하는 불필요한 분별은 하지 않을 테지요?" 라고 하였다. 이 말을 들은 이탁오는 개연히 탄식하고 다음과 같이 말하였다.

> 도(道)에 있어서 공자와 노자의 차이는 남과 북에 있어서 쌀과 기장의 차이에 불과하다. … 만일 내가 지금 음식을 갈망하는 것처럼 도를 추구한다면 공자와 노자를 가릴 여유가 있겠는가?

이후 그는 『노자』 연구에 전념하였고, 이윽고 소철(蘇轍; 1039~1112)1)*이 지은 『노자해(老子解)』를 구하여 읽었다는 이야기를 후년에 술회하고 있다.(『焚書』 권3, 「子由解老序」)

에피소드의 진위를 따질 필요는 없다. 공자와 노자의 경계—그것은 동시에 유교·노장·불교 삼교의 경계, 나아가서는 기독교·회교 등 모든 종파의 경계를 예측케 하지만—가 굶주림으로 타파된다는 점을 이 지나간 이야기에서 간파할 수 있으면 된다. 이탁오도 그것을 말하고 싶었다.

굶주림은 사람으로 하여금 나를 잊게 하고 자기를 잃어버리게 한다. 이 때문에 경계를 변별할 여유를 없게 된다. 이탁오는 앞의 에

1)* 소철(蘇轍; 1039~1112): 자는 자유(子由), 호는 영빈(潁濱)·난성(欒城). 소순(蘇洵)의 둘째 아들로, 소식(蘇軾)의 동생이다. 송 신종 때 왕안석의 청묘법에 반대하여 하남(河南)의 추관(推官)으로 좌천되었다가 철종 때 부름을 받고 우사간(右司諫)이 되었다. 벼슬을 그만둔 후 스스로 영빈유로(潁濱遺老)라 칭하면서 종일 묵좌하며 경(經)·사(史)·자(子)를 연구하였다고 한다. 당송팔가 중의 한 사람이다. 저술로는 『난성집(欒城集)』, 『응조집(應詔集)』, 『춘추집해(春秋集解)』, 『고사(古史)』, 『노자해(老子解)』 등이 있다.

피소드에서 그렇게 말하고 싶었던 것일까?

그는 그렇게 말하고 있다. 그렇지만 이 이야기 속에는 나를 잊고 기장밥을 게 눈 감추듯 먹었다고 선언하는 또 다른 하나의 나, 자기를 잃어버렸다고 선언하는 자기가 내포되어 있다. 굶주림에 빠진 자기가 아니라 굶주림을 자각하고 있는 자기이다. 그 자각된 굶주림의 밑바닥으로부터 삼교의 경계는 안중에도 없다고 선언하는 자기이다. 나를 잊음으로써 경계가 보이지 않게 된 것이 아니라, 굶주림의 강렬함 그 강렬함을 자각하는 자각의 강렬함이 경계를 없애버리고 있다. 삼교의 경계를 없애버릴 만큼의 굶주림의 강렬함은 그대로 자기주장의 강렬함이다. 그렇지만 말할 필요도 없이 자기의 충실을 주장하는 것은 아니다. 이른바 자아(自我)의 주장은 아니다. 자기의 공동(空洞)을 주장하는 것이다. 삼교의 경계는 바꾸어 말하면 기성의 질서, 기성의 도통관, 사회통념이라 할 수 있다. 이들 현존하는 것들에 대한 자아의 주장은 아니다. 그러한 것들에 의해서는 자아를 충실히 할 수 없다. 이것이 그의 공동(空洞)의 주장이다.

이탁오와 거의 동시대를 나란히 하여 살았던 주여등(周如登)[2]의

---

2) 이하 이탁오와 관련 있는 인물에 대해서는 그 관계에 따라 간단하게 소개하겠다.

주여등(周如登; 1547~1629): 자는 계원(繼元), 호는 해문(海門). 절강성 승현(嵊縣) 출신. 양복소(楊復所)와 함께 나여방(羅汝芳; 近溪; 1515~1588)을 사사(師事)하여 그의 영향을 받았다. 『명사』 권283, 「왕기·용계전(王畿龍溪傳)」 가운데에 "처음 남경 공부주사(南京工部主事)가 되었지만 각세(榷稅)가 정액에 차지 못했기 때문에 양회 염운판관(兩淮鹽運判官)으로 좌천되었다. … 기원(起元)은 맑게 수양하여 절개를 뽐냈지만 그의 학문은 선(禪)을 꺼리지 않았으며, 여등(汝登)은 더욱 유교와 불교를 합하여 이를 회통하였다"고 기록되어 있다. 『감산대사몽유전집(憨山大師夢遊全集)』이나 『동월증학록(東越證學錄)』에 각각의 편지가 수록되어 있듯이 명말 고승의 한 사람인 감산 덕청(憨山德淸)과 교류가 두터웠다.

또한 『동월증학록』 권9의 「제탁오수서(題卓吾手書)」(『李溫陵外紀』 권3에도 수록)에 "시험삼아 이 (탁오의) 편지를 꺼내어 사람들에게 보여준다면 반드시 이를 좋아할 사람도 있을 테지만 매우 미워할 사람도 있을 것이다. 그리고 그 좋아함과 미워함 어느 쪽도 극단적일 것이다. 대체로 사람

굶주림을 보도록 하자. 그는 "육상산과 왕양명의 학은 선(禪)과 뒤섞여 있는 것이 아닌가?"라는 어떤 사람의 질문에 대해 다음과 같이 대답하였다.

> 선(禪)과 유(儒)는 명칭에 지나지 않는다. 한 공기의 밥이 앞에 있다. 이제 그것을 먹으면 굶주림이 채워진다고 할 때, 그리고 그것을 먹어야 우리의 생명이 유지될 수 있다고 할 때, 단지 먹으면 된다. 화상(和尚)의 집에서 지었는지 백성(百姓)의 집에서 지었는지 물으면서 … 문 앞에서 따지기만 할 뿐 자기의 성명(性命)이 확실히 낙착되는 근원을 찾으려 하지 않는다면 참으로 불쌍하고 슬픈 일이다.(『東越證學錄』 권1, 「南都會語」)

또 이탁오와 오랜 왕래가 있었던 초횡(焦竑)[3]은 경정향(耿定向)[4]

들에게 사랑도 받지 못하고 증오도 받지 못하며, 사랑과 증오가 또 모호하다면 어찌 이런 글을 탁오노자(卓吾老子)의 글이라고 할 수 있겠는가? 사랑만 받는 것이 아니라 미움도 받으며, 미움을 받는다면 극단적인 것, 이것이 탁오노자의 글이 되는 이유이다. 사람의 정은 지극하면 마멸될 수 없는 법이다. 그러므로 그것은 반드시 세상에 전해진다고 말하는 것이다. 예로부터 사랑을 받음으로써 전해지는 글은 많다. 그러나 미움을 받음으로써 전해지는 것은 이 탁오노자로부터 시작될 것이다"라고 서술하였다.(『동월증학록』 권9, 「題秣陵紀聞」; 『동월증학록』 권16, 「弔李卓吾」 참조) 이탁오에 대한 이해가 상당히 투철하였음을 알 수 있다. 어딘가 인간적으로 공감하는 바가 없다면 이러한 평가를 할 수 없었을 것이다.

3) 초횡(焦竑; 1540~1620): 자는 약후(弱侯), 호는 담원(澹園). 강소성 강녕(江寧) 출신. 경정향에게 사사하였으며 또한 나근계에게도 의문을 던졌다고 『명사』 권288에 기록되어 있다. 같은 『명사』 권288에 "널리 여러 서적을 읽어 경사(經史)로부터 패관(稗官), 잡설(雜說)에 이르기까지 두루 꿰뚫지 않음이 없었다"고 기록되어 있듯이 박식한 학자로서 일찍이 저명하였다. 『초씨담원집(焦氏澹園集)』 49권이 여러 곳에 소장되어 있는데, 필자는 내각문고(內閣文庫) 소장본(萬曆刊)에 의거하였다. 또 내각문고와 존경각문고(尊經閣文庫)에는 『초씨담원속집(焦氏澹園續集)』 27권(萬曆刊)이 있다고 하는데 아직 보지 못했다. 이 밖에 『초씨필승(焦氏筆乘)』 등 여러 저작이 현존하지만, 여기서는 상술하지 않겠다. 초횡은 이탁오와 가장 친교가 두터웠던 사람 가운데 한 사람으로서 『분서(焚書)』·『속분서』(이하 모두 중

화서국에서 간행한 활자본에 의거한다)를 통해 보면 초횡에게 보낸 편지가 가장 많다.

필자가 『담원집(澹園集)』을 통독한 한에서 말한다면, 초횡은 성명(性命)에 대한 연구가 매우 온화하였으며, 자신의 사상을 주장하는 면에서도 경정향에 비해 훨씬 담백하였다. 초횡이 당시의 이른바 '진보'적인 사조에 대해 거의 편견을 갖지 않았으며, 패관잡설에 이르기까지 광범위하게 섭렵한 태도—이탁오는 "『수호전』을 갖고 있다는 소식을 듣고 하염없이 그것을 읽고 싶었다. 아무쪼록 부쳐준다면 비록 원본이 아니라도 괜찮다"(『분서』 증보2, 「復焦弱侯」)라고 의뢰하거나, "『수호전』의 표점 작업은 매우 살아 움직이는 듯하다. 『서상기』와 『비파기』의 문장을 지우고 고쳐 쓴 것은 더욱 오묘하다. 생각건대, 세간에서는 내가 본 글조차 읽은 자가 없는데, 하물며 이러한 책들이겠는가?"(『속분서』 권1, 「與焦弱侯」)라는 편지를 보내고 있어, 이 방면에서의 교류도 있었음을 엿보게 한다—는 그 하나의 표현이다. 그렇지만 초횡의 성명의 학은 그의 독창적인 견해라기보다는 '진보'적 사조가 거의 대세를 장악한 시점에 때맞추어 서술하는 태도로서, 말하자면 타인에게 폐를 끼치지 않으려는 '진보'적 의견이라는 색채가 짙다. 그토록 치열하게 경정향과 언쟁을 벌인 이탁오가 그와 유사한 입장에 서 있는 초횡에 대해서는 거의 논쟁을 걸지 않았다는 사실은 초횡의 자기 주장이 없는 온화함과 관계가 있을 것이다. 이탁오는 초횡에 대해서는 마치 응석받이처럼 신변의 일을 편지로 보내거나 혹은 심사를 개진하였으며, 그 만년에도 초횡과 『역』을 즐겨 읽었다. 단 한 번 초횡의 「각소장공집서(刻蘇長公集序)」(『담원집』 권15)에 대해 논쟁을 걸고 있는데(『분서』 권4, 「征途與共後語」), 이것도 경정향과의 처참한 편지 왕래에 비하면 논쟁이라기보다는 의견 조정이라 할 정도이다.

생각해 보면 초횡은 이탁오에 있어서 무엇을 말해도 강한 반응을 보이지 않는 대신, 무엇을 말해도 그대로 받아주는 좋은 이해자였다. 이탁오처럼 강렬한 개성의 소유자에게는 이러한 벗이 필요했을 것이다. 이탁오가 본 초횡이라는 인물이 이러하였겠지만, 초횡 자체가 또한 그러한 인물이었다.

4) 경정향(耿定向; 1524~1596): 자는 재륜(在倫), 호는 초동(楚侗). 호북성 황안(黃安) 출신. 명말 지식계의 대표적 인물이다. 『경천대선생문집(耿天臺先生文集)』 20권(明刊)이 내각문고에 있으며, 필자 역시 이에 의거하였다. (이하 『경천대문집』이라 칭함) 경정향에 대해서는 이탁오와의 관련이 깊기 때문에 써야 할 것이 너무 많아 오히려 생략하지 않을 수 없다. 이 소론 가운데에도 상당히 소개되고 있기 때문에 참고해 주기 바란다.

재미있는 것은 이탁오가 경정향에게 직접 칼날을 들이댄 것에 반하여,

에게 보낸 편지에서 다음과 같이 말하고 있다.

공맹의 학은 성명(性命)을 궁구하는 학문입니다만, 그 말이 간략하고 뜻이 미묘한 탓에 세상의 학자들이 충분히 밝히지 못하고 있습니다. … 불교의 여러 경전이 세상 사람들에게 밝힌 것은 모두 이 이치입니다. 만일 이 이치를 잘 드러내어 우리 성명의 가르침으로 삼는다면 불교의 여러 경전은 곧 공맹의 의소(義疏)가 될 것입니다. … 배우는 자가 진실로 도에 뜻을 두었다면 부질없이 유교와 불교의 장단점을 따지지 말고 다만 그것을 자기의 심성 속에서 성찰해야 합니다. 진실로 그 성(性)을 터득할 수만 있다면, 불학이든 공맹의 학이든 상관없습니다. 설령 불학도 아니고 공맹의 학도 아니어서 스스로 일가(一家)의 학을 이루었다 해도 좋을 것입니다. 무릇 도를 도모하는 것은 음식을 꾀하는 것과 마찬가지입니다. … 하루 종일 남의 음식 맛을 논할 뿐 고기 한 조각도 입에 대지 못한다면, 누구든 배가 고파 그 자리에서 쓰러지게 될 것입니다.(『澹園集』 권12, 「答耿師」)

사(事)를 버리는 것을 공(空)이라 하지 않으니 사즉공(事卽空)이요, 정(情)을 멸하고서 성(性)을 구하는 것이 아니니 정즉성(情卽性)입니다. 이것이 불학(佛學)의 오묘함이요 공학(孔學)의 오묘함입니다. 총

경정향은 이탁오보다는 오히려 주류당(周柳塘) 쪽을 향해 이의를 제기하거나 변명을 함으로써 이탁오와의 논쟁을 약간 힘겨워한 것처럼 느껴지게 한다. 필자가 『경천대문집』을 통람한 한에서는, 경정향의 사상은 꽤 혁신적이며 기성의 틀에 대한 거부도 확고하였다. 이탁오와의 논쟁 탓에 왕왕 체제에 밀착한 사람처럼 보이기도 하며, 또한 경정향에 대한 이탁오의 서간을 통해 보는 한 그렇게 생각하지 않을 수 없는 측면이 있다. 그러나 사실은 이탁오 쪽에 의해 상당히 과장된 면이 있다. 서로 상대를 이해하지 않고 각각 자기의 의혹으로 상대의 진의를 상정해버리는 경우가 있기 때문에 경정향을 이탁오 쪽에서만 보는 것은 초횡의 경우와는 달리 위험하다.

또한 경정향이 이탁오와의 논쟁을 둘러싸고 주류당과 오소우(吳少虞)에게 보낸 편지는 그대로 관동명(管東溟)의 『척약재집(惕若齋集)』 권1에 수록되어 있는데 약간 차이가 있다. 경정향과 관동명의 교류에 대해서는 荒木見悟, 『明末宗教思想研究』 제2장 「東溟と耿天台」 참조.

괄해서 말한다면 불학의 오묘함도 공학의 오묘함도 아니고, 자기 심성의 오묘함입니다.(위와 같은 곳)

이른바 자기의 성명이란 무엇인가? 나의 성명은 어떻게 존재하는가? 어떻게 존재해야 하는가? 이른바 도에 뜻을 둔다는 것은 이와 같은 도를 밝히고자 뜻한다는 것이다. 이러한 도가 이들의 굶주림의 대상이었음은 의심할 여지가 없다. 가령 이를 **성명의 도**라 명명해도 좋을 것이다. 이른바 공동(空洞)이란 한편으로는 기성의 도통관을 거부하는 것이었지만, 다른 한편에서는 굶주린 듯이 목마른 듯이 성명의 도를 향해 달려가는 것이었다. 그렇다면 그들은 무엇을 어떻게 거부하였는가? 이른바 성명의 도란 어떠한 도인가?

상(象)은 이복 형 순(舜)임금을 우물 속에 빠뜨려 생매장시키려고 하였다. 틀림없이 죽었다고 생각한 상은 순임금의 재산과 형수를 차지하기 위해 순임금의 집으로 갔다. 그러나 이미 우물에서 빠져나온 순임금은 대청마루에 앉아 태평하게 거문고를 타고 있었다. 이 모습을 본 상은 깜짝 놀랐다. 정말이지 부끄러워진 상은 "당신의 일이 걱정되어 찾아 왔습니다"라며 둘러댔다. 그러자 순임금은 "나와 함께 이 백성들을 다스리지 않겠는가?"라고 말하였다고 한다. 맹자의 제자 만장(萬章)이 "순임금은 상이 자신을 죽이려고 한 사실을 몰랐습니까?" 하고 맹자에게 물었다. 맹자는 "어찌 몰랐겠는가? 상이 근심하면 함께 근심하였고, 상이 기뻐하면 함께 기뻐할 뿐이었다"라고 대답하였다. 만장이 다시 "그렇다면 순임금은 거짓으로 기뻐했단 말씀입니까?" 하고 묻자, 맹자는 "상이 형을 사랑하는 도리로 찾아왔다. 그래서 진실로 믿고 그를 기쁘게 맞이했던 것이다. 어찌 거짓이었겠는가?"라고 답하였다.(『孟子』「萬章上」)

그런데 이탁오는 이 이야기에 대해서, 순이 진실로 기뻐하였다는 맹자의 말은 옳지 않다고 비판한다.

맹자의 말대로라면 순임금은 상이 자기를 죽이려고 한 사실을 몰랐던 것이 된다. 이는 지혜롭지 못한 것이다. 자기를 죽이려 한 사실을 알면서도 기뻐하였다면, 이는 죽음을 좋아하는 것이 된다. 이는 진실하지 못한 것이다.

그렇다면 순은 왜 상을 기쁘게 맞이하였을까? 이탁오는 다음과 같이 설명하고 있다.

순임금은 상이 자기를 죽이려 한 사실을 분명하게 알고 있었다. 그렇지만 진심으로 상을 기쁘게 맞이하지 않았다면 상의 독기를 풀 수 없었다. 설사 상의 독기를 끝내 풀 수 없었다고 해도 상을 기쁘게 맞이하는 길 이외에는 달리 방법이 없었다. 그러므로 순임금이 상을 기뻐한 것은 거짓이지만, 상을 기쁘게 맞이함으로써 상의 기쁨을 얻고자 한 그의 본마음은 진실이다. 여기에 거짓은 없다. … 순임금이 거짓으로 기뻐한 것은 틀림없다. 하지만 심정적으로나 형편상으로나 거짓으로 기뻐할 수밖에 없었다. 중용의 도를 행하는 사람이 중용의 도를 행하지 못하는 사람을 길러 주고, 재주 있는 사람이 재주 없는 사람을 길러 주는 방법도 응당 이와 같아야 한다. 길러 준다는 것은 그 신체를 길러 주는 행위로서, 먹이고 입히고 잠자는 집을 마련해주는 것일 뿐이다. … 순임금은 상에 대해서 … 다만 이렇게 기본적인 의식주를 해결해주었을 뿐이었다. 이것이 성인이 진실로 자식을 사랑하고 아우를 아끼는 방법이다.(『焚書』 권2, 「與友人書」)

주자는 『맹자집주』에서 다음과 같이 말했다.

상은 평소 순임금을 미워하여 그의 집에 찾아간 적이 없었다. 그래서 순임금은 그가 찾아오는 것을 보고 기뻐하여 자기의 백성을 다스리도록 하였다. … 그(상)가 근심하는 것을 보면 함께 근심하였고, 그가 기뻐하는 것을 보면 함께 기뻐하였다. 형제의 정이란 저절로 멈출 수 없는 바가 있는 것이다.

아래는 정자의 말이다.

상이 근심하면 함께 근심하였고 상이 기뻐하면 함께 기뻐하였다. 사람의 정과 하늘의 이치가 여기에 이르러 지극해진다.

맹자와 거의 궤를 같이하는 정자와 주자의 견해는 상의 둘러대는 말은 물론 순임금의 거짓 기쁨마저도 인정하지 않는다는 점에서 얼핏 엄격주의처럼 보인다. 하지만, 사실은 일면 상당히 목가적이다. 인간악에 대한 그들의 견해는 색채가 단조롭다. 형제애를 표방하기만 하면 가해도 피해도 일체 해소된다고 믿는 것처럼 보인다. 그러나 그러한 사랑의 표방이 통용되지 않을 만큼 선악과 애증의 양상이 복잡 다양해진 시대에, 그러한 사랑 혹은 거짓 없는 행위를 천리의 지극함이라고 생각하는 사상이 하나의 규범이 된다면, 그 규범은 비현실성으로 인해 엄혹하게 비인간적이 될 것이다. 이탁오는 그러한 거짓 없는 행위는 지혜롭지 못하며 동시에 진실하지 못하다고 생각하였다.

『논어』에 다음과 같은 말이 있다.

어떤 사람이 "덕으로 원한을 갚는다면 어떠합니까?"라고 물었다. 공자는 "(그렇다면) 덕을 입은 사람에게는 무엇으로 갚겠는가? 정직으로 원한을 갚고, 덕으로 덕을 갚아야 한다"라고 하였다.(「憲問」)

이에 대해 이탁오는 이렇게 말한다.

'군자는 원한이 없고 소인에게만 있다. 군자는 (은)덕을 입으면 반드시 덕으로 갚지만, 소인은 그렇지 않다'라는 말이 있다. … 그렇지만 소인의 경우도 반드시 덕을 갚지 않는 것은 아니다. 갚아야 한다고 생각하면 갚고, 갚지 않아도 된다고 생각하면 갚지 않는다. 다만 훗날 그것이 어떠한 효용이 있을까를 생각할 뿐이다. … 만일 재난과 근심이 자신에게 미칠 것으로 판단되면 … 온갖 핑계를 둘러대고 도망쳐서 그림자도 보이지 않는다. 비록 덕을 입었어도 앞으로 어떻게 될지 아무도 모르기 때문이다. … 만일 자신보다 세력이 강하고 재화도 많다면 … 원한도 도리어 덕으로 여기는 것이 세상일이다.

무릇 군자에게도 원한이 없는 것은 아니다. 원한을 갚지 않을 뿐이다. 아니, 원한을 갚지 않는 것이 아니라 정직으로 원한을 갚을 뿐이다. … 정직으로 갚는다고 한 이상, 자기에게 원한이 없더라도 반드시 그와 같은 방식으로 갚는다. 그렇다면 성인은 일찍이 원한을 갚은 적이 없다고 한다면 그것은 옳지만, 만약 덕으로 원한을 갚는다고 한다면 이것은 목적의식이 있는 것이며 작위적이다. 성인은 그러한 것을 하지 않는다.(『분서』 권4, 「八物說」)

이탁오는 순임금을 죽이려는 상의 마음이 순임금의 '형제의 정'으로 바뀔 수 있는 성질의 것은 아니라고 생각하였다. 사태가 그렇게 목가적이지 않았다. 남에게 덕을 베풀었다고 해서 남들이 반드시 덕으로 갚을 것이라고는 단정할 수 없다. 아무리 군자라 해도 원한이 없는 인간이 실제로 존재한다는 것은 믿을 수 없다. 더구나 원한이 있는 사람에게 덕으로 갚는다는 것은 '작위'에 지나지 않는다.

상은 순임금 앞에서 갑자기 태도를 바꾸었다. 맹자는 그때의 상의 표정을 '부끄러워하다[忸怩]'라고 형용하였다. 주자는 이를 '부끄러워하는 얼굴빛[慚色]'이라고 풀이하였다. 그렇다면 상은 진실로 자신의 살의(殺意)를 부끄러워했던 것일까? 이탁오에게는 그렇게 보이지 않았다. 상은 살의를 감추었을 뿐이다. 순임금은 상이 자신을 우물 속에 생매장하려 했던 사실을 알고 있었다. 맹자도 상의 살의를 순임금이 알고 있었다고 말하였다. 그럼에도 시치미를 떼고 "당신의 일이 걱정되었다"고 둘러대는 상의 말을 "형을 사랑하는 도리"라고 말하는 것은 순임금을 지혜롭지 못한 인간으로 그리는 것이라고 이탁오는 말한다.

이는 '형을 사랑하는' 상의 마음에 대한 회의일까? 사랑에 대한 비관주의일까? 그렇지는 않다. 이탁오는 사실을 리얼하게 투시하고 있을 뿐이다. 그의 리얼리즘—이는 동시에 명대의 리얼리즘이기도 하지만—에서 본다면 상의 살의는 결코 없어지지 않으며, 순임금

역시 상의 시치미를 분명하게 간파하고 있었다. 그럼에도 기뻐하였다면 그것은 자신의 죽음을 기뻐하는 것이다. 그렇지만 이는 사실(事實)로서 있을 수 없는 일이다. 있을 수 없는 사실을 있다고 말하는 것은 진실하지 못하다고 이탁오는 말한다.

덕으로 보답하는 쪽의 덕과 보답 받는 쪽의 덕 사이에서 타산을 탐지하는 것은, 또 덕으로 원한을 갚는 것을 '유심(有心)'·'작위(作爲)'라고 비판하는 것은 결코 덕에 대한 회의나 비관주의 때문은 아니다. 그것이 사실에 근거하지 않았기 때문이다. 사실에 근거하지 않았기 때문에 진실하지 못하며 동시에 작위가 된다는 것이다.

자신에게 살의를 갖고 있는 동생을 사랑한다는 것, 군자에게는 원한이 없다는 것, 덕으로 원한을 갚는다는 것, 이러한 것들은 사실로서 있을 수 없을 수 없는 일이다. 명대인의 리얼리즘에서 본다면 이러한 것들은 인간 성정의 자연(自然)의 본래(本來)가 아니었다.

'인간 성정의 **자연**의 **본래**'라는 용어는 약간 산뜻하지 못하다. 그렇지만 이렇게 말하지 않을 수 없다. 이 말은 약간의 보충을 필요로 한다. 왜냐하면 전술한 이른바 성명이란 단적으로 이 자연과 본래의 상즉(相卽)의 상태를 보여주기 때문이다.

어떻게 상즉적인가? 먼저 성명에 관한 문제부터 살펴보자.

왕양명(1472~1528)의 고제자인 왕용계(王龍溪; 1498~1583)는 다음과 같이 말하고 있다.

> 성(性)과 명(命)은 본디 하나이다. … 춘추시대에는 성학(性學)에 밝지 못하여 세상 사람은 욕망이 움직이는 것을 성이라고 생각했다. 그래서 공자는 천명의 성을 제출하여 사람들에게 보여 주었다. … 욕망을 그대로 성으로 여기는 것은 자연적 생(生)의 이치가 아니다. 전국시대에 고자(告子)는 음식과 남녀관계[食色]를 성(性)이라 하고, 자신이 처한 상황에 내맡기는 것을 명(命)이라고 주장하였다. 그래서 맹자는 성·명 가운데 중하게 여겨야 할 것에 따라 법을 세워 사람들에게 보여주었다. 이것이 바로 성명 합일(性命合一)의 종지이다. 세

> 상의 유자들은 기질과 의리를 이분하는데, 이는 합일이라 할 수 없다. 맛난 음식을 달게 여기고 여색을 좋아하는 것은 사람의 욕망이다. 이는 성임에는 틀림없다. 그러나 거기에는 자연의 천칙(天則)이 있으므로 오로지 욕망에만 내맡긴다면 참다운 모습이라 할 수 없다. 명을 세우는 것이 바로 성을 다하는 것이니, … 성만 논하고 명을 언급하지 않는다면 군자는 이를 성이라 하지 않는다. … 한편으로는 저 '천리의 자연'을 궁구하고 다른 한편으로는 이를 '자연적 생의 이치'에 근본시켜, 사람들에게 중요하게 여겨야 할 것에 따라 힘쓰도록 하고, 그것을 합일의 종지로 돌아가게 해야 한다. … 일부러 이분해서는 안 된다.(『龍溪先生全集』 권9, 「性命合一說」)[5]

인용문에서는 기질의 성과 의리의 성을 일체화하고, 이어서 '맛난 음식을 달게 여기고 여색을 좋아하는[甘食悅色]' 정욕을 성에 고유한 것으로 파악하고 있는 점이 먼저 주목된다. 송학(宋學)에서 성명의 성이라고 했을 때의 성은 의리의 성을 의미한다. 구체적으로 말하면 인의예지라고 하는 이른바 인간의 본래적 모습이다. 이러한 성에는 인간의 자연적 모습이라고 할 기질의 성은 사실상 포함되지 않는다. 송학에서는 명을 천리가 유행하는 상태로 파악하고, 그것이 인간에게 체현된 것을 성으로 본다. 그리하여 이 성은 의리의 성이 되며, 성명은 '명이 곧 성이며, 성이 곧 리이다[命卽性, 性卽理]'라고 하는 말하자면 본래성으로 일원화된 성명이 된다. 이리하여 기질의 성에 갖추어져 있는 인간의 정욕은 이러한 성명에 수렴되어야 할 것으로 이해되어 그 고유한 활동영역은 사실상 사상되어 버린다.

이에 반하여 왕용계가 성명이라고 했을 때의 성은 성에 정욕을 포함시켜 그 고유한 영역을 인정한 성이다. 서장에서 필자는 '자연'은 '본래적'과 '자연적'의 양면을 포함한다고 지적하였다. 다시 이를 빌어 말한다면 '본래적' 일원의 송학적 성명관에 반하여, 용계의

---

5) 『용계왕선생전집(龍溪王先生全集)』 20권(萬曆刊), 내각문고 소장에 의한다. 이하 『용계전집』이라 칭함.

성명관은 '자연적'과 '본래적'을 상즉적으로 파악한 것이라고 할 수 있다. 더욱이 그 상즉의 상태에 대하여 왕용계는, "한편으로 저 천리의 자연을 궁구하고 다른 한편으로는 자연적 생의 이치에 근본시킨다"고 하였다. 여기서 '천리의 자연(=命)'이라 할 때의 자연이 '본래'를, '자연적 생의 이치(=性)'라고 할 때의 자연이 '자연'을 뜻한다는 것은 더 이상 말할 필요도 없다. 본래(=명)를 자연(=성)에 근본하여 합일시키는 것이 바로 그가 말하는 상즉 상태이다. 여기에는 성명을 기질 속에 설정하여 끊임없이 낳고 낳는 인간의 성명(性命=生命)으로 파악하는 관점이 명료하게 드러나 있다. 그렇지만 이 성은 결코 끊임없이 낳고 낳는 정욕 그 자체는 아니다. 이른바 정욕(情欲)은 정의 욕이다. 엄밀하게 말하면 정의 작용이다. 따라서 '성명의 성'은 한편에서는 정의 작용에 근본하여 이를 명(命=理)과 올바르게 합일시키고, 다른 한편에서는 음식과 남녀관계[食色]의 욕망을 인정하면서도 주요하게는 효도하고 우애하는[孝悌] 정의 작용으로서 발휘되기를 기대한 것이다. 그리하여 왕용계는 "욕망을 그대로 성으로 여기는 것은 자연적 생의 이치가 아니다"라고 하였다. 욕망이 그대로 자연은 아니다. 그러므로 서장에서 말한 '욕망의 자연'이라는 용어도 사실 적절한 표현은 아니다. 자연은 생(生)의 이치여야 하며, 정욕은 이치로서 발휘되는 한에서만 자연일 수 있다. 그렇지만 여기서 말하는 성명은 일원적인 '본래'가 아니라 자연에 근본한 '본래'이다. 정확하게 말하면 '본래'를 '자연'에 상즉시킨 것이다. 우리는 이 점을 주목해야 한다.

앞서 말한 **성명의 도**란 이러한 의미에서 성정의 **자연의 본래**—바꾸어 말하면 생의 자연에 근거한 천리·천칙—를 어떻게 탐구할 것인가 하는 도이다.

명대 후기 왕용계의 성명 학설에서 성명이란 용어는 이렇게 자연의 본래적 존재방식으로서 성정의 자연에 근본한 천리·천칙의 의미로 관념되었다. 나아가 명말의 단계가 되면 성명은 자기의 성명 혹은 성명과 동의어로서의 '심성'—성명과 동의어로 사용되면서도 명을 심으로 파악하므로 한층 주체적이다— 특히 **자기의** 성명·**나의 심성**으로서 더욱 주체적 의미로 사용되었다. 그리고 인간의 현재적 자연이 송학에서보다 훨씬 비중 있게 용인되었고, 더욱이 현재적 자기의 자연으로까지 이해되면서 구체적 인간을 향해 한층 경도되기 시작하였다. 이리하여 성명·심성이라는 용어는 이 시기에 광범위하게 통용되기에 이르렀다. 이러한 현상들을 여기에서 확인해 두고자 한다.

다시 순임금과 상의 이야기로 돌아가 보자.

이제, 정주(程朱)가 말하는 '형제의 정'을 선험적인 '천리 인정의 지극함'이라 가정해 보자. 그렇게 본다면, 형의 입장에서는 동생의 살의 유무에 관계없이 그를 사랑하는 것이 본래적 자연이며, 살의에 쩔쩔매는 형의 정은 본래적인 정의 자연이 아니게 된다. '천리 인정'은 형의 이러한 정의 자연에 대해서 비정한 규범이 되어 **밖으로부터** 압박해 오게 될 것이다.

다른 한편 이러한 규범은 외재적인 까닭에 도리어 사람을 쉽게 자기만족과 자기기만이라는 묘혈로 빠져들게 한다. 요컨대 그(외재적 규범에 따르는 사람)는 단지 겉으로 동생을 미워하지 않는 것처럼 행동하고 원한을 품고 있지 않은 것처럼 보이기만 하면 된다. 그런 뒤에 동생에게 재물이라도 준다면 덕으로 원한을 갚는 것이 될 수 있다. 그 이후에는 죽음을 당하지 않도록 자신을 지키기만 하면 된다. 그렇게만 한다면 그는 외적인 규범에는 어떠한 저촉도 범하지 않은 셈이 된다.

그는 자기 마음의 심층을 엿볼 필요가 없다. 자신이 동생에게 철저히 무관심하다 해도 그것이 증오보다 더 냉혹하다고 생각할 필요도 없다. 그는 건성으로 순임금의 말을 되뇌거나 근엄하게 순임금의 발자취를 따르기만 하면 된다. 이러한 행동이 본래적 천리에 어울리는 삶의 방식이라고 생각한다면, 자기만족과 자기기만을 의식할 필요도 없어진다.

반표(班彪)는 『한서(漢書)』「성제기(成帝紀)」의 찬(贊)에서 아래와 같이 기록하고 있다.

> 성제(成帝)는 위엄(威嚴)과 위의(威儀)를 잘 갖추었다. 수레에 오를 때 바르게 서 있었고, 빙 둘러보지 않았으며, 말을 급박하게 하지 않았으며, 손가락으로 사물을 가리키지 않았다. 조정에서 조회를 볼 때는 묵묵하여 존엄하기가 신과 같았다. 아름답고 성대한 천자의 모습이라 할 수 있다.

이탁오는 이 대목을 『장서(藏書)』[6]에 수록하면서, "한 사람의 도학선생이 그려지고 있다"(『장서』 권3, 「守成令主」)고 평하였다. 잘 알고 있는 것처럼 "수레에 오를 때에 … 손가락으로 사물을 가리키지 않았다"는 말은 공자의 근엄한 모습을 서술한 『논어』의 구절이다.[7]* 결국 이러한 '도학선생'의 허구적인 근엄한 모습이 오히려 천리에 가장 잘 걸맞은 인간의 모습일지도 모른다.

그렇지만 저 인간의 리얼리즘을 아랑곳하지 않는 이와 같은 근엄한 모습의 허구야말로 이탁오가 가장 강렬하게 증오하는 것이었다. 이탁오 뿐 아니라 모든 의식 있는 명대 인사들이 한결같이 반발하여 마지않았던 바였다.

양명 문인의 한 사람인 동나석(董羅石; 1458~1534)은 이러한 허구에 반발하여 오로지 시(詩)에 자신을 의탁하였던 인물이다. 그는 동향의 시인들과 시사(詩社)를 결성하여, "아침저녁으로 시를 읊조리면서 침식도 잊고 생업도 버렸다. 세속의 비웃음도 아랑곳 않고

6) 이하 『속장서(續藏書)』와 함께 중화서국 간행의 활자본에 의거한다.

7)* 『논어』「향당(鄕黨)」 제10에 "수레에 오르실 때에는 반드시 바르게 서서 끈을 잡으셨고, 수레 안에서 돌아보지 않으시며, 말씀을 빠르게 하지 않으시며, 손가락으로 가리키지 않으셨다"(升車, 必正立執綏. 車中, 不內顧, 不疾言, 不親指)라고 공자의 위의를 말하고 있다.

시를 천하의 지극한 즐거움으로 여겼던" 일종의 기인이었다. 그러던 차에 우연히 회계산(會稽山)에서 양명을 만나 허구를 부정하는 학문이 있음을 알게 되었다.

> 내 세상의 유자들을 보건대 지리하고 번잡하여 겉모양만을 장식한 인형 그 자체이다. 이보다도 못한 자는 부귀와 이욕의 전투장에서 탐욕스럽게 쟁탈을 벌이면서도 항상 자신들의 행동을 달갑게 여기지 않는다. 생각건대, 도대체 세상에 참된 성현의 학문이 있는가? 단지 도에 이름만 걸어두고 자신의 사욕을 꾀하고 있을 뿐이다. 그래서 마침내 시에 마음을 맡겨 산과 물가를 방랑할 수밖에 없었다. 이제 우리 선생의 양지설(良知說)을 듣게 되니 홀연히 깊은 잠에서 깨어난 듯하여, 지난날의 나의 행동은 밤낮으로 정력을 허비한 것임을 알게 되었다. 결국 나는 이록(利祿)에 급급한 세상의 무리들과 단지 맑고 탁함의 차이가 있었을 뿐 그 차이는 한 치도 안 되는 것이었다.(『王陽明全書』 文錄, 권4 「從吾道人記」)

동나석은 이렇게 탄식하고, 이전에 배웠던 학문을 일체 버리고 양명의 문하에 들어갔다. 당시 그는 놀랍게도 68세였다.[8)]

이 이야기는 당시 의식 있는 인사들이 허구적인 학문을 얼마나 혐오하였는지, 그들이 이에 대해 얼마나 불만을 품고 있었으며 마음속으로 진정한 학문을 얼마나 강렬하게 갈구하였는지 설명해 준다. 동시에 이러한 비판정신 및 구도정신은 그들을 문학창작에 빠져들게 하였고, 진정한 성인의 도를 추구하도록 몰아갔다. 이 때문에 명대의 시문, 소설 그리고 성인의 학은 양지학(良知學)의 버팀목

---

8) 동운(董澐; 羅石)의 전기는 『속장서』 권22, 「리학명신전(理學名臣傳)」에도 수록되어 있는데 마찬가지로 이때 68세라 기록되어 있다.(『명사』 권283 및 『명유학안』 권14도 같다) 다만 『초씨필승(焦氏筆乘)』 권36에는 67세로 기록되어 있는데 이것이 옳다. 入矢義高, 「董羅石-その人間と詩」(山田無文老師古稀記念集 『花さまざま』 수록); 山下龍二, 「董澐(羅石)『從吾道人語錄』について」(『名古屋大學文學部硏究論集』 LXIX) 참조.

이 되었다.

양명의 양지학은 이러한 허구적인 학문에 대한 현실적 폭로였다. 그들은 자기만족과 자기기만을 용인하지 않았다. 그러한 것들은 본래적 생활태도가 아니기 때문이었다. 동시에 그들은 엄혹하고 비현실적이며 비인간적인 외적 규범에도 반대하였다. 그러한 것들은 인간 본성의 자연에 배치되기 때문이었다.

그렇다면 순임금에게 있어 **참된** 형의 사랑이란 어떠한 것일까? 이탁오는 이렇게 말한다. 순임금이 기뻐한 것은 역사적 사실이다. 그렇지만 그것은 거짓 안에서의 사실이었다. 그는 본심을 위장하였다. 이것이 사실이다. 사랑이 거짓을 허락하지 않는다면 그것은 더 이상 사랑이 아니다. 이를 사랑이라 말하는 것은 허구이다. 그러나 거짓을 할 수밖에 없는 상황에서 의식적으로 거짓을 하였다면 그것은 진실이며 또한 본심이다. 이탁오는 또 이렇게 말한다. 거짓을 거짓이라 말하는 것은 진실이다. 순임금은 어쩔 수 없이 거짓을 하였다. 그렇게 하는 것 이외에 달리 상의 살의를 해소할 방법이 없었기 때문이다. 그렇다면 (순임금은) 왜 '나와 함께 이 백성들을 다스리지 않겠는가?'라고 말했을까? 상의 살의는 탐욕스러운 생의 욕망에서 나온 것인데, 모든 **사람은 살고 싶어 한다. 그래서 상으로 하여금 생의 욕망을 충족할 수 있도록 해 준 것이다**. "그러므로 순임금이 상을 기뻐한 것은 거짓이지만, 상을 기쁘게 맞이함으로써 상의 기쁨을 얻고자 한 그의 본마음은 진실이다. 여기에 거짓은 없다. … 순임금은 상에 대해서 … **다만 이렇게 기본적인 의식주를 해결해주었을 뿐이었다**."

허구를 부정하고 리얼하게 성정의 자연에 근거하여 본래성을 정립하고자 한다면, 이렇게 생각하지 않을 수 없다. **사랑이란** 상대방이 **기본적인 의식주를 해결할 수 있도록 해 주는 것이다**. 이것이 사랑은 거짓으로 하지 않는다는 허구적인 말에 대한 하나의 해답이며, 또한 그것은 양지학설을 기점으로 하여 얻어진 해답이다.

여기에도 약간의 보충이 필요할 것 같다.

양명의 양지학은 심학(心學)이라고도 칭한다. 이는 주자학을 리학(理學)이라고 칭하는 것과 대립적이다. 그렇지만 이러한 호칭은 사실 송학에서 명학으로의 흐름을 역사적으로 전망하는 시각을 단절할 위험성을 안고 있다. 규범과 준칙[規矩準繩=理]에 대한 인간(人間=心)의 발흥이라든가, 외재적 규범(=理)에 대한 내재적 권위(=心)의 도전이라는 오해를 일으키기 쉽다.

'성즉리'로부터 '심즉리'로의 논제 전개는 **성(性)**에서 **심(心)**이 아니라 송대 리관(理觀)에서 명대 리관으로의 전개, 즉 리에서 리로의 전개이다. 다시 말해서 리의 질적인 전개를 보여주는 것이다. 이 질적 전개를 추적하는 것은 그대로 중국사상사의 전개를 추적하는 작업이다. 이제 여기에 보충적으로 삽입할 것은 없다. 다만 이것만은 말할 수 있다. 양명의 리학—감히 이렇게 말하겠다—은 송대 리학에 대한 반역이라기보다 송대 리관이 명대에 적응할 수 없게 된 상황에 대한 반역이다. 좀 더 정확하게 말하면 진정으로 명대에 적응할 수 있는 명대의 리관을 모색하고 창조하는 것을 목표로 한 것이었다.

송대 리학은 '성'(=본래)을 '정'(=자연)의 심층에 설정하고, 악을 내포하면서 떠도는 정(현실태)을 부단히 '성'(천리)으로 수렴시키고자 하였다. 이에 반하여 양명의 리학은 성과 정을 분리하지 않은 채 전체를 그대로 천리의 완전한 발현으로 파악하고자 하였다.9) 이러한 양명 리학의 발흥은 인간 일반이 아니라 **명대인의 현실태**에 적응하는 리관을 세우고자 하는 명대의 충동을 보여준다. 양명이 "주자는 심(心)과 리(理)를 둘로 나누었다"고 한 것은 이제 송대 리관으로는 **명대인의** 마음에 적응할 수 없게 되었음을 표명한 것이었다.

명대에 가장 주목해야 할 사상적 조류의 하나는 이기일원론, 즉

9) 荒木見悟, 『佛教と儒教』(平樂書店, 1963) 제4장, 특히 375~377쪽. *한국어판으로 김석근 옮김, 『불교와 양명학』(서광사, 1993) 및 배영동 옮김, 『불교와 양명학』(혜안, 1996)이 있다.

도(道; 형이상학)와 기(器; 형이하학)·도심과 인심·의리의 성과 기질의 성 등의 상즉불이성(相卽不二性; 서로 융합되어 둘로 나눌 수 없음/역자)이다.

이는 명대 리얼리즘으로 허구적인 송대의 리(본래 일원)를 거부하고자 하는 것이며, 동시에 명대인의 성정의 자연에 근거하여 명대의 리(자연본래)를 모색·정립하고자 하는 조류이기도 하다. 따라서 이러한 이기일원론 또는 상즉불이성의 주장은 리와 기의 관계에 대한 것이라기보다 리의 내용에 대해 하나의 질적 전환을 촉구하는 것이었다. 이른바 양지의 학은 리를 성과 정이 분리되지 않은 마음의 전체로 파악한다. 따라서 통합적이고 상즉불이적이며, 그리하여 그것은 인간들의 마음속에 존재하는 것이었다. 양지의 학은 자기의 성정의 자연(=心)에 적응하지 못하는 리를 거부한다는 점에서 리를 가장 강렬하게 인간자연(=氣)의 측면으로 끌어들여 질적 전환시키는 것이었다.

이제 저간의 사정을 명대의 성인관을 통해 대략적으로 살펴보도록 하자. 배움을 통해 누구나(기질적·자연적 인간) 성인(의리적·본래적 인간)이 될 수 있다는 믿음은 송학이 남겨 준 독특한 발자취이다. 그러나 다 알고 있듯이 송학에서 성인의 이미지는 극히 엄격하고 고원하다. 그리하여 의리·도심(=본래성)이 기질·인심(=자연)에 대해 갖는 우월성이 그대로 성인에 대한 일반인의 도덕적 거리로 반영되었다.

"성인은 모든 선을 모두 갖추고 있다. 털끝만큼의 잘못이라도 있으면 성인이 될 수 없다"(『朱子語類』 권13-63)고 한 것은 주자의 말이다. 배워서 도달할 수 있는 성인이란 실로 이러한 성인이었다. 그렇지만 명대에는 양상을 약간 달리한다. "세간에서는 성인을 남에게서 구하고 성인의 도를 경서에서 찾고 있다. 이는 비현실적이다. 내가 바로 성인이 될 수 있으며 나의 말이 바로 경서가 될 수 있음을 모른다"(『宋學士全集』 권27. 容肇祖, 『明代思想史』 제2장에 의함)

고 한 것은 일찍이 원말명초의 송렴(宋濂; 1310~1381)10)*의 말이다. 명초의 오강재(吳康齋; 1392~1462), 진백사(陳白沙; 1428~1500) 등이 자신 속에서 성인을 구현하고자 하였던 정열적인 일상에 대해서는 일찍이 시마다 겐지(島田虔次)가 소개한 대로이다.11)

'자신 속에서'라고 하는 주체적 희구는 본래적 인간의 모습을 가장 구체적인 자신의 현재 상태에서 발휘하여, 본래성을 힘차게 자신의 현실 속으로 끌어들이는 것이다. 그 하나의 정점이 왕양명이다. 동나석이 외출했다 돌아와서 양명에게, "오늘 이상한 일을 보았습니다"라고 말하였다. 양명이 "어떠한 이상한 일인가?" 하고 묻자, "거리에 넘치는 사람이 모두 성인임을 보았습니다"라고 하였다. 양명은 "그건 평범한 일이다. 어찌 진귀한 일이겠는가?"(『傳習錄』 권하)라며 웃었다고 한다.

왕심재(王心齋; 1483~1540)12)*도 이러한 풍조를 계승하여, "성인의 도는 백성의 일상과 다르지 않다. 무릇 이와 다른 것은 모두 이단이다"(『心齋王先生全集』 권3)13)라고 하였다. 추덕함(鄒德涵; 鄒守

---

10)* 송렴(宋濂; 1310~1381): 자는 경렴(景濂). 젊은 시절부터 문명(文名)이 높아 명 태조의 부름을 받고 늘 측근에서 모셨으며, 또 『원사(元史)』 편찬의 총재관(總裁官)이 되었다. 한림학사승지(學林學士承旨), 지제고(知制誥)에 이르렀으며, 1378년(홍무 11)에 관직을 사임하였다. 그는 원말의 학자 오래(吳萊)·유관(柳貫)에게 배웠으며, 제고(制誥)의 문장은 모두 그가 쓴 것이라고 한다. 명 일대의 예악제도는 그의 주관으로 이루어진 것이 많으며, 문신으로서 개국 제1의 공신이었다. 시인으로도 명대 최고의 위치를 차지하며, 작품으로 『송학사전집(宋學士全集)』 33권이 있다.

11) 島田虔次, 『中國における近代思惟の挫折』 제4장, 참조.

12)* 왕심재(王心齋; 1483~1540): 자는 여지(汝止), 이름은 간(艮), 심재(心齋)는 그의 호이다. 강소성 태주(泰州) 출신. 염장(鹽場)의 집안에서 태어나 가업에 종사하면서 독학한 뒤 왕양명의 고제자가 되었다. 자아의 지상성을 주장하여 독선(獨善, 천하국가에 대한 관심을 버리고 자기의 수양에 전념하는 것)을 배척하는 독특한 격물설(格物說)과 만물일체설을 주창하면서 민중들에게 열렬하게 전도하였다. 그의 아들 왕벽(王襞)을 비롯해 수많은 서민학자를 배출하였다. 이 일파를 태주학파라 하고, 양명학의 가장 극단적인 좌익을 형성하였다.

益의 손자, 호는 聚所)은 '사람은 누구나 요순이 될 수 있다'라는 구절에 대해서 제자와 토론을 벌였다. "다만 한 가지 선한 생각이 있으면 이것이 바로 요순일 것입니다"라고 말하는 제자에게, "하루 가운데 선한 생각이 얼마나 있겠는가? 그렇다면 거의 모든 시간이 요순이 아니게 된다. 불선한 것이 없다면 그것이 곧 요순이다"라고 대답하였다. 다시 제자가 "현재 불선한 것이 있다면 어떻게 해야 요순이겠습니까?"라고 묻자, "불선한 것을 깨달을 수 있다면 그것이 요순이 아니고 무엇이겠는가?"(『明儒學案』 권16, 「聚所先生」)라고 대답하였다.

명대 후기에 나근계(羅近溪)는 "고금의 학자는 … 성인이 자신에게 있음을 깨닫지 못하고, 종종 별도로 성인 문하의 길을 찾아 나선다. 스스로 그 길을 찾았다고 생각하는 순간, 이미 성인과의 거리가 만 리나 된다"(『近溪子續集』 乾)[14]고 하였다. 또 주여등(周如登)이 "(성인이) 바로 여기(현재의 자기)에 있음을 믿을 수 있는가?", "믿을 수 있습니다", "그렇다면 너는 성인인가?", "저 **또한** 성인입니다", "성인이면 성인이지 '또한'이라는 말은 필요 없다"(『명유학안』 권36, 「周如登傳」)라고 문인과 문답할 정도로 본래성은 한층 자신의 현재 그대로의 자연 속에서 체현되고 있다.[15]

---

13) 『중전심재왕선생전집(重鐫心齋王先生全集)』 권6 · 소전합편(疏傳合編) 2권(萬曆刊), 내각문고 소장에 의한다. 이하 『심재전집』이라 칭함.

14) 이하 『근계자집(近溪子集)』 6권, 부집(附集) 2권, 『나근계선생어요(羅近溪先生語要)』 2권(萬曆刊)에 대해서는 내각문고 소장, 『근계자속집(近溪子續集)』, 『근계나선생일관편(近溪羅先生一貫編)』 1권(萬曆刊)에 대해서는 도쿄대학 동양문화연구소 소장본에 각각 의거한다.

15) 약간 보충설명을 하겠다. 송렴이 비록 "나는 성인이 될 수 있다[我可聖人]"고 말하였지만, 이것이 곧바로 그가 명말의 성인관과 동일하였음을 의미하는 것은 결코 아니다. 예를 들어 명초의 설선(薛瑄; 1389~1464)이 "한 마음[一心]의 이치와 만 가지 일[萬事]의 이치는 본래 두 가지가 아니다. 오직 성인의 한 마음의 이치가 만 가지 일의 이치에 통할 수 있었던 것은 그가 천리의 공(公)에 순수하였기 때문이다", "오직 성인의 마음은 저절로 진일허정(眞一虛靜)하여 털끝만큼의 잡념도 없다"(『명유학안』 권7)

고 한 것 같은 일종의 엄격한 성인관은 오강재(吳康齋)의 "성인도 저 **보통사람**과 같다[聖賢猶夫人]"라고 말하는 성인관에도 투영되고 있다. 오강재는 "정백자(程伯子)가 사냥하는 것을 보고 마음으로 기뻐하였으니, 곧 **성현도 저 보통사람과 같음을 알겠다**. 누가 배워서 도달할 수 없다고 하겠는가?"라고 말하면서도, 한편으로는 "성현의 말은 천리를 보존하고 인욕을 제거하는 것이 아님이 없으며, 성현의 행동 또한 그러하다. 성현을 배우는 자, 이를 버리고 무엇으로 하겠는가?"(『명유학안』 권1)라고 하였다. 아마도 송렴이 "나는 성인이 될 수 있다"고 말한 것에 대해서도 이러한 해석을 할 수 있을 것이다.

배워서 도달해야 하는 송학의 성인에 비하면, "나는 성인이 될 수 있다", "성현도 저 보통 사람과 같다"고 말하는 것은 한층 인간 측면에 접근해 있다. 하지만 그 사람이 일정한 단계에 도달하기까지 얼마나 열심히 도를 닦은 사람이었겠는가? 오강재와 진백사의 말은 이에 대한 명확한 설명을 해 주는 것이다. 따라서 이와 같은 문제는 당연히 인성론, 이기론과 밀접하게 연관되는 것이다. 성인이 기질적인 인간으로까지 내려가기 위해서는 기가 리와 강하게 융합하고, 인성에 있어서 기질이 승인되어야 한다. 예를 들어 전환점의 하나로서 왕정상(王廷相; 1474~1544)이 "성인만큼 성(性)이 선한 자도 없지만, 그의 성 역시 기질 속에 갖추어져 있다. 단지 그 품수받은 기가 맑고 순수하여 보통 사람과 다를 뿐이다. 그리하여 그 성에서 이루어지는 바가 순수하게 선하여 악이 없을 뿐이다. 또 어찌 초월적으로 벗어남이 있겠는가? 성인의 성은 기질에서 떨어져 있지 않으니, 보통 사람임을 알 수 있다. … 이 성이라는 것은 곧 기의 생리이며 한 가지 근본의 도이다"(『왕정상철학선집』, 中華書局刊, 「答薛君采論性書」)라 한 것을 고찰해 보는 것도 좋다. 리는 여전히 기의 맑고 순수한 것이라고 하면서도, 본연의 성이 형체와 기질에 대해 갖는 초월성은 명료하게 부정되고 있다. '나[我]' 혹은 '보통 사람[人]'은 기질에 의거한다는 것이 승인되어, 기질적 인간으로서 '나는 성인이 될 수 있다'고 말하게 된다. 최선(崔銑) 역시, "조화가 유행하여 때에 밝은 것은 기(氣)이다. 봄에 따스하고 가을에 시원한 것은 리(理)이다. 리는 곧 기의 조리이다. … 어지럽힐 수 없는 것이니, 때에 맞게 따스하고 시원한 것이 성인이다"(『명유학안』 권48)라고 하여 기의 조리(條理)로서 성인을 본다.

왕양명의 "거리에 넘치는 사람이 모두 성인이다" 혹은 왕심재의 "성인의 도는 백성의 일상과 다름이 없다", "백성의 일상 조리처가 곧 성인의 조리처이다"(『심재전집』 권3, 「語錄」) 등이 명대 성인관의 하나의 정점이 되는 것은 이러한 이기론·인성론의 전개와 얽혀 있기 때문이다.

섭표(聶豹; 1487~1563)는 "의리(義理)는 일의 변화에 따라 적용되는 것이렇게 보자면 본 절의 처음에서 말한 '자기의 성명이란 무엇인가? 어떻게 존재하는가? 어떻게 존재해야 하는가?'는 대체로 '자기란 무엇인가? 어떻게 존재하는가? 어떻게 존재해야 하는가?'라고 바꾸어 말할 수 있다.

리에 대한 탐구는 **성명의 도**에서 시작해야 한다거나, "무릇 학문의 목적은 모두 **자기의** 삶과 죽음의 근본 원인을 궁구하고 **자가 성명(自家性命)**의 소재를 연구하는 데 있다"(『속분서』 권1, 「答馬歷山」)

이니, 강론하고 추구한다고 해서 갖추어질 수 있는 것이 아니다. 일의 변화는 시세(時勢)에 따라 순응하는 것이니, 일정한 틀로 규정할 수 있는 것이 아니다. 의리와 일의 변화는 성인도 알 수 없고 처리할 수 없는 바가 있는 것이니, 한 사람이 두루할 수 있는 바가 아니다"(『명유학안』 권17)라고 하여 성인의 유한성을 지적하였다. 귀유광(歸有光; 1506~1571)도 "천하가 모두 성인의 다스림에 돌아갈 수 없는 것은 필연적인 형세이다. … 사해가 광대하고 백성이 수없이 많으며, 풍기가 다르고 기호가 같지 않아 강하고 부드럽고 선하고 악한 성품이 차이난다. 그 형세상 한결같이 할 수 없는 것을 성인이 또한 어찌하겠는가?(『歸有光全集』, 廣智書局刊, 別集 권1, 「聖人之心無窮」)"라고 하여 위정자로서의 성인의 유한성을 지적하면서, 성인이 성인이 되는 이유를 "기필할 수 없는 것은 천하의 형세이다. 멈출 수 없는 것은 성인의 마음이다. 그 멈출 수 없는 것으로 그 기필할 수 없는 것을 생각하는 것이 성인의 마음이다"(『귀유광전집』, 위와 같은 곳)라고 하였다. 이렇듯이 사람들은 다양하여 한결같이 기필할 수 없는 존재이지만 또한 "한 사람이라도 먹지 못하고 입지 못하는" 사람이 없기를 끊임없이 바라는 마음이 성인의 마음이라고 하였다. 이제 형체와 기질을 부정하는 공허한 리(理)를 가지고는 세상을 다스릴 수 없다는 인식에 도달한 것도 상술한 인성론·이기론의 전개 없이는 생각할 수 없다. 명말의 성인관은 이러한 전개의 연장선에서 파악해야 한다. 예를 들어 이탁오가 "무릇 천하의 사람과 사물[民物]은 수없이 많은데 반드시 모두 나의 조리[吾之條理]와 똑같기를 바란다면, 그것은 천지도 할 수 없는 것이다. 그러므로 추위가 아교를 꺾을 수는 있어도 저잣거리에서 부귀를 추구하는 사람들을 꺾을 수는 없다. … 무엇 때문인가? 부귀와 영달은 우리의 타고난 오관을 편하게 해 주기 때문이다. 형세상 자연히 그렇게 되는 것이다. 그러므로 성인이 그것을 따랐으니, 따르면 편안해지는 것이다"(『분서』 권1, 「答耿中丞」)라고 한 것은 바로 그 전형적인 예라 할 수 있다.

고 말해지는 것은 명대 후기의 리관이 이 '자가 성명' 네 글자에 의해서 가장 잘 표현되기 때문이다. 또 이러한 관점에서 중기의 리관이 항상 심 또는 양지에 의해 대표될 수 있는 것처럼 '성명' 두 글자는 이 시기에 가장 많이 사용되었다.

초횡이 삼교(三教)를 평론하면서 '일가의 학', '자기 심성의 묘(妙)'를 제시하여 '자기'를 표현한 것도 이러한 흐름을 배경으로 한 것이었다. 요컨대 '자기'가 심성의 자연 속에서 멈추기 힘들게 구한 것이라면, 그렇게 하여 구해진 것이야말로 가장 근본적인 본래성이다. 따라서 이러한 관점에서 말한다면 그리고 이러한 관점을 통해 자각된 굶주림의 의식으로부터 말한다면, 삼교의 거리를 가르는 것은 무릇 부질없는 짓일 수밖에 없다.

형해화된 리를 파괴하고 직접적으로 현실의 자기 속에 갖추어진 리를 체현하고자 하는 그들에게 현실의 규범을 초월하려는 노장(老莊)의 학이나 자기 자체를 곧바로 부처로 인식하는 선학(禪學)은 빠뜨릴 수 없는 '쌀밥'이기까지 하였다.

이처럼 굶주림의 자각이란 형해화된 기성의 리관에 대한 부정의 자각이며, 그 자각의 강렬함은 그대로 '자가 성명'을 탐색하고자 하는 구도정신의 강렬함이었다.

앞에서 말했듯이 그들은 외적 규범에 대한 내적 자기의 **충실을 주장한 것이 아니라** 오히려 공동(空洞)을 주장하였다. 그것은 그들이 진정한 리를 가지고 허구적이고 형해화된 리로 인한 굶주림 그리고 굶주림에 의한 공동을 **채우고자 했기** 때문이다. 그들의 이러한 의욕 속에서, 우리는 명말 인사의 자기주장을 간파할 수 있다. 그들은 엄격한 외적 규범에 반대하면서 개인의 해방을 꾀한 것도 아니었으며, "사회 이성과 대립되는 개인 이성의 독립화·자율화" 및 "천리적 사회에 대립되는 인욕적 사회"의 건립을 의도한 것도 아니었다. "정신에 있어서 가장 근원적 분별"이라는 "천과 인의 분열",[16] 즉 천칙(天則)으로부터 인간(人間)의 자율을 의도한 것은 더더욱 아니었다. 그들은 그러한 의미에서의 **자아**를 주장한 것은 아니었다.

그들은 **허구적인** 천칙의 자연과는 다른 **진정한** 천칙의 자연 즉 리얼한 성명을 추구하였고, 허구적인 비인간적 규범과는 다른 **진정한** 인간적 규범을 추구하였다. 그들이 외적 규범의 엄격주의를 거부한 것은 그것이 **허구적인** 엄격주의였기 때문이다. 그들이 송학적 천리를 거부한 것은 그것이 천리였기 때문이 아니라 명대의 리얼리즘에서 볼 때 이제 더 이상 **천리일 수 없었기 때문**이다. 그리하여 그들은 도리어 엄격하게—시적 방랑을 버리고 학문으로 나아간 동나석을 보라— 자기의 심성에 마땅히 그러해야 할 진정한 리를 추구할 수 있었다.

명말 인사들 가운데에서 이탁오가 "비길 데 없는 독자적 존재" 또는 도드라진 인물(Particularist)일 수 있었던 것은 시마다 겐지가 말했던 것처럼 서구의 이른바 "근대정신"의 "말하자면 너무나 조숙한 탄생"[17]이 그에게 보이기 때문이 아니라, 그의 굶주림의 자각 즉 허구적인 '거짓'을 거부하고 마땅히 그러해야 할 '진실'을 갈망한 그의 행동 속에서 그의 '비길 데 없는 독자성'의 깊이를 발견할 수 있었기 때문이다.

아래에서는 성명의 도를 향한 그의 굶주림의 본질이 얼마나 비할 데 없이 독자적, 아니 고독하고 절망적인 것이었는가를 살펴보도록 하겠다.

---

16) 이상 4개의 인용은 島田虔次, 『中國における近代思惟の挫折』, 3쪽, 236~237쪽.

17) 島田虔次, 『中國における近代思惟の挫折』, 177쪽, 214쪽, 250쪽.

제2절 '멈출 수 없는' 자연의 드러남

강상(綱常)의 입장 / '멈출 수 없음[不容已]' 논쟁 / 선도 없고 자취도 없음[無善無迹] / 이단(異端)의 자각

이탁오는 이렇게 말한다.

나는 부처를 배우는 인간, 이단자의 패거리로서 성인의 문하에서 강렬하게 비판하고 배척하는 대상입니다. 그런 까닭에 공자의 무리에게 선뜻 가르침을 청하지 못한 지도 오래되었습니다. 그들이 나를 비난할까 두려워서가 아닙니다. 그들의 뜻이 성명에 있지 않고 학문의 방법도 달라서 나의 눈을 열어 주고 나의 병을 치료해 줄 수 없기 때문입니다. 나도 이제 늙고 쇠잔한 나이가 되었습니다. 새삼스럽게 부질없이 무익한 청을 해서 이 죽음에 임박한 여생을 공허하게 보내고 싶지는 않습니다. … (당신이 말씀하신) '친민(親民)'(『대학』)의 뜻, '무악(無惡)'의 뜻, 그 밖의 '불염(不厭)'과 '불권(不倦)'(『논어』「述而」)의 뜻은 모두 절실하게 경청하고 분명하게 행해야 합니다. 그렇지만 어찌합니까! 아직껏 나는 '밝은 덕[明德]'의 '덕(德)'조차 밝히지 못하였는데, 어떻게 '친민'을 일삼을 수 있겠습니까? 나의 학문은 "지극한 선에 머문다[止至善]"고 하지만 '머물[止]'기는커녕 아직껏 어디에 머물러야 할지조차 명확하게 알지 못하는데, 어떻게 '배움에 싫증내지 않음[學不厭]' 따위의 경지를 입에 담을 수 있겠습니까? 이렇게 '싫증내지 않음'조차 할 수 없으니, 더구나 '가르침에 게을리하지 않음[誨不倦]' 따위는 전혀 생각지도 못합니다. '학(學)'만 알게 되면 자연히 '싫증내지 않음[不厭]'에 힘쓰는 것도 가능하겠지요. 마치 굶주린 자가 아무리 배불리 먹어도 싫증내지 않고, 추위에 떠는 자가 아무리 많은 옷을 입어도 싫증내지 않는 것처럼 말입니다. 그렇지만 이제 삶과 죽음 그리고 성명에 대한 생각이 굶주림과 추위에 대한 생각보다 깊지 못한 사람에게 '싫증내지 않음'이 가능한 일이겠습니까?! '학'도 모르면서 단지 '싫증내지 않음'을 제목(題目)[18]으로 삼아 공부하게 된다면, 아마 배운 지 얼마 안 되어 이 '싫증내지 않음'이라는 제목에 '싫증'이 저절로 따라오게 될 것은 필연입니다. … 하물며 '게을리 하지 않음[不倦]'을 기대할 수 있겠습니까?

이것은 동로(侗老; 경정향)에게는 해당될 수 있을지 모르겠지만, 나는 이러한 제목에 자족하여 다른 사람들에게도 이 학맥을 종주로 삼으라고 권할 생각은 전혀 없습니다. 어째서인가? 아직 나는 '학'을 모르기 때문입니다. 나의 '덕'도 밝히지 못하고 있기 때문입니다. 이제껏 '자기를 이루는 것[成己]'(『중용』)도 '자기를 세우는 것[立己]'(『논어』「雍也」)도 또한 '자기의 성을 다하는 것[盡己性]'(『易』「說卦」, 송학의 테마)도 가능하지 못했기 때문입니다. 아직 '덕'을 밝히지 못하였기 때문에 나를 밝혀 줄 수 있는 모든 사람과는 친하게 지내고 싶지만, 나보다 못한 사람과는 친하고 싶지 않습니다. 말만 번지르르하게 하고 아첨 잘하는 사람은 나에게 손해가 되므로 감히 친하고 싶지 않습니다. 이미 친하지 않으므로 나를 미워하는 사람이 생겨나고, 내가 미워하는 사람도 생겨나는 것은 또한 자연스런 이치입니다. … 내가 오랜 친구를 차갑게 대하려는 것은 아닙니다만, 잘 해주고 싶어도 본디 함께 할 만한 도가 없는 것입니다.(『분서』 증보, 「答李如眞」)[19]

---

18) 여기에 보이는 '제목(題目)'이라는 용어는, 예를 들어 "각각의 사람은 스스로 각각의 일이 있어서 각자의 제목이 같지 않다. 그 각각의 사람이 (자신의) 제목으로부터 나아간다면 오묘하지 않음이 없을 것이다"(『속분서』 권1, 「與友人論文」)라는 것처럼 주체성을 함축한 용례도 있다. 그렇지만 일반적으로 이탁오는 "밝은 덕을 밝히는 것은 자연의 작용이 본디 이와 같은 것이다. 이를 인식하고 제목으로 삼아 학파를 만들어서 작위적으로 그것을 하는 것은 아니다. … 요사이 사람들은 '싫증내지 않음[不厭]'과 '게을리 하지 않음[不倦]'을 제목으로 삼고 있으니, … 어찌 진정으로 싫증내지 않고 게을리 하지 않을 수 있겠는가?"(『분서』 권1, 「復京中友朋」)라고 하는 것처럼 상당히 부정적인 용어로 사용하고 있다. 일본어에서도 '제목'이란 말이 부정적 이미지를 갖기 때문에 그대로 번역어로, 또 이하 본문의 용어로 사용하겠다.

19) 이여진(李如眞; 생몰 미상): 이등(李登), 자는 사룡(士龍), 별호는 여진(如眞). 강소성 상원(上元) 출신이다. 『본조분성인물고(本朝分省人物考)』 권12

사람은 음식에 굶주리면 배불리 먹는 것을 싫증내지 않고, 학문에 굶주리면 열심히 배우는 것을 싫증내지 않는다. 그렇지만 자신은 무엇을, 그리고 어떠한 방향으로 '배워야' 하는가? 자기란 무엇인가? 자기를 어떻게 완성시킬 것인가? 어떻게 달성시킬 것인가? 자기의 성(性)이란 무엇이며, 어떻게 그것을 다할 것인가? 자신에게 있어서 삶과 죽음이란, 성명(性命)이란 무엇이며 어떻게 존재하는가? 모든 사람에게 보편적이며 또 본래부터 갖추어져 있다는 양지(良知)의 본체, 즉 명덕(明德=理)이란 도대체 어떠한 것인가? 아무것도 모르겠다. 자신은 지금 굶주리고 있다. 굶주리지 않는 것은 없다. 그렇지만 굶주림의 정체는 무엇인가? 굶주리고 있다고 해서 아

및 『강녕부지(江寧府志)』 권34 「유림전(儒林傳)」에 그의 전기가 있으며, 또한 「경천대전(耿天臺傳)」에는 불전을 연구하고 성명의 학에 전념하였다는 등의 기술이 있다. 또 『강녕부지』 권54에 그의 저서로 『원학편(願學編)』, 『보고어록(寶庫語錄)』을 들고 있다.

이등이라는 이름은 『분서』 권2, 「복사룡비이모음(復士龍悲二母吟)」 외에 『속분서』 권1, 「여이사룡서(與李士龍書)」 및 「여초약후(與焦弱侯)」, 「여초약후태사(與焦弱侯太史)」, 「여초의원(與焦漪園)」, 「복초의원(復焦漪園)」 등에도 보이고 있어 그가 경정향, 초횡 등과 교류가 있었음을 알 수 있다. 또한 『명유학안』 권16 「추덕함(鄒德涵)」(경정향, 경정리 및 초횡과 친밀하였음) 항목의 기술에서 보면 그는 경정향보다 경정리 쪽에 사상적으로 친밀하였을 것으로 추측된다. 또 『이온릉외기(李溫陵外紀)』 권2 「영경답문(永慶答問)」에 이여진이라는 이름이 보이는데 이탁오와의 문답이 기술되어 있다. 이를 통해서 추측해 보면, 이 인물은 이탁오의 사상권 안에 들어 있었던 사람으로 보아도 지장이 없으며, 본문의 편지에 나타나는 것처럼 괴리되었던 것은 아니다. 그러나 구도에 극히 첨예하였던 이탁오의 의식에서 보면 털끝만큼의 차이나 천리의 차이나 자신과 격절해 있는 점에서는 마찬가지였다. 사상은 거리의 원근에 의해서 계산될 수 있는 것이 아니다. 오히려 털끝만큼의 차이를 우주의 격절만큼이나 느끼는 그의 사상적 열정이야말로 여기에서는 문제가 될 것이다.

또한 이여진에게 보낸 이 편지 속에서 토론된 문제는, 이 밖에도 『분서』 권1의 「답경중승론담(答耿中丞論淡)」, 「답경사구(答耿司寇)」, 「복경중우붕(復京中友朋)」 등의 편지에 보이고 있어 이탁오와 경정향 사이에 토론된 문제 가운데 하나였음을 엿볼 수 있다.

무 음식이나 먹을 수 있는가? 이러한 것을 모르겠다. 더구나 굶주림조차 모르는 사람이 어떻게 '배움에 싫증내지 않을' 것인가? 얼마간의 여생도 남아 있지 않은 자기에게 그러한 제목(題目)과 교제하고 있을 시간적 여유는 없다고 그는 말하는 것이다.

이렇게 말해 보면, '성명의 도를 향한 굶주림'이라는 표현도 약간은 적당하지 않을 듯하다. 왜냐하면 '~을 향한'이란 미리 대상의 존재를 예상하는 말이기 때문이다.

앞 절에서 인용한 주여등의 문답 뒤에 또다시, "밥이 먹을 수 있는 것이라면, 그렇다면 사람에게 해가 되는 밥도 먹겠는가?"라는 질문을 받은 주여등은 다음과 같이 대답한다.

> 만일 사람에게 해가 된다면 그것은 밥이 아니다. … 두 선생[二公; 육상산과 왕양명]의 학술이 군주와 신하 관계, 부모와 자식 관계를 부정하는 것이라면 … 그렇다면 그것은 사람을 해치는 것이니 결국 밥이 아니다. 그러나 두 선생이 제창한 것은 효제충신이요, 지지한 것은 윤리강상으로서, 아침저녁으로 먹는 음식과 다르지 않으니 일상의 밥이다.

그는 이 대답에 이어서, 사람이 자기의 성명이 '실로 낙착되는 본원[實落安頓處]'을 생각하지 않는 것은 안타까운 일이라고 말하고 있다. 결국 그가 지향하는 성명의 굶주림은 아침저녁으로 먹는 일상의 밥이었다. 즉 밖으로부터 강제되는 고정된 틀이 아니라 언제나 자기의 마음속에서 저절로 흘러나오는 군주와 신하·부모와 자식(이는 자기의 주체 속에 존재한다) 사이의 자연스러움으로써, 그 본질은 이러한 감정으로부터 이루어지는 것임을 알 수 있다.

초횡도 어떤 사람으로부터,

> 양명 선생은 양지를 가리켜 성인 학문의 요체라고 하였지만, 사람들은 선생이 불교 서적을 읽고 깨달은 것이라고 말한다. … 맹자는

사람은 모두 요순이 될 수 있다고 하면서 이를 효도와 우애로 귀결시켰다. … 이 얼마나 명백하고 간결한가! 불교에서 말하는 "마음이 곧 부처"라는 말은 상당한 지름길인 듯하지만 사물의 이치를 저버리고 인간의 윤리를 멸절시키는 것이 아니겠는가?

라는 질문을 받고,

"효도와 우애의 마음이 곧 요순이다"와 "마음이 곧 부처이다"라는 말은 본디 두 가지 학설이 아니다. 대체로 사람의 마음은 하나이다. 인(仁), 양지(良知), 효제(孝悌)는 호칭 차이에 불과하다. … 다만 배우는 사람이 주소(注疏)에 빠져 그 참된 것을 얻지 못하였다. 그런데 불교의 직지인심(直指人心)[20)*]에는 유자의 지리하고 번잡한 병폐가 없기 때문에 양명은 자주 여기서 힘을 얻어 유교의 서적에까지 미루어 언급하였다. … 불교에도 3천 가지의 커다란 규범과 8만 가지의 세세한 실천 조목이 있으며, 또 (석가에게는) 정반왕(淨飯王)이라는 아버지가 있고 나후라(羅睺羅)라는 아들이 있었다. 그러므로 인간의 윤리와 사물의 이치를 부정한 것은 아니었다. 이승단멸(二乘斷滅)의 견(見)[21)*]을 이루는 무리가 종종 있지만 그것은 석가의 잘못이 아니

20)* 직지인심(直指人心): 곧바로 사람의 마음을 가리킨다는 뜻. 쓸데없이 눈을 외계로 향하는 일이 없이 자기의 마음을 곧바로 포착하면 자기 자신이 사실은 부처 그 자체였음을 철저하게 알게 되고, 그대로 부처가 될 것이라는 뜻이다. 번쇄한 교학에 얽매이지 않고 인간이 본래부터 가지고 있는 불성(佛性)을 곧바로 체득하라는 것으로, 선종의 특징적인 표현.

21)* '이승(二乘)'은 성문승(聲聞乘)과 연각승(緣覺乘)의 두 가지를 말한다. 승(乘)은 타는 물건이라는 뜻. 성문이란 스승의 가르침에 의해 깨닫는 사람으로, 부처의 가르침을 직접 듣고 사체(四諦)의 도리에 의해 깨닫는 사람들 및 그러한 입장을 말한다. 연각이란 이법(理法)을 체득하여 스스로 깨닫는 사람으로, 부처의 가르침에 의하지 않고 홀로 12연기(緣起)의 도리를 관찰하여 깨닫는 사람들 및 그러한 입장을 말한다. 그런데 대승(大乘) 불교의 입장에서 말하면 이 두 가지의 사람들 및 그 입장은 자기의 완성에 머물고 타인의 구제로 향하지 않기 때문에 열등한 입장(劣乘・小乘)으로 본다.

'단멸(斷滅)의 견(見)'은 세간 및 자기를 끊고 멸할 것을 주장하여, 인

다.(『담원집』 권12, 「答友人問」)

라고 대답하였다. 여기에는 명백하게 하나의 입장이 있다. 그것은 효제와 충신을 윤리의 **강상(綱常)**으로 여기는 입장이다. 초횡은 육상산과 왕양명이 군신관계와 부자관계를 부정하지 않았을 뿐만 아니라, 석가도 부자의 인연이 있어 이러한 현세의 인간 윤리와 사물 이치를 저버리고 세상을 등지는 것은 불교 쪽에서 보더라도 소승단멸(小乘斷滅)의 견해라고 주장한다. 초횡의 이러한 입장은 유·불의 경계를 파괴한 것이라기보다는 **강상**의 입장에서 양자를 동등하게 수용하려는 것이다.

『노자』, 『장자』, 『유마경(維摩經)』, 『원각경(圓覺經)』의 뜻을 공맹의 말로 읽어 내고,

> "노·불을 배척하는 자는 노·불을 이해하지 못할 뿐 아니라 공맹도 이해하지 못한다. 자성(自性; 존재의 고유적인 실체, 진실하여 불변하는 본성/역자)을 잘 발명하기만 한다면 어떠한 차이를 논할 것이 있겠는가?"(『담원집』 권25, 「薛童子傳」)

라고 하였다고 초횡에 의해 전해지는 설원초(薛元初)의 말, 그리고 "자기 마음의 허명(虛明)[22]*만을 추구하여 천지만물에 힘을 다하지 않는 것을 불교의 출세(出世)로, 내 마음의 천칙(天則)에 의거하여 천지만물에 순응하는 것을 성학의 경세(經世)"(『명유학안』 권22)로 변별하여 불교의 출세를 비난하는 호직(胡直; 1517~1585)의 말에

과의 이법을 인정하지 않으며 또 사람은 한 번 죽으면 소멸하여 다시 태어나는 일이 없다고 하는 잘못된 생각. 생은 이 세상에 한정된 것이라고 하여 사후의 운명을 부정하고 선악과 그 업보를 무시하는 견해로 '단견(斷見)'이라고도 한다. 상견(常見)의 반대.

22)* 자기 마음의 허명(虛明): 선을 좋아하고 악을 싫어하는 구체적인 도덕적 정감과 격리되어 깨끗하고 맑은 경지만을 추구한다는 뜻으로, 도덕적 본심과 격리되어 내용 없는 마음만을 추구하는 불교를 비판한 말.

대해,

> 아니다. 예로부터 출세하지 않고 경세한 성현은 없다. … 진실로 잘 출세해야 경세의 작용도 저절로 드러난다. 불교의 광대한 자비의 가르침은 우리나라에 멸하지 않고 남아 있어 세속을 선도하기에 충분하다. 그런데도 자기의 생사를 터득하는 것만을 추구하여 인간의 윤리와 사물의 이치를 버리고 세간을 자신과 관계없는 것으로 여기는 것은 선가(禪家)의 무리 가운데서도 하등에 속한다.(『경천대문집』 권10, 「出世經世譯」)

라고 논단하는 경정향의 말 등은 한결같이 강상의 입장에서 불교의 '자성(自性)'이나 호직의 이른바 '내 마음의 천칙'을 수용하는 것이었다. 상술한 주여등과 초횡의 '**자기**의 성명', '**나의** 심성', '**일가**의 학' 등은 모두 이러한 강상의 입장에서 언급한 것임을 알 수 있다.

그렇지만 경정향, 초횡, 주여등 등을 기성의 강상윤리에 매몰된 사람으로 보는 것은 옳지 못하다. 대체적으로 이들과 동일한 입장에 섰던 양복소(楊復所)[23]는 다음과 같이 말하였다.

---

23) 양기원(楊起元; 1547~1599): 자는 정복(貞復), 호는 복소(復所). 광동성 귀선(歸善) 출신. 내각문고 소장의 『양복소전집(楊復所全集)』(萬曆刊)은 『남중논학존사고(南中論學存笥稿)』 4권, 『증학편(證學篇)』 2권, 『증도서의(證道書義)』 2권, 『증도서의속선(證道書義續選)』 1권(2分冊), 『백사선생어록(白沙先生語錄)』 2권 및 합책으로 된 『학해(學解)』 3권(附 「止善解」 1편), 『원고(原古)』 3권, 『인해(仁解)』 3권, 『양선생종일기(楊先生終日記)』 1권, 『별고(別稿)』 1권 등 총 22권으로 이루어져 있다. 아울러 『중각양복소선생가장문집(重刻楊復所先生家藏文集)』 8권(明刊)이 있는데 역시 내각문고 소장본이다. 본서에서는 이 두 가지 판본에 의거하였다. 이하 전자에 대해서는 『양복소전집』 5글자를 생략하고, 후자에 대해서는 『양복소가장문집(楊復所家藏文集)』이라 칭하겠다.

그는 스승 나근계를 독실하게 공경하였는데, 고경양(顧涇陽)은 "양복소는 나근계를 성인으로 생각하였다"(『명유학안』 권34, 「楊起元傳」)고 평하였다. 이탁오도 "한번 나선생의 학문을 듣고는 마음에 새기고 뼈에 새겨서 잠시도 잊은 적이 없었다. 조그만 동상을 하나 만들어 밖에 나갈 적에는 반드시 보고하였고 돌아와서도 반드시 인사를 올렸다. 세시에는 동지들과 거처하는 곳에서 음식을 차려 놓고 제사 올리는 것을 상례로 삼았다"(『속분서』 권22, 「侍郎楊公傳」)고 기록하고 있다. 그는 또한 이탁오와 가장 친밀한 친구의 한 사람인 마성(麻城)의 주류당(周柳塘)에게도 사사하였다. 근계가 죽은 후, 그는 "비록 우리 근계 스승은 돌아가셨습니다만, 이제 저를 가르칠 수 있는 사람은 우리 주류당 스승과 선생만한 분이 없습니다. 선생에게 질문을 할 수 없게 된다면 또 앞으로 누구에게 물어보겠습니까?"(『증학편』 2, 「이탁오선생」)라고 하여 이탁오에게도 가르침을 종용하고 있다.

초횡은 그의 「제양복소선생어록(題楊復所先生語錄)」(『담원집』 권22) 속에서 이탁오와 양복소를 비교하여, 탁오가 "절벽처럼 준엄"한 것에 반해 복소는 "온화한 바람인 듯 단비인 듯"하다고 칭하고 있어 두 사람의 성격은 대조적이었다.

그러나 양복소에 대한 이탁오의 평가는 상당히 높다. 양복소의 「대인불실적자지심(大人不失赤子之心)」 및 「기희(幾希)」 「불이(不貳)」 「지이학안(志伊學顏)」(모두 『증도서의』 권하에 수록) 등의 논저를 들면서, "이 사람의 학문은 이미 신의 경지에 들어섰다"(『속분서』 권1, 「與焦弱侯」)고 찬탄하면서 초횡에게 읽어 볼 것을 권하였다. 또한 「심여곡종론(心如穀種論)」, 「혜적종역(惠迪從逆)」을 들고 있으며, 『속장서』의 「시랑양공전」 속에서도 "이목수족의 생생함이 곧 마음이다[耳目手足之生生卽心]"(「심여곡종론」) "필부필부의 지능이 곧 성인이다[愚夫愚婦之知能卽聖]", "기품과 물욕에 모두 명덕이 깃들어 있다[氣稟物欲皆明德之寄寓]"(모두 『증학편』 1) 등의 관점을 소개하면서 아울러 공감의 뜻을 표하고 있다.

그의 「대인불실적자지심」은 이탁오의 「동심설」과 유사한 부분이 있어 어느 쪽이 먼저 쓰여졌는지 분명하지 않지만, 다음 장 부절(附節)에서 서술하듯이 그 내용에서 볼 때 양자의 사상이 유사하였음을 엿볼 수 있다.

사실, "기품은 곧 명덕이 깃들어 있는 것이요, 물욕은 곧 명덕이 유행하는 것이다. 기품과 물욕을 떠나서는 이른바 명덕을 볼 방법이 없다. 명덕에는 성인과 범인이 없으니, 기품과 물욕에 어찌 다시 성인과 범인이 있겠는가?"라든지 "필부필부와 그 지능을 함께하는 것이 참된 성인의 도이다. 그러나 끝내 필부필부가 되지 않는 것은 천하 만세로 하여금 각기 필부필부의 지능에 편안케 하기 때문이다. 만약 스스로 필부필부의 지능에서 벗어난다면 어찌 천하 만세로 하여금 각기 필부필부의 지능에 편안케 할 수 있겠는가? 천하 만세로 하여금 필부필부의 지능에 편안케 하지 못한다면 성인 역시 쓸모 없는 세상의 군더더기일 뿐이다"라고 하는 논점은 이탁오가 동감하여 소개하기에 충분한, 아니 이탁오의 소론이라고 불가와 도가는 (유가와) 가르침은 다르지만 도는 같다. 도가 같으므로 유자도 이를 배울 수 있다. 이를 배우는 것은 본심이 선하기 때문이며, 배척하는 것은 명분과 의리에 구속되어 있기 때문이다. 명분과 의리에 구속된다면 어떻게 본심을 온전히 할 수 있겠는가?(『양복소전집』 별고, 「送孫欽齋先生還新安序」)

이는 그들이 '명분 · 의리'와 "형체 · 식견에 속박되어 … 형이상학을 말하는 것을 이단의 학설로 간주"(『담원집』 권23, 「釋家」)하지 않았으며, 또한 '유자의 지리하고 번잡한 병통'에도 빠지지 않으면서 한결같은 마음으로 곧바로 '본심'을 밝히고자 하였음을 분명하게 보여준다. 그들의 이러한 자세는 기성의 허구적인 강상을 본심의 측면에서 타파하면서 **본심 실득(實得)의** 진정한 강상을 세우려는 것이었다. 이러한 점에서 나름으로 혁신적이었다고 할 수 있다.

그럼에도 그들의 굶주림에 대해 일정한 한계를 느끼게 되는 것은, 그들이 정형화된 강상의 허구를 지적하고 또한 그 본질을 따지고는 있지만 강상 **그 자체**를 근본에서부터 문제 삼는 데까지는 이르지 못하였기 때문이다.

그들은 기성의 효제(孝悌)와 충신(忠信)을 '본심'의 측면에서 검증하였지만, 그 '본심'은 효제와 충신 그 자체를 떠나서는 존재 이유를 갖지 못하였다. 따라서 그 존재 이유 자체를 검증하는 시각은 애초부터 빠져 있었다. 그렇다면 이탁오는 이 문제를 어떻게 파악하였을까?

『분서』 권4에 「약무의 어머니가 아들에게 부친 편지를 읽고(讀若無母寄書)」라는 글이 실려 있다. 이미 출가한 몸이 된 약무(若無)라는 인물이 또다시 어머니와 처자의 곁을 떠나 멀리 금강산(金剛山)

보아도 좋을 정도의 대담한 발언이다.

양복소와 주여등은 명말의 사상계에서 이탁오에 이어 주목할 만한 인물이다. 荒木見悟, 『明代思想研究』(創文社, 東洋學叢書, 1972) 제5장, 제8절 「楊復所による佛教の導入」 참조.

에 가서 머물려고 하였다. 이에 그의 어머니가 아들에게 편지 한 통을 보냈다.

> 서로 가까이서 지내면 피차간에 서로 편안해질 것이다. 편안한 곳이 바로 고요한 곳[靜寂]인데, 너는 어찌하여 꼭 먼 곳으로 떠나 고요함을 찾겠다고 고집을 부리느냐? 네가 늙고 병든 나를 돌보지 않는 것은 그렇다 치더라도, 너의 두 어린애들을 그대로 방치해 두어서는 안 된다. … 이러한 때에 너는 마음을 고요하게 하는 수행을 하려고 하는구나. 진실한 마음은 혼란스러운 것이겠느냐, 고요한 것이겠느냐? 어느 쪽이냐? 고요한 것이라면 그러한 도리는 있을 수 없다. … 자식들을 걱정하지 않고 마음이 고요한 것과 걱정하여 마음이 혼란스러운 것 가운데, 어느 쪽이 진실이고 어느 쪽이 거짓이겠느냐? … 이제 자식들을 걱정한다면 겉으로는 마음이 흔들리는 것 같아도 속마음은 편안하여 도리어 마음이 흔들리지 않게 된다. 만약 걱정하지 않는다면 겉으로야 마음이 흔들리지 않는 것처럼 보일 테지만 속마음은 은근히 쓰리고 아파서 도리어 마음이 흔들리게 된다. … 자식들이 진실로 편안하게 된다면, 이것이 바로 상주(常住)24)*요 이것이 바로 금강(金剛)25)*이니라. 어쩌자고 남의 말만 들으려 하느냐! 그저 남의 말만을 듣고 너의 마음을 살피지 않는다면, 이는 경(境)26)*에 좌우되는 것이다. 너는 마음이 고요하지 않아서 금강산에 가려고 하지만, 설령 바다를 건넌다 해도 더욱 고요하지 못할 것이다.

이탁오는 이 편지를 읽은 뒤, "약무의 슬하에 진정한 부처가 있다. 지적하시는 말씀이 모두 해조음(海潮音)27)*이요, 명하시는 바가 모두 마음 깊숙한 곳에서 우러나오는 지극한 말씀이다"라고 감탄하

---

24)* 상주(常住): 영원히 존재하는 것.
25)* 금강(金剛): 금강심(金剛心). 보살의 마음이 견고하여 파괴할 수 없음을 금강, 곧 다이아몬드 등과 같이 견고하여 부술 수 없는 것에 비유한 말.
26)* 경(境): 현상, 대상, 외재적 존재.
27)* 해조음(海潮音): 바다의 조수 소리처럼 부처의 목소리가 커서 널리 들릴 수 있는 소리.

였다. 또한 약무의 금강산행을 종용하였던 자신을 부끄러워하면서,

> 입으로는 부처의 이름을 달달 외면서도 처음부터 효행이 빠져 있다면, 아무리 아미타불이라 해도 효행이 빠진 부처가 된다. 그러한 이치는 절대로 없다. … (이 어머니의) 말씀은 지극한 정에서 우러나와 자연과 사람의 마음을 찌르고 자연과 사람을 감동시키며 자연과 사람을 통곡시킨다. 이 어머니의 말씀을 듣고 통곡하지 않을 사람은 없을 것이다.

라고 하였다. 잘 알고 있는 것처럼 이탁오는 일찍이 처자를 버리고 출가하여 용호(龍湖)에 머물거나 끊임없이 사방을 유랑하였다. 또한 아침저녁으로 시중드는 효는 작은 효이며, 공명을 이루는 효도 어진 어머니를 고통의 바다에서 제도하는 바가 아니라고 하면서 살점을 잘라 원문(願文)을 혈서하고 불도의 완성을 부처에게 맹세했다는 황안(黃安)의 두 스님의 이야기에 감탄한 적도 있었다.(『분서』 권2, 爲黃安二上人三首, 「大孝一首」)[28] 이를 약무의 어머니에 대한 찬탄과 비교해 본다면 형식상에서는 서로 모순된다.

경정향은 이탁오의 이 글을 보고 다음과 같이 서술하고 있다.

---

28) 황안의 두 스님의 이러한 생각은 당시 그다지 특이한 것은 아니었다. 명말 고승의 한 사람인 운서 주굉(雲棲袾宏; 1535～1615)도 "자식이 부모를 위해 노역에 복무하고 얼굴빛으로 봉양하여 어버이를 편안히 해 드리는 것은 효이다. 입신하여 도를 행해서 어버이의 이름을 현창하는 것은 대효이다. 삼가 염불법문(念佛法門)을 닦아 부모를 정토(淨土)에 왕생케 하는 것은 대효 가운데서도 대효이다"(『竹窓二筆』, 「出世間大孝」)라고 서술하고 있는 것처럼, 효를 불교 안에 끌어들이고 있는 것은 불교를 중국에 정착시키기 위한 필수조건이었다.(자세한 것은 道端良秀, 『佛教と儒教倫理』, 平樂寺書店, 1968 참조)

그러나 이탁오가 이러한 출가 대효론(出家大孝論)에 감탄한 것은 두 스님의 구도 정열에 대한 공감에 의한 것이며, 불교의 호법적 입장과는 전혀 관계가 없다. 다만 여기서 필자는 이탁오의 치열하였던 구도정신을 문제삼은 것이다.

장온(張媼; 약무의 어머니)이 아들에게 한 말은 육경(六經)·내전(內典)으로 모두 본심에서 발한 것이다. … 본심은 진실로 맑고 밝다. … 탁오가 평생의 은애(恩愛)[29)*]를 끊고 세속의 어지러움을 버린 지 올해로 벌써 7년이 되었다. 그런데도 이처럼 근본으로 돌아올 수 있었다. … 탁오가 장온의 말을 찬탄하였다는 소식을 듣게 된 것은 진실로 견딜 수 없는 기쁨이다. 그가 이처럼 장온의 말을 칭찬하였다면, 그의 학문도 이제 본심으로 돌아와 그것을 근본으로 삼았음에 틀림없다.(『경천대문집』 권19, 「讀李卓吾與王僧若無書」)

여기에서 **'본심'**은 '효정(孝情)'으로 바꾸어 말할 수 있는데, 경정향은 본심을 강상의 틀 속으로 끌어들이고 있다. 이러한 경정향의 입장에서 본다면, 이때의 이탁오는 진실로 본심을 회복한 것처럼 보였을 것이다.

이탁오가 결코 효 그 자체를 부정하지 않았다는 것은 그의 경력을 통해서 설명될 수 있다. 자신의 부친과 조부에 대한 그의 그리움은 결코 동시대인들과 다르지 않았다. 예를 들면 돌아가신 부친 백재공(白齋公)을 그리워하여 자신의 호를 사재거사(思齋居士)라 칭했다(『분서』 권3, 「卓吾論略」)고 하는 데서도 그것은 엿볼 수 있다. 「탁오논략」이 전하는 바에 의하면, 그는 평소 경멸하던 과거에 합격하자 "나의 아버님도 늙으셨고 동생들도 모두 결혼할 나이가 되었다. 그래서 기꺼이 녹을 받아 아버님을 봉양하고 동생들의 혼례도 마치기로 하였다"고 말하였다. 얼마 지나지 않아 부친, 장남, 차남이 잇달아 세상을 떠났고, 그런 터에 조부마저 세상을 떠났다는 소식을 듣게 되었다. 이에 그는 그때까지 가난 때문에 사들이지 못했던 장지를 구해 부친과 조부의 유해를 고향에 안장하기로 결심한다. 들어온 부의금 가운데 절반은 하내(河內)에서 땅을 사들여 그곳에 머물 처자식으로 하여금 경작하면서 먹고살게 하고, 나머지 절반은 자신이 고향으로 갈 때의 여비에 쓰려고 하였다.

---

29)* 은애(恩愛): 부모 처자식 등 사랑하는 사람 사이에 집착하는 감정.

그런데 그의 고향은 아내의 출신지이기도 하였다. 그곳에는 아내의 노모가 홀몸으로 쓸쓸하게 지내고 있었다. 이 때문에 아내는 함께 데려가 달라고 호소하였다. 비용이 모자란 탓이었는지 이탁오는 친구 공약곡(孔若谷)에게 자신이 설득해 볼 테니 그래도 듣지 않으면 대신 설득해 달라고 부탁하였다. 거듭해서 설득한 끝에 결국 아내의 동의를 받아낸다.

이렇게 하여 그는 혼자서 고향으로 돌아가 부친, 조부, 증조부 3대의 분묘를 수축하고 장례를 치른다. 그 후 몇 달 동안 기근이 들어 둘째 딸과 셋째 딸이 잇달아 세상을 떠나 큰딸만이 살아남게 되었다. 3년 뒤, 그는 "만리 먼 처자의 그리움을 견디지 못해" 가족 곁으로 돌아온다. 그때서야 그 동안의 사실을 알게 된 이탁오는 암담한 생각에 휩싸인다. "그날 저녁, 나는 아내와 촛불을 켜고 마주 앉았는데 정말이지 꿈을 꾸는 듯했다." … 그리고 자식을 그리워하는 아내의 진정(眞情) 앞에서 무너지려는 자신을 억누를 수밖에 없었지만, "그때 정말이지 나막신 굽이 뚝 부러지는 느낌이었다"고 그는 술회하고 있다.(『분서』 권2, 「탁오논략」)

그는 이렇게까지 무리를 해서 강상으로서의 '효'를 묵수(墨守)한 것일까? 묵수라고 하기에는 너무나 인간적으로 '효'에 통달한 것처럼 보인다. 그가 묵수하는 사람이었다면, 노모를 그리워하여 동행을 호소하는 아내를 걱정하지 않았을 것이다. 그는 이씨의 적손이라는 입장만 관철하면 되는 것이었다. 더구나 친구에게 아내의 설득을 의뢰하는 모습을 보일 필요도 없었을 것이다. 또한 '효'를 위해서라도 자녀의 죽음을 맞은 자신의 비통함을 남들이 알게 해서는 안 되며, 더구나 일부러 이 사실을 남에게 알려서는 안 되는 일이었다.

그러나 이탁오는 '효'를 관철하고자 하였기 때문에 발생한 다양한 모순을 자신에게도 남에게도 결코 숨기지 않고 그 하나하나에 인간적으로 대처하였다. 생각해 보면 부친과 조부에 대한 효 역시 장남, 부친, 조부, 차남을 잇달아 잃은 슬픔으로 고향에서 장지를 구하여 의지처로 삼으려는 충동이 일었기 때문으로 생각된다. 「탁오논략」에 의하면 차남이 죽은 날은 조부의 부음을 접한 날이기도 하였다. 더구나 그 날 그는 조문하러 찾아 온 공약곡에게 고향에 돌아가 장지를 구하겠다는 결심을 알리고 있다. 이것이 사실이라면, 그의 결심은 슬픔을 억누른 것이라기보다는 오히려 슬픔으로 인해 내려진 결심이었을 것으로 생각된다. 그의 '효'는 이렇게 자기 방식으로 생생하다. 그리고 역시 그는 '효'하는 사람이었다. 그는 일찍이 이렇게 말했다.

> 오늘날 세상의 도를 배웠다는 성인이나 선각자라는 사대부들을 보건대, 80세가 넘은 부모가 계신데도 조정에서 배알하라는 소식이 당도하면 곧바로 달려나가서 부모의 목숨이 바람 앞의 등불처럼 당장이라도 끊어질 듯한 것은 안중에도 없다. 공명에 급급해서 부모를 잊었기 때문이다.(『분서』 권1, 「復鄧石陽」)

그리고 훗날 자신의 출가에 대해서도, 양친도 모두 돌아가시고 동생 7명의 혼사도 마무리되었으며 자신의 4남 3녀도 딸 하나만 남기고 모두 세상을 떠나 더 이상 해야 할 일도 없어졌지만,

> 다만 이 인생이라는 큰 문제[此一件人生大事][30]를 아직 분명하게 깨닫지 못해 늘 마음속의 번민을 피할 수 없었다. 그래서 벼슬을 그만두고 촉(蜀) 땅에 들어가 선지식(善知識)[31]*을 모시고 조금이라도 도를 깨닫고 싶었을 뿐이다. … 결코 나 자신을 인륜 밖으로 내버리지 않았다.(『분서』 권1, 「복등석양」)

---

30) 이 말은 '차일단대사인연(此一段大事因緣)' '차일대사(此一大事)' 또는 단순히 '저건사(這件事)' '차사(此事)' 등과 마찬가지로 선가(禪家)의 상투어이다. 이러한 것을 '깨닫는다'는 것은 결국 자성(自性)의 본원을 깨닫는다는 뜻인데, 여기서는 '성명(性命)'을 깨닫는다는 뜻으로 바꾸어 읽어도 좋다.

31)* 선지식(善知識): 바른 지식을 가르치는 사람을 뜻하는 불교 용어. 선우(善友), 친우(親友), 승우(勝友)라고도 함,

라고 변명하고 있다.

이렇게 보면 그의 '효'는 여전히 강상의 **입장**에 선 것이라고 할 수 있을까? 그의 본심은 강상 속에 있었을까?

그렇지는 않다. 약무의 어머니에 대해서도 마찬가지로 '효'를 언급하였지만, 그가 말하는 '효'는 경정향이 말하는 '효'와 사실 천리 이상의 거리가 있었다.

> 무릇 사람이 늙으면 질병도 저절로 많아진다. 자식이 있는데도 늙어서 힘이 들 때, 병으로 고통스러울 때, 침에 누워 몸을 가누기도 힘겨울 때, 약탕기를 받아야 할 때, 오장이 조각조각 뒤틀려 견디기 힘든 병고에 시달릴 때, 죽음이 임박해 헐떡거리며 작별을 고하면서 숨이 막 끊어지려고 할 때, 이때 자식의 도움을 받지 못한다면 자식은 없는 것이나 마찬가지이다. 도대체 부모에게 자식이란 존재가 부모가 돌아가셨을 때 달려가서 화려한 상례를 거행하여 남들의 칭찬이나 받으려는 데에 있을 리 없다.(『분서』 권1, 「복등석양」)

이탁오가 여기에서 말하는 '효'는 **강상**의 '효'가 아니다. 인간의 '효' 즉 인간자연의 본래, 더 정확하게 말하면 인간의 '진실'을 말하고 있는 것이다.

80세가 넘은 부모를 버리고 황제를 배알하면서도, 한편으로는 상례의 형식만은 묵수하려는 비(非)본심의 효를 거부한다는 점에서 이탁오는 경정향과 마찬가지이다. 그러나 그는 결코 이 때문에 늙고 병약한 부모를 모셔야 한다는 본래적 효를 추구하고자 한 것은 아니었다. 그는 늙고 병들어서 고독하게 되었을 때, 그때 인간은 자식을 찾게 된다는 **인간** 보편의 원점으로 되돌아가 말하고 있는 것이다.

이탁오가 어머니를 버리고 출가한 황안의 두 스님을 찬탄하는 한편, 약무의 어머니의 편지 역시 찬탄하고 있는 것은 강상의 입장에서 본다면 모순임에 틀림없지만 인간의 입장에서 본다면 결코 모순이 아니다. 부모를 그리워하고 자식을 사랑하는 그러한 인간의 '지극한 정(情)으로부터 우러나오는' 것들은 그에게 모두 **진실**이었다. 처자를 하내(河內) 땅에 남겨두고 장례를 치르기 위해 고향으로 돌아가고, 아내의 눈물에 쩔쩔매고, 자식의 죽음에 암울해지는 그 모든 것이 모순이면서 모순이 아니다. 아니, 인간이 끊임없이 모순 속에 살아가고 있는 이상, 모순되어 있는 것 그 자체가 명말이라는 시대를 살았던 이탁오의 인간으로서의 증거다. 그는 자기의 모순을 한 번도 숨긴 적이 없었다. 오히려 자각적으로 그 모순을 표명하고 있다. 그는 자기의 인간을 드러냄**으로써** 자연본래의 상태, 즉 성명의 도를 다름 아닌 자기 속에서 끊임없이 모색하였던 것이다.

강상**의 입장** 또는 '학'·'덕'**의 입장**에서 본다면, 어머니를 버리고 금강산에 들어가려 하다가 어머니의 탄식에 갑자기 발길을 되돌리는 것은 아무래도 위태롭고 무의미한 시행착오처럼 보일 것이다. 떠나고자 하는 것도 발길을 되돌리는 것도, 또 어머니의 편지를 찬탄하는 것도 그것에 부끄러워하는 것도 이탁오에게는 모두 인간의 진실이다. 설령 반대로 장온이 가족에게 미련이 남아 있는 약무를 질타하여 금강산으로 보냈다 해도 역시 그 아들을 생각하는 인간의 진실 앞에 이탁오는 찬탄하여 마지않았을 것이다.

거기에는 일체의 정해진 자취가 없다. 그 정해진 자취가 없었기 때문에 그는 '덕'도 '학'도 불분명하다고 말한 것이다.

이 '정해진 자취가 없다'는 것은 '인간'**의 입장**이라는 말조차도 부정한다. 기성의 '인간'은 그에게 있어서 이미 '인간자연의 본래'가 아니었다. 이러한 '인간'을 포함하여, 일체 '마땅히 이와 같아야 한다'고 간주된 기성**의 입장**을 그는 모두 부정하였다.

그는 멈출 수 없는 인간의 지극한 정 속에서 인간의 '자연본래'를 보고자 하였다. 미리 정해진 자취가 없는, 그리하여 모순으로 가득 찬 '인간'의 다양한 현상 속에서 '인간'의 자연본래를 보고자 하였다. 그리고 그 다양한 현상의 한가운데에서 '자기의 인간'을 드러냄으로써 자기 자신 속에서 표현되는 '이와 같은' 그리고 본래부터 '이와 같을 수밖에 없는' '성명'의 실태, 즉 자연적 본래를 인식하고자 하였다.

이탁오는 다음과 같이 말한다.

> 굶주림이 계속되면 반드시 먹을 것을 생각하고, 갈증이 계속되면 반드시 마실 것을 생각한다. 이 세상에 먹고 마실 것을 생각하지 않는 사람이 있겠는가!(『분서』 권2, 「答劉方伯書」)

그런데 그는 또 '자연본래'의 음식을 생각하지 않는 것은 '잡식(雜食)' 탓이라고 말한다. '잡식'이란 무엇인가? 단지 형체의 안만을 보고서 백년 혹은 기껏해야 수십 세대의 음식에 만족하고, 형체 바깥의 억만 세대의 음식을 생각하지 못하는 것을 말한다.

> 기껏 7척 몸의 부귀공명밖에 생각하지 못하는 백년의 음식. 기껏 수십 세대에 걸친 자손의 번영밖에 생각하지 못하는 수십 세대의 음식. 그렇다면 차라리 형체 바깥에 있는 '불후의 명예'를 생각할 것인가? 명예가 장구하다지만 천지가 끝나면 명예도 함께 저절로 끝나버린다. 여기서 통달한 자는 비웃으면서 다음과 같이 말한다. "명예와 육신, 어느 것이 더 간절한가? 무릇 7척의 몸을 봉양하느라 이 마음을 허비하는 자를 어리석다고 말한다. 그렇다면 하물며 몸 바깥에 있는 명예를 구하는 데 이 마음을 허비하는 짓에 있어서랴!" 확실히 명예가 육체보다 간절하지 않다는 것은 분명하다. 그렇다면 이 7척의 몸으로 억만 세대의 음식을 생각하는 자는 누구인가? 공자는 현자의 병폐가 명예를 좋아하는 데 있음을 알았다. 그래서 명예를 이용해서 실질로 귀결시키려고 하였다. 그렇지만 이 '공자가 차근차근 인도하는 방법[夫子善誘]'[32)*]도 안자(顔子)가 죽은 지금에는 완전히 끊어졌다.

---

32)* '공자가 차근차근 인도하는 방법[夫子善誘]': 『논어』 「자한(子罕)」에 나오는 말.

공자도 이미 안자 이외에는 얻을 수 없었다. 대체 누가 이 굶주리고 목마름의 그리움을 일으켜, 여기서 나와 함께 먹고 마실 것인가? 그렇다면 … 차라리 머리 깎고 출가해서 탈속의 친구를 찾아 반려자로 삼는다면 가능하게 될까? 지금 세상에 살면서 과연 함께 먹고 마실 사람이 끝내 없다는 말인가! 진실로 함께 먹고 마실 사람이 끝내 없단 말인가!(『분서』 권2, 「답유방백서」)

그는 이렇게 자신의 굶주리고 목마름의 고독과 절망을 탄식한다. 이탁오와 동시대의 고승인 자백 달관(紫栢達觀)[33]은 아래와 같이

33) 자백 달관(紫栢達觀; 성의 沈, 이름은 眞可, 1543～1603)은 앞에서 서술한 운서 주굉(雲棲袾宏) 및 뒤에 나오는 감산 덕청(憨山德淸)과 함께 명말의 3대 고승으로 일컬어진다. "자백은 이름을 동남으로 떨쳐 사대부의 무리가 마치 말이 달려가듯 그에게 나아갔다"(『萬曆野獲編』 권26, 「憨山之譴」), "초(楚)의 원 옥과 태사 동제 중랑(袁玉蟠太史同弟中郎; 袁宏道/역자) 및 환(睆)의 오본여(吳本如), 촉(蜀)의 황신헌(黃愼軒) 그리고 절강의 도석궤(陶石簣)가 집에서 나와 잇달아 찾아와서 함께 선학(禪學)을 이야기하였다. 만 한 달이면 반드시 모임이 있어 고명한 사대부가 구름처럼 모여들어 따랐다"(『만력야획편』 권26, 「紫栢禍本」)고 기록되어 있는 것처럼 명말 고명한 인사들의 존경과 사랑을 받았다.

이탁오가 그들과 교류하였는지는 분명하지 않지만, "탁오의 이름을 들은 지 몇 해가 되었지만 미처 한 번도 만나지 못했다. 마침 「경자용전(耿子庸傳)」을 읽고(『분서』 권4, 「耿楚倥先生傳」) 비로소 마음으로 탁오를 보았다"(『자백존자전집』 권21, 「卓吾天臺」)고 기술하고 있는 데에서 알 수 있듯이 자백의 이목에 탁오의 이름은 익숙하였을 것이다. 아마 탁오도 마찬가지였으리라는 것은 쉽게 상상할 수 있다. 이탁오가 자결하였다는 소식을 접하자, "아아, 평생 선을 이야기하였지만, 난을 당해 끝내 보원행(報冤行)을 따라 숙업을 풀지 못하였다. 그리하여 인간의 번쇄함을 견디지 못하고 기꺼이 칼을 들어 목을 베어버렸다. 그 자취를 살펴보건대 두타(이탁오)가 열장부라 한다면 옳지만, 진실로 불조 성현(佛祖聖賢)의 무리라고 한다면 옳지 못하다. 비록 그렇기는 하지만 두타는 불조성현의 이치에 대해서는 일찍이 알지 못함이 없었다. 다만 알면서도 행하지 못했을 뿐이다. … 오늘날의 승려와 속인들이 비록 선을 알고 선을 담론한다고 떠들어대는 자가 있지만 또한 절대로 탁두타만 못하다"(『紫栢尊者別集』 권3, 「答馬誠所御史」)라고 하여 그의 자살을 힐난하면서도 애석하게 여기고 있다. 그러나 그 자신 바로 다음해에 옥중에서 죽게 된 것은 아

무리 생각해도 얄궂은 일이다.

"무릇 천리와 인욕, 작은 티끌[微塵]과 대지(大地)를 과연 하나로 할 것인가 둘로 할 것인가? 하나로 한다면 보통 사람도 모두 성인이 되고, 하나로 하지 않으면 성인의 설교도 쓸모 없게 될 것이다"(『자백존자전집』 권10, 「墨香庵常言」), "무릇 음식과 남녀관계, 아름다운 음악소리와 재화를 추구하는 마음은 애당초 도에 장애가 되지 않는다. 도에 장애가 되는 것은 단지 스스로의 몸과 스스로의 마음뿐이다. … 도에 장애가 되는 것은 오직 이 허망한 마음이다. … 이 마음이 한번 없어지면 지식이 녹아서 융회될 것이다. 이른바 진심은 … 다만 이 마음을 깨닫는 것이니, 비록 범부라도 곧 부처가 된다. 깨닫지 못하면 부처도 곧 범부가 된다"(『자백존자전집』 권3, 「법어」) 등등 그의 한 마디 한 마디 말과 글 속에서 그의 옥중 사망의 원인을 엿볼 수 있다. 이탁오와의 개인적 교분이 있는가 없는가를 떠나서 그들이 모두 같은 사상 조류 속에서 각각의 환경과 삶으로부터 서로 역사의 리얼리티를 향해 절박하였음을 알 수 있다.

본문 속에서 필자가 그의 말을 이탁오와 연계시켜 소개하는 이유가 바로 이러한 데에 있는 것이다.

다음으로 감산 덕청(憨山德淸; 1546~1623)에 대해서 살펴보자. 전겸익(錢謙益)은 그와 자백 달관을 함께 일컬으면서, "아아, 위대하도다! 대사(大師)와 자백존자는 모두 불세출의 영웅의 자질로서, 급박한 시절을 만나 몸을 버리고 법을 받들었으니, 한 수레의 두 바퀴이다. 자백의 문장은 웅혼하여 깎아지른 듯하고, 대사의 문장은 여유가 있어 완만하다. 그러나 혼탁한 세상의 횃불이 되는 점에 있어서는 똑같다"(『憨山夢遊全集』 序)고 칭하고 있다. 이렇게 보자면 감산이 수행한 사상사적 역할은 주목할 만하다. 그가 초횡, 주여등, 양복소에게 보낸 편지에도 보이듯이 자백과 마찬가지로 명말의 고명한 인사들과의 교류가 넓었다. 다만 필자가 통람한 자료에 한정해 말한다면, 자백의 사상에 비하여 놀랄 만한 것은 그다지 없다. 초횡, 주여등, 양복소 등과의 문학 교류에 있어서 그의 토론의 높이는 엿볼 수 있지만, 이들을 관통하여 특별한 경지로 파고드는 처절함은 느껴지지 않는다. 그래서 본론 속에서는 그의 사상을 거의 소개하지 않았다. 그렇다고 해서 특별히 이 인물을 경시하려는 것은 아니며 주여등, 양복소 등이 주목되는 것과 동등한 주목을 받을 만하다고 생각한다. 소개하지 않은 것은 단지 중복을 피하기 위한 것일 뿐이다. 이 두 고승과 명말 불교 동향에 대해서는 荒木見悟, 『佛教と陽明學』 참조.

또한 『자백존자전집』 29권, 『자백존자별집』 4권 및 『감산대사몽유전집』 55권은 모두 대만 예문인서관에서 영인 간행한 『선종집성(禪宗集成)』(『속장경』에 수록된 것을 영인 집성)에 수록된 것에 의하였다. 이하 각각 『자묻고 있다.

> 이익과 명예를 비교하면 명예는 이익보다 높다. 명예와 육체를 비교한다면 육체는 명예보다 간절하다. 육체와 마음을 비교하면 마음은 또 육체보다 긴밀하고 간절하다. 마음과 성을 비교하면 성이야말로 모든 것의 근본이다. 그래서 '이치를 궁구하고 성을 다한다[窮理盡性]'고 말하는 것이다. 만약 성을 다할 수 있다면, 다하고자 하는 대상은 과연 무엇인가? 하고자 하는 주체는 또 무엇인가?(『자백존자전집』 권4, 法語, 「示陸季高」)

양지에 의해서 굶주림을 충족시키는 성명의 도로 향해 있는 이상, 그리고 양지는 모든 사람이 본디부터 갖추고 있는 것이며 자신 역시 본디부터 갖추고 **있다고 믿고 있는 이상**, 이러한 성명의 도를 향한 굶주림의 의식은 나름으로 하나의 진지(陣地)를 구축한다. 엄밀하게 말하면, 이제 그것은 '공동(空洞)'이라 불릴 만한 것은 아니다. 그것은 필경 성명의 '학'이라는 진지라고 할 수 있다. 양지가 나에게도 남에게도 **있다**고 간주함과 동시에 그들에게 하나의 공통된 성명의 도가 **있다**고 간주하는 것이다.

부귀영달에 굶주리는 사람과 성명의 학에 굶주리는 사람 사이에 그 굶주림의 **본질**에는 차이가 있다. 하지만 **있는 것**을 추구하고 또 그것으로 굶주림이 충족될 수 있음을 전제로 하고 있는 점에서 동일선상에 있다. 따라서 그들도 결국 양지의 '학' 또는 성명의 '도'를 싫증내지 않고 배우기만 하면 된다. 자기 자신 속에 있다고 여기는 사단의 마음을 '도'의 본원으로 삼아, 거기로부터 나오고 다시 거기로 되돌아가기만 하면 된다.

> 공맹의 학은 송대의 유자들에 의해서 희미하고 어두워졌다. 대체로 이천(伊川; 程頤)과 원회(元晦; 朱熹)가 격물치지(格物致知)를 잘못

백전집』, 『자백별집』, 『감산몽유전집』이라 칭함.

해석한 이후, 배우는 사람은 사물의 이치를 찾는 데 그 정력을 허비하고 자기의 한 조각 심신에 대해서는 방치하여 강론하지 않았다. 양명 선생이 처음으로 양지 두 글자를 배우는 사람들에게 제시하여 이를 자신의 몸에서 찾도록 하였으니, 그 공이 매우 크다고 할 수 있다. … 사람에게는 모두 깜짝 놀라고 측은하게 여기는 마음[怵惕惻隱之心]이 있다. 이것이 바로 사람들에게 양지가 있다는 증거이다. … 어찌 밖에서 찾을 필요가 있겠는가? 그러므로 "사람은 모두 요순이 될 수 있다"고 말하는 것이다.(『담원집』 권12, 「답우인문」)

이러한 것이 전제이며 궁극의 목적이다. 그리고 이것은 하나의 '제목'이다. 왜냐하면 **있는** 양지, 즉 사단의 마음이 미리 의심할 여지가 없는 전제가 되고 있기 때문이다.

자신에게는 "아직 명덕이라는 덕이 분명하지 않다"고 한 이탁오의 말은 이 전제를 뒤엎는 것이다. 양지가 이미 본래적으로 갖추어져 **있다**고 말하는 것은 하나의 논(論)이다. 논은 선험적으로 믿어짐으로써 '제목'이 되며 '학'이 된다. 이탁오는 이러한 '제목'·'학'에 안주하기를 거부하였다.

이탁오가 성명의 도를 부정한 것은 아니었다. '나의 심성'·'자기의 성명'을 부정한 것도 아니었다. 또한 그러한 것들이 본디부터 자기에게 갖추어져 있음을 부정하는 것도 아니었다.

그는 그러한 것들이 본디부터 자기에게 갖추어져 **있다**고 간주됨으로써 **대상화되고 목적화되는** 것을 부정하였다. '나의 심성'이 나의 대상과 목적이 되는 순간, 심성을 **추구하는** 나에게서 심성은 외재적 존재물이 된다. 그리하여 '나의 심성'이 본디부터 갖추어져 있다는 의미가 무너지게 된다. 이렇게 외재적 존재물이 되어 버린 '나의 심성'은 선험적으로 대상화되고 목적화된다. 그리하여 추구하는 주체는 무엇인가 하는 것이 사상(捨象)되며, 무엇을 추구하고 어떻게 추구할 것인가 하는 자유도 사상되어 버린다. 자백 달관이 묻고 있는 것은 이러한 주체의 상실과 주체의 자유의 상실에 대한 근본적인 비판인데, '제목'·'학'에 안주하기를 거부한 이탁오에 대해서도 똑같이 말할 수 있다.

이탁오는 이러한 거부를 통해 그의 굶주림을 한층 깊게 하였고, 일상의 밥인가 아닌가 또는 유해한가 아닌가를 변별하지 않는 굶주림의 철저한 자각 아래 추구하는 자기 및 그 자기가 추구하는 자유를 견지하였다. 이러한 자유의 경지에서만이 나의 자연본래는 곧바로 드러날 수 있다. 그렇다면 자기 성명의 소재는 바로 이러한 자유의 경지에서 탐구될 수 있는 것은 아닐까?

그렇지만 이러한 경지는 나의 자유 경지라기보다는 결국 나 없음으로 인한 자유 경지 또는 철저한 굶주림으로 인한 자유 경지라고 해야 한다. 일체의 대상과 목적의 설정을 거부하는 이러한 무작위(無作爲)의 자유는, 그리하여 의지할 아무것도 없는 고독과 절망의 경지이며, 그 굶주림은 끊임없는 굶주림이었다.

> 이른바 밝은 덕[明德]을 밝힌다는 것은 … 이를 제목으로 삼고 학맥으로 삼아 작위적으로 한다는 뜻이 아니다. … 모두 저절로 그렇게 되어서 생각과 노력을 필요로 하지 않는다. 이것이 바로 성학(聖學)의 오묘한 까닭이다. 그러므로 "배움에 싫증내지 않는 것은 지(知)이며, 가르침에 게을리 하지 않는 것은 인(仁)이다"라고 말한다. … 진실로 자연스럽고 진실로 멈출 수가 없다. 오늘날 사람은 '싫증내지 않음'·'게을리 하지 않음'을 제목으로 삼아 손 안에서 완수하려 한다. 어찌 그것이 완수될 수 있으며, 어찌 참으로 싫증내지 않고 게을리 하지 않을 수 있겠는가?(『분서』 권1, 「復京中友朋」)

고독하고 절망적인 그리고 끊임없는 '굶주림'은 그러나 일체의 예정을 완전히 거부한 절대의 경지이다. 그리하여 음식의 희구는 이미 자기 없음의 자연스런 희구가 되고, 자기도 멈추게 할 수 없는 희구가 된다. 이것이 바로 진정한 '싫증내지 않음'·'게을리 하지 않음'이라고 이탁오는 말한다. 그에 의하면 이렇게 멈출 수 없이 드러난 경계에서만이 인간의 자연본래의 '일**상**[家**常**]'(그것은 또한 綱常)이 존재한다. 그리고 또 이러한 **일상적인** 모습[常態]이 바로 '나의 심성'·'자기의 성명'의 원초적인 참모이다.

이 시기에 자주 사용된 관용어 가운데 '멈출 수 없음[不容已]'이라는 말이 있다. 예를 들어, 경정향은 이렇게 말하고 있다.

> 공자의 학은 묵묵히 마음속으로 깨닫는 데에서 시작된다. … 묵묵히 마음속으로 깨달으면 생각이 정밀함을 다하여 천덕(天德)에 도달하고 조화(造化)에 통한다. 이 때문에 배움에 싫증내지 않고 가르침에 게을리 하지 않게 된다. 왜 그런가? 자심 자성(自心自性)을 묵묵히 마음속으로 깨닫기 때문이다. 자심 자성은 실로 하늘에서 근원한다. … "싫증내지 않고 게을리 하지 않는다[不厭不倦]"는 말은 실로 이 자심 자성의 참된 기운이니, 또한 저절로 멈출 수 없는 것이다.(『경천대문집』 권9, 「學象」)

> 이 멈출 수 없는 것, 이것이 바로 생(生)의 이치이다.(『경천대문집』 권19, 「讀塘南王先生語錄」)

이른바 '멈출 수 없다'는 것은 앞에서 서술한 것처럼 인간 마음의 심층적 충동 속에서, 그리고 그 원초적 상태 속에서 인간의 자연을 보고자 한다는 점에서 무작위의 자연적 상태를 본래성으로 이해하는 것이다. 앞 절에서 말한 '선한 **생각**'과 '불선한 것을 **안다**' 등의 분별의식까지도 벗어던진다는 점에서 이는 가장 단도직입적으로 현실을 용인하는 구조를 갖는다.

등활거(鄧豁渠)가 "색욕의 정은 조화의 공교함이 끊임없이 낳고 낳는 기틀"(『경천대문집』 권4, 「與吳少虞」)[34]이라고 한 것은 이러한

34) 이 말은 등활거(1498~?)의 『남순록(南詢錄)』(내각문고 소장, 萬曆 27년 跋)에는 보이지 않는다. 다만 이와 유사한 구절로서 "일체의 정념은 기운[機]에 의거하여 일어나는데 기운은 신(神)에 의거한다. 신은 진심묘명(眞

사정을 적절하게 보여주는 말이다.

자기에게 갖추어져 있는 '멈출 수 없는' 마음을 자연본래의 원초적 상태로 파악하는 이러한 리관(理觀)은 양명의 리관이 극한에 도달하였음을 보여준다. 그것은 자연본래의 리(理)가 거의 모든 사람 각자의 자연의 재량에 맡겨지게 되었음을 의미한다.

만일 여기에서 한 걸음을 더 내딛게 되면 자연은 도리어 본래성

心妙明)을 빌어 끊임없이 모습을 바꾸어 끊임없이 낳고 낳는다"는 말이 있을 뿐이다. 그러나 경정향의 「리중삼이인전(里中三異人傳)」(『경천대문집』 권16) 가운데의 '등활거 전기'에 "등학(鄧鶴)이 우리 마을에 우거할 적에, 일찍이 그의 논설을 모아서 『남순록』이라 이름하였다. 그 가운데에는 '색욕은 본성이다. 경계를 보면 움직이지 않을 수 없고, 이미 움직이면 하지 않을 수 없다. 부끄러워 감히 말하지 못하고, 두려워 감히 행하지 못하는 자는 모두 견성(見性)하지 못한 것이다' 운운하는 말이 있다. 내 이를 보고는 매우 미워하여 '천하 인류를 이끌고서 오랑캐나 금수가 되게 하는 것이다'고 하였다. 활거가 뒤에 통주(通州)에 우거할 때, 그의 제자들에게 부탁해서 간행하여 전하게 하였는데, 그 속에는 이 단락의 말이 없다. 어쩌면 활거가 스스로 마음에 만족스럽지 못하여 빼버린 것은 아닐까?"라고 기록되어 있듯이, 당시 유포되었을 것으로 생각되는 초본(抄本)에는 이러한 말들이 있었을 것이다.

이 밖에 등활거에 대한 경정향의 비판은 「여자건서(與子健書)」, 「여주류당서 제16수(與周柳塘書第十六首)」에 보이는데, 인륜을 저버리는 출가(出家)와 정념을 깨치는 것을 내용으로 하는 견성(見性)의 학에 대한 그의 비판은 거의 감정적이기까지 하였다. 그 때문에 경정향의 이러한 비판은 이탁오의 분노를 사기에 충분한 것이었다.

사실, 이탁오는 등활거를 매우 존경하였다. 『분서』 권1의 「우답석양태수(又答石陽太守)」, 「답초의원(答焦漪園)」, 「복등석양(復鄧石陽)」, 『분서』 권2의 「위황안이상인삼수(爲黃安二上人三首)」, 「대효일수급진사이수(大孝一首及眞師二首)」, 『분서』 증보1의 「기답류도(寄答留都)」 및 『속분서』 권1 「여초의원태사(與焦漪園太史)」 등의 편지에 보이는 등활거에 대한 평가는 모두 찬사나 변호로 가득하다. 그가 『남순록』에 서문을 쓴 것도 이를 보여주는 것이다. 경정향이 부정하고 있는 바, 그것이 그대로 이탁오가 칭찬해 마지않는 바였다.

또한 島田虔次, 「異人・鄧豁渠略傳」(『吉川幸次郎退官記念論文集』 수록) 참조.

으로부터 단절되어 시끄러운 개개인의 사욕 속으로 매몰되고, 그것은 이제 자연의 **본래**일 수 없게 될 것이다.

그렇다면 이탁오와 경정향은 이러한 '멈출 수 없음'의 극한의 장에서 피차간의 갈등을 해소하고 원초적인 자연의 본래 상태로 함께 합류 귀일한 것일까? 그렇지는 않다. 이탁오는 그것을 극한의 장이며 여지없는 절대의 장으로 자각하였기 때문에 도리어 '나'와 '타인'의 격절을 첨예하게 하였다. 이탁오는 경정향에게 다음과 같은 내용의 편지를 보내고 있다.

> 당신의 '멈출 수 없음'은 넓지만 … 나의 '멈출 수 없음'은 깊이가 있습니다. … 당신의 '멈출 수 없음'은 이슬처럼 윤기가 넘치지만 … 나의 '멈출 수 없음'은 서리나 눈발처럼 시리고 준엄합니다. …
>
> 비록 각각의 수단은 다르지만, 그러나 그것이 '멈출 수 없음'의 본심이라는 점에서는 같습니다. … 만약 당신의 '멈출 수 없음'은 옳고 나의 '멈출 수 없음'은 잘못이며, 당신의 '멈출 수 없음'은 성인의 학문이고 나의 '멈출 수 없음'은 이단의 학문이라고 주장한다면 나는 도저히 받아들일 수 없습니다. 당신의 '멈출 수 없음'이란 멈춰서는 안 됨을 인식한 뒤에 반드시 멈추지 않으려고 하고, 그것을 진정한 '멈출 수 없음'으로 생각하는 것입니다. 나의 '멈출 수 없음'이란 그것이 멈출 수 없는 것임을 인식하지 못하면서도 저절로 멈출 수 없게 되는 것입니다. 그런데 이를 공자 성인의 '멈출 수 없음'이 아니라고 비난한다면, 이 역시 나는 도저히 이해할 수 없습니다. … 생각건대, 당신의 '멈출 수 없음'이 진실로 옳다면 세상 사람의 '멈출 수 없음'도 모두 옳을 것입니다. 만약 세상 사람의 '멈출 수 없음'이 진실로 옳지 않다면 당신의 '멈출 수 없음'도 반드시 옳은 것은 아닙니다. 그리고 이렇게 사람마다 동등하게 하나(=普遍)가 되는 것이야말로 나의 진실로 '멈출 수 없음'의 실제입니다.(『분서』 권1, 「答耿司寇」)

진정한 '멈출 수 없음'이 인간의 실체를 의미하는 이상, 저것은 옳고 이것은 잘못되었다는 식의 시비 구분은 있을 수 없다. 그럼에도 자기는 옳고 남은 잘못되었다고 말하는 것은 거기에 미리 시비의 분별이 개재되어 있기 때문이다. 요컨대 이것만은 멈추어서는 안 된다고 생각되는 것이 미리 대상과 목적으로서 설정된 유의(有意)·유심(有心)의 것, 즉 거짓된 것이기 때문이라는 것이다. '나의 진정한 멈출 수 없음'이란 나와 타인, 옳음과 그릇됨의 구분을 완전히 떨쳐버린 경계를 가리킨다고 이탁오는 말한다.

> 공자는 성인과 어리석은 사람을 일률적으로 생각하여 거기에 더하거나 뺄 여지가 없다고 말하였습니다. 이른바 "기린과 뭇 짐승이 나란히 달리고, 뭇 새와 봉황이 일제히 날아오른다", … 이른바 "만물은 모두 나와 한 몸체"라는 말이 그것입니다. 오직 발군의 학문이 있는데, 공자 한 사람만이 그것을 알고 있었습니다. … 그러나 그것이 발군인 이유를 따져보면, 그것은 교묘한 곳에 딱 들어맞은[巧中] 점에 있습니다. 이 교묘한 곳[巧處]이란 작위적인 노력을 용납할 여지가 없는 곳인데, 이제 이 노력을 용납할 여지가 없는 곳을 탐구하지 않고 오직 인위적인 노력을 기울이는 것에만 매몰된다면, 공자와 맹자가 미처 전하지 않은 비법을 잃게 될 것입니다. … 당신이 나의 이러한 말을 들으면 그것은 이단들이 하는 말이라 하면서, 사람은 마땅히 이단에 물든 자를 훈계하고 계몽하는 것이 중요한 일이며 그러기 위해서는 '밝은 덕을 밝힌다[明明德]'는 내용을 제목(題目=테마)으로 삼아야 한다고 말씀하실 것입니다. 그리고 어찌 이렇게 허무적멸의 가르침을 퍼뜨려서 사람을 현혹시키는가 하고 생각할 것입니다. 무릇 이른바 선(仙)·불(佛)·유(儒)는 모두 호칭 차이에 불과합니다. 공자는 사람이 명분을 좋아한다는 것을 알았기 때문에 명분의 가르침[名教]으로 사람들을 인도하였고, 석가는 사람이 죽음을 두려워한다는 것을 알았기 때문에 죽음으로 사람들을 두렵게 하였던 것입니다. … 이러한 것은 모두 어쩔 수 없이 임시방편으로 명분과 신체의 욕망을 내세워 후세 사람을 교화하고 인도한 것일 뿐, 이 명분과 신체의 욕망이 궁극적인 진실은 아닙니다. … 이제 내가 살아가는 모습 가운데 어느 하나가 당신과 차이가 있습니까? 나도 관리가 되고 싶고, 부귀를 좋아하며, 처자식도 있고 집도 있으며, 친구도 있

고 빈객도 맞이합니다. 당신이 나 이상으로 다른 무엇이 있는 것이 아닌데, 어떻게 당신에게만 익혀야 할 학문이 있으며, 당신에게만 '멈출 수 없는' 수많은 것들이 있다고 하겠습니까? 내가 이미 당신과 똑같다면 인륜을 버리고 아내와 이별하여 머리 깎고 승복을 입은 몸 운운하는 나에 대한 비난의 말은 일체 잊어주기 바랍니다.(『분서』 권1, 「답경사구」)

후에 두 사람은 서로 물러설 수 없는 대립적 입장에 놓이게 된다. 이탁오의 입장에서 본다면, 경정향의 '멈출 수 없음'은 이른바 목적적인 유의(有意)·유심(有心)의 것이므로 거짓된 '진기(眞機)'이다. 따라서 그것은 '자연'이 아님은 물론이요 '본래'도 아니다. 하지만 경정향의 입장에서 본다면, 이탁오의 '멈출 수 없음'은 이제 '본래' 없는 '자연'에 몸을 맡긴 '무'의 방종이며, '교처(巧處)'는 원점을 상실한 허무적멸로서 이것이야말로 비본래이며 비자연이다. '멈출 수 없는 진기'는 모든 사람에게 본디부터 갖추어져 있는 명덕(明德)에서 발현된다. 그렇다면 여기에서 한 걸음을 더 내딛어 제멋대로 방종하는 경지로 전락한다면, 명덕을 갖춤으로써 인간이 된 인간을 스스로 폐기하게 된다. 경정향에게는 그렇게 보였다. 그러나 이탁오는 인간이 인간인 이유는 일체의 예정을 단절한 명덕을 갖추고 있는 그 자체에서 기인하며, '멈출 수 없는 진기'는 당연히 여기에서 발현되는 것으로 이해하였다. 따라서 거기에 예정의 틀을 끼우는 것은 본디 명덕을 갖춤으로써 인간이 인간이 된 까닭을 강제로 폐기시키는 것이다. 양자는 모두 '인간'의 문제라는 낭떠러지 위에서 대결하고 있었으며 서로 한 발짝도 양보할 수 없었다.

앞에 인용한 등활거의 말에 대해 경정향은 다음과 같이 반박한다.

남녀의 욕망은 진실로 멈출 수 없는 지극한 정[至情]이다. 그렇다고 한다면 측은하게 여기고 부끄러워하는 것은 멈출 수 없는 지극한 정이 아니란 말인가?(『경천대문집』 권4, 「與吳少虞」)

사람에게는 변하지 않는 본성이 있다. 측은하게 여기고 부끄러워하며 사양하고 옳고 그름을 따지는 것이야말로 진실로 멈출 수 없는 본성의 진실이다.(『경천대문집』 권8, 「活人忠告」)

(옛 성인이 忠·孝·貞을 가르친 것은) 단지 명분과 의리에 구속되어서 이러한 것을 세간에 강제한 것이 아니라, 진실로 이것이 천명의 자연에 근본하고 저절로 멈출 수 없는 인심에 뿌리를 두고 있기 때문이다.(『경천대문집』 권7, 「馮道論」)

여기서 경정향이 강상을 고집하는 보수적이고 고루한 인물이라 비판하기란 오히려 쉬운 일이다. 그렇지만 사단의 마음을 인간의 본래 또는 자연으로 볼 것인가 아니면 색욕의 정을 그것으로 볼 것인가 하는 것은, 경정향의 입장에서 말한다면 이제 인간이라는 틀을 벗어버릴 것인가 아닌가의 중요한 갈림길이 된다. 경정향은 색욕을 진실로 멈출 수 없는 '지극한 정[至情]'으로 용인하면서도 다른 한편에서는 사단의 마음을 '지극한 정' 안에 포함시켜 두 가지를 '지극한 정'의 범위 안에서 동등한 지위를 부여한다. 여기서 그의 낭떠러지의 경지는 '지극한 정'의 분방함을 인간의 본래 자연의 팽창으로 파악한 것임을 알 수 있다.

우리는 이러한 논의에 있어서 경정향이 진일보하지 못하였음을 비웃기보다는 그가 사단의 마음을 색욕과 털끝만큼의 간격으로까지 접근시킨 점을 평가해야 한다. 강상의 입장에서 본다면, 그는 이제 더 이상 나아갈 여지가 없는 경계에까지 도달하였던 것이다. 이 점을 우리는 칭찬해야 한다.

이러한 의미에서, 이탁오가 "나는 부처를 배우는 인간, 이단의 패거리"라고 자칭하지 않을 수 없었던 것은 그가 자신이 처한 경지를 분명하게 알고 있었음을 보여준다. 확실히 이탁오가 말하는 '교처(巧處)'는 강상의 낭떠러지로부터 하늘로 날아오르는 것으로, 이제 유가의 고삐는 뚝 끊어져 버린 것처럼 보인다.

자백 달관(紫栢達觀)의 말을 들어보자.

> 수행(修行)은 쉽고 오심(悟心)은 어렵다. 오심은 쉽고 치심(治心)은 어렵다. 치심은 쉽고 무심(無心)은 어렵다. 무심은 쉽고 용심(用心)은 어렵다. 범인이나 성인 모두 정을 다하면 본체는 그 떳떳함을 드러내어, 마땅함에 따라 흥을 일으켜서 때를 잃지 않는다. 그러므로 용심이 어렵다고 말하는 것이다. 문호(門戶)에 의지하는 자와는 함께 이야기를 나눌 수 없다. 불교를 배우는 자는 석가에 의지하고, 유교를 배우는 자는 공자에 의지하며, 도교를 배우는 자는 노담(老聃)에 의지한다. 이제 의지처를 떨쳐버리고 드러난 지면에 발을 딛고서 사자왕(獅子王)처럼 거침없이 돌아다니고 마음껏 뛰어다녀, 의지할 곳 없는 경지를 터득하고 부처의 마음을 깨치는 자라야 행하는 것이 저절로 작용이 될 것이다. 이것이 바로 마땅함에 따라 흥을 일으키고 때를 잃지 않는 자이다.(『자백별집』 권4, 語錄, 「修行四難」)

치심에서 무심까지는 경정향이 고통스런 체험을 통해서 어렵게나마 용인할 수 있었다. 그들의 이른바 '멈출 수 없음'의 본심은 외부로부터의 사려 분별의 영향을 받지 않고 무심 속에서 발현된 지금 당장 갖추어져 있는 양지였다. 그러나 무심으로부터 용심에 이르는 단계는 깎아지른 듯한 낭떠러지로부터 단숨에 '의지할 곳 없는' 하늘로 날아오르는 것이라는 점에서 경정향으로서는 아무래도 도달할 수 없는 경계였다.

그러나 이탁오의 입장에서 본다면, **있다**고 간주되는 일체의 전제를 떨쳐버리고 아무 것에도 의거하지 않는 용심(用心) 속에서만이 '멈출 수 없는' 마음의 자연스런 **작용**이 있게 된다. 적나라한 인간 실존이 드러난 지면에 발을 내딛었을 때,

> 하늘이 한 사람을 낳음에, 스스로 한 사람의 작용이 있었다. 공자에게 부여받은 이후에 충족되는 것은 아니다.(『분서』 권1, 「答耿中丞」)

라고 하는 활기로 가득한 자유로운 한 사람 한 사람의 작용이 발현된다.[35] '작용'은 다양하지만, 그러나 '멈출 수 없음'이란 한 가지

35) 시마다 겐지는 이 "스스로 한 사람의 작용이 있다[自有一人之用]"는 문장에 주목하여 "자아의 존엄을 주장하고 자아의 상실을 거부하는 것으로서, 근대정신 특히 명대정신의 지상명령이 여기에 있었다"고 풀이하면서, 이 '한 사람[一人]'·'나[我]' 그리고 '양지의 성년'으로서의 '동심'은 "자아의 우월을 확신하였기 때문에 그 성숙의 필연적 결과로서 밖으로의 활동을 요구하였고", 그리하여 "우상에 구애되지 않는 판단력을 가지는 자기"가 여기에서 확립되었으며, 마침내 "양명이 어디까지나 송 이래 성리학의 입장에 서서 고집한 불·노 배격은 여기에서 완전히 폐기되고", 유·노·불의 명제는 "한결같이 '사람으로 하여금 학문을 탐구하게 하는 화두'가 되어 동등한 가치를 인정받게 되었으며, … 도(道)라는 한 가지 점에 집중된 중국 근대의 정신은 드디어 유·불의 틀을 지양해 버렸다"고 그 역사적 성과를 평가하였다. 또한 그러한 평가 위에서 "우리는 탁오에서 중국 근대 사유의 하나의 정점을 보게 된다"고 하였다.(『中國における近代思惟の挫折』 제3장, 180～189쪽 참조)

「동심설」에 대해서는 다음 장의 부절(附節)에서 다시 다루겠지만, 다만 여기서 필자가 언급하고 싶은 것은 이 '한 사람의 작용[一人之用]'이라는 말은 위와 같은 의미에서의 '자아 존엄의 주장'이라 할 수 없다는 점이다.

경정향에게 보낸 이 편지 속에서, 이탁오는 의지처의 문호(門戶)로 기능하는 공자의 권위를 부정하면서 공자의 학이란 사실상 '무인무기(無人無己)의 학'이라고 말하고 있다. '무인무기'에 대해서는 뒤에 다시 다루겠지만,(다음 장 제1·2절) 요컨대 그 학이라는 것은 일체의 계교 안배를 단절한 진실로 멈출 수 없는 '나' 또는 '사람'이 그 진실한 실체 속에서 대동(大同)을 실현하고자 하는 학이다. 이러한 실존자재(實存自在)의 활용(活用)을 "스스로 한 사람의 작용이 있다"고 표현한 것이다. 바로 그 뒤에 이어서 "무릇 천하의 사람과 사물은 수없이 많은데 반드시 나의 조리[吾之條理]와 똑같기를 바란다면, 그것은 천지도 할 수 없는 것이다. … 각자 자기가 좋아하는 바를 따르고 각자 자기의 장점으로 달려가면 한 사람도 작용에 맞지 않음이 없을 것이니, 아마도 그 일이 쉬울 것이다"라고 서술하고 있다. 이른바 '한 사람의 작용'은 '나의 조리'를 가지고 스스로를 얽어매지 않고[無己] 또한 그것으로 남까지도 얽어매지 않으면서[無人] 활기로 가득하게 '각자' '각자'의 자연본래를 발휘하는 것이다. 이는 동시에 '사람과 사물[民物]'의 다양한 자재활용(自在活用)을 승인하는 것이기도 하다. 이른바 '한 사람[一人]'은 '나' 한 사람 혹은 '남' 한 사람이 아니라, '나' 한 사람이기도 하고 '남' 한 사람이기도 한 '일반적 모

점에서는 똑같다. '멈출 수 없음'의 다양성으로 한 사람 한 사람의 작용은 지극히 살아 움직이며, '멈출 수 없음'으로 귀결된다는 점에서 지극히 선하다. 이탁오는 다음과 같이 말한다.

> 무릇 인간은 본디 지극히 살아 움직인다. 그러므로 그의 선은 지극히 선하다. … 만일 특정한 설에 집착하면 … 도를 해치게 된다. … 무릇 대인의 학은 지극한 선에 머문다. 지극한 선이란 선이 없음을 말한다. 선이 없으면 자취가 없으니, 어떻게 이를 밟을 수 있겠는가? 그렇다면 밟을 필요가 없을 뿐 아니라 밟을 수도 없다. 즉 밟고자 해도 불가능한 것이다. … 오늘날의 이른바 스승과 제자들은 모두 끊임없이 공자의 자취를 밟고 따르려 하고 있다. 어찌 크게 슬퍼하지 않을 수 있겠는가?(『장서』 권32, 德業儒臣, 「孟軻」)

'선도 없고 자취도 없음[無善無迹]'에 대해서는 뒤에서 다시 토론하게 될 것이다. 다만 이른바 '선도 없고 자취도 없다'는 것은 대상·목적으로서 미리 설정된 어떠한 선도 자취도 없다는 뜻이라는 정도만 우선 이해해 주었으면 한다. 여기서 주목해야 할 것은 "지극

든' 한 사람을 의미한다. 여기서는 한 사람 한 사람이 각각의 '작용[用]'을 가지며, 그 '작용'은 다양하고 활기로 가득한 '작용'임이 강조되고 있다. 그리고 이러한 한 사람 한 사람의 작용은 "한 사람도 그 본래 자연의 작용을 발휘하지 않음이 없으며", 이것이 바로 사람과 사물[民物]이 지극히 살아 움직이는 태평(太平)의 모습이다. 이탁오는 이에 이어서, 이렇게 되어야 비로소 "진실로 천하에 밝은 덕[明德]을 밝혀 앉은 자리에서 태평을 이룰 수 있으며", "진실로 한 오라기 작위의 흔적도 볼 수 없지만, 저절로 마음이 편안하여 날마다 즐거운 효과를 누릴 수 있다"고 하였다. 이것이 작위의 자취가 없이 밝은 덕이 저절로 발현되는 상태인 것이다.

그리고 이탁오에게 있어서 이렇게 의거하고 의지함이 없이 밝은 덕이 저절로 발현된다는 전망은 불교가 수행한 중요한 성과의 하나이며, 이탁오는 밝은 덕이 저절로 발현되는 상태를 추구함으로써 삼교(三敎)의 틀까지도 깨뜨리지 않을 수 없었다는 점, 누누이 논술한 대로이다.

즉 이 '한 사람'이 삼교의 틀을 '지양'한 것이 아니라 삼교의 틀을 깨뜨린 곳에 한 사람 한 사람의 '작용'이 있게 된 것이다. 이러한 점에서 시마다의 견해는 전도되었다고 해야 할 것이다.

히 살아 움직인다. 그러므로 지극히 선하다"는 말이다.

이탁오는 "인간은 지극히 살아 움직인다"고 하였다. 이 말은 일체의 의지처를 떨쳐버린 '교처'의 작용에서 인간은 지극히 살아 움직인다는 뜻이다. 강상에 대한 어떠한 지향도 예정에 없으며, 그 때문에 지극히 선하다고 그는 말한다.

유가의 굴레를 단절하고 하늘로 날아 올라간 것처럼 보였던 그가 다시 유가의 경계로 되돌아와 경정향의 말처럼 "그의 학문도 본심으로 돌아와 근본으로 삼았다"고 할 수 있을까?

불교를 '공맹의 의소(義疏)'로 간주하는 입장에서 본다면, 그는 자백 달관의 '용심(用心)'을 '교처'로 거두어들여 다시 부메랑처럼 '지극한 선[至善]'으로 되돌아온 것이 된다. 그렇지만 이러한 강상의 입장을 떨쳐 버리고 비로소 지극히 살아 움직이는 지극한 선의 경지에 도달할 수 있었다는 점에서 본다면, 그는 여전히 경정향 등 유가의 경계로부터는 날아오르고 있었다고 해야 한다.

"나는 부처를 배우는 인간, 이단의 패거리"라는 말은 유가의 경계라는 낭떠러지로 허리를 굽힌 경정향 등을 향한 결별의 선언이었다.

그렇다면 그는 유가의 경계를 차 버리고 불가의 땅으로 몸을 던진 것일까? 아니다. 그렇게 말한다면 그는 부처를 '배우는' 입장에서서 해탈의 도를 싫증내지 않고 게을리 하지 않으면서 걸어가기만 하면 되었을 것이다. 명덕(明德)·진성(盡性)의 '학'에 밝지 못한 것을 괴로워할 필요도 없었을 것이다.

자백 달관은 이탁오가 스스로 목을 찔러 자살하였다는 소식을 듣고, 아래와 같이 탄식하였다.

> 아아, 평생 선(禪)을 이야기하였지만 난을 당해 끝내 보원행(報寃行)[36)*]을 따라 숙업을 풀지 못하였다. 그리하여 인간의 번쇄함을 견디지 못하고 기꺼이 칼을 들어 목을 베어버렸다. 그 자취를 살펴보

---

36)* 보원행(報寃行): 괴로운 인생을 버리고 자업자득으로 생각하여 이를 받아들이는 것.

건대, 두타(이탁오)가 열장부라고 한다면 옳지만 진실로 불조 성현(佛祖聖賢)의 무리라고 한다면 옳지 못하다.(『자백별집』 권3, 「答馬誠所御史」)

확실히 "이탁오는 … 차분히 해탈할 수는 없었다."(『자백전집』 권24, 「與趙乾所」) 그에게는 '학(學)', '불(佛)' 어느 입장도 없었다.

그에게는 문자 그대로 유가**의 입장**도, 불가**의 입장**도 없었다. "나는 부처를 배우는 인간"이라고 말한 그의 심경에서 본다면, 유가**의 입장**에 서 있지 않을 뿐 아니라 심지어 불가**의 입장**에도 서 있지 않다고 말하고 싶었을 것이다. 이 '부처를 배운다'는 말에는 매우 짙은 그늘이 드리워져 있었다. 더구나 그는 '이단'을 자처하였다. 이탁오는 초횡에게 보낸 편지에서, "세속 사람과 거짓 도학자들이 한결같이 나를 이단으로 지목하고 있다. 이제 결국 이단임을 인정하지 않을 도리가 없다"(『분서』 권1, 「답초의원」)고 하여 번거로운 입씨름을 피하였다. 경정향 그룹의 한 사람인 이여진(李如眞)에게도 이와 같은 방식으로 대응했던 것이 아닐까?

유교에서 불교를 이단으로 간주한 지는 오래이다. 이탁오의 시대에도 마찬가지였다. 그러나 육상산은 "우리 유가에도 스스로 이단이 있다. 무릇 근본적인 실마리를 따르지 않고 밖에서 구하려 하는 자는 모두 이단이다"[37]라고 하였다. 왕양명 역시, "마음의 양지, 이를 성(聖)이라 한다. 이를 함께하는 것을 동덕(同德)이라 하고, 이와 달리하는 것을 이단이라 한다"[38]고 하였다. 이렇듯이 '나의 심성'의 입장에서 본다면 이 이외의 유가의 무리는 모두 이단이다. 그리하여 '나의 심성'의 범위 내에서 유가와 불가의 경계가 돌연 모호해진다.

---

37) 이 말은 『용계전집』 권17, 「삼교당기(三教堂記)」에 보인다.

38) 『용계전집』 권8, 「맹자고자지학(孟子告子之學)」에 보인다. 또한 양명은 "필부필부와 함께하는 것, 이를 동덕이라 한다. 필부필부와 달리하는 것, 이를 이단이라 한다"(『傳習錄』 권하)라고도 하였다.

노자와 부처를 배우는 사람도 만일 복성(復性; 盡性이라 읽어도 좋다)을 떳떳함으로 삼아 환망에 빠지지 않는다면, 이는 도가·불가 속의 유자이다. 우리 유자라 해도 제멋대로 사특한 생각을 갖고 보편·본질이 아닌 것에 혼미해 있는 사람은 유가 속의 이단이다.(『용계전집』 권17, 「三教堂記」)

성인의 도는 백성의 일상과 다르지 않다. 무릇 이와 달리하는 것은 모두 이단이다.(『心齋全集』 권3, 「語錄」)

무릇 하나에 집착하는 것이야말로 이단이다. 하나에 집착하지 않는 것이 도이다.(양복소, 『증학편』 2, 「送劉布衣序」)

상술한 '나의 심성'의 정통관에서 말한다면, 백성의 일상(곧 민중의 적나라한 현실생활)의 장에서 어떠한 기성의 '하나[定理]'에도 집착하지 않고 자연본래(自然本來)의 성(性)을 추구한 이탁오야말로 정통 가운데 정통이라 해야 한다. 적어도 '세속사람이나 거짓 도학자'보다는 한 단계 위에서 '멈출 수 없는' 성명의 도를 추구한 경정향 등으로부터 이단시되었다고 말할 수는 없다.

그럼에도 스스로를 '부처를 배우는' '이단'이라 자칭한 이탁오에게는, '나의 심성'의 '학'에 대해서조차 깊은 격절의 자각이 있었음에 틀림없다. 유자도 아니고 불자도 아니며 또한 유자라도 좋고 불자라도 좋다. 그는 끊임없는 굶주림의 밑바닥으로부터 진실로 이와 같고 본래부터 이와 같은 지극히 살아 움직이는 지극한 선을 모색한 것에 지나지 않았다. 하지만 이로 인해서 그는 비길 데 없는 고독과 절망을 자각하지 않을 수 없었다.

이탁오는 이러한 자각 속에서 강상의 장으로부터 날아올랐다가 다시 강상의 장으로 되돌아오거나 혹은 비(非)강상의 장으로 날아갔던 것은 아니다. 그는 단지 적나라한 인간 속에서 자연본래의 **리얼한 강상**을 추구했을 뿐이었다.

이탁오는 사단의 마음을 말하였으며 또한 효를 결코 부정하지 않았다. 이러한 점에서 경정향을 강상의 입장, 이탁오를 인간의 입장으로 대치시키는 것이 반드시 타당한 것은 아니다. 그들은 한결같이 성명(性命), 즉 인간의 자연본래와 그 속에 존재해야 할 참다운 질서를 추구해 마지않았다.

다만 이탁오는 너무나도 의지처가 없었으며 너무나도 자유로웠다. **인간이 인간이 되는** 까닭에 대해서 너무나도 전제가 없었다. 인간이 인간이 되는 이유인 명덕이 도대체 무엇인지 모르겠다고 말하지 않을 수 없을 만큼, 그는 인간이라는 것의 전제를 완전히 무너뜨렸다. 그는 너무나도 리얼하게 인간을 투시하였다. 이 때문에 이탁오라는 인간은 류(類)를 단절하고 있었다. 그리고 그의 '자기의 성명'은 비길 데 없이 리얼하게 **인간을** 드러내었다.

그 비길 데 없는 리얼리즘으로 인해 그는 '이단'을 자인하지 않을 수 없었다.

이렇게 볼 때 이탁오가 유가의 경계로부터 불가의 땅으로 몸을 옮겨 갔는가 아닌가 하는 논의도 약간 빛이 바랜다.

자백 달관의 '용심(用心)'과 이탁오의 '교처(巧處)'를 **유불**합일이라 부르는 유·불 교파 구분의 관점도 이탁오에게는 적절하지 않다. 석가나 공자에 의지하지 않고, 따라서 불가의 경계와 유가의 경계 양방면으로부터 각자의 전제를 떨쳐버리고 드러난 선도 없고 자취도 없는[無善無迹] 인간 실존을 우리는 여기서 문제 삼아야 한다. 멈출 수 없는 명말 중국 리관의 역사적 모색의 조류 속에서 지극히 살아 움직이는 실존 인간에서의 지극한 선[至善]을 추구한 그의 지향을 조감해 본다면, 그의 이단의 자각은 필경 역사의 첨단을 걷는 자의 고독과 절망의 자각이었을 것이다.

장문달(張問達)이 이탁오를 탄핵한 뒤를 이어 풍기(馮琦)는 다시 황신헌(黃愼軒) 등을 탄핵하면서, "선가(仙家)와 불가는 본디 이단의 학술이니, 마땅히 산림 속에서 홀로 수양하게 해야 한다. … 유가의 학술과 병행함으로써 인심을 현혹시키게 해서는 안 된다"(『萬曆野獲編』 권10, 詞林, 「黃愼軒之逐」)고 주장하였다. 그렇지만 유·불·선의 구분을 명확히 하고 노·불 이단을 세간 밖에 따로 존재하게 함으로써 세간 내에서의 유가의 정통성을 유지하고, 기성의 강상은 탈피하면서도 이에 의해서 오히려 강상의 유지를 꾀하고자 하는 장문달·풍기 등 이른바 동림파(東林派) 인사의 입장에서 본다면, 인륜을 유기하고 산림에서 홀로 수양하는 출세간의 이단은 오히려 제어하기 쉬웠을 것이다.

이렇게 볼 때 유가의 입장에 서면서도 불가의 학을 의소(義疏)로 삼아 이를 세간 안으로 수용함으로써 기존의 강상에 대한 자기 부정적인 쇄신을 꾀하는 경정향·초횡·양복소·주여등 등 이른바 '무선무악파'는 유가의 입장에 있었기 때문에 도리어 위험한 존재였을 것이다.[39] 특히 불가의 학을 유학의 의소로도 여기지 않았을 뿐 아니라, 강상 그 자체의 기반과 일체의 전제를 완전히 부정하고 가장 리얼한 인간의 장면 속에 걸터앉고자 한 이탁오는 최대로 위험한, 바야흐로 이단을 초월한 이단이었을 것이다.

이탁오의 '이단의 자각', '고독과 절망의 자각'은 그가 인간세계를 벗어났기 때문이 아니라 오히려 가장 진지하게 인간세계를 살아가고자 한 데서 기인한다. 인간세계를 살아간다는 것의 모순을 자신의 몸으로 드러내고, 그리하여 그것에 상처 입은 자신의 뼈아픈 자각 위에서 그 자각은 더욱 날카로워진 것이 아니었을까?

39) 무선무악파(無善無惡派)와 동림파(東林派=反무선무안파)를 둘러싼 대립에 대해서는 뒷 장에서 다시 서술한다. 또한 이에 대해서는 荒木見悟, 『明末宗敎思想硏究』 참조. 또 동림파에 대해서는 졸고, 「별론」 참조.

제3절 인간 본원의 '리(理)' 투시

출가 삭발 / 인간적 습윤(濕潤) / '입고 먹음'의 이치 / 세간법 밖으로의 원대한 식견

잠시 이탁오의 출가 삭발을 통해서 다시 한 번 그의 인간을 살펴보자.

> 가족을 고향으로 돌려보내고 이 땅에 나 홀로 남아 머리 깎고 중이 되었던 그때, 나는 벌써 죽은 인간이었다. … 그래서 이제껏 단 한 번도 심부름꾼을 집에 보내지 않았다. 죽어 버린 사람이 이제 와서 집을 돌볼 이유도 없었기 때문이다. 내 고향 진강(晉江)이 멀다지만 겨우 3천여 리, 승려 하나쯤 돈 몇 푼 쥐어주고 보내면 금방 당도할 수 있는 거리이다. 내가 어찌 이 소소한 비용을 아까워했겠는가? … 저들이 힘들고 고통스러우면 내 마음에도 절로 수심이 깊어지고 … 저들이 마음 편히 지내지 못하면 그렇게 만든 것은 내 탓이라고 자책하게 될 것이다. 그래서 사람을 보내 안부를 물으려고 하지 않았다. 사람을 보내 안부를 물으려고 하지 않았던 것은 인연을 끊음으로써 저들도 굳이 오지 않게 하려는 것이었다. 그런데도 장순보(莊純夫)는 내 속마음도 모르고 … 벌써 세 번이나 이곳으로 찾아왔다. 집안도 궁핍한데, 올 때는 항상 여비를 빌리고, … 40여 일이나 걸려 겨우겨우 도착하면, 1개월이나 여기에 머물다 또 45일이나 걸려 겨우 집에 돌아간다. 이럴 바엔 차라리 집에서 출가하는 편이 좋았을 것이다. 그래서 나는 그가 올 때마다 늘 매우 불쾌하게 대하였다. 그가 두 번 다시 오지 못하도록 하기 위한 것이었다.(『焚書』 권4, 豫約, 「早晩守塔」)

이탁오의 나이 70세 때 용호(龍湖)에 칩거하면서 시승(侍僧)에게 사후를 부탁한 문장 가운데 한 구절이다. 아내 황의인(黃宜人)도 이미 죽고 큰딸과 사위 장순보만을 남겨 놓은 채, 그는 경전을 읽거나 염불을 외면서 늙고 쇠잔한 나날을 보내고 있었다. 그렇지만 그는 끊임없는 정연(情緣)을 자각하고 있었다. 그 끊임없는 정연의 자각이 그를 더욱 절연(絶緣)으로 몰아갔다. 그가 머리 깎고 출가한 것은 경정향에게도 하나의 충격이었던 것 같다. 그 파문에 대해 경정향은 다음과 같이 주류당에게 편지를 보내고 있다.

> 요즘의 사대부들은 탁오의 삭발 소식을 듣고 명교에 속박된 탓으로 놀라 의아스럽게 생각하는 자, 불교를 존숭하여 기쁨으로 이 소식을 접하는 자 등 다양하지만, 당신은 옛날 재상이 출가한 고사에 따라 이를 해석하고 있습니다. 하지만 탁오의 속마음을 이해하는 자는 아무도 없을 것입니다. … 탁오가 저렇듯 단호하게 머리를 깎은 것은 본디 정진(精進)을 추구하다가 이제 발분한 것입니다. … 자신의 안신입명처(安身立命處)도 모르는 채 부질없이 탁오의 두발 위에서 유교와 불교를 변별하고 시비를 따지는 것은 내가 좋아하는 바가 아닙니다. 그렇지만 평상(平常) 속에 저절로 깊은 이치가 있으며, 소박하고 일상적인 가운데 정밀함이 있는 것입니다. … 탁오의 발분이 만일 여기에 있다면 반드시 이 하나의 관문을 통과해야 할 것입니다. 이 관문을 통과해야 사람과 하늘의 스승이 될 수 있습니다. 그러나 만일 여기서 더욱 현기(玄奇)함으로 내달려 단지 선가(禪家)에서 맴돌기만 한다면 십이천마(十二天魔)로 전락할 것은 필연입니다.(『耿天臺文集』 권3, 「與周柳塘」)

주여등(周如登)은 "학문의 도는 바야흐로 속세의 시달림 속에서만 실현된다. 신체를 훼손하고 성을 바꾸며, 처자를 버리고 종묘의 제사를 멸하여 명교의 죄인이 되어서는 안 된다"고 한 대혜(大慧)의 말을 인용하면서, "뭐라 해도 출가는 결코 부처를 진실로 아는 것이 아니다"(『東越證學錄』 권2, 「新安會語」)라고 하였다. 관동명(管東溟)[40] 역시 "문수, 보현, 대가섭(大迦葉)도 석가의 문하에 있었지만

40) 관지도(管志道; 1536~1608): 자는 등지(登之), 호는 동명(東溟), 강소성 루

대중을 추종하여 머리를 깎은 적이 없었다"고 하면서 이탁오에게 유가로 되돌아올 것을 직접 권하였다.(『惕若齋集』 권2, 「與李大府卓吾文書」) 이와 같이 당시 불교에 꽤 접근해 있던 인사들의 출가관과 비교해 본다면 경정향의 이해는 이탁오의 속마음에 상당히 다가서 있었음을 알 수 있다. 그럼에도 그에게서 선(禪)은 여전히 평상적이고 소박하지 않은 현기(玄奇)한 것이었다. 그리하여 이탁오의 발분을 평가하면서도 오히려 '저와 같이 발분함으로써 반드시 크게 깨달음'—곧 **그가 말하는** 평상적이고 조박한 강상의 장에서 깨닫는 것—이 있을 것이며, 그 깨달음에 의해서 세속 일상으로 환속 복귀할 것을 기대하지 않을 수 없었다.

그렇다면 이탁오는 끊임없이 일어나는 정연(情緣)을 끊고서 평상적이지 않은 탈속의 세계에 몸을 던져 현기한 도를 탐구한 것일까?

앞에서도 서술했듯이 이탁오는 부친과 조부 그리고 동생들에 대한 책임을 잊지 않았으며, 54세로 요안(姚安)의 지사(知事)를 그만둘

강(婁江) 출신. 저서로는 『척약재집(惕若齋集)』 4권, 『척약재속집(惕若齋續集)』 2권, 『동명관부자여초중명현석리서(東溟管夫子與楚中名賢析理書)·부(附) 보주음(步朱吟)』 1권이 있다. 필자는 모두 내각문고 소장본(萬曆刊)에 의거하였다. 존경각문고에 소장된 『관동명집(管東溟集)』은 아직 보지 못하였다.

이미 荒木見悟, 『明代思想研究』 제6장 「管東溟—明末における一儒佛調和論者の思惟構造」(『日本中國學會報』 제12집) 및 『明末宗敎思想硏究』에 상세하게 서술하고 있기 때문에(아라키 겐고는 존경각 소장본에 의거하였다) 여기서 다시 군더더기 말을 할 필요가 없을 것이다.

관동명이 자백 달관과 이탁오를 부정적으로 평가하였다는 것은 아라키가 소개한 대로이다. 예를 들면, 환연(幻然)이라는 승려에게서 "탁오의 『장서』의 독기가 사대부의 골수에 깊이 스며들고 있다. 그들의 의론은 대체로 정직함에 위배된다 … 운운"(『析理書』 「幻然質管師書」)하는 평가의 가부에 대한 질문을 받고, "『장서』와 같은 자질구레한 사충(獅虫; 사자 몸속의 벌레라는 뜻으로, 동지를 해치는 사람을 비유/역주)을 어찌 입에 담겠는가?"(『석리서』 「答幻然書」)라고 일축하였다. 또 이탁오와 경정향의 논쟁에는 항상 경정향의 입장에 서서 탁오에게 비판을 가하는 등 양자의 관계는 반드시 좋은 것은 아니었다.

때까지 "늘 세상일에 쫓겨 분주하지 않은 날이 없었다. 그러한 일상 속에서 마치 귀머거리 벙어리처럼"(『속분서』 권1, 「與焦弱侯」) 살아왔다. 후년에는 "50세 이전, 나는 참으로 한 마리 개였다"(『속분서』 권2, 「聖敎小引」)고 술회할 만큼 그의 주체의 자각에서 볼 때 그의 전반생은 실로 끔찍한 인생이었다.

그가 머리를 깎은 것은 62세 때의 일로 전해지는데[41], 이미 60세 되던 해 봄에 전부터 앓아 온 비장(脾臟)에 병이 도져 거의 노폐한 몸이 되어 있었다.(『분서』 증보1, 「답주류당」) 한편 "나이는 벌써 60이 가까워 오고, 몸은 본디부터 쇠약한데 … 아직도 이 '인생이란 거대한 문제'를 밝히지 못하였다"(『분서』 권1, 「복등석양」)고 말한 그 진실 희구의 충동은 쇠약에 반비례하여 더욱 멈추기 힘든 것이 되었다.[42]

'귀머거리 벙어리'처럼 또 '한 마리 개'처럼 전반생, 아니 거의 일생이라 해도 좋을 50여 년을 살아왔다는 자각은 죽음을 목전에서 느끼기 시작한 이탁오에게는 견디기 힘든 것이었다.

물론 그가 그렇게 자각하였다고 해서 실제로 그가 그렇게 살아왔다는 의미는 아니다. 개는 자신이 개임을 자각하지 못한다. 공자를 존숭하면서도 공자가 왜 존경받아야 하는지를 생각하지 않고 단지 앞의 개가 짖기 때문에 부화뇌동하여 짖었을 뿐이었다고 그는 말하고 있다. 그가 그렇게 말할 수 있었던 것은 뭇 개들이 짖어대는 울음 속에서 계율적으로 진지하게 짖어왔던 그의 계율성과 진지함으로 인해서 허구적인 모순에 하나하나 정면으로 맞부딪혔고, 그 하

---

41) 왕정봉(汪靜峯), 「묘비기(墓碑記)」(『이온릉외기』 권1 수록) 및 『분서』 증보1 「답주이로(答周二魯)」 참조.

42) 『분서』 증보1, 「답주이로(答周二魯)」에서도 "비록 삶과 죽음의 대사가 반드시 이와 같은 것은 아니지만, 다만 **스스로 고달프고 힘겨운 한평생을 부끄러워하노라**. 나이는 벌써 62살, 바람 앞의 등불처럼 얼마간의 시간도 남지 않았구나. 더구나 앞으로는 모두 **미처 죽지 못한 삶, 죽음을 기다리는 신세**이다. 의당 세월만 기다릴 뿐이다"라고 하여 삶의 다급함으로 인해 출가를 결심하였음을 서술하고 있다.

나하나의 누적이 그의 비판정신과 리얼리즘을 빚어내는 온상이 되었기 때문이다. 50여 년이란 기간은 짧게 보이지만 또한 긴 세월이었다. 그 기나긴 세월 동안의 맺힘은 그의 지향을 굴절로 가득하게 하였고, 고뇌로 가득한 그 굴절이 그의 리얼리즘을 중층적으로 꿰뚫게 하였으며 또한 그의 비판정신을 강인하게 하였다. 그리하여 그가 지향하는 '성명(性命)'은 더욱더 두터워지고 깊어졌다. 성명의 '학(學)'에 안도하기에는 그의 지향이 너무나도 깊고 간절하였다.

병약함이 곧바로 죽음을 연상시키는 60이라는 나이를 맞이해서 개[犬]의 자각은 자각이라기보다 오히려 강박관념에 가까웠을 것이다. 죽음의 공포가 그대로 삶의 강박관념이었을 것이다.

> 아아! 내가 머리 깎는 것이 어찌 쉬운 일이었겠는가! 나는 다만 남의 구속을 받고 싶지 않아서 머리를 깎았던 것이다. … 붓이 여기에 이르면 하염없이 저절로 무참해지지 않을 수 없다.(『분서』 권4, 예약, 「感慨平生」)

그는 이렇게 세속 일상의 구속이 마치 찰거머리처럼 따라다녀 결국 머리 깎고 출가하는 이외에 달리 방법이 없었던 심경을 토로하고 있다. 이제 통상의 삶으로는 목전에 임박한 죽음과 마주할 수 없을 만큼 그의 구도의 일념은 절박하였다. 그로부터 10년 뒤,

> 내 나이도 이제 고희가 다 되었다. 그럼에도 혼자서 떠돌 수밖에 없는 것은 죽음의 날짜가 가까워져서 … 도를 배우는 나의 마음이 너무도 절박하기 때문이다. … 내가 가족이 따라다니는 것을 싫어하고 혼자만의 고독을 즐기는 것은 아니다. 도에 대한 생각이 날로 절박하여 비록 고통스럽지만 감내하지 않을 수 없는 것이다.(『분서』 권2, 「答劉晋川書」)

라고 하여 70세 가까운 몸으로 고독을 감내하지 않을 수 없는 심경을 토로하고 있다. 도대체 70세 된 사람이 딸과 사위를 뿌리치고

스스로 고통의 길을 선택하는 것이 가능한 일이겠는가?

그가 탈속의 세계로 나아간 것은 세속과 완전히 관계를 끊고 자신을 고고하게 지키고자 한 것도 아니었으며, 또 세속의 구속을 혐오하여 자신의 자유를 얻고자 한 것도 아니었다. 저 높은 곳에서 아래를 굽어보고 세속을 하찮게 여기면서 현기한 경계에서 노닐고자 한 것은 더더욱 아니었다.

그는 거의 죽음과 경주하는 마음으로 다급하게 살아갔다. 그만큼 외곬으로 살았다. "머리를 깎았을 때 나는 이미 죽었다"고 자신에게도 남에게도 선언하지 않으면 안 될 만큼 그는 외곬이었다. 그의 외곬은 의지의 강인함을 보여주는 것이지만, 동시에 정연(情緣)으로 인한 그의 '인간적인 습윤(濕潤)'을 보여준다. 끝내 정연을 끊을 수 없을 만큼 그는 나약하였다. 그 때문에 그는 머리를 깎음으로써 죽은 사람이 되었다고 자신과 타인에게 선언하지 않을 수 없었다.

70세 가까운 나이에 40여 년을 함께 살았던 아내 황의인(黃宜人)이 먼저 죽었다. 아내의 부음을 접한 그는 억누를 수 없는 그리움의 감정을 다음과 같이 토로하고 있다.

> 죽음의 이별에 임하여, 그 끊을 수 없는 정애(情愛)는 이루 표현할 수 없구나! … 나의 심장이 쇠붙이로 만들어졌다 한들 슬프지 않을 수 있을까! 더구나 늙음에 임하여 이렇게 먼 하늘로 몸을 가로막고 서로 영원한 이별도 고하지 못한 나에게 있어서랴! 그만두어라, 그만두어라! 죽음의 소식을 들은 이후 오늘까지 하루도 아내가 꿈에 나타나지 않은 밤이 없었다. 이것이 죽음인가? 어찌 참으로 죽음이겠는가? 아니, 견딜 수 없는 나의 그리움에 영혼이라도 와서 불러줄까? … 지금은 천상에 있다지만 늘 잊지 않고 마음에 기억해 주었으면. 나의 목숨이 다할 때를 기다렸다가 단번에 와서 맞이해 주었으면. … 내가 평소 교유하고 존경하던 죽은 친구들과 함께 귀의하여, 모두 내가 오기를 기다려 주는 것도 좋을 테지. … 순보(純夫)여! 천만 번 향을 피우고 지전(紙錢)을 불태워라! 마음을 굳게 하여 몇 번이고 소리내어 읽어라! 영혼을 향해 간절히 그리고 분명하게 독송하

라! 그리하면 (황)의인도 들을 수 있을 테지.(『분서』 권2, 「與莊純夫」)

"집안의 잡인들이 때때로 나에게 돌아와 줄 것을 희망하였고, 또 천리를 멀다 않고 달려와서 속세의 일을 강요하였다. 그래서 나는 머리를 깎고 돌아가지 않겠다는 결심을 보여주었다"(『분서』 권2, 「與曾繼泉」)고 하여 강인한 결심을 보였던 그의 마음은 이제 이렇게도 생생하게 습윤으로 가득하였다.

> 저는 두 해 동안 온갖 병고에 시달렸습니다. … 저 같은 나이면 벌써 죽어야 할 때인데, … 어째서 저에게 죽음을 내리지 않고 도리어 질병만 내려 주시나이까? … 저 같은 사람은 당연히 죽어야 할 사람입니다. 나이가 고희에 이르렀으니 죽어야 할 첫번째, 세상에 아무런 쓸모가 없으니 죽어야 할 두번째, … 깨쳐야 할 업연(業緣)[43)*]도 깨치지 못하였으니 죽어야 할 세 번째 이유입니다. … 다만 죽어야지 병으로는 안 됩니다. 간곡하게 재삼재사 마음으로 아뢰오니, 부처여! 원하건대 들어주소서.(『분서』 권4, 「禮誦藥師告文」)

이렇듯 약사여래를 향해 죽음을 기원하였으면서도 병이 치유되자,

> 화상(和尚; 이탁오의 호)이 다행히도 천식을 면하게 되었나이다. … 부처의 힘이 아니었다면 내 어찌 이렇게 될 수 있었겠습니까? 독경하는 여러 스님들이 더할 나위 없이 경건하기 하지만, 사실 약사왕 보살의 깊고 무거운 연민 덕분입니다. 저 탁오 화상은 삼가 극진한 감사와 기도를 억누르지 못하겠나이다!(『분서』 권4, 「禮誦藥師經畢告文」)

라고 하여 한없이 기뻐해 마지않는 이탁오는 사실상 "머리 깎은 그 순간 이미 죽었다"고 선언하였을 때의 그 사람은 결코 아니었다.

죽음에 대한 혹은 아내에 대한 위와 같은 인간적 나약성과 습윤

---

43)* 업연(業緣): 행위의 간접 조건, 업이 연이 되어 작용하는 것.

은 도리어 그의 강인함의 깊이를 보여준다. 이러한 '정념의 습윤'이 바로 그의 적나라한 인간적 실체이며 또한 그를 더욱 강인하게 '인간 성명'의 탐구로 몰고간 원천이었다. 그는 머리를 깎음으로써 인간과 결별한 것이 아니었다. "탐하는 것이 컸기 때문에 (속세의 일을) 단칼에 끊어버릴 수 있었다."(『분서』 권3, 「書黃安二上人手冊」) 그가 이렇게 할 수 있었던 것은 '인간 습윤'의 자각이 성난 파도처럼 극에 달하였기 때문이었다. 이탁오는 '습윤' 그 자체를 단칼에 베어버린 것이 아니라, 유의(有意)·유심(有心)의 정연(情緣)을 끊어버리고 습윤 그 자체로 돌입하였던 것이다. 그의 입장에서 본다면, 이렇게 하는 것이 바로 성명 그 자체를 향해 돌입하는 길이었다. 그의 이러한 처절한 삶은 삭발을 통해 더욱 무서운 기세로 습윤이라는 인간 평상(人間平常)—그에게는 이것이 바로 성명의 도이다—의 본원(本源)으로 홀로 내달리는 것이었다.

> 대체로 세상의 군자들은 평상적인 것을 싫어하는 자는 반드시 새로운 것을 좋아하고, 특이한 것을 혐오하는 자는 또한 기괴한 것을 말하려 하지 않는다. 그렇지만 사실 눈을 뜨고 자세히 본다면, 본디 평상적인 것 치고 기괴하지 않은 것이 없으며 기괴한 것 치고 평상적이지 않은 것은 없다. 도대체 경세(經世)를 떠나 따로 출세(出世)의 방도가 있겠는가? 출세의 뜻이 어떻게 경세의 일에서 벗어날 수 있겠는가? … 만일 단순히 평소 늘 보고 듣는 것만을 평상(平常)이라 하고 자주 보고 듣지 못하는 것을 괴이(怪異)하다고 한다면, 괴이와 평상은 홀연 두 가지 일이 되며 경세와 출세도 곧 두 마음이 되어 버린다.(『분서』 권1, 「答耿中丞論淡」)

이탁오 자신도 이처럼 말하고 있듯이, 그의 삭발은 평상(平常)의 현장에서 본다면 확실히 견딜 수 없이 무참한 것이었을 테지만, 그러나 단칼에 베어버리듯이 평상의 본질에서 결단한 것이라면, 또한 "머리의 가려움도 불쾌한데다 빗질하는 것도 성가셔 마침내 머리카락을 잘라버렸더니"(袁中道, 「李溫陵傳」) "마음이 후련해져 이후에는 일상적인 것으로 생각되었다"(汪靜峯, 「墓碑記」, 『李溫陵外紀』 권1) 고 말하고 있을 만큼 그다지 얘깃거리도 못되는 일상의 자질구레한 일에 불과하였다.[44)]

사실 그는 출가 삭발을 놓고 어떤 경계선을 그으려는 생각을 매우 싫어하였다.

천하에 사람 바깥에 무슨 부처가 있으며, 부처 바깥에 무슨 사람이 있겠는가? 만일 반드시 벼슬하고 혼인하는 일들이 모두 끝난 다음에야 부처를 배울 수 있다고 한다면, 이것은 부처가 되기 위해서는 반드시 일이 없어야 한다는 뜻이 된다. 이는 결국 일이 부처가 되는 데 장애가 된다는 말이다. 일이 있기 때문에 부처가 될 수 없다면, 이는 결국 부처가 일에 아무런 도움이 되지 못한다는 뜻이 된다. 부처가 일에 아무런 도움이 되지 못한다면 부처가 되는 것이 도

44) 여기에서 우리는 루쉰(魯迅)이 변발(辮髮)을 잘랐을 때의 일화를 떠올리게 된다. 물론 루쉰의 단발은 이탁오의 삭발과는 사회적, 정치적 배경을 전혀 달리한다. 그러나 후년, "나는 유학하면서 곧바로 변발을 잘랐다. 특별한 이유가 있었던 것은 아니고 다만 불편했기 때문이었다"라고 「머리 이야기[頭髮的故事]」(『吶喊』)에서 주인공 N선생을 통해서 말하였고, 「앓고 난 후 잡담의 여유[病後雜談之餘]」(『且介亭雜文』)에서는 그 잘라 버린 변발을 "반은 여관 하녀에게 주어 가발로 사용하게 하였고, 반은 이발소에 갖다 주었다"라고 술회하고 있듯이, 그 **태연자약함**에 있어서는 매우 유사하다. 본디 "만주족과 한족의 구별을 깨닫게 된 것은 책이 아니라 변발이었다. 이 변발은 우리들의 옛 선조의 수많은 머리를 베어 내어 옮겨다 심어 놓은 것이다"(「앓고 난 후 잡담의 여유」)고 그 자신도 서술하고 있듯이, 단발은 배만흥한(排滿興漢)의 상징이며 나아가서는 그 자체가 신해혁명이기도 하였다. 그럼에도 이렇게 태연자약하게 회고하고 있는 데에서 우리는 신해혁명의 좌절을 거치면서 그 좌절의 자각을 사상의 토양으로 삼아 스스로를 굳건히 하였던 그의 강인함을 엿볼 수 있다. 이제 이곳에 보이는 이탁오의 **태연자약함**에서도 그의 독특한 굴절과 그 굴절의 감촉을 우리의 손바닥 속에서 확인시키려는 듯한 강인한 모습을 느끼지 않을 수 없는 것이다.

또한 여기에서의 『이온릉외기』 5권은 존경각문고 소장본(明刊)에 의거하였다.

대체 무슨 의미가 있겠는가? 일이 부처에 장애가 된다면 부처도 쓸모 없는 것이 된다. 실로 우습지 않은가?(『분서』 권1, 「答周西巖」)

당신(증계천)이 머리를 깎으려 한다는 소식을 들었는데, 그것은 매우 잘못된 생각이다. 당신에게는 처첩과 전답은 있지만 아직 자식이 없다. 아직 자식이 없는데, 처첩과 전답을 누구에게 맡기려고 하는가? 처첩과 전답을 아무 까닭 없이 버리는 것은 어질지 못할 뿐만 아니라 매우 의롭지 못한 일이다. 만일 삶과 죽음을 뛰어넘어 도를 추구하는 마음이 정말 그렇게까지 절실하고 간절하다면, 속세에 머무는 것도 하나의 방편이며, 출가(出家)하는 것보다 오히려 만 배나 좋을 것이다. … 어찌하여 반드시 머리 깎고 출가한 뒤에야 도를 배울 수 있다고 생각하는가? 나는 머리 깎고 출가한 뒤에 비로소 도를 배우게 된 것이 아니다. 잘 납득하기 바라네.(『분서』 권2, 「與曾繼泉」)

벼슬하고 결혼하며 처첩을 거느리고 집안 살림하는 것을 성불하고 도를 배우는 것과 두 가지로 구분하는 것은 인간과 부처를 평상과 기이함 혹은 경세와 출세의 양극단으로 나누는 것이다. 이탁오가 "사람 바깥에 부처는 없다"고 말했을 때의 '사람'이란 벼슬하고 결혼하며 처첩을 거느리고 집안 살림하는 등 평상적인 사회적 관계 속에서 살아가는 사람이다. 물론 그가 이러한 사회적 관계를 본질적인 것으로 여기라고 말하고 있는 것은 아니다. 이러한 사회적 관계 속에서 **살아가는 것**을 본질적인 것으로 여기라는 뜻이다.

경정향은 다음과 같이 말하고 있다.

옛날 지극한 성인과 뛰어난 현인 가운데 출세하지 않고 경세를 잘 한 경우는 없었다. 한갓 경세에만 뜻을 두고 출세를 모르는 것은 세상에 추종하여 공명을 이루려는 것에 지나지 않는다. … (지극한 성인과 뛰어난 현인은) 모두 눈이 밝아 세속의 더러운 기운을 알아차리고 초연히 세속 바깥으로 초탈하였기 때문에 각각의 시대에서 세상을 바로잡고 백성을 제도하는 공로를 세울 수 있었다. … 부처의 광대자비한 가르침도 또한 세속을 인도하고 세상을 바로잡는 데 공이 있다고 할 수 있다. 만약 자신의 생사를 깨치는 것만 추구하여 인간의 윤리와 사물의 이치를 팽개치고 인간세계를 자기와 무관한 것으로 여긴다면 선가(禪家)의 무리 가운데서도 하등이 될 뿐이다.(『경천대문집』 권10, 「出世經世譯」)

인용문에서 '출세'와 '경세'를 하나로 파악한 점에서는 이탁오와 동일하지만, 사회적 관계를 본질적인 것으로 인식하는 점에서 실로 현격한 차이가 있다. 사회적 관계를 본질적인 것으로 파악하기 때문에 출세는 경세를 **위한** 출세가 되어 경세의 틀 속에 종속되며, 공명을 버리고서 세상을 바로잡고 백성을 제도하는 등 사회적 의무, 즉 '당위(當爲, sollen)'에 진력하는 것이 **선험적으로** 설정되어 살아가는 것의 목적이 되어버린다. 좀 더 정확하게 말한다면, **살아가는 사람** 위에 예정된 기성의 사회적 의무의 틀이 부과되고 있다. 여기서는 살아가는 사람이 살아가는 그 자체 속에 사회적 영위가 있는 것이지 그 결과로서 관계 혹은 당위가 생긴다고 말하는 것은 아니다.

이탁오가 "처첩과 전답을 버리지 말라"고 한 것은 위와 같은 입장에서 말한 것이 아니다. "벼슬하고 결혼하는 것을 성불의 장애로 여기지 말라"고 한 것도 마찬가지다. 인간에게 사회는 태어나면서부터 주어진다. 인간은 사회적 영위 속에서 살아간다. 그러나 영위에 의해서 맺어지는 관계는 인간에게 선천적으로 주어진 것이 아니라 개개인이 끊임없이 살아가는 삶의 단면이며, 그것은 날마다 새롭고 개개인마다 개별적이다. 이와 같이 개별적이고 만변하는 현상 속에서 인간은 **살아간다**. 이렇게 **살아가는** 영위의 유기적 집적이 사회이다. 그러므로 이른바 사회의 소여성(所與性)이란 궁극적으로는 **살아가는** 것의 소여성이며, 그 소여성은 인간의 **살아가는** 주체성으로 수렴된다. 이제 그것은 소여성이라기보다 차라리 인간의 생존 전제라고 말하는 편이 적합하다. 물론 여기서 이탁오가 직접 이러한 논리를 전개하고 있는 것은 아니다. 그는 단지 **살아가는 인간**을 본질적인 것으로 이해하고, 아울러 거기에서 부처를 정립하고 있을 뿐이다. 여기서 부처란 인간의 진실재(眞實在), 본래면목(本來面目)45)*, 자연법이(自然法爾)이다. 바꾸어 말하면 자연을 즉시로 본래로 삼는 그러한 자연과 융합된 본래적 모습이다. 그가 말하는 **인간**, 즉 **부처**는 이렇게 살아가는 주체의 측면으로 본래상(=사회적 당위)을 수렴하는 벡터(vector)46)*를 담고 있다는 점에서, 경정향이 경세를 중시한 것과는 완전히 이질적이다. 이탁오는 기성의 사회적 관계의 약속을 받아들이지 않는다. 그의 목표는 **살아가는** 인간의 삶 속에서의 사회적 영위—곧 명말인의 '자연본래'의 사회상—로 벡터를 삼는 것이었다. 이리하여 이탁오는 "부귀와 영달은 타고난 우리의 오관(五官)을 편안하게 한다. 이를 추구하는 것은 자연스런 추세이다. 그러므로 성인은 그것을 따랐으니, 따르면 편안하게 된다"(『분서』 권1, 「답경중승」)고 하여 경정향과 정면에서 대립한다. 그러나 그것은 부귀공명의 욕망을 긍정할 것인가 아닌가의 대립이 아니라, 이러한 욕망을 기성의 영위 틀 바깥으로 소외시킬 것인가 아니면 욕망의 본원으로 되돌아가 거기에서 자연의 본래를 모색할 것인가 하는 대립이었다. 이탁오가 "살아가는 인간은 벼슬살이와 집안 살림하는 현장 속에 있다"고 한 것은 방자한 욕망으로 부귀공명을 추구하라는 것이 아니라, 사회적 영위로 살아가는 그 일상적이고 평상적인 현장에서 '자연본래'의 근원을 세우라는 뜻이었다.

이 살아가는 영위의 본질을 탐구하는 것이 바로 이탁오에게는 성명의 탐색이며 도의 탐구였다.

이러한 본질 탐색의 일념에서 보자면 재가(在家)와 출가(出家)를 변별하는 것은 이제 어떠한 의미도 갖지 못하게 된다.

---

45)* 본래면목(本來面目): 본래의 얼굴이라는 뜻으로 인간 본래의 진실한 모습을 가리킴.

46)* 벡터(vector): 심리학에서 '개체 내부의 긴장으로 생긴 추진력'을 가리키는 말.

만일 도를 터득하지 못한다면 아무리 의지가 굳센들 무슨 보탬이 있으며 출가한들 무슨 소용이 있겠는가? … 그러므로 진실로 도에 뜻을 두었다면 재가해도 상관없는 일이다. 공·맹도 재가하지 않았던가? 출가해도 상관없는 일이다. 석가모니도 출가하지 않았던가? 오늘날 불교를 배우는 사람들은 부처가 정반왕(淨飯王)의 지위를 물려받지 않고 설산(雪山) 속에서 고행한 그 사적만을 흉내낼 것이 아니라 부처가 될 수 있는 도를 배워야 한다. 오늘날 공자를 배우는 사람들은 공자가 잘 재가할 수 있었던 것만을 흉내낼 것이 아니라 진실로 공자가 될 수 있는 도를 배워야 한다.(『분서』 권1, 「복등석양」)

라고 하였듯이 '부처가 되는 것'도 '공자가 되는 것'도 도를 탐구하는 데 있어서는 하나가 된다. 석가를 '집을 버리고 출가한[辭家出家]' 사람이라 한다면, "부귀를 뜬구름처럼 여기고 단지 3,070명의 제자와 사방을 떠돌아다닌 공자도 그 발자취에 있어서는 종신토록 출가한 사람이다. 이를 '집에 있으면서 출가한[在家出家]' 사람이라고 불러도 전혀 지장이 없을 것이다."(『분서』 권3, 「黃安二上人手冊」)

평상적인 영위의 본질에 근거할 때 재가도 좋고 출가도 좋다고 하는 견지에서 말한다면, 벼슬살이하고 집안 살림하는 것을 성불의 장애로 여겨 부정하는 것이나 또 그러한 부정을 현기(玄奇)함으로 내달리는 것이라고 비난하는 것이나 현상은 정반대지만 사회적 영위를 이미 정해진 틀의 범위 안에서 생각한다는 점에서는 궤를 같이한다. 이탁오의 출가는 이러한 출가 또는 반(反)출가와는 전혀 차원을 달리하였다.

어떤 사람이 경정향에게, "이탁오는 중생은 정욕으로 정욕을 삼고 부처는 **정욕으로 성명을 삼는다**고 말한다. 당신의 생각은 어떠한가?" 하고 묻자,

부처는 정욕이 생겨나는 근원을 구명하여 거기서 성명을 보았다. 이 때문에 스스로 정욕으로 떨어지는 일이 없었으니, 정욕을 제멋대로 한다는 말이 아니다. 정욕을 제멋대로 하는 자는 본디 성명을 모

르는 자이다. 한편 정욕을 끊고서 성명을 구하는 자도 별도의 편견이 있는 것이다. 이 역시 성명을 모르는 자이다.(『경천대문집』 권10, 「情欲性命譯」)

라고 경정향은 대답하였다. 위에 언급된 이탁오의 말은 그의 저작 속에서는 발견되지 않는다. 따라서 과연 경정향이 얼마나 진상을 정확하게 전하고 있는지는 명확하지 않다. 다만 이를 그대로 이탁오의 말로 받아들인다면, 그의 출가는 정욕으로 정욕을 삼는 따위의 세속적 집착의 뿌리를 단칼에 베어버리고 정욕이 곧바로 성명이 되는 본원에서 살아가고자 한 것이었다고 할 수 있다. 그가 머리 깎고 출가하여 황의인과 결별하였으면서도 그녀의 부고(訃告)를 접하자 비통함에 빠졌던 것은 모순이지만 사실은 모순이 아니었음이 한층 명백해지는 것은 아닐까?

앞에서는 주로 이탁오의 출가를 중심으로 늙고 병약해짐에 따라 도를 배우고자 하는 마음이 더욱 절박해졌음을 살펴보았다. 이를 외적 계기라 한다면, 이 정욕 본원으로의 지향은 필경 내적 계기라고 할 수 있다. 이탁오가 즉신성불(卽身成佛)47)* 사상에 기울게 된 내적 필연성은 이미 그의 비판정신과 리얼리즘의 배태기에 예측되었던 것이다. '습윤'이라는 자기의 성명을 리얼하게 **살아가는 인간**이었던 그때부터. 그는 이렇게 말한다.

그때 한창 병환 중에 있었으니 다만 온 마음으로 쾌유를 기원할 뿐이었다. 대체 그 밖의 다른 생각이 들어올 여지가 있었겠는가? 터럭한 오리나마 묵식(默識)48)*의 공부가 그 사이에 끼어들 여지가 있었겠

47)* 즉신성불(卽身成佛): 보통 사람도 현세에서 깨달음을 얻어 부처가 되는 것, 현재의 몸이 곧 부처가 되는 것.

48)* 묵식(默識): 말하지 않고 마음에 기억해 두는 것. 『논어』 「술이」 제7, "공자가 말하였다. '묵묵히 마음에 기억하며, 배우는 데 실증내지 않고, 사람을 가르치기를 게을리 하지 않는 것, 이 중에 어느 것이 나에게 있겠는가?'"(子曰, '默而識之, 學而不厭, 誨人不倦, 何有於我哉?)라고 하였다.

는가? 이것이 바로 진실로 제일념(第一念)49)* 이며, 이것이 바로 진실로 두 가지 생각이 없음이다. 이것이 바로 진공(眞空)이다.(『분서』 권1, 「復丘若泰」)

아내와 결별하였으면서도 그녀의 죽음에 곡을 하고, 병환 중에 죽음을 기원하였으면서도 병이 치유되자 기뻐한다. 이 모든 것은 정욕의 제일념 속에서 성명의 실상을 보고자 한 것이었다. 이탁오의 이러한 말들을 대혜 종고(大慧宗杲; 1089~1163)50)* 의 말과 대조하면서 보도록 하자.

(자식의 죽음에) 곡을 할 때는 오로지 곡을 다하라! 곡할 때 곡을 하고 생각할 때 생각을 하여 장식(藏識)51)* 에 감싸여진 수많은 은애(恩愛)의 습기(習氣)52)* 를 다 떨쳐 버렸을 때, 자연히 얼음이 녹아서 물이 되듯이 자기 본래의 번민도 없고 사량도 없으며 근심도 없고 기쁨도 없는 경계로 돌아가게 된다. 세간에서 깨닫게 되면 출세간이 따로 없다. 세간법이 불법이며, 불법이 세간법이다. 곡해야 할 때 곡하지 않고 사량(思量)해야 할 때도 사량하지 않는다면, 그것은 천리를 어기고 천

---

49)* 제일념(第一念): 인간의 타고난 최초의 본성이 어떠한 막힘도 없이 그대로 자연스럽게 분출하는 모습을 형용한 이탁오의 독특한 용어. '참된 본성[眞性]', '참된 기운[眞機]', '최초 한 생각의 본심[最初一念之本心]', '멈출 수 없는 본심[不容已之本心]' 등으로도 표현되고 있다.

50)* 대혜 종고(大慧宗杲; 1089~1163): 송대 임제종의 선승. 12세 때 동산 혜운원(東山 慧雲院)의 혜제(慧齊)에게 배우고, 이어서 조동종(曹洞宗)의 문하에서 유학하였다. 그 뒤 『벽암록(碧巖錄)』을 저술한 원오극근(圓悟克勤)의 법을 이었다. 1141년 장구성(張九成)의 난에 연좌되어 형산(衡山) 및 매양(梅陽)으로 유배되었다. 그는 굉지정각(宏智正覺)의 묵조선(默照禪)에 대항하여 간화선(看話禪)을 고취하고 임제의 선풍(禪風)을 진작시켰다. 저서로는 『정법안장(正法眼藏)』, 『대혜보각선사어록(大慧普覺禪師語錄)』, 『종문무고(宗門武庫)』, 『대혜서(大慧書)』 등이 있다.

51)* 장식(藏識): 유식교학(唯識敎學)에서 말하는 제8 아라야식. 가장 깊은 밑바닥에 있는 식별작용을 말한다.

52)* 습기(習氣): 유식설(唯識說)에서 말하는 종자(種子)의 다른 이름. 어떤 경험적 행위에 의해서 남겨진 잠재 여력.

성을 멸하는 것이다.(『大慧書』, 「答汪内翰」)[53]

명대 후기에 대혜는 수많은 인사들에게 알려져 있었고 이탁오도 예외일 수 없었다. 그러나 대혜가 세간법과 불법을 같은 위치에 세우면서도 한층 깊은 곳의 '돌아가야' 할 정처(靜處)에서 천성(天性)을 보고자 한 것에 반하여, 있는 그대로 곡하고 생각하는 그 **현재** 제일념의 동처(動處)를 곧바로 천성으로 파악하고자 한 이탁오는 역시 독특한 입장에 서 있다. 정욕이 생겨 나오는 **근원**에서 성명을 보고자 한 경정향의 관점은 대혜와 유사한 점이 있다. 경정향의 관점에서 본다면 "정욕이 곧 성명"이라고 한 이탁오는 결국 성명을 정욕에 내맡겨 제멋대로 하는 것처럼 보였을 것이다.

사실 경정향은,

> 탁오는 부처가 정욕으로 성명을 삼았다고 하였는데 이는 엉터리 말이 아니다. 맹자도 "입이 맛난 음식을 먹고 싶어하고, 눈이 아름다운 빛깔을 보고 싶어하는 것은 모두 성(性)이다"라고 훨씬 전에 말하였다. 다만 이어서 "명(命)이 있어 군자는 이를 성으로 여기지 않는다"고 하였다. 탁오도 그렇게 생각하는지는 모르겠다. 내 일찍이 생각해 보았는데, 『중용』에서는 성(性)을 도(道)라 하지 않고 솔성(率性)을 도라 하였다. 배우는 사람들은 감정에 내맡기는 것을 솔성(率性)이라고 잘못 해석하고, 솔성(率性)의 '솔(率)'이 마치 '이끌고 통솔하다' 할 때의 '통솔'과 같은 뜻임을 알지 못하였다. … 만일 오로지 성에 그대로 내맡겨서 통솔할 줄 모른다면 … 그 해악은 이루 말할 수 없다. 명이 있다고 말한 것은 성을 통솔하고자 한 것이다.(『경천대문집』 권3, 「與周柳塘」)

고 하여 이탁오가 말한 성명에서의 명이 성에 함몰되어 임정종욕(任情縱欲; 정에 내맡기고 욕망대로 행동하는 것/역자)으로 타락할

---

53) 荒木見悟 譯註, 『大慧書』(禪の語錄 17, 筑摩書房, 1969)에 의거함.

위험성을 표명하고 있다.

양자의 성명관이 여기서 분명하게 어긋나고 있음을 보게 된다. 이러한 어긋남 속에서 지나치게 임정종욕을 대극으로 의식한 경정향 쪽에 약간의 경직성이 보이며, 양자의 논쟁에 있어서 늘 경정향 편에 섰던 관동명도 이 점은 수긍할 수 없었던 것 같다.

> 솔성(率性)의 '솔'은 '통솔하다' 할 때의 '통솔[率]'로 보는 것보다는 … 아마도 '따르다[循]'의 뜻으로 해석하는 쪽이 훨씬 타당할 것 같다. … 선생(경정향)은 대체로 기질의 성을 따를[循] 수 없다고 생각하였기 때문에 '통솔'로 해석한 것 같다. 생각건대 '천명의 성'이란 이른바 '선천적으로 저절로 갖추어져 있는 충심[天然自有之衷]' 또는 선가(禪家)에서 말하는 '본래면목'일 터인데, 이를 따르는 것이 어찌 도가 아니라고 할 수 있겠는가?(『惕若齋集』 권1, 「奉復天臺耿先生」)

라고 하여 경정향에게 다시 한 번 고려해 볼 것을 촉구하였다. 경정향과 이탁오 두 사람의 논쟁은 마성(麻城)을 중심으로 상당한 파문을 일으켰던 것 같다. "호사가들은 … 경정향과 이탁오의 대립점을 화젯거리로 삼아 사방으로 이야기꽃을 전하였다"(『척약재집』 권2, 「寄耿學憲叔臺年兄書」)고 한다. 정욕에 대한 이와 같은 인식의 차이는 지금까지 살펴본 출가관과 '멈출 수 없음'의 갈등의 밑바탕에 가로놓여 있는 궁극의 대립점이었다.54)

54) 경정향은, "당신은, 나의 멈출 수 없음은 (『예기』의) 「제자직(弟子職)」에서 말하는 '집에 들어와서는 부모에 효도하고 밖에 나가서는 어른을 공경하는[入孝出悌]' 일이며, 당신의 멈출 수 없음은 곧 대인이 '천하에 밝은 덕을 밝히는[明明德於天下]' 일이라고 하였습니다.(『분서』 권1, 「答耿司寇」 참조) 하지만 나로서는 이 말을 도저히 받아들일 수 없습니다. 효제 등을 빼고서 다시 무슨 덕을 밝힌다는 말입니까? 외람되이 생각건대, 당신이 말하는 밝은 덕[明德]이라는 것은 적멸에 의해서 자기를 멸하는 것입니다"(『경천대문집』 권4, 「與李卓吾」 제4首), "형께서는 '나는 명분의 가르침[名敎]을 중시하고 탁오는 참된 기틀[眞機]을 안다'고 하였습니다. … 근래 (탁오로부터) 편지가 왔기에 '나는 지나간 것을 잇고 미래를 여는 것

을 중시하지만, 탁오는 참되다는 것에 내맡겨 스스로 터득하는 것을 취향으로 삼는다'는 답장을 보냈습니다. … 우리 유가의 가르침은 인(仁)을 종지로 삼으니, 멈출 수 없음의 참된 기틀[眞機]을 얻을 수 있기 때문입니다. 그는 적멸로 자기를 멸하는 것을 참된 것이라 하고 혹은 일체 정욕에 내맡겨 제멋대로 하는 것을 참된 것이라 여기고 있으니, 분별하지 않을 수 있겠습니까?"(『경천대문집』 권3, 「與周柳塘」 제18首), "탁로가 말하는 이언(邇言)이라는 것이 어떤 이언인지 모르겠습니다. … 부모와 자식 사이에 친함이 있고 군주와 신하 사이에 의가 있는 것, 이것이 바로 이언입니다"(『경천대문집』 권6, 「與鄧侖君」)라고 말하였다. 이에 대해서 이탁오는, "형께서는 단지 지나간 것을 잇고 미래를 여는 것을 멈출 수 없음의 본심이라 하고 현창하여 사람들에게 보여 주고 있습니다. 분명 지위를 탐하고 봉록을 두터이 하면 존귀하고 현달할 수 있으며, 2품 3품의 벼슬이면 아버지·할아버지를 포창할 수 있습니다. 이것이 당신의 참된 멈출 수 없음이니, 이는 정념(正念)입니다. 그런데 도리어 왜곡되이 변호하기를 '나는 요순시대와 같은 인군과 백성을 만들기 위해 나아간 것이며, 나는 선지자 선각자를 자임하여 나아간 것이다'라고 하고 있으니, 이것은 또 이러한 욕망을 덮어버리고자 하는 것으로, 당신의 멈출 수 없음의 참된 본심은 아닙니다"(『분서』 보유2, 「答耿司寇」)라고 하는 등 매우 준엄하다.

한쪽에서는 정욕에 내맡겨 제멋대로 하는 것을, 다른 한쪽에서는 지위를 탐하고 봉록을 두터이 하는 것을 각각 상대방의 '멈출 수 없음의 본심'이라 비난하면서 서로 상대에게 오해에 가까운 공격을 가하고 있다. 결국 경정향이 부모와 자식 사이의 친(親)이나 군주와 신하 사이의 의(義)가 있는 것이 이언(邇言)이라 한 것에 반하여, 탁오 쪽에서는 "이를테면 재화를 좋아하고 여색을 좋아하며, 학문에 힘쓰고 벼슬길에 나아가며, 금은보화를 많이 축적하며, 많은 전택을 사들여 자손을 위해 꾀하고, 널리 풍수를 구하여 자손들의 복음이 되도록 하는 등 무릇 세간 일체의 치생 산업 등의 일은 모두 함께 좋아하고 함께 익히며 함께 알고 함께 말하는 것이다. 이것이 참된 '이언'이다"(『분서』 권1, 「答鄧明府」)라고 한다. 이것은 일체의 전제를 없애 버리고 함께 좋아하고 함께 알며 함께 익히고 함께 말하는 백성들의 일상적인 실존의 장에서 이언을 설정하려는 그 자세의 차이에서 드러난다. 이탁오가 정욕 그 자체를 아무 궤도 없이 긍정하는 것은 결코 아니다. 하지만 이를 제쳐두고서는 성명의 대사를 깨칠 수 없다고 하는 인간 실존에 대한 **긴박한 진실 추구의 자세**가 성명 탐구를 때로 정욕 탐구로까지 몰아가게 한 것이다. 이를 외면하고 겉치레만을 말하는 것은 도리어 높은 지위와 많은 봉록을 탐하는 **허구**의 성리와 기를 상즉적으로 파악하는 인식상의 변화는 이미 명초 설선(薛瑄)의 저작에서도 보인다.[55] 기에 근거하여 리를 보는 명초 이래의 조류는 이후 명대 리의 내용 전개를 기를 원점으로 하는 좌표축위에 설정하게 된다. 하지만 인간(곧 기질)에 근거하여 본연의 성을 보고자 하는 움직임을 촉발하기까지에는 상당한 시간이 걸린다. 필자가 알고 있는 한에서는 이탁오보다 한 세대 앞선 당추(唐樞), 왕용계(王龍溪) 등에 의해서 겨우 그 싹이 나타나기 시작한다. 이는

명일 수밖에 없다는 것이다.

그런데 이 '욕(欲)'에 관해서는 경정향과 양복소 사이에도 문제가 되었다. 양복소가 주류당에게 "무릇 욕에 이끌리지 않는 것 역시 욕이다. 견(見)에 머물지 않는 것 역시 견이다. … 이 성의 신령스러운 본체는 과연 욕에 이끌리지 않고 견에 머물지 않은 뒤에 비로소 얻을 수 있는 것인가?"(『證學篇』 2, 「周柳翁座主書」 제2首)라는 편지를 보낸 것에 대해—우리는 이탁오가 경애하여 마지않았던 하심은(何心隱)의 「변무욕(辯無欲)」(『何心隱全集』 권2, 중화서국刊)이 거의 같은 발상에 의거하고 있음을 상기할 수 있을 것이다— 일찍이 경정향으로부터 "부정한 욕망과 치우친 견해를 성(性)으로 여길"(『하심은전집』 권2, 「復耿侗老」) 위험이 있다는 비판을 받고, 양복소가 이에 변명, 반론을 하는(『하심은전집』 권2, 「復耿侗老」) 등 경정향이 이러한 움직임에 대해 극히 신경질적이었음을 알 수 있다. 그만큼 그것은 당시 커다란 문제가 되었음을 역으로 유추할 수 있다.

55) 설선은 "대체로 리와 기는 서로 섞여 있지도 않지만 서로 떨어져 있지도 않다. 천하에 기 없는 리도 없지만 리 없는 기도 없다. 기 밖에 성은 없으며 성 밖에 기는 없으니, 이는 둘로 할 수 없는 것이다", "리는 다만 기 속에 있는 것이니, 결단코 선후를 나눌 수 없다. 이를테면 태극이 움직임에 양을 낳으니, 움직이기 전에는 곧 고요한 것인데, 고요한 것은 곧 기이다. 어찌 리가 앞이고 기가 뒤라고 말할 수 있겠는가?"(『명유학안』 권7)라고 하고 있다. 이미 (제1절 주11)에서 보았던 그의 성인관에서도 살필 수 있듯이 "움직임과 고요함이 마땅함에 합치한 것이 곧 천리이고, 마땅함에 합치하지 않은 것은 곧 인욕이다"(『명유학안』 권7)라고 한 것처럼 리(理)의 엄숙함은 기(氣)로 수렴된다.

또한 명대에 있어서 이기 상즉의 양상에 대해서는 山井湧, 「明淸時代における"氣"の哲學」(『哲學雜誌』 66권 72호) 및 다시 이를 보강하는 형태의 山下龍二, 「羅欽順と氣の哲學」(『陽明學の硏究』 하권, 現代情報社)이 있다. 후자는 설선(薛瑄)에 대해서도 다루고 있다.

대체로 '성명'이 학(學)으로서 부각되는 시기와 거의 병행한다. 결국 이제 우리가 경정향, 이탁오 두 사람의 논쟁을 통해 보고 있는 이 논점은 사실 명대 후기의 중요한 사상적 과제를 배경으로 하는 것이었다. 이 과제는 이윽고 명말청초의 유종주나 황종희 등에 의해 발전적으로 계승되었고, 안원과 이공을 거쳐 청조 중기 대진에 이르러 완전히 새로운 청대 리관(理觀)으로 구축된다. 그 양상에 대해서는 불충분하나마 하론에서 서술할 터이지만, 이제 이탁오가 서 있는 지점은 그 흐름 속의 하나의 중요한 갈림길이었다.

이탁오의 사상적 성과에 대해서는 다음 장에서 서술하겠지만, 우선 여기서는 그가 부처를 매개로 하여 끄집어 낸 '정욕 즉 성명'이 동시대에서 매우 돌출적이었다는 점만을 확인해 두겠다. 관동명은 성과 명의 통솔관계를 부정하여 경정향을 비판함으로써 이탁오 편에 선 것처럼 보였다. 그러나 한편에서는 본래면목을 천명의 성에 끌어다 붙여, 이를 무명실성(無明實性)56)*에 대한 원성실성(圓成實性)57)*의 대응과 동일시하였다. 결국 그 역시 명(命)을 원점으로 하는 성명에 따라야 한다고 보았던 것이다. 이런 점에서 관동명 역시 사실상 경정향의 관점을 보강한 것이었다. 이러한 것들은 모두 이탁오의 돌출성을 더욱 선명하게 한다고 할 수 있다.

여기서 흥미를 끄는 것은 자백 달관의 다음과 같은 말이다.

> 물은 저절로 맑아지지 않는다. 사람이 이를 맑게 한다. 사람이 맑게 하는 것이 아니다. 물이 저절로 맑다.(『紫栢全集』 권10, 「墨香庵常言」)

물의 청탁은 전통적인 인성론에서의 기질의 청탁을 방불케 한다. 이제 이미지를 분명히 하기 위해 이 논지를 '나무는 저절로 타지 않는다. 불이 이를 태운다. 불이 태우는 것이 아니다. 나무가 저절

56)* 무명실성(無明實性): 일체 번뇌의 근본인 무명의 실체.
57)* 원성실성(圓成實性): 존재하는 모든 것의 진실된 본성. 진여(眞如)와 같은 뜻.

로 탄다'라는 말로 바꾸어 보자. 이 논지는 인간의 존재 이유를 거침없이 주체 속에서 확인하고자 하는 놀라운 구조를 갖는다. 여기에서의 '사람'·'불'은 강상 혹은 성명에서의 명 또는 경정향이 말한 기성의 사회적 영위 어느 것으로 보아도 지장은 없다. 이는 한편에서는 '사람'·'불'의 소여성(所與性)을 용인하면서도 동시에 그 소여성은 '물'·'나무' 등 주체의 존재 속에서만 그 존재 이유를 가질 수 있다고 인식하는 것으로 일거에 위상을 역전시키고 있다. 자백 달관은 이와 유사한 논리를 다음과 같이 전개한다.

> 어떤 사람은 "민의 본성이 매우 포악하기 때문에 성인이 인(仁)에 의해 그들을 인도하였다"고 말한다. … 이는 민의 본성이 포악하지 않기 때문에 그들을 인으로 인도할 수 있었음을 모르는 것이다. … 포악하기 때문에 인에 의해서 이들을 인도한다고 말하는 것은 결국 통치한다는 말이니 어찌 '인도한다'는 말을 쓸 수 있겠는가?(『자백전집』 권10, 「墨香庵常言」)

인용문에서는 설령 성인이 인도하는 것이라 해도 민의 주체를 통해서만 존재 이유를 부여받을 수 있음을 말하고 있다. 아무리 강상이라 해도 **살아가는** 인간이라는 주체를 배제하고는 존재 이유를 상실한다는 이 논리는 바야흐로 명말이 아니고서는 제기될 수 없는 것이었다.

이탁오가 "정욕이 곧 성명이다"라고 한 것은 실로 이러한 위상의 역전을 '자기 성명'의 측면에서 꾀한 것이었다.

앞에서 말한 '제일념(第一念)'도 단지 정욕 혹은 성정자연(性情自然)이라는 주관적 제일념 상에 머문다면, 임제(臨濟)58)*가 "너희들

58)* 임제(臨濟): 선종 5가 7종의 1파인 임제종(臨濟宗)을 연 당나라 때의 고승. 임제는 하북성 정정부(正定府)에 있는 임제사에 주석하면서 부주(府主)인 왕상시(王常侍) 등을 신자로 맞이하여 신흥하는 무인사회에 귀의하였다. 마조도일(馬祖道一)에 의해 선양된 주체성 강한 남종선을 더욱 철저히 하여 '무위의 진인'이야말로 참된 선이라고 주장하였다. 이 종지는

살아 있는 몸체에 한 사람 무위(無位)의 진인(眞人)이 있다"고 한 것처럼 자기 충족적이고 개체적인 '진인'의 경계를 넘어서지 못한다. 그렇지만 단순한 개체의 본질 제시에 머물지 않고 종래 의심할 여지도 없이 당연한 것으로 간주되어 온 사회적 영위나 강상의 보편성·원리성의 위상을 일거에 역전시켜 이를 차안(此岸)으로 끌어들이게 되면, 이것은 상당히 중대한 일이라 하지 않을 수 없게 된다.

명으로 성을 통솔하는 관계에 있는 성명이란 경정향이 말한 '멈출 수 없음'의 대상을 미리 설정하고 이를 향해 멈추지 않고자 하는 것의 철학적 표현이기도 하다.

"정욕이 곧 성명이다"라고 한 것은 이러한 설정을 완전히 부정하고, 주체인 성(性)의 자유 활발한 움직임을 곧바로 명(命)으로 간주하고자 하는 것이다. 성의 주체적인 자유 없이 명은 있을 수 없다는 것이다.

이는 심즉리의 명제를 제기하면서도 여전히 존천리·거인욕의 틀을 깨지 않고 리(理)가 종욕방일(縱欲放逸)로 확산되는 것을 막으려 했던 양명학에 대한 하나의 중대한 도전이라고 할 수 있다. 물론 이 거인욕(去人欲)에서의 인욕은 정욕 일반을 가리키는 것은 아니다. 심즉리에서의 심이 성과 정이 분리되지 않은 전체로서 동적으로 파악되고 있는 것에서도 엿볼 수 있듯이 존천리(存天理)는 정욕을 부정하는 것이 아니다.(부모와 자식 사이의 인간적 애정 속에서 효도와 자애의 이치를 파악할 수 있다) 따라서 거인욕에서의 인욕은 본래부터 마땅히 그러해야 할 인간적 성정에서도 일탈한, 말하자면 저차원의 동물적 정욕을 뜻한다. 그럼에도 이러한 틀은 경정향의 주장에서 보이는 것처럼 본래부터 마땅히 그러해야 한다고 간주된 성정을 미리 '멈출 수 없는 것'으로 설정해버리는 부자유스러움을 피할 수 없다.

이탁오는 이러한 틀을 떨쳐버리고 문자 그대로 인욕을 원점으로

『임제록』에 보인다.

하는 천리를 지향하고자 하였다. 물론 이탁오가 당시에 직접적으로 그러한 천리를 표방한 적은 없었다. 잘 알고 있는 것처럼 이탁오는 이기론을 거의 전개하지 않았으며, 송학 이래의 유학의 조류로부터 이탈하여 완전히 자유로운 입장에 있는 것처럼 보인다. 하지만 그렇다고 그가 비유(非儒)·반유(反儒)의 입장에 있었다고 할 수는 없다. 무릇 '심즉리'의 주장은 어떤 의미에서는 '나의 마음' 속에서 리를 탐색하고자 하는 것이었다. 이때의 '나의 마음'이란 자기의 성정자연이 현재 움직이는 것을 곧바로 심(心)으로 간주하는 것이며, 그것의 '인간적인 냄새'로 인하여 '리'보다는 '양지'로 불릴 만한 것이었다. 하지만 이것이 다시 '나의 심성'의 학(學) 혹은 '자가 성명(自家性命)'의 학(學)으로 향하고, 그리고 '나'라고 하는 인간에 대한 탐구로 기울게 되면 리(理)의 의식은 도리어 성명 본체에 대한 장애가 되어버린다.

왕심재(王心齋)는 다음과 같이 말했다.

> 천리란 선천적으로 저절로 갖추어져 있는 이치이며, 양지란 생각할 필요도 없이 알 수 있고 배울 필요도 없이 실천할 수 있다. 생각할 필요도 없이 알 수 있고 배울 필요도 없이 실천할 수 있으므로 선천적으로 저절로 갖추어져 있는 이치가 될 수 있다. 선천적으로 저절로 갖추어져 있는 이치이므로 생각할 필요도 없이 알 수 있고 배울 필요도 없이 실천할 수 있다.(『심재전집』 권3, 「天理良知說答甘泉書院諸友」)

인용문에서는 리(理)와 양지(良知)를 '배울 필요도 없고, 생각할 필요도 없는 것[不學不慮]'이라는 한 가지 점에서 동질로 보고 있다. 왕심재는 또다시 "천리란 선천적으로 저절로 갖추어져 있는 이치이다. 조금이라도 어떻게 안배(=계교 분별)할까 하면 곧바로 인욕이 된다"(『심재전집』 권3, 語錄)고 하였다. 뒤이어 주여등은 양명의 말을 인용하여 "집착함이 없는 것이 바로 리(理)이다. 그러므로 마음에서 리를 탐구하는 것은 리장(理障)일 수밖에 없다고 말한다"라고 하였으며, 또한 양복소는 더욱 단도직입적으로 "천리는 또 어디에 **있는** 것인가? **있다**고 간주되는 그 순간 천리가 아니게 된다[有在卽非天理]"(『증학편』1)고 하였다. 이상의 언급들은 모두 이러한 조류를 반영하는 것이다.

이탁오가 리를 말하지 않은 것은 주여등과 양복소가 말을 하지 않은 가운데서 말을 실천한 것과 같아서 이를테면 『유마(維摩)』의 '묵뢰(黙雷)'에 비길 만하다. 말을 하지 않음으로써 도리어 그의 철저한 탐구정신을 부각시킨다. 여기서 '배울 필요도 없다'고 한 것은 기성의 질서관념을 답습하지 않겠다는 뜻이며, 또 '생각할 필요도 없다'고 한 것은 기성의 질서관념에 집착하여 그것으로 계교 분별하지 않겠다는 뜻이다. 리(理)를 '배울 필요도 없고 생각할 필요도 없음'의 본체, 또는 인간 정욕의 본원으로까지 끊임없이 추구하는 그의 두려움 없는 기백에서 본다면, 이를 리라고 부르기에는 그 리라는 것이 송대 이래 너무나도 손때가 묻은 것으로 보이는 것은 지극히 자연스럽다.

그렇지만 그가 리를 포기해 버린 것은 결코 아니었다. 리에 갖추어져 있는 객관성·보편성 및 원리성을 기성의 강상의 피안(彼岸)으로부터 정욕의 차안(此岸)으로 그 위상을 역전시켰을 뿐이다. 바로 이러한 점 때문에 그는 동시대인 가운데서 발군이었다.

> 입고 먹는 것[穿衣吃飯]이 곧 인간의 윤리이며 사물의 이치[人倫物理]이다. 입고 먹는 것을 빼 버리면 인간의 윤리도 사물의 이치도 없다. 세간의 온갖 일들은 모두 옷과 밥으로 환원된다. … 배우는 사람은 단지 인간의 윤리와 사물의 이치 위에서 진공(眞空)을 보아야 한다. 인간의 윤리와 사물의 이치 위에서 인간의 윤리와 사물의 이치를 변별해서는 안 된다. … 이른바 '공(空)은 공(空)을 필요로 하지 않는다'는 말은 태허공(太虛空)[59)*]의 본성을 가리킨다. 그것은 본디 사람

59)* 태허공(太虛空): 넓고 넓은 우주의 공간. 구극의 경지. 이탁오는 이곳에서

이 할 수 있는 공이 아니다. 이른바 '끝내 공(空)할 수 없다'는 것은 만일 조금이라도 인간의 힘을 쓸 여지가 있다면 그만큼 진공이 막히게 되어, … 결국 진공이 한 점 먼지와 때에 오염된다는 뜻이다. 이 한 점 먼지와 때가 바로 천 겁(劫)의 계려궐(繫驢橛)60)*이어서 사람은 영원히 벗어날 수 없게 된다. 오오! 두렵지 아니한가! 세간의 평탄한 큰길은 천 명의 사람이 함께 따라가고 만 명의 사람이 함께 밟고 가는 것이다. 나도 여기에 있으며 당신도 또한 여기에 있으며, 온 마을 사람들이 모두 여기에 있다. 만일 스스로 분별을 낳는다면 도리어 백성의 일용에도 미치지 못할 것이다.(『분서』 권1, 「답등석양」)

라고 이탁오는 말한다. '진공'이란 일체의 계교를 떨쳐버린 가장 평탄한 인간의 자연스런 모습이다. 그것은 확실히 '옷과 밥'으로 환원될 수 있으며 또한 그것은 자연본래의 인륜이며 사물의 이치이다.

잘 알고 있는 것처럼 '천의흘반(穿衣吃飯)' 혹은 '착의끽반(着衣喫飯)'이라는 용어는 '운수반시(運水搬柴)'61)*와 마찬가지로 인간 일상의 자연태를 표시하는 선가(禪家)의 상투어이다. 동시에 명대에는 동일한 개념으로 유가의 상투어가 되었다.

그러나 이탁오는 이를 단순히 일상의 자연태를 형용하는 용어로만 사용하지는 않았다. 그는 이 용어 속에서 인간의 사회적 영위에 있어서 빼놓을 수 없는 '옷과 밥'이라는 물질적 요소를 뽑아내고 사회적 영위로 살아가는 인간의 객관 보편성, 즉 인간의 윤리와 사

태허공의 의미를 긍정적인 사용하였지만, 진공(眞空)에 대립되는 단멸공(斷滅空)·완공(頑空) 등과 같은 의미로도 사용한다. "도대체 저 공이 (인위적인 노력을 통해) 할 수 있는 것이라면, 어찌 이를 진공이라 하겠는가? 설령 공을 이룬다 해도, 이는 땅을 파서 출토시킨 공으로서 마치 지금 누구나 보고 있는 태허공과 같을 뿐이다. 진공과는 아무 관계가 없다."(『분서』 권4, 「解經文」) 본서 215쪽 참조.

60)* 계려궐(繫驢橛): 나귀를 묶어두는 말뚝. 문자나 문구에 얽매어 자유롭게 들을 수 없음을 말한다.

61)* '운수반시(運水搬柴): 물을 길어 올리고 땔감 나무를 운반함, 『방거사어록(龐居士語錄)』에 보인다.

물의 이치를 여기에 근본시켰다.

인간 생존의 물질적 요소를 근본으로 하는 이러한 보편성의 제시는, "불법에 공력을 쓸 곳은 없다. 다만 평상적이고 작위하는 일이 없이 뒷간에서 똥누고 오줌 누며, 옷 입고 밥 먹으며, 피곤하면 눕는다"(『臨濟錄示衆』)는 식의 임제(臨濟)적 '진인', 말하자면 자기 충족적인 자연법이(自然法爾)의 경계 제시를 단숨에 돌파하고, 동시에 경정향 등의 강상의 입장까지도 파괴하여, 위상의 역전 속에서 신생의 리(理)를 차안(此岸)에서 수립하고자 한 것이었다. 그가 이를 리라고 칭하지 않고 '진공'이라 칭한 것은 기성의 리관과 일체의 계교 분별을 모두 진공으로 부정하고, '끝내 공할 수 없는' 궁극에서 평탄한 큰길을 조망하려는 의도에 역점을 두었기 때문이다. 동시에 이것은 그가 신생의 리관을 아직 확립하지 못한 채 기성의 리관에 대한 철저한 거부(곧 앞 절에서 말한 끊임없는 굶주림의 자각) 속에 살았으며, 그리고 그 거부의 정반대 편에서 리얼하게 **존재하는** 현실적 실체를 끊임없이 모색하고 있었음을 보여준다.

이러한 이탁오의 내적 지향에서 보자면 '없애고 없앰[無無]'의 논리를 가지고 본체를 드러내고자 하는 불교 논리는 매우 친근했을 것이다. 특히 자백 달관에게서도 보이는 것처럼 살아 움직이는 듯한 명말 불교의 생생한 기운은 더욱 친근하였을 것이다. 아울러 그의 출가 충동이 단순히 늙고 쇠약함으로 인한 구도에의 절박함 때문만은 아니라는 것, 새삼 분명해질 것이다. 그의 출가 삭발은 그의 사상적 지향에 있어서 필연이었다.

이탁오에게서 보이는 이러한 리의 위상 역전—사실은 역전을 향한 지향이라 해야 한다. 왜냐하면 엄밀한 의미에서 이러한 역전은 황종희, 왕선산, 안원 등을 거쳐 대진에 이르러 비로소 완성되기 때문이다. 그러나 여기서는 논술의 번잡을 피하기 위해 그대로 사용한다—은 동시에 출가 삭발에 의한 형체 바깥으로의 초월이라는 측면에서도 보아야 한다.

이탁오는 유명한 「여자는 식견이 짧아 도를 배울 수 없다는 견해에 답하는 편지(答以女人學道爲見短書)」(『분서』 권2)에서 다음과 같이 말하고 있다.

> 여자는 식견이 짧아 감히 도를 배울 수 없다고 말하는데, 진실로 그럴까? … 이른바 '식견이 짧다[短見]'는 것은 보는 바가 아녀자의 방과 집 사이를 벗어나지 못한다는 뜻이요, 이른바 '식견이 원대하다[遠見]'는 것은 밝고 드넓은 들판을 깊이 통찰한다는 뜻이다. 식견이 짧으면 기껏해야 백 년 이내만을 보고 혹은 더 가까이는 자손, 더욱 가까이는 자기 일신만을 볼 뿐이다. 한편 식견이 원대하면 형체 바깥으로 초월하고 삶과 죽음의 껍데기를 벗어나 백만 천만억 겁(劫)[62)*] 그리고 이루 헤아릴 수도 없고 비유할 수도 없는 역외(域外)를 보게 된다. 식견이 짧은 사람은 단지 길거리에 돌아다니는 이야기나 저잣거리의 어린아이의 말만을 들을 뿐이다. 식견이 원대한 사람은 대인을 깊이 두려워하고 성인의 말을 감히 모욕하지 않으며, 더욱이 세속에서 비난하고 칭찬하는 말에 현혹되는 일도 없다. 생각건대 식견의 장단을 논한다면 이러한 관점에 의거해야지 단순히 여자의 식견이라 해서 식견이 짧다고 단정해서는 안 된다. 사람은 남자와 여자의 차이는 있을 수 있지만, 어찌 식견에 남녀의 차이가 있을 수 있겠는가? 또 식견에 장단이 있다고 할 수는 있지만, 어찌 남자의 식견은 모두 훌륭하고 여자의 식견은 모두 열등하다고 단정할 수 있겠는가? 설령 몸은 여자라도 식견에 있어서 남자와 마찬가지로 바른말을 즐겨 듣고 세속의 말이 들을 만한 것이 못 된다는 것을 알며, 또한 출세간을 즐겨 배우고 뜬구름 같은 세상이 얽매일 만한 것이 못 된다는 것을 아는 사람이라면, 아마도 당대의 남자들도 이것을 보고 모두가 부끄러움의 땀을 흘리느라 소리도 지르지 못할 것이다.

원대한 식견[遠見]이란 육체와 생사를 뛰어넘은 억만 겁의 경계를 조망하는 것이라고 그는 말한다. 여기서 앞 절의 '억만 세대의 음식'

62)* 겁(劫): 불교에서는 세계가 몇 만 년에 한번 씩 훼멸하고 다시 시작한다고 믿었다. 이 한차례의 생성주기를 '겁'이라고 한다.

도 함께 상기하기 바란다. '백 년의 음식'은 물론 '수십 세대의 음식' 등 무릇 세간법 내에서 충족될 수 있는 일체는 그의 굶주림을 풀어줄 수 있는 것이 아니었다. 그렇다고 남자라는 영원불멸의 이름을 이 세상에 남기고자 한 것도 아니었다. 이름이라 하지만 세상에 남기는 것이 전제가 되는 이상, 그것은 유한한 세간법 내의 음식에 지나지 않는다. 그는 7척의 몸으로 억만 세대의 음식을 희구하여 "대체 누가 이 굶주리고 목마름의 그리움을 일으켜 여기에서 나와 함께 먹고 마실 것인가? … 차라리 머리 깎고 출가해서 탈속의 친구를 찾아 반려자로 삼는다면 가능하게 될까?"(『분서』 권2, 「답유방백서」)라고 탄식하지 않을 수 없었다. 7척의 몸으로 무한한 삶을 보려는 것은 성명의 유구함 속에서 살아가려는 것이기도 하다.

그는 또 말한다.

> 무릇 학문은 모두 자기의 삶과 죽음의 근본 원인을 탐구하고 자기 성명의 소재를 탐구하는 데 있다. 그러므로 벼슬을 버리고 돌보지 않는 자, 집을 버리고 돌보지 않는 자가 있다. 또한 그 몸을 없는 듯이 여기고 … 까치가 머리 위에 둥지를 틀어도 알아차리지 못했던 석가 같은 사람도 있었다. 이는 성명을 한없이 사랑하였기 때문이다. 이 세상에 그 누가 성명(=생명)을 사랑하지 않겠는가? 그런데도 이를 팽개치고 사랑하지 않는 것은 그 사랑하는 바가 단지 7척의 신체에 한정되고 아는 바가 백 년 내에 한정되어, 자기의 성명이 유구하여 실로 천지와 영원히 짝한다는 것을 깨닫지 못하기 때문이다.(『속분서』 권1, 「答馬歷山」)

명말에 도를 배우는 인사들 사이에 유행한 관용구 가운데 『논어』의 "아침에 도를 들으면 저녁에 죽어도 좋다[朝聞夕死]"는 말이 있다. 그들은 이 말을 불교의 '삶과 죽음을 깨치는 것'과 거의 같은 의미로 사용하여, 이를 '성명을 깨치는 것'으로 해석하였다. 그 배경에는 당시 기성의 질서체계가 이미 허구화되어 이제 더 이상 그들의 일생을 걸 만한 가치가 없다고 인식하였던 사정이 있었다. 예를 들면 자백 달관과 병칭되는 명말의 고승 감산 덕청(憨山德淸)(앞절 주33 참조)은 어린 시절 어머니의 지나친 편달을 견디다 못해 도대체 무엇 때문에 이렇게 공부를 해야 하느냐고 물었다. 이에 어머니는 관리가 되기 위한 것이라고 대답하였다. 관리가 되면 또 어떻게 되느냐고 묻자, 마침내 재상이 된다고 대답하였다. 재상이 되면 어떻게 되느냐는 질문을 받은 어머니는 "관직을 그만두게 된다"고 답하였다. 감산은 이 말을 듣자 한평생 고생하여 가장 높은 관직에 오르더라도 끝내는 그만두어야 한다는 것은 전혀 의미가 없다고 생각하고, 평생 관직을 그만두는 일이 없는 스님이 되기로 결심하였다.(『憨山夢遊全集』 권53, 「憨山老人自序年譜實錄」上) 자주 듣는 이야기겠지만, 관리나 재상이 되는 시간은 유한하며 적어도 사내대장부의 본령을 충족시켜 줄 수는 없다고 생각하였던 것이다. 초횡은 "무릇 공·맹의 학을 배우는 자는 '유(有)'에 국한되어 도달하는 것이 적다. … 반드시 '무(無)'에 통달해야 비로소 공·맹의 '유(有)'를 활용할 수 있다"(『澹園集』 권14, 「莊子翼序」)고 하였고, 경정향 역시 "지극한 성인과 뛰어난 현인 가운데 출세하지 않고 경세를 잘 한 자는 없었다"고 하였다. 이와 같은 언급들은 그들의 눈앞에 비춰진 세간법 내의 질서가 극히 '유(有)'에 국한된 그 자리에서만의 공소(空疎)한 것이었음을 보여준다. 적어도 진지하게 자기의 생을 이루고자 하는 자의 눈에는 그렇게 보였다.

> 생각건대, 불학(佛學)은 경세(經世)의 지극함으로써 세상에서 이에 짝할 만한 것이 없다. 무릇 자신이 대청 위에 있어야 대청 아래의 사람을 변별할 수 있으며, 자신이 우물 옆에 있어야 우물에 빠진 사람을 구할 수 있다. 만약 대청 아래에 뒤섞여 있으면 함께 혼미할 뿐이며, 우물 속에 자신을 내던지면 함께 빠질 뿐이다.(『楊復所全集』 別稿, 「重刻法寶壇經序」)

위 인용문은 양복소의 말이다. 관점을 탈속의 세계에 설정하고 그곳으로부터 세간법 내를 투시한다는 점에서, 노자·장자·불가의 학은 그들에게 유력한 지주가 될 수 있었다. 그들은 이러한 관점에 의거해서 세간법 내에 경도되고 매몰되는 자신을 구제하고 세간법의 타락을 비판하는 안목을 길렀다. 또한 세간법 내에서 진지한 생을 충족시킬 수 있었다. 이로 인해서 그들은 출가하지 않았으며, 출가할 필요성도 느끼지 않았다. 아니, 출가는 세간법에서 이탈하는 것이라는 점에서 잘못된 것이었다. 그것은 세상을 구제해야 하는 책임을 회피하는 것이며, 동시에 자기 일신만을 아끼는 이기적인 행위이기도 하였다. 본디 그들의 출세 지향은 세간법에 대한 비판 및 이를 혁신하고자 하는 의욕에 뿌리를 두고 있었기 때문에 세간법 밖으로 벗어나는 것은 그들의 출세 지향 그 자체의 뿌리를 스스로 부정하는 꼴이 된다. 세간법 내에 매몰되지 않으면서도 **마땅히 그러해야 할** 세간법 내에서 살아가는 것, 이것이 허구적인 세간법에 대처한 사대부로서의 그들의 유일하고 진지한 삶의 방식이었다. 그들에게 있어 출세와 경세는 이러한 입장에서 볼 때 한가지였으며, 이 때문에 특별히 출세할 필요가 없었다.

이탁오 역시 출세와 경세를 한가지로 간주하였다. 그러나 **그 때문에** 그는 출세하였다. 이미 한가지이므로 특별히 세간법 내에 머물 필요성을 인정하지 않았던 것이다.

양자의 차이는 털끝 정도에 불과한 것 같지만 실제로는 천리의 간격이 있었다. 경정향·초횡·양복소 등은 한편으로는 관점을 장 밖에 설정하면서도 또 다른 한편에서는 자신을 장 안에 두고 그러한 **장 안에서의 존재방식**을 따지고 있었다. 반면에 이탁오는 문자 그대로 장 밖에서 **장 그 자체의 존재 이유**를 따지고 있었다. 이는 전자가 강상의 존재방식을 물은 데 반하여 후자가 강상 그 자체를 문제로 삼았던 것에 대응된다.

이탁오의 이른바 '원대한 식견[遠見]'은 현존하는 질서체계를 통째로 손바닥 위에 올려놓고 이를 세밀하게 음미하려는 듯 거시적이며 또한 현상 파괴적이다.

식견의 장단이라는 기준에서 본다면 남녀의 차별 등은 실로 하찮은 문제가 된다. 물론 그가 여기에서 남녀의 사회적 평등—곧 남녀의 **사회적 존재방식**—을 주장하려는 의도가 있었던 것은 아니다.[63] 그는 그러한 '근대'적 계몽주의자는 결코 아니었다. 그의 출세 지향 혹은 원대한 식견의 지향은 남녀의 사회적 차별은 물론 생리적 차별조차 분별할 여지가 없을 만큼 거시적이며 본질적이었다. 출세의

---

63) 이러한 견해는 용조조(容肇祖)(『李贄年譜』)나 시마다 겐지(『朱子學と陽明學』, 183쪽) 등에 보이지만, 필자는 찬성할 수 없다. "나는 평소 … 눈을 지긋이 감고 수심 어린 교태를 부리며 부녀자의 천한 작태를 하는 사람을 좋아하지 않았다"(『분서』 권4, 豫約, 「早晩守塔」), "어찌 아녀자처럼 구구하게 얽매여 융통성이 없는가?"(『속분서』 권1, 「復劉肖川」), "어찌 똑같이 한결같은 말을 하여 아녀자의 구태를 본뜨고 있는가?"(『속분서』 권1, 「答劉肖川」)라고 말하는 등 그도 한 사람의 대장부였다. 그럼에도 도를 배우는 여인에게는 경의를 아끼지 않았을 만큼, 그만큼 도를 지향하는 그의 마음이 진지하였음을 오히려 여기서 보아야 한다.

그렇지만 도를 배우는 여인 일반에 대한 이탁오의 아낌없는 존경과 사랑은 약간 특별했던 것 같다. 그와 가까이 지내 진상을 꽤 알고 있었을 경정향조차도 "이제 지혜롭고 아리따운 아가씨들이 서로 이탁오를 따르면서 도를 묻고 법에 참여하여 기록을 하고 수좌(首座)라 칭하는 자가 있다고 하니, 이는 마을의 일대 기괴한 일이다"(『경천대문집』 권19, 「書節孝傳」), "탁오가 일찍이 스님들을 이끌고 어떤 과부의 집에 들어가 목욕을 하려다가, 끝내 이 부인으로 하여금 동침하였다는 수모를 당하게 하였다. 사대부들이 매우 유감스럽게 생각하였다"(『분서』 증보1, 「答周柳塘書」에 보임)라고 말하는 등 괴이한 소문을 믿고 있다. 그리하여 화가 난 이탁오는 이것은 "말이 꽤 잡스러운" 현(縣)의 "소문"이라고 하면서, 그러한 사실이 없음을 주류당에게 자세하게 변명하지 않을 수 없는 곤란한 처지에 빠졌다. 하지만 이러한 오해는 도를 배우는 여인을 매우 존경하고 사랑하였기 때문에 생겨난 것이라기보다는 그의 학문이 '정욕이 곧 성명'으로 이해되었고, 더욱이 그 정욕이 비속한 인사들 사이에서는 이탁오가 추구한 인간의 **삶의 의지**가 아니라 오히려 앞에서 보았듯이 "술과 여색을 즐기고 재물을 탐하는[酒色財氣]" 데로 흐르기 쉬운 것이었기 때문에 생겨난 오해였다. 그들이 여기에서 남녀 평등의 지향을 느낄 수 없었던 것은 이 시대로서는 오히려 당연할 것이다.

관점을 통해 경세를 완성하고자 하는 경정향 등에 비해, 이탁오의 출세 관점은 이미 그 자체로서 경세를 초월한 것이었음을 우리는 주목해야 한다.

일체의 기성 질서가 그의 원대한 식견 앞에서는 유한하고 왜소한 세계로 비쳐졌다. 그는 이러한 원대한 식견을 통해서 유구한 성명을 파악하고자 하였다. 그의 '성명'이 기성의 가치체계를 역전시킨 곳에서 전망될 수 있었던 것은 그의 원대한 식견이 무한하고 비길 데 없이 광범위한 경계로 향해 있었기 때문이다. 또한 그의 원대한 식견이 확고하게 성명의 위에 자리잡고 있었던 데에서도 엿볼 수 있듯이, 그는 기존의 세간법을 주저 없이 부정하면서도 동시에 세간법 그 자체에서 이탈하거나 그것의 존재 이유 자체를 무시하지는 않았다. 그는 **그의** 성명의 도에 근거한 진정한 존재 이유를, 그리고 이러한 존재 이유에 근거한 진정한 세간법을 조망하였던 것이다.

이탁오는 "성(性)의 진실을 따라 미루고 넓혀서 천하와 더불어 공(公)을 이룬다. 이를 도(道)라 한다"(『분서』 권1, 「답경중승」)고 하였다. 이때의 '공'이라는 도는, '옷과 밥' 속에서 객관적이고 보편적인 성명이 '공'과 결합할 수 있는 진정한 세간법을 조망하려는 것이었다.

그는 출가를 통해서 사실 누구보다도 진정으로 세간법 속에서 살아갔지만 그의 앞길은 결코 평탄할 수 없었다.

> 중국에서 삶을 누리면서도 중국에서 나를 알아주는 사람 하나 만나지 못한다면, 차라리 변방으로 나가 거닐다가 죽어서 오랑캐 땅의 백골이 되는 편이 낫다고 생각하였다.(『분서』 권2, 「與焦弱侯」)

고 하였고, 그와 같이 고독하고 절망적인 여행길을 달리면서,

> 나보다 뛰어난 벗이나 진정으로 나를 알아줄 수 있는 벗이 있다면, 그곳이 바로 내가 죽을 곳이다. … 벗을 만나지 못한 채 죽는다

면 감옥의 죽음이나 전쟁터의 죽음이 차라리 엿처럼 달다.(『분서』 권2, 「여초약후」)

고 하여 자기보다 뛰어난 벗이나 자기를 알아주는 벗을 죽음의 장소로 삼기 위해 끊임없이 방황하지 않을 수 없었다. 자기보다 뛰어난 벗을 찾는다는 겸양은 동시에 자기보다 뛰어나지 못한 사람은 찾지 않겠다는 오만함이 되어, "그 성품은 편협하고 성급하며, 그 외모는 교만하고 우쭐거린다"(『분서』 권3)고 운운하는 등 심상치 않게 굴절된 「자찬(自贊)」을 쓰는 상황이 되기도 하였다.

그는 끝없이 혼자서 걸어가는 여행길의 적막함을 공자에 가탁하여 스스로를 격려한다.

> 공자 시대에도 이미 사람을 얻지 못하게 된 것을 괴로워하였다. … 이 때문에 70제자 가운데서 찾으려고 하였지만 찾을 수 없게 되자, 다음으로는 3천의 무리에서 찾았고, … 사방을 두루 돌아다니며 찾았으며, 상하 사방에서 찾았지만 끝내 만나지 못하였다. 이에 탄식하면서, "돌아가야지, 돌아가야지! 우리 마을의 어린아이들 가운데 그래도 다듬을 만한 자가 있을 것이다"64)*라고 하였던 것이다.(『분서』 권1, 「與耿司寇告別」)

이탁오의 마음속에 공자는 진지하게 외곬으로 도를 지향한 위대한 성인이었다. 그렇지만 공자의 방황이 어디까지나 '도를 전하기[傳道]' 위한 것이었던 데 반하여, "내가 나보다 뛰어난 벗을 찾아 나선 것은 '도를 밝히기 위한[證道]' 것이었다"고 표현하고 있는 것처럼 공자가 밝혀진 도 위에 안정적이었던 것에 비해 도를 추구한 그의 방황은 문자 그대로 황야에서 길 없는 길을 더듬는 모습과도 같았다. '나보다 뛰어난[勝我]', '자기보다 뛰어난[勝己]' 또는 '나를 알아주는[知我]' 벗이란 단순히 자기보다 뛰어난 사람 혹은 자신을

64)* 『논어』 「공야장(公冶長)」에서 인용한 말이다

이해해 주는 사람을 뜻하는 것이 아니다. 도를 밝힘에 있어서 자신을 때려눕힐 역량이 있는 사람, 상대방을 향해 굽힘없이 달려드는 자신에게 끝까지 맞서 대항하고 나아가서는 새로운 도를 개척하여 앞으로 걸어가는 사람, 굽힘없이 끝없는 도를 혼자서라도 걸어가고, 걸어가는 그 강인한 의지로 자신을 압도하고, 압도함으로써 도를 밝히려는 자신의 의지를 더욱 분발시키는 사람, 그리고 도를 밝히려는 깊고 강렬한 열망에 공감하여 자신을 이해해 주는 사람, 그러한 사람이었다.[65] 이와 같이 숭고한 열망이 도리어 그를 더욱 고독과 절망으로 몰아갔다.

전해야 하는 도는 없다. 밝혀야 하는 도밖에 없다. 아니, 밝혀야 할 도도 없다. 있는 것은 밝히고자 하는 열망뿐이다. 그러나 그것도 결국 도 그 자체는 아니었다.

그렇지만 우리는 이토록 처절한 그의 발걸음의 궤적 속에서 수많은 사상적 소산을 간파할 수 있을 것이다. 도를 추구하여 끊임없이 걸어간 그의 발자국은 마침내 한 가닥 길이 되어 남았던 것이다. 이하에서 그 발걸음의 궤적을 더듬어보기로 하겠다.

---

65) "다만 나의 잘못을 공격하여 들추어낼 수 있다면 이 사람이 곧 나의 스승이다. … 사람이 갈고 닦지 않으면 끝내 사람이 될 수 없다. 내가 와서 벗을 구하는 것은 이름을 구하는 것이 아니며, 내가 와서 도를 구하는 것은 명성과 칭송을 구하는 것이 아니다. … 나는 나에게 잘못이 있는 것을 걱정하지 않고, 나의 잘못이 드러나지 않는 것을 걱정한다"(『분서』, 증보2, 「답경사구」), "세상 사람들은 벗이 스승이 될 수 있음을 모르며, … 스승이 벗이 될 수 있음을 모른다. 무릇 벗으로서 네 번 절하고 학업을 받을 수 없다면 그와는 절대로 벗이 될 수 없다"(『분서』 권2, 「위황안이상인삼수」), "무릇 학문을 하면서도 벗을 구하지 않거나 벗을 구하되 자기보다 나은 사람을 찾지 않는 자는 치욕을 억누르고 고통을 참아내서 천하의 커다란 충고를 달게 받아들이지 못한다. 비록 학문을 좋아한다고 말해도 나는 믿지 않겠다"(『분서』 증보1, 「복경중승」) 등등 그가 얼마나 자기를 알아주고 자기보다 뛰어난 참된 벗을 구하고자 하였는지는 『분서』, 『속분서』를 통해 그 예를 열거할 수 없을 정도이다. 그에게 있어서 벗을 구한다는 것은 동시에 도를 추구하는 것이었다. 그 마음의 깊이는 동시에 그의 고독과 절망감의 깊이였다.

제2장
리관(理觀)의 재생
―'무(無)'에서 '진(眞)'으로

제1절 정리(定理)적 질서관의 파탄

왕용계(王龍溪)의 무선무악론(無善無惡論) /
'무(無)'에서의 '대동(大同)' / 진정한 '시비(是非)'

선도 없고 악도 없는 것이 마음의 본체이며,
선도 있고 악도 있는 것이 의지의 움직임이며,
선을 알고 악을 아는 것이 양지이며,
선을 실천하고 악을 제거하는 것이 격물이다.
無善無惡心之體,
有善有惡意之動,
知善知惡是養知
爲善去惡是格物.

위 왕양명의 사구교(四句敎)에 대해서 그의 고제자의 한 사람인 왕용계(王龍溪)는 다음과 같이 갈파하였다.

> 만약 마음[心]이 선도 없고 악도 없는 마음임을 깨닫는다면,
> 의(意) 역시 선도 없고 악도 없는 의이며,
> 지(知) 역시 선도 없고 악도 없는 지이며,
> 물(物) 역시 선도 없고 악도 없는 물이어야 한다.
> 若悟得心是無善無惡之心,
> 意卽是無善無惡之意,
> 知卽是無善無惡之知,
> 物卽是無善無惡之物. (『龍溪全集』 권1, 「天泉證道紀」)

왕양명이 왕용계의 이 사무설(四無說)이야말로 큰 역량을 지닌 사람[上根人]을 위한 가르침이라고 감격해하였다는 천천교(天泉橋)에서의 일화는 유명하다.

왕용계의 '무(無)'가 이탁오를 포함한 명말 사상계에 던진 파문은 절대 소홀히 할 수 없는 점이 있다.

이를테면 예로부터 성현은 '타고난 도덕적 본성[秉彝之良]'에 의거하여 세상의 도와 인간의 마음을 바르게 하였는데, 이제 선도 없고 악도 없다[無善無惡]고 하면서 이를 말살해 버린다면 그 해가 크지 않겠는가라는 어떤 사람의 질문에 대하여 주여등(周如登)은 다음과 같이 대답하였다.

> 좋은 것을 행하거나 나쁜 것을 행하려는 마음이 없는 것, 이것이 곧 타고난 도덕적 본성이다. … 선에 집착하고 악에 집착하는 것—기성의 '선'과 '악'에 집착하여 거기에 얽매이는 것—은 결국 좋은 것을 행하고 나쁜 것을 행하려는 것인데 이는 참된 것이 아니다. 어리석은 사람을 깨우치고 … 풍속을 바꾸기 위해서는 반드시 선으로 사람을 길러주어야 한다. 선으로 사람을 길러준다는 것은 무선의 선이다[無善之善也]. 미리 선을 설정하고 자기의 선으로 사람을 복종시키고 깨우치고자 한다면 … 사람들은 결코 따르지 않을 것이다. …

무릇 세상에서 학문에 태만한 사람의 결점은 그 자신이 스스로 악을 지니고 있는 데에 있다. 한편 학문에 힘써 노력하는 사람의 결점은 선을 설정하고 거기에 집착하는 데에 있다. 악을 지닌 사람에게는 선을 실천하여 악을 제거하도록 가르쳐서 … 과오를 면하게 하면 된다. 다만 저 선에 집착하는 사람은 모두가 세상에서 말하는 현인이요 군자다. 그들은 본디 스스로 선이 없음을 알지 못하고 함부로 선의 견해를 세워서 이것은 좋고 저것은 나쁘다는 식으로 편리한 대로 취사선택한다. 뜻을 성실히 한다고 말하지만, 뜻은 실로 성실해질 수 없다.(『東越證學錄』 권1, 「南都會語」)

그는 한 걸음 더 나아가 "무선(無善)이란 선에 집착함이 없는 마음이다. 선하면 헛되지 않다"(『동월증학록』 권7, 「立命文序」)고도 말하였다.

이른바 무선무악은 '무악'보다는 '무선'에 그 강조점이 두어지고, 작위적으로 '선'을 행하거나 '선'에 집착하지 않는 것이 무선으로 이해되고 있다. 그리하여 여기에서는 기성의 선의 선험적인 정립을 거부하고 지금 당장 갖추어져 있는 자연본래(自然本來)를 작위나 집착 없이 정립하고자 하는 지향이 명확하게 나타나고 있다. 특히 선으로 사람을 길러주는 것이 '무선(無善)의 선', 자기의 선을 가지고 사람을 복종시키는 것이 '유선(有善)의 선'이라고 하는 사고는 불철저한 측면이 있기는 하지만 앞에서 보았던 자백 달관의 위상의 역전을 방불케 한다는 점에서 가장 명말적인 지향이라고 할 수 있다. 즉 이미 보았던 것처럼 이탁오는,

무릇 인간은 본디 지극히 살아 움직인다[人本至活]. 그러므로 그 선은 지극한 선이 된다[其善爲至善]. … 지극한 선이란 선도 없고 불선도 없음을 말한다. 오직 선도 없고 불선도 없어야 지극한 선이 된다. … 만일 특정한 설에 집착하면, … 이는 하나에 집착하는 것이다. 하나에 집착하면 도를 해치게 된다.(『藏書』 권32, 德業儒臣, 「孟軻」)

고 하여 선이 없는 지극한 선은 지극히 살아 움직인다고 단정하고,

> 무릇 천하에 사람과 사물[民物]은 수없이 많다. 이 모든 것들이 내가 정한 특정한 이치[吾之條理]에 따라 움직이기를 바란다면, 천지신명이라도 그렇게는 할 수 없는 일이다. 그러므로 추위는 아교를 부러뜨릴 수는 있지만 이익과 봉록을 추구하는 사람을 억누를 수 없고, 더운 열기는 쇠도 녹일 수는 있지만 명예와 이익을 좇는 사람을 굴복시킬 수는 없다. 왜 그런가? 부귀영달은 타고난 우리의 오관(五官)을 만족시켜 주기 때문이다. 이를 추구하는 것은 자연스런 추세이다.(『焚書』 권1, 「答耿中丞」)

라고 하여, 선에 집착하지 않고 지극히 살아 움직이는 '사람과 사물'에게 작위적인 선으로 하나에 집착하는 '특정한 이치[吾之條理]'를 강제하는 것을 철저하게 배격하는 관점을 확립하고자 하였다.

이상으로 우리는 '무선무악'이 **명말적인 특색을 띠면서** 구극화되고, 그 파문이 **명말적인 특색을 띠면서** 실체화되는 양상을 살펴보았다. 그렇다면 왕용계의 '무'는 도대체 어떠한 것일까?

"양지(良知)에는 지(知)가 없으니, 그러한 뒤에 시비를 알 수 있다. 무(無)란 성인 학문의 근본이다"(『용계전집』 권8, 「艮止精一之旨」)라고 그 자신도 단언하고 있듯이 용계의 사상 속에서 '무'가 차지하는 막대한 비중을 엿볼 수 있다. 물론 용계 스스로가 "무에 집착하는 것을 침공(沈空)이라 하고, 유에 집착하는 것을 축물(逐物)이라 한다"(『용계전집』 권8, 「간지정일지지」)고도 하였던 것처럼, 그의 '무'가 완공(頑空)[66)*]에 구애되는 이승(二乘)의 단견(斷見)과 무관하다는 것은 말할 나위도 없다.

> 무릇 미발의 중[未發之中][67)*]은 태허(太虛)의 본체이니, 곳에 따라

66)* 완공(頑空): 공에 집착하여 본래면목에서 이탈된 공.
67)* 미발의 중[未發之中]: 감정이 아직 드러나기 이전의 중. 중은 치우치거나

충만하여 안과 밖이 없다. 발하여 절도에 맞는 것, 이것이야말로 미발의 중[未發之中]이다. 만약 중(中)을 중답게 하는 곳에 별도로 본체를 설정하여 이발(已發)과 서로 대립시킨다면, 이것이야말로 실로 이원론이다. 양지가 옳음을 알고 그름을 아는 것은 양지에 본디 옳음도 없고 그름도 없어서 바야흐로 진정한 시비의 의리를 드러낼 수 있기 때문이다. 이를 옳음도 없고 그름도 없는 가운데에서 나오는 것이라고 관념적으로 생각해서는 안 된다.(『용계전집』 권10, 「答耿楚侗」)

왕용계는 위와 같이 그의 '무'가 완공과 다름을 서술하고 미발과 이발을 곧바로 하나로 간주하였다.

또한 왕용계는 다음과 같이 말한다.

미발의 중은 이발과 대비시켜서 말한 것이 아니다. 사물에 감응하는 즉시 고요해진다. 고요한 뒤에 비로소 사물과의 감응이 생겨나는 것이 아니다.(『용계전집』 권8, 「中庸首章解義」)

고요하면서도 깨어 있지 못하면 적멸(寂滅)에 빠지고, … 깨어 있으면서도 고요하지 못하면 용지(用智)로 흐른다. … 항상 고요하고 항상 깨어 있는 것이 성인 학문의 커다란 전체이다. 양지는 옳음을 알고 그름을 알지만 사실 옳음도 없고 그름도 없다. 이 옳음도 없고 그름도 없는 것이 곧 이른바 고요함[靜]이요, 옳음을 알고 그름을 아는 것이 곧 이른바 깨어 있음[惺]이다. 이를 해와 달의 밝음에 비유한다면, 둥글고 맑으며 텅 비고 환하여서 가리움이 없는 것이 고요함의 본체이며, 빛나고 빛나 환하게 막힘이 없는 것이 깨어 있음의 작용이다. 텅 비움으로써 변화에 적응하여 전요(典要)68)* 에 얽매이지 않으며, 고요함으로써 느낌에 통하여 사위(思爲)69)* 에 빠지지 않는다. 이렇게 항상 고요하고 항상 깨어 있는 것이 바로 천년 성인의 학맥

기울지 않은 상태.

68)* 전요(典要): 항상 변하지 않는 준칙. 여기에서는 그것이 고정화되고 권위화되는 것을 뜻함.

69)* 사위(思爲): 작위적인 생각과 행위.

이다.(『용계전집』 권17, 「惺臺說」)

용계는 이렇게 '무'는 고요함 · 비움 혹은 미발이며, 동시에 그것이 깨어 있음 · 변화 · 감응 혹은 이발과 서로 융합되어 관통하는 이치임을 되풀이하여 서술하고 있다.

용계는 이와 같이 미발을 이발의 심층에 설정하는 '정적인 송학적 리'를 배척하면서 동적인 인간상과 사회상 속에서 리의 발현을 관찰하고 모색하였다. 그렇지만 동시에 그는 인간사회의 현재상에 매몰되어 세간법 내의 사위(思爲)에 집착하고 탐닉하는 경향도 엄격하게 배제하였다.

용계에 의하면, "옳고 그름을 따지는 것도 분별의 상(相)[70)*]이다. 양지에는 본디 지가 없어[無知] 분별의 뜻을 일으키지 않는다. 이것이 바로 진정한 시비"(『용계전집』 권7, 「龍南山居會語」)이며, 온갖 분별—용계의 표현을 빌면, '사위(思爲) · 문견(聞見) · 의견(意見) · 지식(知識) · 지해(知解) · 전요(典要) · 격투(格套) · 명의(名義)' 등등—을 일체 떨쳐버린, 선도 없고 악도 없는 또는 옳음도 없고 그름도 없는 경계—곧 기성의 외재하는 질서관념을 완전히 무너뜨린 진정한 인간 자유의 경계—에서만이 막힘없이 관통하는 지극한 선 또는 진정한 시비가 자유롭게 살아 움직인다고 한다.

그렇지만 이러한 "지극한 선은 마음의 본체이며, 마음의 본체는 본디 바른 것"이므로, "마음을 바로잡고자 하면 그 순간 곧바로 정심(正心)이라는 병폐가 생겨난다."(『용계전집』 권6, 「致知議辨」) 더욱이 "마음에는 본디 악이 없다. … 비록 선한 뜻을 일으켰다 해도 그것은 이미 본심을 떠난 것"(『용계전집』 권5, 「慈湖精舍會語」)이라고 하였다. 이렇게까지 말하면 그가 지향하는 바가 선가(禪家)의 '선도 생각하지 않고 악도 생각하지 않음[不思善不思惡]'과 거의 같

70)* 상(相): '성(性)의 상대어로서 모든 사물의 밖으로 드러나는 형상이나 상태를 가리키는 불교용어.

다고 생각하지 않을 수 없게 된다.

사실 어떤 사람은, "만일 '선도 없고 악도 없다'고 하거나 또 '선도 생각하지 않고 악도 생각하지 않는다'고 한다면 망연히 단서가 없어진다. 심지어는 스스로 확신하고 스스로 옳다고 여기게 되어, 망령된 생각에서 발하는 것을 모두 양지라고 하면서 인욕을 방자하게 할 것이다. 그리하여 천리가 사라질 것이다"라고 지적하였다. 이 말은 용계의 '무'가 자신만의 확신과 판단에 내맡겨질 위험성을 지적한 것이었다. 이에 대해서 용계는 아래와 같이 답하였다.

> 양지는 진실로 절실한 것이어서 작위의 여지가 없다. … 선도 생각하지 않고 악도 생각하지 않음으로써 양지는 옳음을 알고 그름을 알아 선과 악이 저절로 변별된다. 이것이 바로 본래면목이다. 무슨 선과 악을 생각할 것이 있겠는가? 망연히 단서가 없다고 할 수 있는 것이 아니다.(『용계전집』 권5, 「雲門問答」)

또 한 걸음 나아가서, "혜능이 '선도 생각하지 않고 악도 생각하지 않는다'고 한 것은 자유롭고 자재로운 생각이다. 이것이 바로 상승(上乘)의 학이요 불이(不二)의 법문이다"(『용계전집』 권3, 「答南明汪子問」)라고 하여 선가와의 교류를 굳이 숨기려 하지 않았다.

그러나 그 스스로 '무'를 **성인 학문의 근본**으로 단정하였듯이, 용계는 자신이 '무'로 인해서 불교의 땅으로 들어갔다고는 생각하지 않았다.

> 우리 유교에서도 일찍이 허(虛)와 적(寂)을 말하지 않은 것은 아니다. … 이것은 옛 성인들이 서로 전한 비장(秘藏)이기도 하다. … 성인의 학이 밝지 못한 이래, 후세 유자는 도리어 이 옛 성인의 정밀한 뜻을 불교에 넘겨주고 말았다. 조금이라도 공적(空寂)에 대해 언급하면 곧바로 이단의 학이라 하여 인정하려고 하지 않았다. 불가에서 말하는 바는 본디 우리 유가의 큰길임을 모르는 것이다!(『용계전집』 권1, 「三山麗澤錄」)

왕용계는 오히려 위와 같이 불가의 땅을 유가의 큰길[大路]로 인식하였고, 심지어 불교를 유교의 경계로 끌어들이려고까지 하였다.

이렇게 보면 유·불의 경계는 이미 없는 것이나 마찬가지다. 그것은 왕용계 자신에게도 하나의 고심이었던 것 같다. 그는 다음과 같이 술회한다.

> 노·불의 학은 비록 우리 유가의 학과 털끝만큼의 차이는 있지만, 그 정밀한 뜻과 치밀한 증거는 뿌리가 매우 깊어서 결코 경솔하게 논할 수 없다. 그래서 이들에 관한 질문을 받게 되면, 나는 대부분의 경우 대답을 하지 못한다. 우선 먼저 우리 유가의 바르고 곧은 한 길[吾儒正經一路]을 이해해야 한다. 이리하여 철저하게 깨닫게 되었을 때, 그 털끝만한 차이도 저절로 묵묵히 알 수 있게 된다. 말과 생각으로 변별할 수 있는 것이 아니다.(『용계전집』 권16, 「水西別言」)

'우리 유가의 바르고 곧은 한 길'은 어떠한 경계를 통과해야 하는가? 그것은 통과해 보아야 비로소 알 수 있다. 어떠한 경계이든 통과하였다면 바르고 곧은, 즉 진실한 대도(大道)로 삼을 뿐 외양 따위는 마음에 두지 않는 도에의 지향 끝에 그의 '무'는 조망되고 있었다. 그만큼 그것은 고뇌로 가득 찬 경계이며 실로 말이나 생각으로 변별할 수 있는 것이 아니었다.

그렇지만 무선무악이 시비선악의 분별상을 벗어 던지고 즉시로 본래면목을 드러내어, 그리하여 앞에서 서술한 명말적 양상을 도래케 하였는가 하면 반드시 그렇다고 말할 수는 없다. 용계의 '무'를 이러한 측면에서만 본다면 사실 편파적이라는 비난을 면할 수 없다. 그렇게만 본다면 무엇보다도 용계가 어떠한 고뇌를 하였든지간에 결국 그는 불교의 땅으로 들어간 사람에 지나지 않았다는 결과가 되기 때문이다. 용계의 '무'는 그렇게 단순한 것이 아니었다.

> 이른바 "자기를 버리고 남을 따른다[舍己從人]"는 말은 단순히 악

이 있어야 비로소 버린다는 의미가 아니라 '선'이 있어도 이것마저 버린다는 뜻이다. 실로 자기를 잊는[忘己] 학이다. … 조금이라도 자기는 옳고 남은 잘못되었다고 생각한다면, 이것은 결국 자신에 집착하는 사사로움으로써 대동(大同)을 보여주는 것이 아니다.(『용계전집』 권11, 「여왕주담」)

위와 같이 말하는 것을 보면, 그의 무선무악이 단순히 개인의 본래면목으로 귀결되는 것이 아니라 실로 '유가의 바르고 곧은 한 길'로 귀결되는 것이었음을 상상할 수 있다.

여기서 용계의 언급들을 살펴보기로 하자.

양지(良知)는 본디 비어 있으니, 천기(天機)가 항상 살아 움직인다. … 치지(致知)의 공부는 다만 그 천기에 순응할 뿐이다.(『용계전집』 권14, 「松原晤語壽念菴羅丈」)

사물이 있으면 법칙이 있으니, 양지란 천연의 법칙이며 물(物)이란 인륜과 사물이 감응하는 자취이다.(위의 책 권7, 「新安斗山書院會語」)

치양지(致良知)의 공부는 구속도 받지 않고 방종으로 달리지도 않아서 저절로 천칙(天則)이 있다.(위의 책 권7, 「南遊會記」)

격물(格物)이란 이 양지의 천칙을 사물마다에 이루는 것이다.(위의 책 권6, 「致知議辨)

옳음도 없고 그름도 없는 양지에서의 진정한 시비는 선도 생각하지 않고 악도 생각하지 않는 불교적인 본래면목(本來面目=空) 속에 존재하는 것이 아니라 사실은 활발하게 살아 움직이는 **천기** 또는 **천칙** 속에 존재하는 것임을 여기서 예상할 수 있다.

노자와 불교는 허무와 적멸에 빠져들어 그것을 굳게 지킨다. 이는 이단이다. 생각도 없고 작위도 없으면서 천하의 일에 통한다. 이것이 양지에서의 허무와 적멸이다. 전상(典常)을 굳게 지키는 세상 유자들은 구속되고 얽매어 있다. 사물이 있으면 법칙이 있어서 변화에 적응할 수 있다. 이것이 양지에서의 전요(典要)다. 대체로 그 요체를 얻으면 냄새나고 부패한 것도 신기한 것으로 변화하고, 그 요체를 얻지 못하면 신기한 것도 냄새나고 부패한 것으로 변화한다.(『용계전집』 권13, 「陽明先生年譜序」)

그렇다면 요체를 얻는다는 것은 어떠한 것일까? 용계는 다음과 같이 말한다.

양지란 본심의 신령스러움이니, 지극히 비워져 있어 고요하다. … 세상의 유자들은 그 마음을 스스로 믿지 못하고, 도리어 양지는 허(虛)에 의지하고 적(寂)에 정체되어 천하의 변화를 다할 수 없는 것이 아닌가 하고 의심한다. 그 결과 전요에 구애되고 사위에 빠져버린다. … 그렇지만 오늘날 치지(致知)의 학은 일찍이 전요를 버린 적도 없으며 사위를 폐한 적도 없다. … 자취에 얽매이지 않고 천칙(天則)이 저절로 드러나는 것, 이것이 진정한 전요다. 뜻을 일으키지 않고 천기가 저절로 움직이는 것, 이것이 진정한 사위다.(『용계전집』 권15, 「自訟問答」)

기성의 전요·사위에 얽매이지 않고, 단지 멈출 수 없는 신령스러운 본심(=양지)의 작용 바로 거기에서 천칙은 저절로 드러나고 천기는 저절로 움직인다. 저절로 그렇게 되는 천칙·천기가 바로 진정한 전요·사위, 즉 진정한 이치이며 진정한 질서윤리임을 명료히 한다.

용계가 말하는 '무' 혹은 '허·적'은 기성의 전요·사위 등을 배척하고 단숨에 자유롭게 존재하고 자유롭게 움직이는 **천칙과** 관통한다. 천칙과 관통하는 곳에서만 배울 필요도 없고 생각할 필요도 없는 양지의 자유롭고 활발한 작용이 비로소 충족되는 것이다. 그렇다면 천칙은 어떻게 양지로 관통하는 것일까?

용계는 "양지는 곧 천명의 성이다. 양지 두 글자는 성명의 근본이다"(『용계전집』 권6, 「致知議略」)라고 하였다. 여기서 말하는 천명의 성[天命之性]은 송학에서 말하는 본연의 성 또는 의리의 성이 아니라, "성은 마음의 **생생한** 이치이니 기질을 떠나서는 성이라 이름할 수 없다"(『용계전집』 권1, 「撫州擬峴台會語」)고 한 것처럼 **기질**과 본연을 일체화한 것이라기보다 오히려 송학에서 말하는 기질의 성에 더욱 가깝다.

> 성(性)은 마음의 생기(生機)이며, 명(命)은 마음의 천칙(天則)이다. … 명을 세우는 것[立命]이 성을 다하는[盡性] 까닭이니, 만일 그 성을 제멋대로 하여 절제할 줄 모른다면 천칙이 무너져버린다. 이는 욕망을 성으로 인식하여 천명의 성을 모르는 것이다. … 성을 다하는 것이 명을 세우는 까닭이니, 만일 명을 추종할 뿐 성으로 돌아갈 줄 모른다면 생기가 꺼져버린다. 이는 수(數; 여기서는 전후 관계에서 볼 때 인의예지 등의 규범 혹은 그 범주를 가리키는 것으로 보아도 좋다)를 명으로 인식하여 천성의 명을 모르는 것이다.(『용계전집』 권3, 「書累語簡端錄」)

인용문에서 말하는 '명으로서의 천칙'은 성이 방종으로 흘러가지 않도록 하거나 선험적인 잣대로 성에 제한을 가하는 것을 가리키는 것이 아니라 본래의 이치 상에서 그 성의 자연을 다하게 하는 것을 가리킨다. 제1장 제1절에서 살펴보았듯이, 이렇게 자연과 본래가 혼연일체로 약동하여 흘러넘치는 양상이 바로 천칙이 관통하는 가운데 양지가 자유롭게 살아 움직이고 자유롭게 존재하는 양상이다. 그렇다면 이른바 성의 자연을 다하는 본래의 이치란 어떠한 것일까? 그것은 만물일체의 인(仁)이다.

지극한 선이란 마음의 본체이며, 천명의 성은 순수하여 욕망이 없다. 그 텅 비어서 신령한 것은 모두 지극한 선의 발현이다. … 마음의 본체는 본디 지극히 선하여 욕망이 없다.(『용계전집』 권8, 「大學首章解義」)

천명이란 무욕의 본체이니, … 성인은 욕망이 없어 하늘과 한 몸이다. 막히고 가리움도 없으며 오염되는 바도 없어 본성 그대로 행하여도 도가 아님이 없다.(『용계전집』 권8, 「中庸首章解義」)

무욕이란 무아(無我)이다. 천지만물은 본디 나와 한 몸이니, 내가 아님이 없다.(『용계전집』 권13, 「賀中丞新源公武功告成序」)

욕망이 없는 것을 인(仁)이라고 한다. … 욕망이 없어야 비로소 탐욕스럽지 않을 수 있으며, 탐욕스럽지 않아야 만물과 일체가 될 수 있다. 일체란 마음의 밝은 깨달음이니, 그 작용은 저절로 멈출 수 없는 것이어서 억지로 하여 그렇게 되는 것이 아니다. … 억지로 하면 인이 아니다. 무릇 멈출 수 없는 것[不容已]이 인의 본체이다.(『용계전집』 권15, 「書耿子健冬遊記後語」)

여기서 말하는 '무욕'이라 할 때의 '욕'은 이른바 형이하학적인 욕망 일반을 가리키는 것은 아니다. 이미 제1절에서 보았던 것처럼 "음식을 달게 여기고 여색을 좋아하는 것은 인간이 욕망하는 바로서, 이것은 본성[性]이다"(『용계전집』 권9, 「性命合一說」)라고 하여, 용계는 음식과 남녀관계[食色] 등의 개체 욕구를 성에 포함시켜 용인하고 있다. 따라서 결코 그가 형이하학적인 욕망의 부정 위에서 지극한 선이나 만물일체의 인을 조망한 것은 아니었다. 여기서의 욕망은 말하자면 인위적인 욕망 또는 계교 분별의 욕망이다. 이를테면 한편으로는 '선'을 행하고자 하는 욕망, 즉 기성의 질서관념 내에서의 명예욕이나 그 밖의 세간적인 욕망이며, 또 다른 한편으로는 '선'을 하지 않으려는 욕망, 즉 기성의 질서관념으로부터 벗어난 능탈·탐욕 등 반(反)세간적인 욕망이다. 따라서 용계가 말하는 무욕은 무선무악을 주체의 측면에서 바꾸어 표현한 것이라고 할 수 있다.

여기서 우리는 용계 사상의 대강을 다음과 같이 정리할 수 있다. 즉 선도 없고 악도 없는 지극한 선 혹은 천명은 '무(無)'를 매개로 하여 천지만물과 일체가 된다. 그리하여 만물일체의 인으로 살아가는 것이 본래의 이치, 즉 천칙의 자연으로 살아가는 것으로 파악된다.

시마다 겐지도 이미 지적하였듯이 '만물일체의 인'이라는 논제는 정명도(程明道)에서 시작된 것으로, 이후 왕양명도 이를 양지와 연관시켜 자주 언급하였다.[71] 그런데 용계의 '만물일체의 인'이 '무선무악'을 그 핵심으로 하고 있다는 점에서, 양명의 그것과는 약간 양상을 달리한다. 우리는 이 점을 소홀히 해서는 안 된다.

이른바 무선무악은 앞에서 보았던 것처럼 선을 실천하여 악을 제거함[爲善去惡]·선을 알고 악을 앎[知善知惡]의 세간적인 분별을 파괴한다. 더욱이 그것은 위선(爲善)·지선(知善)의 배제, 즉 기성의 질서로부터 출발하는 것이 아니라 현재의 자기로부터 출발하여 자기의 자연 속에서 곧바로 본래성을 보고자 하는 것이었다. 양명도 용계의 사무설(四無說)을 용인하기는 하였지만, 그러나 그것은 양명 스스로도 말한 것처럼 큰 역량을 지닌 사람에 한정된 것이었다. 일반적으로 말한다면, 양명의 양지가 위선(爲善)·지선(知善)의 틀 안에 있었음은 천천교에서의 그의 현실적 판단에 근거하여 내린 결정에서도 분명하게 보이는 바이다. 따라서 양명의 '만물일체의 인'은 사

71) 島田虔次, 「中國近世の主觀唯心論について—萬物一體の仁の思想」(『東方學報』 28호, 京都, 1958) 및 『朱子學と陽明學』 제3장 참조. 시마다 겐지는 특히 전자의 논문에서, 객관 유심론이 주관 유심론에 비해 더욱 진보적인 것으로 간주하는 중국 학자의 연구방법에 이의를 제기하면서, 중국사상의 전개는 오히려 이와 반대이며, 그리고 이러한 진보적인 성격의 주관 유심론은 만물일체의 인 사상과 밀접한 관련을 맺고 있다는 점 등을 논술하고 있다.

실상 사단의 마음을 확충하는 것이며, 그가 말하는 '대동(大同)'(『전습록』 권中, 「答聶文蔚」) 역시 이러한 인을 매듭점으로 하는 것이었다. 따라서 유선(有善)을 떨쳐버리고 망기(忘己)로 매듭짓는 용계의 '대동'과는 결코 동일선상에서 논할 수 없다. 즉 용계의 만물일체의 인은 무선무악·무시무비(無是無非)에 의해서 일체 기성의 시비선악에서 벗어나고, 거기에서 드러난 인간자연의 실체—하지만 아직 이 자연은 우변에 효제의 정을 설정하고, 좌변에도 기껏해야 개체의 생리적·본능적인 정욕만을 끼고 있는 정의 자연이다—를 뿌리로 삼는 것이었다. 앞 절에서 보았던 명말의 위상 역전을 일찍부터 조망하고 있는 점에서, 용계는 양명 양지학의 가장 선구적인 계승자라 칭할 수 있다.

이와 같이 '무'를 매듭점으로 하는 '대동'에서 볼 때 자기를 옳다고 여기는 것은 자신에 집착하는 사사로움, 즉 정해진 이치[定理]에 집착하는 자기만의 견해[我見]의 독선으로 비난받게 된다. 기성의 정리적 분별을 깨끗이 벗어버린 후의 실존적 실체에 뿌리를 둔다면, 이 실체로부터 유리된 추상적이고 초월적인 시비 판단은 모두 정리(定理)적 아견(我見)에 사로잡힌 주관적 편집(偏執)에 지나지 않는다.

즉 용계의 '선도 없고 악도 없음'은 선가(禪家)의 '선도 생각하지 않고 악도 생각하지 않음'과는 다르다. 후자는 단순히 본디부터 갖추어져 있는 본래면목을 개인적으로 드러내려 할 뿐이었다. 이에 반하여 전자는 망기(忘己)를 통해서 모든 인간의 '대동'을 횡적으로 체현하고 이러한 모든 인간의 대동의 상태를 만물일체의 인의 실현 또는 천칙의 자연태로 보려 하였다. 용계의 '무'의 특징은 이러한 '망기' 위에서 집약된다고 해도 결코 지나친 말이 아니다.[72] 이 '망

72) 이탁오도 그의 「용계선생문록초서(龍溪先生文錄抄序)」(『분서』 권4)에서 "선생은 어려서부터 늙을 때까지 한결같이 온화하고 부드러워 **대동무아(大同無我)**하였으며 신기함을 좋아하는 행동이 없었다"고 기록하고 있다. 그의 '무아'가 곧 '대동'임을 잘 보여주는 예라 하겠다.

기'를 감각적으로 그리고 산문적으로 표현해 낸 것이 왕심재의 「추선부(鰍鱔賦)」이다.

도인이 한가로이 시장을 거닐다가 우연히 어느 가게 앞에서 옹기 속에 들어 있는 뱀장어를 보았다. 서로 포개지고 뒤엉켜 있어 마치 죽은 듯하였다. 그런데 미꾸라지 한 마리가 갑자기 그 틈을 비집고 나와 이리저리 쉼 없이 돌아다니고 끊임없이 모양새를 바꾸니, 마치 신룡(神龍)과도 같았다. 그러자 뱀장어들은 그 미꾸라지에 의해서 몸을 움직이고 기가 통하게 되어 생기를 되찾을 수 있었다. 이렇게 뱀장어가 몸을 움직이고 기가 통해서 생명을 보존할 수 있게 된 것은 모두 미꾸라지의 공덕이었다. 그렇지만 그것은 동시에 미꾸라지의 즐거움이기도 하였다. 미꾸라지가 전적으로 뱀장어들을 불쌍하게 여겨서 그렇게 한 것도 아니었으며, 뱀장어들의 보은을 바라고 그렇게 한 것도 아니었다. 미꾸라지는 스스로 자신의 본성에 따른 것[率性]에 지나지 않았다. 여기에서 도인은 느끼는 바가 있어 크게 탄식하면서, "나와 세상사람들이 천지 사이에서 함께 살아가는 것은 미꾸라지와 뱀장어가 이 옹기 속에서 함께 생육하는 것과 같은 것은 아닐까? '대장부는 천지만물을 일체로 삼고, 천지를 위해 마음을 세우며 생민(生民)을 위해 명을 세운다'고 들었다. 바로 이와 같은 모습을 두고 한 말이 아니겠는가?"라고 하였다.(『심재왕선생문집』 권4)

용계의 **자기 잊음[忘己]**은 이 이야기 속의 미꾸라지의 **본성에 따름[率性]**과 아주 잘 대응된다. 미꾸라지는 '선'을 행하려는 의식도 없으며 시비의 분별도 없다. 다만 자기의 자연 그대로의 본성에 따르고 그 멈출 수 없는 생명의 의지에 따랐을 뿐이었다. 남과 나의 분별을 잊은 그 자연스런 생명의 의지로 옹기 속의 대동이 실현된 것이다.

왕심재는 "양지란 진실하여 망령됨이 없음을 말하니, 저절로 옳음과 그름을 분별할 수 있다"(『심재왕선생전집』 권4, 「奉緒山先生書」), "조금이라도 뜻이 생겨나면 곧 사사로운 마음이다", "무릇 인위에 관련된 것은 모두 작위이다. 그러므로 위(僞)라는 글자는 인(人)을 따르고 위(爲)를 따른다", "마음의 본체는 본디 털끝만큼의 뜻이나 생각이 있을 수 없는 것이다. 조금이라도 뜻하고 생각한다면 … 어떻게 바른 마음이라 할 수 있겠는가?"(『심재왕선생전집』 권3, 어록)라고 하였다. 이러한 언급들은 배울 필요도 없고 생각할 필요도 없는 양지의 즉시성을 드러내고자 한 것이었다. 그렇지만,

> 천리란 본디부터 저절로 갖추어져 있는 이치이며, 양지란 생각할 필요도 없이 알 수 있고 배울 필요도 없이 실천할 수 있는 것이다. 오직 생각할 필요도 없이 알 수 있고 배울 필요도 없이 실천할 수 있으므로 본디부터 저절로 갖추어져 있는 이치가 될 수 있다. 본디부터 저절로 갖추어져 있는 이치이므로 생각할 필요도 없이 알 수 있고 배울 필요도 없이 실천할 수 있다.(『심재왕선생전집』 권3, 「天理良知說答甘泉書院諸友」)

라고 하였듯이, '배울 필요도 없고 생각할 필요도 없음'의 즉시성은 동시에 리(理)의 천연자유성(天然自有性)73)*과 교류한다. 여기서 우리들은 '무선무악'의 즉시성을 곧바로 '천칙의 자연'과 합류시키는 용계의 사유구조를 다시 한 번 확인하게 된다.

왕심재에게 있어 미꾸라지의 의의는 선을 실천하고자 하는 의식도 없이 그대로의 본성에 따랐던 데에 있는 것이 아니라, 본성에 따름으로써 비로소 선험적으로 갖추어져 있는 이치를 드러낸 데에 있다.74)

---

73)* 천연자유성(天然自有性): 선험적으로 저절로 갖추어져 있는 것.

74) 시마다 겐지는 이 일화에 대하여, "다만 '내(內)'인 자기의 본성 그대로 움직여서 종횡으로 자재하고 한없이 쾌락한 것이다. 그러나 그것은 또한 '외(外)'인 일체 타자의 비참함을 구제하는 것이기도 하였다. 그와 같은 절대적 주체로서의 달인(達人), 자유인(自由人)이 바로 대장부(大丈夫)이다", "대장부는 천지만물을 일체로 삼아 천지를 위해 마음을 세우고 생민을 위해 명을 세운다"(『中國における近代思惟の挫折』, 93～95쪽)고 하였으며, 또한 "뛰어난 사람[英靈漢]의 '사명관·전도 의식'을 여기에서 볼 수 있다"(『朱子學と陽明學』, 154～155쪽)고 하였다.

이 점은 용계의 '무'가 선가의 그것과 어떻게 변별될 수 있는가에 대한 하나의 단서를 제공해 줄 것이다.

여기서 왕용계가 유·불을 어떻게 변별하였는가 하는 문제가 남지만, 이에 앞서 먼저 일본의 중국사상 연구자는 도대체 어떠한 관점으로 유·불을 변별해야 하는가를 다루어 보기로 하겠다.

적어도 청말까지 중국의 사상적 정통은 거의 일관되게 유가측에 있었으며, 그것은 지배권력에 의해 체제적으로 보증되기도 하였다. 이를 반영하듯이 불교(노장도 포함하여)에 대한 중국 유자의 변별의식은 거의 적의에 가까웠다. 이러한 의식이 적지 않게 일본의 중국사상 연구자에게까지 영향을 끼쳤다.

이러한 의식의 투영으로 인해서, 예를 들어 용계의 '무'를 불교사상의 **유입**으로 파악하거나 같은 견지에서 이탁오를 삼교**합일**론자로 파악하지 않을 수 없었다.

유교와 불교는 서로 용납될 수 없는 이질적인 사상이라는 전제가 깔려 있었던 것이다. 이러한 전제를 더욱 파고들어가게 되면, 유교가 중국 고유의 것인 데 반하여 불교는 중국에 있어서 외래적인 것이라는 전제에 다다른다. 여기까지 다다르게 되면 무엇이 이질적인 것인가 하는 의문조차 일체 사상되어, 말하자면 판단정지가 된다.

그렇지만 이미 많은 사람들이 지적하였던 것처럼, 이를테면 송학의 성립은 불교와 노장 사상의 도입 없이는 도저히 생각할 수 없다. 무릇 이를 유교의 고유 영역 속에 불교와 노장을 도입하였다고 하는

확실히 여기서 우리는 양명과 마찬가지로 사대부의 주체적 의식의 앙양을 엿볼 수 있다. 그러나 '만물일체의 인'은 단순히 이에 머물지 않는다. 주관적이기는 하지만, 그것은 사대부가 백성을 자기와 동일 평면상에 횡렬로 올려 놓은 후 전체의 생존을 지향하는, 말하자면 전존지향(全存志向)의 측면에서도 평가할 필요가 있다. 또한 그 경우, 이 '망기적 일체'는 사대부의 '정해진 이치[定理]'를 배척하고 따라서 민의 주체를 용인한 바탕 위에서 이뤄지는 것이라는 점에서 정명도의 만물일체의 인을 초월하는 것이다.

유교 일원적인 언사로는 도저히 다 설명될 수 없을 만큼, 불교와 노장은 송학의 체계 속에 커다란 골격으로 존재하였다. 이기(理氣)에 의해서 인간을 포함한 우주만물을 통합적으로 파악하려는 이 장대한 세계관은 유학의 체계화라기보다는 중국사상의 체계화라고 해야 한다. 이때의 중국사상이란 말할 나위도 없이 중국에 현실적으로 존재하였던 유교·노장·불교를 포함한다. 이렇게 체계화된 세계관을 구축할 수 있었음에도, 명대에 이르러 새삼 양명학에 의해 재편될 수밖에 없었던 것은 송대 리관이 명대 리얼리즘에 적응할 수 없었기 때문이다. 역으로 양명학이 명대 중기에 주된 조류가 될 수 있었던 것은, 그것이 이 시대의 역사적 리얼리티에 가장 잘 적응할 수 있었음을 반영한다. 리가 모든 사람에게 선험적으로 갖추어져 있음을 주장하는 양지학의 출현은 리를 명대인의 현실에 적응시키고자 하는 명대의 모색을 표현한다. 그 배울 필요도 없고 생각할 필요도 없이 리가 곧바로 갖추어져 있다는 양명학의 주장에 대해 이를 불교사상의 도입으로 보는 견해는, 그와 같은 주장을 통해 명대 리관을 소생케 하였다고 보는 관점 앞에서는 오히려 부차적인 것이 된다.

결국 양명학의 출현은 불교의 재도입이라든가 유교의 재승리라는 교파적 관점이 아니라 송대에 대한 명대 리관의 확립이라는 역사적 관점에서 평가되어야 한다. 이는 앞서 언급한 의미에서 **중국사상의** 명대적 전개를 보여주는 것이다.

여기서 중요한 것은 송학에서 양명학으로의 전개는 이기(理氣) 세계관의 틀 내에서의 전개이며, 송대에 구축된 이러한 세계관은 리관의 갱생에 의해서 명대에 생생하게 소생되었다는 점이다.

그러나 명대 리관(理觀)은 양명학에 의해서 소생되었지만, 송학에 비하면 그 명맥이 매우 짧았다. 명말에 이르면 양명학은 이미 시대를 뒤덮을 만한 완전성을 상실했으며, 이로 인해 새로운 이념의 재구축이 역사적 필연이 되었다. 양명학의 명맥이 짧았다는 것은 그 체계의 바닥이 얕았음을 드러낸 것이라기보다는 송대에 비해 명대라는 시대가 급격히 가속도가 붙으면서 유동적으로 전개되었기 때문이다. 정덕기(正德期; 明 武宗, 1506~1521) 이래 나타난 이갑제(里甲制)적 전제질서의 붕괴 및 향촌을 중심으로 한 새로운 질서 확립의 시행과정은 이 시대가 얼마나 급격한 속도로 유동하고 있었는지를 잘 보여준다. 이에 대해서는 뒤에 다시 다루기로 하겠다.

어쨌든 명말 불교의 현재화는 송대 이래 지하에서 잠행하고 있던 불교의 수맥이 양지에 자극 받아 다시 지상으로 모습을 드러냈다는 불교사적인 관점이 아니라, 이윽고 청초에 이르러 '거인욕적 천리'에서 '존인욕적 천리'로 위상을 역전시켜 전혀 새로운 리관을 낳게 되는 고민의 과정으로서 중국사상사 전체의 흐름 속에서 조감해야 할 것이다.

즉 유교와 불교를 뛰어넘어 이를 포함한 하나의 총체, 즉 중국적 사상을 파악하는 관점이 필요하다.

따라서 이제 우리가 용계의 '무'를 고찰할 때, 그것이 선가의 '선도 생각하지 않고 악도 생각하지 않음'과 궤를 같이하면서도 '천칙'과 '만물일체의 인'으로 되돌아감으로써 간신히 유가의 경계에 발을 내딛게 되었다는 따위의 견해는 유교와 불교의 경계에 너무 관점을 접근시켜 전체를 간과한 것이라 할 수 있다. 관점을 좀 더 높은 곳으로 끌어올리게 되면, 용계의 모색은 오로지 명말의 충동에 즉각적으로 반응한 '천칙'의 재생으로 향해 있었음을 깨닫게 될 것이다.

용계의 의식 속에서는, 그 재생을 위해 음미할 만한 것이라면 '무'마저도 '우리 유가의 바르고 곧은 한 길'이며 또한 재생에 불필요한 것은 모두 이단이 된다. 결국 여기서 말하는 '바르고 곧음[正經]' 혹은 이단의 변별은 협의의 유·불 변별이 아니라, 이기 세계관 대 비(非)이기 세계관의 변별이라고도 할 수 있다. '천칙'이나 '만물일체의 인'에 관계되지 않는 것은 **중국적 사상**의 본류가 아니었던 것이다.

여기서의 중국**적** 사상이란 단순히 중국에 존재하는 혹은 중국에 토착한 사상일 뿐 아니라, 세계의 다른 어떤 사상에 비해 너무나도 전형적으로 중국다운 사상이라 할 만한 것을 가리킨다. 필자는 아직 그것의 전체적인 모습을 밝힐 능력은 없지만 적어도 '천칙(天則)' 사상은 그 중요한 한 요소일 것으로 생각한다.

이른바 천칙은 인간을 포함하여 만물을 꿰뚫고 흐르는 **객관적 존재**이다. 하지만 천칙이 우리들을 꿰뚫고 흐름과 동시에 우리들의 본성 또한 이에 근원한다는 점에서 우리들의 **주체**를 존립케 하는 것이기도 하다. 이른바 내외합일(內外合一)이란 주관과 객관이 아직 분리되지 않은 상태를 가리킨다기보다 주관과 객관이 서로 융합적으로 일체화되는 측면을 가리켜 말한 것이다.

송학은 객관적 존재인 리가 자기[己]의 본성 속에도 꿰뚫고 흐르고 있으므로 자기는 이러한 객관적 존재인 리에 대해 내부적으로 성찰을 진행해야 한다는 관점을 갖고 있었다. 이러한 이유에서 송학은 객관 유심론이라고 칭해진다.

한편 양명학은 객관적 존재인 리를 자기 본성의 주체로서 자기 속에 곧바로 갖추어진 것으로 간주하여 리의 객관적 존재성보다는 일견 주관 내재성을 강조하는 듯하다. 이 때문에 주관 유심론이라 불린다. 하지만 이러한 호칭은 양명이 리의 객관적 존재성을 부정하는 듯한 인상을 줄 수 있다는 점에서 사실은 전혀 옳지 못하다. 양명은 확실히 모든 사람에게 양지가 갖추어져 있는 것으로 파악한다. 이렇게 모든 사람에게 갖추어져 있다는 점이 바로 리의 객관적 보편성을 보여주는 것이다. 그의 의도는 객관적 존재를 주관 속에 포섭하려는 것이 아니라, 객관적 존재인 리를 가장 **주체적**으로 발현하려는 데 있었다. 그의 '배울 필요도 없고 생각할 필요도 없음[不學不慮]'의 명제는 마음속에 **존재하는 것으로 간주된** 기성의 리와 이것을 둘러싸고 개인의 마음에서 추구되는 제 분별 및 주관적 사변을 철저하게 배제한다는 점에서 송학의 유심론적 경향을 극복하는 구조를 갖는다. 요컨대 '배울 필요도 없고 생각할 필요도 없음'은 주관의 분별을 배제한 끝에 자기 실존을 드러내고자 하는 벡터를 갖는다. 그것은 리의 객관적 존재성을 자기 **주체의 객관적 존재성** 위에 쌓아올리려는 의도를 담고 있다.

용계의 '무'는 이러한 벡터 혹은 의도를 한층 더 밀고 나아갔다. 불교적 사유와의 결별점도 사실은 여기에 있었다.

불성(佛性)이 모든 사람에게 갖추어져 있다고 보는 점에서는 리(理) 역시 마찬가지인 점에서 공통된다. 하지만 부처의 깨달음은 절대주관을 통해서만 가능하며 만물이 온갖 변화하는 제상(諸相)은 일체 자신의 맑고 깨끗한 진심 속에 있다고 이해하는 데 이르러, 불교는 객관적 존재성을 항상 보지하고자 하는 리와 단호히 결별한다.

양명이 "불가는 선도 없고 악도 없다는 것에 집착하여 일체의 일에 관계하지 않으니, 천하를 다스릴 수 없다"(『전습록』 권상)고 하였을 때의 '일체(一切)'란 **객관적으로 존재하는** 모든 것이다. "불가는 상(相)에 집착하지 않는 듯하지만 실은 상에 집착한다. 우리 유가는 상에 집착하는 것 같지만 실은 상에 집착하지 않는다"(『전습록』 권하)고 하여, 군주와 신하, 부모와 자식, 지아비와 지어미 사이의 제상(諸相)의 객관적 실존성을 다름 아닌 '집착하지 않음[不著]'이라는 불교 윤리로 풀어낸 것도 리의 객관적 존재성이 배경에 깊이 뿌리하고 있었기 때문이다. 일체 집착하지 않음으로써 일체를 포섭하는 묘명진심을 보려는 것이 아니라 일체 집착하지 않음으로써 리의 객관적 존재성을 보고자 한 것이다. 양명이 "우리 유가에서는 마음을 수양할 때에 사물을 떠난 적이 없다. 다만 저 **천칙의 자연에 따르는** 것을 공부의 안목으로 삼는다. 불가는 거꾸로 모든 사물과 단절하여 … 세간과 조금도 관계하지 않는다", "양지의 허(虛)는 곧 **하늘의** 태허(太虛)이며, 양지의 무(無)는 곧 태허의 무형(無形)"(『전습록』 권하)이라고 한 것도 모두 같은 의미이다.

이러한 경향은 용계에 의해 한층 강화되었다. 그는 양명보다도 더욱 깊숙이 불교의 경계에 파고 들어감으로써 불교와의 결별점을 한층 명확히 하였다. 리(理)적인 것과 리적이지 않은 것, 좀 억양을 높여 말한다면 중국적인 것과 중국적이지 않은 것의 가름을 사상의 궁극처로까지 파고 들어갔다.75) 이사불이(理事不二)76)*, 본체상즉(本

75) 시마다 겐지는 '만물일체의 인'이 노장(老莊)에 기초하고 있다는 점, 승조(僧肇; 374~414?)가 그의 공관(空觀) 속에 이를 수렴하고 있다는 점, 따라서 정명도의 '만물일체의 인'이 위의 두 가지와 관계된다는 점, 하지만 이것은 어디까지나 삶[生]의 입장에서 보는 '인(仁)'이며, "열반의 추구가 아님은 물론, 천조(天釣)에서 쉬고자 하고 양행(兩行)을 달관하고자 하는 (『장자』「제물론」) 것도 아니었다"는 점 등을 지적하였다.(「中國近世の主觀唯心論について—萬物一體の仁の思想」, 『東方學報』 28호, 京都, 1958, 12~15쪽)

또한 가마다 시게오(鎌田茂雄)는 화엄의 '일즉일체(一卽一切)' 사상의 기반에서 장자~승조로 이어져 온 만물일체관을 보고, 또한 '비정불성(非情佛性)'의 성립 배후에도 중국적 자연관 특히 물아일체(物我一體)의 만물일체관이 존재한다고 전망하고 있다.(『中國華嚴思想史の硏究』, 東京大學出版會, 1965, 제2부 제2장 제3절 참조) 그리고 인도에도 존재한다는 만물일체관이 "현상세계에 나타나는 잡다한 상(相)의 근저에 최고 원리로서 유일자가 존재하고, 현상의 잡다한 상(相)은 최고 실재자인 유일자의 분화이며 그것에 지배되고 있는 것"이라고 한다면, "중국의 만물일체관은 자연 속에 자신을 융합 매몰시켜 물(物)과 아(我)를 일체화하는 것"이라고 서술하고 있다.(위의 책, 제4장 제3절 5)

이러한 물아일체관을 중국적 천관(天觀)의 한 모습이라 한다면, 유·불·노는 각각 독자 영역을 확보하면서 상호 공원(共圓) 관계에 있다고 할 수 있다. 시마다는 각각의 독자 부분을, 가마다는 공원 부분을 말하고 있는 것이다. 그러나 모두 중국적 사유로 포괄될 수 있는 것이므로, 필자의 '중국적과 비중국적'이라는 표현은 약간 지나치다고 할 수 있다.

같은 물아일체라 해도 물(자연)로 융화(融化)하려는 노장, 물과 아의 상즉을 공(空)으로 지양(止揚)하는 불교, 물과 아가 꿰뚫고 흐르는 천명으로 동화(同化)하고자 하는 유교 등 각각 양상을 달리한다. 그러나 결국은 이 물아일체의 배경에 있는 중국의 특수한 천관·자연관에 포함된다는 점에서, '비중국적'인 것을 불교에서 탐지하려는 것은 정곡을 찌른 것이라 할 수 없다.

그러나 이러한 것들을 치밀하고도 통일적으로 체계화하였다고 할 수

體相卽), 천인합일, 내외합일 등의 제 측면에서, 용계는 유・불을 일체화한 중국사상을 다시 '무'의 노선으로 밀고 나갔다. 이리하여 용계는 '리', 즉 '천칙의 자연'의 객관적 존재성의 승인을 더 이상 양보할 수 없는 중국적 사상의 경계선으로 설정하였다.

여기에는 극히 중국적으로 특수한 천관(天觀)이 드러나고 있다. 약간 과장하여 말한다면 다음과 같이 정리될 수 있다. 즉 이 천관은 유・불・노를 포괄하면서 정치하게 구성된 천관이었으며, 이러한 정황 아래서 불교 역시 중국적 사상이 되었다. 굳이 불교의 도입이라 칭하고자 한다면, 그것은 유교로의 도입이 아니라 천관으로의 도입이라고 해야 할 것이다. 무릇 이러한 천관에 이질적인 것은 외래적인 이단으로 변별되지 않을 수 없었다. 물론 이것은 일종의 과장된 표현으로서, 천관을 어떤 고정 불변하는 것으로 간주해버릴 위험성을 지니고 있다. 하지만 적어도 용계는 '무'로부터 '천칙'을 연역해 낸 것이 아니라 오히려 '무'를 '천칙' 속으로 귀납시켰다.

있는 송학 이후, 천리는 거의 중국적 천관에 있어서 부채의 자루가 된 느낌마저 든다. 따라서 이것으로부터의 일탈은 대체로 비중국적이라고 할 수밖에 없을 만큼 천리는 범중국적으로 보편의 위치를 획득한 듯이 보인다.

천리의 보편적 우위성이 확고부동할 때에는, 불교 공관은 천리에 대한 이기주의로 간주되어 천관 내부에서 비하될 수밖에 없었다. 하지만 천리 그 자체의 질을 따지고 천관 내부에서의 우위성이 흔들리는 명대 중・후기에 이르면, 유・불・노의 새로운 불화는 좀 과장하여 말하면 경천동지할 사건이었다. 모든 인간과 사물에 천리가 꿰뚫고 흐르고 있다는 것이 부인되고 그 천리의 객관적 존재성마저 부인되는 것은, 말하자면 송학적 체계의 총패퇴 혹은 붕괴를 의미한다. 이것은 천리를 요점으로 하여 구축되었을 중국적 천관의 붕괴라고 할 수밖에 없으며, '무'를 거점으로 하는 용계의 필사적인 모색도 이러한 위기에 맞추어져 있었던 것이다.

결과론으로서, 때로 리관과 어깨를 나란히 한 느낌마저 드는 공관은 리관 소생의 매개로 이용된 것에 불과하며, 그 몰객재적 유심성으로 인해 중국적 사상이 될 수 없었던 것이다.

76)* 이사불이(理事不二): 절대의 진리[理]와 차별이 있는 현상계[事]가 둘이면서 하나이고 하나이면서 둘인 관계에 있다는 뜻이다.

즉 용계는 '천칙'을 발현한 것이 아니라 단지 천칙의 경계에 도달하였던 것이다.(여기서의 천칙은 기성의 천칙을 부정한 후에 새롭게 태어난 나선 발전적 천칙이다) 이러한 천칙은 용계를 초월한 전통적 천관이 배경을 이루고 있으며, 그것이 용계가 의식한 유·불의 분기선이었다.

유자들은 항상 한쪽은 나라를 다스리고 천하를 태평하게 하는 것[治國平天下], 다른 한쪽은 자기만을 위하고 자기만을 이롭게 하는 것[自私自利]이라고 하여 이를 유·불 변별의 구실로 제시하였다. 하지만 용계는 그렇게 피상적인 변별에 도저히 만족할 수 없었다. '무'를 '성인 학문의 근본'으로 이해하고, 아울러 그것이 "우리 유가의 바르고 곧은 한 길[吾儒正經一路]"이라고 말한 용계의 입장에서 본다면, 실로 구분은 그렇게 간단한 것이 아니었다. "유학에 밝아야 불학에도 비로소 깨닫는 바가 있게 된다"(『용계전집』 권7, 「南遊會記」)고 말하였을 때의 '유학'이란 과거의 틀로는 파악될 수 없는, 말하자면 새롭게 '밝혀야' 할 미지의 경계를 포괄한다. 그러므로 용계는 유·불의 변별은 미지의 경계를 구명한 끝에 비로소 전망될 수 있다고 인식하였다. 용계는 이렇게 말한다.

> 치양지(致良知)는 인륜과 사물의 감응을 떠나지 않는 것으로, 본디 만물일체의 실학(實學)이다. … 불자는 의심 없는 마음으로 자기의 본성을 깨닫는 것이 밝은 덕을 밝히는 것[明明德]이라고 생각한다. 그리하여 자신의 마음에서 진리를 증명하고 깨달을 뿐 인륜과 사물의 감응을 떠나서 민(民)과 서로 가까이하지 않으며, 자신과 세상을 환망(幻妄)이라 하여 마침내는 적멸(寂滅)로 돌아간다. 요컨대 천하국가를 다스릴 수 없는 것이다.(『용계전집』 권7, 「南遊會記」)

용계는 이와 같이 불자는 천하를 다스릴 수 없음을 내용적으로 밝히고자 하였다. 또한 불자도 중생제도를 위해서는 신명을 아끼지 않으므로, 이들이 자신만의 사리를 추구한다고 비판하는 것은 '부

교법호(扶教法護=분파주의)의 말'이 아닌가라는 어떤 사람의 질문에 대해서는,

> (불자는) 모든 중생을 제도한다고 말하지만, 중생과 함께 적멸로 돌아가 냉정하게 세계와 관계를 맺지 않는다. 그러나 우리 유자는 사물과 한 몸이 되어서 천지만물과 화창하게 교감한다. 대체로 사람의 마음은 멈출 수 없는[不容已] 생동하는 기틀[生機]이니, 떠날 만한 것이 없다.(위와 같은 곳)

고 하여 중생 제도의 내용을 따지고 들어가 불자들이 자신만의 사리를 추구한다는 것을 밝히고 있다. 인용문에 나타난 변별방식은 언뜻 종래의 그것과 어떠한 차이도 없으며, 논법 역시 전통적 범주를 벗어나지 못한 것처럼 보인다. 그러나 양지의 깨달음은 만물일체와의 감응을 통한 깨달음이며 그 감응은 멈출 수 없이 생동하는 기틀에 의거한 주관과 객관의 감응이지만, 불자의 깨달음은 객관적 존재물과는 '냉정하게' 감응하지 않은 것이며 그 제도되는 중생 역시 적멸을 지향하는 자신의 깨달음 속에 수렴된 몰객관적 존재임을, 그 자신 명쾌하게 단언할 수 없는 답답함 속에서 모색의 손끝으로 더듬고 있음을 느낄 수 있다.

'만물일체의 인'이란 남과 나, 안과 밖의 생동하는 감응이며, '천칙'이란 남도 없고 자기도 없이 안도 없고 바깥도 없이 객관적으로 존재하는 즉 생동하는 것을 꿰뚫고 흐르는 생의 이치일 뿐이며, 이것이 남도 없고 나도 없는 멈출 수 없이 생동하는 기틀[生機]이다. 이러한 점에서 그것은 자기 실존의 객관적 존재성에 대한 가장 확실한 증거이기도 하다. 제1절에서 우리는 용계가 '성명'을 '천리의 자연'과 '자연적 생의 이치'의 합일태로 파악하였으며, 또 그 합일태를 자연본래의 즉시적인 모습으로 이해하였음을 살펴보았다. 하지만 이것이 불교의 '본래면목'과 곧바로 합쳐질 수 없는 것은 이러한 즉시성이 한 개인의 주관에 의해서 한정될 수 없는, 천칙의 생동하는

객관적 존재성과 연관되기 때문이다. 즉 절대주관의 우주적 확대인 부처와 곧바로 융합 일체화되는 것이 아니라, 우주적 객관존재인 천리와 즉시로 융합 일체화되는 것이다. 이러한 천칙의 즉시성이 용계의 '무'가 불교의 '무'와 결렬하는 최후의 분기점이었다.

이상의 서술을 마음에 두면서 이제 명말 인사의 언급을 살펴보기로 하자. 주여등(周如登; 1547～1629)은 이렇게 말한다.

> "재화와 여색을 좋아하는 것을 백성과 더불어 함께 한다"(『맹자』, 「양혜왕하」에 근거)고 했을 때의 '함께[同]'라는 글자는 지극히 오묘하다. … 무릇 자기 혼자 재화와 여색을 독점하고 남들과 함께 이루고자 하지 않는 것은 남들이 자기와 같지 않다고 생각하기 때문이다. 남들은 재화와 여색을 좋아하는데 자기 혼자만 이를 좋아하지 않는다고 말하는 것은 자기가 남들과 같지 않다고 생각하기 때문이다. 대체로 남들이 좋아하는 것은 자기도 좋아하기 마련이다. 어찌 자기 혼자만 좋아하지 않겠는가? 자기가 좋아하는 것은 남들도 좋아하기 마련이다. 어찌 자기 혼자만 좋아하겠는가? 이를 대동(大同)이라 한다. 아아! 지극하도다!(『東越證學錄』 권4, 「越中會語」)

앞에서 서술한 용계의 대동(大同)적 망기(忘己)는 한편에서는 무선무악의 즉시성으로 인해 **재화와 여색**을 좋아하는 형이하학적 자연을 드러내는 것이지만, 다른 한편에서는 망기의 천칙성으로 인해 이러한 형이하학적 자연인 모든 인간의 객관적 존재성을 간파하는 것이었다. 주여등이 말하는 것은 바로 이러한 방향으로의 정확한 전개이다. 우리는 이 점을 주목해야 한다.

주여등은 이 "재화와 여색을 좋아하는 것을 백성과 더불어 함께 한다"는 구절 이외에 『맹자』 곳곳에 보이는 "백성과 더불어 즐거움을 함께 한다[與民同樂]", "백성과 더불어 선을 함께 한다[善與人同]", "요순도 보통 사람과 함께 할 뿐이다[堯舜與人同耳]" 등의 '함께[同]' 라는 글자에는 모두 의미상의 구별이 없다고 하면서, "재화와 여색을 좋아하는 것을 백성과 더불어 함께 한다"고 했을 때의 '함께[同]'라는 글자는 "지극히 오묘하다"고 하여 모든 인간의 보편성을 **형이하학적 세계에** 설정하는 지향을 보여주고 있다. 물론 앞에서도 보았던 것처럼 주여등은 이탁오에 비해 일정한 한계를 갖고 있어서, 이 부분만을 가지고 곧바로 그가 형이하학적 리를 승인하였다고 말할 수는 없다. 다만 이것은 용계의 '망기적 대동'이 명말에 이르러 어떻게 전개되었는지를 암시하는 것이며, 이를 통해서 이탁오의 모색이 실은 용계·심재 등으로 대표되는 명대 후반기 사상 조류의 명말적 전개 한가운데 있었음을 추측할 수 있다.

왕심재의 감각적이고도 산문적인 사고는 그 나름으로 상당히 예리하였다. 하지만 그의 「명철보신론(明哲保身論)」에 보이는 목가적인 사랑에의 낙관주의는 뒤에 이어지는 경정향 등의 강상적 입장을 파괴할 만한 벡터를 갖지 못하였다. 그의 예리한 지적은 감각적인 탓에 오히려 부분적이었으며, 일상 실천의 장에서나 충족될 수 있을 정도의 것이었다. 이에 반하여 용계의 철저한 '무'에의 사변은 철학적이며 동시에 체계적이었다. 그는 80세의 고령에도 불구하고 끊임없이 강학을 하였으며, 휴식을 권하는 어떤 사람에게 자신은 단순히 사람들을 가르치려는 것이 아니라 붕우들과 절차탁마의 즐거움을 얻어 성명을 깨치기를 희망한다고 대답하였다(徐階, 『龍溪王先生傳』)고 전해진다. 이와 같은 구도(求道)에의 절실함이 정신적 지주가 되어, 그의 사변의 밑바닥 또한 매우 깊이가 있었고 사상적 성과 역시 상당히 높았다. 그러나 용계의 '천칙'이나 '망기'는 명말 단계에서 본다면 여전히 추상적이었으며, 지적하는 바도 반드시 명확하지는 못하였다. 그것은 명말에 부과된 과제였으며 또한 명말이라는 시대상에 있어서도 가장 절실한 주체적 과제였다. 이런 의미에서 그것은 이탁오의 과제였다고도 할 수 있다.

그렇지만 이것이 그대로 왕용계와 이탁오 사상의 개인적 영향관계를 보여주는 것은 아니다. 그들의 사변의 깊이, 다시 말해 역사적 현실에 대한 간절함의 깊이에 의해서, 이러한 관계는 개인의 틀을 뛰어넘어 역사적 전개로 드러나게 되었다. 그만큼 이 과제는 명말에 있어서 절실한 과제였다.

그렇다면 이탁오는 이 과제를 어떻게 풀어내고자 하였을까? 그는 이렇게 말한다.

> 무릇 순임금은 이언(邇言; 민의 일상적인 비근한 말)을 잘 살폈다고 한다. 내 생각건대, 이것은 지극한 성인이었기 때문에 가능하였겠지만, 또한 스스로를 성인이라고 여기지 않았기 때문에 가능한 것이었다. 이미 성인의 경지에 도달한 이후에는 스스로 대중의 말이 비근[邇]하지 않음을 알았고, 어떠한 한 마디 이언도 진정한 성인의 말이 아님이 없음을 알았다. 이와 같이 어떠한 이언도 진정한 성인의 말이 아님이 없다면, 천하의 어떤 사람도 진정한 성인이 아닌 사람이 없다는 것도 분명해진다. 이는 억지가 아니다. 순임금이 실로 사람을 알아보는 공력을 발휘하여 진실로 남의 본래면목을 볼 수 있었던 것은 그의 분별에 '남'이 없었기 때문이다.
>
> 실로 자기를 위한 학문에 몰두하여 친히 자기의 본래면목을 볼 수 있었던 것은 그의 분별에 '자기'가 없었기 때문이다. 본래 자기가 없다. 그러므로 본래 성인도 없다. 본래 성인이 없으니, 또 어떻게 자기만이 성인이며 천하 사람은 성인이 아니라고 단정할 수 있겠는가? 본래 남이 없다면 본래 비근한 것도 없다. 본래 비근한 것이 없으니, 또 어떻게 이언은 살필 만한 것이 못되며 성인의 말만 살필 만한 것이라고 단정할 수 있겠는가?(『분서』 권1, 「答鄧明府」)

이탁오는 먼저 스스로를 성인으로 여기지 않는 것이 지극한 성인이며, 이러한 진정한 성인의 말이 이언(邇言)이라고 말한다. 이른바 '스스로를 성인으로 여긴다'는 것은 용계의 말을 빌면 자기는 옳고 남은 옳지 못하다고 말하는 것이며, '자기에 집착하는' 시비의 기준을 가지고 나와 남을 분별하고 저 높은 곳에 군림하면서 사람들에게 질서윤리를 강제하는 것이다. 이탁오는 이러한 분별을 깨뜨리고 단도직입적으로 '옳음도 없고 그름도 없는 이언' 속에서 성인을 보고자 하였다. 이탁오에 의하면 '중언(衆言)', 즉 민중의 이언이야말로 사실은 가장 '비근하지 않은' 말이며 진정한 성인의 말이다. 여기서의 '이언'이란 '비근한 말'이라는 뜻도 있지만, 이탁오 입장에서 본다면 비근함은 자기 자신에게 가장 절실하며, 따라서 그것은 비근하지 않을 뿐 아니라 단적으로 '자기의 자연' 그 자체였다. 이러한 의미에서 이 발상은 '입고 먹는 것이 바로 인간의 윤리이며 사물의 이치'라는 논리와 쉽게 연결될 수 있었다는 것, 새삼 반복할 필요는 없을 것이다.

이탁오는 또 "본래 내가 없다. 그러므로 본래 성인도 없다. 본래 성인이 없다. 그러므로 모든 사람은 성인이다"라고 말하였다. 이른바 '내가 없다[無我]'는 것은 용계의 말을 빌면 선도 없고 악도 없는 또는 옳음도 없고 그름도 없는 자기 잊음[忘己]이다. 정해진 이치[定理]에 집착하거나 속박되지 않는 진정한 나[眞我]이다. 이탁오식으로 말하면 진실로 멈출 수 없는 '진공(眞空)'의 나이다. 그는 또 "본래 남이 없으니, 그러므로 본래 비근함도 없다"고 말한다. 이른바 '남이 없다[無人]'는 것은 남에 대한 일체의 시비선악의 분별을 떨쳐버리고 진정한 실체(곧 無我) 속에서 나와 남이 동등한 위치에 서게 된다는 뜻이다. 모든 사람이 각기 자기의 본래면목에 근거하여 살아가는 사람이라고 이해하는 것이다. 이렇게 남과 나의 분별을 떨쳐버리면 당연히 성인과 비근함의 분별도 없어진다. 이러한 곳에서 그는 대지로부터 유리된 허구적인 전당(殿堂)이라 할 기성의 가치체계를 부정하고, 비근하고 절실한 실지(實地)를 리얼한 성당(聖堂)으로 삼는 새로운 가치체계를 끄집어내었다.

> 성인은 사람에게 반드시 모든 것을 완벽하게 갖추어야 한다고 책망하지 않았다. 그렇기 때문에 사람은 누구나 성인이 될 수 있다. 그래서 양명 선생은 "거리에 넘치는 사람이 모두 성인"이라고 하였고, 불교에서도 "마음이 곧 부처이니, 사람은 누구나 부처"라고 하였다.

무릇 모든 사람은 성인이다. 그러므로 성인은 별도로 멈출 수 없는 무언가의 도리를 가지고 사람에게 제시한 적도 없다. … 나의 상(相)이 없다. 그러므로 나를 버릴 수 있다. 남의 상(相)이 없다. 그러므로 남을 따를 수 있다. 이는 억지가 아니다. 모든 사람이 부처이며 선(善)이 남과 똑같음을 목전에서 보았기 때문이다. 선이 남과 똑같은 이상, 어찌 자기에게만 선이 있다고 하겠는가? 남이 나와 더불어 이 선을 함께 하는 이상, 어찌 어떤 사람의 선도 취할 만한 것이 못된다고 할 수 있겠는가? 그러므로 "밭 갈고 곡식을 심으며 질그릇 굽고 물고기 잡던 시절부터 제왕의 자리에 오르기까지 남에게서 취하지 않은 적이 없었다"(『맹자』「공손추상」)고 하였다.

그런데 후세 사람은 이를 칭송하여 "남에게 선이 있으면 자신에게 취하였으니, 이것이 곧 스스로 남과 함께 선을 하는 것이다"(『사서집주』 참조)라고 하였다. 그러나 순임금은 애초에 남과 함께 선을 하고자 하는 마음이 있었던 것이 아니다. 만일 먼저 '선'을 함께 하고자 하는 마음을 품고서 이에 기초하여 남에게서 '선'을 취하였다면, 그 선을 취하는 것은 실로 성실하지 못한 것이다. … 순임금은 다만 종신토록 남에게 선이 있다는 것을 알고서, 자신은 다만 이를 취할 뿐이었다. 밭 갈고 곡식을 심으며 질그릇 굽고 물고기 잡는 사람에게서도 취할 수 없는 것이 없는데, 홀로 성현의 선만 취할 수 없는 것이겠는가? 또 어찌 반드시 공자만을 배워야 올바른 맥을 이었다고 할 수 있겠는가?(『분서』 권1, 「答耿司寇」)

위선(爲善)[77]*과 유선(有善)[78]*을 단호하게 베어버리고 선도 없고 악도 없으며 옳음도 없고 그름도 없는 실지에 서게 되면 사람은 모두 성인이며 일체가 선이 된다고 말한다. 이때의 '선'은 말할 나위 없이 어떤 정해진 틀에 의해서 보편적인 것으로 간주되는 따위의 선은 아니다. 미리 설정된 몰주체적인 '선'을 모든 사람에게 강제하는 것도 아니다. 또한 그러한 '선'을 미리 설정한 뒤에 이를 지향하려는 것도 아니다. 성인은 그러한 선으로 사람들을 책망하지 않기

77)* 위선(爲善): 인위적으로 선을 행하는 것.
78)* 유선(有善): 선을 행했다고 의식하는 것.

때문에 성인일 수 있다. 책망 받지 않아도 농사짓고 질그릇 굽는 현재 생활 속에서 도리어 이러한 선을 갖추고 있으므로 모든 사람은 성인일 수 있는 것이다.

여기서 우리는 『장서』의 앞머리에서, “사람의 시비에는 애초 정해진 결정[定質]이 있을 수 없으며, 사람이 타인을 시비할 때에도 정해진 논리[正論]가 없다”고 소리 높여 외친 이탁오의 저 유명한 말을 떠올리게 된다.

> 지금의 시비는 나 이탁오 한 사람의 (사적인) 시비라 해도 좋고, 천 만세 대현·대인의 공적인 시비라고 해도 또한 좋다. … (한·당·송 시대에) 시비를 말하는 사람이 전혀 없었던 것은 그 시대 사람들에게 시빗거리가 없었기 때문이 아니다. 모두 공자가 시비를 분별한 기준에 따라 시비를 분별했기 때문에 마치 시비가 없었던 것처럼 보일 뿐이다.(『장서』, 世紀列傳, 「總目前論」)

여기서 그가 공자에 대해 개체인 ‘나 이탁오 한 사람[余李卓吾一人]’의 주체적 시비를 내세우고자 하는 것은 아니다. 초월화되고 정해진 시비, 공자 한 사람만의 시비에 본래면목의 실존적 존재를 팔아넘기는 것이 아니라, 모든 사람의 고유한 실존적 존재에서 정해진 시비에 얽매이지 않는 진정한 시비의 선(善), 진정한 이치를 재발견하고자 하는 것이다.[79]

---

79) 왕용계는 “시비는 본디 분명하여 빌려 올 필요가 없으니, 느낌에 따라 응하여 저절로 그렇게 되지 않음이 없다. … 시비를 가르는 것은 밖에서 근거를 빌어올 필요가 없다. 그러므로 스스로 옳다고 판단되면 결단코 행하며 … 스스로 그르다고 판단되면 결단코 행하지 않는다. … 얼마나 쉽고 간명한가? 후세의 학자는 스스로를 믿지 못하여 바깥에 의지하지 않을 수 없게 되었다. 영욕에 흔들려 비난과 칭찬으로 시비를 삼고, 이해에 두려워하여 득실로 시비를 삼는다. 더욱 견해가 복잡하게 되어 … 다시는 성현의 쉽고 간명한 학문을 볼 수 없게 되었다”(『용계전집』 권4, 「答退齋林子問」)고 하였다.

또한 이탁오는 “사람 마음의 신령함은 예나 지금이나 한결같다. 눈은 정해진 선을 가지고는 성인이 될 수 없다. 멈출 수 없이 지극히 살아 움직이는 자기 자신 이외에 사람을 살아가게 할 도는 없다. 자기 자신이 바로 지극한 선이다. 그러므로 이 멈출 수 없이 생동하는 기틀[生機] 속에 모든 사람이 개별적으로 갖추고 있는 이치가 있다. 이로 인해 모든 사람은 성인이 될 수 있는 것이다.

양명의 "거리에 넘치는 사람이 모두 성인"이라는 말은 "사람은 배움을 통해서 성인이 될 수 있다"는 송학 이래의 성인관에 대한

흑백을 구분하고, 입은 달고 쓴 것을 변별하며, 코는 향기와 악취를 구별한다. 오늘날의 사람이 (하·은·주) 삼대의 사람들과 다름이 있겠는가? 시비는 사람에게 달려 있으니 흑과 백, 단 맛과 쓴 맛을 구별하는 것과 같다. 사람에게 시비를 변별하는 마음이 없다고 말하는 사람은 그 마음을 속이는 사람이다"(『속장서』 권22, 「侍郎鄒文莊公傳」)라는 추수익(鄒守益; 1491~1562)의 말을 소개하고 있다. 시비가 쉽고 간명하다는 것은 진정한 시비의 입장에 서면 기성의 시비는 모두 번잡하여 쓸모 없게 된다는 말이다. 시비가 모두 사람에게 달려 있으며 오늘날의 사람이 삼대의 사람과 다름이 없다는 것은, 진정한 시비는 모든 사람에게 원만하게 갖추어져 있어 밖에서 찾을 필요가 없다는 뜻이다.

이렇게 모든 사람에게 갖추어져 있는 본래 밝고 거짓 없는 시비야말로 기성의 정해진 시비에 빠지지 않는 '나 이탁오 한 사람'의 시비이다. 그렇지만 모든 사람은 "각기 자기가 좋아하는 것을 하게 마련이니, 나의 생각을 가지고 그들의 생각을 똑같게 할 수는 없다. 사람에게는 각자 마음이 있어서 모두 합치될 수 없는 것"(『분서』 권1, 「복등석양」)이므로 '나 한 사람'은 동시에 모든 사람 각자이기도 한 것이다.

양복소가 "성인이 말하고 행동하는 것은 모두 권도(權道)가 아님이 없지만, 거기에는 진실로 일정하여 변하지 않는 것이 있다. 그런데 그것이 권도가 되는 이유는 진실로 변하여 일정하지 않기 때문이니, 사물마다에 모두 정해진 이치[定理]가 있다고 말하는 것이 아니다"(『증학편』 1)라고 한 것은, 모든 사람 각자가 '정해진 이치', 즉 정설화된 시비에 속박되지 않고 진실로 변하여 일정하지 않는 개별상의 승인 아래 비로소 진실로 일정하여 변하지 않는 정도(正道)가 있음을 서술한 것이다. 이렇게 자기 한 개인의 본디 밝고 거짓 없는 양지가 무(無)를 매개로 하여 인간 상호의 주체적 객체성의 승인으로 연결되고, 이윽고 황종희의 만인에게 타당한 시비를 낳게 되는 바에 이탁오의 이 '시비론'의 사상사적 의의가 인정된다. 그리고 이러한 전개가 바로 명말 만물일체 사상의 전개 형태이다.

하나의 명대적 귀결이었다. 송학에서의 성인은 기질의 성을 순화하여 본연의 성을 완전하게 구현한 사람으로 상정된다. 이런 까닭에 일반인들에게 있어서는 이념상의 가능적 보편성일 수밖에 없었다. 이에 반하여 양명의 성인은 본연이 기질 속에 융합 일체화되어 갖추어져 있다는 점에서, 말하자면 현실적 보편성이라고 할 수 있다.

그러나 이탁오의 성인과 비교한다면 양명의 성인은 양지 또는 일종의 정해진 선에 의해서 만인의 보편성이 획득될 수 있다고 보았던 것임을 새삼 깨닫게 된다. 이는 양명의 대동이 사단의 마음을 매듭점으로 하고 있었던 것과 대응적이다.

이탁오의 성인은 그렇지 않다. 그는 모든 사람이 성인인 이유는 선이 없기 때문이며, **선의 고정적인 보편성에서 벗어나 자유를 획득하였기 때문**이라고 생각하였다. 사람마다 선은 일정하지 않으므로 무선(無善)이다. 무선의 선은 개체의 멈출 수 없음이며, 그것은 모든 사람에게 갖추어져 있다. 그렇지만 그것은 내용적으로 타인의 멈출 수 없음을 포괄할 수 없는 개별적인 것이다. 개체의 멈출 수 없음은 모든 사람이 보편적으로 갖추고 있는 것인데, 예외 없이 모든 사람이 갖추고 있으므로 보편성을 획득한다.

> 성불(成佛)이란 부처가 본래부터 저절로 이루어져 있음을 뜻이다. 만일 부처를 이룬다고 말하면 그 순간 이미 이치에 맞지 않는 말이 된다. 하물며 부처가 될 것을 발원(發願)함에 있어서랴! 성불이란 이루어야 할 부처를 떨쳐낸 본래부처를 성취하는 것이다. 이것이 바로 천 부처 만 부처가 동일할 수 있는 까닭이다. 발원이란 부처마다 하고 싶은 바를 발하여 기원하는 것이다. 이것은 천 부처 만 부처가 똑같이 할 수 없는 바이다. 그러므로 부처가 있은 다음에야 기원이 생기게 된다. 그러므로 부처라는 점에서는 동일하지만 기원하는 바는 각각 다르다. … 발원은 모두 부처에서 나온다. 그러므로 기원은 다르지만 부처라는 점에서는 동일하다.(『분서』 권4, 「觀音問」)

이탁오는 이른바 성불은 '이루는' 것이 아니라고 생각하였다. 성불이란 모든 사람이 지금 당장 이루고 있는 것으로서, 초월적이고 정형화된 보편을 추구하는 것이 아니다. 부처가 지금 당장 이루어져 있으므로 보편적이며, 동시에 거기에서 발하는 것은 모든 사람마다 개별적이다. **개별적인 주체를 배제한다면 보편의 객관적 존재성은 있을 수 없는 것이다.**

이 개별적인 주체를 포괄한 보편의 객관적 존재화가 바로 '무선'을 매듭점으로 한 용계의 '만물일체의 인'의 가장 선진적인 귀결이었다. 앞서 보았던 고염무의 발언을 여기서 다시 한 번 들어보도록 하자.

> 사람에게 사(私)가 있는 것은 본디 인간의 감정상 피할 수 없다. 그러므로 선왕은 이를 금하지 않았다. 금하지 않았을 뿐 아니라 은총을 내려주기까지 하였다. … 천하의 사(私)를 합하여 천하의 공(公)을 이룬다. 이것이 왕도정치가 되는 이유다. … 세상의 군자는 걸핏하면 공은 있지만 사는 없다고 말한다. 이는 후대의 겉치레말[美言]이지 선왕의 지극한 가르침은 아니다.(『日知錄』 권3, 「言私其豵」)

본디부터 현실적으로 존재하는 것을 진정한 '사'로 승인하고, 이러한 **객관적 존재인 주체의 승인 아래서** 비로소 보편적 '공'이 정립되고 있음을 알 수 있다.

"공은 있지만 사는 없다"는 말이 '겉치레말'이 되는 이유는 사사로움이 없이 균일한 공이 초월적이고 정형화되어 이제 현실에 적응할 힘을 상실하였기 때문이다. 이것은 공(公, 곧 善)을 개별적이고 온갖 변화를 하는 현실로부터 유리시켜 제목상의, 즉 공허한 보편성으로 승화시키는 것에 대한 전면적인 부정이다.

이탁오가 "성의 진실을 따라 미루어 넓혀서 천하와 더불어 공(公)을 이룬다"(『분서』 권1, 「답경중승」)고 했을 때, 그의 원대한 식견[遠見] 앞에는 고염무의 이와 같은 공이 투시되고 있었을 것이다.

이탁오는 용계의 망기(忘己)를 연역하여 '선도 없고 악도 없음[無

善無惡]'의 측면에서는 지극히 활발하고 지극히 선한 **주체**를, '남도 없고 자기도 없음[無人無己]'의 측면에서는 주체의 **개별성**을, '성스러움도 없고 비근함도 없음[無聖無邇]'의 측면에서는 개별적으로 갖추고 있는 **보편성** 특히 **형이하학적** 보편성을 각각 분명하게 끄집어내었다.

그리고 용계의 천칙이 갖는 추상성 속에 인간의 구체성을 집어넣었다. 이탁오는 천칙—혹은 만물일체의 인—을 말하지 않았다. 하지만 그의 '선도 없고 악도 없음'은 곧바로 '남도 없고 자기도 없음'을 유발하였고—더욱이 이때의 '남과 자기'는 절대주관에 포섭되는 것이 아니라, '선도 없고 악도 없음'이 '지극히 살아 움직이는 지극한 선'을 드러낸 것처럼— '남도 없고 자기도 없음'은 '비근함으로써 성스러움이 된다'는 객관적 존재의 선을 이끌어냈다. 주체적인 지극한 선[至善]의 객관적 보편성을 지향한다는 점에서, 용계의 '바르고 곧은 한 길[正經一路]'과 궤도를 같이하는 길을 한 걸음 한 걸음 내디디면서 전진하였던 것이다.

이탁오가 천칙을 언급하지 않고 오로지 자기의 성명을 내세운 것은 무엇보다 객관적 존재의 보편, 즉 리를 주체 확립의 장에서 추구하고자 했기 때문이었다. 이탁오는 결국 '무'의 논리를 가지고 리 안에서의 인간의 주체성, 사람마다 다양하게 나타나는 리의 개별성, 개별성에 근거한 보편성 그리고 형이하학적 세계 안에서의 리의 보편성 등을 드러내기 시작하였다.

그는 출가 삭발을 통해 한층 불교의 땅에 매몰된 것처럼 보였지만, 사실은 용계가 변별한 유·불의 분기선을 거의 벗어나지 않았다.

그는 중국사상의 본류 안에서, 그리고 또한 그 목적지를 끊임없이 걷고 있었던 것이다. 이하, 그의 발자취를 다시 한 번 더듬어보기로 하겠다.

제2절 형이하학적 리(理)의 도출

이탁오의 무인무기(無人無己)의 학 /
민(民)의 '사(私)'를 끄집어냄 /
'진공(眞空)'의 형이하학적 실존

남과 더불어 함께 하는 것을 예(禮)라 하고, 나 혼자 하는 것을 자기[己]라고 한다. 배우는 자들은 흔히 자기만의 정해진 견해[定見]에 집착하여 세속과 대동을 이루지 못한다. 이 때문에 예가 아닌 데로 빠지게 된다. 예가 아닌 예[非禮之禮]는 대인이 행하지 않는다. 진정한 자기에는 자기가 없으니, 자기가 있으면 곧바로 이겨낸다. 이것이 바로 안자(顔子)가 말한 사물(四勿)이다. 이 사물은 동시에 사절(四絶)이다. … 사절이란 멋대로 추측하는 뜻을 끊으며[絶意], 반드시 어떻게 될 것이라고 확신하는 마음을 끊으며[絶必], 고집하고 집착하는 마음을 끊으며[絶固], 자신에 집착하는 아집을 끊는 것[絶我]을 말한다. … 안자가 죽은 후 드디어 그의 학문도 사라졌다. … 증자나 맹자도 이를 터득할 수 없었는데, 염계(濂溪)·낙양(洛陽)의 군자들(여기서는 濂洛關閩의 諸子, 곧 주돈이·장재·이정·주자 등 송학의 인사를 가리킴)이야 말할 나위가 있겠는가! … 마음속에서 흘러나오는 것을 예(禮)라 하고, 밖에서 들어오는 것을 비례(非禮)라고 한다. 하늘에서 내려준 것을 예라 하고, 사람으로부터 얻은 것을 비례라고 한다. 배우고 헤아리고 생각하고 애쓰고 인식하고 알지도 못하는 사이에 내게 이르는 것을 예라 한다. 눈과 귀로 보거나 듣고 마음으로 헤아려 따져 보고 앞사람의 언행을 추수하여 스스로 닮고 빗대어 도달하는 것을 비례라고 한다.(『분서』 권3, 「四勿說」)[80)]

---

80) 이탁오는 "자기를 이긴다[克己]는 것은 자기가 없는 것[無己]이다. 자기가 없어야 이길 수 있다. 그러므로 자기를 이긴다고 말한 것이다. 오호라! 자기 없음[無己]은 지극하도다!"(『속분서』 권1, 「答友人」), "또 공자는 사람들에게 공자를 배우라고 가르친 적이 없다. 만일 공자가 사람들에게

위 문장은 '극기복례(克己復禮)'에 대한 이탁오의 해석이다. '극기복례'는 『논어(論語)』 「안연(顔淵)」편의 첫머리에 나오는 말이다.

> 안연(顔淵)이 인(仁)에 대해 물었다. 공자는 "자기를 이기고 예로 돌아가는 것이 인이다. … 인을 실천하는 것은 자기에게 달려 있으니, 남에게 달려 있는 것이겠는가?"라고 하였다. 안연이 "그 조목에 대해서 묻겠습니다"라고 하자, 공자는 "예가 아니면 보지 말고 예가 아니면 듣지 말며, 예가 아니면 말하지 말고, 예가 아니면 행동하지 말라" 하였다.

이 '극기복례' 장(章)에 대해서는 하론(제3장)에서 다시 고찰할 것

공자를 배우라고 가르치려고 했다면, 안연이 인에 대해 물었을 때 어찌 '인은 자기에게 달려 있으니, 남에게 달려 있는 것이겠는가'라고 하였겠는가? 어찌 '옛날의 배우는 사람은 자신을 위하였다'고 하였으며, 또 '군자는 자신에게서 찾는다'라고 하였겠는가? 오직 자신에게서 비롯되는 것이므로 제자들은 굳이 공자에게 인에 대해 물어 보려고 하지 않았다. 오직 자기를 위하는 것이므로 공자는 문인들에게 배움의 방법을 전해주지 않았다. 이것이 남도 없고 자기도 없는 학문이다. 자기가 없다. 그러므로 배우는 것은 자기를 이기는 것보다 우선할 것이 없다. 남이 없다. 그러므로 가르치는 것은 다만 남들에게 동기를 부여하는 것에 달려 있다"(『분서』 권1, 「答耿中丞」)고 하였다. 극기에 대한 해석이 그의 '남도 없고 자기도 없음'의 일환으로 이루어지고 있음이 분명하다. 이 '남도 없고 나도 없음'이 의지처 없는 인간 그 자체를 가리킨다는 것은 본문의 이하에서 서술하는 대로이다.

참고로 『설서(說書)』의 '극기복례' 해석을 예시해 두겠다.

"극기(克己)란 자기를 잘 하는 것을 뜻하니, 아래 구절 '자기로부터 말미암는다[由己]'고 했을 때의 '자기'와 같다. '복(復)'이란 회복하는 것이니, 회복한다는 것은 되돌아간다[反之]는 뜻이다. … 되돌아간다는 것은 그 본성의 처음으로 되돌아간다는 뜻이다. 내 일찍이 이를 큰 과일에 비유하였다. 그 낳고 낳는 기틀이 원래 과일의 씨 속에 담겨 있는데, 이것이 인(仁)이다. 인이 과일의 씨 속에 담겨 있는 것은 예의 혼연함이다. 그리고 싹이 트고 가지가 돋고 꽃이 피고 열매를 맺는 것은 예의 찬란함이다."(下論 권6, 顔淵篇, 「克己復禮」) '극기'를 "자기를 잘 하는 것을 뜻한다"고 말한 것은 나근계의 해석과 같으며, 전체적으로 볼 때 나근계의 사상과 가깝다.

이므로, 여기서는 앞 절과 관계되는 범위 내에서만 언급하겠다.

주자에 따르면 극기는 자기의 사욕을 이겨내어 제거하는 것이며, 복례는 예 곧 천리가 잘 조절된 문채[節文]로 돌아가는 것이다. 이른바 '자기의 사욕'은 인간 기질의 혼탁함이며 정(情)의 과불급이다. 말하자면 인간자연의 성이 부단히 악으로 흐르려는 불안정한 흔들림이다. 따라서 극기복례란 그 흔들림을 진정시켜서 악이나 악으로의 지향을 제거하고, 사람들로 하여금 본연의 성으로 설정된 천리로 자기의 자연을 수렴하도록 하는 것이다.

그런데 이탁오는 이른바 '자기[己]'는 혼자서 결정한 '한 개인의 정해진 견해[定見]'라고 하였다. 이 '정해진 견해'는 앞 절의 말로 바꾸면 시비함에 있어서의 '정해진 결정[定質]'이며, 스스로를 성인으로 생각하는 '혼자만의 망상[我相]'이며, 또 '나의 조리'라고 할 때의 '조리(條理)'이다. 다시 말해 모든 사람에게 보편적이고 통일적으로 정해져 있는 혹은 정해져 있는 것으로 간주된 천리이다. 그것은 인간의 자연에 대해서는 마치 외부에 존재하는 정해진 이치[定理]와도 같은 것이다. '한 개인의'라고 하는 것은 '나의 조리'라고 할 때의 '나의'로서, 앞에서 말한 정해진 이치를 나의 뜻[意]이라고 생각하고 나에게 필연적인 것[必]이라고 생각하며 나의 본연이라고 고집[固]하고 그리하여 이러한 것들에 집착하고 얽매이는 나[我]이다. 이는 정해진 이치를 나에게 절대적인 것으로 생각하고, '반드시 이와 같이 해야 한다'고 말하면서 그것을 외부 또는 위로부터 '지극히 살아 움직이는 인간의 자연'에 강제하는 '집일(執一)'이다. 이탁오는 이것이 바로 비례라고 생각하였다. 요컨대 이러한 의·필·고·아[意必固我]는 인간이 보고 듣고 생각하고 추측한 것에 의거한 분별이며, 그러한 분별에 의해서 만들어 낸 옛 성인의 언행, 즉 주어진 것으로 간주된 기성의 질서관념에 따라가는 것이다. 이것은 '인간에게서 얻은 것', 즉 인간의 작위와 분별에 의해서 정립된 관념이며, 만들어진 관념이다. 따라서 그것은 인간에게 자연이 아니다. 이탁오는 이를 비례라고 생각하였다. 그렇다면 예란 어떠한 것인가? 장황하게 말할 것도 없이 예는 남도 없고 자기도 없는 본래면목, 선에 집착하지 않기 때문에 지극히 살아 움직이는 지극한 선, 그리고 단적으로 말하면 수많은 '사람과 사물[民物]' 즉 욕망을 기체로 한 인간의 자연 속에 있는 것이다. 배움·사려·생각·노력·인식·지식 등과 같은 인간의 작위로는 억제할 수 없는 것, 진정 인간의 '마음속에서 흘러나오는'[81] 멈출 수 없는 것, '하늘에서 내려 준' '하늘이 부여한 자연', 이 '하늘이 부여한 자연'을 모든 사람이 함께하는 저 남도 없고 자기도 없는 대동의 양상, 바로 이러한 것들이다.

'나의 조리'의 속박을 벗어던지고 모든 인간이 대동을 이루는 예로 되돌아가는 것, 이것이 인(仁)이며 이것이 이탁오가 말하는 만물일체의 인이다. 주자의 '예=천리'는 인간의 자연에 있어서는 단지 외부에 존재하는 정해진 이치이며, 따라서 이탁오가 말한 마땅히 이겨내어 제거해야 할 '자기'에 불과한 것이다.

여기에서 주자의 천리자연은 정해진 이치[定理]로서 의도적으로 만들어 내고 관념된 인위의 분별이며, 그러므로 비천(非天)이며 비례(非禮, 즉 非理)이며 비자연(非自然)으로 이해되고 있다. 이 비천·비리·비자연의 역전이 '무'의 논리를 매개로 하여 이루어지고

81) 초횡은 "극기복례는 어떻게 체득하는가?"라는 질문을 받고, "자기[己]와 예(禮)는 분별하기 어렵다. 대체로 나 혼자 하는 것이 자기이다. 이것은 자기의 견해에 집착해서 남과 함께 하지 않는 것이다. 이것은 비례의 예[非禮之禮]이다. 대체로 하늘에 따라 행동하는 것이 예이고, 사람에게서 생겨나는 것이 자기이다. 마음속으로부터 흘러나오는 것이 예이고, 밖으로부터 들어오는 것이 자기이다. 만일 자기를 이길 수 있게 되면, 언어로 표현할 수 없고 마음의 작용이 사라지는 경지에 올라 공자의 사절(四絶)의 경계에 들어가게 된다"(『담원집』 권48, 「古城答問」)고 대답하였다. 이는 앞머리에서 서술한 이탁오의 해석과 거의 같다. 어느 쪽인가가 차용한 것은 아닌가 생각될 정도이다. 뒤에 나오는 경정향의 해석도 거의 같은 취지이다. 이는 차용이라기보다는 그들 사이에서 거의 공통된 견해였던 것으로 보인다.

있는 점에 새삼 주목하기 바란다.

다만 그는 이 '무'의 논리를 가지고 주자의 천리가 비(非)임을 논증하기는 하였지만, 결코 천리 일반을 비라고 한 것은 아니었다. **하늘로부터** 분열하여 **자립하는 인간** 혹은 리를 깨부순 곳에서 **욕망의 자율**을 주장하고 있는 것은 아니다. 그는 '무' 속에서 **그의** 천, **그의** 리(=예)를 말했으며, '자기 없음[無己]' 속에서의 **진정한** 자기를 말하고 있는 것이다. 다시 한 번 말하지만 이러한 '극기복례' 해석은 결코 용계의 천칙의 틀 혹은 전통적 리 세계관의 틀을 벗어나는 것은 아니다. 그가 말하는 천은 그의 입장에서 말하면 진정한 천칙이다. "예는 마음속에서 흘러나온다"는 말은 예는 멈출 수 없이 생동하는 기틀에 근원하며 또한 이러한 생생한 기틀을 꿰뚫고 흐르는 진정한 천칙임을 말한 것이다. 이탁오의 자기 없음[無己]은 용계의 자기 잊음[忘己]을 더욱 깊이 있게 파고 들어간 것인데, 이 '무'가 진정한 자기를 그의 이른바 예 속에서 살아갈 수 있도록 하였다는 점, 이제 이론의 여지가 없을 것이다.

덧붙여 불자의 '극기복례' 해석을 본다면 이 점은 한층 분명해진다. 감산 덕청(憨山德淸)은 이렇게 말한다.

> 극기(克己)는 의(意)·필(必)·고(固)·아(我)하지 말라는 것이다. … 기(己)는 자기의 사사로움이요, 의(意)는 생겨나는 마음이요, 필(必)은 기대하는 마음이요, 고(固)는 고집하는 마음이요, 아(我)는 자기에 집착하는 마음이다. 극(克)은 완전히 끊어버린다는 뜻이요, 무(毋)는 금지한다는 말이다. … 요컨대 사람이 지혜에서 해방되고 형체를 잊고 욕망에서 벗어난다면 이것이 청정(淸淨)이다. 그렇다면 해방되어야 할 지혜는 사사로운 지혜 곧 의(意)·필(必)이며, 잊어야 할 형체란 곧 고(固)·아(我)이며, 벗어나야 할 욕망이란 곧 자기의 사사로움이다. 이제 청정하면 넓게 탁 트여 막힘이 없으니, 흡사 태허공(太虛空)과 같다. 이것이 다름 아닌 공자의 커다란 공평함[大公]이다.(『憨山夢遊全集』 권45, 「發明工夫」)

의・필・고・아를 부정하고, '기(己)'를 '아사(我私)'로 풀이하면서 이를 완전히 끊어버리고 자기 없음[無己]을 지향하는 것이 극기라고 해석한 것처럼 보여 일견 이탁오와 유사한 듯하다. 그러나 이탁오의 아사(我私)는 자기에 집착한다는 뜻이 아니라 욕망이며 개인의 사(私)이다. 더구나 이를 완전히 끊고 지향하는 바 탁 트여 막힘이 없는 태허공이라 말한 데에 이르면, 생동하는 자기에 의해서 모든 인간이 대동을 이루는 만물일체를 실현하고자 한 이탁오의 '극기복례' 해석과의 이질감은 뚜렷해진다.

이탁오는 바야흐로 만물일체, 즉 리의 세계관 영역 안에서 살아가는 사람이었다.

그는 자기 없음 속에서 '세속'과 대동하고자 한다. '세속'이란 앞 절에서 보았던 성스러움도 없고 비근함도 없는 모든 사람들의 일상, 즉 무수한 '사람과 사물[民物]'이다.

명대 후반기의 '극기복례' 해석이 만물일체의 인을 배경으로 하면서 인간의 생동하는 천칙적 대동을 지향하는 양상에 대해서는 하론에서 대략적으로 서술하겠다. 그런데 이 천칙이 송학적 천리가 아니라 모든 기질적 인간에게 융합적으로 갖추어져 있는 것으로 간주되고 있다는 데에서, 이 천칙적 대동이 이제 형이하학적인 객관적 존재를 포괄하는 방향으로 전개되리라는 것을 쉽게 예측할 수 있다. 명말청초의 황종희나 고염무 등의 '자사자리(自私自利)'・'사(私)'의 용인을 거쳐, 청대 전반기의 '극기복례' 해석이 한결같이 인간의 형이하학적 모습을 인성론 상에서 제기한 것은 결코 우발적인 것이 아니었다. 그 밑바닥에는 명대 후반기부터 청대 전반기에 이르는 역사의 물결이 있었다. 그것은 말하자면 인간의 참된 자연, 인간의 자연본래, **중국적인** 인간 주장의 물결이었다.

명말에 더욱 높은 곳에서 이러한 물결을 대표한 인물이 이탁오였다. 그는 말한다.

> 무릇 천하는 지극히 크고 만민은 지극히 많으니, 사물이 한결같지

않은 것은 사물의 실정이다. … 저들이 정치적 가르침으로 민심을 바로잡고 교화시키지 못한 것은 엄혹한 법령에 의지해서 민을 특정한 이치[吾之條理]에 끼워 맞추려고 했기 때문이다. … 이는 천하 사람을 강제하여 자기를 따르고 '예(禮)'를 따르게 하는 것이다. 자연히 사람들은 고통에 시달려 결국은 등지지 않을 수 없게 된다. 그리하여 형벌로 이들을 위협하는 상황이 벌어진다. … 무릇 천하의 민이 각자 그 삶을 이루고 각자 그 원하는 것을 얻게 된다면, 마음을 바로잡고 교화에 귀복하지 않을 자 한 사람도 없을 것이다. 세상의 유자들은 '예'란 사람들이 마음으로 함께 인정하는 바로서 본디 천변만화하고 활기로 가득한 리(理)임을 모르고, 반대로 고정 불변하는 것이라고 고집한다. … 그 때문에 아무리 덕망 있는 군주라 해도 어쩔 수 없이 형벌에 의존하는 정치를 하게 된다. … 좋아하고 싫어하는 것을 민의 욕망에 따르고 자기의 욕망에 따르지 않는 것, 이를 예라고 한다.(『道古錄』 권1)[82]

만민은 지극히 많다. 그 지극히 많은 만민이 '모두 함께하는 바'의 예란 무엇인가? 그것은 "각자 그 삶을 이루고 각자 그 원하는 것을 얻게 되는" 온갖 변화하면서 활기로 가득한 리(理)이다. **각자가** 그 삶을 이루면, 그것이 예이며 천칙이며 리이다. 만물이 일체인 이상 한 사람의 예외도 있어서는 안 된다.

우리는 앞에서 자백 달관이 "민의 본성이 포악하지 않기 때문에 그들을 인(仁)으로 인도할 수 있다"고 하여, 성인의 인도·교화도 민의 주체 존립에 의해서 비로소 가능하게 된다고 말한 것을 보았다. 이는 선가(禪家)의 영역에도 물결이 밀어닥쳤음을 보여준다. 그렇지만 만물일체의 천칙관을 배경에 갖는 이탁오의 경우, 물결은 단순히 민의 주체 존립에 머물지 않으며 또한 "아무것에도 의지하지 않는" 적나라한 삶의 실존 확인에 머무는 것도 아니었다. 그는 삶의 실존에서의 이러한 주체의 존립은 사람마다에 보편적으로 객관적 존재인 리—천변만화하고 활기로 가득함으로써 보편적으로 객

82) 『도고록(道古錄)』 2권, 존경각 소장본(明刊)에 의거함.

관적 존재가 되는—에 의해 가능하며, 개인 홀로 존립할 수 있는 것은 아니라고 생각하였다.

만물일체의 인은 각각의 천변만화하고 활기로 가득한 생명의지를 근거로 하는데, 실상 그에게 만물은 만민이며 생명의지는 인간의 생명의지였다. 말하자면 인간을 떠나서는 일체의 사변이 무의미하다고까지 할 기세이다. 그만큼 인간에 대한 그의 관심은 철저하다. 그의 집안이 대대로 이슬람교도였던 듯한 점이 근년에 밝혀지고 있는데,[83] 인간에 대한 그의 철저한 관심은 어쩌면 저 코란이 갖는 놀랄만한 현세적이고 즉물적인 인간 냄새에 의한 것인지도 모른다. 그 유래야 어떻든 간에 그의 인간사회에 대한 통찰의 넓이는 『수호전(水滸傳)』에서 생동감 넘치게 묘사된 인물 군상처럼 명대라는 시대상의 인간적인 냄새를 떠나서는 생각할 수 없다.

> 진정으로 자기를 버리는[舍己] 사람은 자기가 있음[有己]을 보지 못한다. 자기가 있음을 보지 못하면 버려야 할 자기도 없다. 버려야 할 자기가 없으므로 자기를 버린다고 말하는 것이다. … 진정으로 남을 따르는 사람은 남이 있음을 보지 못한다. 남이 있음을 보지 못하면 따라야 할 남도 없다. 따라야 할 남이 없으므로 남을 따른다고 말하는 것이다.(『분서』 권1, 「寄答耿大中丞」)

이탁오의 '남도 없고 자기도 없음'에의 끊임없는 추구는, 용계의 '자기 잊음[忘己]'이 주관적 충족에 빠져들기 쉽고 그리하여 '천칙'이 형이상학으로 흐르기 쉬운 것에 비한다면, 인간과 인간 사이에서 꿈쩍도 않은 채 골몰하면서 이 외에 천지는 없다고 여기는 것처럼 느껴진다.

버려야 **할 자기**도 없고 따라야 **할 남**도 없는, 즉 무인무기(無人無己)의 장에서 바야흐로 남과 자기는 함께 적나라하게 자존(自存)한다. 이 **자기**의 자존이 삶의 실존이며 그리고 그것이 동시에 **타인**의

83) 葉國慶, 「李贄先世考」(『歷史硏究』 1958년 2월) 참조.

삶의 실존이기도 하다는 것을, 자타가 함께 드러내어 서로 인정하고자 한다는 것이다.

이제 반복할 필요도 없을 테지만, 이른바 "버려야 할 자기도 없고 따라야 할 남도 없다"는 것은 스스로 확신하고 스스로 옳다고 생각하는[自信自是] 경지를 가리켜 말한 것이 아니다. 오히려 그 반대이다. 원래 '자기를 버리고 남을 따른다[舍己從人]'(『맹자』「공손추상」)는 말은 순임금의 위대한 덕성을 서술한 말이다. 주자는 "자기에게 불선이 있으면 이를 버리고 남을 따르며, 남에게 선이 있으면 그것을 취하는 것"이라고 해석하였다. 자기의 불선을 버리고 남의 선을 따fms다는 것은 말하자면 위선거악(爲善去惡)의 입장이다. 하지만 용계의 무선무악의 입장에서 말한다면 자기의 선마저 버려야 한다. 이는 미리 인간 위에 선을 설정하고 거기에 자신을 끼워 맞추는 삶의 방식과 상반된다. 더욱이 이탁오는 시비에는 정설이 없으며 선도 없고 자취도 없음을 주장하여, 이 의지할 곳 없는 땅에서 지극히 살아 움직이고 지극히 선한 인간의 생명의지를 포착하였다. 그리고 이 생명의지에 의해서 인간은 비로소 자립·자존할 수 있으며, 그러한 자립·자존으로 자유롭고 거침없게 된 인간 상호간의 생동하는 맥락을 엿보고자 하였다. 이 맥락이 활기로 가득한 리의 자유로운 작용의 발현태이다. 스스로 확신하고 스스로 옳다고 생각하는 것은 여기서는 오히려 의·필·고·아가 되며, 생동하는 맥락을 저해하는 '나의 조리'가 된다.

그럼에도 그는 "나 이탁오 한 사람의 시비라고 말해도 좋다"고 호언하였다. 이는 선도 없고 악도 없는 것을 지극한 선이라 하고 또한 옳음도 없고 그름도 없는 것을 진정한 시비라 한 용계와 마찬가지로 기성의 모든 가치관에서 해방된 본래면목에 의거하지 않는 이상 진정한 시비는 없다는 주장이다. '이탁오 한 사람'은 하나의 자각된 본래면목이다. 하지만 그것은 마찬가지 기반에서 모든 사람이 갖추고 있으므로 '모든 한 사람'을 의미하며, 남도 없고 자기도 없음을 계기로 하여 자립·자존하는 모든 사람을 가리키게 된다.

자각된 본래면목이란 모든 사람의 진실로 멈출 수 없는 생생한 기틀을 자각적으로 파악한다는 뜻이다. 이러한 자각으로 인해 그 자기주장은 강렬해지며 기성의 도통 관념에 단호하게 저항할 수 있다. 본래면목은 성인과 범인 구별 없이 보편적이며, 한 사람의 예외도 인정되지 않는다. 사람들에게서 생동하는 기틀이 권세와 이익을 추구하는 마음으로 표현되는 이상, 성인 혼자 초연히 저 높은 곳에서 부정할 수는 없다. 이탁오는 말한다.

> 무릇 성인도 사람일 뿐이다. 높고 멀리 날아올라 인간세계를 버릴 수 없다고 한다면, 입고 먹지 않을 수 없으며 곡식 낟알과 지푸라기 옷조차 끊고서 자기 혼자 황야로 도피할 수도 없다. 그러므로 성인이라 해도 권세와 이익의 마음이 없다고 할 수는 없다.(『도고록』 권1)

성인이 자기 안에 지금 당장 실현되어 있다고 생각하는 지향은 이미 앞에서 보았던 바이다. 하지만 이 '지금 당장 실현되어 있음'을 비근하고 평상적인 형이하학적 실존으로 몰아간 점에서 이탁오는 특별했다. 이탁오는 또 말한다.

> 공자는 "식량이 풍족하고 병기가 충분하면 백성들이 그를 신뢰한다"고 하였다. 무릇 백성 위에 있는 자가 백성에게 병기와 식량을 충족시켜 준다면, 백성이 그를 신뢰하고 떠받들게 될 것은 한 점의 의심도 없다. … 또 "식량을 버리고 병기를 버린다"고 하였다. 그러나 이는 버리고 싶어서가 아니라 어쩔 수 없는 상황을 말하는 것이다. … 그런데 유자들은 도리어 신뢰가 병기나 식량보다 중요하다고 말한다. 이는 성인이 말씀하신 본뜻을 이해하지 못하는 것이다. … 지극하도다! 성인이 만민을 고무시키는 방책이여! 대체로 백성으로 하여금 정책을 알고 따르도록 할 수 있었던 것은 정전제도였으며, 백성으로 하여금 알게 할 수 없었던 것은 육예(六藝)의 정수 혹은 효제충신의 실천이었다.(『분서』 권3, 「兵食論」)

이탁오는 치국평천하의 원점은 형이상학적 세계에 있는 것이 아니라 형이하학적 세계에 있다고 거침없이 말한다. 만일 이를 소홀히 하고 '나의 조리'를 고집한다면, **아무리 덕망 있는 군주라 해도** 형정(刑政)의 그물로 신체의 자유를 팔아넘길 수밖에 없다. 그와 같은 덕망은 스스로 덕이 있다고 자칭하는 것에 불과하여 어떠한 보편성도 객관성도 갖지 못한다. 성인이나 군주의 덕망이란 '자기를 버리고 남을 따름'이나 '효제충신'이라는 '제목'을 보다 완전하게 자기 소화하는 데에 있는 것이 아니라, 인간 보편에서 객관적 존재의 형이하학적 본래면목을 각성하는 데 있다고 그는 말하고 있다.

이탁오의 '남도 없고 자기도 없음'은 만물일체의 천관(天觀)을 배경에 가짐으로써 애초부터 집체적이었다. 그러한 점에서 넓은 의미로 정치적이다. 그러나 이 집체성은 자기와 인간 일반을 횡적으로 연결시킬 뿐 아니라 성인이나 군주와 관계된다는 점에서 좁은 의미에서도 정치적이다. 좁은 의미라는 것은 정치를 신분질서 하에서의 지배와 피지배의 관계로 한정시켜 보는 것을 말한다. 이탁오의 경우도 이러한 관점에서 벗어나지 못한 것은 역사적으로는 오히려 당연하다. 종래의 정치관은 형이상학적 천리의 완전한 구현태를 성인 군주로 가상(假想)하고, 이를 기질적·형이하학적 혼돈인 민 위에 군림케 하였다. 이에 비한다면, 성인 군주를 모두 민의 혼돈 속으로 끌어내리고, 혼돈은 사실 활기로 가득한 리가 저절로 작용하는 모습이며 이러한 리에 따르는 것이 바로 정치의 안목이라 생각한 것은 이후 황종희가 저 유명한 「원군(原君)」(『명이대방록』)에서 논하고 있는(하론, 제2장 참조) 바를 보면 알 수 있듯이 극히 시대에 선행적이라 할 수 있다.

이탁오의 「병식론」은 독특하게 선행적이었지만, 그러나 결코 동시대의 사조로부터 격절된 높이를 자기 혼자 걸어간 것은 아니었다.

> 대인(大人)이란 자신 한 사람의 자기를 자기로 삼지 않고 천하 사람을 합하여 자기를 완성하는[成己] 자이다. … 만약 선을 논할 때에

선이 자신에게 이미 있다고 한다면 천하 사람에게도 모두 선이 있는 것이다. 또한 불선을 논할 때에도 천하 사람에게 불선이 없을 리 없다고 한다면 곧 자기 혼자만 없다고 할 수도 없는 일이다. … 민 위에 있는 자가 자신도 선하지 못한 주제에 남에게만 이를 요구하거나, 자신도 악하면서 다른 사람만 비난하는 무리는 논외로 하겠다. 설령 자신이 선하다고 해서 남에게도 이를 요구하거나 자신에게 악이 없다고 해서 타인의 악을 비난하는 경우에도, 사람의 입은 복종시킬 수 있을지언정 사람의 마음까지 복종시킬 수는 없다. 천하의 다툼은 모두 자신만 선하고 악이 없다고 생각하는 데에서 일어난다. 자신에게 선이 있다면 천하 사람에게도 각자 그 선이 있으며, 자신에게 악이 없다면 천하 사람에게도 각자 그 악이 없는 것이다.(『證學篇』 1, 「爲懷遠路孝廉書二條」)

양복소도 이처럼 정설화된 선악을 모든 사람에게 강제하는 것을 부정하면서 위정자의 선악이 민의 선악에 근거한다는 점을 명백히 하였다. 그는 또한 다음과 같이 위정자의 '인위적인 의도'가 민에게 군림하는 것을 단호하게 부정하였다.

천하 사람의 본성은 진실로 이미 평온[平]하다. 지혜를 좋아하는 자가 일부러 평온히 하려고 하지만 단지 어지럽게 할 뿐이다. 성인은 항상 평온함을 천하의 일반적 모습으로 여겼기 때문에 감히 인위적인 의도를 가지고 이를 어지럽히지 않았다.(『증학편』 1)

이때의 '평(平)'이란 평치(平治)의 평이며 동시에 평상(平常)의 평으로서, 민을 있는 그대로의 일상에 맡겨두기만 해도 태평한 정치가 성취된다는 뜻이다. 마찬가지의 지향은 초횡(焦竑)에게도 보인다. 어떤 친구가 '무념(無念)으로서 념(念)을 삼고, 념으로서 무념을 삼는다'는 말의 뜻을 물었다.

무념(無念)으로서 념(念)을 삼으면 업과(業果)가 완연하고, 념으로서 무념을 삼으면 진성(眞性)이 담연하다. 이는 불교 경전에 있는 말이지만, 불교 경전에만 한정되는 것은 아니다. 순임금은 무위(無爲)로써 다스렸고, 우임금은 그 일삼는 바가 없는 것을 행하였다는 것이 결국 이것이다. 그리하여 순임금과 우임금은 천하를 소유하고서도 마음에 두지 않았다(『논어』「泰伯」에 의함)고 한다. 옛 성인은 모두 무위로써 법을 삼았던 것이다.(『담원집』 권49, 「明德堂答問」)

초횡의 대답은 막연하기는 하지만 위로부터의 '인위적인 의도'에 어느 정도인가 갑갑함을 느끼고 있었음을 보여준다.

이들의 지향은 이미 양지의 학에서 배태된 것으로, 특별히 명말의 독자적인 지향이라 할 것은 못된다. 즉 일찍이 왕용계도 아래와 같이 지적한 바 있다.

무릇 일체(一體)가 되는 것을 인(仁)이라고 하니, 만물이 모두 나에게 갖추어져 있어 의도적으로 하지 않는다. … 만물의 변화는 끊임이 없지만 (양지가) 이에 대응하지 않음이 없는 것은 만물의 변화가 나의 양지(良知)에 갖추어져 있기 때문이다. … 후세의 유자는 '일체'의 뜻에 밝지 못하여 … 먼저 옛 사람의 효제애경(孝悌愛敬), 오상백행(五常百行)의 흔적을 들추어내어 이를 가지고 전요(典要)라고 하고, 제멋대로 추측하여 이를 가지고 사물에 응하는 법칙이라고 고집한다. ('일체'의 뜻에) 끊임없이 변하여 흐른다는 뜻이 있음을 모르는 것이다.(『龍溪全集』 권2, 「宛陵會語」)

진실로 양지를 이룬다는 것은 다만 허심으로 사물에 응하고 사람마다 각각 그 정을 다하도록 하는 것이다.(『용계전집』 권1, 「維揚晤語」)

'**옛 사람**의 효제애경' 등 기존의 정설화된 가치 기준에 의거함 없이 지금 당장 갖추어져 있는 양지에 몸을 맡겨 허심으로 사물에 응하면, 끊임없이 변화하여 흐르는 가운데 만물은 저절로 일체의 뜻을 발휘하며 사람은 각자 그 정(情)을 얻는다. 위정자의 인위적인 의도를 거부하는 지향의 밑바닥에 이렇게 사람마다에 갖추어져 있는 현성양지(現成良知)84)*에 근거한 '일체(一體)'의 뜻이 가로놓여 있음을 알 수 있다.

그러나 단순히 위정자의 인위적인 의도를 없애고 고복격양(鼓腹擊壤)85)*의 다스림을 목표로 할 뿐이라면, 혹은 무위가 노장의 무위자연을 목표로 할 뿐이라면, 이제 여기서 새삼스레 언급할 필요는 없다. 그들은 낭만적이고 이상주의적인 복고주의자로 간주될 것이다. 그렇지만 사실 그들의 지향은 결코 그렇게 단조로운 것이 아니었다.

이를테면 "성인은 정해진 마음이 없어 중생의 마음으로 마음을 삼고(『노자』「任德」 참조), 크게 깨달은 사람은 정해진 선이 없어 중생의 선으로 선을 삼는다"(『자백전집』 권13, 「常熟慧日寺西方殿造像疏」)고 한 얼핏 특별할 것도 없는 이 말들이 곧바로 "요약해서 말하면 중생이 본래부터 가지고 있는 마음을 열어주고, 본래부터 가지고 있는 선을 계발한다"는 말을 연상시키는 것처럼, 그들이 추구한 무위는 단순히 위정자가 자신의 마음을 비우는 것일 뿐 아니라 민의 주체적 역량을 인식할 것을 촉구한 점에서 종래의 무위와는 양상을 크게 달리한다. "천하 만세로 하여금 각각 필부필부의 지식과 능력에 편안하도록 하는 것이 아니라면 성인이라는 것도 필경 세상의 쓸모 없는 군더더기에 지나지 않는다"(『증학편』 권1, 「尺牘節文」)고 한 양복소의 말은 민의 주체적 역량에 치세(治世)의 원점이 있다는 그 나름의 표명이었다.

---

84)* 현성양지(現成良知): '특별한 공부를 하지 않아도 이미 이루어져 있는 바의 양지', 즉 당하현성(當下現成)인 양지의 뜻이다. 이 설의 가장 유력한 주장자는 왕용계이다. '당하현성'에 반대한 고헌성(顧憲成)의 『당하역(當下繹)』이 있다. 島田虔次, 『中國における近代思惟の挫折』, 112~113쪽. 김석근·이근우 옮김, 『주자학과 양명학』(까치, 1986), 182~185쪽.

85)* 고복격양(鼓腹擊壤): 배를 두드리고 땅을 치면서 요임금의 덕을 노래했다는 고사.

이상의 논의들은 선이 민에게 본래부터 갖추어진 것으로 파악하고, 이러한 **민의 주체적 역량**을 기반으로 위정자의 유위(有爲)를 부정하고 무위를 필수적인 것으로 이해하는 점에서 이탁오와 동질적이다. 따라서 이탁오가 동시대로부터 격절된 높이에 홀로 있었던 것이 아님을 알 수 있다. 그러나 그의 '남도 없고 자기도 없음'이나 「병식론」에서 보았던 것처럼, 민의 주체적 역량에 대한 이탁오의 인식은 추상적인 '선'의 본래성에 머물지 않고 형이하학적 실존으로까지 추구되었다. 이 점에서 이탁오는 동시대의 인물에 비해 한층 특별했음이 분명해진다.

이 때문에 이탁오의 무위는 거침없이 민의 '사(私)'에 따르는 것을 그 내용으로 하기에 이르렀다. 거기에는 털끝만큼의 추상성도 없었다. 이탁오는 다음과 같이 말한다.

> 성인의 학은 무위(無爲)로 완성된다. 그러나 오늘날 무위를 말하는 자는 무심(無心)을 말할 뿐이다. 이미 심(心)이라 한 이상 어떻게 무(無)를 말할 수 있겠는가? 이미 위(爲)라 한 이상 또 어떻게 무심(無心)의 위(爲)가 있을 수 있겠는가? 농부에게 마음이 없으면 토지가 반드시 황폐해지고, 공인에게 마음이 없으면 그릇이 반드시 이지러지고, 학자에게 마음이 없으면 학업이 반드시 폐기된다. 어떻게 무심으로 할 수 있겠는가? 해석하는 자는 또 이렇게 말할 것이다. 이른바 무심은 사심(私心)이 없다는 것이지 진실로 마음이 없다는 뜻은 아니라고.[86] 무릇 사(私)란 사람의 마음이다. 사람은 반드시 사가 있어야 그 마음도 발현된다. 만일 사가 없다면 마음도 없다. 농부는 사적으로 가을의 수확이 있어야 밭을 가꾸는 데에 힘쓰며, … 학문하는 자도 사적으로 진취의 영달이 있어야 면학에 힘쓴다. …이는 자연스런 이치이며 필연적인 결과이다. 꾸며서 억지로 하는 말이 아니다.
>
> 그렇다면 무사(無私)의 설을 주장하는 것은 모두 그림의 떡이며 극장의 구경거리로서 … 채택할 만한 것이 못 된다. … 이상에서 보

86) 정이천(程伊川)의 말(「程氏外書」, 『二程全書』 39)에 기초한 해석일 것이다. 楠本正繼, 『宋明時代儒學思想の硏究』, 廣池學園出版部, 1962년, 143쪽 참조.

자면, 무심(無心)이나 무사심(無私心)으로 무위의 학을 고상하게 논하는 것은 모두 근거 없는 논리이다. … 요컨대 순임금 이후에는 모두 유위(有爲)의 성인이다. 태공(太公; 太公望 呂尙 곧 姜太公/역자)의 부국강병이나 주공(周公)의 예악은 주목한 바는 각각 달랐지만 유위라는 점에서는 똑같았다. … 어찌 반드시 무위를 해야 가능한 것이라 단정할 수 있겠는가?(『藏書』 권32, 「德業儒臣後論」)

이탁오는 모든 인간의 생명의지에 리를 근거지우려고 하였기 때문에 어떤 정설화된 '나의 조리'를 사람들에게 강제하는 것은 유위(有爲)의 혹란(惑亂)으로 파악하였다. 하지만 동시에 유위를 일원적으로 부정하고자 하는 허심(虛心) 혹은 무심(無心)의 무위 역시 그 독선으로 인해 마찬가지로 '나의 조리'가 된다고 인식하였다.

"성인은 무릇 유위(有爲)인가?"라는 질문을 받은 이탁오는 "무위(無爲)이다"라고 대답하였다. 그렇다면 "성인은 무릇 무위인가?"라는 질문에 이탁오는 "무위도 없다. 다만 그 무위도 없기 때문에 무위일 수 있다. 다만 이렇게 그 무위이기 때문에 이루어지지 않음이 없다"라고 대답하였다.(『說書』, 중용 권3, 「無爲而成」)[87]

---

87) 『설서(說書)』는 큐슈(九州)대학 소장본이 현존할 뿐인데, 구스모또 마사쯔구(楠本正繼)는 이 판본에는 『속분서』 권2에 보이는 「자각설서서(自刻說書序)」가 없다는 점에 근거하여 위서(僞書)의 혐의가 있다고 하였다.(앞의 책, 504쪽) 오까다 다케히꼬(岡田武彦)도 『王陽明と明末の儒學』(明德出版社, 1970, 제4장 제6절)에서 여러 가지 의문점을 열거하고 있다. 사실 그 가운데에는 『임자전집(林子全集)』과 완전히 동일한 부분(『임자전집』 3, 「心聖敎言」, 19ウ~20オ와 『설서』 상론, 5권, 博學의 「風奴」 등)도 있어 후세 사람이 손을 댄 것임이 분명하다. 다만 필자의 견해에 한정하여 말한다면, 이탁오 사상과 **적극적으로 모순되는 점**을 지적하기는 곤란하다. 뒤집어 말하면, 이는 후세 사람의 작품이라 해도 이탁오 사상의 공명자 혹은 동조자에 의한 것임을 시사하는 것이다. 또는 이탁오의 말이 포함되어 있을지도 모른다. 이러한 것들은 앞으로 해명되기를 기다릴 수밖에 없다. 물론 여기서 『설서』를 인용한 것은 정당한 것은 아니지만, 틀을 이탁오 사상의 공명 부분, 동류 부분까지 확대하여 인용한 것이다. 따라서 이곳의 탁오는 괄호를 붙여 읽어주기 바란다.

이 말은 무위란 **유위**가 없음과 동시에 **무위**도 없다는 뜻이다. 물론 허구적인 이념으로 인간 생명의지의 리얼리즘을 강제하여 구속하려는 유위는 당연히 행해져서는 안 된다. 이미 보았던 것처럼 그것은 용계 이래 여러 인사들이 늘상 지적하던 바였다. 그러나 그것만 가지고서는 인간 생명의지의 리얼리즘은 그 주체성을 충분히 객관화할 수 없다. 왜냐하면 위정자는 '자기 잊음[忘己]', '자기 버림[舍己]' 또는 '자기 없음[無己]'에 목적적으로 몰두함으로써 리얼한 객관적 존재까지도 망실할 수 있기 때문이다. 그들은 눈앞에 나타나는 객관적 존재에 상관하지 않고 눈을 딱 감고서 못 본 척 할 수도 있다. '자기 버림'이 자기의 악을 버리는 것으로부터 자기의 독선을 버리는 데까지 이른다 해도, **버림**을 목적으로 한다는 점에서는 마찬가지다. 이러한 점에서 그것은 모두 '제목(題目)'에 지나지 않는다. '자기 버림'이란 자기를 **버리는** 것이 아니라 진정한 자기를 **발현하는** 것이며, 이른바 진정한 자기란 분별하고 계교할 여지가 없는 자기 그 자체이다. 그리고 그것은 한 사람 그 자체일 뿐 아니라 보편적으로 모든 사람 그 자체다. 그리하여 분별하고 계교할 여지가 없게 된다. 한 사람의 자기에 특정한다면, 그것은 모든 사람에 대립하여 '자기를 의식하는 것[有己]'으로 독선이 된다. 자기 자신 속에서 '자기 없음[無己]'을 완결하는 것은 말하자면 자기를 '무'로 규정하는 것이며, 다른 사람들과의 관계를 **단절하는** 것이다. 그러므로 그것은 형태를 바꾼 '자기의식[有己]'이다. 자기를 '무'위로 특정하는 것도 **위(爲)**와의 연관을 **단절하는** 것이므로 형태를 바꾼 유위가 된다. 그것은 무(無)를 지향하는 위(爲)로서, 위(爲)를 부정하는 것일 수는 없다. 무위란 진정한 **위(爲)의 발현**이어야 한다. 그것은 참된 위를 저해하거나 부정하는 따위의 위(爲)를 단절하는 것이기는 해도 위(爲) 일반을 단절하는 것은 결코 아니다.88)

---

88) 『전심법요(傳心法要)』에 "이 법이 곧 마음이니, 마음 밖에 법은 없다. 이 마음이 곧 법이니, 법 밖에 마음은 없다. 마음이란 스스로 무심이며 동시에 무심이 없는 것이다. 마음을 무심으로 하고자 하면, 마음이 곧바로 생

진정한 위(爲)는 리얼한 객관적 존재로서의 자기를 사회적 영위 속에서 발현하는 것이다. 그리고 리얼한 객관적 존재란 그가 지적하였던 것처럼 모든 사람들의 '사(私)'이다. 이를 저해하거나 왜곡하지 않는 것이 무위이며, 무작위의 행위 속에서 이를 발현하는 것이 진정한 의미의 유위이다.

이탁오의 '입고 먹는 것[穿衣吃飯]', '병기와 식량[兵食]' 혹은 '사(私)'에 대한 절실한 인식은 결코 평탄한 길 위에서 확립된 것은 아니었다. 기성의 사유를 타파하고자 하는 명말의 충동 속에서, 그리고 그러한 명말의 충동까지도 돌파하고 오로지 진실재를 끊임없이 추구한 시행 끝에 비로소 힘겹게 전망될 수 있었다. 이탁오가 '입고 먹는 것'이나 '사'를 자신의 입론(立論)의 진지로 확정하고, 그 바탕 위에서 이를 정론(定論)으로 주장한 것은 아니었다. 모든 시행 끝에 그에게는 이 이외에 달리 나아갈 수 있는 길이 더 이상 없었던 것이다.

"입고 먹는 것이 인간의 윤리이며 사물의 이치"라고 단정한 것은

기게 된다. 묵묵히 깨달을 뿐, 온갖 사의(思議)를 끊는다"라는 유명한 구절이 있다. 무심(無心)이란 동시에 무심이 없는 것인데, 그것은 또 무심의 마음이다. 따라서 그것은 분별의식을 끊은 마음의 평상적인 발휘이다.(入矢義高 譯註, 『傳心法要・宛陵錄』, 禪の語錄 8, 筑摩書房, 1969, 12~19쪽 참조) 결국 여기에 보이는 이탁오의 사유는 이러한 선가(禪家)의 발상을 그대로 받아들인 것이다. 그러나 선가의 **심**(心)이 **법**(法) 즉 공 (空)과 융합적으로 일체화되는 것에 반하여, 이탁오의 **심**(心) 혹은 진정한 **위**(爲)는 리얼한 정치세계 또는 사회적 생활의 현장을 드러내고 있다는 점에서 선가와는 전혀 다르다. 이를테면 "무릇 한문제(漢文帝)는 무위의 성인이다. 스스로 그 자신 실컷 먹고 배두드리는 백성들과 함께하였다. … 효무제(孝武帝)는 위대한 유위의 성인이다. 당시에 땅 2만여 리를 개척하였으니, 유위의 공업이 또한 위대하다. … 그렇다면 오늘날 모든 사람은 진실로 하나의 밝고 빼어난 공업을 갖고 있는 것이다. 다만 의견(意見)에 이끌리고 성설(成說)에 얽매여 있다. … 이 때문에 끝내 이루는 것이 없어, 유위・무위가 모두 불가능해진 것일 뿐이다"(『장서』 권32, 「덕업유신후론」)라고 하여 유위・무위가 모두 선정(善政)에 초점이 맞추어져 있는 것이 그 한 예가 될 것이다.

윤리와 사물을 '진공(眞空)'으로 파악하는 관점에 의한 것이었다는 점, 이미 살펴본 대로이다. 기성의 윤리와 사물을 철저하게 '무'로 추구해 들어가고, 그 '진공'을 모색하는 시행 끝에 비로소 '진정한 유[眞有]'가 있었다.

> 내(문장 속에서는 부처를 가리키지만, 부처에 가탁하여 이탁오 자신의 견해를 서술한 것으로 보아도 좋음)가 말하는 색(色)은 공(空)과 다르지 않으며, 내가 말하는 공(空)은 색(色)과 다르지 않다. 그러나 단지 다르지 않다고만 말하는 것은 두 사물이 대립한다는 것과 같은 뜻이니, 비록 둘을 합쳐 하나로 만들어도 그 하나는 여전히 남는다. 사실 내가 말하는 색은 곧 공을 말함이니, 색의 바깥에 따로 공이 있는 것은 아니다. 내가 말하는 공은 곧 색을 말함이니, 공의 바깥에 따로 색이 있는 것은 아니다. 색이 없을 뿐 아니라 공도 없는 상태, 이것이 바로 진공(眞空)이다. … 공이 곧 색이니, 다시 무슨 공이 있겠는가? 색이 곧 공이니, 다시 무슨 색이 있겠는가? 공도 없고 색도 없는데, 어디에 또 유가 있고 무가 있어 나에게 얽매임이 되어 자재(自在)할 수 없게 하겠는가?(『분서』 권3, 「心經提綱」)

이와 같이 이탁오는 『반야심경(般若心經)』의 "색은 공과 다르지 않고 공은 색과 다르지 않으니, 색이 곧 공이요 공이 곧 색이다[色不異空, 空不異色, 色卽是空, 空卽是色]"고 하는 '마음에 얽매임이 없음[心無罣礙]'의 논점을 꽉 붙들고서 놓을 수가 없었다. 경문의 한 구절 한 구절에 얽매이지 않으면서, 모습을 드러내지 않는 상대를 찾아 격렬한 싸움을 걸고 있는 것처럼 그는 집요하였다.

> 세간에는 자기의 심지(心地)89)*를 밝히지 못하는 사람이 있어서, "나의 진심(眞心)90)*은 마치 태허공(太虛空)과 같아서 표현할 수 있

89)* 심지(心地): 사람마다에 본래적으로 갖추어져 있는 참된 마음[眞心]을 대지(大地)에 비유해서 한 말. 마음은 일체로서, 일체의 제 사상(事象)을 낳는 바이기 때문에 마음을 심지라고 한다.

> 는 상(相)도 없지만, 다만 색(色)에 대한 생각이 서로 뒤섞여 일어남에 따라 어둡고 혼란스러워 편안하지 못하다. 이 때문에 공을 이루지 못할[不空] 뿐이다"라고 말한다. 그리고 또 "존재하는 모든 것을 다 비운 다음이라야 나의 무상(無相)의 원초를 완성할 수 있다. 이것이 바로 공을 하는 것이다[爲空]"라고 말한다. 도대체 저 공이 (인위적인 노력을 통해) 할 수 있는 것이라면, 어찌 이를 진공이라 하겠는가? 설령 공을 이룬다 해도, 이는 땅을 파서 출토시킨 공으로서 마치 지금 누구나 보고 있는 태허공과 같을 뿐이다. 진공과는 아무 관계가 없다. … 어찌 알라! 나의 색신(色身)[91]*이 밖으로 흘러 산과 강에 이르고, 대지를 두루 덮으며 눈에 보이는 태허공 등과 어우러지는 이 모든 것은 나의 오묘하게 밝혀진 진심 가운데 있는 한 점 물상(物相)에 지나지 않음을! 이러한 것들은 모두 심상(心相)의 자연(自然)이니, 누가 그것을 비울 수 있겠는가?(『분서』 권4, 「解經文」)

라고 하여 이탁오는 『수능엄경(首楞嚴經)』의 '해경(解經)'에도 시비를 건다.[92]

이탁오는 "경문은 깨달아야지[解悟] 해석해서는 안 된다. 깨달으면 속뜻에 통달하고, 해석하면 말의 설명으로 타락한다[經可解, 不可解. 解則通于意表, 解則落於言詮]"(『분서』 권4, 「書決疑論前」), "경문 가운데 한 글자라도 밝게 깨치지 못하면 자기의 생사(자기의 성명과 같은 뜻으로 보아도 좋음)를 밝게 깨칠 수 없다"(『분서』 권4, 「觀音門」)고 말하고 있는 것처럼, 경문에 대한 이탁오의 '해(解)'는 자기의 성명에 대한 깨달음과 관련되어 이루어지고 있음을 알 수 있다. 그러므로 이 「해경문」은 결코 경문에 대한 해석에 머물지 않

---

90)* 진심(眞心): 순수하고 잡됨이 없는 맑은 마음.

91)* 색신(色身): 사대오진(四大五塵) 등 색법(色法)으로 이루어진 몸으로, 육신을 가리킨다.

92) 이 「해경문(解經文)」은 『수능엄경(首楞嚴經)』 권2(『大正藏經』 19권, 110下~111上)를 풀이한 것이다.

는다. 현재의 필자에게 『수능엄경』은 약간 힘에 부친다. 명대 인사

『수능엄경(首楞嚴經)』	「해경문(解經文)」
晦昧爲空	本以晦昧不明之故而爲空.
空晦昧中	苟遇晦昧不明之者, 眞空亦卽在此晦昧中, 而眞空未始晦暗也. 故曰, 空晦暗中.
結暗爲色	唯是吾心眞空, 特地結起一朵晦暗不明之色, 本欲爲空, 而反爲色, 是以空未及爲而色已暗結矣. 故曰,結暗爲色.
色雜妄想, 想相爲身	卽以吾晦暗不明之妄色, 雜吾特地爲空之妄想, 而身相宛然遂具.
聚緣內搖, 趣外奔逸	攀緣動搖之妄心日夕屯聚于身內, 望塵奔逸之妄相日夕奔趣於身外.
昏擾擾相, 以爲心性	其爲昏擾擾相, 殆不容以言語形狀之矣. 是謂心相, 非眞心也, 而以相爲心可歟.
一迷爲心, 決定惑爲色身之內	其迷爲心, 則必決定以爲心在色身之內.
不知色身外洎山河虛空大地, 咸是妙明眞心中物	豈知吾之色身洎外而山河, 遍而大地, 並所見之太虛空等, 皆是吾妙明眞心中一点物相耳.
譬如澄淸百千大海, 棄之唯認一浮漚體, 目爲全潮, 窮盡瀛渤	夫諸相總是吾眞心中一点物, 卽浮漚總是大海中一点泡也. 使大海可以空却一点泡, 則眞心亦可以空却一点相矣.
汝等卽是迷中倍人	夫旣迷爲心, 是一迷也. 復迷謬以爲吾之本心卽在色身之內, 必須空却此等心相乃可. 嗟嗟, 心相其可空乎. 是迷而又迷者也. 故曰, 迷中倍人.

(구절의 배열은 『수능엄경』의 어순에 따름

그는 이렇게 거의 축조적(逐條的)인 해석을 하고 있다.

이리야 요시타카(入矢義高) 선생의 가르침에 따르면, 여기서의 '심상(心相)의 자연(自然)'은 『대보적경(大寶積經)』 권117의 "이러한 이유로 마음은 마음을 보지 못하니, 마음이 보는 것은 보이는 바가 없다. 관찰하기를 마땅히 이와 같이 해야 한다. 마음이 소재하는 곳에 … 옳음도 없으며 또한 그름도 없으니 이것이 마음이다. 마음가짐은 이와 같아야 한다. 마음의 작용이 법이 되니, 마음은 머무는 바도 없으며 또한 행하는 바도 없다. 마음은 볼 수 없으니, **심상의 자연**이다. 이를 깨치게 되면 보는 바가 바로 거기에 있는 듯하다. 보는 바에서 떠나지 않아 그 마음이 고요해져서 본원이 없음을 분명하게 인식하게 되니, 이것이 '보살은 마음을 봄에 무심으로 의지(意止)를 삼는다'는 것이다. … 그 본성의 청정함을 묵계하면 자연이 된다. 마음은 또한 본디 청정하여 중생의 마음을 깨친다. 마음이 청정하기 때문에 인민을 계도하고 교화시킴에 그 설법이 된다. 자기 **마음의 자연**을 깨달아 알게 됨으로써 일체 중생 또한 자연을 회복한다. 만약 이와 같이 마음을 분별할 수 있다면 그 심상을 관찰함에 설법이 된

의 마음을 사로잡았던 이 경문에 대한 충분한 지식이 없는 필자로서는 약간의 부끄러운 생각마저 든다. 하지만, 경문에 대해 이렇듯 전전긍긍하며 붙잡고 늘어지는 이탁오의 '해'에의 집념만은 필자에게도 어느 정도 전해지는 듯하다.

색과 공은 다르지 않지만, 단지 다르지 않다고만 말하는 것은 둘의 다름을 전제로 한 부정이기에 그에게는 불만족스럽게 느껴졌

다. **심상의 자연**으로 말할 것 같으면, 그것은 중생의 심상의 자연이 이와 같은 것이다. 만약 이 상(相)에 통달하면 그 설법이 된다"(『大正藏經』 11권, 662下~663上)에서 원용한 것으로 생각된다. 이 용어의 취지는 앞에서 인용한 『수능엄경』의 해당 부분의 해설 용어와도 잘 적응된다.

'심상 자연'이라는 용어가 이탁오의 독창이 아님은 분명하지만, 필자는 아무래도 이 네 글자를 버리기가 아쉽다.

본문에서도 말하겠지만, 필자는 아직 『수능엄경』을 읽어보지 못하였기 때문에 많은 말은 삼가기로 하겠다. 다만 이탁오의 '해경(解經)'은 본문에서도 말하겠지만 그 자세에 있어서 단순히 자구 상의 해석으로 끝나는 것이 아니다. 예를 들면, 이탁오는 '무(無)'를 말하였지만 그가 말하는 '무'는 불교의 '무'와는 결코 같은 것이 아니었다. 마찬가지로 여기에서의 '심상의 자연'도 『보적경(寶積經)』에서 어의를 원용한 것이지만, 이를 자신의 용어로 바꾼 것이다.(이탁오에게서 이러한 예는 수없이 나타난다) 여기에는 인간의 실존적 자연에의 지향이 함축되어 있는 것으로 생각된다.

그러므로 이곳에서 "산하(山河)·대지(大地)도 나의 맑고 깨끗한 진심 속의 한 점 물상"이라고 경문에 근거하여 풀이하였을 때에도 그가 불교 공관(空觀)에 매몰되어 있는 것처럼 보이지만, "심상의 자연이니, **누가 이를 비울 수 있겠는가?**"라고 방향을 바꿀 때 사실 이탁오의 얼굴이 떠오를 듯하다. 이렇게 본다면, 앞의 문장을 근거로 이탁오를 "객관세계를 마음 속의 물상으로 파악하고, 마음이야말로 일체 물상의 본원으로 인식하였다"고 비판하고, 이러한 "선학(禪學)적 주관 유심주의"로 인해서 "봉건사회의 일체 굴레를 초탈하고자 기도"하였으면서도 결국에는 "여전히 암흑의 깊은 밤 속에서 살아가지 않을 수 없었다"(侯外廬 외, 「李贄的進步思想」, 『歷史研究』 1959년 7월)고 평가하는 것은 필자로서는 도저히 동의할 수 없다. 이것은 이탁오에게 불교가 필경 어떤 작용을 하였는가를 보아온 필자에게는 당연한 것이다.

또한 최근 아라키 겐고(荒目見悟)가 이 「해경문」에 대해 명확한 해석을 행하였다.(『明末宗教思想研究』 부록1, 431~436쪽 및 『佛教と陽明學』 제15장, 173~174쪽)

다. 결국 공도 없고 색도 없으며 유도 없고 무도 없는, 즉 일체 분별을 단절해야 비로소 진정으로 얽매임이 없는 자재로운 스스로의 활용이 있게 된다. '공을 하지 않음[不空]'은 '공을 함[爲空]'으로써 속박에서 벗어날 수 있는 것이 아니라, '공을 하지 않음'과 '공을 함'을 포함한 일체의 유위(有爲)의 상(相)이 진심에 포섭된 '심상(心相)의 자연(自然)'으로 간주될 때 비로소 진공의 커다란 자재로운 활용이 있게 된다. 이탁오는 그렇게만 말하고 있는 것처럼 보인다.

물론 경문 속에서 자기 성명의 소재를 발견할 수 있는 것도 아니며, 무무(無無)라는 것도 없애고 없애고 또 없애는 … 없앰[無]이라는 끊임없는 부정의 자가당착에 빠지지 않으리란 법도 없다. 하지만 이탁오가 이렇게까지 집요하게 경문에 매달려 무언가를 확증하고자 하는 첨예한 **논리력**은 '해경(解經)'의 과정에서 그 층차가 더욱 심화되었을 것이다. 앞에서 언급한 '자재(自在)'나 '심상의 자연'은 그 자체로는 경문의 어구를 차용한 것이지만, 어디까지나 성명의 깨달음을 건 '해(解)'였지 결코 단순히 경문에 대한 해석은 아니었다. 그 '해(解)'의 힘에 의해 이 어구의 배후에 있는 확정할 수 없는 무언가를 전망하고자 한 그 '무언가'는 의심할 것도 없이 이탁오 자신의 '깨달음'이었을 것이다. 이 전망될 듯하면서도 전망될 수 없었던 그 '무언가'가 때로는 '진정한 제일념(第一念)'(『분서』 권1, 「復丘若泰」)이었으며 때로는 '입고 먹는 것'이었다. 이것이 그가 확증한 '진공'이기도 하였다. 그것을 경문 속에서 찾을 수 있을지 어떨지 알 수 없지만, 적어도 해경(解經)으로 단련된 **논리력**의 축적 없이는 풀 수 없는 대상이었음은 분명하다.

'병기와 식량'·'사'는 불교 경전과의 격투가 없었다면 도저히 전망될 수 없었다. 적어도 자신을 세간법 밖에 설정하고 세간법을 전체적으로 바라보면서 검증하는 관점이 없었다면 저와 같은 개념의 역전은 조망될 수 없었다. 그 본색의 근저에 강렬한 리얼리즘 정신이 자리하고 있었다고는 하지만, 이 정도로 첨예하게 되기까지에는 아마도 불교 경전과의 격투 속에서 길러진 논리력에 의한 가열차기까지 한 부정(否定)의 축적이 아마도 조건으로서 필수였을 것이다.

이탁오는 경정향, 초횡, 양복소, 주여등 등 같은 명말 시기의 인사들과 함께 양명을 명대 중기 사상의 원점으로 삼고, 그로부터 왕용계, 왕심재, 나근계 등으로 이어지는 명대 후반기의 사상사 전환의 조류를 계승하면서 중국사상의 이 거대한 전환기에서 그의 역사적 역할을 수행하였다. 이 대전환의 전체적인 모습은 황종희, 고염무에 이르러 비로소 어슴푸레 드러나게 되는데, 그 전 단계의 모색기를 이탁오는 이렇게 자기의 성명을 걸고 마땅히 걸어가야 할 진정한 길을 끊임없이 추구하고 있었다.

이탁오에게 있어 형이하학적 실존에 근거하는 인간 보편의 객관적 존재로서의 리(理)는 리라기보다는 진공이며, 확실성은 거의 동시에 불확실성을 그대로 드러내는 것이었다. 권세와 이익을 추구하는 마음은 누구에게도 있다는 점에서 확실한 '최초 일념의 본심'이라 생각되지만, 그러나 또 이렇게까지 후천적인 진흙투성이에 찌든 유위(有爲)의 의념(意念)도 없을 것이라고 생각될 만큼 그 제일념은 끝없는 불확실성이기도 하였다.

『명유학안』에는 아래와 같이 유원경(劉元卿)과 추영천(鄒穎泉)의 문답을 기록하고 있다.

> 유원경이 선생(추영천)에게 "어찌하여 요즘에 탁오를 따르는 자가 많습니까?"라고 물었다. 선생은 "사람 마음에 누군들 성현이 되고 싶지 않겠는가? 다만 아무리 해도 성현의 높이에 손이 미치지 못할 뿐이다. 이제 그는 술과 여색을 즐기고 재물을 모으는 것 일체가 성현이 되는 데에 방해가 되지 않는다고 말한다. 깨달음에의 길에 이렇게 편리한 것이 있다면 누구인들 이를 따르지 않겠는가?라고 대답하였다.(『明儒學案』 권16, 「穎泉先生」)

똑같이 양지학의 흐름을 만들어 내면서도 위선거악이라는 '제목'에 속박된 인사의 몰이해는 이렇게까지 동떨어져 있었다. 그렇지만 사실 진공에 대한 일념이 술과 여색 그리고 재물에의 탐닉으로 흐르지 않으리라는 보장은 거의 없었다. 아마도 이러한 사태에 대해서는 이탁오 스스로도 뼈저리게 자각하고 있었던 것 같다.

> (이탁오는) 맑은 절개가 꿋꿋하였으니 … 첫 번째 배울 수 없는 점이다. … 공은 젊은 여자의 방에는 들어가지도 않았고 어여쁜 소녀의 침상에는 올라간 적도 없었으니, … 두 번째 배울 수 없는 점이다. … 지극히 오묘한 도의 경지에 깊이 들어가서 그 큰 것을 보았으니, … 세 번째 배울 수 없는 점이다. … 어려서부터 늙을 때까지 오직 독서밖에 몰랐으니, … 네 번째 배울 수 없는 점이다. … 곧은 기상과 굳센 절개로 남에게 굽힌 적이 없었으니, … 다섯 번째 배울 수 없는 점이다.(『분서』에 수록된 袁中道의 「李溫陵傳」)

이처럼 원중도(袁中道; 1570~1623)[93)*]를 탄식케 할 정도로, 이탁오는 몸가짐을 더욱 엄격하게 하여 자기 규제의 극한에서 발하는 자신의 제일념을 끊임없이 날카롭게 하면서 극도의 긴장 속에서 삶을 살아갔다. 그에게는 그의 제일념만이 확실한 실재였으며, 거기에서 확증되지 않는 것은 성명의 의리로부터의 방랑과 일탈이기도 하

---

93)* 원중도(袁中道; 1570~1623): 자는 소수(小修), 형주부(荊州府) 공안(公安) 출신. 원굉도(袁宏道)의 동생으로, 처음 형을 따라 서울에 올라가 당시 명사들과 교유하였다. 명 신종 만력 10년(1586)에 진사에 급제, 관직이 남경이부낭중(南京吏部郎中)에까지 올랐다. 형 원종도(袁宗道)·원굉도와 함께 삼원(三袁)으로 칭해져 이른바 공안파(公安派)의 대표작가가 되었다. 1590년 삼원과 이탁오가 처음 만났는데, 이때 이들이 나눈 대화를 『작가기담(柞林紀譚)』이라 책으로 원중도가 엮어서 간행했다. 1592년 원중도는 무창(武昌)에 머물던 이탁오를 방문하였고, 통주(通州)로 이탁오가 피나했을 때에도 찾아가서 이야기를 나누었다. 원중도는 이탁오를 매우 존경하여 그의 사후 전기를 지었을 뿐 아니라, 이탁오 작품의 간행에도 간여하였다. 원중도의 저술로는 『가설재집(珂雪齋集)』이 있다.

였다. 그리하여 일체의 자기만족, 자기기만을 티끌만큼도 허락하지 않는 견개(狷介) 같은 고결한 자긍심이 필요했을 것이다. 이렇게 그는 적나라하게 그의 제일념을 드러내고, 살아 있는 육신의 감응에 심정(心情)의 자연을 내맡겼으며, 늙은 몸으로 죽음에 대한 공포도 숨기지 않은 채 도리어 죽음의 공포를 삶의 충실로 고양시키면서 76세에 이르는 삶의 높이에서 스스로 목을 베어 그 비길 데 없는 삶의 긴장을 지켜냈던 것이다.[94)]

---

94) 마성소(馬誠所)는 이탁오의 죽음에 의문을 제기하였다. "처음 병고에 시달리던 날에 목을 베지 않고 병이 나은 뒤에 목을 찔렀으며, 또 사변이 처음 발각되어 황제의 노여움을 사던 날에 목을 찌르지 않고 뭇 사람들의 의론이 모두 그치고 사건이 점차 가라앉은 뒤에 목을 찔렀으니, 이것은 참으로 불가사의한 일이다."(『이온릉외기』 권4, 「答張又玄先生」) 또 왕본아(汪本鈳) 역시 "내 노모 생각에 귀향하였지만, 본디 다시 와서 선생을 뵈려고 마음먹고 있었다. 내 어찌 다시는 못 보게 될 줄 알았으랴! 애통하도다, 애통하도다!"(『이온릉외기』 권4, 「寄馬侍御」)라고 통탄하였다. 이처럼 그의 죽음은 가까운 사람에게마저 갑작스러운 일이었다.

그러나 이미 62세의 나이로 머리를 깎았을 때부터 76세의 자살에 이르기까지 무릇 10여 년간 그는 날마다 죽음을 향해 살면서 하루하루 죽음과 맞닥뜨렸다는 것은 그의 저작에 보이는 죽음에 대한 이상하리만치 많은 말에서도 엿볼 수 있다. "내가 만약 삶을 탐하고 죽음을 두려워하는 어리석은 자라면 그 어리석음은 죽은 뒤에도 불태워 사라지는 것마저 두려워할 것이다"라고 말하는 그의 입에서, "성인만이 죽음을 두려워하지 않는다. 그러므로 삶과 죽음의 원인을 탐구하여 진실로 삶이 없음을 실증한 이후에 그친다"(『분서』 권4, 「관음문」)고 하여 죽음과의 대면이 그대로 성명의 실증임을 깨닫고, 그는 날마다 **죽음을 살아가고 있었다**.

이탁오는 "장부의 삶이 원래 이유 없이 태어난 것이 아니라면, 그 죽음 또한 어찌 이유 없이 죽을 수 있겠는가? 그 삶이 이유가 있다면 그 죽음 또한 까닭이 있는 것이다"(『분서』 권4, 「五死篇」)라고 하여 삶의 충실함이 그대로 죽음의 충실함이며, 죽음을 충실하게 할 수 있는 것은 삶의 충실일 수밖에 없다고 하였다. 이러한 관점에서 그는 굴원의 죽음에 대해서도 깊은 공감을 갖고 있었다.(『장서』 권27, 屈原의 항목, 伍子胥의 항목) 이탁오의 마음은 벌써 죽음으로 기울고 있었다. 이 때문에 그는 오직 죽음만이 삶을 온전히 할 수 있는 상황에서 죽음은 기나긴 삶보다 더욱 좋은 삶이라고 생각하였던 것이다.

제3절 '진공(眞空)'의 사상사적 의의

'무(無)'에서 '진공(眞空)'으로의 궤적 /
자연의 질적 전환에 따른 주자적 자연법의 전환 /
송학(宋學)적 낙관주의의 파탄

마지막으로 이탁오 사상(특히 '진공')이 갖는 사상사적인 의의를 개괄해 보겠다.

"본래 삶이 없는 것이라면 천 번을 살아도 전혀 상관 없는 것이다. 왜 그런가? 천 번을 살아도 끝내 살 수 없기 때문이다. 이것이 '본래 삶이 없다'는 것이다. … 본래 죽음이 없는 것이라면 만 번을 죽어도 전혀 상관 없는 것이다. 왜 그런가? 만 번을 죽어도 끝내 죽을 수 없기 때문이다. 이것이 '본래 죽음이 없다'는 것이다. 만약 본래 죽음이 없는 것인데 죽는다면, 이것은 '본래 죽음이 없다'고 할 수 없다"(『분서』 권4, 「관음문」)고 하여, 그는 삶과 죽음을 영겁의 무(無) 속에서 동일한 것으로 간주하였다. 그 때문에 그는 스스로 죽음을 삶으로 생각할 수 있었다. 이것은 동시에 성명의 유구함을 살아가는 것이기도 하였으며, "성인의 삶은 온 몸이 도이니, 도가 죽겠는가?"(「楊先生證學篇序」)라고 말하듯이 도를 살아가는 것이기도 하였을 것이다.

마성소가 "선생이 목을 찔러 죽은 것은 선생의 **몸을 감추는[藏身]** 방법이었다"라고 하고, 또한 "무릇 세인을 몰랐던 것은 선생이 천만 겁의 세인을 뛰어넘은 까닭이다. 도인을 몰랐던 것은 선생이 천만 겁의 도인을 뛰어넘은 까닭이다"(『이온릉외기』 권4, 「答張又玄先生」)라고 탄식한 것은, 위와 같은 의미에서 실로 이탁오의 지기(知己)였다고 할 수 있다.

이탁오의 이러한 죽음 혹은 삶에 대해서 마테오 리치(Matteo Ricci)는, "그는 (자살을 통해서) 그가 항상 말했던 것처럼, 자신은 죽음의 공포로 인해서 어떠한 고통도 달게 받아들이는 그러한 사람이 아님을 제자들에게 보여주었으며, 또한 동시에 그가 오욕 속에서 죽기를 바라는 그의 적들에게 실망을 안겨주고자 하였다"(*China In The Sixteenth Century*, chap. X, by Matteo Ricci)라고 하였다. 그러나 이탁오의 삶과 죽음은 마테오 리치의 유럽적인 생사관에 의해서는 결코 이해할 수 없는 것이었다. 그는 바로 동양적인 세계를 살았던 것이다.

이상의 서술을 통해서 분명해졌듯이 이탁오의 사상은 무선무악론의 흐름 또는 명말 불교의 동향과 결코 떼어놓을 수 없다. 정확하게 말한다면 '무'와의 격투, '진공'에의 시행이 그의 사상 영위의 정수였다고 할 수 있다. 따라서 그의 사상을 고찰할 때, 우리는 이 '무' 또는 '진공'의 사상사적 의의를 고찰하지 않을 수 없다. 이미 서술하였듯이 '무'는 왕양명이 만년에 제출한 '무선무악'에서 나왔으며, 따라서 그것은 양명~탁오를 '무'의 흐름 속에서 다시 파악하는 것이기도 하다.

먼저 왕양명의 심즉리~치양지~무선무악이라는 사상의 궤적부터 살펴보기로 하겠다. 이러한 궤적의 전개에 크게 관련되는 것이 리장(理障)의 설이다. 덧붙여 양명이 심즉리의 명제를 더욱 진전시킨 치양지(致良知)의 설을 처음으로 제기한 것은 양명의 나이 49세(庚辰年, 正德 15년, 1520) 때의 일이었다고 한다.[95] 진구천(陳九川; 1495~1562)[96]*은 당시의 문답을 다음과 같이 기록하고 있다.

> 경진년(庚辰年; 1520)에 (진구천은) 건주(虔州)에 찾아가서 다시 (양명)선생을 뵙고 물었다. "요즈음 공부는 핵심을 조금 깨달은 듯하지만 적절하고도 만족스러운 곳을 찾기가 어렵습니다." 선생이 말하였다. "자네는 도리어 마음에서 저 천리를 찾고 있구나. 그것이 바로 이른바 리장(理障)이다. 이 사이에 하나의 비결이 있다[爾却心上尋箇天理, 此正所謂理障, 此間有箇訣竅]", "어찌 해야 하는지 가르쳐 주십시오", "(양)지를 이루는 것 이외에 달리 방법이 없다", "어떻게 이룹니까?", "자네의 그 한 점 양지, 그것이 자네 자신의 준칙이네[爾那一點良知, 是爾自家底準則]."(『傳習錄』 권하, 6)

95) 山下龍二, 『陽明學の硏究』 상권(성립편) 제3장, 199~203쪽.

96)* 진구천(陳九川; 1495~1562): 자는 유준(惟濬), 호는 죽정(竹亭), 또 명수산(明水山)에 거처하였기 때문에 명수(明水)라고도 하였다. 강서성 임천(臨川) 출신. 정덕 9년(1514)에 진사에 급제. 저술로 『명수선생집(明水先生集)』이 있다.

‘심즉리’의 명제는, ‘심이 리이다’라고 해석하든 ‘심에 리가 있다’고 해석하든, 그리고 주자의 성즉리를 ‘심과 리를 둘로 구별한 것으로 간주하여 이를 극복한 것’이라 하든 간에, 리가 심에서 **추구되는** 한, 추구하는 나와 추구되는 리의 구별이나 분별은 논리적 필연이다. 이러한 분별을 불가에서는 리장이라 하여 싫어하였다. 양명도 마찬가지였다. 탐구되는 천리는 (탐구)**됨으로써** 대상화되어 심과 다른 사물이 되고, 그리하여 ‘심즉리’라는 명제는 죽어버린다. 심은 당장 그 자리에서 곧바로[卽] 리이어야 한다. 이 **곧바로[卽]**의 궁극이 양지를 **이루는[致]** 것이다. 이제 양지는 당장 그 자리에서 다른 존재가 되며, 단지 “이룰 수 있을 뿐”이다. 여기서의 ‘이룬다’는 것은 ‘발휘한다’로 해석할 수 있는데, 양지를 얼마나 충분하게 발휘하는가 그것밖에 없다고 양명은 말한다. ‘양지’라는 용어는 말할 것도 없이 『맹자』「진심상」의 양지(良知)·양능(良能)에서 나온 말이다. 맹자가 이 양지·양능에 ‘배울 필요도 없고, 생각할 필요도 없는[不學不慮]’이라는 형용어를 붙이고 있는 점, 즉 후천적으로 배우거나 생각할 필요도 없는 선천적인 것으로 이해하고 있다는 점에 주의할 필요가 있다. 일체의 계교나 분별없이 마음속에서 용솟음치는 그것이 양지(곧 理)라는 뜻이다.

이 ‘배울 필요도 없고 생각할 필요도 없음’은 이윽고 “마음의 본체에 한 가지 생각(분별)의 얽매임도 머물게 해서는 안 된다. 이를테면 눈에 약간의 티끌도 머물게 해서는 안 되는 것과 마찬가지다”라고 하여 생각과 분별에 있어서 ‘무’를 지향하기 시작하였고, 마침내는 아래와 같이 말하기에 이른다.

> 이 한 생각[一念]이란 사사로운 생각[私念]뿐 아니라 약간의 좋은 생각마저도 머물게 해서는 안 된다. 예를 들면 눈 안에 약간의 금옥(金玉)의 가루라도 넣으면 눈을 뜰 수 없게 되는 것과 마찬가지다.(『전습록』 권하, 135)

이 금가루의 비유는 『임제록(臨濟錄)』에 나오는 것으로,97) 요컨대 리장설의 변환(variation)임은 잘 알려진 사실이다. 사사로운 생각은 물론이고 일체의 '좋은 생각', 즉 일체의 리 의식·선한 생각마저도 "머물게 해서는 안 된다"고 말한다. '머묾[着]'이란 얽매임이며, 분별·계교의 자기 회전이다. 리(理)와 선(善)이 있어서는 안 된다고 말이 아니라 리와 선에 대한 분별의식의 자기 얽매임이 있어서는 안 된다는 뜻이다. 그렇지만 양명이 여기서 불교적 공관(空觀)을 서술하고 있는 것은 아니다. 리에 대한 분별의식이 없는 곳에서 저절로 흘러나오는 것이야말로 리라고 말하는 그러한 리(理) 또는,

> 천지 사이에서 (솔개가 날아오르고 물고기가 뛰어오르는 것처럼) 활기로 가득하여 생명이 약동하는 것은 모두가 리(의 모습)이며, 이는 다름 아닌 나의 양지의 멈출 수 없는 유행이다.(『전습록』 권하, 130)

라고 말할 때의 활기로 가득한 리, 멈출 수 없이 유행하는 양지를 서술한 것이다. 무선무악이 '무'로 귀결되는 것이 아니라 '무'에서 지극한 선이 된다는 것이다. 이러한 지극한 선(곧 양지)의 활기로 가득한 발현이 치양지의 진수이며 또한 치양지는 '무'를 근원으로 할 때만 비로소 그 진수가 발휘된다.

도대체 양지(良知)가 '무(無)'에서 가장 잘 발휘된다는 것은 무슨 뜻인가?

기성의 리(理) 관념에 속박되지 않는 자기의 멈출래야 멈출 수 없는 바,—양명은 '진성측달(眞誠惻怛)'98)'이라고도 하였다—그것을

---

97) "시승(侍僧)이 말하였다. '금가루는 귀한 것이기는 하지만 눈에 넣으면 눈병이 생기게 됩니다. 어떻습니까?' 스승은, '너는 저 속세의 무리들과 (지금까지) 다르게 생각하고 있었구나'라고 대답하였다."(『임제록』「勘辨」)

또한 원굉도(袁宏道)의 「금설편(金屑篇)」이 있는데, '무선무악'의 흐름 속에서 나온 것임은 말할 나위도 없다.

98)* '진성측달(眞誠惻怛)': 마음 깊은 곳으로부터 저절로 우러나오는 예민한 감정.

리로 인정하고자 한다는 것이다. 또 배우거나 생각함도 없이 자신의 마음속으로부터 흘러나오는 자연의 정, 그것을 리로 삼고자 한다는 것이다. 바꾸어 말하면, 여기에 이르러 이른바 '심즉리'는 마음속으로부터 흘러나오는 리가 되었다. '마음'이란 관념상의 일반적인 마음이 아니라 **자기 현재의** 마음이다. 마음이라고 의식되거나 고정될 수 없는 **현재의** 마음이다. 또 그것은 **현실을 반영하고 현실과 대응하며 현실 속에서 유동하는 자기의** 마음이기도 하다. 그 자기는 현실사회 속에서 현재 살아가고 있는 나이며, 기성관념에 속박되지 않는 또 속박될 수도 없는 **현재적 나**이다. '무'란 기성관념에 속박되지 않음을 뜻하며, '무'에서 양지를 이룬다는 것은 그 현재적 나 속에서 배우거나 생각함도 없이 **리가 발현됨을 가리킨다**.

심즉리~치양지~무선무악의 궤적이 갖는 의미는, 첫째 기성의 리 관념에 구속되지 않는 **나**를 제기하였다는 점, 둘째 리를 **현재적** 나에 근원시켰다는 점, 셋째 그 결과 리가 현실사회의 움직임에 근거하여 **현실 속에서** 발현되기에 이르렀다는 점으로 요약될 수 있다. 시마다 겐지는 주로 첫 번째에 주목하여, 여기에서 내면적 권위의 확립을 볼 수 있다고 하였다.99) 이 또한 양명학에 있어 하나의 국면일 것이다. 그러나 '무'의 흐름 속에서 되짚어본 양명 사상의 사상사적 기축은 내면의 자립, 즉 자아의 확립이라는 궤적 상에 있었던 것은 아니다. 오히려 현재적 자기가 당면하고 있는 현실사회의 제상(諸相) 속에 리를 뿌리내렸던 점에 있었다.

그 후 만력 연간의 재상 장거정(張居正; 1525~1582)은 "옛날에는 선으로 여겨졌던 것도 지금에는 불선이 되는 경우가 있으며, 이곳에서는 선으로 인정되는 것도 다른 곳에서는 불선이 되는 경우가

---

99) 『朱子學と陽明學』 제3장, 143~145쪽. 다만 시마다 겐지가 내면적 권위의 확립만을 지적하고 있는 것은 아니다. 필자가 말하는 두번째, 세번째와 관련된 욕망 긍정에의 지향까지도 지적하고 있다. 그러나 시마다가 이어서 '자아주의, 개성주의'라고 한 그 뉘앙스에서 볼 때, 그의 양명 평가의 역점이 첫번째에 있음을 엿볼 수 있다.

있다"(『張文忠公集國學基本叢書』 卷11, 文·雜著)고 하였다. 이 발언은, 서장에서도 서술했듯이 사회 각층의 제 모순이 공공연히 드러나기 시작한 정덕(正德; 1506~1521)·가정(嘉靖; 1522~1566) 연간의 상황을 적절하게 보여준다. 이 시기에 양명이 자신의 과제로 삼았던 것은 그러한 현실에 근거하여 유효한 리를 모색하고, 그 리에 의해서 현실에 대응하여 제 모순을 이데올로기적으로 재정립하는 것이었다. 구체적으로 말한다면, 향촌질서의 재편이었다. 하지만 그것은 현실로부터 유리된 기성의 리—주로 군주 일원적인 송학적 정리(定理)—를 대신하여 새로운 향촌적 정리(定理)를 **표방하고**, 그것을 **위로부터** 향촌에 강제하려 한 것은 아니었다. 오히려 향촌의 현실 모순의 현장 속에서 다양한 현재적 자기의 양지로 하여금 그 주체적 작용을 발휘케 하고자 한 것이었다. 이 때문에 양명의 학은 지행합일(知行合一)이며 따라서 구체적인 일에서 갈고 닦는 것[事上磨練]100)*이었으며, 자신이 자기 속에서 스스로 사물을 바르게 하는 것[格物]101)*이지 어떠한 이치에 이르는 것[格理]102)*은 아니었다. 또한 위에서 백성에게 교화를 베풀어 그들을 새롭게 하는 것[新民]이 아니라 백성과 동일한 지평에 서서 그들과 함께 어울리는 것[親民]이었다. 양명이 "양지를 가지고 일의 변화에 대응하는 것은 걸음쇠와 곱자로 동그라미와 직각을 그리고 잣대로 길이를 재는 것과 같

100)* 구체적인 일상생활 속에서 자기의 양지에 따라 행하는 것. '사상마련'론에 대해서는 吉田松平, 「王陽明(下)」(『王陽明の世界』, 1986), 58쪽 참조.

101)* 양명은 『대학』의 '격물(格物)'을 '정물(正物)'로 해석하고, 이때의 물(物)은 '사(事)'라고 하였다. 따라서 '격물'은 바르지 못한 것을 바르게 하여 바른 것으로 돌아가게 한다는 뜻, 즉 악을 제거하고 선을 행하는 것이라고 하였다.(『陽明全書』 권26, 「大學問」) 그런데 '사물을 바로잡는 것'은 먼저 의념(意念)의 부정을 바로잡아야 하며, 그때 비로소 사사물물이 각기 바름을 얻게 된다고 하였다.(『陽明全書』 권26, 「大學問」)

102)* 『대학』의 '격물'에 대한 주희의 해석. 주희는 '격(格)'은 '지(至)', '물(物)'은 '사(事)'라고 보고, '격물'이란 사물에 나아가서 그 이치를 철저하게 궁구하는 것이라 하였다.(『大學章句』 補傳章)

은 것"(『전습록』 권중, 「答顧東橋書」)이며, 또한 그 학문은 "마음에서 얻은 것이 아니라면, 그 말이 공자에게서 나온 것이라 해도 감히 옳다고 할 수 없다"(『전습록』 권중, 「答羅整菴少宰書」)고 하였듯이 자득(自得)의 학이었다.

이처럼 리를 현장에서 살아가는 다양한 현재적 '나'에게 맡기고, 그들 '나'의 주체적인 도덕적 각성과 이러한 '나'에 의한 주체적 질서의 확립을 호소한 양명의 학은 향촌의 부로(父老), 도시의 상인은 물론 널리 서민들 사이로까지 확대되어[103] 수많은 자각적이고 주체적인 인간상을 배출하게 되었다. 이러한 양상에 대해서는 시마다 겐지가 그의 『좌절』 속에서 생동감 있게 소개하고 있다. 그것은 정말이지 신흥의 담당자가 짊어질 만한, 학이라기보다는 차라리 정신운동이었다.

그러나 잊어서는 안 될 것이 있다. 이 **나의** 리를 발현시키는 것과 관련된 국면에서, 리는 무조건적으로 현재적 나에게 내맡겨진 것은 아니었다는 사실이다. 오히려 현재적 나는 리의 주체가 되기 위해서 반드시 인욕을 제거하고 천리를 보존하는 것을 자신의 현재 조건으로 삼아야 한다. 요컨대 도덕적 본성을 주체로 하는 '나'가 대전제였다. 도덕은 사단이며 또한 효제이다. 양명에게 있어 친민(親民)은 만물일체의 인을 실현하는 것이었지만, 리(理)는 사단과 효제를 매듭점으로 하여 만물일체의 인으로 꿰뚫고 흐르는 한도 내에서 활기로 가득하게 되었을 뿐이다. 이런 의미에서 양명의 '무'의 궤적은 리의 발현이라고는 할 수 있지만 아직 '무'를 뛰어넘은 새로운 창출이라고까지는 할 수 없었다.

사상사적으로 리의 창출이라고 말하기 위해서는 존인욕(存人欲)적 천리의 창출을 말해야 한다. 그렇다면 그것은 이탁오에서 시작되어 왕선산을 거쳐 대진에 이르러 정립된 리를 가지고 말하지 않

103) 大久保英子, 「泰州學派とその社會的基礎」(『東洋史學論集』 제3집, 不昧堂書店, 1954) 참조.

을 수 없을 것이다. 양명은 리를 창출한 것이 아니라 단지 새로운 근원으로부터 리를 발현했을 뿐이다. 그러나 그것이 '**새로운 근원으로부터**' 발현된 리라는 점에서 **방법론적으로** 리의 창출의 길을 확립하였다고는 할 수 있다. 양명이 기성의 리를 부정하였다고 해도 그것이 리의 창출을 수반하지 않은 이상, 엄밀하게 말하면 리를 부정했다기보다는 리의 기성화를 부정했다고 해야 할지도 모른다. 리가 미리 설정되고, 그것이 도달해야 할 기준으로 간주되며, 그리하여 현실이 밖이나 위로부터 구속될 수밖에 없는 그러한 리의 기능이 갖는 비현실성을 부정했다고 보는 쪽이 정확할지도 모른다. 기성의 리에 대한 부정 역시 방법론적인 것에 불과하였다고 말할 수 있을지도 모른다.

그럼에도, 아니 바로 그렇기 때문에 양명의 '무'의 궤적이 갖는 의의는 큰 것이다. 먼저 들 수 있는 것은 그러한 방법론의 변혁에 의해서 리가 창출되는 길이 열렸다는 점이다. 그러나 이 역사 시기의 의의로서 더욱 주목되는 것은 이 새로운 방법론의 확립으로 리가 고정되어 있는 것이 아니라 **인간으로부터** 발현되는 것으로 이해되기 시작했다는 점이다. 바꾸어 말하면 질서로부터 인간을 파악하는 것이 아니라 인간 내부에서 질서가 생겨난다고 이해된 것이다. 다시 말하면 질서가 초월적으로 인간에게 작용하는 것이 아니라 현실의 제 모순 속으로부터 질서가 모색되고 확립되기 시작하였던 것이다.

유럽에서 이른바 토마스(Thomas Aquinas)적 자연법이 중세적이라 불리는 커다란 이유 가운데 하나는 질서가 인간에게 있어 **소여(所與)의** 자연으로 간주되었기 때문이다. 따라서 그 자연은 신이 부여한, 말하자면 신의 자연이었기 때문에 인간에 대해서는 초월적이었다. 그런 신의 자연을 다시 인간의 자연으로 전환시켜 인간의 자연으로부터 인간의 자연에 입각하여 질서가 구축된다고 여겨졌을 때, 즉 질서로부터 인간을 파악하는 것이 아니라 인간 내부에서 질서가 생겨난다고 이해되었을 때, 자연법은 중세적인 것에서 근대적인 것으로 전환하였다. 이 점을 상기하기 바란다. 물론 필자는 양명 속에서 근대적 자연법으로의 전환을 볼 수 있다고 말할 생각은 털끝만큼도 없다. 무릇 중국에서 **근대적** 자연법이라 할 만한 것이 있었는가, 있었다면 무엇을 가리켜서 말할 것인지조차 현재 확정적이지 못하다. 그러나 적어도 이 점만은 지적할 수 있다. 즉 **사실상** 인간에 대해서 초월적으로 **기능하였다**[104]고 한다면 할 수도 있는 '정리(定理)'가 **'무'에 의해서** 무너지고, 리는 인간의 내부에서 발현되는 것으로 이해되기 시작하였다. 이러한 과정에서 본다면 리의 기능상에서의 이와 같은 벡터의 역전은 주목할 만하다. 물론 양명의 경우, 이 역전이 곧바로 리의 내실까지 전환시키지는 못하였다. 사단·효제의 리 또는 만물일체의 인이라 하지만 여전히 향촌에서의 상하적 질서 틀 안에 있었다. 이러한 의미에서 그것은 말하자면 봉건질서의 재편일 수밖에 없으며, 어떤 의미에서도 근대적 자연법과 관련지을 수는 없다.

그러나 중국사상사의 한 과정으로서, 예를 들어 지금까지 왕용계~이탁오의 '무'의 궤적을 살펴온 우리의 입장에서 본다면, 양명의 이러한 벡터의 역전이야말로 리의 창출에 있어서 가장 필요한, 그리고 창출의 길을 여는 가장 결정적인 제일보였다고 평가할 수 있다. 이것이 양명의 궤적에서 가장 중요한 의의이다.

양명은 '무'를 말하고 또한 그 '무'를 **원리적으로** 양지에 근본시켰다. 하지만 결국은 원리적으로 관념하였을 뿐 천천교(天泉橋)의 논쟁에서는 사실상 전덕홍(錢德洪; 1496~1574)[105]*의 위선거악을

---

104) 溝口雄三, 「中國前近代における「理」の機能をめぐつて」(『一橋論叢』 83권 4호, 1980).

105)* 전덕홍(錢德洪; 1496~1574): 호는 서산(緖山), 이름은 관(寬), 덕홍은 그의 자(字)이다. 1532년 진사에 급제하여, 소학 교수(蘇學教授), 형부 낭중(刑部郎中) 등을 역임했다. 왕양명의 문하에서 왕용계와 함께 고제자로 칭

현실적인 과제로 인정하였다. 왕용계의 '무'는 이러한 양명의 한계를 스스로의 출발점으로 삼은 것이었다.

본래 양명의 '무'는 "선도 없고 악도 없는 것이 마음의 본체"라고 하여 마음의 본체에 한정된 것이었다. 이어서 "선도 있고 악도 있는 것[有善有惡]이 의(意)의 움직임이며, 선을 알고 악을 아는 것[知善知惡]이 양지(良知)이며, 선을 실천하여 악을 제거하는 것[爲善去惡]이 격물(格物)이다"(『전습록』 권하, 115)라고 하였듯이, 이 본체의 '무'는 지선지악(知善知惡) 또는 위선거악(爲善去惡)을 **향해** 발현될 것을 예정한 것이다. 결국 '멈출 수 없음'의 논쟁에서의 경정향(제2절)의 입장과 같은 것이다. 이와 같은 상황 아래서 본체를 무로 간주한 것은 기성의 견해나 분별로는 선악의 판단·행위가 이루어질 수 **없음**, 즉 리가 자기에게 본래부터 갖추어져 있음을 원리적으로 강조한 것에 불과하다. 본래부터 갖추어져 있다는 그 리의 내실은 불문에 부치고 있다. 이에 반하여 용계의 '무'는 본체는 물론이고 '의(意)도 지(知)도 물(物)도 모두 선도 없고 악도 없다'는 이른바 사무(四無)의 입장이다. 판단·행동의 단계에 대해서까지 예정된 **일체**의 틀이 **없다**고 보았던 것이다. 용계 역시 리는 본래부터 갖추어져 있다고 생각하였다. 하지만 그 리를 어떻게 발현할 것인가에 대한 일체의 예정을 설정하지 않았으며, 그리하여 리는 철두철미 현재적 나에게 맡겨지게 되었다.

양명은 용계의 이러한 사무설은 큰 역량을 지닌 사람만이 가능하다고 한정시켰다. 더욱이 그러한 사람은 "세상에서 만나기 어렵다"고 하면서, 다음과 같이 단정하였다.

> 본체 공부를 단 번에 깨달아 완전하게 밝히는 것은 안자나 정명도처럼 뛰어난 사람도 감히 감당할 수 없었다. 어찌 경솔하게 아무에게나 그렇게 되기를 바랄 수 있겠는가? 사람에게는 습심(習心)[106)*]

해진다. 사방을 두루 돌아다니면서 양명학을 전파하는 데 공헌하였다. 저술로 『서산회어(緖山會語)』, 『평호기(平濠記)』, 『서산집(緖山集)』 등이 있다.

이 있다. 그들에게 양지에 의거하여 선을 실천하고 악을 제거하는 공부를 가르치지 않는다면, 단지 허공에서 저 본체라는 것을 생각할 뿐 모든 일은 실제의 일에 낙착되지 않아 허망하고 적막한 것만을 양성하게 될 것이다.(『전습록』 권하, 115)

이른바 허망하고 적막하다[虛寂]는 것은 말하자면 '무'에서 스스로 확신하고 옳다고 여기면서 자기만족에 빠진다는 뜻이다. 대부분의 사람은 그렇게 되는 것이 고작이어서, 사실상 '무'를 단번에 깨달아 완전하게 밝히는 것은 안연·정명도처럼 뛰어난 사람도 어렵다고 양명은 말한다. 역으로 말하면 이른바 '무'라는 본체는 본래부터 갖추어져 있는 리가 완전하게 밝혀진 형태이며, 결국 **완전한 선**을 지닌 사람만이 자기의 주체 상에서 자유롭게 발현할 수 있는 리이다. 본체는 완전하게 선하므로 본체에서 나오는 선에 대한 판단·행위도 완전하게 선하다. 따라서 큰 역량을 지닌 사람에 한해서는 의(意)·지(知)·물(物)의 단계에서의 자기 수양이 충분하지 않아도 '사무(四無)'를 이해할 수 있다. 이는 뒤집어 말하면, 일반인은 리의 내실을 이해할 수 없음을 표명한 것이라고 할 수 있다. 그런데 천천교에서의 이러한 양명의 발언에 대한 왕용계와 전덕홍의 기록에는 약간의 차이가 있다.

왕용계의 기록은 다음과 같다.

여중(汝中; 용계)이 언급한 바, 나(양명) 역시 오래 전부터 말하고 싶었던 것이다. 그렇지만 사람이 믿지 못하고서 단지 공부의 단계를 뛰어넘는 병통만 증가시킬까 염려되어 지금까지 입을 다물고 있었다. 이것은 마음에서 마음으로 전하는 비장(秘藏)으로서, 안자·(정)명도 같은 사람조차도 감히 말하지 못한 바이다. 이제 이미 설파해 버렸으니, 또한 이는 천기(天機)가 바야흐로 발설된 것이다. 어찌 다

106)* 습심(習心): 후천적인 경험을 통해 생겨나는 마음으로서, 사심의 뜻도 포함되어 있다.

시 감출 수 있겠는가?(『왕용계선생전집』 권1, 「天泉證道紀」)

앞에 인용했던 양명의 발언은 『전습록』에 수록된 것으로, 기록자는 전덕홍이다. 따라서 전덕홍(천천교에서 '무'를 둘러싸고 용계와 논쟁을 벌인 상대)의 생각이 강하게 반영되었을 것으로 예측된다. 그러나 『전습록』에 수록된 양명의 다른 발언을 살펴볼 때 덕홍의 기록은 대체로 타당하며, 오히려 용계의 기록에 비약이 있다. 결국 용계는 마치 깎아지른 듯한 낭떠러지를 뛰어넘듯이 양명의 틀 혹은 한계를 넘어선 곳에서 출발하고 있는 것이다. 후에 왕선산이,

> 용계는 석중봉(釋中峰; 1263~1323)107)*의 설을 훔쳐, 탐진치(貪瞋癡)108)*로서 계정혜(戒定慧)109)*를 다스려 세상을 더욱 미혹되게 하고 백성을 속였다. 이지(李贄; 이탁오)는 그 사악함을 더하였다.(『搔首問』)

라고 비판한 것은 용계의 이러한 도약을 두고 한 말이었다. 구체적으로 말하면 리의 내실이 '나에게 맡겨져 있다'고 한 그 도약을 가리킨다.

그리고 그 끝에서, 우리는 우리의 이탁오를 만나게 된다. 이미 살펴보았듯이 그는 평생 '자기 성명의 소재'를 추구하였다. 본 절의

---

107)* 석중봉(釋中峰; 1263~1323): 원대의 선승(禪僧). 항주 전당(錢塘) 출신. 본명은 손명본(孫明本). 유불(儒佛)의 조화, 교선(敎禪)의 일치를 주장하였으며, 아울러 선정(禪淨) 일체를 주창하였다. 또한 환자에게 미륵불을 념하게 하였다고 전해지듯이 정토신앙의 소유자였다. 저서는 상당히 많은데, 『천목중봉화상광록(天目中峰和尙廣錄)』, 『천목명본선사잡록(天目明本禪師雜錄)』 등에 수록되어 있다.

108)* 탐진치(貪瞋癡): 탐욕스럽고 모질고 어리석음, 이를 삼독(三毒)이라고 한다.

109)* 계정혜(戒定慧): 불도 수행자가 반드시 실천해야 할 3가지 덕목, 이를 삼학(三學)이라 한다. 잘못을 방지하고 악을 그치는 것을 계(戒), 사려 분별을 안정시키는 것을 정(定), 의혹을 깨뜨리고 진실을 증도하는 것을 혜(惠)라고 한다.

표현방식을 빌어 말하자면, 그는 현재적 '나' 속에서 나의 리란 무엇인가 하는 그 내실을 끊임없이 묻고 있었다. 그러나 중요한 것은 그의 무선무악은 대체로, 아니 단적으로 무선을 의미하였으며, 결국 리마저도 '무'였다는 점이다. 그에게서 '나의 리'는 나의 '멈출 수 없음'의 본연이며, 본연은 곧바로 자연이었다. 나의 **리**란 무엇인가 하는 물음은 이탁오의 주관에 입각하여 말하는 한 정확한 것은 아니다. 그에게서 리는 진공이었다. '입고 먹는 것'이 인간의 윤리이며 사물의 이치가 될 수 있었던 것은 (입고 먹는 것을) '끝내 공(空)할 수 없는' 경지에서였다. "대체 공(空)할 수 있는 것이라면 어찌 이를 진공이라고 하겠는가?"라고 한 것은 「해경문(解經文)」의 말이었다. 앞 절의 주 92에서 들었던 것처럼 "본래 어둡고 밝지 못하기 때문에 공을 한다[本以晦昧不明之故而爲空]"고 한 이 해석에 대한 『수능엄경』의 본문은 '회매위공(晦昧爲空)'이다. 아라키 겐고에 의하면,110) 송 이래의 전통적인 해석은 "어둡고 밝지 못함이 공(空)을 이룬다", 즉 "진여(眞如)에 대한 미몽과 무지가 완공(頑空)을 형성한다"였다. '완공'이란 목적적으로 설정되고 실체화된 공으로서 본래면목에서 이탈된 공이다. 그런데 이탁오는 이 문장을 "어둡고 밝지 못함에도 공을 한다"고 해석한다. 공을 하는 것 자체가 진공의 실상에 어둡고 밝지 못하기 때문이라는 것이다. 바꾸어 말하면 어리석고 무지함을 어리석고 무지함으로 인식하여 이를 떨치고 진여로 **향하는** 것, 그 자체가 진공에 어둡고 밝지 못하다는 것이다.

우리는 여기서 십우도(十牛圖)111)*의 심우(尋牛), 견적(見跡), 견우

110) 荒木見悟, 『佛敎と陽明學』, 제15장, 173～175쪽.

111)* 십우도(十牛圖): 불도를 수행하는 사람이 입문 초기부터 깨달음의 경지에 이르기까지의 경로를 알기 쉽게 10단계로 구분하여 설명한 것. 여러 설이 있지만, 일반적으로 곽암(廓菴)의 『십우도송(十牛圖頌)』이 가장 유명하다. 심우(尋牛; 자기의 본심인 소, 즉 부처를 찾아 나섬), 견적(見跡; 발자국을 발견함), 득우(得牛; 소를 만남), 목우(牧牛; 소를 길들임), 기우귀가(騎牛歸家; 소를 타고 깨달음의 세계인 집으로 돌아옴), 망우존인(忘牛存人; 소를 잊고 사람만 존재함), 인우구망(人牛俱忘; 사람도 소도 모두 空

(見牛)로부터 망우존인(忘牛存人), 인우구망(人牛俱忘)을 거쳐 다시 반본환원(返本還源)을 넘어 입전수수(入廛垂手)에 이르는 궁극의 경지, 즉 본경(本境)을 상기하는 것이 좋을지도 모르겠다. 이러한 자연법이(自然法爾)의 자연이 진공이다. 그러나 선가에서 입고 먹는 자연이 인간의 일상 자연**태**임에 반하여, 이탁오의 자연은 **인간의** 자연이었다. 요컨대 "공할 수 없다"고 한 것은 형이상학적인 관념 사변으로는 틀지을 수 없음을 말한 것이다. 인간의 자연적 본성을 멈출 수 없는 효제로 규정하는 것은, 그의 눈에는 관념의 틀에 지나지 않았다. 바꾸어 말하면, 그것은 '나'의 관념에 의해서 만들어진 나이며, '소는 없고 사람만 존재하는[亡牛存人]' 것처럼 인간에 의해서 없다고 간주된 소와 같은 것이다. '나'에 의해서는 관념될 수 없는 나, 내가 있음으로 내가 존재하는 나를 넘어서 내가 존재할 이유 없이 존재하는 그러한 나야말로 나의 자연이었다. 그에게는 그것이 때로는 욕망이며 **사(私)**였다.

이른바 '**존재**하는 나'란 현실사회에서 생생하게 살아가는 주체적인 나를 말한다. 따라서 그의 욕망은 사회와 관계된 주체적인 욕망이며, 주체적으로 살아가는 인간의 사회적 욕망이다. 성욕·식욕이라는 개체적인 욕망뿐 아니라, 대부분은 소유욕·물질욕 등의 사회적 욕망이다. 이탁오의 **사**에 대한 긍정과 '사람과 사물[民物]'에 관한 발언을 본다면 이 점은 매우 분명해진다. 이것이 그의 진공이며 또한 인간자연의 주요한 국면이었다.

양명에게는 예기치 못한 결과였을 테지만,[112] '무'의 궤적이 밝게

임을 깨달음), 반본환원(返本還源; 존재하는 그대로의 세계를 깨달음), 입전수수(入廛垂手; 중생제도를 위해 밭으로 나아감).

112) 왕양명은 "양지(良知)를 이룬다는 것은 성색(聲色)과 화리(貨利) 등의 유혹에 대해 수행하는 것이다. 양지를 잘 발휘하여 맑고 깨끗하여 털끝만큼의 가리움도 없다면, 성색·화리와 접촉하는 것도 천칙의 유행이 아님이 없다"(『전습록』 하, 126조)고 하여, 일견 그가 욕망을 리의 이름 아래 용인하고 있는 것처럼 보인다. 그러나 이는 예를 들어 정이천이 "이익이라는 것은 중인(衆人)이 똑같이 원하는 바이다. 만일 그 마음을 공적으로 하

되는 이것은 하나의 필연이었다.

인간의 자연을 욕망, 더욱이 사회적 욕망으로 파악하게 된 것은 양지를 현실사회에 뿌리내린 데에서 비롯되었다. 그러나 왕용계의 '무'의 도약이 없었다면, 또한 이탁오의 '진공'이 없었다면, 이러한 자연의 전환은 발생할 수 없었을 것이다.

이제 이탁오의 진공이 갖는 사상사적 의의를 고찰해 보기로 하겠다. 먼저 그 첫 번째로서, 그의 진공에 의해 **자연의 전환이 이루어진** 점을 들 수 있다. 일찍이 자연은 인간에게 있어 도덕적 본성이었다. 송학에서 양명학에 이르기까지 그러하였으며, 이는 그대로 리의 내실과도 관계되는 것이었다. 앞에서 서술했듯이 양명에게서도 인간의 자연은 인간이 본래부터 갖추고 있는 사단·효제이며, 그것이 리의 내실이기도 하였다. 그러한 자연이 이탁오에 의해 진공을 매개로 하여 욕망, 특히 사회적 욕망까지를 포함하게 되었다. '질서에서 인간으로'가 아니라 '인간에서 질서로'라는 양명에게 보이는 벡터의 역전이 갖는 의의는 이처럼 인간 자연의 전환에 의해서 비로소 사상사적으로 확정적인 것이 되었다. 하론(제4장)에서 다시 논하겠지만, 이 시점에서 질서는 바야흐로 **인간의 자연** 내부로부터

고 그 올바른 이치를 잃지 않는다면 중인과 이익을 함께하는 것이다. … 만일 이익을 좋아함에 간절하여 스스로 사사로이 하는 데에 가리우며, 스스로의 이익을 추구하여 남을 손상시킨다면, 남도 그와 힘써 다툰다"(『程氏易傳』, 「益卦」)고 한 것의 연장선상에 있는 것으로 보는 것이 타당하다. 결국 여기서는 '성색·재리와의 **접촉**'을 올바르게 하는 것, 바꾸어 말하면 '이익을 좋아함에 간절하여 스스로 사사로이 하는 데에 가리우는' 일이 없어야 함을 서술한 것에 불과하다. 구체적으로는 의전(義田)·의창(義倉) 등 재화의 올바른 운용을 생각해 보면 알 수 있을 것이다. 이에 대해서는 송 이래 의리[義]와 이익[利]의 변론으로서 자주 말해진다. 여기서는 재화를 좋아하는 것이 부정되고 있으며, 더욱이 재화를 좋아하는 욕망을 인간의 자연·본연으로서 용인하고 있는 것은 아니다. 덧붙여 같은 『전습록』 하, 79조에서는 '호화(好貨)'는 피할 수 없는 것이라고 말하는 제자에 대해, 그는 얼굴빛을 붉히며 질책하고 있다.

구축되기 시작하였다. 아니, 정확하게 말하면 그 단서가 열리기 시작하였다. 이는 신의 자연으로부터 인간의 자연으로 전환한 유럽의 그것과는 전혀 다른 길을 걷는 것이었다. 이 점에서 중국적으로 독자적인데, 그 독자적인 궤적의 단서가 이 시기에 열렸던 것이다.

유럽에서는 신의 자연, 즉 우주적 질서 속에 흡사 한 조각 모자이크처럼 몰개체적으로 조직되어 있던 인간이 그 속으로부터 자립하는 과정에서 자연적 질서를 대상화하였다. 아울러 인간까지도 하나의 자연으로 파악하여 객체화함으로써 홉스적 또는 루소적인 인간의 자연을 도출하였다. 즉 인간의 이성으로 인간의 자연을 추출해 낸 것이다. 그러나 중국의 경우는 이러한 과정과는 전혀 달랐다. 오히려 철저하게 인간의 관념적 영위를 무(無)로 간주함으로써, 없애고 없애는[無無] … 진공에 의해서 인간의 자연이 추출되었다. 바꾸어 말하면 이른바 작위(作爲)를 철저하게 파괴하고서, 이 자연은 **본래부터 그렇게 존재하는** 실존적 당체로서 드러나게 되었다. 이는 작위의 자연으로부터 작위 없는 자연으로 탈피한 것이라 평가해도 좋을 것이다.113) 유심적인 불교논리에 의해서 유물적인 자연이 도출되는 이러한 추이는 일견 역설적이다. 하지만 이것은 사실이다. 여기서 명말 불교의 진보적인 작용을 보게 되지만, 그러나 그것이 불교 자체가 진보적이었음을 의미하는 것은 아니다.

앞에서 장거정이 언급한 리의 혼란과 모순은 당시 사회상황의 모순이 격화되고 있었음을 전해준다. 왕용계가 이 장거정과 시대를 같이하여(용계는 거정이 죽은 다음해에 죽었다) 살았던 인물임을

---

113) 송학의 리관을 '작위'적이라고 보는 견해는 정확한 것은 아니다. 잘 알려져 있듯이 그들은 '확연대공(廓然大公)'한 무작(無作)·무의(無意) 속에서 '리'를 인식하였다. 다만 그들의 리는 정해진 이치[定理]를 **향하여** 무작·무의하고자 했던 것이다. 이러한 리에의 지향이 목적적이며, 그 목적적 지향성이 명말인들에 의해서 작위·분별로 간주되었던 것이다. 따라서 '작위로부터 무작위로'라는 것은 엄밀하게 말하면 '정리(定理)적 작위로부터 정리적 작위 없음'의 뜻으로 한정할 필요가 있다. 여기서는 그러한 의미로 이해하기 바란다.

새삼 상기할 필요가 있다. 이곳의 리와 저곳의 리가 서로 어긋나고 대립하는 상황, 즉 첨예화된 모순이 그를 '무'로, 또한 이탁오를 '진공'으로 몰아갔다. 이제 새삼스럽게 위선(爲善)을 표방해서는 현실의 다양한 모순에 대응할 수 없었다. 자신이 모순 속에서 주체적으로 살아가고자 하는 이상, 리란 무엇인가 하는 것까지 그 자신이 짊어지지 않을 수 없는 상황, 즉 이갑제의 해체를 초래한 첨예한 경제적 모순이 그 배경에 있었다. 이로 인해서 그들은 '무'나 '진공'을 이의 없이 진보적인 것으로 여기게 되었다. 덧붙여 이탁오와는 학파적으로 대립하였던 친동림파의 여곤(呂坤)이,

> 사람들은 입고 먹는 문제에 대해서는 "나의 당연(當然)함이니, 그렇게 하지 않을 수 없다"고는 말하지 않는다. 오상백행(五常百行)에 이르러서는 도리어 "당연함이니, 그렇게 하지 않을 수 없다"고 말한다. 그런데 끝내 그렇게 하지 않는다.(『呻吟語』 권4, 「天地」)

고 말한 것을 보도록 하자. 여곤에게 있어 마땅히 그러해야 할 당연(當然)은 결국 성분·직분 상에서 지켜져야 할 상하적 질서이기는 하였지만,114) 그러나 그의 발언 속에서 질서는 입고 먹는 경제적 모순에 입각해서 말해야지 이를 일상적인 예의나 행위상의 문제로 한정시켜서는 질서로 받아들여질 수 없는 당시의 상황을 역설적으로 보여준다. 이러한 주지(主旨)는 명말 상황의 질서관을 너무나도 명쾌하게 보여준다. 이탁오는 이와 같이 경제적 대항이 노골적으로 드러난 상황에서 용계의 '무'를 '진공'으로까지 파고 들어갔다. 그리하여 그 진공을 통해 리얼하게 현실에 대응하였다. 이것이 실상이다. 진공이 진보적인 것이 아니라, 진공을 통해서 리얼하게 현실을 직시하고 대응한 이탁오의 그 진지한 리얼리즘이 진보적이었다. 마찬가지 의미로 양명·용계의 '무' 역시 진보적이었다고 말하

114) 溝口雄三, 「天人合一における中國的獨自性」(日本思想大系 『佐藤一齋·大鹽中齋集』 수록, 1980) 참조.

는 것이다.

이 자연의 전환과 관련하여, 앞의 '작위의 자연에서 무작위·탈작위의 자연으로'라는 추이와 병행하여 또 하나 주목할 것이 있다. 그것은 앞 절의 '극기(克己)' 해석에서 보았듯이 '밖으로부터', '인간으로부터' 들어오는 작위의 자연이 '인(人)'위적이라는 이유로 비례=비자연으로 간주되고, 무·탈작위의 자연이 '천(天)에서 부여한 것'이라는 이유로 예=자연으로 간주되었다는 점이다. 요컨대 천이 바로 '마음속에서 흘러나오는' 자연으로 파악되고 있다. 주자가 『맹자』의 양지·양능 장(章)에 주를 달면서, "양(良)은 본연의 선이다. 정자는 '양지·양능은 모두 말미암는 바가 없다. 이는 곧 하늘에서 나온 것으로 인간과는 관계가 없다'고 말하였다"(『맹자집주』, 「진심상」)고 한 그 하늘[天]의 내실을 앞에서 서술한 것과 비교해 보는 것도 좋을 것이다. 천인합일은 가장 중국적으로 독자적인 세계관의 하나인데, 이탁오에서는 욕망의 자연이 천인합일 속에서 도리어 '인간과 관계 없는' 하늘이 부여한 자연으로 파악되고 있다. 그리하여 '천'은 바야흐로 주자의 도덕 일원적인 천으로부터 이탁오의 욕망을 포함한 천으로 전환하고 있음을 볼 수 있다. "**천과 인의 분열이야말로 정신에 있어서 가장 근원적인 분열**"(『좌절』 237쪽. 굵은 고딕체 글씨는 시마다 겐지)이라고 한 시마다 겐지의 '근대'관은 이제 이탁오에게조차 적용시킬 수 없다.(또한 여곤은 "주자는 '천은 리이다'라고 하였다. 나는 '리는 천이다'라고 말하고 싶다"[『신음어』 권4, 「천지」]고 하였다. 이것으로 완결된 구절이기 때문에 그가 말하고자 하는 진의는 분명하지 않지만, 그가 종래의 천과는 다른 천을 형상화하고 있었던 것만은 확실하다. 이제 이곳의 리에 '천의흘반[穿衣吃飯]' 네 글자를 끼워 넣으면 욕망이 천이 되는 구조를 갖게 된다)

요컨대 이탁오의 자연은 종래의—비록 주자의 **성**으로부터 양명의 **심**으로, 정을 수렴한 **성**의 자연으로부터 정을 포함한 **심**의 자연으로의 추이는 있었지만— 성(性)이나 심(心)이 모두 도덕적 본성을 인간의 자연으로 간주해 온 그것으로부터 욕망을 포함하는 자연으로 커다란 전환을 이루었다. 말할 것도 없이 이 전환은 리(理)의 내실의 전환에 상응하며, 따라서 정확하게 말하면 천리자연의 전환이라고 해야 한다. 결국 천관에도 이러한 전환이 침투하기 시작하였고, 나아가 천인합일의 내실에도 그 영향을 끼치는 등 '자연에서 작위로' 또는 천인분열을 기대하는 종래 근대관의 상식을 뒤엎는 형태로 그 전환이 이루어지고 있었다. 이를 이탁오의 진공이 갖는 사상사적 의의의 첫 번째로 들고자 한다.

다음으로 두 번째 의의는 사회적 욕망을 리의 내실로 파악하였고, 그리하여 리의 기능상에 전환이 일어나기 시작하였다는 점이다. 이에 대해서는 이미 서장에서도 다루었고, 자세한 것은 하론(제3장)에서 대진의 리와 관련하여 다시 서술할 것이므로 여기서는 간단한 지적만 해 두겠다. 리는 한 개인 내부의 도덕적 완성태가 아니라 자타 욕망 사이의 사회적 조화태로서 기능하기 시작하였다. 이러한 전환의 양상이 바로 '인간의 자연 속으로부터 질서를'이라는 중국적 자연법에서의 중대한 변화의 구체적 내용이었다. 그때까지 중국에서 자연법이라고 하면 이른바 주자적 자연법을 의미하였다. 그것은 사회적 질서에 우주적 질서가 관통하고 있으며, 따라서 신분적 질서를 소여(所與)의 자연으로 이해하는 것이었다. 이러한 이유로 주자적 자연법은 중세적이라 칭해졌다. 이를 우리의 용어로 보충 설명한다면, 주자적 자연법은 본연의 성을 인간의 자연으로 파악하였고, 아울러 거기에 '하나[一]'라고 하는 정해진 이치[定理]를 보편화시켰다. 그리하여 인간은 개별적 기질의 자연조차 비자연으로서 '하나'에 수렴된 말하자면 몰기질적 자연법이었다. 더욱이 그것은 한 개인 내부의 본연의 성에서 우주적 질서와 '하나'가 된다고 보았다. 바꾸어 말하면 자기 내부에 우주적·자연적 질서가 있다고 보았으며 또한 한 개인을 소우주(小宇宙)로 파악하였다. 말하자면 한 개인의 내부에서 모든 것이 완결되는 자연법이었다. 이상에서 그것은 철두철미 형이상학적인 또는 관념적인, 요컨대 작위·분별 세계의 자연법이라 할 수 있었다. 그런데 이제 이탁오에 이르러 개별적이고 다양한 기질을 자연으로 이해하였을 뿐만 아니라 개개인의 사회적 욕망을 자연으로 파악하게 되었다. 이리하여 평면적인 '하나'의 혹은 형이상학계의 자연법으로부터 개별적이고 다양한 욕망을 상호 집적한 입체적인 형이하학계의 자연법으로 그 내실을 크게 전환시키기 시작하였다.

그렇기는 하지만 '욕망이 자연'이라는 말은 욕망이 천(天)이며 리(理)이기도 하다는 말이다. 요컨대 욕망 자체가 천리적 조화에 합치되는 것이 욕망의 자연적 본래라는 말이다. 이 때문에 이탁오의 자연법은 하론(제4장)에서 서술하는 것처럼 조화를 선험적인 전제로 한 독자 중국적인, 말하자면 '이리[狼]' 없는 자연법115)*이었다. 뿐만 아니라 이 단계에서 조화는 '분(分)'적 조화라는 점에서 여전히 신분질서법 내에 있다는 한계를 갖는다. 그렇지만 이 한계를 감안하더라도, 이 시점에서의 이러한 변화의 의의는 결코 작은 것이 아니다. 이와 같은 리의 기능 전환에 따른 중국적 자연법의 전환을 진공의 두 번째 의의로 주목해도 좋다.

세 번째 의의는, 무인무기(無人無己)의 이론에서 밝혀졌듯이 '나의 조리' 즉 특정한 이치를 철저하게 파괴한 점이다. 바꾸어 말하면 기성의 정해진 이치[定理]에 대한 파괴이다. 하지만 이는 단순히 기성의 정해진 이치가 이제 더 이상 통용될 수 없게 되었다는 데에

---

115)* 토마스 홉스(1588～1679)의 『Leviathan』에서 유래한 말. '만인이 모두 이리'라는 자연법에 상대하여 한 말. 토마스 홉스는 자연의 상태 내에서 만인은 자신의 안전을 도모하기 위해 필요한 행동을 가리지 않고 잔인하게 수행하는데, 이러한 자연 상태에서 기대할 수 있는 상황은 서로 대립적으로 활동하는 사람들, 운동 중인 물체들 또는 '만인 대 만인의 투쟁(bellum omnium contra omnes)'이라 부르는 무정부 상태일 수밖에 없다고 보았다. 이에 반하여 중국의 천관은 '도덕과 조화'를 인간의 본질로 파악하였기 때문에 '이리 없는 자연법'이라 한 것이다.

머물지 않는다. 정해진 이치가 '정해질' 수 있는 이유는 그 이치가 '하나[一]'라는 보편성으로 간주되었기 때문이다. "공적이면 하나가 된다. … 지극히 당연한 것은 하나로 귀결되니, 정밀한 의리에는 둘이 없다"(『程氏遺書』 권15)고 한 송대의 '하나'에 대한 낙관주의는, 위로부터 아래까지 하나의 질서체계, 하나의 질서 이데올로기로 통합될 수 있다고 낙관적으로 인식되고 있었음을 보여준다. 이탁오는 이 관념을 정면에서 파괴하고자 하였다. 이미 보았듯이 "성불이란 **이루어야 할** 부처를 떨쳐낸 본래부처를 성취하는 것이다[成佛者, 成無佛可成之佛]." 사람마다 **각자가** 본래부처라는 점에서 모든 사람이 보편적인 것이지, **이루어야** 한다고 상정된 부처 속에서 보편적인 것이 아니다. "하물며 부처가 될 것을 발원(發願)함에 있어서이겠는가! … 발원이란 **부처마다 하고 싶은** 바를 발하여 기원하는 것이다. 이것은 천 부처 만 부처가 똑같을 수는 없는 바이다. 부처가 있어야 기원이 있게 된다. 그러므로 부처라는 점에서는 동일하지만, 그 기원하는 바는 **각각 다르다**[有佛而後有願, 佛同而願各異]"라고 말하였다.

인간은 불성(佛性, 곧 理)을 갖추고 있다는 점에서 보편적이지만, 그러나 그것의 발현은 개별적이고 다양하다. 인간은 개별적이고 다양하며, 개별적이고 다양한 것은 각자가 **인간으로서** 살아가고 있다는 증거다. 바꾸어 말하면 **각자가** 인간으로서 **살아가고 있는** 것, 그것이 인간의 보편성이다. '공(空)'은 발현되어 있는 것이지 지향해야 할 것은 아니다. 그것이 진공(=보편), 즉 진정한 리라고 이탁오는 말한다. 이는 양지를 인간 각자에게 뿌리내린 양명학의 하나의 명말적 귀결이지만, 그러나 양지가 사단·효제의 보편으로 간주되던 하나의 '정해진 것[定]'까지도 인간의 심층에서 분쇄하는 것으로, 이제 리는 논리적으로 완전하게 살아가는 인간에 근거한 것이 되었다. 이 '하나[一]'·'정해진 것[定]'의 파괴는, 리는 위에서 아래로 일원적으로 기능하는 것으로 이해한 송학 이래의 낙관주의를 소멸시키는 것으로서 질서관념에 대한 인간적 주체의 앙양을 보여준다. 결국 이 개별성에 기초한 보편성의 정립은 보편성의 질을 전환시키는 데에 머물지 않고, 질서 이데올로기의 상하 일원적 벡터를 원리적으로 부정하는 것이기도 하였다. 그것은 이윽고 전술한 자연법의 신분법적 측면에도 영향을 끼치지 않을 수 없는 중요한 원리상의 전환으로 이해될 수 있다. 그러므로 이를 포함하여 사상사적으로 세 번째 의의로 볼 수 있다.

네 번째 의의는 앞의 세 번째 의의와 관련되는 것으로서, 이미 '자기 버림[舍己]'을 논할 때 보았던 정치관의 전환이 이 진공에서 발생하였다는 점이다.

'자기를 버리고 남을 따름'은, 주자의 해석에 의하면 자기의 불선을 버리고 남의 선에 따르는 것이었다. "군주의 마음이 바르면 천하의 일은 한결같이 올바름에서 나오지 않음이 없게 되며, 군주의 마음이 바르지 않으면 천하의 일은 한결같이 올바름에서 말미암을 수 없게 된다"(『朱子文集』 권11, 「戊申封事」)고 한 것은 주자의 군주관이었다. 이러한 군주관은 기본적으로 양명으로까지 이어진다. 이탁오는 버려야 할 자기도 없으며 따라야 할 남도 없다는 '무인무기'를 표방하였다. 버려야 할 자기가 **있다**는 것은 유기(有己)의 입장이다. 유기란 유선(有善)을 지향하는 자기이며, '나의 조리'에 의존하여 살아가고자 하는 자기이다. 그것은 '집일(執一)'이다. 이탁오는 "진실로 자기를 버리는 자는 자기가 있음을 보지 못한다"고 말한다. 서장에서 예로 들었던 고윤성의 "(군주의) 총명함만으로는 아직 골고루 미치기에는 충분하지 않다", 또는 부조우의 "폐하 … 한 사람의 정밀하고 밝음이 반드시 믿을 만한 것이라 여기지 마소서!", 유종주(劉宗周)의 "폐하 … 한 사람의 영명한 결단력에만 의지하여 여러 대부·국인으로 하여금 그 시비를 바르게 할 수 없도록 하신다면 폐하의 의견은 때때로 빗나가게 될 것입니다" 등의 '공론(公論)'을 본다면, 이미 추세는 황제의 '올바른 마음'을 정치의 원점으로 삼았던 시대를 뛰어넘기 시작하였음이 분명해진다. 그것은 단지 황제에만 한정되는 것은 아니었다. 주자의 정치관은 민(民)에 대한 사대부 관료의 '올바른 마음'을 포함하며, 정치는 일반적으로 군주~관료~민의 서열 속에서 위로부터 아래로의 교화·덕화로서 또는 위의 리(理)가 아래로 침투하는 것으로서 그려지고 있었다. 이탁오는 이와 같은 주자의 벡터를 원리적으로 파괴하였으며, 뒤의 황종희의 「원군(原君)」, 「원신(原臣)」의 군신론에 선행하는 것이었다. 이탁오의 이러한 정치관은 말할 필요도 없이 민의 **사(私)**·욕망을 밑바탕에 깔고 있었다. 이 점에서 그것은 첫 번째 의의에서 파생된 것이기는 하지만 이후의 추이에서 볼 때 사상사적 의의의 네 번째로 보아도 좋다.

이상이 이탁오의 '무'·'진공'에 의해 초래된 사상사적 의의의 대강이다. 다만 거듭 노파심에서 말한다면, 그것은 무(無)이며 진공(眞空)이었다. 이탁오의 주관에서는, 사상사적 성과는 아무것도 없었다. 그에게는 양명의 양지, 용계의 무 같은 명제화된 제목(=테마)이 전혀 없었다. 그는 무나 진공을 표방한 적이 없었다. 그에게는 일체의 진지(陣地)는 물론 일정한 정점(定點)도 없었다.

그러나 양명~용계~탁오의 흐름을 이렇게 '무'~'진공'의 궤적으로 파악해 볼 때, 그 정점 없는 진정한 무[眞無]의 경계에서 비로소 벼랑으로부터 백척간두로 일보를 내딛을 수 있었다. 이로 인해 그는 이단으로 배척되었으며, 이로 인해 그는 존재해야 할 아무것도 없었다. 그렇지만 이것이 바로 그의 존재 이유였으며, 또한 사상사(思想史)상의 존재 의의가 아니었을까?

부절 : 「동심설(童心說)」과 그 주변

이탁오를 문제로 삼은 이상 「동심설(童心說)」을 언급하지 않을 수 없다. 이탁오를 말하면서 「동심설」을 언급하지 않는 것은 좀 기이하게 생각될 정도로 그것은 이탁오 사상의 핵심이다.

그렇다면 이 「동심설」을 이탁오 사상의 어느 부분에서 확인하는 것이 가장 타당할까?

먼저 이탁오가 「동심설」 속에서 무엇을 말하고 있는지를 살펴보도록 하자. 이탁오는 먼저 다음과 같이 말을 꺼낸다.

> 무릇 동심(童心)이란 진심(眞心)이다.116) 만일 동심이 있으면 안 된

---

116) 바로 이 앞, 즉 「동심설」의 앞머리는 잘 알려진 대로 "용동산농(龍洞山農)은 「서상(西廂)」의 서문 끄트머리에서 말하기를 … '식자들이여, 나보고 아직도 어린아이의 마음[童心]에서 벗어나지 못해서야 되겠느냐고 말하지 말라'고 하였다"로 시작된다.

또한 내각문고에 소장된 말릉계지재진방태간본(秣陵繼志齋陳邦泰刊本), 『중교북서상기(重校北西廂記)』 5권(萬曆 26년, 1598)에 이 용동산농의 서문이 수록되어 있다. 傳田章 편저, 『明刊元雜劇西廂記目錄』(東大 東洋文化研究所附屬 東洋學文獻センタ-叢刊, 제11집) 참조.

전문을 소개하면 다음과 같다.

용동산농이 쓴 『중교북서상기』 서문에서 말하기를, "사곡(詞曲)은 금·원 시대에 성행하였는데, 특히 북의 『서상(西廂)』과 남의 『비파(琵琶)』는 필적할 만한 것이 없을 정도로 시대에 뛰어났다. 다만 두 책은 뭇 사람들 사이에 유행하여 이른바 어린아이나 목동까지도 훤하게 알고 있었지만, 망령되고 용렬한 자들이 제멋대로 문장의 자구를 뜯어 고쳐서 옛것의 절반을 잃어버리게 되었으니, 식자들이 이를 안타깝게 여겼다. 근래 하간(河間)의 장군(長君)이 『비파기』를 간행하였다. 그 사람은 학문이 해박한데다가 음률(音律)에도 밝아 교정한 바가 정밀하고 명쾌하다고 하니,

다고 한다면, 이는 진심이 있으면 안 된다는 말이 된다. 동심이란 거짓을 끊어버린 순수하고 진실한 것으로, 사람이 태어나면서 가장 처음 갖게 되는 한 생각의 본심[最初一念之本心]이다. 동심을 잃게 되면 진심이 없어지고, 진심이 없어지면 진인(眞人)[117]이 된 까닭을 잃

사림(詞林)의 일대 쾌거라 하겠다. 북사(北詞)는 서로 전하여 베껴서 간행하니 잡박함이 더욱 심하였다. 다만 고현위(顧玄緯) · 서사범(徐士範) · 김재형(金在衡) 3인이 간행한 것은 대체로 선본(善本)이긴 하지만, 사(詞)의 구절에 증감이 있어 서로 득실이 있다. 내 정원이 있는 자그마한 집에서 한가롭게 지내는 동안 조잡하게나마 문장을 뜯어고쳐 바로잡고, 그 약간 편벽되게 근거를 끌어들인 것에 대해서는 대략적인 해석을 가하여 책 앞머리에 붙이고, 『비파기』와 합하여 간행한다. 비바람 부는 날 아침, 꽃에 달이 비치는 날 저녁, 책을 넘기며 스스로 읊조리노라면 또한 세월을 보내며 곤궁한 슬픔을 달랠 만할 것이다. 식자들이여, 나 보고 아직도 어린아이의 마음에서 벗어나지 못해서야 되겠느냐고 하지 말라. 만력(萬曆) 임오년(壬午年; 1582) 여름, 용동산농은 찬하노라."(자세한 것은 傳田章, 앞의 책, 20쪽, 23쪽, 25쪽, 31쪽 참조)

117) 이탁오가 말하는 '진인'의 내용을 가장 잘 설명해 주는 것은, 이를테면 임제(臨濟)가 "적육단(赤肉團; 붉은 고깃덩어리, 즉 사람의 육체/역자) 위에 하나의 무위진인(無位眞人; 범인과 성인, 미혹됨과 깨달음, 상하 귀천을 초탈해서 무엇이나 통하지 않는 것이 없는 진정한 진인/역주)이 있어, 항상 너희들을 따라서 출입한다"(『임제록』「上堂」), "오온신전(五蘊身田) 안에 무위진인이 있어, 당당하게 밝게 드러나 털끝만큼의 간격도 없다"(『景德傳燈錄』 권28)고 하였을 때의 무위진인일 것이다.(柳田聖山, 「臨濟義玄の人間觀」, 『禪文化硏究所紀要』 1. 이 논문은 임제의 인간됨을 잘 해명한 것으로 참고가 된다) 이것은 제2절에서 들었던 자백 달관의 "의지처를 떨쳐버리고 드러난 지면에 발을 딛고서, … 마음껏 뛰어다녀 의지할 곳 없는 경지를 터득하여, 오직 부처의 마음을 깨친 자"(『자백별집』 권4, 「修行四難」)와도 상통하는 의지함이 없는 사람이기도 하다. 그리고 이탁오에 근거하여 말하면, 이렇게 의지함이 없는 데서 지극히 살아 움직이고 지극히 선한 사람이 **그가 말하는 진인일 것이다**. 따라서 이른바 가인(假人)은 그것의 정반대 편에 있는 사람, 즉 이탁오의 말을 빌면 "평소 아무런 일도 없이 단지 공손하고 겸양하기만 하고, 종일토록 똑바른 자세로 앉아 마치 진흙으로 만든 인형처럼 하고서는, 잡념이 일어나지 않으면 이것이 곧 진실로 대성인 · 대현인이라고 생각한다. … 또 잠시라도 양지(良知)를 강론하는 자리에 들어가면 은밀히 고관임을 뽐내지만, 일단 사태가 벌어지면 서로 얼굴을 마주보며 눈치를 살필 뿐 절대로 안색을 드러내지 않

게 된다. 사람이면서 진실하지 못하면 다시는 그 처음을 회복할 수 없게 된다. 동자는 사람의 처음[人之初也]이요, 동심은 마음의 처음[心之初也]이다. 마음의 처음을 어떻게 잃을 수 있겠는가!(『焚書』 권3)

이탁오는 먼저 "동심은 진심이다"라고 말한다. 이것은 무슨 뜻인가? 동심은 인간의 진실된 마음이라고 말하는 것일까? "거짓을 끊어버린 순수하고 진실한 것으로, 사람이 태어나면서 가장 처음 갖게 되는 한 생각의 본심"이라고도 하였다. 거짓을 단절한 순수하고 진실한 마음, 그것을 진심이라는 어감으로 담아낸 것일까? 진심이란 그러한 진실한 마음임에 틀림없다. 그러나 거짓을 단절한 순수하고 진실한 마음을 단순히 진심이라 칭한다면, 진심이란 용어는 명말 사상계에 너무나도 일상화된 술어에 지나지 않는다.

물론 진심이라는 용어는 협잡물이 없는 마음이라는 정도의 의미로도 사용되었다. 실제로 이탁오 자신도 "진심으로 믿는다"(『續藏書』 권5, 「遜國名臣梅公」), "진심으로 경애하고 존중한다"(『분서』 권4, 豫約, 「感慨平生」)고 말하는 등 그와 같은 의미로도 사용하고 있다. 그러나 이 「동심설」에서는 결코 그처럼 가벼운 의미가 아니라는 것, 새삼 말할 필요도 없을 것이다.

명말에 진심이라는 용어가 유행하게 된 것은,

문득 어린아이가 우물에 빠지려는 것을 보았을 때의 깜짝 놀라고 두려워하는 마음에는 일찍이 세 가지 마음118)*의 잡됨이 없다. 이는

는다"(『분서』 권4, 「因記往事」), 또는 "관직에 있을 때에는 장관에게 비호(庇蔭)를 구하고, 조정에 서서는 재상에게 비호를 구하며, 변방의 장수가 되어서는 중앙 관료에게 비호를 구하고, 성현 공부를 할 때에는 공자와 맹자에게서 비호를 구하고 문장을 지을 때에는 반표와 사마천에게서 비호를 구한다"(『분서』 권2, 「별유초천서」)고 한 것처럼, 주체를 상실하고 겉모습만 꾸미는 사람이라는 것, 더 이상 설명을 필요로 않을 것이다.

118)* 어린아이의 부모와 인연을 맺으려는 마음, 칭찬을 받으려는 마음, 험담을 두려워하는 마음. 『맹자』 「공손추상」 참조.

요컨대 욕망에 동요되지 않는 진심으로서 이른바 양지이다.(『龍溪王先生全集』 권2, 「松原晤語」)

라고 왕용계가 말한 것에서도 알 수 있듯이 그것은 양지설의 유행과 떼어놓을 수 없다. 명말의 인사는 진심의 연원을 종종 정명도(程明道, 1031~1085)의 "사람은 모름지기 그 진심을 알아야 한다[人須是識其眞心]"는 말에서 찾거나 때로는 불가의 묘명진심(妙明眞心)·정주진심(定住眞心)과 동일시하기도 하였지만, 배울 필요도 없고 생각할 필요도 없는 양지가 진심 개념의 근저에 자리하고 있었음은 거의 의심을 허락치 않는다. 그러나 이를 곧바로 양명이 말하는 양지와 동의어로 볼 수는 없다. 양명이 비록 "사람은 일반적인 기호에 있어서는 간혹 간절하지 않은 경우도 있지만, 오직 예쁜 여색을 좋아하고 악취를 싫어하는 것은 모두 진심에서 발하는 것이다"(『王陽明全書』, 書錄, 「與黃勉之 제2」)라고 말하였지만, 이 진심이 양지처럼 체계화된 용어라고 보기는 어려우며 오히려 훨씬 단적이고 직각적인 울림을 갖는다.

'진심'은 주지하듯이 본디 불가의 술어이다. 정명도가 말하는 진심 역시 「원인론(原人論)」 등에서 인성의 근본을 본각(本覺)[119)*]의 진심으로 수렴한 규봉 종밀(圭峰宗密; 780~841)[120)*] 사상의 무언가의 여운으로 보아도 지장이 없다. 아니 이렇게까지 계보를 더듬지 않더라도, 『육조단경(六祖壇經)』[121)*]의,

---

119)* 본각(本覺): 현상계의 제상을 초월한 곳에 존재하는 구극의 깨달음.

120)* 종밀(宗密; 780~841): 화엄종의 제5조. 속성은 하(何), 호는 규봉(圭峰). 젊어서 유교를 배우고 807년 수주(遂州)의 도원(道圓)에게 출가하여 선을 배웠다. 뒤에 징관(澄觀)의 제자가 되어 『화엄경』을 연구하고, 선(禪)과 교(敎)의 일치를 주장하였다. 시호는 정혜선사(定慧禪師). 저서에 『원각경소』 6권, 『원각경초』 20권, 『화엄윤관』 15권, 『기신론소』 4권, 『선원제전집』 100권, 『원인론』 1권 등이 있다.

121)* 『육조단경(六祖壇經)』: 『법보단경(法寶壇經)』 또는 『육조대사법보단경(六祖大師法寶壇經)』이라고도 한다. 6조 혜능(慧能)이 소주(韶州) 대범사(大梵

> 일행삼매(一行三昧)란 일체시(一切時)[122)*] 중에서, 행하고 머물고 앉고 눕는 어느 때나 항상 진실하게 하는 것으로, 진심을 뜻한다. 『정명경(淨名經)』에 "진심 이것이 도량, 진심 이것이 정토"라 하였다.[123)] … 다만 진심을 행함에 있어서 일체의 법에 집착하지 않는 것을 일행삼매라 이름한다.

라든가, 『경덕전등록(景德傳燈錄)』(권4)과 『오등회원(五燈會元)』에 기록되어 있는 무주선사(無住禪師; 714～774)의,

> 도를 배우는 일체의 사람들이 생각에 따라 유랑하는 것은 대체로 진심을 모르기 때문이다. 진심이란 생(生)을 생각하면서도 생에 따르지 않고 멸(滅)을 생각하면서도 적(寂)에 의지하지 않으며, 오지도 않고 가지도 않으며 … 작위도 없고 형상도 없이 물고기가 물속에서 뛰어오르듯이 평상적이고 자유로운 것이다.

등, 명말의 인사는 그들이 평소 친근하게 여긴 선가의 어록 속에서 직접 이 용어를 발견하였으며, 본래청정, 평상자재의 단적이고 직각적인 자기 본래의 마음이라는 개념이 그대로 그들의 진심 개념 속에 수용되었다는 것도 어렵지 않게 상상할 수 있다.

그러나 '진심을 탐구함[討眞心]'을 명제로 한 당추(唐樞; 1497～1574)[124)*]의 진심처럼 담감천(湛甘泉; 1466～1560)[125)*]의 '곳곳에서

寺)에서 일반인들에게 설법한 것을 중심으로 그의 고제자인 법해(法海)가 집록한 것. 여기에서는 계(戒), 정(定), 혜(慧) 3학의 일체를 주장하고 있으며, 북종(北宗)에 대한 남종(南宗)의 입장을 확립하여 그 운동의 근거가 되었다.

122)* 일체시(一切時): 과거·현재·미래를 통하여 언제나 그치지 않는 것.

123) 『유마정명경(維摩淨名經)』에는 "직심(直心)이 보리의 정토이다"(「불국품(佛國品)」), "직심이 도량이니, 헛되고 거짓됨이 없기 때문이다"(「보살품(菩薩品)」)고 하였다. 육조 혜능(六祖慧能; 638～713)이 이 직심(直心)을 진심(眞心)으로 바꾼 이유는 분명하지 않다. 이것은 진심 개념이 일반화되고 심화되었음을 보여주는 것인지도 모르겠다.

124)* 당추(唐樞; 1497～1574): 자는 유중(惟中). 관직은 형부주사(刑部主事)에

천리를 체인함[隨處體認天理]'이나 양명의 '치양지'에서의 천리·양지와 거의 같은 의미를 갖는 경우도 있어[126], 일괄적으로 말할 수

이름. 이복달(李福達)의 죄를 바로잡고자 상소하였다가 배척을 받아 서민이 되었다. 담약수(湛若水)에게 배웠으며, 일암선생(一菴先生)이라 칭해졌다.『명유학안』권40에 그의 대한 기록이 있다.

125)* 담감천(湛甘泉; 1466~1560): 본명은 약수(若水), 자는 원명(元明). 감천은 그의 호. 광동성 증성현(增城縣) 출신. 진헌장(陳獻章)의 제자. 치양지를 주장하는 정좌법(靜坐法)으로 '리(理)'를 체인해야 한다는 진헌장을 계승하면서도, 독서도 필요하다고 하면서 곳에 따라 '천리'를 체인할 것을 주장하였다. 이를 계승하는 사람들을 감천학파라 부른다. 저서로『이경전측(二經傳測)』,『춘추정전(春秋正傳)』,『고악경전(古樂經傳)』,『감천집(甘泉集)』이 있다.

126) 황종희는 "무릇 '진심'은 곧 순임금의 이른바 도심(道心)을 말한다. '탐구한다[討]'는 것은 학문·사변·역행의 공부로서, 곧 순임금의 이른바 정일(精一)을 말한다. '곳곳에서 천리를 체인한다'는 것은 그 취지가 포괄적인 것인데, 배우는 자들은 자신에 돌이켜서 살필 줄을 모른다. '치양지'는 그 기미가 요약된 것인데, 배우는 자들은 곧바로 영명(靈明)한 것에 내맡기는 잘못에 빠진다. 이 '진심을 탐구한다[討眞心]'는 말은 부득이 하여 제시된 것이다"라 하여, 오히려 당추의 '진심 탐구'는 치양지의 직절(直截)함을 원활하게 보충하고자 하여 나온 명제라고 하였다. 또한 "만약 진심이 나에게서 나뉘지도 섞이지도 않음을 분명하게 안다면, 왕양명·담감천 양자의 학은 모두 폐단이 없는 것이다"라고 하였다. 그렇지만 결국에는 "진심은 곧 양지요, 탐구한다는 것은 이룬다[討卽致也]는 뜻이니, 왕학에 비해 더욱 근사하다[眞心卽良知也, 於王學尤近]"고 하면서도, 다만 "양지는 자연의 본체이니 그 자연을 따라 이룬다면 공부는 본체의 뒤에 있게 된다. … 진심이 물욕과 견문 속에 가리워 있는데, 이를 따라 탐구한다면 공부는 본체의 앞에 있게 된다"고 하여 오히려 양지의 직절함에 손을 들어주고 있다. 이것은 왕문의 무리로서의 황종희의 입장에 기인한 것일 테지만, 양지의 직절함은 그것이 즉각적으로 본체가 분명하게 분별되는 것이기 때문이며, 진심을 탐구하는 것은 '물욕·견문'의 현장 속에서 부침하는 것이기 때문이라 한 것은 양지에 대한 진심의 명말적 냄새를 반영하고 있는 것으로 보여 흥미롭다. 사실 당추는 "진심은 사람이 실제로 갖고 있는 마음이다. 실제로 갖고 있는 마음은 곧 천지가 사람을 낳는 근본이다", "명(命)이 없으면 그 삶을 주관할 수 없으며, 기(氣)가 없으면 살아갈 수 없다. 살아가는 것은 마음이지만, 이를 주관하는 것은 진심이다"라고 하였는데, "기(氣)와 명(命)은 한가지다. 기와 명이

는 없다. 그러나 명말 인사의 한 사람인 왕시괴(王時槐; 1522~1605)[127)*]는 다음과 같이 말하고 있다.

> 논한 바 '생각을 제거하고 마음을 지킴[去念守心]'에 대해서 말한다면, 생각은 제거할 수 없으며 마음은 지킬 수 없다. 참된 생각[眞念]은 본디 생각이 없는 것이니, 어찌 제거할 수 있겠는가? 참된 마음[眞心]은 본디 형체가 없는 것이니, 어찌 지킬 수 있겠는가? 다만 고요하게 하여 항상 비추어볼 뿐이다. 이것이 곧 본체이며, 이것이 곧 공부이다. 본디 허다하게 조목을 나누어 설명할 필요가 없는 것이다.(『명유학안』 권20, 「論學書」)

이처럼 오조 홍인(五祖弘忍; 602~675)[128)*]의 '마음을 지킴[守心]'·'진심을 지킴[守眞心]'까지도 부정할 것 같은 그 자리에서 당장 자유롭고자 하는 강렬한 '마음·진심'에서 볼 수 있는 것처럼, 명말의 진심 유행은 치양지의 미적지근함을 뛰어넘어 당장 그 자리에서 이루고자 하는 무언가의 충동을 그 밑바닥에 감추고 있는 것처럼 보인다.

> "간절하고 간절하도다, 그 인(仁)이여! … 광대하고 광대하도다, 그 천(天)이여!"라고 한 것은, 모든 것이 나의 진심 속의 실지(實地)이며

둘이 아니니, 또 어찌 성(性)을 둘로 나눌 수 있겠는가?"라고 하는 입장에 서는 사람에게서만, 그 진심으로부터도 삶의 냄새가 풍겨나오는 것이다.(『명유학안』 권40, 「甘泉學案」 4 참조)

127)* 왕시괴(王時槐; 1522~1605): 자는 자식(子植), 호는 당남(塘南). 안복 출신. 만력 연간에 귀주참정(貴州參政), 홍려태상(鴻臚太常)에 징소되었지만 모두 나가지 않고, 강학으로 생을 마감하였다. 서실을 우경당(友慶堂)이라 하였다. 저서로는 『광인유편(廣仁類編)』, 『우경당합고(友慶堂合稿)』가 있다.

128)* 오조 홍인(五祖弘忍; 602~675): 호북성 황매현(黃梅縣) 출신. 7세때 선종 제4조 도신(道信) 선사를 만나 그 심인(心印)을 받았다. 51세때 선종 제5조가 되었다. 그의 선(禪) 사상은 심성의 근원을 깨치는 것을 본령으로 하고, 수심(守心)을 참학(參學)의 요심(要心)으로 삼았다. 671년 법을 제6조 혜능에게 전하였다. 그의 법문은 동산법문(東山法門)으로 칭해졌다.

일체가 완전하게 실현되어 있음을 말한 것이다.(『李氏說書』, 「中庸」, 3권)

마음은 본래 공(空)이다. 마음을 비운 뒤에 비로소 공이 되는 것이 아니다. … 마음은 본래 미혹됨도 없으며 또한 머무는 바도 없다. … 정자(程子)는 "사람은 모름지기 그 진심을 알아야 한다"고 말하였다. 아아! 진심이 어찌 알기 쉽겠는가?(『楊復所家藏文集』 권7, 「與曾植老書」)

무릇 마음에는 진심(眞心)이 있으며 망심(妄心)이 있다. 진심으로 말하면 성인과 범부를 구별할 것이 없다. … 생사를 벗어나고 거래를 끊어서, 일상에서 떠나지 않고 담담히 항상 존재하니, 유심(有心)으로 얻을 수도 무심(無心)으로 구할 수도 없다.(『자백전집』 권12, 「釋毘舍浮佛偈」)

어떠한 진심도 계교하고 분별할 여지가 없는 그 곳에서 항상 자유롭게 된다고 말하는 것을 보면, 명말의 진심 유행이 어디에서 발단하는가를 엿볼 수 있다.

이탁오가 맨 앞에서 "동심은 진심이다"라고 말한 것은 이렇게 누구의 눈과 귀에도 익숙한 진심이라는 용어를 가지고 동심을 설명한 것이라고 보는 것이 타당할 듯하다. 요컨대 진심이라는 용어는 그만큼 일반적이었다. 이에 비해서 동심은 문학에 사용된 특수한 용어였음을 역으로 보여준다고 하겠다.

그렇다면 그는 차라리 「진심설」이라는 표제로 이론을 전개하면 좋았을 터인데 진심으로 설명하지 않으면 안 되는 불편을 무릅쓰고 굳이 동심이란 용어를 취한 것은 당시의 진심 개념으로는 제대로 표현할 수 없는 무언가를 느꼈기 때문일 것이다. 그리고 나근계가 자주 문제삼았던 '갓난아이의 마음[赤子之心]'에서 느껴지는 서민적인 생동감을 어디에선가 의식하고 있었음도 하나의 이유가 될 것이다.

실제로 문제의 『설서(說書)』 「맹자부(孟子部)」 속의 '대인은 갓난아이의 마음을 잃지 않는다[大人不失赤子之心]'라는 조목에서, 어떤 사람이 '갓난아이의 마음을 잃지 않는다'의 뜻을 물었다. 이탁오는 "나의 『동심설』에 있다"고 대답하고, 다시 이어서 "무릇 갓난아이의 마음은 동심이다. 동심이란 진심이다. … 갓난아이[赤子]란 사람의 처음이며, 갓난아이의 마음[赤心]이란 마음의 처음이다"(『李氏說書』, 「下孟」, 9권)라고 말했다고 되어 있다. 이탁오는 여기서 '동자'는 '갓난아이[赤子]', '동심'은 '갓난아이의 마음[赤心]'으로 바꾸고 있지만, 그밖에는 「동심설」과 거의 같은 내용이다. "『동심설』에 있다"고 하면서도 동자·동심을 갓난아이·갓난아이의 마음으로 바꾸어 재록한 수법은 약간 구차하지만, 이는 당시에 '갓난아이의 마음'이라는 측면에서 『동심설』이 이해되고 있었던 하나의 증거인지도 모르겠다. 뿐만 아니라 이탁오 스스로도 양복소의 「대인은 갓난아이의 마음을 잃지 않는다[大人不失赤子之心]」라는 한편의 시문(時文)[129)*]을 칭찬한 사실이 있다. 즉 이탁오는 초횡에게 이 시문과 함께 같은 양복소의 「기희(幾希)」, 「불이(不貳)」, 「지이학안(志伊學顏)」[130)] 등이 복각되었음을 알리고, 이를 찾아서 한 번 읽어 볼 것을 권하면서

129)* 시문(時文): 명청시대 과거(科擧)에 쓰이던 문체, 즉 팔고문(八股文).

130) 이 글들은 모두 『증도서의(證道書義)』 하권에 수록되어 있다. 이 밖에 이탁오는 「심여곡종론(心如穀種論)」(『증도서의』 하) 및 「혜적종역(惠迪從逆)」도 칭찬하고 있다.(『분서』 권2, 「復焦弱侯」; 동, 보유2, 「복초약후」) 그는 "국가의 훌륭한 신하가 무리지어 배출되고, 도덕과 공적 그리고 문장의 기개가 오늘날 찬란하니, (이들은 모두) 시문(時文)에 의해 뽑힌 사람이 아니겠는가?"(『분서』 권3, 「時文後序」)라고 하였고, 또 「동심설」에서도 "문장이라 해서 반드시 선진 시대의 것일 필요는 없다. 시대가 내려오면 육조(의 병려체)가 될 수 있고, … 변하여 원본(院本; 금나라 때 연극에 사용된 각본/역주)이 되기도 하고, 잡극(雜劇; 원본이 발전하여 유행한 원나라 때의 연극/역주)이 되기도 하고, 『수호전』이 되기도 하고, 오늘날의 **거자업(擧子業; 八股文)**이 되기도 하니, 모두 고금의 지극한 문장[至文]이 될 수 있는 것이다"라고 서술하고 있는데, 여기에서 지극한 문장으로 간주되는 시문이란 양복소의 「대인은 갓난아이의 마음을 잃지 않는다」 등을 가리킬 것이다.

양복소를 크게 칭찬하고 있다.(『속분서』 권1, 「與焦弱侯」) 이제 양복소의 이 문장들을 살펴보자.

> 대체로 사람 마음에 처음이 있는데, 갓난아이의 마음이 그것이다. … 갓난아이란 사람의 처음이요 갓난아이의 마음이란 사람 마음의 처음이다. … 사람은 이 마음을 가지고 있으면서도 스스로 알지 못하고, 늘 대부분을 이 마음 밖에서 찾는다. 그리하여 견문·기능에 막히기도 하고, 명예·공리에 속박되기도 하여 갓난아이와의 거리가 멀어진다. … 대인에게도 이 마음이 있는데, 스스로 이를 잘 알아서 이 마음의 처음으로 돌아가고자 한다. 그리하여 견문·기능에 막히거나 명예·공리에 속박되는 일이 없이 순수한 하나의 갓난아이로 살아간다.(『證道書義』 하)

위 문장은 거의 「동심설」을 방불케 한다. 양복소는 정명도의 "사람은 모름지기 그 진심을 알아야 한다"는 말을 논하면서,

> 무릇 '마음을 어찌 진실이라 말할 수 있는가?'라고 한다면, 그것은 그 사람 마음에 거짓이 있기 때문이다. 마음의 거짓됨은 알기가 쉽지만, 마음의 진실함은 알기가 어렵다. … 무릇 자기가 생각하고 사려하는 것이 … 만일 자기가 평소에 보고 듣거나 평소에 경험한 바에서 발하지 않는다면, 그 마음은 실로 인위(人爲)에 의해서 생겨난 것이라 할 수 있다. 어찌 천군(天君)이라 칭할 수 있겠는가?(『증도서의』 하, 「心如穀種」)

라고 하여 진심이 일상성에 근거함을 지적하는 한편 이를 천군(天君)이라 칭하고 있다. 다른 곳에서는 진심이 천군이 되는 이유를 다음과 같이 설명하고 있다.

> 마음은 천군(天君)이다. … 후세 유자들는 마음을 아는 데에는 오히려 소략하고 단지 마음을 섬기는 데에만 치밀하였다. 섬김의 대상

이 되는 마음이란 관념일 뿐이니, 어찌 진심이라 하겠는가? 이 진심은 바로 하늘[天]이며 나의 인군[君]이 된다. 하늘은 소리도 없고 냄새도 없으며, 지극히 신령스럽고 지극히 밝다. 인군은 지극히 존귀하여 대적할 자가 없다. 어찌 사람의 조작으로 존재하겠는가?(『楊先生冬日記』)

이를 양복소의 이른바 비근하고 절실한 갓난아이의 마음과 비교한다면, 이 진심은 상당히 고답적이라는 인상을 지울 수가 없다. 진심이든 갓난아이의 마음이든 모두 계교·분별을 빌지 않는 자기 본래의 마음이라는 점에서는 궤를 같이한다. 그렇지만 진심은 불교의 자성청정심(自性淸淨心)131)*이 갖는 어느 정도의 철학적 이미지를 불식시키지 못하고 있으며, 또한 수많은 사람들에 의해 사용되어 다양한 개념이 내포되어 있다. 이 때문에 이탁오는 '진심'으로 대체적인 개념 규정을 하면서도 단호하게 '동심'이라는 용어를 사용함으로써 오히려 갓난아이의 마음이 갖는 생동감과 활력을 느끼게 하는 방법을 취했을 것이다.

이 '갓난아이의 마음'은 말할 것도 없이 『맹자』에 나오는 말로서 유가에서 자주 언급하는 명제인데, 이것이 상당히 무게 있는 주제로 다루어지게 되는 것은 역시 양지학 이후의 일이다.

양지 두 글자는 『맹자』에 보이는 어린아이[孩提之童]에서 비롯되었다. 배우거나 생각하지 않고도 사랑하고 공경할 줄 알며, 진실하고 순수하여 인의에 따라 행동한다. 대인이 그 갓난아이의 마음을 잃지 않는 것은 그 마음이 진실하고 순수하기 때문이다.(『명유학안』 권15)

위와 같은 섭표(聶豹; 1487~1563)의 말은 저간의 소식을 전해준다. 왕용계도 갓난아이의 마음을 그가 이상으로 하는 양지로 끌어들여

---

131)* 자성청정심(自性淸淨心): 사람들이 본래부터 갖고 있는 마음은 스스로 맑아서 모든 오염물을 떨쳐 버린다는 뜻. 본래 맑고 깨끗한 마음.

설명한다.

갓난아이의 마음은 순수하고 거짓이 없어 교활한 슬기도 없고 못된 기술도 없다. 신비로운 기틀이 날마다 충족되고 지혜와 재능이 저절로 생겨나고 자라나니, 더할 것이 없다. 대인이 온갖 변화에 통달하는 것은 오직 이러한 것들을 잃지 않기 때문이다.(『용계전집』 권3, 「書累語簡端錄」)

이 갓난아이의 마음을 더욱 분명하게 드러낸 인물이 나근계로서, 그는 이를 자신의 중심사상으로 삼았을 정도였다.

무릇 경서를 읽을 때에는 모름지기 먼저 성현의 어투를 터득해야 한다. 이 ('갓난아이의 마음') 조목의 어투를 보자면, 여기에서 맹자는 대인의 능력을 칭찬하고 있는 것이 아니라 바로 인성의 선함을 찬탄한 것이다. … 내가 『맹자』의 이 조목을 읽어보았는데, 여기서는 대인만이 갓난아이의 마음을 잃지 않는다고 말한 것이 아니라 반대로 갓난아이의 마음이 있어야 비로소 대인이 될 수 있음을 말한 것이다. 대인만이 갓난아이의 마음을 잃지 않는 것이라고 해석하는 자는 마음을 전혀 알지 못하는 것이다.(『近溪子集』, 震·數)

나근계는 이렇게 갓난아이의 마음이 사람마다에 지금 당장 실현되어 있는 것임을 한층 강조한다.[132] 여기서의 대인은 만물일체의 인을 체득하여 실현한 사람인데, 용계와 마찬가지로 근계 또한 이를 현성양지(現成良知)의 체현자로 이해하면서 대인을 단숨에 일반인의 영역으로까지 확대시킨 점에서 주목된다. 나근계는 『맹자』의 '형색천성(形色天性)' 장(章)에 대해서도,

132) 왕용계의 말투가 순수하고 거짓 없는 갓난아이의 마음이 유지될 수 있는 것은 대인의 능력이라 하여 대인의 능력을 칭찬하는 것처럼 보이는 것과 비교할 때, 나근계의 발언은 대조적이다.

그 어투를 논해 보면, 형색(形色) 쪽에 비중이 놓여 있다고 생각된다. 그런데 오늘날 해석하는 자들은 대부분 성(性)에 대해서는 자세하게 설명하면서도 형색에 대한 설명은 소략하다. … 성명(性命)을 얘기할 때에는 이를 허황되고 알 수 없는 데에서 찾아내어 기발하게 모양새를 낸다. 그래서 맹자는 이를 안타깝게 여겨 "어찌 자기의 형색을 경시할 수 있겠는가?"라고 말했던 것이다.(『근계자집』, 兌·樂)

라고 하여 오로지 형색 쪽에 역점을 두고 설명하였다. 또한,

대체로 '중용(中庸)' 두 글자는 바꾸어 말하면 '평상(平常)' 두 글자이다. 그러므로 『중용』의 첫 번째 장(章)에서 도(道)를 '본성에 따르는 것[率性]'이라 정의하였다. 본성에 따르는 것은 저절로 그렇게 되는 것이어서, 별도의 생각을 필요로 하지 않는다. … 도를 잘 추구하는 사람은 옛것에서 찾지 않고 오늘날에서 찾으며, 성인에서 찾지 않고 다만 평범한 사람에게서 찾는다. … 대체로 말에는 하찮은 것이 있지만 이치에는 하찮은 것이 없다. 하찮은 말도 그대로 이치이다. 사람 가운데에는 비천한 사람이 있지만 (중용의) 중(中)에는 비천한 것이 없다. 비천한 사람도 또한 중(中)이다. 예컨대 오늘날 시골의 어리석은 지어미가 늘 어린아이를 가슴에 안고 장난치거나 웃고 있는 모습을 볼 수 있다. 무릇 장난치고 웃으면서 하는 말은 가장 하찮은 말이며, 시골의 촌부는 가장 비천한 사람이다. 그러나 갓난아이[赤子]를 돌보고 어린아이[孩提]를 사랑하는 것이 바로 인의의 실질이며, 수신·제가·치국·평천하의 근본임을 알아야 한다.(『근계자집』, 震·書)

라고 서술하여 갓난아이의 마음을 형이상학으로 치달리지 않게 함과 동시에 향촌의 평범한 사람의 평상적이고 비근한 생활감정에 갓난아이의 마음이 실현되어 있는 것으로 확증한다.

이탁오가 나근계를 매우 존경하였다는 사실을 고려한다면 나근계의 이러한 갓난아이의 마음에도 충분히 찬동할 수 있었을 것이다. 또한 근계를 줄곧 스승으로 섬겼던 양복소의 앞의 소론의 배후에서

도 아마 나근계의 영향을 간파하고 있었을 것이다. 덧붙여 이탁오가 『속장서』의 「리학명신전(理學名臣傳)」(권22)에서 담감천·추수익·왕심재·왕용계·동나석·나근계 등의 인사와 함께 양복소의 전기를 기재하고 있는 것은 양복소에 대한 그의 평가의 정도를 엿보게 한다. 양복소의 전기에서 "어린아이의 배울 필요도 없고 생각할 필요도 없는 양심이 곧 성인의 생각할 필요도 없고 노력할 필요도 없음이다",133)* "눈과 귀, 손과 발이 생생하게 움직이는 것이 곧 마음이다"(『증도서의』 하, 「심여곡종」), "보통 사람의 지능이 곧 성인이다"(『증학편』 1, 「尺牘節文」), "기품·물욕은 모두 밝은 덕이 깃들어 있는 곳이다"(『증학편』 1), "함께 보고 함께 듣는 것이 곧 보지 않고 듣지 않음의 본체이다"134)*를 양복소의 논점으로 소개하고, 이러한 것들은 "대체로 스승의 말에 뿌리를 두고 부연 설명한 것"이라고 결론을 맺고 있는 것은 양복소에 대한 나근계의 영향력을 이탁오가 상당히 의식하고 있었음을 보여준다.

물론 이로 인해서 양복소에 대한 이탁오의 평가가 절감되었다고 말하는 것은 아니다. 오히려 이탁오가 상술한 양복소의 논점들을 소개한 것은 이러한 논점들이 그의 관심과 동의를 이끌어냈기 때문일 것이다. 특히 '어린아이의 배울 필요도 없고 생각할 필요도 없음', '보통 사람의 지능', '기품·물욕' 등의 논점은 이탁오가 오래 전부터 마음에 품고 있었던 것들이며,(제1장 제2절 주23 참조) 이제 나근계와 양복소의 '갓난아이의 마음'론을 눈앞에서 보면서 자연히

133)* "성인의 생각할 필요도 없고 노력할 필요도 없다"는 말은 『중용』 20장의 "或生而知之, 或學而知之, 或困而知之, 及其知之, 一也., 或安而行之, 或利而行之, 或勉强而行之, 及其成功, 一也"에서 나온 말이다. 즉 성인은 선천적으로 타고나면서부터 인식능력과 실천능력을 지니고 있다는 말.

134)* 『중용』 1장의 "道也者, 不可須臾離也, 可離, 非道也. 是故君子戒愼乎其所不睹, 恐懼乎其所不聞"에서 나온 말. 주희가 『집주』에서 보고 듣지 않는 가운데에서도 감히 소홀히 하지 않는 것이 존천리의 본연[君子之心常存敬畏, 雖不見聞, 亦不敢忽, 所以存天理之本然]이라 한 것에 대해, 양복소는 다 함께 보고 듣는 가운데 도가 드러난다고 주장한 것이다.

마음속에 그려지는 무언가가 있었을 것이다. 필자의 이러한 추측은 결코 무리한 것이 아니다. 이탁오의 「동심설」 주변에서는 이와 같은 '갓난아이의 마음'론이 전개되고 있었던 것이다.

이러한 논점들과의 관련 속에서, 이탁오는 「진심설」이 아니라 「동심설」이라는 표제로 논지를 전개하였다.

그러나 「동심설」은 「진심설」이 아니었을 뿐 아니라 필경 「갓난아이의 마음설[赤子之心說]」도 아니었다. 우리는 이 점도 소홀히 해서는 안 된다.

먼저 '진심'에 대해서 다시 한 번 살펴보도록 하자. 앞에서 '진심'은 사대부의 고상함 속에 존재한다고 서술하였지만, 이탁오가 이를 자신의 논술 제목(題目=테마)으로 삼기를 꺼렸던 것은 반드시 그러한 이유 때문만은 아니었다.

앞서 언급하였듯이 용계는 '깜짝 놀라고 두려워하는 마음[怵惕之心]'을 진심으로 파악하였다. 그런데 용계에게 '지금 당장 그 자리에서 장애 없이 자유로운[當下自在]' 진심이란 결국 사단의 마음이었다. 이 '사단의 마음'이 바로 용계의 진심의 내용이며, '지금 당장 그 자리에서 장애 없이 자유로움'은 내용이 아니라 말하자면 속성에 불과하였다. 이 점은 상당히 중요하다.

이를테면 어떤 사람이 초횡에게 "어떤 사람은 '깜짝 놀라고 측은하게 여기는 마음[怵惕惻隱之心]이 진심이다. 그 뒤 조금 지나 (어린아이의 부모와) 교제를 맺으려 하고, (향촌에서) 명예를 얻으려 하고, (아이를 구하지 않았다고) 남들이 비난하지나 않을까 걱정하는 마음이 일어나지만, 이는 2차적인 마음이지 진심이 아니다'라고 말한다. 어떻게 생각하는가?" 하고 물었다. 이것은 진심이 용이하게 사단의 마음으로 유포되고 있었음을 보여준다. 이 질문에 대해 초횡은 "맹자는 문득 (우물에 빠지려는) 어린아이를 보았을 때 교제를 맺고, 명예를 얻으려는 따위의 마음을 품을 여유가 없다고 말하였다. 사람마다 이 (마음)을 갖고 있음을 알 수 있다"(『담원집』 권

47, 「崇正堂答問」)고 답하였다. 이렇게 진심의 내용보다도 오로지 지금 당장 사람마다에 갖추어져 있음, 즉 말하자면 형식논리 측면에 뜻을 두어 내용의 간단함을 깨닫지 못하고 있는 것은 명말 사상계의 주된 조류가 어느 부분에 한계가 있었는가를 살필 때 자못 주목할 만한 사실이다. 이 점은 경정향 역시 마찬가지였다.

> 후세 전승자들은 이 (仁義禮의) 본뜻을 잃고, 날마다 격식과 형적에 속박되어 훈고의 끄트머리에 매몰되어 문장의 자구를 분석할 뿐이다. 이리하여 참된 기틀[眞機]이 막혀버렸다. 그래서 양명이 나타나 양지의 뜻을 제시하여, … 사람들에게 그 진심을 알도록 촉구하였다.

경정향도 이처럼 진심이 격식·형적 등을 파괴하는, 사람마다에 갖추어져 있는 바로 그 본체임을 제기하면서 "사람이 그 진심을 아는 것이 바로 인을 행하고 의를 행하며 예를 행하는 것"(『경천대문집』 권5, 「試應試生」)이라 하였다. 진심 그 자체의 내용이 결국 공자의 인, 맹자의 의, 송유의 예로 채워지고 있는 것을 보면, 진심이 갖는 새로움이란 결국 그 형식논리에 있었다고 하지 않을 수 없다.[135]

그리고 사정은 '갓난아이의 마음'에도 거의 마찬가지였다.

주여등(周如登)은 "인간의 본성은 본디 지극히 선하다. … 그 본성의 처음으로 돌아가야 비로소 갓난아이의 마음을 잃지 않는다. 갓난아이의 마음에는 악이 없다. 어찌 다시 선이 있겠는가?"(『동월

---

135) 이는 인의예 등의 기성 윤리 가치에 대하여, 그 내용이 어떠한가는 문제삼지 않고 단지 그것이 자기에게 당장 갖추어져 있는 것으로 이해하는 것에만 머무는 것이다. 따라서 진심 그 자체에는 새로운 윤리 가치가 내포되어 있지 않다.

속성, 형식논리라는 말은 약간 거북한 표현이지만, **무엇이** 당장 갖추어져 있는가는 문제삼지 않고 다만 당장 갖추어져 있음 **그 자체만**을 문제삼고 있는 것을 가리키는 것으로 이해해 주기 바란다.

증학록』 권1, 「南道會語」)라고 하였다. 선도 없고 악도 없는 지극한 선을 갓난아이의 마음으로 이해하는 점에서, 격식으로 군림해 온 기성의 선악의 강제는 타파할 수 있었을 것이다. 그렇지만 또다시 주여등은 다음과 같이 말하였다.

> 인위적으로 행할 수 있는 선은 없다. 인위적으로 선을 행한다면 선이 아니다[無善可爲, 爲善則非善矣]. 맹자가 말한 "문득 어린아이가 우물에 빠지는 것을 보고[乍見孺子入井]"의 두 구절은 가장 체득할 만한하다. 이제 사람이 문득 어린아이가 우물에 빠지는 것을 보게 되면, 반드시 깜짝 놀라 소리를 지르고 발을 동동 구르며 뛰어갈 것이다. 뛰어가서는 반드시 꼭 끌어당길 것이다. 이것이 어찌 인위적으로 하는 것이겠는가? 이것이 어찌 선이 있음을 알고 나서 행하는 것이겠는가?(『동월증학록』 권1, 「남도회어」)

이처럼 그에게 있어선 무선무악(無善無惡)이 **유**선**위**선(**有**善**爲**善)136)*의 격식을 타파하는 방법론이기는 하였지만 선의 내용에 변혁을 가하는 것은 아니었다. 오히려 기성의 선을 자기의 **주체적** 영위로 삼아서 무선무악 속에 수렴시키는 정도의 것이었음을 새삼 보여준다. 그리고 이에 선행하는 나근계의 '갓난아이의 마음'도 결코 예외는 아니었다.

> 이제 갓난아이의 마음을 살펴보자면, 실로 효도와 우애[孝悌]일 뿐이다. 또 갓난아이를 돌보는 것은 말하자면 자애[慈]이다. … 이 세 가지 덕은 선천적으로 저절로 밝은 덕이다. 사람이 서로 친하게 지낼 때, 혈육보다 더 가까운 살붙이[至親]는 없다. 효도, 우애, 자애를 제쳐두고 지극히 가까운 살붙이를 논할 수는 없다.(『근계자집』, 震・數)

위 인용문에서도 알 수 있듯이 나근계의 '갓난아이의 마음'은 결

---

136)* 선을 의식하고 인위적으로 선을 실천하는 것.

국 효도, 우애, 자애로서 결코 향촌사회에서의 기성 윤리의 틀을 넘어서는 것은 아니었다. 더구나,

> 우리 태조 고황제께서 홀로 사람에게 효도, 우애, 자애를 가르치시고, 천지의 명맥(命脈)이 모두 여기에 있다고 말씀하셨다. 실로 천년에 한 번 볼 수 있는 황제이시다.(『근계자속집』, 乾)

라고 하여 명 태조의 조칙을 찬양하는 것을 보면, 갓난아이의 마음은 단지 향촌질서 재편의 이데올로기로서 기능하는 것이었음을 알 수 있다. 다만 나근계는 이를 어떤 특정한 방식으로 향촌질서에 틀지우고자 한 것은 결코 아니었다.

> 맹자가 말한 선은 다만 본성의 선함이다. … 그래서 무릇 "도는 하나일 뿐"이라고 하였고, 또한 "요순도 보통 사람과 같을 뿐"이라고 하였다. 자, 보아라! 지금 이 대청마루 위아래에 수많은 사람이 있지만, 어느 누가 갓난아이 어린아이로부터 성장하지 않은 자가 있는가? 누가 태어날 때 그 어머니를 그리워하고 젖을 찾지 않은 자가 있는가? 또 그 아버지의 품에 안기려고 다투지 않은 자가 있는가? 또 누구의 부친이, 모친이, 자기 자식을 안아 기르지 않았던 자가 있는가? 누구의 형이, 누구의 누나가, 자기 동생들을 보게 된 것을 기뻐하지 않았던 자가 있는가? 사람의 삶에 있어서 그 본성은 이렇게도 어질고 착한 것이다. 그것은 관리이든 대중이든 마찬가지이다. 중국 사람이든 오랑캐이든 마찬가지이다. 명나라 사람이든 요순시대 사람이든 마찬가지이다. … 갓난아이의 마음을 잃지 않은 사람을 이름하여 대인(大人)이라고 한다. 이것이 이른바 "나의 노인을 봉양하여 남의 노인으로까지 확대하고, 나의 어른을 공경하여 남의 어른으로까지 확대하며, 나의 어린아이를 사랑하여 남의 어린아이로까지 확대한다"137)*는 것이다. 이로부터 집안과 나라에 원한이 없게 되고 이로부터 천하가 인(仁)으로 돌아가고 … 대동(大同)으로 돌아가게

---

137)* 『맹자』「양혜왕상」, "老吾老以及人之老, 幼吾幼以及人之幼, 天下可運於掌."

되는 것이다. 사람은 모두 요순이 될 수 있는 것이 아니고 무엇이겠는가?(『근계나선생속집』, 一貫編四書總論)

라고 하여 마당 가득한 청중 한 사람 한 사람이 마치 자신들의 일을 듣고 있는 것처럼 생각될 정도로, 한 사람 한 사람에게 친근한 사실을 평이한 어조로 반복 서술하고 또 다그쳐 묻고 있는 그의 강학(講學)의 열정을 느낄 수 있을 듯하다. 사실 "이에 온 마당의 귀하고 천한 사람, 무릇 천백의 무리가 모두 한 목소리로 감탄하고, 저마다 그렇다면 진실로 우리 모두 (성인이) 될 수 있다고 말하였다"(『근계나선생속집』, 일관편사서총론』)고 청중의 웅성거림이 손에 닿을 듯이 기록되어 있다.[138] 나근계는 이 웅성거림을 빙 둘러보고 조용해지기를 기다렸다가 다시 논지를 전개해 나간다. 그는 도학풍의 효도·우애·자애를 선포하고 있는 것이 아니다. 바야흐로 사람들에게 가장 친근하고 원초적인 상태를 곧바로 모든 사람이 성인인 확실한 증거로 제시하고 있는 모습이 생생하게 읽혀질 듯하다. 그의 강학은 필경 이렇게 열정적인 민중의 웅성거림 속에서 숨쉬고 있었다. 그 숨결은 결코 효도·우애·자애를 위로부터의 진부한 훈교로 끝나게 하는 것이 아니라 실로 민중 속의 생활 실감으로써 소생시킨 것이라는 점, 쉽게 상상할 수 있을 것이다. 그 때문에 "대체로 천명은 끝이 없다. 낳고 또 낳으며, 낳고서 또 낳는다. 부모로부터 자신, 자신으로부터 자식, 자식으로부터 또 손자, 그리고 증손과 현손에까지 이른다"(『근계자속집』, 乾)고 할 때처럼 낳고 낳는 천명으로 파악되던 효도·우애·자애가,

과연 보건대, 천지의 본성은 효도와 우애일 뿐이니, … 나와 만민은 혼연히 서로 통하여 둘이 없다. 이리하여 자기를 사랑하는 마음

138) 『근계집(近溪集)』에는 이러한 청중의 감탄이 곳곳에 기록되어 있어, 그의 강학이 내용적으로도 형식적으로도 민중에 기초한 것이었음을 보여주고 있다.

으로 남을 사랑하고 남을 사랑하는 마음으로 자기를 사랑하는 것, 저절로 힘차게 발동하여 멈출 수가 없구나!(『근계자속집』, 乾)

라고 하여, 왕심재의 명철보신론을 연상시키듯 인간 사이를 꿰뚫고 흐르는 인(仁)으로 확대될 수 있었다. 이는 나근계의 효도·우애·자애가 결코 정형화된 기성의 그것이 아니었음을 보여준다.

나근계의 효도·우애·자애는 성인과 범인, 귀함과 천함, 부자와 빈자의 차별이 없는 적나라한 인간 일반의 원초적 상태를 윤리의 원점으로 삼고, 그리하여 향촌질서의 담당자를 주체적으로 자각적으로 창출해가는, 그리고 그들 한 사람 한 사람이 질서의 주인공으로서 각성해가는, 말하자면 흥기의 에너지를 배태하는 것이었다. 그들은 위로부터의 군주 및 관료의 교화·규제를 기다리는 수동적인 피통치자가 아니라, 향촌의 질서를 자신의 것으로 만들어간다는 자부심을 가진 사민(士民)으로서 이 강학운동에 참가했다. 아마도 그들은 이갑제 질서의 해체를 피부로 느끼고, 기성의 리가 모순 충돌하여 정해진 이치[定理]를 가지고는 수습될 수 없는 현실을 목도하고 있었을 것이다.

이전까지 유학 혹은 정치를 관료, 사대부의 독점물로만 여겼던 사람들이, 이제는 성인이라는 존재도 그처럼 비근하여 자신들도 성인이 될 수 있다는 것을 알았을 때, 그것은 흥분이었을 것이다. 태주학파(泰州學派)의 강학 범위가 넓고 깊었다는 것은 잘 알려진 사실이지만, 이러한 계층의 사람들이 질서 토론에 참가하게 되었다는 사실이 아마도 뒤의 동림파 인사들이 말하는 '공론'이며 '필부필부의 시비'였을 것이다. 이를 일괄하여 체제화 운동 혹은 체제 안으로의 편입이라 말하는 것은 명말청초의 정치관의 전환을 생각할 때 너무나 피상적인 견해라 하지 않을 수 없다.

그럼에도 결국 그것이 효도·우애·자애, 즉 **기성의 리**에 여전히 속박되어 있음을 다시 한 번 지적해 두지 않을 수 없다.

앞 장에서 보았듯이 초횡·경정향·주여등은 '본래 맑고 깨끗함'

·'사람마다에 갖추어져 있음'·'멈출 수 없는 참된 기틀[眞機]' 등을 통해서 형해화된 강상에 날카로운 칼날을 들이댔지만 끝내 기성의 윤리 가치로부터 해방될 수는 없었다. 그 때문에 이를테면 경정향의 '멈출 수 없는 참된 기틀'이 이탁오로부터 그 자체 하나의 '제목'으로 추락한 것에 불과하다고 엄하게 규탄받지 않을 수 없었다. 이 '진심' 및 '갓난아이의 마음'에 대한 각 인사의 논의를 보면서 새삼 이 점을 상기하지 않을 수 없다.

이제 본 절의 용어로 되돌아가 말한다면, 그들이 제시하는 '지금 당장 그 자리에서 이루어진다[當下現成]'는 것은 결국 사상의 내용이 아니라 형식논리, 즉 사상의 속성 혹은 방법론일 수밖에 없었다.

물론 명대 말기에 양지가 지금 당장 그 자리에서 이루어진다고 하는 논제의 전개는 실로 눈부신 사상사적 의의를 갖는다. 이를 단지 속성이나 방법론이라는 말로 처리해 버리기에는 너무나도 광범한 층의 주체적 넓이를 갖는다. 이 '지금 당장 그 자리에서 이루어짐'의 확대·심화로 인하여 리(理)의 영역이 거의 정욕의 현장으로까지 확대되었다는 것은 이미 앞 절에서 보았던 대로이다. 속성·방법론이 이처럼 절실하게 내용에 관련되는 것은 일반적인 형식과 내용의 관계와 완전히 같은 것이다. 하지만 지금까지 이탁오의 도달점을 살펴온 우리의 입장에서 본다면, '진심'이나 '갓난아이의 마음'이 기성 윤리의 가치와 밀접하게 연결되어 있다는 것은 역시 **속박**이라는 말로 형용하지 않을 수 없어 답답함을 금할 수 없다.

우리의 이러한 답답함은 동시에 명덕을 밝히지 못해 어둠 속을 더듬었던 이탁오 자신의 답답함이었을 것이다. 또한 그것은 진심이나 갓난아이의 마음에 푹 빠져들 수 없었던 이탁오의 위화감이었을 것이다.

이탁오는 '진심'이 갖는 단적이고 직각적인 자유로움의 측면과 '갓난아이의 마음'이 갖는 평상적이고 비근하며 생생하게 흘러넘치는 인간적인 측면을 그 밑바탕에 깔면서도, 그럼에도 이들 두 용어에 얽혀 있는 철학적인 형이상학성 또는 기성의 강상과의 유착성을 떨쳐버리고 과감하게 동심이라는 용어를 취하여 논의를 전개하였다. 이것은 그가 기성의 윤리 가치를 벗어난 세간법 밖의 관점—이를테면 원초적인 효도·우애·자애를 끊임없이 낳고 낳는 천기로 간주하거나 혹은 그것을 지금 당장 그 자리에서 갖추어져 있는 것으로 생각하는 패턴—에 의한 것이 아니라, 끊임없이 낳고 낳는 천기(天機) **그 자체** 혹은 지금 당장 곧바로 갖추어져 있는 **그 자체**에 관점을 두고, 거기에 있어야 할 새로운 **내용**의 인륜의 도를 모색하고 있었음을 보여주는 것은 아닐까? 아니, 보여주는 것이다.

이탁오가 '동심'을 진심 혹은 갓난아이의 마음이라 칭한 것은 그것이 거짓을 끊어버린 순수하고 진실한 최초 한 생각의 본심 때문이며, 그 밖의 어느 것도 아니었다. 이 이외의 어떠한 혼입도 허락하지 않았다.

그러나 '최초 한 생각의 본심'이라고 하는 것만으로는 불가의 초발심(初發心)[139)*]이나 유가의 복초설(復初說)[140)*]과 혼동되기 쉽다. 게다가 그러한 추상적인 규정으로는 '본래 맑고 깨끗함[本來淸淨]'이나 '지금 당장 그 자리에서 이루어짐[當下現成]'으로 규정하는 것과 어떠한 차이도 없으며 따라서 새삼스레 「동심설」을 개진할 필요도 없게 된다.

---

139)* 초발심(初發心; 처음 깨달음을 추구하고자 하는 마음.

140)* 복초설(復初說): 주희(朱熹)의 『대학장구(大學章句), "대학의 도는 명덕을 밝히는 데 있다[大學之道 在明明德]' 조목의 주에 "밝은 덕[明德]이란 사람이 하늘에서 얻은 것으로 텅 비고 신령스러워 어둡지 않아서 온갖 이치를 갖추어 사물에 응하는 것이다. 다만 기질의 품수받은 바에 얽매이고 인욕에 가리면 때로 어둡게 된다. 그러나 그 본체의 밝음은 꺼진 적이 없다. 그러므로 배우는 자는 그것이 발하는 바에 따라 밝혀서 그 처음을 회복해야 한다[明德者, 人之所得乎天而虛靈不昧, 以具衆理而應萬事者也. 但爲氣稟所拘, 人欲所蔽, 則有時而昏. 然其本體之明, 則有未嘗息者, 故學者當因其所發而遂明之, 以復其初也]"고 하였다.

이탁오가 굳이 '동심'이란 용어를 선택한 것은 무엇보다도 그것이 갖는 세속적인 삶의 뉘앙스에 의한 것이었다. 하론의 앞머리에서 소개하겠지만, 동심이란 용어와 관련된 당시의 이미지는 진심이나 갓난아이의 마음이라기보다는 오히려 세속적인 냄새가 물씬 풍기는 조야한 마음이었다. 동심은 확실히 '욕망하는 것을 숨기지 않는 적나라한 마음'으로 해석될 수 있다. 한데 이 '욕망하는[欲]' 최초 한 생각의 본심은 너무나도 의지하고 기댈 곳이 없이 지면에 드러나 있으며, 너무나도 인간의 자연이었다. 이탁오는 이것이 바로 진심이며 동자·갓난아이의 '처음[初]'이라 하였다. 말하자면 자신의 껍질을 뒤집어 보여주기라도 하듯 불쑥 내미는 것이었다. 하론에서 언급하겠지만, 때로는 자기의 욕망을 드러내는 마음으로까지 이미지되었던 이 동심이 최초 한 생각의 본심이 됨으로써, 이제 진심이나 갓난아이의 마음까지도 동심의 내측으로 수용하려는 경향마저 갖는다. 이러한 최초 한 생각의 본심이었기 때문에 진심이나 갓난아이의 마음과 관계된 기성의 리 관념을 단호하게 뿌리치고, 육경(六經)·『논어』·『맹자』조차도 거리끼지 않는 논술이 이 『동심설』의 후반부에서 내뿜어져 나오게 된다. 언어의 참된 의미에 있어서, "나의 마음이 육경의 각주[我心是六經的注脚]"라는 것에서도 해방될 수 있었던 것이다.

그렇지만 거듭 확인해 두었듯이, 이탁오가 이 동심을 통해서 모든 규범으로부터 완전히 자립한 절대의 자유인격을 드러내 보였다고 말할 수는 없다. 우리는 좀더 「동심설」을 검토하여 이 글이 이탁오의 사상 속에서 차지하는 위치를 분명히 할 필요가 있다.

일반적으로 '동심'이 자유인격의 근거로 해석된 이유는,

> 처음에는 듣고 보는 것이 귀와 눈을 통해 들어와서 마음의 주인이 됨으로써 동심을 잃게 된다. 자라서는 도리(道理)가 듣고 보는 것[見聞]을 타고 들어와 마음의 주인이 됨으로써 동심을 잃게 된다. 한참 뒤에는 도리와 견문이 나날이 쌓이고 지식과 지각의 범위도 더욱

넓어진다. 그리하여 아름다운 명성이 좋다는 것을 알고 명성을 드날리려고 애쓰다 동심을 잃어버린다. 나쁜 평판이 추하다는 것을 알고 그것을 감추려고 애쓰다 동심을 잃어버린다. 무릇 도리와 견문은 모두 책을 많이 읽어 의리가 무엇인지 알게 된 데에서 나오는 것이다.(『분서』 권3, 「동심설」)

라고 한 것처럼 동심이 도리·견문·책을 많이 읽음·의리를 앎 등의 반대 개념으로 이미지되었기 때문이다.

그러나 '선도 없음[無善]'이 선 혹은 악의 반대 개념임과 동시에 '지극한 선[至善]'으로 지양되는 것으로 알아 온 우리가, 이제 동심을 단순히 도리 등에 대한 반대 개념으로만 생각할 수는 없다.

어떤 사람이 추원표(鄒元標; 1551～1624)에게, '왕심재는 독서를 일삼지 않는 일개 평민의 신분인데 어떻게 도를 보았는가'라는 질문을 하였다. 이에 추원표는 다음과 같이 답하였다.

『시』와 『서』를 공부하지 않은 일개 평민이었기 때문에 도를 알 수 있었다. 대체로 『시』와 『서』를 공부하는 자는 의리와 견문으로 마음이 속박 당한다. 대인이 그에게 심성의 학을 알려 주어도 그는 "나는 이미 그것을 알고 있다"고 말한다. 태주(泰州; 왕심재)는 타고난 성품이 맑고 깨끗하여 이러한 견문의 질곡이 없다.(『心齋全集』 권6, 「續譜余, 鄒元標贊語」)

여기서 부정되고 있는 『시』·『서』의 학 또는 의리·견문이란 이미 형해화된 도통 이념이며, 또 그것을 무비판적으로 추종하는 권위주의적 태도를 말한다. 그런 까닭에 그것은 심성의 학이나 도를 추구하는 것의 질곡으로 여겨졌다.

무릇 사대부는 문학(文學)의 으뜸으로서 소위 책을 많이 읽고 의리를 아는 사람이다. 그런데도 『역(易)』과 『상서(尚書)』는 쌓아 둔 채 읽지 않는 것은 무엇 때문인가? 읽지 않는 것은 아니지만, 읽어도 그 뜻을 깨닫지 못한다. 이른바 '글자를 모르는 사람'이란 이를 두고 하는 말이다.(『속분서』 권2, 「史閣敍述」)

이탁오가 이렇게 말할 때의 '**소위** 책을 많이 읽고 의리를 아는 사람'이란 읽고도 뜻을 모르는 '이른바 글자를 모르는 사람'이다. 또 이탁오가 친구들과 함께 강학을 논할 때 어떤 친구가 "우리는 모두 열심히 책을 읽어 의리에 통달한 사람들인데, 다시 강학에 힘쓸 필요가 있는가?" 하고 물었다. 이탁오는 이렇게 답하였다.

그대가 … 어찌 책을 읽지 않았겠는가? 다만 유감스럽게도 글자를 모른다. … 그대가 어찌 『논어』나 『대학』을 읽지 않았겠는가? 『논어』를 펼치면 제일 앞에 나오는 것은 '학(學)'이라는 글자요, 『대학』을 펼치면 제일 앞에 나오는 것은 '대학(大學)'이라는 두 글자이다. 내 감히 말하건대, 그대는 이 세 글자를 아직 모르고 있다. 왜인가? 안다는 것은 증험이 있어야 가능하다. 만일 『논어』 가운데 '학'이라는 글자를 알게 되면 곧바로 기쁘고 서운하지 않게 되며141)*, '대학'이라는 두 글자를 알게 되면 곧바로 안정되고 고요하고 편안하고 생각이 깊어진다.142)* 이제 어느 것도 할 수 없으면서 어찌 이 글자를 안다고 자부할 수 있겠는가?(『焦氏筆乘』 권4, 「讀書不識字」)

'글자를 안다[識字]'는 것은 바로 '학'이란 무엇인지를 깨닫는 것이다. 우리는 앞 장에서 이탁오가 '명덕(明德)'도 '학(學)'도 분명하

---

141)* 『논어』 「학이」의 "배우고 때때로 익히면 기쁘지 않겠는가! 벗이 멀리서 찾아오면 즐겁지 않겠는가! 사람들이 알아주지 않아도 서운해 하지 않으면 군자가 아니겠는가![子曰學而時習之不亦說乎, 有朋自遠方來不亦樂乎, 人不知而不慍不亦君子乎]에서 취한 말.

142)* 『대학』 앞머리의 "멈출 곳을 안 뒤에 일정한 방향이 서고, 일정한 방향이 선 뒤에 마음이 고요할 수 있으며 마음이 고요한 뒤에 자기 위치에 편안할 수 있으며 자기 위치에 편안한 뒤에 깊이 생각할 수 있으며 깊이 생각한 뒤에 도달할 수 있다[知止而后後定, 定而后能靜, 靜而后能安, 安而后能慮, 慮而后能得]"에서 취한 말.

지 못한 고민을 얼마나 진지하게 자각하고 있었는지를 보았는데, 여기서 다시 한 번 이를 떠올리게 된다.

책을 많이 읽고 의리를 앎으로써 도리와 견문이 넓은 사람이란, 글을 읽고서도 그 뜻을 깨우치지 못하고 『논어』와 『대학』을 읽고서도 '학'이라는 글자를 스스로 증험하지 못하며 자기 성명의 소재와 아무 관계없는 곳에서 배회하는 인사를 가리킨다. 그와 같은 도리나 견문을 단호하게 떨쳐버린다는 것은 결코 일반적인 규범 속에서 자신을 해방시키는 자유 인격의 확립을 의미하는 것은 아니다. 오히려 엄숙하게 자기 성명의 자연본래를 끊임없이 탐구하는 구도자의 면모를 우리에게 떠올리게 한다.

왕용계는 "무릇 독서는 그 요점을 터득하는 데에 있다. … 그 뜻을 스승으로 삼지, 그 문장을 스승으로 삼지 않는다"(『용계전집』 권8, 「天心題壁」), "무릇 양지란 성인의 글의 지도리이며 도의 준칙이다. 이미 성인의 글에 밝게 되었다면 현인의 글은 필요 없다. 이미 도에 밝게 되었다면 성인의 글은 필요 없다"(『용계전집』 권15, 「自訟長語示兒書」)라고 하였다. 왕심재 역시 "이미 도에 밝게 되었다면 성인의 글이 무슨 쓸모가 있겠는가?"(『심재전집』 권3, 「어록」)라고 하였다. 이는 스스로 확신하고 스스로 옳다고 여기는 오만함에서 나온 말이라기보다는 '나의 심성 이외에 달리 구도의 장이 없다'고 하는 절실한 도에의 지향을 보여주는 것이라고 해야 한다. '나의 실존'에서 '리'를 보고자 하는 명말 사상계의 성명 탐구에서 이제 더 이상 물러설 곳이 없다는 각오를 표명한 것이라고도 하겠다. 경정향 역시 이와 유사한 말을 하고 있다.

> 몸에 진실로 실재하는 것은 마음으로 알 수 없으니, 지식을 통해서 몸으로 실천하는 것은 천덕(天德)의 참된 기틀이 아니다. 마음으로 진실로 아는 것은 입으로 표현할 수 없으니, 입을 통해서 그 지식을 기술하는 것은 자득의 진정한 증거가 아니다.(『경천대문집』 권19, 「觀摩紀引」)

또한 우리의 이탁오가,

> 배우지도 않고 헤아리지도 않으며 생각하지도 않고 애쓰지도 않으며 인식하지도 못하고 알지도 못하는 사이에 이르는 것, 이를 예(禮)라 한다. … 언어로 표현할 수도 없고 마음의 작용으로 짐작할 수도 없으며[言語道斷, 心行路絶], 찾아야 할 지름길도 없고 말미암아야 할 발자취도 없으며, 지켜야 할 울타리도 없고 한계지어야 할 경계도 없으며, 열어야 할 빗장도 없다.(『분서』 권3, 「四勿說」)

고 탄식해 마지않았던 것도 말이나 생각에 의해서는 파악할 수 없는 성명의 실지를, 그럼에도 찾지 않을 수 없는 벼랑의 경지를 토로한 것이었다. 이러한 예는 실로 이루 다 셀 수 없을 정도이다.

그리하여 이탁오가 "사람들은 … 성인이 심장에서 토해 낸 말이 한결같이 사람을 위한 것임을 이해하지 못하고"(『속분서』 권1, 「與陸天溥」), "수많은 성인의 고심에 찬 말은 한결같이 후세의 사람을 위한 것인데, … 이를 진부한 말이라 지목하는"(『분서』 권1, 「復宋太守」) 것을 경계한 것은, 성인의 경전에 굴복하고 추종하라는 뜻이 아니라 "밝은 덕은 자신에게 본래부터 갖추어져 있으므로"(『속분서』 권1, 「與馬歷山」) 스스로의 마음으로 자득할 것을 절실하게 권장한 것이었음이 이제 분명해질 것이다.

요컨대 이탁오가 육경, 『논어』, 『맹자』를 거부한 것은 성인이 심장에서 토해낸 고심에 찬 말들을 어떻게 자기 성명 속에서 체험할 것인가 하는, 말하자면 필사의 자기탐구였지 결코 성현을 등지고 자기를 존립시키려는 쾌청한 마음은 아니었다. 성현에 대한 '사상의 폭도'(시마다 겐지의 평가) 따위의 자유분방함은 더더욱 아니었다.

이탁오는 오히려 물러설 줄 모르는 정신으로 성인의 경전과 마주하고 있었으며, 거짓된 사람[假人]의 소굴에 매몰되지 않는 진인(眞人, 본 절 주117 참조)으로서 성인의 경전을 증험하고자 하였다.

즉 '동심'이란 때로는 '입고 먹고자 하는' 마음이면서도 때로는 자기에게 본래부터 갖추어져 있는 밝은 덕을 밝히기 위한 필사의 한 생각의 본심이었다. 또 성인 경전의 권위에 의거하거나 기성의 윤리 가치에 매몰되지 않으면서 진실로 성인의 마음을 나의 마음속에서 체득하고 진실로 도(道)와 리(理)를 나의 성명 속에서 발현하기 위한 각오의 한 생각이었다. 그러므로 동심은 최초 한 생각의 본심이어야 했지만, 동시에 이 멈출 수 없는 최초 한 생각의 본심이야말로 나의 밝은 덕 그 자체였으며 또한 나 속에서 발현된 도와 리 그 자체였다. 그리고 자기 성명의 소재처이기도 하였다.

그것은 도리·견문 및 독서·의리에 대항하여 구축된 자존(自尊)·자부(自負)의 진지가 아니라, 오히려 부질없는 자존·자부에 안주하기를 허락치 않는 선도 없고 자취도 없는 고독과 절망의 경지였다.

이탁오에게 있어 동심은 이미 얻어진 실지(實地)가 아니었으며, 더구나 저 높은 곳에서 기성의 권위를 뒤집어엎는 부동의 성채는 더더욱 아니었다. 오히려 동심은 그에게도 '언젠가 갑작스레 잃어버린[胡然而遽失]'(「동심설」) 머물 곳도 없는 부정(不定)의 정점(定點)이었으며, 목표로 삼고자 하지만 목표로 삼을 수도 없는 멈출 수 없는 본심의 자연스런 발현이며, 나의 인위적인 의지로는 미칠 수 없는 천기가 꿰뚫고 흐르는 단면이기도 하였다. 그 때문에 그는 "아아! 내 언제나 동심을 아직껏 잃은 적이 없는 진정 위대한 성인을 만나 그와 함께 한 번 문장을 논할 수 있을까?"(「동심설」)라고 하여 동심을 간직한 위대한 성인이 되고자 하였고, 그리고 이러한 위대한 성인을 만나고 싶은 희망을 토로해 마지않았던 것이다.

이탁오에게 동심은 필경 이상과 같은 것이었으며, 그것이 멈출 수 없는 최초 한 생각의 본심이라는 의미에서 이탁오 사상의 중핵에 위치할 수 있었다. 그렇지만 동심을 가지고 그의 사상을 대표하기 위해서는 많은 단서가 붙는다. 왜인가? 앞서 보았던 것처럼 그는 멈출 수 없는 본심을 표방하는 경정향을 단호하게 비판하였으며, 그와 같이 '본심'을 목적적으로 설정하는 것은 마치 부처를 미리 상정해 놓고 그것을 **이루려는** 것과 같은 것으로 파악하여 그 "자체 작위"라고 하였다.

멈출 수 없는 본심은 그 자체 성명의 발현이기는 하지만, 거기에서 **무엇이** 발현되는가 하는 것이 이탁오에게는 무엇보다 중요한 문제였다. 그 **무언가**가 바로 그가 끊임없이 추구하였던 자기 성명의 소재처이기도 하였다. "발현된 것은 멈출 수 없는 본심이다"라고 하는 것은 무릇 대단히 전도된 발상으로, 파도를 물이라고 하는 것과 같은 견해이다. 그 **무언가**는 거짓을 단절한 순수하고 진실한 동심에서만 발현되는 것이기는 하지만, 그러나 그것이 '동심' 그 자체는 아니다.

앞의 순(舜)임금과 상(象)의 이야기 속에서, 이탁오는 순임금이 상을 살려내고 길러주려는 마음을 읽어냈다. 또 약무 어머니의 편지를 읽고는 거기에서 인간의 진정을 보았고 이를 참된 자애로 파악하였다. 황안(黃安)의 두 스님의 출가 결심을 칭찬하면서 그것을 진정한 효도로 파악하였다. 그리고 때로는 입고 먹는 것[穿衣吃飯]을 강조하였으며 병기와 식량[兵食]을 강조하였다는 것, 이제 여기서 반복할 필요는 없다. 이러한 것들이 동심 속에서의 **무언가**이며, 이 **무언가**가 바로 동심이기도 하였다.

이탁오는 만년에 『구성역인(九成易因)』의 집필에 몰두하여 이것만 완성된다면 죽어도 좋다(『속분서』 권1, 「與友人」)고 서술하고 있지만, 그것의 완성에 의해서 그의 성명이 안도된 것은 아니었다.

이탁오는 **무언가**를 끊임없이 추구하면서 76세의 생애를 마감하였다. 그렇지만 그에게는 그 **무언가**의 위에서, 이를테면 '입고 먹는 것'이라면 '입고 먹는 것' 위에 서서 그것을 진지로 삼아 입론·주장하는 것, 요컨대 이것이야말로 나의 성명의 소재처라고 주장할 수 있는 그러한 것은 아무것도 없었다.

앞에서도 말했던 것처럼, 있는 것은 단지 그 구도의 발자취뿐이었다. 모든 것이 그때그때의 도달점이었으며, 그래서 그것은 일정하게 머물수 있는 장소가 아니었다. 「동심설」도 예외는 아니었다. '진심'도 아니고 '갓난아이의 마음'도 아닌 바로 '동심'이라는 두 글자를 종이 위에 아로새겼을 때, 그의 모색은 묵적(墨跡)을 멈추었다. 그러나 그가 '진심'이나 '갓난아이의 마음'에 대항하여 '동심'을 주장한 것은 아니었다. 그 점에서 양지를 주장한 양명, 진심 탐구를 주장한 당추, 갓난아이의 마음을 주장한 나근계 등과 결정적으로 차이가 난다.

그리고 이 차이야말로 실로 이탁오 사상의 본령을 보여준다. 왜냐하면 이러한 차이에 기반하여 비로소 명말의 리얼한 실존이 이탁오에게서 발현되었기 때문이다.

"동심은 진심이다"라고 했을 때, 진심은 동심 속에 수렴되었다. 또 "동자는 사람의 처음이요, 동심은 마음의 처음이다"라고 했을 때, 갓난아이의 마음 혹은 복초설(復初說)마저도 동심 속에 수렴되었다. 그러나 그때, 한편으로는 진심과 갓난아이의 마음이 동심에 침투하여, 동심은 도리어 진심이나 갓난아이의 마음에 흡수되어 버렸다. 도대체 **무엇이** 거짓을 단절한 순수한 진실인가? 무엇이 인간의 '처음'(곧 자연)이며 자연본래인가? 혼돈 속에서 그 물음은 몸부림친다. 적어도 그는 「**동심**설」로 표제를 붙임으로써 진심과 갓난아이의 마음을 혼돈 속으로 몰아넣었고, 진심과 갓난아이의 맑고 깨끗함, 효도·우애·자애의 밝은 마음을 동심아욕(童心我欲)143)*의 진흙투성이로 오염시켜 버렸다. 그리고는 또 도리어 동심아욕을 '리(理)'의 빛 아래서 드러내고자 하였다. 그 광명과 혼탁의 혼돈이 바로 그의 '동심'이었으며, 그 소용돌이가 그의 삶의 궤적이기도 하였다.

「동심설」로 그의 사상을 대표시키려고 한다면, 이 혼돈의 양상을 도외시할 수 없을 것이다. 그것은 그를 혼돈된 사람처럼 보이게 할

143)* 동심아욕(童心我欲); 어린아이의 자기 집착적인 욕심.

수도 있기 때문에 주저되기도 하지만, 그러나 이 혼돈의 양상은 명말 사회의 실상이기도 하였다. 동심아욕과 진심청정 그리고 갓난아이의 마음인 효도·우애·자애, 이러한 것들은 모두 '있는 그대로 하고자 하는 마음'이라 할 수 있다. 이러한 것들이 서로 뒤섞이고 서로 침투하는 것, 그것이 명말 사상계의 현실이었다. 이와 같은 관점에서 말한다면, 이러한 양상은 차라리 태내(胎內)의 동요, 그리고 혼돈은 아직 생겨나지 않은 태내의 혼돈으로 평가될 수 있을지도 모르겠다.

하 론

중국 전근대 사상의 전개

제1장
명말청초의 계승과 굴절

제1절 '입고 먹는 것'에서 '공적인 재화와 여색'의 리(理)로

동심설(童心說)의 앞날 / 동림파의 무선무악(無善無惡) 비판

우리가 '동심'이라는 용어에서 느끼는 이미지는 무엇보다 천진난만한 순수함일 것이다. 다시 말하면 기성의 질서관념에 얽매이지 않는 자유로운 마음으로 귀결될 것이다. 이 점에서는 현대 중국에서 어른이 어린아이와 흙장난을 하다가 옷을 더럽히고도 태연할 때, '동심미민(童心未泯; 동심이 아직 없어지지 않음)'이라는 용어를 사용하는 것과 큰 차이가 없다. 이런 까닭에 이탁오의 「동심설」도 그와 같은 이미지 속에서 이해되었고, 앞에서 언급한 '자아의 맹아'라는 말도 여기서 나오게 되었다.

그런데 명말의 문헌을 읽고 언뜻 눈에 들어오는 동심의 용례를 모아 보면, 명말의 인사가 이 용어에 대해 가졌던 이미지가 우리의 그것과 상당히 달랐음을 깨닫게 된다. 수집된 용례가 매우 적으므로—이는 동시에 이 용어가 유가의 문장에서는 그다지 문제삼을 만한 것이 못되는 비속한 용어였음을 의미한다— 이하에서 열거해 보기로 하겠다.

① 어제 가르침 잘 받았습니다. … 그런데 중간 부분의 "객기(客氣; 후술)와 동심(童心)으로 감정에 내맡겨 악을 저지른다" … 고 하신 말씀은 형께서 속히 바꾸셔야 합니다.(王龍溪, 『龍溪王先生全集』 권12, 「與林介山」)

② 배우는 사람이 아직 사물의 근본 이치를 알지 못했다면 어쩔 수 없는 일이지만, 이미 사물의 근본 이치를 알면서도 이 병폐(본성을 회복할 수 없다고 말하는 것)에서 벗어나지 못하는 것은 동심과 천유(穿窬; 후술)의 마음이 아직 제거되지 않았기 때문입니다. 광자(狂者)는 동심은 있지만 천유의 마음이 없으며, 견자(狷者)는 천유의 마음이 뒤엉켜 있습니다. 나는 천유의 마음은 털끝만큼도 내버려둘 수 없지만, 동심은 종종 드러나고 있습니다.(管東溟, 『惕若齋集』 권1, 「復徐大參魯源公書」)

③ 동심은 사람에게 하나의 커다란 병폐가 된다. 동심을 떨쳐버려야 대인과 군자가 될 수 있다. 어떤 사람이 그 의미를 묻기에 이렇게 대답하였다. 무릇 불타는 듯한 마음(부귀와 권세를 좇는 마음), 교만한 마음, 허황된 마음, 급히 달성하려는 마음(공적에 조급한 마음), 경박한 마음, 명성을 추구하는 마음(명예욕)은 모두 동심이라고.(呂坤, 『呻吟語』 권1, 「存心」)

④ 동심과 세속적인 태도, 이 두 가지는 사인(士人)의 커다란 수치다. 이 두 가지를 떨쳐 버리지 못하면 끝내 군자의 길에 들어갈 수 없다.(여곤, 『신음어』 권2, 「修身」)

⑤ 눈은 고운 빛깔을 보고 싶어하고, 귀는 아름다운 소리를 듣고 싶어하고 … 사지는 편안함을 원하는 등 (관능의 작용이) 끊임없이 유혹한다. 그 결과 자기의 욕심 · 경쟁심 · 노여움 · 자긍심 · 습심(習心;

세속적 때에 물든 마음) 등이 바야흐로 물 끓듯이 솟아오르니, … 도저히 참고 가만히 있지를 못한다. 이를 참기란 진실로 어려운 일이다. … 그러므로 군자는 작은 것을 참고 큰 것을 성취하고, 망령된 것을 참고 진실한 것을 성취하며, 동심과 세속적 취향을 참고서 성현의 발자취를 밟아간다.(曹于汴, 『仰節堂集』 권2, 「送劉生本唐西還序」)

⑥ 사람에게는 놀고 싶어 하는 마음이 있는데, 이를 동심이라고 한다. 주사위·바둑(도박 행위), 어깨 싸움·공차기(승부를 겨루는 것) 혹은 향음(享飮; 酒宴)을 좋아하고, 기녀 희롱을 좋아하며, 유행가를 즐기고, 기쁨과 노여움이 일정치 않은 것 등이 모두 그것이다. 이러한 사람들은 자라서도 올바른 본성으로 돌아갈 줄 모른다.(陣龍正, 『幾亭全書』 권15, 「學言詳記」)

⑦ 그대의 병은 본디 비장(脾臟)에 있었으므로 아무래도 음식 조절이 필요하였다. 그런데 그대는 동심·동습(童習)이 지나쳐서(음식 조절을 하지 않았기 때문에) 병을 악화시켰다.(진용정, 『기정전서』 권85, 「祭第三兒更」)

⑧ 굶주리면 배불리 먹고 싶고, 추우면 따스한 옷을 입고 싶고, 피곤하면 쉬고 싶은 것, 이는 사람의 일반적인 성정이다. 한편 굶주려도 어른을 보면 감히 먼저 먹지 않는 것은 양보하려는 마음이 있기 때문이며, 피곤해도 감히 휴식을 취하지 않는 것은 어른의 수고로움을 대신하려는 마음이 있기 때문이다.(『荀子』 「性惡」) 이렇게 양보하거나 대신하는 것은 선이며, 그렇지 않은 것은 악이다. 그러나 양보하고 대신하는 것은 본성이 아니다. 이제 어린아이의 경우 무언가 물건을 손에 넣게 되면, 울부짖으며 서로 잡아당기고 빼앗으려 할 뿐 남에게 나누어주려고 하지 않는다. 이를 동심이라 한다.(黃道周, 『黃漳浦集』 권31, 「擬子順辨性」)

⑨ 제가 지은 시의(時義)의 문장은 일찍이 보셨겠지만, 그 가운데 동심에 관한 것은 확실히 웃음거리였음에 틀림없습니다. 이제 제 자신도 스스로 웃고 있습니다. 아직껏 신심성명(身心性命)의 학의 요체

를 터득하지 못하고 글쓰고 말하는 능력도 없으면서, 애석하게 장대한 꿈을 허비하면서 오랜 세월을 하릴없이 보내게 된 이유입니다. (趙南星, 『忠毅公文集』 권17, 「與馬肖庵」)

⑩ 공은 어릴 적부터 동심이 없이 임조공(臨洮公)에게 배웠다. 스스로도 부지런히 노력하여 일찍이 제생(諸生)이 되어 명성이 자자하였다.(조남성, 『徐念陽公集』 권5, 「刻制義引」)

⑪ 나는 어린 시절부터 동심에서 벗어나지 못하고 매일 마을 어린아이들과 놀고 장난만 쳤지 『시』·『서』 등에 대해서는 완전히 멍청이였다. 열세 살 때 불행하게도 아버님께서 한양(漢陽)의 난을 당하셨다. … (아버님의 친구분께서) 입신양명하는 것이야말로 효도인데, 『시』·『서』를 배우지 않으면 헛일이라고 말씀하셨다. … 그래서 비로소 책상을 짊어지고 스승을 찾아가 배우게 되었다.(徐如珂, 『趙忠毅公文集』 권9, 「司運使理南盧公墓誌銘」

이 밖에도 왕양명의 시(『詩錄』 권3) 및 왕선산의 시(『薑齋七十自定稿』 오언칠시)에도 동심의 용어가 보이는데, 용례로서는 ⑨~⑪에 속한다.

①의 객기(客氣)는 밖에서 들려오는 비난과 칭찬 등에 갈팡질팡하는 마음이다. 이와 연결어로 사용되고 있는 동심은 대체로 자기 멋대로 하는 마음을 가리킨다. ②의 광자(狂者)는 지나치게 진취적인 사람이며, 견자(狷者)는 너무 자신만을 지키는 고루한 사람이다. 천유(穿窬)의 마음은 명예욕 등에 얽매이면서도 겉으로는 군자인 척하는 가식적인 마음이다. 이에 상대되는 동심은 대체로 그러한 가식이 없는 '멈출 수 없는' 욕구 그대로의 마음이다. ③은 앞의 욕구를 세속적 욕망이라는 측면에서 구체적으로 항목화한 것으로, 이는 동심을 적나라한 욕망의 마음으로 이해하는 가장 좋은 예이다. ④·⑤·⑥도 ③과 거의 같다. 여기서 동심은 세속적인 취향·세속

적인 태도와 동의어로 사용되고 있으며, 혹은 도박, 주연, 여흥 등 세속의 유흥에 탐닉하는 마음으로 이해되고 있다. ⑦은 ⑧과 대체로 같다. ⑧은 명조 붕괴기의 동란 속에서 인간의 본성을 성악설의 입장에서 되돌아본 논의의 한 구절이다. 이곳의 동심은 어린아이의 적나라한 자기 집착적 욕망이라는 측면을 포착한 것이다. ⑨·⑩·⑪은 신심성명이나 『시』·『서』의 학에 세련되지 못한 교양 없는 마음이라는 의미로 사용되고 있다.

잘 알려져 있듯이 「동심설」의 서두는 느닷없이 용동 산농(龍洞山農)[1)*]의 "식자들이여! 나보고 아직도 동심에서 벗어나지 못해서야 되겠느냐고 말하지 말라"고 하는 『서상기(西廂記)』의 서문 끝 부분의 말을 인용하면서 시작된다. 이는 『서상기』나 『비파기(琵琶記)』 등 통속적인 서적을 출판하는 작자의 행위를, 식자들은 동심으로 비웃지 말라는 뜻이다. 이 용례는 ⑨~⑪과 가장 가깝다. ⑨~⑪의 동심은 '동심미민'과도 상통하는 것으로, 그 자체가 반드시 나쁜 의미는 의미는 아니다. 그렇지만 신심성명의 학이나 『시』·『서』의 학을 정통으로 간주하는 이 문장의 문맥에서 본다면, 동심에 대한 평가는 확실히 부정적이다. 이탁오는 그러한 부정적 평가를 전제로 한 용동 산농의 발언을 새삼스레 인용하면서도, 한편으로는 바로 뒤이어서 "동심은 진심이다. 거짓을 끊어버린 순수하고 진실한 것으로, 사람이 태어나면서 갖게 되는 가장 최초 한 생각의 본심"이라고 말하였다. 그가 ⑨~⑪뿐만 아니라 ①~⑧까지의 동심에 대한

---

1)* 용동 산농(龍洞山農): 안균(顔鈞). 생몰연대 미상, 명 가정·융경(1522~1572) 시기의 학자. 강서성 길안(吉安) 출신. 자는 산농(山農). 서월(徐樾)에게 사사하고 왕심재(王心齋)의 영향을 받았다. 그는 본성에 따르고 자연에 맡기는 것이 도라고 하여 견문, 도리, 격식 등 일체의 외적 규범을 배척하였다. 그는 방일한 행동으로 세인의 반감을 초래하고 남경에 투옥되었는데, 제자 나근계(羅近溪)의 구명운동으로 풀려났다. 제자로는 나근계, 하심은(何心隱)이 있다.

당시 사람들의 생각을 전혀 몰랐다고 할 수는 없다. 사실 동심에 대한 이러한 나쁜 이미지는 이탁오 자신을 포함하여 당시 사대부 사이에서 일반적이었다. 당시에만 그런 것이 아니었다. 일찍이 『춘추좌씨전(春秋左氏傳)』 양공(襄公) 31년조에는 다음과 같은 기록을 싣고 있다. 양공 사후 그의 뒤를 계승한 소공(昭公)은 나이가 19세나 되었으면서도 여전히 동심에서 벗어나지 못하였다. 한창 복상(服喪) 중인데도 애도할 줄 모르고 유희를 좋아하였기 때문에 상복을 세 차례나 바꾸어 입지 않으면 안 되었다. 같은 이야기를 전하는 『사기(史記)』 「노주공세가(魯周公世家)」의 이 동심 조목에서, 후한 시대 복건(服虔)은 '동심'에 대해 "성인에 뜻을 두지 않고 어린아이의 마음을 갖고 있는 것"이라고 주를 달고 있다. '성인에 뜻을 두지 않는다'는 것은 ⑨~⑪과 같은 입장에서의 발언이다. 이는 동심이라는 용어가 명교의 전통 속에서 오래도록 부정적인 이미지로 이해되었음을 알게 해주는 사례이다.

앞에서도 언급하였듯이 유학의 용어 가운데 동심이란 말은 없다. 이는 문헌 속에서 극히 드물게 발견될 뿐이며 일반적으로 익숙하게 알려진 것은 '갓난아이의 마음[赤子之心]'이나 '진심(眞心)'이었다. 그럼에도 이탁오는 이를 피하고 굳이 '동심'이란 용어를 선택하였다. 그것은 무엇보다 동심이 부정적 이미지를 가짐으로써 오히려 기성의 질서관념에 물들지 않는 그 진흙투성이의 신선함을 샀기 때문일 것이다. 물론 그가 앞에서와 같은 동심에 대한 비판적 이미지를 그대로 받아들인 것은 아니다. 그에게는 그 나름의 동심 이미지가 있었다. 그것은 앞의 ①~⑪의 용례와 어느 부분에선가 합쳐지는 것이었을 것이다. 그렇다면 도대체 그가 말하는 "거짓을 끊어버린 순수하고 진실한 것으로, 사람이 태어나면서 갖게 되는 최초 한 생각의 본심"인 동심은 어떠한 내실을 갖는 것일까?

여기서 주목되는 것은 인용문 ⑧의 한 구절이다. 이는 성악설을 주장하는 순자와 이에 반론을 제기하는 자순(子順)이라는 인물을 등장시켜 두 사람의 쟁론 형식을 빌어 본성의 선악을 논한 것 가운데 순자 쪽의 견해를 기록한 구절이다. 필자인 황도주(黃道周; 1585~1646)[2)*]는 명조 최말기 재상의 한 사람으로서, 사대부・향신(鄕紳) 지주이기도 하였다. 따라서 그의 의도는 당연히 자순을 가탁하여 성선설을 주장하는 데 있었을 테지만, 그러나 이 문장을 꼼꼼히 읽어보면 황도주의 의도와는 반대로 '순자' 쪽의 발언이 생생하게 우세를 보이는 것이 너무나도 인상적이다. 이를테면 '순자'는 "강자는 약자를 괴롭혀서 그들의 것을 빼앗고, 다수파는 소수파를 업신여기면서 그들과 쟁론을 한다. 그리하여 천하는 혼란에 빠져 얼마 못 가서 서로 망하게 된다. 그러므로 본성은 악하다고 말하는 것이다"라고 주장한다. 이에 대해 자순은 "이 논리는 '태어난 그대로를 본성이라 한다[生之謂性]'고 말한 (告子의) 주장이다. 무릇 '각박하면 넉넉해지고 싶고, … 가난하면 부자가 되고 싶고, 신분이 낮으면 높은 지위에 오르고 싶어하는'(『순자』「성악」) 것은 모두 먹고사는 문제[治生] 때문에 발생하는 것이지 인간의 본성[性]은 아니다"라고 반론을 편다. 자순 쪽의 반론은 일방적으로 수동적이어서 말하자면 필사의 방어적인 논지이다. 먹고사는 문제 때문에 발생하는 것이지 본성은 아니라고 말하는 것은 인간이면 누구나 먹고사는 문제에서는 부자가 되고 싶고 높은 지위에 오르고 싶어한다는 것을 이미 사실로 인정한 것이다. 부귀에 대한 욕망을 인정하면서도 이를 본성이 아니라 먹고사는 문제 때문이라고 말하는 것은 논의로서는 이제 반론이라기보다 방어적인 변명일 수밖에 없다. 이른바 '먹고사는

2)* 황도주(黃道周; 1585~1646): 명말의 충신이며 학자. 복건성 장포(漳浦) 출신. 자는 유평(幼平), 호는 석재(石齋). 성격이 강직하여 세속에 휩쓸리지 않았고, 명이 망하고 복왕(福王)이 옹립되자 예부상서가 되었다. 뒤에 당왕(唐王)을 받들고 무영전대학사(武英殿大學士)가 되었다. 당시 국세가 더욱 침체하여 스스로 강서로 향하여 회복을 꾀하였지만 청병에게 체포되었다. 문장과 서화에 뛰어났으며 천문과 역법에도 일가를 이루었다. 저서로 『박물전휘(博物典彙)』 20권 등이 있다.

문제[治生]'란 집안의 재산을 불리기 위한 궁리이다. 구체적으로 말하자면 상인이나 지주층이 집안의 재산을 축적하고자 하는 욕망이다. 그런데 이를 **삶의 필연**으로 인정하면서도 그것은 인간의 본성이 아니라고 하여 삶과 본성을 구별하는 변명은 이미 변명으로서는 너무 구차하다. 서장에서 소개한 여곤의 '인욕의 자연'과 '천리의 자연'이라는 자연의 이분법적인 동요는, 이 삶과 본성이 똑같이 '멈출 수 없는' 것이었기 **때문에** 발생한 반발과 동요였음을 새삼 알 수 있다.

어쨌든 이러한 자순의 변명에 대한 '순자'의 주장은 집안의 재산을 축적하고자 하는 욕망 쟁탈은 바로 '동심'에 뿌리를 둔 것이며 양보하고 대신하는 것은 "본성이 아니다"라고 공격한다. 바꾸어 말하면 자기 욕망에 집착하는 동심을 인간 본성으로 설정하려는 것이다. 황도주의 주관적인 희망에 관계없이 도리어 시대의 리얼리즘은 이 '순자'의 말에 의해서 선명하게 드러나고 있다. 이러한 명조 최말기의 삶과 본성의 반발 동요에 반세기 가까이 앞서 이탁오는 "동심은 진심이다"라고 하여 삶과 본성을 '진실로 멈출 수 없음'을 매개로 하여 동심으로 결합하였다. 그에게 동심은 진심이나 갓난아이의 마음, 즉 본성이었다. 그러나 그 본성은 끊임없이 낳고 낳는 본성 또는 삶(곧 입고 먹는 것)에 뿌리를 둔 본성이어야 했다. 이와 같은 '자기 **성**명의 소재'의 한 국면이 그에게 있어 동심이었다.

「동심설」은 그러한 그의 성명 소재에의 탐색 혹은 시행을 문장화한 것이었다. 그렇다면 이탁오는 '갓난아이의 마음'이나 '진심'으로는 포함할 수 없는 무언가를 새롭게 '동심'으로 담아내고자 하였을까? ③~⑤의 권세욕·교만함·명예욕 그리고 욕심·노여움·습심 등의 객기나 세속적 태도를 동심으로 담아내고자 하였을까? '서로 잡아당기고 서로 빼앗는' 자기 집착적인 욕심을 동심으로 담아내고자 하였을까?

확실히 이탁오는 "시정배들은 자신이 어떤 일을 하게 되면 그 일에 관해서만 재잘거린다. 장사꾼은 단지 물건 거래에 관한 것만을 말하며, 농사꾼은 농사에 관한 것만을 이야기한다"고 한 그러한 '진실한 유덕(有德)의 말'(『분서』 권1, 「答耿司寇』), 혹은 "재화와 여색을 좋아하며 … 많은 금은보화를 쌓아두고 토지와 주택을 사들여 자손을 위해 도모하는 … 등 무릇 세간 일체의 치생(治生) 산업의 문제는 모든 사람이 함께 좋아하고 … 모든 사람이 입에 담는다"고 한 그러한 '진실한 이언(邇言; 속인들의 비근하고 통속적인 말)'(『분서』 권1, 「答鄧明府」) 속에서 동심의 발현을 보고 있었다.

그러나 좀 더 자세히 살펴보면, 앞의 '진실한 유덕의 말'이 유덕일 수 있는 이유는 어떤 도학자가 자신은 "온갖 일상생활 속에서 오로지 자기 자신과 가족만을 위해 계획하고 염려할 뿐 남을 위해 생각하는 것이 하나도 없는" 주제에 일단 "입을 열어 학문을 논할 때에는 '자네들은 자신만을 위하지만 나는 남을 위하며, 자네들은 자기 자신에게 이롭게 하려고 하지만 나는 남을 이롭게 하고자 한다'고 말한다"고 한 그러한 위선적인 사이비 유덕자와 대응되기 때문이다. 결국 유덕(有德)은 '거짓'에 대한 '진실'임을 알 수 있다. 마찬가지로 '진실한 이언'에 대해서도 이탁오는 "여기(진실한 이언)에서 자신을 돌이켜 반성하여 문득 이 마음을 깨치고 문득 일체 성현·부처의 커다란 기틀과 작용을 실현하여 자기의 본래면목을 체득한다면, 시작도 알 수 없는 아주 오랫동안 밝힐 수 없었던 대사(大事)도 당장 그 자리에서 자기 것이 된다"고 서술하고 있다. 이른바 이언(邇言)의 '진실'이란 자기의 본래면목이 당장 그 자리에서 발현된 모습, 즉 '진인(眞人)'의 진실임을 알 수 있다.

확실히 이탁오는 치생(治生)의 욕망을 리얼하게 직시하고 이를 인간의 실상으로 인정하였지만, 그러나 자의적인 치생의 욕망을 그대로 용인하는 것은 아니었다. 이탁오는 치생의 욕망이 자기 집착적인 욕심을 적나라하게 드러내어 이른바 '자정종욕(恣情縱欲)'[3)*]으

3)* '자정종욕'(恣情縱欲): 감정에 내맡겨 욕망대로 행동하는 것.

로 치닫는 것, 요컨대 인간이 이른바 '이리[狼]'가 되는 것까지 용인한 것은 아니었다. 그는 다만 인간은 치생의 욕망 없이는 사회적 인간일 수 없다는 것, 인간에게 치생의 욕망은 '진실한' 것이며 따라서 성명의 도 역시 이를 빼고서는 진실한 도일 수 없다는 것을 원리적으로 서술했을 뿐이다. 그는 삶을 본성의 근거로서 인정하라 혹은 본성을 삶에 기초시키라고 주장한 것이지, 삶이 그대로 본성임을 인정하라고 한 것은 아니었다. 삶을 빼버린 본성은 **본성의 진실이 아니며**, 삶을 빼버린 도학은 '거짓된 사람의 소굴'(『동심설』)에 불과하다. 요컨대 그는 철두철미 '진실'을 주장했을 뿐이었다.

『중용(中庸)』에 "성에 따르는 것[率性], 이를 도(道)라고 한다"는 구절이 있는데, 이미 보았듯이 이탁오는 이를 "**성의 진실**을 따라 미루어 넓혀서 천하와 **공**(公)을 이룬다. 이것이 바로 도이다"라고 해석하였다. 이탁오가 **공**을 어떠한 상태로 구상하고 있었는지 이 짧은 한 구절만 가지고는 분명하지 않다. 그러나 적어도 그가 성의 진실, 즉 동심을 황도주가 말하는 자기 집착적인 방종으로 파악하지 않았던 것만은 확실하다.

그렇지만 이탁오가 삶의 욕망을 성의 진실로 인정한 것은 사실이었다. 동심은 갓난아이의 마음이나 진심이 아니라, 말하자면 하고 싶은 것을 곧바로 하고자 하는 적나라한 마음이다. 그 적나라함을 통해서 성에 대한 기성의 강상(綱常)의 틀을 깨버린 것 또한 사실이었다. 그가 '입고 먹는 것[穿衣吃飯]'이나 '사(私)'를 어떠한 의도로 인정하였든지 간에 그것이 무선(無善)으로부터 나왔다는 것은 사실이며, 결국에는 그로 인하여 성에서 '선(善)'을 깨버린 것 또한 사실이었다. 이리하여 삶의 욕망이 성의 진실로4)* 간주되어 삶은 본성이 되었으며, 또 본래면목이 욕망의 방종으로 치달을 가능성은 그의 논리 속에 이미 객관적으로 존재하고 있었다. 이제 그것은 그

4)* 원저에는 '삶의 욕망이 삶의 욕망으로'로 되어 있는데 '삶의 욕망이 성의 진실로'의 잘못인 듯하다. 바꾸어서 번역한다.

의 주관적 의도와는 관계없는 것이었다.

다른 관점에서 말하면, 그가 '성의 진실'을 갓난아이의 마음이나 진심이 아니라 동심이라는 용어로 말하지 않을 수 없었을 만큼 명말의 경제적 욕구는 억누를 수 없이 팽창하였다. 또 이러한 경제적 욕구를 빼고서 인간적 혹은 사회적 본래상(당위성)은 없다고 간주될 만큼 시대의 모순은 공공연하였다. 황도주가 적절하게 표현한 성악(性惡)적 상황—곧 '만인이 만인의 이리'와 유사한 상황—이 명조 최말기, 즉 이탁오 사후 17세기 전반에 출현하였다. 이러한 상황을 예견이라도 하듯 제기된 '동심' 혹은 '입고 먹는 것', '사'는 리얼하게 상황의 진실을 지적한 것이었다. 그러나 진상은 도리어 상황 속에서 동심과 먹고 입는 것으로 방향을 바꾸었고 혹은 역으로 진상을 상황 속으로 몰아넣었다. 이것이 진상이 상황 속에서 치닫는 결과가 되었다. 동심에서의 성의 진실은 사회실상의 진실로 관통하는 것이었다. 따라서 그것은 단지 이탁오 한 개인의 진실에 한정되는 것이 아니라 그 자체로 혼자서 걸어갈 수 있을 만큼의 객관성을 가질 수 있었다. 그 때문에 똑같은 상황에 직면하여 삶에서 **성의** 재확립을 꾀하는 사대부층—예를 들면 인욕의 자연을 용인하면서도 이를 천리의 자연으로 재편하여 결국 리의 재생을 꾀하는 여곤 같은 경우—에게는 마치 리 자체를 부정할 것처럼 보이는 무선무악론이나 무선을 새로운 '제목(=테마)'으로 삼는 사상풍조는 간과할 수 없는 커다란 문제였을 것이다.

사실 이탁오 사후 명말 사상계는 욕망의 파악 방식 혹은 무선무악의 가부를 둘러싸고 한바탕 격렬한 쟁론이 전개되었는데, 특히 그것은 무선무악파와 반(反)무선무악파의 대립으로 나타났다. 과장해서 말한다면 이는 당시 천하를 가른 쟁점이 되었다.

이 시기에 욕망의 문제 혹은 무선무악의 논점에 대해 가장 정면에서—이탁오와는 정반대 입장에서— 파고든 것이 이른바 동림파

(東林派) 인사였다.5) 이탁오 탄핵문을 상주하여 그를 투옥으로 내몰았던 장문달(張問達), 또 자살한 뒤에도 거듭 이탁오를 비판하여 도덕질서의 재확립을 주장한 풍기(馮琦; 1558~1603) 등은 모두 동림파로 지목된 인사였다. 이들을 포함한 동림파의 사상적 입장은 말할 것도 없이 반(反)무선무악이었다. 다만 양자의 대립을 단순히 반체제 대 체제 또는 이단 대 정통으로 도식화할 수는 없다. 서장에서도 소개하였던 것처럼 이른바 동림파야말로 가장 용감하게 황제·환관파와 투쟁한 집단이며, 또 이들 사상의 계승자 가운데에는 저 '중국의 루소'로 지목되는 황종희가 있었다. 이렇듯 그들은 명말 정치 이데올로기 변혁의 주요한 담당자였다. 「동심설」의 앞날을 추적하면서 이 시기의 복잡한 대립의 국면을 회피할 수는 없다. 따라서 아래에서는 전적으로 동림파와의 관련 속에서 「동심설」의 앞날을 추적하기로 하겠다.

그런데 동림파가 파(派)로서 하나의 인맥을 갖추게 된 계기는 1604년(이탁오 사후 2년) 그 초기의 지도자 고헌성(顧憲成; 1550~1612)6)*이 강소성 무석현(無錫縣)의 동림서원(東林書院)을 재건하고 그곳에서 강학을 시작하면서부터였다. 그리고, 그가 동림서원을 재건한 최초의 동기는 그보다 6년 전(1598년)에 관동명(동심 용례의

---

5) 「別論」, 「いわゆる東林派人士の思想—前近代期における中國思想の展開(上)」(『東洋文化硏究所紀要』 제75책, 1978) 참조.

6)* 고헌성(顧憲成; 1550~1612): 자는 숙시(叔時), 호는 경양(涇陽). 강소성 무석(無錫) 출신. 명말 동림당의 지도자. 1580년(만력 8)에 진사가 되었다. 호부주사(戶部主事)에서 계양주판관(桂陽州判官)으로 좌천되었지만, 후에 이부주사(吏部主事)가 되었다. 삼왕병봉(三王並封)의 의론에 반대한 정의파 관료 그룹에 속하여 인사문제를 둘러싸고 신종(神宗)과 대립, 면직되어 귀향했다. 이후 무석에서 동림서원을 건설하여, 동새 고윤성(顧允成) 등 재야인사와 함께 강학운동에 전념하였다. 그 강학은 실천적 의식을 고취시키고, 종종 정치문제를 논의하여 재조·재야에 커다란 영향을 끼쳤다. 저술로 『소심재차기(小心齋箚記)』 18권, 『경고장고(涇皐藏稿)』 22권 등이 있다.

②)과 무선무악에 대해 논쟁을 벌인 데에 있었다. 이 무선무악의 논제는 당시 사대부 사이에서 가장 관심 높은 쟁점이었던 것 같다. 기록에 따르면 회의장에는 강소성의 중심인 소주부(蘇州府)·상주부(常州府)의 인사들이 구름처럼 모여들어 "발뒤꿈치가 잇달아서 빈 공간이 없을" 정도로 성황을 이루었다고 한다.(葉茂才, 「景逸高先生行狀」, 『高子遺書』 附錄에 수록) 논쟁의 내용은 관동명이 무선무악을 용인하고 고헌성이 이에 반대하는 형식이었다. 당시의 정황에 대해서는 아라키 겐고(荒木見悟)의 『명대 종교사상 연구』에 상세하게 기술되어 있다. 이때의 성황에 촉발되어 고헌성의 주창으로 동림서원이 재건되었던 것이다. 기록에 따르면, 그 강학의 초점은 "무선무악은 마음의 본체"라는 한 마디에 있었다고 한다.(鄒元標, 『願學集』 권8, 「湛陽顧公墓誌銘」) 요컨대 무선무악 사상의 유행이 동림을 자극하였고, 그리하여 동림은 애초부터 그러한 사상을 극복할 방향을 설정하였던 것이다.

그렇다면 당시 무선무악 사상은 어떻게 유행되고 있었을까? 그 상황을 동림 인사의 눈을 통해 보면 다음과 같다.

> 오늘날 학자 가운데 고리타분한 병폐가 있는 자는 1할이고, 미치광이 같은 병폐가 있는 자는 9할인데 모두 무선무악설에서 나왔다. (馮從吾, 『馮少墟集』 권15, 「答楊原忠運長·又」)

> 무선무악설이 유행하게 된 후, 도덕까지도 뜬구름처럼 여겨지게 되었다.(고헌성, 『小心齋箚記』 권10)

> 무선무악이란 말은 (선과 악을) 함께 들고 있지만, 사실은 무선 한 쪽에만 치우쳐 있다.(劉宗周, 『劉子全書』 권13, 「會錄」)

> 불가의 '공(空)을 함으로써 부처의 지극한 가르침을 깨친다[空覺極圓]'는 설에 빠져 무선을 마음의 본체라 하고, 선천적으로 타고난 인간의 도덕적 본성을 모두 쓸어버려 부정한다. 그 폐단은 천하 사람

을 이끌고 자정종욕으로 치닫게 하고 거리낄 줄 모르는 소인으로 흐르게 한다. 그런데도 스스로는 막힘이 없이 자유로운 것이라고 생각한다.(涂宗濬, 「辨學錄序」, 『馮少墟集』 권1 所收))

앞에서 이탁오가 "지극한 선은 선이 없다[至善無善]"고 하였듯이, 무선무악이 결국 무선으로 작용하고 있다는 것, 그것이 불교의 진공(眞空)과 결합하여 기성의 리관(理觀)을 파괴할 뿐 아니라 질서윤리 자체까지도 부정하여 사람들을 미치광이로 흐르게 하며 자정종욕으로 치닫게 하고 있다는 것 따위가 위기감으로 지적되고 있다. 이 지적이 사실이라면 이는 무선무악을 처음으로 제창한 왕용계는 물론이고 이탁오의 예상을 훨씬 뛰어넘는 사태다. 역으로 말하면 무선무악이 무선으로 치달릴 만큼 당시 사회에는 기성의 질서윤리로는 포괄할 수 없는 새로운 상황이 발생하고 있었으며, 그리고 그것은 무언가의 형태로 욕망과 관계된 것이었음을 예상할 수 있다.

그렇다면 위에서 말하는 욕망이란 구체적으로 무엇을 내용으로 하는 것이었을까?

일반적으로 주자로부터 왕양명에 이르기까지 이른바 "인욕을 제거하고 천리를 보존한다"고 할 때의 '인욕'은 우리가 흔히 생각하는 본능적이고 물질적인 욕망을 직접적으로 가리키는 개념은 아니었다. 일찍이 주자도 "음식(의 욕망), 그 자체는 천리이다"라고 하여 본능적 욕망을 천리로 용인하기까지 하였다. 그렇다면 무엇이 '인욕'인가? 바로 뒤이어서 "맛있는 음식을 추구하는 것이 인욕이다"(『朱子語類』 권13-22)라고 하였듯이, 무절제한 행동방식 또는 도천(盜泉)의 물을 마시고 땅바닥에 내던져진 음식을 주워 먹는 등의 비도덕적인 행동방식을 말한다(『주자어류』 권78, 「大禹謨」)7)* 요컨대 인간으로

7)* 원문은 "만약 도천의 물을 마시고 차래의 음식을 먹으면 인심이 지나쳐서 도심이 사라지게 된다[若飮盜泉之水, 食嗟來之食, 則人心勝而道心亡矣]"로 되어 있다. '도천'은 공자가 한참 갈증을 느끼면서 도천이란 우물을

서 올바르지 못한 행동방식이 인욕이다. 이 때문에 왕양명이 "인욕을 제거한다"고 했을 때의 '인욕'도 대체로 오로지 자기 일신의 이해득실만을 따지는 마음, 즉 이기심이나 사사로운 마음을 가리키는 경우가 많았다.

그런데 이제 여기에서 문제로 제기되기 시작하는 '자정종욕(恣情縱欲)'의 욕망은 종래의 '인욕' 개념과는 약간 다르며 더욱 구체적이다.

> 소인은 욕망을 제멋대로 하는 것이 양지를 이루는 것이라고 생각하고, … 이단은 음식을 달게 여기고 여색을 좋아하는 '욕망'을 솔성(率性)이라 하고 양지(良知)라 하고 자연(自然)이라 한다.(『풍소허집』 권12, 「關中書院語錄」)

고 하여 특히 식색(食色)을 '욕망'으로 강조하는 데에서 엿볼 수 있듯이, 이탁오도 언급하였던 형이하학적 욕망이 마찬가지로 문제가 되고 있다.

그렇다면 이탁오와 대립적인 입장에 있었던 동림파는 이를 어떠한 각도에서 문제삼았을까?

고헌성과 나란히, 아니 그 이상으로 무선무악 사상을 호되게 비판한 인물이 같은 동림파에 속하는 풍종오(馮從吾; 1556~1627)였다. 그는 단순히 현상적인 측면에서만이 아니라 사상 그 자체의 본질을 따지고 들어가 그 나름으로 온몸이 땀투성이가 되도록 격투하였다. 이 때문에 그는 이탁오의 사상과도 매우 밀접하게 관련되어 있다. 따라서 아래에서 잠시 그의 발언을 통해 사태의 추이를 살펴보기로

지났지만 참고 마시지 않았는데, 도(盜)라는 이름 때문이었다고 한 데서 유래한 말.(『尸子』에 보임) '차래'는 혓바닥으로 사람을 불러 음식을 땅바닥에 내던지면서 먹으라고 하면 거지도 먹지 않는다는 데에서 유래한 말. 『염철론(鹽鐵論)』 「효양(孝養)」에 보인다.

하겠다. 먼저 풍종오의 다음과 같은 문답을 살펴보자.

> 질문: 천리와 인욕은 본디 구별할 수 없다. 인의를 거짓되이 한다면 천리도 곧바로 인욕이 되고, 재화와 여색을 공적으로 사용한다면 인욕도 곧바로 천리가 된다고 말하는 사람이 있다. 어떻게 생각하는가?
>
> 대답: 그렇지 않다. 천리가 곧바로 인욕이 된다고 말한 이상, 그것은 인욕이다. 인욕이 곧바로 천리가 된다고 말한 이상, 그것은 천리이다. 어찌 구별할 수 없겠는가? 무릇 인의는 본디 천리이다. 인의를 거짓되이 한다면 인욕이지 천리가 아니다. 재화와 여색은 본디 인욕이다. 재화와 여색을 공적으로 사용한다면 천리이지 인욕이 아니다. 이렇게 구별하면 명명백백하다. 그럼에도 짐짓 천리와 인욕은 구별될 수 없다고 말하는 것은 은밀히 욕망을 제멋대로 하여 천리를 없애버리려는 의도에서 한 말이다. 잘 통찰하기 바란다.(『풍소허집』 권1, 「辨學錄」 54장)

이 문답은 우선 3가지 점에서 주목된다. 하나는 재화[貨]와 여색[色]이 인욕의 내실로서 크로즈업되고 있는 점이다. 다른 하나는 재화와 여색에 대한 욕망이 천리로서 용인되기 시작한 점이다. 또 다른 하나는 '인욕을 제거하고 천리를 보존한다'는 천리와 인욕의 종래 이율배반 관계가 무너지고 있는 점이다. 여기서의 재화와 여색이라는 말은 『맹자』 「양혜왕하」에서 유래한다. 재화·여색 등은 당시 권력자의 상징으로서 일반적으로 물질욕, 소유욕으로 추상될 수 있다. 그와 같은 욕망을 '인욕'으로 일괄하여 '제거'할 것이 아니라 무언가의 형태로 용인하고자 하는 것이 먼저 질문자의 의도다. 그리하여 '공화공색(公貨公色)'이라는 전혀 새로운 개념을 이끌어내고, 공적인 욕망이라면 인욕도 곧 천리가 아닌가라고 묻는다. 여기서의 '인욕' 개념은 이제 전술한 이기심이나 사사로운 마음 등 종래의 틀 속에 머물지 않고, 더욱 구체적으로 물질욕·소유욕을 직접적으로 가리킨다. 그만큼 이러한 욕망들은 바야흐로 일상적·사회적으로 문제화되고 있었으며, 더욱이 그것은 일괄적으로 '제거'할 수 없을 만큼 엄연한 현실로서 사회 일반에서 용인되고 있었다. 이러한 상황에서 대답하는 쪽은 천리와 인욕에 대한 종래의 범주 구분을 지키는 호법(護法)적인 입장을 취하면서도, 도리어 이러한 질문으로 말미암아 비록 '공'적인 것이라는 단서가 붙기는 했지만 이들 욕망을 **천리로서** 용인하지 않을 수 없게 되었다.

사상사상에서 특필해도 좋을 이와 같은 현저한 변화는 결코 이 시기에 갑작스레 나타난 것이 아니라 이미 양명 시기부터 꿈틀대고 있었다. 다음의 문답이 이를 말해준다.

> 질문: 정좌할 때에 명성을 좋아하고 재화와 여색을 밝히는 등의 욕망의 뿌리를 일일이 찾아내어 완전히 없애버리려는 것은, 말하자면 (치료를 위해) 살점을 도려내어 (오히려) 상처를 깊게 하는 것이 아니겠습니까?(『傳習錄』 하, 79)

이 질문은 물질욕·소유욕 등 욕망의 뿌리를 완전히 없애버리는 것은 도리어 인간의 생명력(vitality)을 해치는 것이 아니냐는 말이다. 『전습록』에 기록되어 있는 양명의 답변은 감정적으로 매우 격앙되어 있어 마치 질문자로 하여금 말도 꺼내지 못하게 할 듯한 분위기이다.

> 선생이 정색을 하고 말하였다. "이것이 내가 사람을 치료하는 방법이다. 이것이야말로 진실로 병의 뿌리를 제거할 수 있는 것이니, 이 이외에 어떤 근본적인 방법이 있겠는가? 수십 년이 지나도 사용할 수 있는 방법이다. 자네가 사용하지 않겠다면 그대로 자리를 털고 일어나게. 다만 나의 치료법을 망가뜨리지나 않았으면 좋겠네."[8)*](『전습록』 하, 79)

---

8)* 원서에서 필자는 『전습록』 원문을 약간 생략하였다. 원문 "先生正色曰, 這是我醫人的方子, 眞是去得人病根, 更有大本事人. 過了十數年, 亦還用得著. 儞如不用, 且放起, 不要作壞我的方子"에 따라 번역하였다.

양명은 이처럼 몹시 격분하고 있었다. 또 사과하는 상대방에게,

> 이 질문은 자네의 현재 역량을 넘어서는 것이다. 필시 나의 문하 가운데 약간 잘못된 생각을 한 자가 이 말을 하여 자네를 잘못되게 하였음이 틀림없다.(『전습록』 하, 79)

고 하여 여분이 가시질 않고 있다.(상론, 제2장 제3절 주112 참조) 양명이 이렇게까지 격분한 것은 양명이 이 문제를 얼마나 중시하였으며, 또 당시 그만큼의 문제로서 현재화하고 있었음을 엿보게 한다. 더구나 '자네의 현재 역량' 운운하는 데서 추측할 수 있듯이, 양명은 이 문제를 사상 수준의 높이에서 문제삼아야 할 난해한 과제로 인식하고 있었다. 양명은 말년에 자신이 가장 신뢰하였던 두 제자 왕용계·전덕홍과 더불어 천천교(天泉橋)에서 무선무악에 대하여 토론하였다. 이때 흡사 왕문(王門)의 후사를 부탁하기라도 하듯 가장 역량이 큰 사람에게는 무선무악을, 중간이나 하등의 사람에게는 위선거악을, 그리고 이 두 가지가 바르게 보완되어야 비로소 완전하게 된다는 따위의 말을 하였다. 이는 후년 욕망을 둘러싼 논의의 분규를 일찍이 예견하고 있었음을 의미하는 것은 아닐까?

어쨌든 무선무악의 흐름에서는 '동심설'이, 이와 대립하는 쪽에서는 '공화공색'—후술하겠지만 이는 위선거악의 입장으로 연결된다—이 출현하였다. 더욱이 이 공화공색론이 다름 아닌 반(反)무선무악파의 최선봉 풍종오에 의해 제기되고 있는 점에 우리는 주의해야 한다. 요컨대 양명 시대에 싹트기 시작한 욕망의 문제가 명말에 이르러 무선무악과 반무선무악의 대립에도 불구하고 양자 모두 기본적으로는 욕망을 **리의 내실로서** 용인하고 있었다. 그러나 그러한 공통성에도 불구하고 이 문제를 리(理)로서 처리하는 데에 있어 양자 사이에는—적어도 후자의 입장에서 전자를 보는 한에서— 타협을 허락치 않는 첨예한 대립이 의식되고 있었다.

그렇다면 양자의 어떠한 차이가 이러한 대립을 초래하였을까? 먼

저 공화공색의 입장부터 살펴보자.

(질문) "… 대체 (성인은) 부귀를 어떻게 인식하였는가?"
(대답) "성인이 부귀를 싫어해서 도피한 것은 아니다. 그 부귀가 의인가 아닌가를 문제삼았을 뿐이다. '의롭지 못한 방법으로 부귀하게 되는 것은 나에게 뜬구름과 같다'(『논어』「述而」)고 하였다. 뜬구름이 태허(太虛)의 장애라면, 의롭지 못한 부귀는 마음 본체의 장애다."(풍종오, 『풍소허집』 권16, 「夜雪紀談」)

위의 풍종오의 말만 가지고는 의와 불의의 내용을 분간하기는 어렵다. 따라서 같은 동림파의 거두 조남성(趙南星; 1550~1627)[9)*]의 말을 들어보자.

무릇 천하 사람은 단지 부귀를 바랄 뿐 선을 실천하는 것[爲善]이 부귀에 방해가 되지 않음을 깨닫지 못한다. 그리하여 모두 사사로운 생각[私意]을 가지고 부귀를 유지한다. 그 결과 군자와 취향을 달리하여 서로 다투고 서로 어긋나게 된다.(『趙忠毅公文集』 권6, 「思堂亭記」)

군자도 일반인과 마찬가지로 부귀를 원한다. 다만 왜 원하는가 하는 그 이유가 다르다. 군자는 자신의 부귀에 대해서는 매우 가볍게 여긴다. 하지만, 부귀하지 않으면 사람들을 구제하고자 하는 인간의 본성이 펼쳐질 수 없다고 생각한다. 그 때문에 부귀를 원할 뿐이다.(『조충의공문집』 권4, 「賀松翁周老親家榮膺台獎及曾孫入學序」)

---

9)* 조남성(趙南星): 하북성 고읍(高邑) 출신, 자는 몽백(夢白). 1574년(만력 2) 진사에 급제, 문선원외랑(文選員外郎)이 되었지만 고헌성과 함께 장거정에 반대하여 4대해(大害)를 상소하였다가 관직에서 물러났다. 광종(光宗) 즉위 후 좌도어사(左都御史)에서 이부상서(吏部尙書)로 진급하였다. 그는 적극적으로 정계를 숙청하고 고반룡(高攀龍), 양련(楊漣), 좌광두(左光斗) 등을 등용하여 동림당의 전성기를 열었다. 저서로는 『조충의공집(趙忠毅公集)』 18권, 『미벽재문집(味檗齋文集)』 14권이 있다.

첫 번째 인용문의 '선을 실천한다[爲善]'는 말은 상술한 "선을 실천하여 악을 제거한다[爲善去惡]"고 했을 때의 '선을 실천함[爲善]'이다. 그런데, 여기서는 부귀를 추구함에 있어서 의(義)와 불의(不義)가 '선을 실천함'과 '사사로운 생각[私意]'으로 대치되고 있다. 선을 실천하기 위한 것이라면 부귀도 인정될 수 있지만, 사사로운 생각을 갖고 있으면 다툼이 생겨나기 때문에 안 된다는 것이다. 두 번째 인용문에서는 선을 실천하는 것은 부자가 가난한 자를 구제하기 위한 것이며, 이를 위해서라도 부귀가 필요하다고 말한다. 따라서 선을 실천하기 위한 목적으로 부귀가 적극적으로 장려되고 있다.

그렇다면 그들에게 부귀란 구체적으로 무엇을 의미할까? 또 다른 하나의 예로 풍종오의 「근검설(勤儉說)」의 대략을 보도록 하자.

> 월중(越中)에 두 사대부가 있었다. 한 사람은 학문을 익혔고, 다른 한 사람은 학문을 믿지 않았다. 그들의 집안은 부유하였는데, 모두 '근검' 두 글자를 자식들에게 가르쳤다. 전자의 아들은 어린 시절에는 사치하고 게을렀지만, 뒤에 마음을 고쳐먹고 근검에 힘쓰고 아버지의 명에 따라 강학에 힘썼다. 자기 자신은 거친 옷과 음식에 만족하면서도 가난한 동족을 구휼하는 데에 조금도 인색하지 않았다. 그리하여 그의 집안은 날로 부유해졌고 명성도 날로 높아져 마침내 명유(名儒)가 되었다. 한편 후자의 아들 역시 부지런히 주판알을 튀기며 치생(治生)에 힘쓰고 검약에 힘써 거친 옷과 음식에 편안하였다. 하지만 주위 사람들에게 조금도 베풀지 않았기 때문에 많은 사람들이 그를 미워하였다. 대중이 반항하고 친족이 이반하여 소송이 빈발하였고 토지의 경영도 점차 생각처럼 되지 않았다. 그리하여 이익에 더욱 초조해졌고, 마침내는 향촌에서 지탄의 대상이 되었다.(『풍소허집』 권14, 수록)

「별론」에서도 서술하였듯이 동림파의 대다수는 당시 자영농·상공층 등과도 이익을 함께하는 필자의 이른바 '중견' 지주층—하론 제2장 3절 주36 참조) 출신이었다. 인용문에서도 알 수 있듯이 그들의 가장 커다란 관심사는 당연히 토지의 경영이었다. 따라서 그들이 말하는 부귀란 자신들의 재산·토지를 유지 발전시키는 것이었으며, 이러한 상황에서 부귀를 이루는 데 있어서 선의 실천이란 단순히 도덕상의 이념문제 뿐만은 아니었다. 그 배경에는 실제로 선을 실천하는 것이 토지경영에도 긍정적으로 작용하는 상황이 있었음을 이 인용문은 전하고 있다. 요컨대 처음부터 끝까지 이기적인 경영을 한다면 대중이 반항하고 친족이 이반하여 소송이 빈발한다. 이렇듯이 대중의 반항이나 가족 및 친족 내부의 재산 쟁탈이 빈발하여 경영 자체가 부드럽지 못하게 되는 상황이 있었던 것이다. 여기서 대중이란 말할 나위 없이 대체로 노복(奴僕)이나 전호(佃戶; 소작인)층을 가리킨다.

동림 인사나 그 주변의 중소 지주층은 노복에 대해 매우 개명적이었을 뿐 아니라 전호층에 대해서도 빌려준 돈의 상환을 보류해준다거나 소작료를 경감시켜 주는 등의 구제를 실시한 예는 일일이 열거할 수 없을 정도이다. 이들 재지(在地)의 중소 지주는 한편으로는 근검에 힘쓰면서 토지와 재산을 유지 발전시켰고, 다른 한편에서는 그것을 영속시키기 위해 종족 내부의 빈곤자를 구제하거나 전호·노복 등 하층민에게 은혜를 베풂으로써 지주적 경영의 기반을 확고히 해 나갔다. 이러한 것들이 그들에게 있어서 물질욕·소유욕이며, 부귀이며, 의와 선을 실천하는 것이었다. 따라서 '공화공색'이란 그들의 재산과 토지를 유지하기 위해서 주변인과 하층민에게 은혜를 베푸는 행위였다고 볼 수 있다. 요컨대 "재화와 여색은 인욕"이라는 말은 지주층의 이기적인 토지 추구, 이에 대한 종족이나 전호층의 이반 항쟁 등 욕망을 둘러싼 알력을 배경으로 한 것이었다. 또한 "재화와 여색을 공적으로 하는 것은 천리"라는 말은 대체로 그러한 알력이 없는 화합의 상태를 지향한 것이라고 할 수 있다. 동시에 우리는 다음과 같은 점에 새삼 주목하지 않으면 안 된다. 즉 '공'적인 것에 한정되기는 하지만 재화와 여색을 **천리로서 표방하기 시작**

한 당시 지주층의 재산·토지 형성에 대한 자기긍정 혹은 자기주장의 발전을 여기서 볼 수 있다는 이 새로움에 대해서이다.

여기서 명대 최말기의 전사승(錢士升; 1575~1652)[10)*]이라는 인물의 예를 떠올려 보기로 하자. 전사승은 조남성 등이 환관파의 탄압으로 사형 당했을 때 그들의 가족을 도와주어 '동림이 추숭하는 인물'이 되었으며, 또한 그의 동생 전사진(錢士晉)도 동림당으로 거명되는 등, 말하자면 동림에 동정적인 인물이었다. 전사승은 대학사(大學士; 宰相)라는 지위에 있으면서 무생(武生)인 이진(李璡)이 군사비 조달을 위해 상주하여 시행한 수실적몰법(首實籍沒法)에 대해 정면에서 반대한 것으로 유명하다. 수실적몰법이란 미등록 토지를 강제 등록케 하거나 이를 빌미로 지주층에 대한 징세 강화를 꾀한 것으로 생각된다. 그런데 이에 대해 전사승은,

> 무릇 향촌에서 부유한 가문은 본디 빈민이 먹고살 수 있게 되는 원천이다. 홍수·한발에는 관청의 지도로 금전이나 곡물을 공출하여 곡물 가격을 억제하고 굶주린 백성을 구제한다. 도적이 침입하였을 때에는 성벽의 수비를 공고히 하는 등 부유한 가문이 국가에 이익을 가져다주지 않은 예가 없었다. 그런데 이번의 의론이 한번 채택된다면, 의지할 곳 없는 무리가 부유한 가문을 위해 난을 일으키고 천하의 백성은 떠도는 도적이 될 것이 뻔하다.

라고 운운하며 격렬하게 저항하다가 결국 파면되었다.(『명사』 251, 錢士升, 本末, 72, 「崇禎治亂」 외) 그는 이진의 상주문을 접하자마자 "이는 난의 근본이다. 응당 거취를 걸고 싸워야 한다"고 규탄하였다고 한다. 그는 거취를 걸고, 즉 재상의 지위를 걸고 황제와 싸우겠노라고 선언하였던 것이다. 여기서 우리는 지주층의 재산 형성에

---

10)* 전사승(錢士升; 1575~1652): 자는 억지(抑之), 호는 어냉(御冷)·새암(塞庵). 절강성 가선(嘉善) 출신이다. 1616년 전시(殿試)에 장원으로 급제하여 한림원 수찬(修撰)에 되었고, 후에 예부 상서, 동각대학사(東閣大學士)를 역임했다. 저술로 『주역규(周易揆)』, 『남송서(南宋書)』 등이 있다.

대한 욕구가 황제의 일원적인 전제 지배와 맞설 만큼 성장하였고, 적어도 그와 같은 자신들의 욕구를 천리로 자부할 만큼 총체적인 지주제의 진행이 양적으로 질적으로 확대되었음을 그 배경에 상정하지 않을 수 없다.

이상으로 똑같이 욕망을 천리로 용인하는 입장에 있으면서도 무선무악을 둘러싸고 서로 대립하는 이탁오와 풍종오를 살펴보았다. 이 가운데 풍종오의 경우—이는 동림 인사 일반에 공통적이라 할 수 있지만—는 어디까지나 지주 경영의 안정과 강화를 지향하는 입장이었음이 거의 분명해졌다. 그렇다면 이에 대해 이탁오는 어떻게 달랐을까?

다음으로 이 문제를, 이탁오를 비판하는 인사의 발언을 통해서 살펴보기로 하자.

> 지난번 이탁오가 백문(白門; 南京)에서 심학을 강론하였을 때, 오로지 당하자연(當下自然)을 제시하여 후학들에게 사람마다 모두 지금 존재하는 그대로 성인이라고 가르쳤다. 충절과 효의를 행하는 사람이 있다는 말을 들으면, 도리어 그것은 인위적으로 하는 것이지 본체에는 본디 충절과 효의가 없다고 하였다. 배우는 자는 그 편리함을 기뻐하여 마치 미치광이처럼 그에게 달려갔다(史玉池. 『明儒學案』 권60, 東林學案 3, 「史玉池論學」)

> 이탁오가 한창 이단의 학설을 제창하여 명교의 가르침을 파괴하였으며, 초인(楚人) 가운데 그를 따르는 자가 상당히 많아 풍습도 이로 인해서 일변하였다. 그래서 유원경(劉元卿)이 선생에게 물었다. "근래 이탁오를 따르는 자가 많은데, 무엇 때문입니까?" 선생은 "사람의 마음에 누군들 성현이 되고 싶지 않겠는가? 다만 아무리 해도 성현의 높이에 손이 미치지 못할 뿐이다. 그런데 이제 그는 술과 여색을 즐기고 재물을 탐하는 일체가 성현이 되는 데에 장애가 되지 않는다고 말한다. 깨달음에의 길에 이렇게 편리한 것이 있다면 누구인들 따르지 않겠는가?"라고 하였다.(鄒潁泉. 『명유학안』 江右學案 1,

「鄒穎泉先生」)

첫 번째 인용문의 사옥지(史玉池)는 동림파 사맹린(史孟麟)이다. 두 번째 인용문의 추영천(鄒穎泉)은 왕양명의 고제자 추수익(鄒守益; 1491~1562)의 아들 추선(鄒善)으로서 지금은 논증을 생략하겠지만 이 인물 역시 동림파에 가깝다고 볼 수 있다. 그런데 이탁오에 비판적인 입장을 취하는 위의 평가에서 본다면, 마치 이탁오가 혼자서 이단의 학설을 퍼뜨리고, 욕망을 긍정하는 그의 학문의 간단함이 당시의 욕망 추구 풍조 속에서 많은 추종자(epigonen)를 낳았으며, 그 추종자들이 이탁오의 뒤를 졸졸 따라가는 광경을 떠올리게 될 것이다. 그러나 이미 밝혔듯이 이탁오 개인의 입장에서 말한다면, 위의 비판은 터무니없는 오해라고 하지 않을 수 없다. 이탁오의 깊은 이해자의 한 사람이었던 원중도는, "이용호(李龍湖; 이탁오)의 학설은 매우 이해하기 쉽다. 전혀 공부—도를 배우기 위한 연구—할 필요가 없기 때문이다"라는 어떤 사람의 평가에 대해서 다음과 같이 답하고 있다.

> 그것은 잘못된 생각이다. 용호는 항상 이렇게 말하였다. "(『대학』에서 말하는) '명덕을 밝히고자 한다[欲明明德]'는 공부는 진실로 어려움 그 자체이다. 2~30년 동안 몰두하였는데도 아직 손이 미치지 못한다." 그런 그가 어떻게 공부가 쓸모 없는 짓이라는 따위의 말을 하였겠는가?(『珂雪齋外集』 권13, 「師友見聞語」)

원중도의 이 말은 너무나도 이탁오의 진실을 전하고 있다. 실로 이탁오는 사람들에게 '자정종욕(恣情縱欲)'을 권장한 적도 없었으며 충절과 효의가 부차적인 것이라고 생각한 적도 없었다. 아니, 반대로 더없이 진지한 구도자였음은 지금까지 누누이 서술한 대로이다. 뒤에서 서술하겠지만 충의(忠義)에 대해서도 그는 오히려 적극적으로 제창하고 실행한 사람이기까지 하였다. 그렇다면 무엇 때문에 그의 실제와 정반대되는 비난이 이렇게까지 유행하게 되었을까?

그 원인 가운데 하나는 그의 추종자들이 이탁오와는 상관없이 자정종욕을 추구하여 상황을 상승시킨 현실이 있었을 것이다.

> 최근 학문의 폐단은 욕망을 이치라 하고 감정을 본성이라 하며, 자기 절제를 질곡이라 하고 예법을 유희로 여기는 데에 있다. 이들은 도도한 강물처럼 멈출 줄을 모른다.(鄒元標, 『원학집』 권5, 「文江証道記」)

> 세속에서 진실을 논하는 자는 … 예법에 얽매이지 않는 것을 진실이며 자연이라고 한다.(풍종오, 『풍소허집』 권1, 「변학록」 69장)

이렇듯 개탄스런 상황이 이탁오의 영향과는 관계없이 여기저기서 일어나고 있었다. 그 가운데에는 이탁오의 발언을 뜬소문으로만 일부 듣고서 그대로 신봉한 자도 있었을 것이다. 적어도 오해로 가득한 뜬소문이 받아들여질 정도의 소지가 당시 사상 풍토에 있었다. 이러한 사상 풍토는 "국시(國是)가 분분한데, … 내가 본 바로는 강릉(江陵; 張居正) 이후 사대부가 설전을 벌인 지가 수십 년이 되었다"(繆昌期, 『從野堂存稿』 권5, 「答李夢白」)라고 말해지는 정치사상상의 대립에서 유래하였다. 그것은 장거정이 죽은 1582년 이후 특히 현저하였던 것으로 생각된다. 장거정(1525~1582)은 명대 후기에 만력제 신종(神宗)을 섬기면서 명 왕조의 재건에 민완을 떨친 유력한 재상이었다. 그의 정책은 특권적 대지주의 토지겸병을 억누르고 조세의 균형을 꾀하는 반면, 조세 징수를 위한 전국적인 토지측량, 사대부층의 언론억압을 위한 서원철폐, 제생(諸生)의 삭감 등 한결같이 황제 중심의 전제체제 확립을 기획하는 것으로서, 지주의 **계급적** 권익에 대해서는 냉담하였다. 같은 재상이면서도 한쪽은 이러한 장거정, 다른 한쪽은 지주층의 권익을 지키기 위해 직책을 걸고 저항한 전사승, 불과 반세기 사이에 나타나는 양자의 이와 같은 격차는 이 시기의 사상 상황이 얼마나 혼란하였는가를 예상케 해준다.

이 혼란의 일단을 보여주는 예로서, 이 시기의 두 가지 천리의 대립을 보도록 하자.

하나는 장거정이 말하는 천리이다. 그는 강소성의 향신 지주층을 비평하면서 "향인은 본디 천리가 없는" "나라의 귀신"(『張文忠公全集』 書牘 8, 「答應天巡撫論大政大典」)이라고 하였다. 또 다른 하나는 풍기가 말하는 천리이다. 그는 환관을 직접 파견하여 조세를 수탈하는 신종 황제를 비판하면서 "천리왕법에서 용납될 수 없다"(『宋伯馮先生集』 권27, 「申飭計典」)고 하였다.(서장, 3 참조) 전자는 "조정의 정치적 명령이 이 지역에서 시행되지 않아"(『송백풍선생집』 권27, 「신칙계전」), 결국 그 지역이 "가정(嘉靖; 世宗, 1522~1566) 이래 … 포부(逋負; 탈세에 의한 체납)의 소굴이 되었으며, (토지) 겸병의 사사로움이 횡행하였다. 그리하여 사가(私家)는 날로 부유해지고 공실(公室)은 날로 가난해지는"(『장문충공전집』 서독 6, 「答應天巡撫宋陽山論均量足民」) 사태를 우려한 황제측에 선 천리이다. 한편 후자는 "환관을 사방에 파견하여 집집마다 수탈을 자행하니 민간의 재산은 이미 텅 비었고, 사대부는 이제 더 이상 백성의 주인이 될 수 없게 되었다"(『장문충공전집』 서독 6, 「답응천순무송양산론균량족민」)고 말한 것처럼 향촌 지도자측의 천리이다.

좀 더 구체적으로 말하자면 전자는 이갑제(里甲制) 질서, 즉 종래의 황제 일원적인 전제 지배체제를 황제 권력의 강화 쪽으로 재편하려는 것이며, 후자는 그 일원적 전제가 이제 관료기구마저도 뛰어넘어 황제의 사적인 권력의 노골적인 행사라고도 할 환관 직파(直派)에 의한 조세수탈로 변질되고 있는, 그 (장거정 사후의) 말기적인 일원적 지배에 저항하는 향신 지주의 입장이다. 여기에는 이갑제의 해체과정—뒤집어 말하면 지주적 토지 소유의 진행과정—에 즈음하여 이를 종래 군주~관료~민의 일원적 전제질서 이데올로기로 재편할 것인가, 아니면 향촌의 지주 사대부층이 '백성의 주인이 되는' 지주 주도형의 향촌질서 이데올로기로 재편할 것인가 하는 재편을 둘러싼 노선상의 대립이 바탕에 깔려 있었다. 두 가지 천리의 분열은 여기서 생겨났다. 그렇지만 후자의 천리는 전자의 그것에 비해 아직 질서 이데올로기로서의 천하적 유효성을 사회적으로 확립하지 못하였다. 더군다나 욕망의 내실까지를 반드시 설명해야 하는, 말하자면 혼돈 속의 천리였다. 만일 전자의 기성의 천리를 용인하지 않는다면 사실상 전자를 대신할 수 있는 천리는 없는 것이나 마찬가지인 상황이었다고 생각된다. 따라서 그만큼 사대부층의 위기감도 상당히 강했을 것이다. 어쨌든 이와 같은 천리의 혼란상황 속에서 거의 사상적 무정부 상태라고도 할 상황이 출현하고 있었음은 앞에 들었던 비판에서도 분명하게 드러난다. 이 같은 상황을 일각이라도 빨리 극복하고 후자의 천리 확립을 서두르는 입장에서 본다면, 천리 그 자체를 부정하는 풍조를 조장하는 원흉이며 또한 수많은 추종자를 끊임없이 배출해내는 이탁오 사상은 당연히 엄격하게 비판받지 않을 수 없었다.

그렇다면 도대체 이탁오의 '동심(童心)'과 '입고 먹는 것[穿衣吃飯]' 속에 그들과 어긋나는 어떤 위험요소가 담겨있다고 지목되었던 것일까?

이 문제를 고찰하기에 앞서 먼저 분명히 해 두어야 할 것은 지금까지 보아 왔던 무선무악 사상의 담당자 모두가 동림파와 대립하였던 것은 아니라는 사실이다. 이제 전술한 '멈출 수 없는 마음'에 대한 이탁오와 경정향의 대립점을 분기선으로 하여 무선무악파 인사를 분류해 보자. 경정향 쪽에 속하는 인사 가운데는 오히려 동림파와 교류관계를 맺은 인물이 많았음을 알 수 있다. 이를테면 이탁오와 극히 친하였던 무선무악파의 원중도나 심유(深有)11)*가 동림파의

11)* 심유(深有): 호는 무념(無念). 어려서 고아가 되어 출가했는데, 원래 문자를 몰랐지만 깨달음을 얻은 뒤에 게송을 물 흐르듯 읊었다고 한다. 만년에 황백산(黃柏山)에 선림(禪林)을 세웠다. 이탁오가 말년 용호(龍湖)의 지

최선봉에 섰던 목창기(繆昌期), 중진의 한 사람인 추원표와 교류를 하는 등 일일이 예를 들 수 없을 정도이다. 요컨대 동림파 대 무선무악파의 대립으로 일괄하여 구분할 수는 없다. 또 동림서원 재건의 계기가 되기도 하였던 관동명도 '멈출 수 없는 마음'을 둘러싼 경정향과 이탁오 논쟁에서는 분명히 경정향을 지지하였다. 그는 이탁오의 『장서(藏書)』에 대해 "자질구레한 사충(獅虫)12)*을 어찌 입에 담겠는가?"(내각문고 소장, 『析理書』, 「管師答幻然書」)라고 일축하는 등 오히려 이탁오에 대해서는 비판적이었다. 이렇게 보자면 전술한 관동명과 고헌성의 논쟁도 의견의 대립은 있었지만 적어도 타도하느냐 타도 당하느냐 하는 이단과 정통의 대립은 아니었다.

아라키 겐고(荒木見悟)에 의하면, 고헌성은 관동명을 '매우 뛰어난 문장가'라고 칭송하였고, 관동명도 고헌성과의 교제를 '리택(麗澤)의 맹(盟)'13)*이라고 칭하는 등 양자는 기본적으로 돈독한 붕우관계였다. 논쟁 자체도 판을 같이하고 전제를 같이하는, 말하자면 입장을 같이하는 동지 사이의 논쟁이었다.14) '명교의 가르침을 파괴하는' 이단으로 간주된 이탁오의 경우와는 취향을 상당히 달리하였던 것이다.

이탁오와 동림파 사이의 대립은 무선무악인가 반(反)무선무악인가에 있었던 것은 아니다. 그보다는 앞의 '멈출 수 없는 마음'의 대립, 즉 인간 본성을 강상윤리의 궤도상에 설정할 것인가, 아니면 그 한계를 떨쳐버리고 욕망을 포함한 진정(眞情) 속에서 인정할 것인가에 있었던 것은 아닐까? (덧붙여 본 절 앞머리의 동심 '용례' 가운데 ①·②는 무선무악파, ③·④는 준동림파, ⑤~⑪은 동림파로

불원(芝佛院)에 머물 때 모시던 스님.

12)* 사충(獅虫): 사자 몸 속의 벌레라는 뜻으로, 동지를 해치는 사람을 비유.

13)* '리택(麗澤)의 맹(盟)': 『주역』 태괘(兌卦) 상사(象辭)의 "리와 택이 태괘이니, 군자가 이를 본받아서 벗들과 학문을 익힌다[麗澤, 兌. 君子以朋友講習]"에서 유래한 말. 즉 군자가 벗들과 어울리면서 학문을 익히는 것을 뜻함.

14) 荒木見悟, 『明代宗教思想硏究』 제4장 「東溟と憲成」 참조.

분류된다. 하지만 앞의 '멈출 수 없는 마음'으로 선을 그으면 모두가 강상윤리를 중시하는 그룹으로서 하나로 묶을 수 있다.) 이와 같은 상정을 해 본다면, 고헌성 · 풍종오 등이 반무선무악을 표방한 것은 무선무악 사상 속에 혼재되어 있는 이탁오 요소를 적발하고자 한 것이었다. 역으로 말하면 이탁오 요소가 그 속에 혼재되어 있었기 때문에 무선무악의 극복에 착수한 것이지 무선무악파 전반을 배척한 것은 아니었다고 말할 수 있다. 무선무악 사상에 대한 그들의 공격이 오로지 '도덕을 뜬구름처럼 여기고' '자정종욕으로 내달리는' 측면에 집중되어 있는 것은 대립점이 바로 그곳에 있었음을 뒷받침한다. 이렇게 본다면 본 절 앞머리의 이탁오 비판이 반(反)예교와 욕망방종 두 가지 점으로 압축되는 것의 의미도 자명해질 것이다. 결국 그들은 이탁오 사상 속에 이 두 가지 점을 양성하는 요소가 있었음을 날카롭게 간파했던 것이다. 이제 이 문제에 대해서 잠시 살펴보도록 하겠다.

먼저 풍종오의 발언을 보자.

> (불가는) 그 욕망을 비움과 동시에 그 리(理)까지도 비우고자 하며, 그 리를 비움과 동시에 그 공(空)까지도 비우고자 한다. 말하는 것은 너무나도 심오하고 미묘한 것 같지만, 한 번 리를 비우게 되면 욕망이 저절로 방종하게 됨을 모르는 것이다. 한 번 욕망이 방종하게 되면 어디에서 그치겠는가? … 그런데도 스스로는 "나는 공을 비울 수 있다"고 말한다. 그 공이 어찌 공이 될 수 있겠는가?(『풍소허속집』 권1, 「辨學錄」 44장)

> 불가에서 "자기의 본성을 밝게 꿰뚫어봄으로써 부처가 된다[見性成佛]"고 말할 때 보는 것은 기질의 성(인간이 육체 · 감정으로서 부여받은 부분)이며, "진실로 비운다[眞空]"고 할 때 비우는 것은 의리의 성(인간이 도덕 · 이념으로서 부여받은 부분)이다.(『풍소허속집』 권1, 「변학록」 46장)

위 비판의 초점은 직접적으로는 '진공'에 맞추어져 있지만, 그러나 그것이 곧바로 이탁오의 '입고 먹는 것'에 대한 비판으로 연결된다는 것은 일독해 보면 금방 알 수 있다. 풍종오는 무선무악이 용이하게 진공 사상으로 직결되어 유교에서 이것만은 꼭 지켜져야 한다고 생각한 천리적 세계관이 리장(理障)으로 부정되고 리와 관계되는 분별이 '공(空)'으로 간주될 위험성을 비판의 초점으로 확실하게 포착하였다. 그러나 이탁오 입장에서 본다면 이러한 위험성이야말로 **지극히 살아 움직이는** 멈출 수 없는 마음, 즉 욕망을 감추지 않고 그대로 드러내는 적나라한 마음(동심)을 새로운 진정한 천리로서 끄집어내는 새로움이었다. 앞서 들었던 여종준(涂宗濬)의 무선무악 비판이 불가의 '공(空)을 함으로써 부처의 지극한 가르침을 깨친다[空覺極圓]'는 설에 초점이 맞추어져 있는 것도 그것이 "선천적으로 타고난 인간의 도덕적 본성을 … 공(空)이라 하여 … 자정종욕으로 내달리게 하는" 것과 곧바로 연결되기 때문이었다. 역으로 말하면 무선무악이 '진공'의 논리와 결합함으로써 강상의 틀을 용이하게 파괴하는 점을, 그들은 무선무악 사상의 위험 부분으로 적확하게 파악하였던 것이다. 이렇게 본다면 앞의 "오로지 당하자연(當下自然)을 표방하였으며", "술과 여색을 즐기고 재물을 탐하는 것 일체가 성인이 되는 데에 장애가 되지 않는다고 생각하였다"고 말한 오해로 가득한 비난도 이탁오 사상과 관련 깊은 불교사상의 '번뇌가 곧 깨달음[煩惱卽菩提]'[15)*]이라는 당하불(當下佛) 사상에 초점이 맞추어져 있는 점에서 의외로 이탁오 사상의 본질을 꿰뚫은 비판임이 분명하다.

여기서 잠시 풍종오의 또 다른 비판을 보기로 하자.

---

15)* 번뇌가 그대로 깨달음의 인연이 된다는 것. 깨달음의 현실을 방해하는 번뇌도 그 본체는 진실불변의 진여이므로 이를 떠나 따로 법이 존재하는 것은 아니다. 그러므로 번뇌 속에서 깨달음[菩提]의 이름을 세워 양자를 상즉시키는 것이다.

> “명덕을 천하에 밝히고자 한다”고 하였듯이 욕망은 없어서는 안 된다고 말하는 (사람이 있다.) … 그러나 (이 하고자 한다[欲]의) ‘욕(欲)’이라는 글자는 반은 헛된 것이고 반은 실질적인 것이다. 이는 공부를 가리켜 말한 것이다. 인욕이라 할 때의 ‘욕’이라는 글자는 모두 실질로서, 이는 본체를 가리켜 말한 것이다. 한가지로 혼동해서는 안 된다. 더욱이 명덕이나 인은 모두 리(理)이며, “명덕을 … 하고자 한다”고 한 것 등은 리의 효용을 말한 것이다. 그런데 어떻게 욕이라는 글자를 빌미 삼아 욕망은 제거해서는 안 된다는 따위의 말을 하는가?(『풍소허속집』 권1, 「변학록」 53장)

이 비판은 이탁오와 함께 어깨를 나란히 하는 명말의 또 한 사람의 이단자 하심은(何心隱; 1517～1579)16)*의 「무욕을 변론함[辨無欲]」(『何心隱集』 권2)이란 글을 떠올리게 한다.

하심은은 이 글에서 『맹자』의 ‘욕의(欲義; 의리를 행하고자 함)’17)*의 ‘욕’이라는 글자에 착안하여 송학 이래의 무욕설에 이의를 제기하였다. 무욕설이라고 했지만 실제로는 욕망을 부정하는 것이 아니라 거리낌 없는 생각이나 사사로운 생각을 제거하고 천칙의 자연(강상윤리의 틀)에 따르는 것을 말한다. 그러나 이미 인욕 개념을 살펴보아서 알고 있듯이 ‘욕’이라는 글자가 곧바로 ‘욕망’을 의미하는 명말에, 하심은은 ‘무욕’을 비판하고 인간의 주체적인 활동욕 일

---

16)* 하심은(何心隱; 1517～1579): 태주학파의 일원으로 16세기를 풍미한 이단 사상가. 본명은 양여원(梁汝元), 자는 주건(柱乾), 호는 부산(夫山). 영풍(永豊) 출신. 일찍이 계책을 써서 당시 악명 높았던 권신 엄숭(嚴嵩)을 물러나게 하려 하였지만, 실패하였다. 후에 장거정에게 죄를 얻어 결국 살해 당했다. 저술로 『흔동집(爨桐集)』이 있다.

17)* 『맹자』 「고자상(告子上)」, “생선도 내가 먹고 싶은 바이고, 곰발바닥도 내가 먹고 싶은 바이지만, 두 가지를 모두 먹을 수 없다면 생선을 버리고 곰발바닥을 취한다. 삶도 내가 바라는 바이고, 의도 내가 바라는 바이지만[義亦我所欲], 두 가지를 모두 할 수 없다면, 나는 삶을 버리고 의를 택하겠다[魚, 我所欲也, 熊掌亦我所欲也, 二者不可得兼, 舍魚而取熊掌者也. 生亦我所欲也, 義亦我所欲也, 二者不可得兼, 舍生而取義者也]”.

반에 욕을 뿌리내림으로써 욕 자체에 시민권을 부여하고자 하였다. 고헌성은 "하심은의 무리는 이욕(利欲)으로 견고한 반석 위에서 책상다리를 하고 있다. 그리하여 자주 사람들을 고무시킨다", "이탁오는 하심은을 성인으로 여기고 있다"(『小心齋箚記』 권14)고 하여 하심은을 이탁오와 한 묶음으로 비판하였다. 또한 후에 황종희는 그의 『명유학안(明儒學案)』「태주학안서(泰州學案序)」에서 그를 이탁오와 함께 명교의 정통에서 추방시켰다.

명말에 유달리 이단시되었던 두 사람이 풍종오로부터 비판받은 그들의 공통점은 무선무악이나 불교적 사유 **그 자체**에 있었던 것이 아니라, 욕망 긍정 부분에 있었음이 이상에서 추정된다. 여기서 다시 한 번 이탁오(하심은도 마찬가지)를 살펴보면, 이탁오의 동심(童心)이나 천의흘반(穿衣吃飯)에 내포된 위험성이란 결국 욕의 **일반적이고 보편적**인 긍정이라는 점에 있었음이 분명해진다. 풍종오의 비판은 무선무악으로부터 다시 진공으로 초점을 좁히고 있었다. 종래의 강상윤리를 내실로 하는 천리의 틀로는 규제할 수 없는 **무한정한** 욕망 긍정의 사상이 진공으로부터 나왔다고 보았기 때문이다. 무한정한 욕망을 일반적이고 보편적인 것으로 여기게 할 수 있는 진공을, 지주적 입장에 서 있었던 그로서는 도저히 허용할 수 없었던 것이다.

결국 대립은 욕망 긍정인가 부정인가에 있었던 것이 아니라 욕망을 공화공색 즉 경영 지주의 시야로 한정할 것인가 아닌가 하는 두 입장의 대립으로 나타났다. 적어도 대립자들은 그러한 대립을 그려내고 있었다. 그러나 앞서 서술한 것처럼 이탁오가 욕망 일반을 무한정으로 긍정한 것은 아니었다. 오히려 '성(性)의 진실'을 확대한 끝에 공(公)을 전개하려고까지 했던 이탁오의 입장에서 보면, 아무리 사후의 일이라고는 하지만 이렇게까지 승복하기 어려운 비판도 없었을 것이다. 아니, 어쩌면 그의 공(公) 역시 풍종오의 공과 같은 노선상에 있었을지도 모른다. 그렇다면 이탁오에 대한 이러한 터무

니없는 비판은 이탁오로서는 억울하기 짝이 없는 부당한 것이라 하지 않을 수 없다. 도대체 어떻게 해서 이러한 충돌이 생겨난 것일까? 이제 그 충돌의 원인에 관해 고찰해 보기로 한다.

제2절 전환기 사상의 충돌과 계승

두 가지의 관점 / 두 가지의 정치구도 / 배척 속의 계승

충돌이 발생하게 된 이유는 무엇보다 이탁오의 '진공' 그 자체에 있었다. 이미 보았던 것처럼 그는 진공의 논리를 통해 기성의 리 관념을 떨쳐버리고 입고 먹는[穿衣吃飯] **삶**의 욕망을 인간 바로 그 자체로서 부상시켰다. 적확하게도 풍종오가 비판하였듯이, 진공은 '리를 비우는' 것이며 '자기의 본성을 밝게 꿰뚫어봄으로써 부처가 된다[見性成佛]'는 논리로 기질의 성을 적나라하게 드러내는 것이었다. 그러나 상론에서 반복하여 서술했듯이, 이탁오가 부정한 리는 어디까지나 상하 일원적인 '나의 조리[吾之條理]'였지 결코 리 일반은 아니었다. '입고 먹는 것[穿衣吃飯]' 역시 욕망 일반으로서가 아니라 어디까지나 인간의 윤리와 사물의 이치로서 용인한 것이었다. 이탁오의 전체적인 지향은 이를테면 풍기(馮琦)의 군주 일원적 천리에의 반항이나 풍종오(馮從吾)의 공적인 욕망 주장과 오히려 궤를 같이하는 것이었다.

가만히 조망해 보면 금방 느끼겠지만, 기성의 리에 대한 부정, 리의 이름 아래에서의 욕망의 용인, 그 리의 내실을 공(公)으로 이해함으로써 '공적인 욕망이 곧 리이다[公欲卽理]'라는 새로운 명제를 확립하는 등, 이러한 리관 재생의 과정은 과정으로서 필수였을 것이다. 이렇게 본다면 이탁오와 풍기·풍종오의 관계는 오히려 선행자에서 후행자로의 계승 발전의 관계였다고 해야 한다. 그럼에도 선행자가 후행자로부터 이단시되지 않을 수 없었던 것은 이 진공이 리를 부정하고 기질의 성을 적나라하게 드러내는 **일반으로서** 기능한 데에 있었다. 다시 말해 리의 부정과 욕망의 긍정을 논리의 표리로 하는 그 기능의 **자율성**에 있었던 것이다. 아니, 오직 **이탁오의**

진공만이 그러한 기능을 갖고 있었다. 진공을 불교적 공관(空觀) 속에 머물게 하지 않고 천리적 세계 속에서 그 기능을 발휘하게 하였던 그것이 그의 진공 속에 천리적 세계 속에서의 자율성을 이의 없이 긍정하는 것으로 이어졌다. 사실 진공은 그에게 궁극의 도달점이었으며, 그곳에 도달하기까지가 말하자면 그에게 부과된 역사적 역할이었다. 그는 이러한 궁극의 도달점을 향해 달리면서 그의 일생을 마쳤다.

그러한 궁극에서의 '욕즉리(欲卽理)'는 그가 주장하는 명제는 물론 아니었다. 그의 의식 속에는 기껏해야 '욕망을 빼고서 리는 없다'는 정도의 전망뿐이었다. 따라서 그에게는 욕망이 어떻게 리일 수 있는가 하는 제2단계로의 시야는 아직 분명하지 않았다. 성(性)의 진실을 공(公)이라고 했을 때의 그 '공'은 그에게는 가공적인 이미지에 불과하였으며, 그것은 아직 리의 내실이라 할 만한 것은 아니었다. 그러한 그의 고독하고 절망적인 시행 끝에 가까스로 생각해낸 도달점, 그것은 진공의 기능에 의해서만 도달될 수 있는 것이었다. 그런데 그에 의해서 부여된 천리적 세계 속에서의 그 진공의 기능이 기능으로서 유효할 수 있게 되었을 때, 도리어 진공은 자기 혼자서 걸어가기 시작하였고 그 자율성은 후행자의 배격의 표적이 되지 않을 수 없었다. 이러한 추이는 너무나도 얄궂은 일이다. 그러나 이러한 추이에 대한 감회 여하에 상관없이 객관적인 사실로서 그의 진공은 리 부정(동시에 욕망 긍정)의 벡터를 갖고 기능할 위험성이 현실적으로 존재하였음은 상술한 비판 속에서 충분히 추정될 수 있다. 그렇다면 이로 인해서 그가 이단시되었던 것도 어쩔 수 없는 일이라 하겠다. 한발 양보하여 그가 욕망을 욕망 일반이 아니라 리의 이름 아래서 용인하였다는 점을 인정한다 해도, 그것은 추원표가 말한 것처럼 "욕망을 리로 간주하고 … 예법을 유희로 간주하는" 풍조에 오히려 박차를 가하는 것이었다. 즉 그가 "욕망이 곧 리이다[欲卽理]"라고 말한 것이 또한 '제멋대로 욕망에 내맡기는 것이 리이다[縱欲卽理]'라는 것이 되어 자율적인 기능을 갖게 되고, '**공적인** 욕망이 곧 리이다[公欲卽理]'라고 하는 조화를 뿌리째 파괴함으로써 양자는 바야흐로 이단과 정통을 걸고 대립하지 않을 수 없게 되었다.

이탁오의 주관적 의도와 관계없는 이 진공의 혼자만의 발걸음이 이렇게 욕망 일반의 무한정한 용인으로 오해되었던 것이 '진공'과 관련된 충돌의 한 요인이었다. 이어서 또 한 가지를 말하자면, 그는 입고 먹는 것・동심을 인간의 진실로 파악하여, 이 '진실'을 주장하여 마지않았으며, 그 때문에 욕망**만을** 인간의 진실이라고 주장한 것처럼 받아들여졌다. 그의 주관에서는 '욕망을 빼버리고 인간의 진실은 없다'고 하는 인간 진실(=理)의 내실에 대한 물음이었다. 하지만 인간의 진실로서 욕망을 포함하는 그 동심은 '자기 집착적인 욕망[我欲]'만이 인간의 진실이라는, 말하자면 욕망 일반을 인간의 **보편성**으로 승인한 것으로 받아들여질 위험성이 부단히 있었다. 그리고 그 위험성은 추원표・풍종오 등의 비판을 보는 한 현실로도 존재하였다. 그리하여 그의 진공, 먹고 입는 것, 동심은 어쨌든 이단시되지 않을 수 없었다.

그러나 충돌의 원인은 단지 진공에 의한 욕망 일반의 무한정하고 보편적인 용인이라고 하는 이탁오 자신도 의도하지 않은 진공 스스로의 발걸음에만 있었던 것은 아니다. 또 하나, 이탁오 자신의 관점 자체에도 문제는 있었다. 이제 이를 「병식론(兵食論)」을 통해서 살펴보겠다.

『논어』「안연」편에서 "식량이 풍족하고 병기가 충분하면 백성들이 그를 신뢰한다"는 공자의 말에, 자공(子貢)은 부득이한 사정으로 한 가지를 버려야 한다면 세 가지 가운데 어느 것을 먼저 버리겠습니까 하고 물었다. 이에 공자는 먼저 "병기를 버린다", 다음으로 "식량을 버린다", 그리고 "예로부터 죽음이란 모든 사람에게 닥치게 마련이지만, 백성이 신뢰하지 않으면 존립할 수 없다"고 하였다. 「병식론」은 죽음은 누구도 피할 수 없으므로 어쩔 수 없는 상황에서는 병기와 식량을 버릴 수도 있지만, 신뢰만은 절대로 지켜야 한다고 대답한 공자의 말에 기초한다. 이 『논어』의 의론에 대한 이탁오의 견해는 대체로 다음과 같다.

> 대체로 생명이 있으면 반드시 그 생명을 기를 수 있는 것이 필요한데, 식량이 바로 그것이다. 육체가 있으면 그 육체를 지킬 수 있는 것이 필요한데, 병기가 바로 그것이다. … (공자가) "식량을 버린다[去食]", "병기를 버린다[去兵]"라고 말한 것은 버리고 싶어서가 아니라 어쩔 수 없는 상황을 두고 한 말이다. 형세상 어쩔 수 없는 상황이 닥치게 되면 아랫사람은 그 어쩔 수 없는 상황이 닥치게 된 원인을 참아내지 못하고 드디어 윗사람을 신뢰하지 않게 된다. 그런데 유자들은 반대로 병기나 식량보다 신뢰가 중요하다고 말한다. 이는 성인이 말씀한 본뜻을 이해하지 못하는 것이다. 그렇다면 과연 병기와 식량은 전혀 상관관계가 없는가? 아니다. 병기가 없으면 식량이 확보될 수 없다. … 이에 (성인은 백성을 위해서) 정전(井田) 제도를 제정하여 여덟 집을 단위로 토지를 나누어줌으로써 백성들로 하여금 모두 윗사람이 자신들을 길러주고 있다는 사실을 알도록 하였다. … 그리하여 백성들은 위로부터의 지시가 없어도 자진해서 무술을 익혀 환난이 닥치면 서로 지켜주었고 서로 인륜을 일으켜 세웠다. … 지극하도다! 성인이 만민을 고무시키는 방법이여! 대체로 백성으로 하여금 정책을 알고 따르도록 할 수 있었던 것은 정전제도였으며, 백성으로 하여금 알게 할 수 없었던 것은 육예(六藝; 弓術 등의 技藝)의 정수 혹은 효제충신(孝悌忠信)의 실천이었다.(『분서』 권3, 「兵食論」)

요컨대 이탁오는 민중의 생활을 충족시켜 주기만 하면 민중은 자진해서 스스로를 방위하고 인륜도 진흥시키게 되지만, 그렇지 않으면 아무리 인륜을 말한다 해도 그것은 본말이 전도된 것이라고 주장한다. 이 병기와 식량[兵食]에 관한 문제는 이탁오뿐만 아니라 명말의 위기적 상황에 대응해야 할 사대부의 공통된 문제였다. 풍종오도 이 문제에 관한 의론이 있으므로 이탁오와 비교해보기로 하겠다.

> 질문: 병기와 식량은 가장 긴요한 것임에도 성인은 이를 버린다고 하였으며, 신뢰는 그다지 긴요하다고 생각되지 않음에도 성인은 최후까지 이를 지키고자 하였다. 무엇 때문인가?
>
> 대답: 병기와 식량 역시 충족되어야 한다. 어찌 버릴 수 있겠는가? 그럼에도 "병기를 버린다", "식량을 버린다"고 말한 것은 … 요컨대 신뢰가 얼마나 중요한가를 강조하기 위한 것이다. … "식량을 버린다"고 말하게 되면 이치상으로도 통할 수 없다. 그래서 성인은 부득이 "예로부터 죽음이란 모든 사람에게 닥치게 마련이지만, 백성들이 신뢰하지 않으면 존립할 수 없다"는 말로 해설한 것이다.
>
> 식량은 버려도 신뢰만은 버릴 수 없다고 한 것은 도리상 마땅히 그렇게 해야 한다고 논할 것일 뿐 아니라, 형세상으로 혹은 인정상으로 또한 법률상으로도 그렇게 하지 않을 수 없음을 논한 것이다. 어떻게 이것이 비현실적이란 말인가?(『풍소허속집』 권2, 「도문어록」)

풍종오에게 질문하고 있는 사람은 신뢰보다 병기와 식량을 중시하며, 또한 그렇게 하지 않는 것은 비현실적이라고 생각한 사람이다. 아마도 그러한 사람들이 상당히 다수였던 상황에서의 질문이었을 것이다.

이는 이탁오의 병기와 식량 중시가 반드시 그 혼자만의 특수한 생각이 아니었음을 엿보게 한다. 이 문제는 그렇다 치고, 우선 풍종오의 답변부터 보도록 하자. 그의 입장은 한편에서는 식량을 버리는 것은 "도리상으로도 통할 수 없음"을 인정한다. 그러나 그 결론으로서는 신뢰를 가장 근본적인 것으로 간주하고 있는 점에서 이탁오와는 상당한 차이를 보인다. 심지어 풍종오는 "무릇 신뢰를 버려도 좋다고 말하는 자는 교묘한 꾀로 속이는 사람이며 구차하게 목숨을 구걸하고 나라를 팔아먹는 사람이다. 신하이면서 신하답지 못하고 자식이면서 자식답지 못한 사람이다"(『풍소허속집』 권2, 「도문어록」)라고까지 극언하였다. 이 점에서는 정면으로 대립한다.

병기와 식량을 중시한 점에서는 공통되면서도 결론상에서 이렇게까지 대립하게 된 것을 우리는 어떻게 이해해야 할까? 그래서 이러한 의론이 나오게 된 사회적 배경에 눈을 돌려 보기로 하겠다.

그 배경으로서 먼저 "근년 영하(寧賀)의 군사 징병 비용 110여만, 조선의 임진왜란 780여만, 파주(播州)의 전쟁 200여만"(『明史』 235, 王德完) 운운하는 막대한 군사비를 지출케 한 변경의 불안을 들 수 있다. 이 변경 방위와 관련된 군사비 조달 문제는 만주 여진족의 침입 시기에는 이른바 '요향(遼餉; 요동 방위 군비)'의 문제로서 더욱 긴박감이 증가하게 된다. 이에 더하여 군사비를 상회하는 조정의 무절제한 낭비로 당시 국고는 급속히 고갈되었다.[18] 그리하여 악명 높은 광세(礦稅)·상세(商稅) 등의 강제적인 수탈이 강행되었다. 광세란 광산에 부과되는 세이다. 하지만 그것은 명목에 불과할 뿐 실제로는 "광(礦)이 반드시 동굴일 필요는 없으며 세(稅)가 반드시 상인일 필요가 없었다. 민간의 구릉언덕이나 논밭이 모두 광산이며, 관리나 농부 공인이 모두 세를 내는 사람이었다"(『명사』 237, 田大益)고 하듯이 무차별적인 수탈이었다. 더욱이 그 수탈은 조정에서 각지로 직접 파견한 환관(곧 稅監)의 자의에 맡겨져 제멋대로 중간 착취까지 횡행하였다. 그로 인해서 "원근이 모두 탄식을 하고 빈부가 함께 곤욕을 당했다. … 가난한 사람은 … 이미 그 하루의 목숨이 끊겼으며, 부유한 백성은 더욱 독해를 입는"(『명사』 216, 馮琦) 참화가 초래되었으며, 이에 촉발된 민변(民變)이 각지에서 격렬하게 일어났다. 이렇게 하여 변경 방위의 병기와 식량 문제는 '밥[食]' 그 자체의 문제가 되어 민간을 압박하였다. 그러한 가운데 동림파 등의 관료 그룹은 한편으로는 둔전 개발이나 북방 황무지의

18) 장거정에 의하면 만력 6년 1578년의 세입은 3,559,800여 냥, 세출은 3,888,400여 냥으로 약 30만 냥의 적자를 보이고 있다. 이후 "변방의 군사비가 날로 증가하여 매년 세입을 계산해 보면 오히려 은 148여만 냥이 부족"한 상황이었다. 졸고, 「별론」 136~137쪽 참조.

관개 개발을 건의하였고, 다른 한편에서는 광세에 반대하면서 환관에 대한 항의 행동을 전개하였다. 위에 인용한 광세에 관계된 『명사』의 사례는 그러한 관료들의 상주문의 일부이다. 특히 동림파는 끊임없이 황제에게 상주문을 올렸고, 그리하여 광세 문제는 황제파와 동림파의 커다란 쟁점의 하나가 되기도 하였다. 동림파 지도자의 한 사람인 이삼재(李三才)는 아래와 같은 상주문을 올렸다.

> 폐하께서 주옥(珠玉)을 아끼신다면 민(民) 또한 따스한 옷과 배부른 밥을 그리워합니다. 폐하께서 자손을 아끼신다면 민 또한 처자식을 그리워합니다. 어찌 폐하께서는 재물을 숭상하여 모으고자 하면서도 소민들로 하여금 한 되 한 말의 생활품도 향유치 못하게 하십니까! … 예로부터 조정의 정치적 명령과 천하의 실정이 한결같이 이와 같은 지경에 이르고서도 … 혼란하지 않았던 적이 없습니다.(『명사』 232, 이삼재)

그는 민(民)에게 '따스한 옷과 배부른 밥'을 충족시켜 주지 못하면 반란이 일어난다고 경고하고 있다. 이는 그의 위기감이 상당히 심각하였음을 보여준다. 사실 이삼재가 이 상주문을 제출한 1600년은 "간민이 광세 때문에 들고일어나 도적이 되는 경우가 많았다"(『명사』 232, 이삼재)고 운운하는 간민(奸民) 반란이 한창 싹틀 때였다. 따라서 병기와 식량 문제는 단순히 민생안정과 군비조달의 모순을 해결하는 문제일 뿐 아니라 동시에 지주·상공업 계층 자신의 재산 보전의 문제였다. 이는 문자 그대로 그들의 사활을 건 문제가 되고 있었다.

여기서 병기·식량과 신뢰의 대립은 황제가 민에게 '따스한 옷과 배부른 밥'을 충족시켜 줄 수 있는가 없는가, 이에 의해서 향촌질서가 유지되고 나아가서는 황제에 대한 충성이 지속될 수 있는가 없는가 하는 황제와 민의 긴장관계로서 나타나고 있다. 이탁오의 「병식론」은 이러한 긴장관계를 일찌감치 파악하고 있었던 것이다. 「병식론」이 쓰여진 해는 필자의 추정에 한한다면 1582년(장거정이 사망한 해)부터 1590년 사이이다. 이는 토요토미 히데요시(豊臣秀吉)의 조선 출병(1592년) 이전의 일이므로, 이삼재가 상주문을 올리던 시기에 비하면 사태는 아직 좋은 편이었다. 그러나 「병식론」에는 병기와 식량을 버리면 민은 "윗사람을 신뢰하지 않게 된다"는 지적이 있다. 적어도 민 일반의 입장에서 황제에게 민생 중시를 통한 신뢰의 확립을 요구하고 있는 점에서 그는 상황을 일찌감치 파악하고 있었다고 할 수 있다.

이렇게 병기와 식량을 중시하는 풍조 속에서, 풍종오는 무엇 때문에 그 결론으로 신뢰만을 중시하였을까? 먼저 풍종오의 발언이 1621년, 즉 만주 여진족의 후금(後金; 후의 청 왕조) 군대가 요동에서 명군을 격파하고 중국 본토로 침입해 들어오기 시작한 해였다는 점을 고려에 넣을 필요가 있다. 요컨대 질문자가 필시 민 일반으로서의 **자기의** 재산 유지를 문제삼고 있었던 것에 반하여, 풍종오는 무엇보다 외적의 침입을 문제삼고 있었다. 이는 "변경이 상실되고 군대가 패배하여 도망하는 것은 단 하나 충의(忠義)의 마음이 결여되어 있기 때문이다"(『풍소허속집』 권2, 「도문어록」)라는 풍종오의 발언에서도 알 수 있다. 앞의 "교묘한 꾀로 속이는 사람", "구차하게 목숨을 구걸하고 나라를 팔아먹는 사람"이라 한 것도 외적으로부터 국가를 지키지 않고 다른 마음을 품고 있는 사람을 가리킨 것이다. 또 한 가지는, 이러한 위기에 직면하여 그는 향촌질서 유지의 필요성을 어느 누구보다도 예민하게 느끼고 있었을 것이라는 점을 생각할 수 있다. 풍조오는 이러한 위기를 부유한 집안이 도적의 침입을 당하는 이야기에 비유하였다.

> 아무리 문을 단단히 걸어 잠그고 무기를 준비하며 건장한 노복을 갖춘다 해도, 가족들 사이에 효도·자애·공경·우애 등의 품덕이 없으면 집은 내부로부터 붕괴된다.(『풍소허속집』 권2, 「도문어록」)

이는 앞 절까지 보았던 그의 입장과 함께 생각해 본다면, 확실히 향촌질서의 붕괴를 경계한 지주층의 이해를 반영한 것임을 알 수 있다. 결국 그의 '신뢰'는 명 왕조 존망의 위기 속에서 어떻게 자신들을 지킬 것인가와 관련된다. 즉 한편으로는 사대부로서 왕조에 충절을 다하면서 향촌체제를 외압으로부터 지켜내고, 다른 한편으로는 향촌 내부에서 향촌질서를 공고히 함으로써 반란의 발생—7년 후 1628년에는 이자성의 난이 발발함—을 방지하려는 지주층의 관점이 매우 농후하였다. 그는 결코 **민 일반**의 입장에서 황제에게 민생 중시를 요구한 것이 아니라 국가체제—향촌체제를 굳건히 지키는 책임감 있는 사대부—지주층의 입장에서 발언한 것이다.

이러한 관점에서 「병식론」을 다시 본다면 어떻게 될까? 앞에서 이삼재와 이탁오는 같은 민 일반의 입장에 서 있다고 하였다. 그러나 이삼재는 민 일반과 모순 없는 혹은 민 일반을 주도하는 지주층의 입장에 서서 직접 황제에게 지주층의 경제적 안정을 요구하였다. 반면 「병식론」은 어디까지나 **민 일반이** 따스한 옷과 배부른 밥 없이는 신뢰가 성립할 수 없다는 것을 객관적으로 보편적으로 서술하고 있다. 여기에는 미묘한 차이가 있다. 이삼재는 "빈부가 함께 곤욕을 당한다"는 말로 지주와 전호를 함께 '민' 속에 포함시키고 있다. 그러나 이것은 전호를 주도하는 지주층의 입장에 서서, 신뢰를 민 전반의 **황제에 대한 상하간의 신뢰**로 한정시키는 것이다. 반면 이탁오의 신뢰는 진일보하여 민 일반 **사이의** 신뢰, 즉 지주와 전호 상호간의 신뢰까지 내포한다는 차이가 있다. 지주층이 자신들의 요구로서 황제에게 따스한 옷과 배부른 밥을 촉구하고 있는 이상, 지주와 전호 두 계층의 대립은 부차적인 것이 된다. 하지만 민 일반 사이의 따스한 옷과 배부른 밥이라는 문제가 되면, 지주와 전호 사이의 이해는 당연히 일치하지 않는다. 이뿐만이 아니다. 이탁오의 발언을 부연한다면, 이른바 완전항조(頑佃抗租)[19)*] 등 하층 농

19)* 완전항조(頑佃抗租): 단순히 항조(抗租)라고도 하는데, 중국에서 전호가

민의 물질적 요구는 오히려 향촌질서의 기초로서 지지될 수도 있게 된다.

이러한 차이가 생겨난 것은 이탁오가 민 일반 내부의 지주와 전호를 동일 평면상에서 논하고, 또한 양자의 따스한 옷과 배부른 밥 문제를 동일 평면상에서 논하고 있는 그 한 가지 점에서 기인한다.

똑같이 병기와 식량을 중시하면서도 결국에는 신뢰를 가장 근본적인 것으로 간주한 풍종오는 한층 분명하게 민의 따스한 옷과 배부른 밥을 향촌질서 아래 종속시켰다. 이는 욕망을 지주의 시야로 한정하는 그의 입장과 일치하는 것으로서, 민 일반의 욕망(따스한 옷과 배부른 밥)을 무한정으로 용인하는 이탁오의 입장과는 결코 융합될 수 없었다.

양자의 대립은 언뜻 병기와 식량을 중시할 것인가 혹은 신뢰를 중시할 것인가의 차이처럼 보인다. 하지만 사실은 지주적 관점에 설 것인가 민 일반의 관점에 설 것인가 하는 관점의 차이에 기인한 것이었음이 대체로 분명해졌다.

그렇다면 이탁오가 말하는 민 일반이란 어떠한 입장에서 파악된 것일까? 이 문제를 고찰해 볼 필요가 있다.

도대체 이탁오의 민 일반은 지주층의 계급적 지배를 부정하는 벡터를 잉태하는 것이었을까? 이 문제를 고찰하기 위해서는 이탁오와 동림파는 무릇 어떠한 면에 공통성이 있었으며 또 차이가 있었는지를 살펴보아야 한다.

> (이탁오는) 독서할 때 옛 충신과 열사에 관한 글귀가 나오면 늘 감격한 나머지 눈물을 흘렸으며, 항상 세상의 충절과 의리에 관한

전조(佃租; 소작료)를 둘러싸고 지주에 대해 일으킨 항쟁을 말한다. 명청시대에 널리 나타나게 되는데, 그 중에서도 전조에 관한 명확한 요구를 내세운 초기의 예로 1448년에 복건성에서 일으킨 등무칠(鄧茂七)의 난이 유명하다. 田中正俊, 「民變・抗租奴變」(『世界の歷史』 11, 도쿄, 1961) 참조.

일을 즐겨 들었다.(『분서』 권4 附, 「周友山爲僧明玉書法語」)

먼저 위와 같이 신하로서의 이른바 충절과 효의를 전하고 있는 그의 친구의 증언과, 그리고 또 어떤 사람이 자신을 비난하는 것에 대해,

> 나는 여태껏 효도·우애·충성·진실 등을 말하지 않은 적이 없었다. 그런데 나보고 효도와 우애를 쓸모 없는 것으로 여겼다고 비난하는데, 도대체 무슨 말인가?(『분서』 보유 1, 「寄答留都」)

라고 그 자신의 반론을 펴는 것에서 알 수 있는 것처럼, 이 점에 관해서 동림 인사와의 차이는 없다. 이제 아래의 한 가지 예밖에 볼 수 없지만 동림파 인사 녹선계(鹿善繼; 1575~1636)[20)*]는 이렇게 말하였다.

> 충의는 본디 사람 마음에 달려 있다고 말하지만, 그것을 격려하고 권장하는 것은 군주의 통치술 여하에 달려 있다. 만일 공훈에 보답하는 은전이 분명하지 않으면, 나라에 보답하는 충성도 분발되지 않는다.(『鹿忠節公集』 권4, 「覆追錄戚繼光疏」)

이는 충(忠)의 관념을 권장하면서 오로지 군주에 대한 보은만을 강조한 이탁오(『분서』 권1, 「복등석양」)에 비한다면 오히려 냉정하다고 할 수 있을지도 모르겠다.

사대부로서의 사명관·윤리관에 대해서는 어떨까? "입으로는 도덕을 말하지만, 마음은 높은 관직에 가 있고 뜻은 큰 부자가 되는

---

20)* 녹선계(鹿善繼; 1575~1636): 자는 백순(百順). 하북성 정흥(定興) 출신. 젊은 시절 왕양명의 글을 읽고 많은 영향을 받아 시속에 휩쓸리는 것을 좋아하지 않았다. 1613년 진사가 되어 태상시 소경(太常寺少卿)을 역임했고, 후에 반청운동을 벌이다 피살되었다. 저술로 『사서설약(四書說約)』 등이 있다.

데에 있는"(『분서』 권2, 「又與焦弱侯」) 이른바 거짓 도학자를 비판한 이탁오와 "호걸의 인사는 따스한 옷과 배부른 밥에 마음을 두지 않고, 오직 한결같은 마음으로 황제와 백성만을 생각한다"(『고자유서』 권8 하, 「答孫司理子喬」)고 말한 고반룡(高攀龍; 1563~1626)[21)*] 사이에, 그리고 저수지의 물을 틀어막고 뇌물을 요구하는 탐관오리에게 "온 마을 만 무(畝)의 논밭이 말라붙는 것을 지켜보면서, 몇 뙈기도 안 되는 우리 집의 논밭에만 물을 댈 수야 있겠는가?"(『분서』 권3, 「탁오논략」)라고 하면서 흉작의 길을 택한 이탁오와 "더러운 부자가 되기보다는 차라리 깨끗한 가난함을 지켜라. 뇌물을 이용하여 상관에게 청탁하지 말라"(『願學集』 권1, 「家訓」)고 자손들에게 경계한 추원표 사이에는 어떠한 차이도 없다. 또한 "일단 사태가 벌어지면 얼굴을 마주보면서 서로 눈치만 살필 뿐 절대로 안색을 드러내지 않으며, 심지어는 서로 남에게 책임을 떠넘기는"(『분서』 권4, 「因記往事」) 고관을 비판한 이탁오와 구차하게 목숨을 구걸하고 나라를 팔아먹는 무리를 비난한 풍종오 사이에도 차이는 없다.

민에 대한 관점을 살펴보면, 적어도 황제와의 상하관계에 한정시켜 말하면 양자 모두 민생을 중시하고 있는 점에서 공통된다. 이 점은 상술한 이탁오와 이삼재의 대비에서 이미 밝혀진 대로이다. 심지어 동림파의 거두 고반룡이,

> 천자로부터 아래로는 한 마을의 읍재에 이르기까지, 농사를 지어 먹고 살 수 있도록 해 주는 것은 민의 노동력이요 길쌈을 해서 옷을 입을 수 있도록 해 주는 것도 민의 노동력이다. … 무엇 하나 민의 노동력이 아닌 것이 없다.(『高子遺書』 권10)

---

21)* 고반룡(高攀龍; 1563~1626): 자는 운종(雲從)·존지(存之), 호는 경일(景逸). 강소성 무석(無錫) 출신. 1586년 진사에 급제하여 관직이 형부 시랑(刑部侍郎)에 이르렀다. 스승 고헌성과 함께 동림학파를 일으켰으며, 동림서원을 운영하여 동림당의 영수가 되었다. 환관 위충현의 탄압으로 관직에서 물러난 뒤 스스로 목숨을 끊었다. 저술로 『주역간설(周易簡說)』, 『춘추공의(春秋孔義)』, 『고본대학(古本大學)』 등이 있다.

고 한 것을 보면, 황제에게 민의 노동력을 추켜세우고 있는 점에서 동림파는 이탁오를 능가한다고 할 수도 있다.

한편 양자의 차이가 가장 선명하게 드러나는 것은 장거정에 대한 평가에서이다. 양자는 이 점에서 정면으로 갈라진다. 어떻게 다른가?

먼저 이탁오는 "강릉(江陵; 장거정)은 재상의 으뜸이다"(『분서』 권1, 「答鄧明府」), "선비는 자기를 알아주는 사람을 위해 죽는데, 죽으면서도 이를 달게 여긴다. … 그러나 이 말은 죽은 강릉과 살아 있는 온릉(溫陵; 이탁오)에 대해서만 말할 수 있을 뿐이다. … 이제 강릉 그 사람은 없다. 그래서 서하(西夏)의 반도(叛徒)들이 아직까지도 완강하게 버티고 있다"(『분서』 권2, 「與友山」), "(천하의 위기에 즈음하여) 오늘날 장강릉을 더욱 생각나게 한다"(『분서』 권2, 「答陸思山」)고 하여 위기 속에서 장거정의 강력한 정치력을 추모해 마지 않았다. 이탁오는 또한 "신하의 강인함은 군주의 용렬함보다 강하다. … 천하 강국의 신하는 나라를 강하게 만들지만 죽을 때까지 자신의 부귀를 꾀하지 않고 기꺼이 환란 속에서 죽는다"(『속분서』 권2, 「論彙·强臣論」), "군주가 백성을 편안하게 다스릴 수 없다면, 신하 혼자서 백성을 편안하게 다스릴 수밖에 없다"(『장서』 권68, 「外臣傳·吏隱·馮道」)고 말하였다. 아마도 이탁오는 장거정 사후의 동란기 속에서 상대적으로 약화된 듯이 보이는 왕조—엄밀하게 말하면 내각— 권력이 강력한 신하의 출현을 통해 재확립되기를 기대했을 것이다.

이에 대하여 동림파는 고헌성의 반(反)장거정 활동에서 볼 수 있는 것처럼 장거정에 대해서는 매우 비판적이었다. "엄숭(嚴嵩; 1480~1567)[22)*]을 거울삼아 이윽고 장거정이 이를 답습하였고, 장거정

---

22)* 엄숭(嚴嵩; 1480~1567): 명대의 권신(權臣). 자는 유중(惟中). 무종과 세종을 섬기면서 내각대학사가 되었고, 1549년(세종 嘉靖 28년) 이후 수보(首輔)로서 각신(閣臣)의 필두에 있었다. 세종이 1541년 이후 서원(西苑)의 만수궁(萬壽宮)으로 옮겨가자 엄숭은 황제에게 아첨하여 권력을 장악하고 정사를 농단하였다.

을 거울삼아 이윽고 신시행(申時行; 1535~1614)이 이를 또 답습하였다"(『명사』 231, 「錢一本」)고 하여, 그들은 심지어 장거정을 악명 높은 명조 중엽의 엄숭과 비교하기까지 하였다. 그리고 이러한 비판은 사실상 신종(神宗)의 전횡에 추종한 신시행 등 재상들에게까지 이어졌고, 마침내 그로 인해서 환관 위충현과 대립하고 이윽고 그의 탄압으로 잇달아 옥사하게 된다. 무릇 동림 인사가 동림당으로 지목되어 탄압의 대상이 되었던 것은 이러한 황제 일원적 전제 권력에 대항하였기 때문이다. 이것이 그들 정치활동의 주요 부분이었다. 따라서 그들의 위기 타개책은 이탁오와는 달리 공론(公論)의 존중이라는 방향을 지향하였던 것이다.

> 무릇 천하를 한 사람이 다스릴 수 있겠습니까? 한 사람의 총명만을 믿고 신하로 하여금 그 충성을 발휘할 수 없게 한다면, 폐하의 눈과 귀는 때때로 막히게 될 것입니다.(『劉子全書』 권15, 「面恩陳謝預矢責難之義以致君堯舜疏」)

> 공론이란 인심의 자연스러움에서 나온다. … 그러므로 천자도 공경대부(公卿大夫)한테서 그것을 빼앗을 수 없으며, 공경대부도 필부필부한테서 그것을 빼앗을 수 없다.(『從野堂存稿』 권1, 「公論國之元氣論」)

이러한 추세의 일단은 이미 서장에서 소개한 대로이다. 여기서 필부필부란 자영농을 비롯한 향촌의 중소 지주층, 그들의 주도 아래 있는 전호층 혹은 도시 상공층 등을 가리킨다고 볼 수 있다. 따라서 공론은 황제 일원적 지배에 대항하는 형태로서의 향촌과 도시의 지주·상인 등 부민층의 목소리 혹은 이를 대변하여 일어난 동림파 인사의 목소리라고 바꾸어 말할 수 있다. 그들은 황제의 일원적인 권력을 강화함으로써 황제측의 위기를 극복하고자 한 것이 아니라 향촌과 도시에서 부민층의 권익 옹호를 우선적으로 하는 형태, 즉 부민(富民)측의 위기 극복을 생각하였던 것이다. 이 점에서 이탁오와의 분명한 **차이**가 존재하였다.

이탁오의 경우도 분명 '나의 조리'를 부정하였으며, 그것은 상하 일원적인 질서의 부정으로 연결되는 것이었다. 그러나 그 부정은 '나의 조리'가 위로부터 강제되는 것에 대한 거부였지 윗사람이 '사람과 사물[民物]'에 따르는 것을 부정한 것은 아니었다. 요컨대 훌륭한 군주나 재상이 출현하여 민의 욕망에 올바르게 대응하고 이를 참작하여 정치가 행해진다면 황제나 재상의 권력은 오히려 강할수록 바람직하다. 또한 그 정치력은 '나의 조리'에 근거하는 것이 아니라 현실을 중시하는, 그래서 때로는 공리적이라고 생각될 만큼 유연할수록 좋다고 생각하였다. 그리하여 그는 진시황을 '천고의 최고 황제'로 평가하였으며, 4왕조 12군주를 섬겨 왕선산으로부터 "군주에게 아첨하였다", "군주를 팔아넘겼다", "도적질하는 간신이었다"라는 혹평을 받았던(『讀通鑑論』 권28-9) 풍도(馮道; 882~954, 五代의 後唐부터 後周까지의 재상)에 대해서도, 그가 4왕조 12군주를 섬겼기 때문에 "백성이 마침내 전쟁의 고통에서 벗어날 수 있었다"고 하면서, '백성을 편안하게 다스린' 공적으로 평가하였다.(『장서』 권68, 「外臣傳·吏隱·馮道」) 이러한 평가의 **차이**는 결코 작다고 할 수 없다.

차이는 정치적 구도를 어떻게 그려낼 것인가에서 유래하였다. 이탁오는 "백성이 편안하게 다스려진 후에 군주와 신하의 책무가 비로소 완성된다"고 하였다. 백성을 편안하게 다스리는 것, 구체적으로 백성의 욕망 충족을 바탕에 둔 정치관은 동림파의 그것과 다르지 않다. 하지만 "군주가 백성을 편안하게 다스리지 못하였다. 그래서 **신하** 혼자서 백성을 편안하게 다스렸다. 그렇게 한 뒤에 풍도의 책무가 비로소 완성되었다"(『장서』 권68, 「외신전·이은·풍도」)라고 하는 신하관은 분명 그의 장거정 평가와 일치한다. 이탁오는 사실상 군신 일체를 통한 종래의 군주~관료~민의 일원적 질서를 구상하고 있었다. 이는 말하자면 국가를 하나의 공통체로 이해하는 것이다. 다만 그 공동체 속에서의 민의 욕망을 정치의 주체로 파악하여 종래의 군신→민의 정치 질서를 민→군신으로 역전시켰던 점에서 동림파의 정치관에 선행하는 것이었다. 그렇지만 그 구도는 결코 종래의 이갑적 체제(곧 국가적 공동체)의 틀을 깨는 것은 아니었다. 따라서 그가 설정한 민은 이갑적 체제에 기초하여 지주와 전호를 구별 없이 일렬로 황제의 민으로 파악한 저 이갑적 민과 **사실상** 겹쳐진다.

이에 반하여 동림파의 경우는 부민 주도형, 즉 향촌 공동체적인 구도를 그리고 있었다. 따라서 이삼재가 "민은 따스한 옷과 배부른 밥을 그리워한다"고 말한 민이든, 다음 장에 소개할 황종희의 "후세의 토지는 민(民)이 사들인 것이다. 이는 민의 토지이지 왕의 토지가 아니다"라고 하였을 때의 민이든, 이제 더 이상 지주·전호를 횡적으로 병렬한 이갑적 민 일반은 아니다. 그것은 어디까지나 지주·상인 등 부민층을 주축으로 하면서 하층의 민을 그들의 날개 아래로 수렴한 종렬적인 민이었다. 이탁오의 횡렬(橫列)과 동림파의 종렬(縱列)의 차이는 단순히 열의 좌우·상하만을 의미하지 않는다. 종렬은 향촌 공동체의 종렬, 즉 가부장적 질서로 조직된 종렬이다. 이를 주도하는 동림파의 민은 그 가부장적 공동체 질서의 핵심을 담당하는 민이다. 그리하여 당연히 '신뢰'를 중시해야 할 위치에 있었던 것이다. 이삼재에게서 보았듯이 그들에게 '병기와 식량'은 향촌 공동체의 경제적 군사적 안녕이며, 그리하여 **황제에 대해서는** 이를 가장 근본적인 것으로서 요구하였다. 그러나 향촌질서의 주재자로서의 입장에서는 홀연 '신뢰'가 가장 근본적인 것이 된다고 생각하였다. 이처럼 대상(對上)·대하(對下)의 양면성을 내포하고 있었다. 「별론」에서 다루었듯이, 이러한 양면성은 동림파가 광세 등 황제의 일원적 전제에 대항한 민변(民變)에 대해서는 반환관(즉 반황제)의 입장에 서서 향촌 전체로서 저항하면서도 항조·노변(奴變)

등 향촌 내의 민변에는 탄압자로 전환하였던 그 양면성과 상통한다.

양자의 이러한 차이는 각각의 공(公)의 내용에도 반영되었다. 이를테면 풍종오의 경우도, 「별론」에서 진용정(陣龍正; 1585~1645)에 대해서 보았듯이 그것은 여곤(서장 참조)의 '분(分)'적 조화와 거의 일치하는 내용이었다. 구체적으로는 "부유한 자는 베푸는 것으로 덕을 삼고, 가난한 자는 요구하지 않는 것으로 덕을 삼는다"고 하는, 말하자면 윗사람은 은혜를 베풀고 아랫사람은 이에 복종하는[施恩服從] '분'이었다. 이탁오의 공(公)에는 이 정도의 구체성은 없다. 국가 공동체 내에서의 민욕(民欲)의 전체적 충족이라는 상당히 추상적인 이미지밖에 없었다.

그렇지만 이는 이탁오에게 반지주적 경향이 있었음을 의미하는 것은 결코 아니다.

이를테면 청렴한 관리로 유명한 해서(海瑞; 1514~1587)[23)*]에 대해서, "공은 홀로 빈궁한 백성을 감싸안아 주고, 유력한 사대부 호강을 꺾었다", "공은 홀로 토지의 측량을 올바르게 행하여 빈민을 소생케 하였고, 부세를 균등히 하였다"(『속장서』 권23, 「忠節名臣·太子少保海忠介公傳」)고 평가하였다. 이는 이른바 호강(豪强; 곧 특권적 대토지 소유자)에 대항하여 균전·균역(조세부담의 공평화)을 주장한 동림파와 결과적으로—그의 경우는 혹은 장거정의 반(反)호강, 즉 황제측의 반호강과도 서로 통할 수 있음— 공통된다. 또한 이탁오의 **사(私)** 긍정론 가운데,

---

23)* 해서(海瑞; 1514~1587): 자는 여현(汝賢), 호는 강봉(剛峰), 광동성 경산(瓊山) 출신. 향시(鄉試)를 거쳐 남평교유(南平敎諭)가 되었고, 육광조(陸光祖)의 신임을 받아 호부 주사(戶部主事)가 되었다. 그러나 1566년(嘉靖15), 정치의 퇴폐를 상주하였다가 세종의 노여움을 사서 투옥되었다. 그의 정치적 신념은 약자를 보호하고 호강을 억누르는 것으로, 이 때문에 장거정과 늘 마찰을 일으켜 불우하였다. 장거정 사후 복직된다. 오함(吳晗)이 이 해서를 소재로 희곡 「해서파관(海瑞罷官)」을 썼는데, 그 평가를 둘러싸고 중국문화대혁명이 시작되었던 것으로 유명하다.

경작하는 자는 사적으로 가을의 수확이 있어야 비로소 밭을 가꾸는 데에 힘쓰고, 가업에 힘쓰는 자는 사적으로 창고의 수확이 있어야 비로소 집안을 일구는 데에 힘쓴다.(『장서』 권32, 「德業儒臣後論」)

고 하였을 때의 '경작하는 자'와 '가업에 힘쓰는 자'는 각각 소농·전호층과 지주층(상공층 포함)을 뜻한다. 이탁오가 최만년에 기거한 마경륜(馬經綸)의 집에 토지 7~80무(畝)가 딸려 있었는데, 그 자신 "사람을 불러 소작케 할 수도 있다"(『속장서』 권4, 「書遺言後」)고 하였다. 이렇게 볼 때 이탁오는 지주와 전호 양 계층을 시야에 넣고 있었던 것이다. 무릇 그와 교류관계가 있었던 태반이 지주층이었다는 사실에서도 엿볼 수 있듯이 이탁오에게 반지주적 경향이 있었을 리는 없다. 오히려 하층민의 변란에 대해 진압을 주장[24]하는 등, 그의 입장은 지주(=사대부)와 적극적으로 공통될 수 있었다.

그럼에도 그의 정치적 구도는 국가 공동체적인 것이었다. 이 때문에 그가 설령 객관적으로는 지주(=사대부)와 공통된 입장에 있었다 해도, 그의 '민 일반'의 관점은 사실상 지주와 전호의 대립을 부정하는 것이며, 그의 '병기와 식량'은 민 일반을 위한 병기와 식량 중시, 나아가서는 '신뢰'에 반대하는 혹은 '신뢰'를 무시하는 병기와 식량 중시였다. 이 또한 위험성을 잉태하는 것이었다.

덧붙여 말하자면 하심은도 군민(君民) 일원적인 시각을 가지고 있었다.

자신이 토지를 보유하고 있어도, 군주가 위에서 통제하지 않으면 부자와 가난한 자가 서로 다투어 토지가 유지될 수 없다. 이제 자신이 보유하고 있는 토지는 군주가 내려준 것이 아니겠는가?(『何心隱集』 권3, 「聚和率養諭族俚語」)

이는 황종희의 '민의 토지[民土]' 주장(다음 장 참조)과는 상반된

24) 靳岱同, 「李氏與『水滸』」(『歷史研究』 1976년 6월).

국가 공동체적인 발상이다. 이탁오나 하심은이 이러한 낡은 정치구도로 인해서 그들의 욕망 긍정이 도리어 이단시되었다고 한다면, 이 또한 너무도 얄궂은 일이라 하지 않을 수 없다.

뿐만 아니라 이탁오는 이러한 낡은 정치구도 속에서, 그의 독특한 '거짓'에 대한 반발로부터 "선왕의 교화는 … 조그마한 촌락의 글자를 모르는 아녀자들에게나 행해질 수 있을 뿐, 글을 읽고 백성 위에 군림하는 군자에게는 행해질 수 없다"(『분서』 권5, 「唐梅貴傳」)고 하였다. 이 말은 실제로는 당매귀(唐梅貴)라는 여성의 '효성과 굳은 절개[孝烈]'를 칭찬하는 문장 가운데 한 구절이기는 하지만, '군자' 즉 향촌질서 지도자의 '가장된 미덕'에 대한 야유임도 명백하다. 이탁오의 '거짓'에 대한 비판이 그와 거의 같은 계열에 속했던 사대부층으로 향해 있었던 점도, 양자의 충돌을 생각할 때 무시할 수 없는 한 요인일 것이다. 이탁오는 이러한 구도 속에서 향촌 사대부에 중점을 두는 관점을 갖지 못하였으며, 그것이 역으로 강력한 재상의 출현을 대망하게 하였다. 앞의 풍도에 대한 평가는 민의 욕망을 충족시켜 주는 재상, 즉 '병기와 식량'을 충족시켜 주는 재상으로 풍도를 인식한 데에서 나왔을 것이다. 이탁오의 이 같은 공리적이라고도 할 『장서(藏書)』의 사관(史觀)은 얄궂게도 동림파 인사는 물론이고 무선무악파인 관동명 또 후의 왕선산으로부터, 말하자면 모든 인사들로부터 비난 공격을 받게 되었다. 입장을 바꾸어서 보자면 고헌성이,

> 무릇 이탁오는 남들이 잘못되었다고 하면 옳다고 주장하고, 남들이 옳다고 하면 잘못되었다고 주장하며, 또 성공과 실패로 시비의 기준을 삼는다. 학술은 여기에 이르러 진실로 도탄에 빠지게 되었다. 하늘을 우러러 탄식할 뿐이다.(『顧端公文集』 권5, 「柬高景逸, 又」)

라고 개탄한 것은, '신뢰'를 무시하고 '성공과 실패' 즉 민욕 충족의 성취 여하만을 시비 판단의 기준으로 삼는 이탁오 사관의 공리

성을 그 나름으로 잘 지적한 것이다. 향촌질서의 주도자가 이와 같은 비판을 하는 것은 당연할지도 모르겠다.[25] 이탁오의 '민 일반'의 관점은 이처럼 후행자인 동림파 인사의 '향촌 사대부적' 혹은 '경영 지주적' 관점과는 정치상의 구도, 따라서 도덕상의 역점에 있어서도 본디 충돌할 수밖에 없었던 것이다.

이와 같은 정치구도의 차이는 이탁오가 장거정 세대임에 반하여 동림파가 장거정 이후 세대였으며, 이탁오의 시대에는 장거정의 정력적인 개혁으로 명 왕조가 아직 종래의 체제를 유지할 수 있을 것처럼 보였지만 동림파의 시대에는 임진왜란, 광세, 민변, 북쪽 변방의 불안 등 내우외환이 겹친데다 신종 황제의 과도한 전제 정치(이를테면 三案, 福王莊田 문제 등)로 향촌질서에도 중대한 위기가 닥친 시대였다는 점 등, 세대나 대응해야 할 시대의 국면 차이에서 유래했을 것이다. 그러나 이와 함께 간과할 수 없는 또 다른 요인으로, 이탁오의 성장과정 및 삶의 방식의 특수성을 들 수 있다. 이미 언급했던 것처럼 그의 일족은 복건성의 무역 요충지인 천주부(泉州府)에 살았다. 그리고 이탁오의 조상 가운데에는 무역에 종사하거나 회교(回敎)에 귀의한 자도 있었던 자유로운 상인층을 가계(家系)로 갖고 있었다. 따라서 그에게는 가계의 측면에서 지주적인 발상의 전통—이를테면 '가훈'의 형식으로 후손을 교육시키는—이 없었다. 그의 일생은 관료의 봉급으로 시종 지탱되었다. 더욱이 퇴관 후에는 가족과도 이별하여 각지를 떠돌다가 마침내는 출가 삭발까지 하고 남에게 빌붙어 살면서 생을 마감하였다. 이러한 이탁오의 출신 및 그 자신의 일생이 그의 경영 지주적 시각을 결정적으로 희박하게 하였다. 뿐만 아니라 그의 주변에는 '집안일을 돌보지 않는' 탈속적인 분위기가 농후하였다. 그 가운데 한 사람인 원중도는 민변(民變)으로 동기창(董其昌; 1555~1636)[26][*]의 집에 화재가 발생

---

25) 왕선산의 『독통감론』과 이탁오의 『장서』의 사관 차이는, 사관이라기보다는 입각점 혹은 관점의 차이에 의한 것으로 추정된다. 이에 대해서는 별고에서 서술해야 할 것이다.

하자, "소장한 서화(書畵)가 모두 잿더미가 되어 버렸다니 **뜻밖의 재난**이다"(『珂雪齋集』 권11, 「游柿居錄」)라고 하여 방관자처럼 말하고 있다. 이렇듯 동림파 인사의 절실한 현실적 대응방식과는 무릇 색채를 달리하고 있었다. 동림파는 대부분 진사 출신의 고급 관료로서, 향촌질서 재편에 가장 정열적인 도덕적 정치적으로 엘리트 가운데 엘리트였다. 반면 이탁오 및 그의 주변에는 탈정치, 탈관료적 경향이 강하였으며 현실의 정치적·사회적 동향에 대해서는 대체로 무관심하였다. 이 역시 그로 하여금 사대부적 혹은 경영 지주적 관점을 더욱 희박하게 하는 하나의 원인이었을지도 모른다. 그리고 이러한 것들이 원인과 결과가 되면서, 이탁오의 관점을 이상과 같은 구도에서 '민 일반'으로 확산시켰던 것으로 생각된다.

이처럼 욕망의 일반적이고 보편적인 긍정으로 연결되는 '진공(眞空)'에 의해서 혹은 '민 일반'의 관점에 의해서, 또 '몰경영지주적' 관점에 의해서, 또는 그의 생활방식 및 그를 에워싼 사회상황의 차이 등 많은 요인들에 의해서 이탁오는 후행자로부터 이단으로 취급되지 않을 수 없었다. 그러나 이상에서 새삼 느껴지는 것은 진공이니 민 일반이니 하는 것처럼 이탁오의 사상 영위가 결국 인간 일반을 보편적으로 조명하는 질적인 깊이를 갖고 있었다는 점이다. 이 점은 상술한 '병기와 식량[兵食]'을 둘러싼 논의를 되돌아보면 알 수 있다. 질문자들은 병기·식량과 신뢰 가운데 어느 쪽이 **더 긴요**

---

26)* 동기창(董其昌; 1555~1636): 명대의 문인화가. 자는 현재(玄宰), 호는 사백(思白). 강소성 화정(華亭) 출신. 명 만력 17년(1589)에 임관하여, 희종(熹宗) 때 남경예부상서(南京禮部尙書)에까지 올랐다. 그림은 처음에는 원의 황공망(黃公望)을 배웠고, 뒤에는 북송의 동원(董源)·거연(巨然)의 장점을 계승하였다. 그는 명말 화단의 지도적 역할을 하였는데, 북종화(北宗畵, 浙派)에 대항하기 위해 상남폄북론(尙南貶北論)을 주창하여 남종화를 강조하였다. 그는 그림 이외에서도 글씨에 일가를 이루어 행초(行草)에 특히 뛰어났다. 저술로 『화선실수필(畵禪室隨筆)』, 『용태집(容台集)』이 있다.

한가 하는 위기에 대처하는 **방책**의 문제로서 제기하였다.

이에 반하여 이탁오의 경우는 무릇 인간의 윤리는 역사적으로 어떻게 형성되었는가, 인간의 도의(道義)가 근거해야 할 기반은 무엇인가를 되묻고 있었다. 이 점에서 양자의 발상에는 커다란 차이가 있었다. 똑같이 병기와 식량을 중시하는 입장에 서면서도, 이삼재나 질문자 그리고 풍종오 등은 이를 오로지 정치의 수준에서 해결하려고 하였다. 이에 반하여 이탁오는 사상이나 철학의 수준으로까지 파고들어 해명하고자 하였다. 이를 욕망과 질서윤리의 관계에서 본다면, 전자는 병기·식량인가 신뢰인가 하는 정책상의 우선순위의 문제로서 파악하고 있었다. 그리하여 위기의 상황이나 대상의 여하에 따라 때로는 이삼재처럼 병기와 식량을 우선하기도 하였고 때로는 풍종오처럼 신뢰를 우선하기도 하는 등 상반된 판단이 생겨났다. 하지만 그것은 향촌 유지를 위한 시의상(時宜上)·정책상의 대립에 불과하였다. 이탁오는 질서윤리란 욕망을 충족시켜 주는 데에서 저절로 형성된다고 하는, 질서윤리 그 자체의 본질적인 존재방식의 문제로서 제기하였다. 발상 자체가 시의상 혹은 정책상의 옳고 그름을 넘어서 보편성을 갖고 있었다. 설령 이탁오의 '동심(童心)'이나 '입고 먹는 것[穿衣吃飯]'이 이갑적인 민 일반의 입장에 선 발언이었다 해도, 그의 이러한 발상의 보편성은 도리어 그것이 민 **일반**임에 의해서 '민'의 틀조차 뛰어넘어 인간 일반을 조명할 만큼의 **사상으로서의** 보편성과 질의 깊이를 갖고 있었다.

그의 출세간적인 시야, 시간을 초월하는 사이클로 시간을 투시하는 '원대한 식견[遠見]'은 그로 하여금 인간 보편에의 절실함을 한층 깊게 하였다. 그러나 그 완전한 인간 보편에의 절실함으로 인하여 '동심'이나 '입고 먹는 것'이 명제로서 보편적이 되면 될수록 도리어 당시의 상황과 충돌하지 않을 수 없었던 그 추이에 대해서는 역시 감회가 없을 수 없다.

그러나 돌이켜 생각해 보면 그 충돌은 단순히 개인 사이의 충돌이 아니라 명말청초라는 격렬한 전환기에 있어서 말하자면 역사의 충돌이었다. 그만큼 그것은 이 전환기의 심상치 않은 굴절을 표현하는데, 우리는 도리어 이러한 충돌 속에서 당시 역사의 생동하는 모습을 보게 된다.

관점을 명말청초에 한정시키지 않고, 명대 중엽부터 청대 중엽에 이르는 300년의 역사 시기를 함께 시야에 넣고 다시 조감해 본다면 그곳에 면면히 이어지는 전개의 역사적 동맥을 보게 될 것이다.

> 인류사회가 생겨난 처음에, 모든 사람은 자신을 위해 사사로움을 도모하였고[自私], 모든 사람은 자신을 위해 이익을 꾀하였다[自利]. … 후세의 군주는 그렇지 못하였다. … 천하 사람으로 하여금 감히 자신들의 사사로움을 도모하거나 자신들의 이익을 꾀하지 못하도록 하고, 자기 혼자만의 커다란 사적인 이익을 천하 사람의 공적인 이익이라고 우겨댔다. … 군주만 없어진다면 사람들은 각자 자신의 사사로움을 이룰 수 있으며 사람들은 각자 자신의 이익을 얻을 수 있을 것이다. 아아! 군주를 설치하게 된 이념이란 것이 본디 이러한 것이었던가?(黃宗羲, 『明夷待訪錄』「原君」)

> 사람에게 사(私)가 있는 것은 본래 인간의 감정상 피할 수 없다. 그러므로 선왕은 이를 금하지 않았다. 금하지 않았을 뿐 아니라 이에 따라 은총을 내려주기까지 하였다. … 천하의 사(私)를 합하여 천하의 공(公)을 이룬다. 이것이 왕도정치가 되는 이유이다. … 세상의 군자는 걸핏하면 공은 있지만 사는 없다고 말한다. 이것은 후대의 겉치레말[美言]이지 선왕의 지극한 가르침은 아니다.(顧炎武, 『日知錄』 권3「言私其豵」)

> 이치에 (대해서 자기를) 극진히 하면 인간의 욕망에 합치되고, 욕망에 (대해서 자기를) 미루면 하늘의 이치와 합치된다. 그리하여 각자 인간의 욕망을 충족한다면 이것이 바로 천리의 대동(大同)이다.(王船山, 『讀四書大全說』 권4)

남이 자기에게 시키기를 원하지 않는다면, 이 마음으로 상대방의 마음을 헤아려 상대방도 결코 원하지 않음을 알고 상대방에게 시키지 않는다. 자기 자신을 아끼는 마음으로 남을 사랑하는 이치를 삼아서, 나와 남이 정을 함께한다면 또한 도를 함께할 수 있게 된다. 인욕의 커다란 공평함이 바로 천리의 지극한 올바름이다.(왕선산, 『四書訓義』 권3)

라고 말하는 명말청초를 대표하는 이른바 3대 사상가의 발언을 보도록 하자. 이탁오의 **사**・입고 먹는 것 또는 '나의 조리'를 부정하는 남도 없고 자기도 없는 대동(大同) 등이 각각에 **현실적으로** 전개되고 있음을 볼 수 있다.

황종희는 치세(治世)의 원점은 민의 사사로움과 이익을 충족시켜 주는 데에 있다고 말한다. 이는 군신→민의 일원적인 '나의 조리'—군주 한 개인만의 커다란 사적인 이익에 불과한 공평함—의 강제를 배격하는 것이다. 고염무는 민의 사사로움과 이익을 기초로 한, 말하자면 '성(性)의 진실'을 내실로 하는 한 차원 높은 공(公)을 구축해야 한다고 주장한다. 또 왕선산은 인욕과 인욕이 각각의 '자기 집착[有己]'을 배제하고, 인욕에 근거한 새로운 존인욕적 천리, 인욕 상호간의 관계적인 리를 지향하였다. 이들은 새로운 정치 이데올로기와 새로운 공관(公觀)・천리관(天理觀)을 통해서 이탁오의 '진공' 그리고 그가 조망하면서도 밝힐 수 없었던 그 목적지를 **그들의 주관적 의도에 따라** 계승하고 아울러 그것을 더욱 충실하게 하였다. 동심에서의 삶과 본성의 갈등은 이와 같은 공(公)・리(理)로 지양됨으로써 다음 시대에 재생하였던 것이다.

이와 동시에 황종희는 그의 『명유학안』에서 '하심은 일파'를 "명교로 묶을 수 있는 바가 아니다"라고 하면서 그 일파인 이탁오는 이름조차 말살하여 거론하지 않았다. 고염무는 『일지록』에서 장문달(張問達)의 이탁오 탄핵문을 소개하면서 이탁오를 "꺼리거나 두려워할 줄 모르는 소인으로서, 감히 성인을 배반한 자"라고 하여 명교의 틀 밖으로 추방하였다. 왕선산은 왕용계·하심은·이탁오는 물론 원중랑(袁中郞)·종성(種惺)·초횡(焦竑) 등에게까지 비난의 창을 들이댄다. 그는 『독통감론』에서 "천하를 사악하고 음험한 곳으로 인도하고, 그리하여 중국 문화에 화를 끼쳤다. 어찌 홍수보다 더하고 맹수보다 사나운 자가 아니겠는가?"(「叙論三」)라고 지탄하고 있다. 이렇듯 3인의 이탁오 비판은 너무나도 준엄하였다. 비판이라기보다는 이단 배척이라고 해야 할 이들의 탄핵문은 이탁오에 대한 동림파의 비판에 비해 한층 강도가 높았다. 이는 명조의 붕괴과정 속에서, 그들이 이른바 민심의 황폐화에 대해서 얼마나 절치부심하였는가를 엿보게 한다. 탄핵의 목소리를 높이게 한 그들의 절치부심이야말로 그들이 사대부적 자각으로 동란기 속에서 누구보다 진지하게 대응하였음을 보여주는 것이다. 그 진지한 대응, 요컨대 현실에 대한 명말청초적인 책임감이 역으로 상술한 새로운 질서 이데올로기를 낳는 근본 원인이 되었으리라는 데에 생각이 미치면, 그들의 준엄한 탄핵에도 또 다른 감회가 있다.

동림파와 마찬가지로 황종희 등 3인은 모두 향촌 공동체적 질서의 구축을 구상하였으며, 이러한 의미에서 그들은 새로운 정치·도덕적 질서의 담당자였다. 이 점에 대해 이곳에서 상술할 여유는 없지만, 어쨌든 이탁오의 동심은 동림파, 황종희·고염무·왕선산 등의 비판자나 배척자에 의해서 사상적으로 계승되었다. 얼핏 보기에 격심한 충돌에도 불구하고 그 계승의 내실은 이탁오의 진의에 대체적으로 합치되는 것이었음이 이상에서 밝혀졌을 것이다.

제2장
『명이대방록(明夷待訪錄)』의 역사적 위치

머리말 / 민본사상의 탈피 /
군민(君民) 일원에서 '부민(富民)' 분권적 전제로 /
황종희 사상의 그후

1. 머리말

양계초(梁啓超) · 진천화(陳天華) 등 청말의 혁명 인사가 민권공화를 주장하는 입장에서 황종희를 중국의 루소라 칭하였고, 『명이대방록』 특히 「원군(原君)」과 「원신(原臣)」 2편을 현창한 전말에 대해서는 시마다 겐지가 이미 상세하게 소개하였다.[27] 그들은 황종희를 중국 민권사상의 원류로 지목하였다. 한편 같은 청말, 이자연(李滋然)이라는 완고하고 고루한 인물이 1909년 『명이대방록규류(明夷待訪錄糾繆)』라는 글을 썼다. 그는 "후세의, 아버지를 부정하고 군주를 부정하는 혁당(革黨)"이 "모두 『명이대방록』에 가탁하여 그 흉악

27) 島田虔次, 『中國革命の先驅者たち』(筑摩書房, 1965).

함을 떨치고" 있는 것에 위기감을 느끼고, 이를 반(反)군주제주의의 숲으로 지목하여 조목조목 논란, 규탄하였다. 이렇게 하여 혁명파나 보황파(保皇派) 모두 그를 중국 반군주제·민권주의의 선구적 인물로 평가하는 점에서 공통적이었다. 아니, 그보다는 보황파가 그토록 눈엣가시로 여길 만큼 청말 민권공화 사상 속에서 『명이대방록』이 차지하는 비중이 컸다고 해야 하지 않을까? 또한 이러한 평가는 신중국 이후에도 거의 계승되었다. 후외려(侯外廬; 1903~1987)가 황종희의 사상을 '근대 민주사상'의 범주에 넣어 논하고 있는 것[28]이 하나의 예이다.

이들의 평가는 양계초·진천화 등이 공화혁명기, 후외려가 인민민주주의혁명기로 각각 시기를 달리한다. 그렇지만 대체적으로 황종희를 중국 혁명의 사상적 원류로서 역사적으로 위치지우고, 이를 과시할 만한 역사의 유산으로서 계승 발전시키고자 한 점에서는 공통된다. 이는 모두 역사를 자기의 역사적 존재방식, 즉 자기의 현재 및 미래의 역사적 과제와 관계된 것으로 인식하고, 주체적이고 실천적인 입장에서 파악하고자 하는 것이다. 이런 점에서 이들의 평가에 공감하지 않는 것도 아니다. 그렇지만 여기에는 문제가 있다.

양계초·진천화의 경우는 자신들의 민권사상에 너무나 외곬이어서 황종희 자신조차 생각하지 못했을 민권사상을 성급하게 그리고 주관주의적으로 가탁하였다. 그 때문에 진실로 계승 발전시켜야 할 역사의 실상을 놓쳐버렸다. 이로 인해서 황종희 이후 제2, 제3의 황종희가 나오지 못하고, 루소 이후 수많은 루소를 배출한 유럽에 안타깝게도 뒤떨어졌다는 초조감에 빠지지 않을 수 없었다. 이는 유럽의 외압에 직면한 어쩔 수 없는 초조감이었을 것이다. 그러나 유럽적 근대를 매개 없이 중국에 적용시키고자 한 그 일원적 사고는 결점이 없다고 말하기는 곤란하다. 어쩌면 초기 혁명가에게 흔히 보이는 경향으로 이해할 수도 있지만, 그러나 역사가인 후외려의

28) 侯外廬, 『中國思想通史』 제5권, 제1편 「十七世紀的啓蒙思想」 제2절 참조.

경우는 아무래도 문제가 남는다. 그의 역사관은 마르크스주의에 서 있는데, 한 마디로 말한다면 그는 마르크스를 상대화시키지 못하였다. 이 때문에 그의 역사관은 지나치게 공식적이면서 대체로 교조적이다. 마르크스는 유럽 속에서 역사를 고찰하였기 때문에 봉건사회에서 계기(繼起)하는 사회가 자본주의적인 이른바 근대 시민사회라고 보는 관점에서 벗어날 수 없는 것은 당연하다. 그렇지만 아무런 매개 없이 이를 그대로 중국에 적용할 수 없다는 점, 다시 반복할 필요도 없을 것이다. 이 점의 상대화가 철저하지 못했기 때문에 후외려의 '근대'나 '민주'는 너무나도 유럽의 그것을 모델로 하는 것이었다. 그리하여 한편에서는 16~7세기 중국 향촌의 실제에 근거하여 경제적 토대에 대한 상세한 분석을 진행하였음에도 불구하고 그 결론은 충분한 설득력을 갖지 못하였다. 이를테면 그는 황종희의 반군주**적** 사상을 인권선언 등에 비정하였다. 이로 인해서 그의 『중국사상통사(中國思想通史)』에서는 도리어 17세기 이후 황종희 사상의 **중국적인** 계승 발전의 맥락을 놓쳐버릴 수밖에 없었다. 그리하여 그의 역사관이 또 다른 하나의 위대한 주관주의라고도 할 모택동의 농민투쟁적 일원 사관(이를테면 『중국혁명과 중국공산당』)에 맞설 수 없었던 것도 필연이라 하겠다. 이 문제에 대해서는 잠시 보류해 두겠다.

중국측의 황종희 평가가 이러했기 때문에[29], 다시 말해 중국사상

29) 민국 시기에 황종희 사상에 대해 변형된 형태의 농민투쟁 일원 사관의 평가를 내린 것으로 담비모(譚丕模)의 『청대사상사강(淸代思想史綱)』(開明書店, 1940)이 있다. 그는 여기서 황종희 사상을 민권사상에 비정하는 것에 반대하면서, 황종희의 '중민(重民)' 사상은 요컨대 '개명적 지주'의 사상으로서, 결국 농민과의 계급적 모순과 대립을 완화시키고 이로써 지주계급의 보전을 꾀한 '자구(自救)'의 호도책에 지나지 않는 것이라고 하였다. 황종희의 사상이 개명 지주적이라는 데에는 이론이 없지만, 그러나 황종희의 '중민'이 지주 계급의 '자구'라고 한 견해에는 동의할 수 없다. 그에 의하면, 황종희는 농민의 반항을 달래기 위해 군주권의 제한을 의

사의 실제에 부합하지 않았기 때문에 일본측의 대부분의 연구자는 이에 동조하지 않았다. 황종희의 반군주적 사상이 군주전제 그 자체의 비판에 이르지 못한 한 가지 점만 보아도 도저히 부르주아적 근대적인 민권공화 사상에 비정할 수 없다는 것이 대체적인 근거인데, 이는 충분히 수긍할 만하다. 그렇다면 그의 '군주를 부정'할 정도의 격렬한 군주 비판을 어떻게 평가해야 하는가? 이에 대해서는 맹자 이래의 민본사상의 흐름으로 파악하는 데에 머물지 않고 무언가 적극적인 평가를 가하려는 시도도 있었지만,[30] 반드시 성공하였

도하였다고 한다. 그렇다면 그 군주권 제한의 의도와 표리를 이루는 황종희의 '천하인'의 '자사자리(自私自利)' 주장은 필경 농민의 자사자리를 위한 주장이 된다. 결국 지주인 황종희가 농민을 대변하여 농민의 '자사자리'를 성취해 주어야 한다고 군주에게 요구했다는 것이 된다. 이는 실로 기묘하다고 하지 않을 수 없다. 항조(抗租) 등 지주에 대한 농민의 반항이 농민들의 '자사자리'의 요구에서 나온 이상, 이를 대변한다는 것은 지주 계급에게 있어서 '자구'이기는커녕 자살행위일 수밖에 없다는 것은 말할 필요도 없다. 문제는 황종희의 '중민'의 '민'을 그가 농민으로 간주한 데에 있다. 여기에 필자의 이론(異論)이 있다. 곧 이하에서 서술하는 필자—황종희의 이른바 '민'의 내실을 지주·상공 등의 부민층으로 간주하고, 따라서 그 '자사자리'의 요구는 황종희까지를 포함한 이들 부민층의 요구일 수밖에 없다고 생각한다—의 견해도 이 점에서 대립적이다.

이 밖에 혁명 후 중국의 황종희 평가에 대해서는 佐野公治, 「清初思想研究の現狀と問題點」(『中京大學敎養論叢』 제7호) 참조.

30) 시마다 겐지는 황종희에게 군주제 그 자체에 대한 비판이 없는 것만 가지고 진보적이지 않다고 주장하는 데에는 동의하지 않았다.(위의 책) 즉 전제군주제의 틀 내에서 또한 일정한 사상적 진전이 있었던 것으로 보고 있다. 이 점에는 필자도 동감한다. 그러나 이에 대한 시마다 겐지의 구체적인 견해는 서술되어 있지 않다. 이제 하나, 사노 고우지(佐野公治)는 「明夷待訪錄における易姓革命思想」(『日本中國學會報』 제17집)에서 황종희 사상을 매개 없이 근대 민권사상에 비정하거나 유가적 도통의 틀 내에 머문다고 보는 양쪽 모두를 앞의 논문(앞의 주 참조)을 토대로 비판하면서, 황종희 사상의 유가적 도통의 흐름 속에서의 새로움을 파악하고자 하였다. 구체적으로는 송학이나 명대에서도 그러하였던 것처럼 실질적인 역성혁명에의 부정적 경향에 반하여, 황종희에게는 명확히 역성혁명에 대한 긍정이 있다는 점을 『명이대방록』에 근거하여 지적하였다. 이는 우

다고 할 수는 없다. 결국 유감스럽게도 민본적 평가를 대신할 유효한 관점이 현재까지 확립되지 않았다고 해도 과언이 아니다.

그래서 아래에서는, 문제를 『명이대방록』의 반군주적 사상이 민본사상의 흐름을 흡수하면서도 어떻게 거기로부터 일보 전진할 수 있었는가, 명말청초 시기가 하나의 역사의 획기라 한다면, 그렇다면 이 사상이 어느 점에서 획기적이라 할 수 있는가, 그것이 어떠한 계승을 거쳐 민권주의로 발전할 수 있었을까 하는 점들로 한정시켜 요점을 고찰해 보기로 하겠다.

2. 민본사상의 탈피

황종희의 반군주적 사상이 어느 정도로 종래 민본사상을 답습한 것인가? 어느 점에서 그것을 뛰어넘고 있는가? 이러한 문제에 대해서는 송말·원초 등목(鄧牧)[31]의 『백아금(伯牙琴)』, 특히 그 가운데의 「원도(原道)」·「이도(吏道)」 2편에 나타나는 민본사상과의 차이점을 대비해 보는 것도 한 방법일 것이다.

상세한 것은 생략하고 결론부터 말하면, 필자가 보는 한 각각의 군주관의 공통점은 ① 군주는 민의 고통과 즐거움을 가장 근본적인

리가 보는 명말의 새로운 정치관에 대응한 것으로 흥미 깊다. 다만 그것이 예를 들면 옹정제의 『대의각미록(大義覺迷錄)』에 보이는 그것과 어떻게 다른가, 즉 청조정혁(淸朝鼎革)이라는 역성혁명의 사실과 어떻게 관련되는가, 혹은 명말청초 시기의 다른 새로운 사조와 어떻게 연관되는가 등에 대해서는 명확한 언급이 없다.

31)* 등목(鄧牧): 송나라 말 전당(錢塘) 출신. 자는 목심(牧心), 호는 삼교외인(三敎外人)·구쇄산인(九鎖山人). 송나라가 원에 멸망당하자 여항(餘杭) 동소궁(洞霄宮)의 초연관(超然館)에 기거하면서 한 달이나 밖에 나가지 않았다고 한다. 사고(謝翶), 주밀(周密) 등과 친밀하게 교유하여 문행선생(文行先生)으로 칭해졌다. 저술로 『동소도지((洞霄圖志)』, 『유산지(游山志)』와 잡문 원고 『백아금』이 있다.

것으로 인식해야 하며 결코 자기중심적이어서는 안 된다, ② 천하는 군주를 위해 존재하는 것이 아니라 민을 위해 존재한다는 이 두 가지 점으로 요약된다. ①은 군주의 덕망, ②는 역성혁명 사상과 연결된다. 이 두 가지는 민본사상의 쌍벽을 이룬다. 그런데 이것이 양자의 반군주적 사상의 공통적인 기조를 이루고 있다는 점에서, 양자는 모두 민본사상의 전통적인 흐름 속의 앞과 뒤에 있다고 먼저 말할 수 있다.

그렇다면 양자의 차이점은 무엇인가? 먼저 일견 공통되는 것처럼 보이지만 사실 그렇지 않은 점을 들어보면, 등목의 "군주와 함께 천하를 다스리는 자는 관리이다"(「吏道」), 황종희의 "무릇 광대한 천하는 한 사람이 다스릴 수 있는 바가 아니므로 여러 관료들과 함께 나누어 다스린다[分治]"(「原臣」)가 있다. 문장에서 공통되는 점은 관료는 군주와 함께 천하를 다스려야 할 존재, 약간 억양을 높여 말하면 천하를 다스리는 권한과 책임을 가져야 할 존재라는 데에 있다. 이 점은 송 이래의 군주~관료~민이라고 하는 전제군주제의 측면에서 본다면 당연한 발언인 것 같지만, 그 속 내용을 자세히 살펴보면 실은 양자 사이에 커다란 차이가 있다.

먼저 「이도」의 요지는 어질고 재능 있는 인물을 관리로 뽑아야 하며, 관리가 된 자는 적어도 민에 대해 호랑이처럼 포악해서는 안 된다는 관리의 인성(의 고결함·청렴함)을 요구하는 데에 있다. 한편 「원신」의 요지는 신하는 군주 일가(一家)에 봉사하기 위해 존재하는 것이 아니라 만민을 위해 존재하며, 만민을 위한다는 견지에서 볼 때 잘못된 것은 군주의 명령이라 해도 따라서는 안 된다는 만민을 기반으로 한 신하의 자립성·주체성을 주장하는 데에 있다. 바꾸어 말하면 신하가 종래의 가산(家産) 관료적인 상태로부터 벗어나야 함을 지적한 것이다.

전자는 요컨대 덕망 있는 군주 아래 관리도 청렴한 관리가 되라고 말하는 것에 불과하다. 필자의 방식으로 말하면, 군주를 치세의 원점으로 인식하는 종래의 군주→관료→민이라는 위로부터 아래로의 단선적 벡터에 동요는 없다. 관리는 이 벡터에 포용되는 조건 아래에서 군주와 일체가 됨으로써 그 존재방식이 가산 관료와 모순되지 않는다. 만일 군주가 군주답지 못하거나 혹은 군주에게 도가 없다거나 한다면, 관리는 간쟁을 하든지 떠나든지, 심지어 자기와 무관한 사람이나 원수처럼 여긴다든지 할 수 있다. 그렇지만 결국 치세의 원점이 군주에게 있다는 것 자체를 부정할 수는 없다. 이 때문에 전자는 종래의 군신관에서 벗어나지 못하였다.

이에 반하여 후자가 말하는 '분치(分治)'는 먼저 신하를 군주와 일체로 간주하지 않는 점을 기점으로 삼아,[32] 만민을 기초 또는 매개로 한 새로운 군신관계를 지향하는 점에서 전자와 다르다. 이는 「원신」에 이어 「원법(原法)」, 「치상(置相)」, 「학교(學校)」 등에서 더욱 분명해진다. 「원법」에서는 군주를 법의 틀 밖에 설정하거나 법의 위에 설정하였던 종래의 군주 조종 하의 법에 대하여, 군주까지도 관철하는 천하의 법이 주장되고 있다. 「치상」에서는 세습제로 인하여 어리석거나 불초한 자가 지위를 계승할 수도 있는 군주에 대하여, 비세습이기 때문에 현자의 취임이 기대될 수 있는 재상의 권위 강화—"군주도 두려워하는 바가 있어, 감히 따르지 않을 수 없을" 만큼의—를 주장한다. 또 「학교」에서는 조정의 시비를 시비의 기준으로 삼지 않고 천하의 시비를 시비의 기준으로 삼기 위한, 요컨대 공론을 담당할 인재의 육성을 제언한다. 대체적으로 말하면 치세의 원점을 군주로부터 만민으로 이행시킨 뒤, 종래의 황제 일원적인 전제권력을 공동화시키고, 그 공동(空洞)을 공론(公論)에 바

32) 『명이대방록』 「치상」에 "관리란 분신(分身)의 군주이다"라는 말이 있는데, 여기서의 '분'은 말하자면 직분(職分)을 말한다. 재상을 예로 들자면, "군주의 스승과 벗[師友]이 되는 존재이다"라고 말하는 그의 관점은 본문에서 인용한 "군주 또한 두려워하는 바가 있어 …"라든가, "재상으로서 천자에게 아뢰고, **함께** 가부를 의론한다" 등에서도 일관되게 관철되고 있다.

탕한 '분치'에 의해 메우고자 한다. 이러한 견해는 공론을 전제권력 내에 수렴시키고, 그리하여 권력의 재편·재생을 꾀하는 것이다. 말하자면 전제 분치(專制分治)적이라고도 할 정치 노선 위에서 새로운 군주관계를 상정하는 것이다. 이는 그때까지의 군주 원점적, 덕치주의적 정치관 그리고 그 틀 안에서의 군신 일체적, 가산 관료적인 군신관·관료관을 무너뜨리고 그곳으로부터 또다시 한 발짝 전진하고자 하는 것이다. 이 점에서 전자와 다르다. 이상이 공통적인 것처럼 보이면서도 실은 다른 점이다.

다음으로 양자 사이에 처음부터 달랐던 점에 대해서 살펴보자. 후자는 민이 자신을 위해 사사로움을 도모하고 자신을 위해 이익을 꾀하는 것[自私自利]을 긍정하였다. 나아가서는 "군주만 없어진다면 사람들은 각자 자신의 사사로움을 이룰 수 있으며 사람들은 각자 자신의 이익을 얻을 수 있"고까지 말하였다. 이렇듯 황제의 '커다란 사사로움[大私]'과 맞서는 실질적인 세력을 갖고, '군주를 부정'할 듯이 공격적으로 자사자리의 주장을 펼치고 있다. 치세의 원점이 군주로부터 만민으로 이행되었다고 했을 때의 그 민(民)은 구제적으로 말하면 이러한 자사자리의 주체 혹은 객체로서의 민을 말한다. 이 민의 주체적 혹은 객체적 각성과 자립이[33] 바로 앞에서 언급한 새로운 군신관 전개의 바탕이었다는 것이 필자의 견해이다.

혹자는 민의 욕구를 만족시키고, 이를 위해 치세의 원점을 민에 설정하려는 것이야말로 민본사상이 아니냐고 반문할지도 모른다. 그러나 종래의 민은 요컨대 군주가 위로부터 일방적으로 어진 은혜

33) 이러한 새로운 '민'관은 이탁오에게 선행적으로 보인다는 것, 그리고 동림파가 이를 더욱 구체적으로 계승하였다는 것 등 지금까지 누차 서술한 대로이다. 또한 지금까지의 제 해석은 이 '자사(自私)'를 "자기의 개인적인 일에만 관심을 갖는 것"(島田虔次, 앞의 책), "자신만을 생각하는 것"(山井湧, 『明末清初政治評論集』, 平凡社, 1971), "자기 중심적인 것"(西田太一郎, 『明夷待訪錄』, 平凡社, 東洋文庫, 1975) 등으로 풀이하고 있지만, 이 '자사'가 좀더 구체적으로는 재산과 토지의 사적 소유를 내용으로 하고 있다는 점을 간과한 것이라 지적해 두고자 한다.

를 베푸는 대상이었던 민(民)을 말한다. 설령 민에 원점을 둔 민 본위의 정치라 해도, 그 원점을 부여하는 것은 군주의 어진 덕 **속의** 일이며, 민 본위인가 아닌가는 군주측의 재량 여하에만 관계된다. 때문에 민은 군주의 어진 덕에 운명을 맡긴 혹은 군주의 재량 속에 포섭된 몰주체의 존재이다. 이는 필자가 말하는 '원점을 자신의 것으로 삼은' 민에서는 도저히 있을 수 없는 일이다. 달리 말한다면 민본의 재량이 군주의 어진 덕 안에 종속되어 있는 종래의 민본사상은 본질적으로 **군주의** 사상이며, 모든 권력이 군주 쪽에만 있다. 좀 더 부연설명하면, 민본사상은 군주 쪽에서 볼 때 군주 절대의 전제정치를 유연성 있게 유지하고 또한 재생시키는 안전판의 사상이다. 나아가 민(民) 쪽에서 말하더라도 객관적으로는 시혜를 구하는 구걸의 사상이라고 할 수 있을지도 모른다.

황종희의 경우는 이와 다르다. 그는 황제에게 시혜를 요구하고 있는 것이 아니다. 그가 주장하는 자사자리의 민은 스스로가 자신의 힘으로 존립하고 있다고 자각하는 주체적 존재이다. 황제의 주관적인 어진 덕 안에 수렴될 수 없으며 또한 '사(私)'를 갖고 있다는 점에서는 황제와 서로 맞설 정도로 실질적인 세력을 갖는, 요컨대 엄연한 객체적 존재이다. 그러한 주체적이고 객관적인 자각 위에서 황제까지도 관철하는 천하의 법을 주장하고, 재상의 권능 강화를 주장하며, 천하의 시비의 담당자임을 주장한다. 요컨대 군주와 신하의 존재방식을 되묻고 있었다. 이것이 황종희가 등목과 다른, 다시 말해 종래의 민본사상과 결정적으로 다른 점이다.

총괄해서 말하면, 이 자사자리적 민의 주장이 바로 『명이대방록』의 요점이며, 이를 요점으로 삼아 각 편이 구성되었다고까지 말할 수 있다. 원래 '군주만 없어진다면'이라는 과격한 반군주적 발언도 민의 자사자리적 주체가 충족되는가 아닌가를 요점으로 한 것이었다. 곧바로 이어지는 "아아! 군주를 설치하게 된 이념이란 것이 본디 이러한 것이었던가?"라고 한 데에서도 분명한 것처럼, 이는 군주의 존재방식에 대한 반문 혹은 마땅한 '군주 설치의 이념'을 모색하는 것이기는 하였지만 결코 '군주의 부정' 자체를 목적으로 한 것은 아니었다. 이 점이 반군주**제** 사상이 아니라 반군주**적** 사상이라 칭하는 이유이다. 다만 반군주적이라 해도 민의 주체적인 자사자리의 충족이 **체제 내적**으로 용인될 수 있는 그러한 군주제를 적극적으로 주장한 것이 앞서 보았던 그의 이른바 새로운 군신관·관료관이었다. 그러므로 후술하듯이 반(反)명조 전제(=反里甲專制)적이라는 한정적 표현을 쓴다면 모르겠지만, 일반적이고 초시대적인 반(反)군주 전제적이라 할 수 없음은 물론이다.

결론적으로 되풀이 말하자면 종래 민본사상의 틀을 무너뜨린 이 새로운 정치사상은 명말에 특징적인 자사자리적 민의 주체적·객체적인 자립화에 그 바탕을 두고 있었다.

그렇다면 이 자사자리적 민은 양계초·진천화 등이 가상한 민권공화주의적인 민으로 볼 수 있는가 하면 그렇지는 않다는 것이 다음의 설명이다.

3. 군민(君民) 일원에서 '부민(富民)' 분권적 전제로

먼저 황종희의 이른바 반(反)명조 전제적 사상이 나오게 된 당시의 시대 배경을 대략적으로 살펴보겠다. 이미 「별론」에서 대략 밝혔지만, 장거정 사후 신종(神宗) 및 그의 뒤를 이은 희종(熹宗) 황제의 환관 남용의 전권(專權)은 황장자(皇長子) 책립, 광세 문제에서 보이듯이 재상을 정점으로 한 관료체제에서조차 유리된 말기적으로 자의적인 것이었다. 「별론」에서는 주로 신시행(申時行)을 통해 이를 살펴보았지만, 그 후 왕석작(王錫爵)·섭향고(葉向高) 등의 상주문을 읽어본 결과, 그들이 계속해서 자신들의 재상권의 무력감에 절치부심하고 있는 상황에는 변화가 없었던 것으로 확인되었다.

덧붙여 천계 3년(天啓; 熹宗 3년, 1623)에 섭향고는 다음과 같이 말하고 있다.

> 신은 듣건대 선신(先臣) 왕석작이 황조(皇祖)께 "지금의 내각 신하는 천하에서 가장 곤궁하고 호소할 곳이 없는 사람들입니다. 대체로 일의 권한이 없는 관리로서 천하의 중책을 맡고 있으며, … 진퇴유곡 …"이라고 하였다고 합니다.(「乞休」 제32疏, 『續綸扉奏』 권10)

> 옛날의 재상은 일에 대한 전권을 행사할 수 있었기 때문에 굳이 모의(謀議)할 것까지도 없었습니다. 지금의 내각 신하는 부질없이 재상이란 이름만 갖고 있을 뿐 표의(票擬)34)* 에서 제외되어 털끝만큼도 일에 대한 권한이 없습니다. 마음속에 견해가 있어도 묵묵히 한 마디도 없습니다. 이것은 모의하는 것마저도 상실케 하는 것입니다."(「條陳時務疏」, 『續綸扉奏』 권8)

이 섭향고가 집정하던 신종 시대에는 복왕수전(福王授田)이라는 또 다른 하나의 문제가 있었다. 이 시기에 그의 상주문은 거의 이 문제에 한정되었다고 해도 좋을 정도인데, 이는 책립·광세 문제에 이어 그것이 당시 천하의 커다란 문제 중의 하나였음을 엿보게 한다. 잇달아 상주되고 있는 이 간주(諫奏)에 대해, 이러저러한 구실을 붙여 초지일관한 신종의 강경함은 책립 문제에서 이미 입증되었지만, 그 제2막이라 할 이 복왕 상순(常洵)에 대한 그의 집념은 특별하였다. 복왕에게 장전(莊田) 4만 경(頃)을 무턱대고 주려는 신종의 폭거에 대해, 『명사(明史)』(권 120)에서는 "한 치의 땅마저도 모두 민간에서 빼앗고자 하여 천하가 소란해지니", "담당 부서에서 힘써 간쟁하고, 상순도 사양하는 글을 올렸기 때문에 절반으로 줄

---

34)* 표의(票擬): 명 선종(宣宗; 1426~1434) 때부터 각신(閣臣)은 내외의 장주(章奏)에 대해서 비답(批答)을 작성하고 이를 장주에 붙여서 황제에게 올리면, 황제는 이를 처리하여 다시 비답을 내렸다. 이때 각신이 작성한 것을 조지(條旨) 혹은 표의(票擬)라 칭한다.

였다"라고 너무나도 간결하게 기술하고 있다. 그러나 이에 대해서 섭향고는 다음과 같이 운운하고 있다.

> 복왕(福王)은 부귀가 이미 극에 달하였으니, 설령 이러한 몫 이외의 장전을 줄인다 한들 무슨 손해가 있겠습니까? … 또한 하남, 산동, 호광에서는 모두 수재를 입었습니다. … 만약 수탈한 장전을 그에게 준다면, 장차 화변을 낳아 천하 사람들이 무리지어 일어나게 될 것입니다.(「請減福藩莊田揭」, 『綸扉奏章』 권23)

> 광세를 시행한 이후, 천하 사람들은 황상께서 이를 복왕의 땅으로 만들려는 것이 아닌가 의심하고 있습니다. 만일 황실금고[内帑]의 10분의 1을 떼어 왕에게 준다면, 몇 세대의 세월이 지난다 해도 모자람이 없을 것입니다. 왜 하필이면 민간과 이 몇 뙈기도 안 되는 자질구레한 토지를 다툰단 말입니까?(「請福王之國密揭」, 『綸扉奏章』 권19)

> 광세가 시행된 지 20년, 사해의 고혈은 이미 다하였는데 황실의 금고는 산더미처럼 쌓여 있습니다. 사람들은 황상께서는 모든 것을 왕을 위해서만 생각하신다고 의심하고 있습니다.(「催請之國日期揭」, 『綸扉奏章』 권23)

섭향고는 복왕의 수전 문제는 천하에 화변을 낳는 중대한 사건이라고 말하고 있다.[35] 그런데 여기서 주목되는 것은, 그것이 민간과 토지를 다투는 것이며 또한 광세를 시행한 이후 황실의 금고만이 산더미처럼 쌓였다는 지적이다. 광세 문제를 둘러싸고 황제·환관 세력에 대한 재상·향신층의 저항과 대항의 양상은 「별론」을 비롯

35) 이 왕부 장전(王府莊田)이 초래한 제 모순은 복왕부(福王府) 이전에 이미 노왕부(潞王府)의 장전을 둘러싸고 현재화하고 있었다. 그 내실에 대해서는 佐藤文俊, 「明末就藩王府の大土地所有をめぐつて二・三の問題—潞王府の場合(一)」(木村正雄先生退官記念 『東洋史論集』, 1976, 수록) 및 「明末就藩王府の大土地所有をめぐつて二・三の問題—潞王府の場合(二)」(『明代史研究』 제3호)에 상세하다.

해 많은 논문에서 다루고 있으므로 여기서는 중복을 피하겠다. 다만 이에 이어지는 복왕 문제에 대해서도 말할 수 있는 것은, 민간의 재산(주로 토지)에 대한 황제의 '대사(大私)'적 수탈과 이를 둘러싼 민과 황제의 격렬한 대립 속에서 재상마저 주저 없이 민의 입장, 반군주의 입장에 섰다는 사실이다. 이는 민의 자사자리와 황제의 대사의 대립이라는 황종희의 인식이 전체로서 무엇에 근거하고 또 자사자리의 내실이 무엇이었는가를 생각할 때 시사적이다.

사실대로 말하면, 신종·희종 시대의 황제·환관파의 전횡은 구체적으로는 광세·왕부 장전 문제 등을 통해 민간의 개인 재산을 강탈하는 형태로 나타나고 있었다. 또한 그 전횡에 대항하는 재상 이하 관료·향신층, 특히 동림파 인사가 공론 존중을 내세우면서 가혹한 탄압에 굽힘없이 반격에 나선 것은 필경 그들 자신의 요구에 기초한 것이었다. 그 배경에는 향촌에서의 이갑제적 질서의 붕괴 그리고 그 틈을 메우며 형성되고 있던 그들 주도의 향촌질서 재편 움직임이 있었던 것으로 추정된다. 이에 대해서는 「별론」에서 서술하였으므로 생략하기로 하겠다. 다만 그 배경의 여하 문제는 차치하더라도, 황종희의 자사자리가 그들(「별론」에서 말하는 '중견 지주'[36] 계층) 자신의 사적 재산 혹은 권익의 보전을 그 내용으로 하였다는 점만은 거의 단언해도 좋을 것이다.

그것은 그렇다 치고, 그렇다면 그 사적 재산·권익 보유의 주장은 신종 등의 탐욕적인 수탈에 원인이 있으며 따라서 신종 등이 어

---

36) '중견 지주(中堅地主)'란 「별론」에서도 서술하였듯이 약간 거북한 표현이므로 이 용어를 고집할 생각은 없다. 다만 동림파 주변의 기본적으로는 특권적 혹은 경제 외적 강제력에 의거하지 않는 새로운 형태의 경영 지주군(群)을 상정한 것이다. 이를 "지주라기보다는 오히려 부농(富農)으로 불러야"(「足立啓二, 「明淸時代の小經營と地主制に關する覺書」, 『新しい歷史學のために』 143호) 할 것인지 혹은 "소경영, 특히 상업적 농업 발전단계"(大谷敏夫, 「淸代思想史硏究ノ-ト」, 『新しい歷史學のために』 152호)로 파악해야 할 것인지 그 실태에 대해서는 경제사 연구의 제 선학의 고찰에 맡기기로 하겠다.

진 덕을 지닌 군주였다면 이러한 주장, 다시 말해 '군주를 부정'할 정도의 언설, 종래 민본사상의 틀을 깰 정도의 사상은 생겨나지 않았다고 말할 수 있는가 하면 결코 그렇지는 않다.

여기서 상기되는 것은, 이탁오가 "경작하는 자는 **사**적으로 가을의 수확이 있어야 밭을 가꾸는 데에 힘쓰고, 가업에 힘쓰는 자는 **사**적으로 창고의 수확이 있어야 집안을 일구는 데에 힘쓴다"(『장서』 권32, 「덕업유신후론」)고 한 **사(私)** 긍정의 발언이다. 되풀이 언급하였듯이, 이 사의 긍정과 아울러 명말청초에 가장 특징적인 거인욕(去人欲)적 천리관에서 존인욕(存人欲)적 천리관으로의 전환, 인성론에 있어 기질의 성으로의 일체화 등 명대 중엽 이래 사상사 상의 전환을 생각해 볼 때, 황종희의 자사자리적 민의 주장이 단순히 신종 등의 개인적 탐욕, 요컨대 역사의 우연적 요인 때문이라고 하기에는 너무나 폭이 넓다는 것을 곧바로 깨닫게 될 것이다. 오히려 역으로 재산 보유에 대한 민간의 자기주장이 고양되고, 이로 인해 신종 등과의 사이에 저와 같은 모순 대항 혹은 그것을 모순 대항으로 인식하는 자각이 생겨났다고 해야 할 것이다. 요컨대 양자 사이의 **사(私)**의 대립은 이미 구조적인 것이었다. 그 새로운 사태에 대한 인식을 결여한 신종 등의 구태의연한 전횡은 그 모순 대항을 날카롭게 증폭시킨 계기에 지나지 않았다.

앞서 언급한 재산 보유에 대한 자기주장은 황종희 자신에게도 보인다. 번거로움을 무릅쓰고 열거해 보기로 하겠다.

> 선왕 시대에는 윗사람이 민(民)을 양육해 주었는데, 그 후에는 민이 스스로를 양육하였다. 또 그 뒤에는 잔혹하게 제멋대로 세를 징수하여 민으로 하여금 스스로를 양육할 수 없게 하였다. 『시(詩)』에 "온 하늘 아래 왕의 땅이 아닌 것이 없네"라고 읊었다. … 토지가 왕으로부터 민에게 수여되었다. 그러므로 이를 왕의 토지라 한다. 후세의 토지는 민이 사들인 것이다. 이제 민의 토지이지 왕의 토지가 아니다.(『破邪論』)

당시에 토지는 위로부터 수여되었다. 그러므로 10분의 1을 세로 바쳐도 이상할 것이 없었다. 이제 민이 사들인 토지에 반드시 옛날의 10분의 1(세)를 흉내 내려고 하는 것은 도의상 떳떳하지 못하다.(『孟子師說』 권6)

옛날에는 정전제도를 제정하여 민을 양육하였으니, 그 토지는 모두 윗사람의 토지였다. 진(秦) 이후에는 민이 스스로 소유하는 바의 토지가 되었다. 윗사람은 이미 민을 양육하지도 못하면서, 민으로 하여금 스스로를 양육할 수도 없게 하였다.(『명이대방록』「田制」 1)

아아! 하늘이 이 민(民)을 낳았을 적에 군주에게 이들을 맡겨서 가르치고 기르도록 하였다. 수전법(授田法)이 폐지된 이후, 민은 토지를 사들여 스스로 먹고살았다. 그런데 여기에 세금을 부과하여 괴롭히는 것은 … 매우 어질지 못한 짓이다. 그런데도 헛된 명분을 내세워 "군주 아버지여! 군주 아버지여!"라고 하도록 하였다.(『명이대방록』, 「學校」)[37]

이는 모두 세금 부과를 떳떳하지 못하고 어질지 못한 짓이라고 비판할 정도로 토지에 대한 민의 사유권을 과격하게 주장하는 발언들이다.[38] 왕선산도,

왕자(王者)는 천하 사람을 신하로 삼을 수는 있어도, 천하의 토지를 마음대로 할 수는 없다. … 오곡이 생긴 이래 민이 경작해 온 선주(先疇; 조상으로부터 전해 내려오는 전답)를 왕자가 어찌 소유할 수 있겠는가? 그리고 또 어찌 여기에 세를 부과할 수 있겠는가?(『讀通鑑論』 권14)

---

37) 宮崎市定, 「明夷待訪錄當作集(續)」(『東洋史硏究』 25-2, 1966) 참조.

38) 진용정(陳龍正)이 부민(富民)에 의한 북방 개간책의 전제조건의 하나로 개간자에 대한 영구 불과세를 제언하였던(「별론」 제7절 참조) 것이 아울러 상기된다.

라고 하였듯이, 그것은 이미 하나의 돌출된 여론이었다.

자사자리의 민이란 이처럼 사적 권익의 주장이라는 광범한 여론을 배경으로 그 전면에 자리한 민이었다. 좀 더 확실히 말한다면, 이 민은 이른바 민 일반이 아니라 당시 실력을 키워 온 자영적 소경영농을 포함한 지주층 및 이와 연결된 도시 상공층, 요약하면 부민(富民)층이었다. 황종희의 '만민을 위한 정치'란 이들 부민층을 위한 정치이며, 이 부민층이 이른바 "치세의 원점을 자신의 것으로 삼은" 민이었다. 결국 노복 · 전호 · 빈고농(貧雇農) · 도시 노동자 등 무산층의 목소리가 반드시 이들 민과 일치하지는 않았다.

부언하면 『명이대방록』은 비록 명말 특히 신종 · 희종 시대의 군주 전횡의 역사체험을 기초로 하여 황종희—그의 아버지 황존소는 황제 · 환관에 대항한 동림파로서 옥중에서 사망하였음—에 의해서 완성된 저작이지만, 그와 동림파 인사와의 관계로 인하여 이 저작 속에는 동림파 인사의 목소리가 집약되어 있다고 할 수 있다. 이를테면 군주의 탐욕 비판(雒于仁 · 풍기 · 이삼재 등), 환관 비판(양련 등), 천하의 시비 · 공론의 주장(고헌성 · 목창기 등), 재상의 권한강화 주장(섭향고 등), 토지 소유의 주장(전사승 등), 분치의 요구(진용정 · 유종주 등) 등은 「별론」에서 소개하였듯이 강약의 차는 있지만 모두 동림계 인사에 선행적으로 보이는 주장들이다. 그렇다고 해서 이를 개인적인 인연에 의한 책으로만 볼 수 없음은 동림계 인사의 주장이 말하자면 당시 **역사의 목소리**였음을 고려하면 곧바로 이해될 것이다. 오히려 이들 역사의 목소리를 집약했다기보다는 개별적이고 단편적인 또는 국부적인 그것들을 이론적으로 정리하고 집대성하였으며 또한 체계화한 그의 사상적 선진성이 도리어 평가되어야 할 것이다.

특히 자사자리적 민의 명확한 주장과 이에 기초한 가산적 관료의 부정, 이 두 가지 점은 사상사적 높이를 갖는다.[39] 명말의 특수한

---

39) 황제에게 전자와 유사한 발언을 한 것으로는, 필자가 살펴본 한에서는

정치·경제 상황 속에서 나온 이 서적이 그 특수하고 개별적인 상황에 매몰되지 않고 이를 뛰어넘어 보편성을 획득할 수 있었던 것도 이러한 사상사적 높이 때문이었다. 또한 그것의 역사적 초월성으로 인하여 청말 반군주제의 민권공화 사상이 되어 소생하였던 것이다.

전겸익(錢謙益)의 "왕도는 … 천하의 욕망으로 욕망을 삼는다. 무릇 천하는 광대하다. … 천하 사람은 각각 욕망을 갖고 있으니, 어찌 홀로 인군에게만 있겠는가?"(『牧齋初學集』 권89, 「聖王必以其欲從天下之心」)를 볼 수 있을 뿐이다.

후자와 유사한 발언으로는, 주종건(周宗建)의 "신하가 신하의 직분을 다하는 것, 이를 군주에게 충성하는 것이라고 하며, 신하가 신하의 직분에 어두운 것, 이를 나라를 저버리는 것이라고 합니다"(『周忠毅公奏議』 권2, 「糾司禮乾王體監疏」), 진자장(陳子壯)의 "어사(御史) 서지원(徐之垣)은 소(疏)에서 '신하가 군주를 섬길 때는 말을 다하는 것으로 충성을 삼고, 군주가 신하를 부릴 때에는 말을 받아들이는 것으로 관대함을 삼는다'고 하였다"(『陳忠簡公遺集』 권1, 「罪言」), 하봉성(賀逢聖)의 "신하가 감히 자기 인군을 가르치는 것, 이것이 바로 충성의 지극함이다. 다만 성인만이 그것이 충성임을 깊이 알아, 그 가르침을 꺼리지 않고 받아들인다"(『賀文忠公集』권1, 「釋歷代道命說」) 등이 곳곳에 보이고 있는데, 모두 단편적이어서 이것만 가지고는 평가를 내리기가 어렵다. 또 섭향고는 사직 요청[乞休]이나 각신(閣臣)의 보충을 요구하는 상주문에서 자주 자신의 중책을 노복의 노동에 비유하였다. 예를 들면 "신하가 군주를 섬기는 것은 노복이 주인을 섬기는 것과 같습니다. … 만일 집안에 노복이 1인뿐인데, 그에게 경작을 독려하고 또다시 길쌈을 부과하며, 여기에 다시 방문객을 맞이하도록 요구하고 또 창고를 관할하게 한다면 … 이 노복은 … 장차 조용히 죽든가 혹은 주인에게 호소하여 자기를 도와줄 자를 요구할 것입니다. 한 집안의 자그마한 일도 1인의 노복에게만 시켜서는 불가능한데, 더구나 광대한 천하를 다스리는 데 있어 단지 1인의 신하에게만 요구할 수 있겠습니까?"(「請補閣臣」 제48疏, 『綸扉奏草』 권17)라고 하였다.

이러한 언급들은 황제에 대한 발언이라는 사정도 있었을 것이며, 앞에 길고 길게 인용한 당시 노복에 대한 생생한 묘사는 생활에 밀접한 만큼 비유로서는 매우 자연스럽다—당시 비유로서 노복을 들고 나오는 예는 수없이 많다—는 이유도 있었을 테지만, 어쨌든 군신관계가 주인과 노복의 관계임을 단호하게 부정하고 사우(師友)의 관계임을 주장한 황종희의 식견은 높이 평가되어야 할 것이다.

4. 황종희 사상의 그후

마지막으로 이 두 주장은 청대에 어떻게 계승되었을까?

앞에서도 서술했듯이 '자사자리적 민'의 주장이란 단적으로 부민층의 사적 재산 보유의 주장이다. 그 바탕에는 "부(호)를 안정케 함으로써 빈농을 편안하게 한다"(『기정전서』 권41, 「復林邑尊」)고 하는 향촌질서의 실질적 지도자인 부민층의 고양된 자부심이 있었다.

이 주장이 반군주적 양상을 띠게 된 것은 명말의 군주가 부민층의 신질서에 대한 인식을 결여하고, 전사승(錢士升, 思宗 황제 시기 재상의 한 사람이었음에 유의)의 울부짖음과도 같은 상주문에서도 엿볼 수 있는 것처럼 구태의연하게 무차별적인 수탈을 강행했기 때문이다. 역으로 말한다면, 군주측이 향촌·도시의 새로운 사태를 리얼하게 인식하고 부민층의 자사자리를 용인하는 방향, 다시 말해 향촌·도시에서의 그들의 주도적 위치를 인정하고 아울러 이를 정권의 기반으로 삼는 방향으로 체제를 재편하였다면, 반군주적 발언은 자연히 그림자를 감추었을 것이다. 필자의 현재 추정으로는—그리고 이는 경제사 연구분야[40]에서도 확인되고 있지만— 청조 전제정권은 전제의 외피를 뒤집어쓴 것이지만, 정책상의 기본 노선은 무릇 자사자리적 민을 안정케 하는 것이었다.[41] 그리하여 황종희의

---

40) 모리 마사오(森正夫)의 "18세기 청조 국가는 한편에서는 지주의 수조권을 강력하게 보장해 주고, 다른 한편에서는 지주의 전호 '구제'·재생산 유지를 위해 세 부담을 경감시켜 주는 형태로 지주적 토지 소유권과 지대 착취를 보장해 주었다고 할 수 있다. 17세기에 성행하였던 항조(抗租) 운동은 18세기에 들어와서는 '오랜 악습'이 되어 더욱 보편화되었다. 이러한 사태에 즈음하여, 청 조정은 그 기저를 이루는 종래의 지주·전호 관계의 변동에 대응하기 위해 지주적 토지 소유권을 보장하는 집권적 전제 국가의 기능을 보다 전면적으로 발휘하지 않을 수 없게 되었다"(「十六-十八世紀における荒政と地主佃戶關係」, 『東洋史硏究』 27-4, 1969)라는 지적, 그밖에 重田德, 『淸代社會經濟史硏究』(岩波書店, 1975) 제2·3장 등 참조.

41) 이와 관련하여 과거의 연구 가운데 주목할 만한 것으로, 李文治, 「論淸代

경우와 같은 반군주적 발언은 이후 목소리를 감추게 되었다. 황제와의 모순 대항이 제 1차적인 것으로 보였던 그것이 청초에 들어오면 제 2차적인 것으로 후퇴한다. 그리고 새롭게 전면에 나타난 것은 부민간의 모순 및 부민층 대 빈민 무산층 사이의 모순이었다. 다만 이들 모순은 청조에 들어와 갑자기 현재화한 것은 아니었다. 부민 사이의 모순으로 말하면, 명말에 이미 향신적 대토지 소유 이외에 왕부 장전 문제도 그 한 예가 될 터이지만, 종래의 특권적 지주의 경제 외적 강제력에 의한 토지 집적을 둘러싼 재지(在地)의 제 모순은 그 표현이었다.[42]

前期的土地占有關係」(『歷史硏究』 1963년 5월)가 있다. 이에 의하면 청 초기의 토지 소유관계가 명말과 다른 점은, 황족·훈척 등 세습적 특권 대지주의 점차적인 쇠락과 향신적 대토지 소유에 대한 제한의 강화, 그리고 이에 대항하는 상인 지주, 비특권적 '서민 지주'의 토지 소유 증가·발전이라고 한다. 세습적 지주의 쇠락에는 농민의 도망이라는 일종의 실력 행사가 원인이 되고 있다. 이 사태에 직면하여 초기 청조 정권은 순치(順治) 3년 이래 '급여원종지인(給與原種之人)', '소민개간(召民開墾)' 등 일련의 법령을 통해서 경작농민의 토지 소유권을 승인하는 정책을 취했다. 향신적 토지 소유에 대해서는 유명한 순치 18년의 강남주소안(江南奏銷案)으로 대표되는 엄격한 징벌정책, 또 생원(生員)층의 무단향곡(武斷鄕曲)적 활동의 억압책, 강희(康熙) 원년의 '순압법(順壓法)'으로 시작되는 균전균역 정책 등을 시행하였다. 이상을 요약한다면, 동림파가 자신의 토지 소유의 안정 요구와 함께 그것을 보증하는 요건으로서 강하게 주장하여 마지않았던 특권적 지주(=호강)의 억제 및 균전균역 등이 청조 정권에 의해 실행되기 시작하였던 것이다. 필자의 이른바 '중견 지주', 이문치의 이른바 '상인 지주'·'비신비상(非紳非商)적 서민 지주(庶民地主)', 말하자면 자사자리적 민의 권익이 확충되어 가기 시작하는 양상을 엿볼 수 있을 것이다.(다만 '강남주소안' 등 앞의 향신·생원 억압책은 당시에는 자사자리적 민의 권익을 침해하는 형태로, 요컨대 그들 전반을 청조 세수탈 기구 속에 편입하는 형태로 행해져, 왕조 권력과 자사자리적 민의 권익 사이에 모순이 존재하였음은 말할 나위도 없다)

42) 이에 대한 반발, 즉 반(反)대지주의 여론은 동림파 인사를 중심으로 뿌리 깊고 광범위하였으며, 이의 시정을 요구한 균전균역의 주장이 자사자리적 민의 주장과 표리를 이룬다는 것은 「별론」에서 밝힌 대로이다.

이들 지주 사이 및 지주와 전호 사이의 모순을 둘러싼 문제 제기는 명말에 다수 나타나는데, 이에 대해서는 황종희도 물론 예외는 아니었다. 『명이대방록』의 「전제」 2에서 그는 관전(官田)과 민전(民田)을 합친 전국 총 실재 전지면적을 총 호수에 일률적으로 50무(畝)씩 균등하게 분배할 것을 제안하고 있어, 토지 소유의 격차 시정에도 이미 눈을 돌리고 있었다. 다만 황종희는 앞의 분배 문제를 언급한 뒤를 이어서, 나머지 170만 경(頃)은 "부민이 점유하는 것을 허락한다"고 하여 부민 본위의 입장을 견지하고 있다. 청조에 들어오면 이 **균(均)**의 과제는 부민 사이보다는 빈부 격차의 문제로서 사상사의 흐름 속에서 현저하게 크로즈업되는 사상사적 특징을 보인다. 선행적으로는 청초에 이공(李塨)의 "농민의 자업(自業)은 1부(夫) 100무(畝)를 넘을 수 없도록 하라"(『平書訂』 권7, 「田制」 제5, 상), "균전이 아니면 **빈자와 부자**가 균등해질 수 없다"(『擬太平策』 권2, 「地官」) 또는 이공이 소개하고 있는 안원(顔元)의 전호분종론(佃戶分種論; 소작의 자영농화책) 등 자사자리적 민의 주장이라는, 말하자면 제 2단계의 논의가 시작된다. 이어서 청조 중기 대진(戴震)의 '욕망의 적정한 한계를 잃는 것[欲之失]'을 부정하고 생존욕 상호간의 조화적 충족을 지향하는 새로운 리관의 확립, 후기 공자진(龔自珍)의 빈부의 평균적 조화를 지향하는 「평균편(平均篇)」, 도후(陶煦)의 대폭적인 감조(減租)를 축으로 한 지주제 개혁안(「租覈」) … 등 '제2 · 제3의 황종희'가 끊임없이 출현한다. 황종희의 황제에 대한 자사자리적 민의 주장이 이윽고 민 상호간의 모순으로 발전하고, 단적으로 지주와 전호의 대항으로 이행되어 가는 상황을 엿볼 수 있다.

이 토지문제를 둘러싼 항쟁이야말로 태평천국 이래 손문의 지권평균(地權平均) · 천하위공(天下爲公)을 거쳐 후의 중국혁명의 기본적 테마가 되었음은 주지의 사실이다. 이러한 의미에서 확실히 황종희는 사상**사**적으로 청말은 물론 중국혁명의 연원으로 위치지을 수 있다.[43] 그리고 황종희를 통해서 자기주장을 시작한 자사자리적 민은 청초를 거쳐 청말에 이르는 발전 및 모순 상극의 경과 끝에 민권사상으로 비로소 뿌리내렸다. 아니, **사상**사적으로는 자사자리에서 비롯된 균·평·공 사상의 새로운 전개·성숙의 과정이야말로 민권사상 수용의 직접적인 상류 혹은 모태였다. 청말, 루소 사상의 도입은 더욱 급속한 비약을 위한 하나의 탄력에 불과하였다고 할 수 있다. 이에 대한 상세한 설명은 별고에서 다시 서술할 필요가 있을지도 모르겠다.

다음으로 반(反)가산 관료적인 관료관인데, 관료 책임정치라고도 할 수 있는 이러한 발상이 청조 체제에 제도적으로 편입된 흔적은 발견되지 않는다. 그러나 그것이 자사자리적 민과 황제의 **사(私)**와의 대항에서 나왔으며, 청조 정권이 그 자사자리적 민의 희망을 경제정책 상에서 대체적으로 받아들였다[44]고 보는 관점에서 말한다

43) 다만 계급사관에서 본다면, 황종희는 지주 지배의 영도자로서 부정 혹은 극복되어야 할 연원이지만. 또한 여기서 좀 무책임한 감상을 토로하자면, 유럽의 부르주아가 수행한 역사적 역할이 중국의 이 시기에서는 전술한 '중견 지주'·'서민 지주', 앞의 아다치 케이지(足立啓二)의 논문에서 말한 '시대의 견인차'로서의 '상업적 농업의 추진자'·'선진적 생산력 수준의 담당자'로 표현된 신형 지주층(자영적 소경영농층을 포함)에 의해서 수행되고 있었다. 이러한 이유로 거기에는 부르주아 민주주의·부르주아 휴머니즘이 아닌 지주적 민주주의·지주적 휴머니즘이 있었다는 감회가 있다. 후외려가 황종희의 사상을 '"부민"적 민주 사상'(『중국사상통사』 제5권, 154쪽)이라 칭한 이유도 여기에 있을지 모른다. '지주'='억압자·지배자'라는 농민투쟁 일원 사관으로부터 일단 해방될 필요가 있을 것이다.

44) 니시무라 겐쇼(西村元照)가 분명하게 언급했듯이, 청초부터 지정은(地丁銀) 제도가 성립되는 옹정제(雍正制) 시기에 걸친 포람사징(包攬私徵)의 체제 내적 승인은 자사자리적 민의 희망이 실현되었음을 보여주는 중요한 징표로 생각된다.(「清初の包攬—私徵體制の確立, 解禁から請負徵稅制へ」, 『東洋史硏究』 35-3, 1976, 참조) 「별론」에서도 서술하였듯이 고염무의 「군현론」은 부민층에 의한 일종의 영역 지배를 주장하는 것이며, 이 「군현론」이 출현하기에 앞서 주장된 자사자리적 민의 이러한 희망은 거기에 상응하는 위치 부여가 있어야 할 것이다. 그리고 황종희 등이 말하는 '분치(分治)'의 실태란 결국 이러한 것이었다고 할 수 있지 않을까?

면, 명칭이야 어쨌든 실질은 청조 정권에 도입되었다고 해도 좋을 것이다.

이상을 요약하면 다음과 같다. 황종희의 '군주를 부정'할 정도의 반군주적 사상이란 엄밀하게 말하면 반(反)명조 이갑적 전제를 내용으로 한 것이었다. 황종희 사상의 바탕을 이루는 자사자리적 민의 주장이야말로 그의 사상의 주안점이며 이는 이윽고 청조 정치에 수용되었다. 한편 이를 기점으로 발생한 새로운 사상사적 과제를 둘러싸고 청조를 통해 끊임없이 계승자가 나타나고 있음을 서술하였다.

끝으로 이상의 서술을 기초로 감히 군더더기말을 덧붙이자면, 황종희는 객관적으로는 청조 정권 하에서는 체제 내적 입장에 있었다고 하지 않을 수 없다.(앞의 주40, 41, 43 참조) 역으로 말하면, 청조의 소수 이민족 정권은 황종희를 대표로 하는 이른바 역사의 목소리—단적으로는 자사자리적 민의 목소리—를 무시하고서는 성립할 수 없었다. 명조 정권 붕괴를 교훈 삼아, 이들 동림파가 의거하는 기반을 빈틈없이 자신들의 기반으로 삼는 것 이외에 그들 정권의 안정은 없었을 것이다. 이는 어쩌면 황종희측의 승리라고 할 수 있을지도 모르겠다. 다만 이민족에게 그 승리를 넘겨주었다는 점에서 그의 체제 내적 고뇌가 있었다. 두 왕조를 섬길 수 없다는 점, 게다가 이민족 지배에 대한 위화감도 있었을 것이다. 이러한 것들이 그에게 명조 유신(遺臣)으로서의 명절(名節)을 견지케 하였을 것이다. 그렇지만 이미 신정권이 자신들을 승리자로 여기는 입장에서 안정적으로 기능하기 시작한 이상, 자기 일신의 명절을 지키는 것과 그의 막내아들 황백가(黃百家)나 제자들이 신정권에 참여하는 것을 지켜보는 것 사이에 적어도 정치사상 면에서는 더 이상의 모순은 없었다고 본다.[45] 이 점에서 장태염(章太炎)의 견해(본 절 주

45) 덧붙여 그들이 음으로 양으로 편찬에 관여하였던 『명사(明史)』의 입장은,

46 고칠 것 참조)는 약간 편협하다고 할 수 있다.

또한 『명이대방록』의 자서(自序)에서 그가, "내 늙어버렸지만 기자(箕子)가 (주 무왕의) 하문을 받았던 것과 유사한 기회가 찾아올지도 모를 일이다. '땅 속의 태양이 막 솟아오르려고 할 뿐, 밝기 시작하였지만 아직 환하게 빛나지 않았다[夷之初旦, 明而未融]'고 해서 어찌 나의 생각을 끝까지 감추어 둘 것인가?"라고 서술하고 있는 것에 대해서 말해보자.

은(殷)의 현인 기자가 주(周) 무왕으로부터 정치의 대도를 질문받았던 고사에 자신을 가탁한 이 말에 대해, 장태염은 이 역시 청조에 절개를 굽힌 것이라고 비판[46)]하였고, 이에 양계초·전목(錢穆; 1895~1990)·사국정(謝國禎)·후외려 등이 일제히 반론을 제기하는 등 분분하였다. 이 문제에 한정시켜 말한다면, 무릇 이를 언급하는 모두라고 해도 좋을 일본측 인사는 양계초 등과 의견을 같이하여 결국 황종희를 변호하고 있다. 그렇지만 '땅 속의 태양이 막 솟아오르려고 할 뿐, 밝기 시작하였지만 아직 환하게 빛나지 않았다'를 명조의 광복을 가리키는 말이라든가, 광명이 좌절된 것을 뜻하는

통독해 보면 알 수 있듯이 철두철미 친동림적이다. 양정복(楊廷福) 등은 그들이 편찬에 참가한 것은 청조 정권의 사실(史實) 왜곡이나 개찬을 두려워했기 때문이라고 하였지만(『明末三大思想家』, 四聯出版社), 이것도 좀 청말·민국기 혁명가에 특유한 반청적 시점에 사로잡힌 견해이다. 오히려 『명사』가 동림파의 정치적 승리의 확인으로 끝난 의미를 생각해 보아야 할 것이다.

46) "황대충(黃大冲; 황종희)이 '명이대방'이라 이름하여 논의를 진술한 것은 비록 고상한 듯하지만 장차 오랑캐의 하문을 기다리는 것일 뿐이다. 옛날 문천상(文天祥)은 야인으로서 자문에 대비한다고 말하였지만 세상 사람들은 대부분 그 말이 거짓이라고 의심하였다. 가만히 앉아 생각건대, 또한 현실성이 없지 아니한가! 죽음으로써 부름을 거절하였으면서도, 자기 아들로 하여금 서·섭(『명사』 편찬에 참여하였던 徐乾學·元文 형제 및 葉方藹를 가리킴) 사이에서 종사하게 하였다. 진실로 생각건대, 훌륭한 신하는 두 군주를 섬길 수 없다. 아들이 명나라에서 벼슬한 적이 없다고 해서 오랑캐가 되어도 상관없다는 말인가? 황종희의 책을 종족의 의리로 질정해 보건대 망연자실할 뿐이다."(『章氏叢書』 文錄 1, 說林上)

말이라든가, 기자(箕子)에 자신을 가탁한 것은 청조에 대해서가 아니라 먼 미래 즉 청말을 전망한 것이라고 지적할 필요는 특별히 없을 것이다. 차분히 읽어보면, 그의 정책이 가까운 장래에 햇빛을 보게 될 것을 기대한 말로 읽을 수 있어[47] 이 주장이 절개를 굽혔다

47) 가장 차분하게 『명이대방록』의 자서(自序)를 읽은 것으로 佐藤震二, 「明夷待訪錄の基本思想」 제3절・4절 '待訪錄序文の思想(上・下)'(『アカデミア』 30, 社會科學篇, 南山大學)이 있다. 사토 신지(佐藤震二)는 자서에 보이는 이른바 호한(胡翰)의 12운(運)을 황종희의 숫자 처리방식에 따라 계산하여, "앞으로 20년 후에 대장(大壯)으로 들어간다"고 하였을 때의 '대장(大壯)'은 강희 23년의 갑자(甲子; 1684)에 해당되며, 이는 『명이대방록』이 쓰여진 강희 원년~2년(1662~63)부터 계산하여 약 20년 후에도 해당됨을 논증하고 있다. 그리고 황종희는 금후 20년에 주 경왕(周敬王)의 갑자(甲子) 이래의 계속적인 난세가 종말을 고하고 그 이듬해의 갑자로부터 완전히 새로운 희망의 세계가 전개될 것이라고 진정으로 생각하였고, 또한 이것을 예언한 것이라고 말하였다. 더욱이 황종희의 최만년 작품으로 보이는 『파사론(破邪論)』의 자서에서 "내 일찍이 『대방록』을 짓고 삼대(三代; 하・은・주)의 정치가 회복될 것을 생각하였다. 곤산(崑山)의 고영인(顧寧人; 고염무)이 이를 보고 비현실적인 것이라고 생각하지 않았다. 이제 계산해 보건대, 이 책을 지은 지 벌써 30년이나 되었다. 진효산(秦曉山; 사또 신지에 의하면 호한의 12운을 가르친 스승)의 12운설이 사람을 속인 것이 아닌가?"(다만 진효산 이하 12글자[秦曉山十二運之言, 無乃欺人]는 중화서국본 『황이주문집(黃梨洲文集)』에만 기록되어 있다)라고 되어 있기 때문에 그가 최후까지 12운의 설을 잊지 않았다는 예증이 된다고 하였다. 이와 같은 사또 신지의 지적은 경청할 만한 것이라 생각된다. 이에 따르면 황종희는 매우 가까운 미래에 이상적인 신왕조가 출현할 것이라고 몽상하였던 것이 된다. 그러나 설령 그렇다 해도 황종희가 이를 몽상하게 된 바탕에는 그의 배후에 동림파를 대표로 하는 광범한 여론이 명말청초 시기를 관통하고 있었다는 자부, 그리고 현실적으로 청조가 그가 주장하는 바를 부분적이기는 하지만 실행하기 시작하였던 것에 대한 자기 확신 등이 있었다. 그것이 그에게 앞날을 낙관케 하거나 혹은 '명이대방'으로 향해 분기케 하였던 것으로 보고 싶다. 곧 '명이대방'이란 말은 문자 그대로 햇빛을 목전에 둔 새벽녘, 명군(明君)의 하문(下問)을 만날 날도 멀지 않다는 기대의 말로 생각하여도 전혀 지장이 없을 것이다. 이상적인 왕조가 결국 청조일 수밖에 없었다는 것이 그 개인의 반평생의 궤적에서 볼 때 끔찍한 것이기는 하였지만.

고 비판받을 이유도 없지만, 동시에 주장한 사실 경과까지를 곡해하여 변호할 이유도 없을 것이다. 출사를 거부하는 것과 세상에 정치적 주장을 펴는 것 사이에 모순은 없었다고 보는 점, 전술한 대로이다.

이상으로 『명이대방록』의 역사적 위치, 그리고 앞으로 재검토해야 할 요점들을 포함하여 급한 대로 살펴보았다.

제3장
청대 전기 새로운 리관(理觀)의 확립
-'극기복례(克己復禮)' 해석의 전개양상을 통해 본-

이상으로 이탁오에 대한 동림파의 비판 및 황종희·고염무·왕선산 등의 배척, 그럼에도 그 사이에 존재하는 사상사적인 계승관계를 살펴보았다. 본 장에서는 『논어』의 '극기(克己)'에 대한 해석, 즉 전통적인 경전 해석을 통해서 명대 후기의 양명학 이래 청대 중기의 대진학(戴震學)에 이르는 사이의 사상사적인 전개를 조감해 보겠다. 지금까지 살펴본 것처럼 그 전개는 주로 리관(理觀)의 전환—거인욕(去人欲)적 천리에서 존인욕(存人欲)적 천리로—을 주요 내용으로 하였다. 그런데 명말청초 시기에는 이에 앞서 인성론의 전환이 이루어지면서 송학적인 인성론에서의 본연과 기질의 이원론적 인식은 거의 파탄되고 성(性)은 기질의 성으로 일원화되기 시작한다. 이와 같은 전환이 '극기복례' 해석에도 그대로 반영되어 경전 해석의 전환으로 나타나게 된다.

이하, 그 전환의 양상을 통해서 명청 시기 사상사상의 계기적(繼起的)인 전개의 발자취를 더듬어보기로 하겠다.

제1절 송학적 인성론의 파탄

안원과 이공의 '극기(克己)' 해석

먼저 그 실마리로 『맹자자의소증(孟子字義疏證)』에서의 대진(戴震; 1723~1777)의 '극기복례(克己復禮)' 해석을 살펴보기로 하겠다. 잘 알고 있듯이 '극기복례'는 『논어』「안연」편의 첫머리에 나오는 말이다. 대진은 『맹자자의소증』에서 "기(己)는 자신의 사욕(私欲)을 말한다"는 주자의 해석을 비판하면서, '기(己)'를 '사욕'으로 해석하면 다음 문장 '위인유기(爲仁由己; 인을 행하는 것은 자기로부터 말미암는다)'의 '기(己; 자기)'와 어긋나게 되는 모순을 지적하였다.48)

---

38) 대진은 "질문: 『논어』에서 '극기복례위인(克己復禮爲仁; 자기를 이기고 예로 돌아가는 것이 인이다)'이라고 하였다. 주자는 이 말을 해석하면서, '기(己)는 자신의 사욕을 말하고, 예(禮)는 천리가 잘 조절된 문채[節文]이다'라고 하였다. … 노자・장자・불가는 욕망을 없애는 것이지 사(私)를 없애는 것은 아니며, … 성인과 현인의 도는 사를 없애는 것이지 욕망을 없애는 것은 아니다. '사욕'으로 말할 것 같으면, 성인과 현인에게는 진실로 그러한 것이 없다. 이렇게 볼 때, 안자(顔子) 같은 현인이 사욕을 이기지 못하였다고 생각할 수는 없다. 어찌 안자마저도 사욕에 무너지는 일이 있겠는가? 더구나 다음 문장에서 '위인유기(爲仁由己)'라고 하였으니, 무엇을 근거로 '극기(克己)'의 '기(己)'와 '위인유기(爲仁由己)'의 '기(己)'가 다른 뜻으로 사용된 것이라고 단정하는가? 이 장 이외에 '사욕'을 일컬어 '기(己)'라고 한 예를 결코 본 적이 없다. 주자는 또 '인을 행하는 것은 자기로부터 말미암는 것이니, 타인이 관여할 수 있는 바가 아니다'라고 하였다. '가르쳐 주면 게을리 하지 않는 사람'(『논어』「자한」에서 공자가 안연의 부지런한 공부를 극찬한 말/역주)에게 어찌 이런 쓸데없는 말로 독려할 필요가 있었겠는가? 그가 잘못 해석하고 있음이 분명하다. 그렇다면 이 장을 어떻게 해석해야 하는지 들려줄 수 있겠는가?"(『맹자자의소증』 권하, 「權」)라고 문답형식을 빌어 서술하였다.

필자가 이용한 『맹자자의소증』은 북경 중화서국 간행본(1961년 초판본)이다. 이하, 번잡함을 피하기 위해 『맹자자의소증』에 한해서는 서명을 일견 자의(字義)상의 일관성을 지키려는 것처럼 보이는 이러한 대진의 태도에서, 대진의 청대 고증학자로서의 성격을 검출하려는 분석이 이미 선학들에 의해 시도되었다. '기(己)'를 한 가지 해석으로 관철시키려 함으로써 도리어 또 다른 파탄을 낳았지만, 오히려 거기에 대진의 주관적 의도가 드러나고 있으며, 그리고 그 주관성이야말로 대진이 『맹자자의소증』에서 일견 객관적 실증을 시도하는 것처럼 보이면서도 사실은 그의 사상가—고전의 객관적 실증에 철저한 실증적 연구자라기보다는 고전을 빌어 사실은 자신의 사상을 주장하는 것을 근본적인 것으로 여긴다는 의미에서의 사상가—로서의 성격을 보여주는 것이라는 점 등이 지적되었다.49) 누구라도 평온한 마음으로 자세히 읽어본다면 알 수 있겠지만, '극기(克己)'와 '유기(由己)'가 모두 '위인(爲仁)'과 병렬적으로 등치되고 있는 이상, 여기에서 두 개의 '기'를 한 가지 해석으로 관철시키기 위해서는 '극'과 '유'가 상반된 개념으로 '기'와 결합되어서는 안 된다. 따라서 '기(己)'를 한 뜻으로만 해석해야 한다는 원칙을 고수하고자 한다면 당연히 '극(克)'과 '유(由)'에 대한 재검토가 이루어져야 한다. 이를 고증학자로서의 대진에게 요구하는 것은 결코 가혹한 일은 아니다.

일견 '기(己)'를 '사욕'으로 해석함으로써 발생하는 두 '기' 사이의 자의상의 모순을 지적한 것처럼 보이지만, 이는 대진에게는 부

생략하고, 인용문은 권수와 편명만을 제시하기로 한다. 아울러 밝혀둔다면, 주요한 인용문은 번잡하지 않는 범위 내에서 번역하는 것을 위주로 하겠지만, 본문 가운데의 인용문과 논리상 비교적 단순한 문장은 원문을 그대로 제시하기로 하겠다.(*원문 제시만으로는 의미가 전달되지 않는다고 판단될 경우, 우리말로 바꾸어 번역하고 원문을 괄호 안에 넣기로 하겠다. 『맹자자의소증』의 우리말 번역본으로는 장윤수·임종진 옮김, 『대진의 맹자읽기』[소강, 1996]; 임옥균 옮김, 『맹자자의소증·원선』[홍익출판사, 1998]이 있다)

49) 安田二郎, 「孟子字義疏証の立場」(中國文明選 『戴震集』所收, 朝日新聞社, 1971) 및 山井湧, 「孟子字義疏証の性格」(『日本中國學會報』 제12집) 참조.

차적인 문제다. 사실은 '기'가 '사욕'으로 해석됨에 따라 '욕망[欲]'이 '극복[克]'의 대상이 되는 것을 반대하는 데에 근본적인 주안점이 있었다. 따라서 본 절에서는 '극기' 해석이 대진에 의해서 자의(字義)의 일관성이 지켜지게 되었는가 아닌가를 문제 삼는 것이 아니라, 그가 '기'를 '사욕'으로 파악하는 견해에 반대한 의미를 내용적으로 문제 삼고자 한다.

그런데 '기'를 '사욕'으로 해석함에 따라 발생하게 되는 자의상의 모순에 대해서는 이미 대진보다 1세대 이전의 안원(顔元; 1635~1704)에 의해서 제기되었다. 그래서 잠시 안원의 '극기' 해석을 검토하고, 이어서 다시 대진의 해석을 살펴보기로 하겠다. 안원은 다음과 같이 말한다.

> 기(己)는 옛날에는 '자신[身]'으로 풀이하였다. 요컨대 타인[人]에 대비되는 자기이다. "기는 사욕을 뜻한다[己私]"라는 해석을 들어본 적이 없다. 대체로 송대의 유자는 기질에 악이 있다고 생각하였기 때문에 자기를 '사욕'으로 이해하였고, 그 결과 '완전히 제거하다[克盡]', '사욕을 이기다[勝私]'라는 말을 만들어냈다.[50] 도대체 자기의 이목구비를 '제거한다'든지 '이겨낸다'든지 하는 말이 있을 수 있는가? 그렇게 되면 이치가 통하지 않을 뿐 아니라, 다음 문장의 '유기(由己)'와도 분명 어긋나고 문맥도 뒤죽박죽이 되어 버린다.(『四書正誤』 권4)

50) 주자는 다음과 같이 말하였다. "인(仁)이란 본심의 온전한 덕이며, 극(克)은 이김이며, 기(己)는 한 몸의 사욕을 말하며, 복(復)은 돌아감이며, 예(禮)란 천리가 잘 조절된 문채[節文]이다. 위인(爲仁)이란 그 마음의 덕을 온전히 하는 까닭이다. 대체로 마음의 온전한 덕은 천리가 아님이 없지만, 또한 인욕에 의해서 파괴되지 않을 수 없다. 그러므로 인을 행하는 자가 반드시 사욕을 이겨서 예로 돌아간다면, 일마다 모두 하늘의 이치에 맞아서 본심의 덕이 다시 내 몸에서 온전하게 된다. … 정자는 말하였다. '예가 아닌 것이 곧 사사로운 뜻이니, 이미 사사로운 뜻이 있으면 어떻게 인이 될 수 있겠는가? 반드시 자기의 사욕을 완전히 없애고 모두 예로 돌아가야 비로소 인이 될 수 있다'고 하였다."(『四書集註』)

여기서 안원이 대진에 앞서서 '기(己)'를 '사욕'으로 해석함으로써 발생하게 되는 모순을 자의상에서 비판하고 있음을 알 수 있다. 더욱이 자의상의 일관성을 지키고자 하는 점에서, 안원은 대진에 비해 한층 주도면밀하였다. 안원은 말한다.

> 생각건대 옛날에는 '극(克)'을 '능하다[能]', '이기다[勝]'로 해석하였다. … 어떤 사람이 "자기를 이긴다[勝己]는 것은 자기로 하여금 항상 이기도록 하는 것이다[使己常勝也]"라고 하였는데, 이처럼 '자기가 항상 외물을 이김으로써 천리의 올바름으로 돌아가는 것'[51]으로 본다면 '위인(爲仁)'은 아래의 '유기(由己)'·'사물(四勿)'과 앞뒤로 관철되고 그 해석도 역시 통하게 된다.[52](『사서정오』 권4)

---

51) 이와 마찬가지로 안원은 또한 『맹자』 「진심상」의 '만물개비어아(萬物皆備於我; 만물의 이치가 모두 나에게 갖추어져 있음)'라는 구절에 주를 달아, "맹자는 인(仁)이라는 글자의 본체를 끄집어내었다. 나의 인은 본디 천하와 통하여 일체가 된다. 다만 자신이 예로 돌아가지 못하기 때문에 곧 천하와 커다란 간격이 생겨나는 것이다. 그러나 자신이 외물을 이겨내어 천리의 법칙을 회복할 수 있게 되면, 곧바로 만물이 모두 갖추어져 있는 나를 온전히 할 수 있게 될 것이니, 천하가 어찌 나[我)]의 인 속으로 돌아오지 않겠는가? 여기서의 아(我; 나)라는 글자는 곧 『논어』의 기(己; 자기)라는 글자와 같은 뜻이다"라고 하였다.

52) 하안(何晏)은 그의 『집해(集解)』에서, "마융은 '극기(克己)'는 자신을 단속하는 것[約身]이라 하였고, 공안국은 '복(復)'은 돌아가는 것[反]이라 하였으니, 자신이 능히 예로 돌아간다면 인이 되는 것이다"라고 하였다. 또한 형병(邢昺)은 여기에 소(疏)를 달아, "공자는 '극기복례가 인이다'라고 하였는데, '극(克)'은 단속하는 것[約]이요, '기(己)'는 자신[身]이요, 복(復)은 돌아가는 것[反]이니, 능히 자신을 단속하여 예로 돌아가면 인이 됨을 말한 것이다. … 이곳의 주(注)에서는 '극(克)'을 단속[約]이라 해석하였다. 유현(劉炫)의 소(疏)에는, '극(克)은 이긴다[勝]는 뜻이고, 기(己)는 자신[身]을 말한다. 자신에게 기호와 욕망[嗜欲]이 있으면 마땅히 예의로 다스려야 한다. 기호·욕망과 예의가 싸워, 예의로 하여금 그 기호와 욕망을 이기게 한다면 자신이 예로 돌아갈 수 있게 된다. 이와 같이 해야만 비로소 인이 된다. 복(復)은 돌아간다는 뜻이니, 정(情)이 기호와 욕망에 핍박당하여 자기가 예에서 떠났다가 다시 돌아와 회복하는 것이다'라고 되어 있다"라고 하였다. 이제 이를 주자의 주와 대비하면서 본 절의 주46를

'자기를 이긴다[勝己]'를 '자기로 하여금 이기게 한다[使勝己]'로 해석하는 것의 옳고 그름을 따지지 않는다면, '기(己)'를 '자신[身]'의 뜻으로 해석하는 원칙을 고수하는 결과로서 '극기(克己)'에까지도 이를 관철시키려고 하는 점에서, 그의 해석은 형식적으로는 더욱 완비되어 있다고 할 수 있다.

그렇지만 여기서도 우리는 안원의 의도가 전적으로 자의 상의 일관성을 지키려고 하는 데에 있다고 생각할 수는 없다.

'기(己)'를 '자신[身]'으로 해석하여 자의상의 일관성을 고수하고 있는 이상, 당연히 '극(克)'의 내용에 대한 검토가 먼저 이루어지는 것이 가장 자연스러운 순서이다. 그럼에도 굳이 '자기[己]'를 행위의 주체로 파악하는 강인한 논법이 어디에서 유래하였는가가 오히려 문제된다.

그래서 다시 한 번 안원의 '극기' 해석을 살펴보면, 그의 주장은

참고하기 바란다. 또한 안이학파(顔李學派) 정정조(程廷祚)는 다음과 같이 말하였다. "고씨(高氏; 高誘/역주)는 '극기(克己)'를 '자신을 단속하는 것[約身]'이라 해석하였으니, 자못 이치에 근사한 듯하다. 그런데 마디 밖에서 가지가 생겨난 것은 수(隋)나라의 유현에서 비롯되었다. 유현은 자신에게 기호와 욕망이 있을 때, 마땅히 예의가 이와 더불어 싸워서 이긴다면 예를 회복할 수 있다고 하였다. 주자는 그 설을 받아들여 '극(克)'을 '이기다[勝]'의 뜻으로 보았으니, 아직은 잘못된 것이 아니었다. 그러나 '기(己)'를 '자신의 사욕'이라 해석함에 이르러서는 옛날에 이러한 해석이 없었을 뿐 아니라 또 경문의 '극기(克己)'와 '유기(由己)'에서의 '기'를 각각 달리 해석하게 되었으니, 서곡(恕谷; 이공/역주) 선생이 비난한 것도 이상한 일이 아니다."(『顔子學記』 권9)

이 밖에 '극(克)'을 '책망하다[責也]'로 해석하는 경우(范寧)도 있지만, '능하다[能]'로 해석하는 예는 발견되지 않는다. 다만 『시』, 『서』 등에서는 '극(克)'을 '능하다[能]'로 볼 수 있는 예가 있다. 이를테면 『예기』「치의(緇衣)」의 "아직 성인을 보지 못했을 때에는 마치 자기가 능히 볼 수 없을 듯이 하고, 이미 성인을 보았어도 또한 능히 성인을 따를 수 없을 듯이 한다[未見聖, 若己不克見, 旣見聖亦不克由聖]"에 대해 정현(鄭玄)은 "극은 능하다의 뜻이다[克, 能也]"고 주를 달고 있다. '극(克)'의 옛 해석, 즉 정통적인 '단속하다[約]'·'책망하다[責]'의 뜻을 버리고, '이기다[勝]'·'능하다[能]'의 뜻을 취하는 바에 안원의 진면목이 있는 것이다.

기질의 성에 악이 있다고 하여 '기(己)'를 '극(克)'의 대상으로 다루는 주자적 해석에 반대하는 것임을 알 수 있다. '기'를 '극'의 행위 주체로 보는 억지는 분명 이러한 주장과 밀접하게 연관되어 있다.

좀 더 분명하게 말하면, "기(己)=사욕(私欲)"으로 해석하는 것에 대한 안원의 반대에는 두 가지 측면이 있다. 하나는 '기'가 그대로 '사욕'으로 간주되는 것에 대한 거부로서, 이는 기질에 본래부터 악이 존재한다는 것을 인정하지 않는 그의 주장과 연결되어 있다. 또 다른 하나는 '기=사욕'으로 해석함으로써 자기가 극복의 대상으로 간주되는 것에 대한 거부이다. '자기를 이긴다[勝己]'를 '자기로 하여금 이기게 한다[使勝己]'로 해석하는, 다시 말해 극복되어야 할 자기로부터 극복을 주관하는 자기로의 전환이 여기에서 발생한다. 이는 또한 자기의 실천궁행을 중시하는 그의 독특한 철학에 그대로 연결된다.

여기서 '극기'를 '자기가 항상 외물을 이긴다[己常勝於外物]'라고 풀이하는 그의 해석의 특이함이 주목된다. 특이함은 '외물'에 있다. 이는 분명 '극기'의 글자 뜻에서는 벗어난 해석이지만, 사실 이것은 안원의 성선설에서 중요한 의미를 갖는다. 안원은 말한다.

> (정명도가) "악으로 흐른다[流於惡]"[53]고 했을 때의 '흐른다'는 말에

53) 안원은 정자의 "대체로 천하에는 본성 밖의 사물은 없다. 근본은 모두 선하지만 악으로 흐를 뿐이다"[蓋天下無性外之物, 本皆善而流於惡耳]"라는 말을 소개한다. 정명도는 "무릇 사람이 본성을 말할 때에는, 단지 '잇는 것이 선함이다[繼之者善也]'(『周易』「繫辭傳」에 나오는 말/역주)를 두고 말하니, 맹자가 본성은 선하다고 말한 것이 그것이다. 이른바 '잇는 것이 선함이다'는 말은 물이 흘러서 아래로 나아가지만 모두 물인 것과 같은 것이다. 흘러서 바다에까지 이르면 끝내 오염되는 바가 없을 것이니, 이것이 어찌 번거로운 인간의 작위를 필요로 하는 것이겠는가? 멀리까지 흘러가지 못하면 점차 탁하게 되고, (물길을) 벗어나서 더욱 멀어지면 바야흐로 완전히 탁하게 된다. … 비록 맑음과 탁함의 차이는 있지만, 그러나 탁해졌다고 해서 물이 아니라고 할 수 있겠는가? 이렇다면 사람은 맑게 다스리는 공부를 하지 않을 수 없다. … 그 맑음에 이르러서는 도리어

는 문제가 있다. 이는 요컨대 근원은 선하지만 말류가 악하다든가 혹은 상류는 선하지만 하류는 악하다는 뜻이다. 무릇 근원이 선하다면 말류도 선하고, 상류에 악이 없다면 하류에도 악이 없는 법인데, 악하게 된 것은 흐르는 과정에서 오염되었기 때문임을 모르고 하는 말이다. 물이 샘에서 흘러나오는 것에 비유해서 말하자면, 만일 물이 모두 자갈길을 따라 흘러가면 … 조금의 탁함도 가해지지 않을 것이다. 그럼에도 탁하게 되었다면 썩은 흙이 이를 오염시켰기 때문이다. 물은 본디 맑지만 흐름은 탁하다는 따위의 말은 결코 있을 수 없다. 탁하게 된 것은 흙의 오염 때문이지 물의 기질 때문이 아님을 안다면, 악한 사람 역시 외물이 본성을 오염시켰기 때문이지 사람의 기질(에 관련된 것)이 아님을 알 수 있다.(『存性篇』 권1, 「性理評」)

인용문에서도 알 수 있지만, 원래 안원의 성선설은 악의 혼탁을 기질에 대한 '외물'의 '인폐습염(引蔽習染)'으로 보는 데에 기초한다. 혼탁을 기질 그 자체에 고유한 것으로 본 송학에 비해, 이 점에서 어느 정도의 분명한 차이를 보인다고 할 수 있다.54) 안원에 따

곧 원래 최초의 물이 되는 것이다. … 물의 맑음은 곧 본성의 선함을 말하는 것이다"(『하남정씨유서』 권1)라고 서술하고 있다. 송학의 가장 전형적인 사고방식이다.

54) 기질의 혼탁이라는 점에서 본다면 이것은 일견 분석적이다. 그러나 성(性)에 초점을 맞춘다면, 이것은 또한 극히 단도직입적이며 명쾌하다. 왜냐하면 안원은 기질의 성 이외에는 다른 성이 있다는 것을 인정하지 않으며, 또한 성의 선함도 기질의 성으로 일원화시키기 때문이다. 그렇다고 해서 그가 장재·정자·주자 이래의 성의 이원화를 부정하고 단순히 맹자의 성선으로 되돌아가고 있는 것은 아니다. 주자는 "리(理)라는 것은 형이상의 도이니, 사물을 낳는 근본이다. 기(氣)라는 것은 형이하의 기(器)이니, 사물을 낳는 도구이다"(「答黃道夫」)라고 하였다. 안원은 이러한 우주관 또는 세계관을 전체적으로 계승하면서 형이하의 구체적인 실상에 형이상의 이념을 수렴하여 일원화하였다. 왜 형이상으로 일원화하지 않고 형이하로 일원화하였을까? 여기에 명말 이후 그의 시대에 이르는 송학 비판에 존재하는 역사적 리얼리티의 멈출 수 없는 충동이 있는 것이다.

또한 여기서 다음과 같은 점에 주의를 환기하고자 한다.

기질의 성을 본연의 성과 동일한 것으로 보는 이른바 성(性) 일원론

르면 혼탁은 기질에 고유한 것이 아니라, 물로 비유하자면 물에 흙이 섞여 들어온 것과 같다. 물이 본래는 맑고 밝은 것처럼 '외물'의 오염을 제거하면 기질은 다시 본래대로 맑고 밝게 된다는 뜻이다.

공자와 맹자 이전에는 (악의 원인을) '습관[習]'의 탓으로 보고, 사람들로 하여금 그 본래 없었던 것을 제거하도록 하였다. 그러나 정자와 주자 이후에는 이를 '기질[氣]'의 탓으로 보고, 사람들로 하여금 그 본래부터 있는 것을 미워하도록 하였다. 이 때문에 대부분의

속에서, 악을 '후천적인 것[習]'으로 파악하는 의론이 명말 이래 현저하게 나타나기 시작하였다는 점이다. 황도주(黃道周)의 "어린아이가 조금 자란 뒤에는 사랑하고 공경할 줄 모르게 되는 것은 무엇 때문인가? 그것은 **후천적인 습관 때문이지 본성은 아니다**[其習也, 非性也]. 어린아이를 교육시키는 방법이 잘못된 것이다"(『孝經集傳』 권1), 유종주(劉宗周)의 "내 생각건대, 물은 마음과 같아서 맑은 것이 그 본성이다. 때때로 탁하게 되지만 맑음에서 아직 벗어나지 않았다면, 서로 비슷하다. 끝내 탁함으로 고착되는 것은 **후천적인 습관의 죄**[習之罪]이다"(『劉蕺山先生集』 권6, 「學言」下), 진확(陳確)의 "기의 맑음과 탁함은 진실로 차이가 있는 것이지만, 그러나 성선의 의리와 어긋나지 않는다. 기가 맑은 사람은 선하지 않음이 없으며, 기가 탁한 사람 또한 선하지 않음이 없다. **선하지 않음이 있는 것은 곧 후천적인 것[習]일 뿐이다**"(『陳確集』 別集 권4, 「瞽言」3, 「氣稟淸濁說」), 또 주순수(朱舜水)의 "천지는 항상 맑은 기로서 어질고 지혜로운 사람을 사랑하고, 탁한 기로서 어리석고 못난 사람을 괴롭히지만, … 이것은 천지에게 잘못이 있는 것이지 어리석고 못난 사람에게는 죄가 없다. … 어찌 요순 시대 사람들의 기는 모두 맑고, 걸주 시대 사람들의 기는 모두 탁하였겠는가? … 타고난 본성에는 조그마한 차이도 없다. 성장해서는 **부모의 교육방법이 잘못되고 세속의 유혹이 많아진다. 그러므로 습관이 오래되면** 맑고 깨끗함이 모두 사라져서, … 서로간의 차이가 드디어 만만배나 된다"(『朱舜水全集』 권14, 「答奧村庸札問」) 등 일일이 예를 들 수 없을 정도이다. 이들의 의론은 모두, 악을 기질에 고유한 것으로 보는 것에 반발하여, 악을 공자가 말한 '후천적인 습관[習]'에 귀결시키고자 한 것이다. 그 배경에는 인성을 존재(Sein) 상에서 긍정하고자 하는 명말청초의 새로운 움직임이 있었다. 다만 기질의 긍정을 인욕의 긍정과 충분하게 결합시키지 못하였기 때문에 '습(習)'은 단지 한 개인의 악에 머물고, 따라서 그것의 극복도 아직 사회적 관계 속에서 전망될 수 없었다. 이들에 비한다면 안원의 '외물'은 개인적인 틀을 뛰어넘는 것으로 평가할 수 있다.

사람들은 자신의 악한 행위를 기질의 탓으로 돌리고, 마침내는 "산과 바다는 쉽게 바꿀 수 있지만 본성은 옮기기가 어렵다"는 속담마저 생겨났다. 세상을 잘못되게 만든 점, 어찌 적다고 하겠는가?(『존성편』 권1, 「성리평」)

이처럼 안원은 기질은 사람에게 '본래부터 있는 것[本有]'이며 혼탁을 초래하는 '외물'은 사람에게 '본래 없었던 것[本無]'으로 파악하고 있다.

아아! 기품은 본래부터 타고난 것이 아니겠는가? 본래부터 타고난 것 이외에 또다시 성(性)이 있겠는가? 정자와 장재는 원래 (성을) 둘로 나누는 것이 옳지 않음을 알았지만, 여러 학자・불가・세속인들 때문에 마음이 흔들려 마침내는 성(性)에 두 가지가 있다고 말하기에 이르렀다.(『존성편』 권1, 「성리평」)

안원은 '본래부터 있는' 기질만이 성이며, 이 이외에 이른바 '본연의 성'이라는 성을 인정하지 않는 입장을 취하고 있다.[55] 그에게 본성이 선하다는 것은 기질의 성이 선하다는 것을 의미한다.

만약 기(氣)가 악이라면 리(理)도 역시 악이며, 리가 선이라면 기도 역시 선이다. 대체로 기는 곧 리의 기를 말하며, 리는 곧 기의 리를 말한다. 어떻게 리는 순수하고 한결같은 선이며, 기질에만 악이

55) 이곳의 논술은 사실 인과관계를 도치시키고 있다. 기질이 선하다고 주장한 결과로서 본연의 성이 무의미하게 된 것은 아니다. 사욕을 극복한다는 명분 아래 인간 성정의 자연이 부당하게 소외되는 그 불합리성으로 인해, 성정의 자연이 인성론의 장에서 자기 주장을 시작한 것이다. 요컨대 본연의 성이 갖는 비현실적 측면이 파탄한 결과로서 기질의 성이 본래 선한 것이라는 주장이 제기되기 시작하였고, 악이 기질에 고유한 것이라는 견해를 부정한 것이다. 이러한 주장은 이미 명말에 현저하게 싹트고 있었다. 시대는 착실하게 송학적 리의 형이상학으로부터 형이하학으로의 역전으로 달리고 있었던 것이다.

있다고 할 수 있겠는가?(『존성편』 권1, 「駁氣質性惡」)

안원은 위와 같은 관점에서 리와 기를 논한다. "기가 악이라면 **리도 역시 악**이다"라는 말은 상당히 강경한 표현인데, 여기에서 안원은 기를 악으로 간주하는 정반대편에서 리를 선으로 파악하는 송학적 리와 정면으로 충돌한다. '본래부터 있는' 기를 제쳐두고 무슨 리가 있는가라고 말하는 이 발상에는 리만을 '본래부터 있는 것[本有]'으로 간주하는 송학적 발상을, 기(氣)를 원점으로 삼으면서 단도를 거꾸로 쥐고 달려들어 기의 본유성(本有性)을 탈취하려는 우격다짐이 있다. 타고난 인간 성정의 자연스러움을 노래한 명말 이래의 새로운 움직임이 이제 송학이 줄곧 차지해 왔던 씨름판 속으로 뛰어들어가 유교적 도통의 중대한 국면에서 대결이 시작되고 있는 것이다.

그런데 여기서 문제가 되는 것은 이와 같이 기를 원점으로 하는 리와 송학적 리의 차이가 무엇을 초래하였는가 하는 점이다.

먼저 송학에서는 악은 기질에 고유한 것이며, 따라서 일반적으로 악은 인간에 내재되어 있는 것으로 파악하였다. 악은 '사욕'이기도 하므로 '자기'의 **내부에서** 이를 '완전히 제거'하면 본연의 성이 밝게 드러날 수 있다. 또한 이 본연의 성은 천리가 인간 위에서 구현된 것으로서, 만인에게 보편적임과 동시에 우주적 보편의 천리와도 관통된다. 그 결과, 한 개인 내부에서 본연의 성이 밝게 발현된다는 것은 곧바로 우주적 천리를 획득하는 것을 의미하였다. 따라서 도덕적 실천에 있어서는 자기에게 본래부터 갖추어져 있는 천리를 내적으로 추구해야 한다. 그러나 기질의 악을 '완전히 제거'하는 것이 전제가 됨으로써, '자기'는 천리 추구의 **대상이 되어버린다**.

더욱이 한 개인에게 갖추어져 있는 본연의 성은 우주 보편적이다. 그러므로 '자기'는 천리 추구의 대상이 됨과 동시에 그 천리 추구 또한 **'자기' 내부에서 완결된다**. 이제 이를 편의상 **송학적 천리**

의 **일기완결성(一己完結性)**이라 칭하기로 하겠다.

한편 안원에게 있어 혼탁은 인간 본성 속에는 '본래 없는' '외물'의 오염이며, 기질의 성과 본연의 성은 성선(性善)이라는 측면에서 한 묶음이다. 이리하여 악은, '본래부터 있는' 그리고 한 묶음의 선이라는 성의 바깥으로 원리적으로 쫓겨나게 되었다. 성에 근거하여 논해져 온 선악은 성과 '외물'의 관계 속에서 논해지게 되었다. 그리하여 악은 이제 더 이상 성에 고유한 것도 아니며 성 속에서 대상으로 삼아 극복해야 할 것도 아니게 되었다. 여기서 한 묶음으로 파악된 안원의 성은 동시에 자기[己]이기도 하였다. 결국 앞서 보았던 안원의 '극기' 해석의 두 측면, 즉 '기'를 '사욕'으로 해석하는 것에 대한 거부와 '자기'를 '극복'의 대상으로 보는 것에 대한 거부는 악을 본성에 있어 '외물'로 파악하는 관점에서 유래한 것임을 알 수 있다.

극복되어야 할 **사(私)**가 '외물'로 간주됨으로써 송학적 일기완결성은 미묘한 파탄을 보이기 시작한다. 적어도 악의 극복은 성의 내부에서는 완결될 수 없는 것이 되었다. 송학에서 **'사를 없앤다[無私]'**는 것은 인간 본성 속에서 기질의 혼탁을 완전히 제거하는 것이었다. 안원에게서 인간 본성(곧 기질)은 원리적으로 말하면 본래 맑고 밝아 사가 없는 것으로 설정되었기 때문에 사를 없애는 실천적 추구는 '외물'의 침입으로부터의 방어 혹은 침입한 '외물'의 제거에 있게 된다. 방어하고 제거하는 행위의 주체는 자기이며, 자기는 또한 성의 주체이기도 하다. 방어되고 제거되는 현장이 성이며, 그런 의미에서 성은 자기에게 있어서 행위의 대상이 된다.

> 사람이 어린 시절부터 악하게 되는 것은 본래 자신의 기질이 편벽되어 쉽게 (악)에 이끌려 가리우고 습관에 물들기[引蔽習染] 때문이다. 이는 본래 사람에게 책임이 있는 것이니, 사람은 스스로 노력하지 않을 수 없다.(『존성편』 권1, 「성리평」)

라고 말하는 '사람'과 '기질', 지금까지의 용어로 말하자면 '기(己)'와 성(性)의 기묘한 분리가 여기에서 발생한다. 이는 뒤에서도 서술하겠지만, '외물'을 악으로 보고 성 바깥에 설정하면서도 그 악이 기질의 혼탁 **상태**로서 성에 붙어 있다고 보는 안원 철학의 불철저함이 초래한 하나의 논리적 파탄이다. 그렇지만 이를 뒤집어서 말하면, 굳이 이러한 파탄을 무릅쓰면서까지 행위 주체로서의 자기를 행위 대상으로서의 성(性=己)으로부터 분리시키려고 하는 바에 안원 철학의 **안타까운** 새로움이 있다고 하겠다.

우격다짐으로 기질을 내세워 기질 원점의 성선(性善)을 주장하였지만 악을 인간 본성에서 외재화시킬 수 없었던 그 불철저함으로 인해 송학적 일기완결성을 깰 것처럼 보이면서도 여전히 깰 수 없었던 그것은 곤혹스러움이었다. 하지만 동시에 똑같이 기질의 혼탁 제거를 지향하면서도 그것이 성 내부에서 자기 목적적으로 완결될 수 있었던 송학에 반하여, 적어도 그 자기 목적적 완결성을 원리적으로 부정할 수 있었던 점에 그의 새로움이 있다. 행위 주체인 자기는 행위 대상을 자기의 성으로 파악함으로써 논리적으로는 일기성(一己性)이 지속되고 있다. 그렇지만 도덕실천의 측면에서는, 사를 없애기 위한 실천적 추구는 자기의 성 내부에서는 완결될 수 없는 것이었다. 그가 송학의 지경정좌(持敬靜坐)를 부정한 이유가 여기에 있다. 더욱이 그 부정이 천리의 원점을 기질로 이행시킨 새로움에서 유래하는 것과 결합됨으로써 일기완결적인 '거인욕(去人欲)'적 천리에 대한 비판이 이 지경정좌 비판 속에 담겨지게 된다.

안원과 함께 이른바 안이학파의 또 하나의 기둥으로 칭해지는 이공(李塨; 1659~1733)은 저간의 소식을 이렇게 표현하였다.

> 내 생각건대, 송유의 학은 '사가 없는 상태[無私]'를 궁극의 목적으로 한다. … 그렇지만 꼼꼼하게 성현의 학을 살펴보자면, '사의 제거[去私]'는 일의 시작이지 그 궁극적인 도달점은 아니다. … '극기복례'란 '예를 가지고 나를 단속한다[約我以禮]'는 것이지 오로지 '사의

제거'만을 일삼는 것은 아니다.(『中庸傳注問』)

이공도 마찬가지로 '기(己)=사욕(私欲)'으로 해석하는 것을 부정하면서 그것의 자의상의 모순을 지적하고는 있지만, 이 문제를 '극기복례' 해석에서 다루고 있지는 않다.[56] 여기에서는 "사의 제거는

56) 일단 소개하자면, 그는 『논어전주문(論語傳註問))』 하(下)에서 "질문: 『집주(集註)』에서는 기(己)를 사욕(私欲)으로 해석하였는데, 이 해석에 따르지 않는 것은 무엇 때문인가? 대답: 기(己)를 사욕으로 해석하고 있지만, 본디 그러한 해석은 없다. 또 다음 문장에 '위인유기(爲仁由己)'라고 하였으니, 하나는 '사욕'으로 해석하고 또 다른 하나는 '자기 자신'으로 해석한 셈이다. 순식간에 해석을 달리할 수 있는가? 성인의 문하에서는 오로지 예(禮)를 배우는 것을 중시하여 '예를 가지고 나를 단속한다'고 하였다. 예를 배우면 덕을 밝히고 백성을 사랑하는 데에 모두 실질적인 것이 있게 된다. 그러므로 '천하가 인으로 돌아간다'고 한 것이다. 사욕를 제거한다는 것은 이른바 '지극히 밝고 지극히 굳센 사람'이 사욕과 서로 다투는 것을 말한다. 그러므로 극(克)을 해석하여 '이기다[勝]', '죽이다[殺]'라고 하였으며, 예(禮)를 해석하여 '하늘의 이치[天理]'라고 하였다. 그런데 중용과 조화의 도를 실천하는 실질적인 일은 정자의 「사잠(四箴)」도 모두 여기에 미칠 수가 없었다. 그래서 마침내 도가와 불가의 '육적(六賊)을 베어 제거한다'는 설과 서로 뒤섞어버렸다. 처음에는 사욕을 적(賊)으로 삼아 공격하고 토벌하다가, 끝내는 자기의 기질을 적으로 삼아 공격하고 토벌한다. 이는 사람을 해치는 것을 인의라고 말하는 것과 같다. 실로 이길 수 있겠는가?"라고 하였다.

이러한 해석은 대체로 다음 절에서 서술하는 대진의 해석의 원형을 이룬다. 안이학과 대진학의 유사성·연관성에 대해서는 일찍이 대망(戴望)이 『안씨학기(顔氏學記)』에서 "건륭 연간에 대진이 『맹자서언(孟子緒言)』을 지었다. 처음으로 선생(안원)의 학설에 근본하여 성을 말해서 그 뜻을 창발한 것이다"라고 지적하고 있다. 호적(胡適)도 안이학파에 속하는 정정조(程廷祚)가 대진과 강녕(江寧)에서 만났을 가능성을 추정하고, 이 사람이 두 학을 연결시키는 매개자가 되었던 것은 아닐까라고 하였다.(『戴東原的哲學』 제2장) 한편 전목(錢穆)은 이러한 주장을 부정하고 오히려 "동원(東原; 대진)은 안원과 이공을 모를 수는 있지만, 서하(西河; 毛奇齡)를 모를 수는 없다. 대진이 『원선(原善)』을 지을 적에 자못 교정을 받아 은미한 영향을 받았다. 혜동(惠棟)과 대진은 지극히 가까웠으니, 어찌 멀리 안원과 이공에서 찾을 필요가 있겠는가?"라고 하여 모기령, 혜동을

일의 시작이지 그 궁극적인 도달점은 아니다", "오로지 사의 제거만을 일삼는 것은 아니다"는 말이 주목된다. 말할 나위도 없이 '사가 없는 상태[無私]'·'사의 제거[去私]'가 부정되는 것은 아니다. 비판의 초점은 오로지 그것만을 일삼거나 또는 궁극적인 것으로 간주하는 점에 맞추어져 있다. '사가 없는 상태'는 인간 본성에 근거하여 말한다면 이미 '처음부터 실현되어 있다.' 그러므로 그것은 도덕적 궁극점일 수 없으며 오히려 출발점이어야 한다. 또 극복해야 할 대상이 '외물'이라고 볼 때, '사의 제거'는 오로지 자기의 성을 대상으로 이루어져서는 안 된다고 말한다. '기(己)'는 '사욕'이 아니므로 자기는 극복되어야 할 대상이 아니라 자기야말로 '외물'을 극복하는 주체라고 말하는 안원의 주장을, 이공은 여기에서 분명하게 보충 설명하고 있다고 하겠다.

이러한 주장의 배후에는 **리(理)는 개인적으로 '자기' 성 속의 사욕을 없앰으로써 완전해질 수 있는 것은 아니다**라고 하는 새로운 리에의 동향이 있다. 리는 개인의 기질악(氣質惡)을 전제로 하여 그 악을 완전히 제거한 끝에 일기완결적으로 '도달할 수 있는' 것이

연결시키면서, "동원의 사상은 … 비록 안원이나 이공의 학설과 서로 통하기는 하지만 반드시 계승하였다고 할 수는 없다. … 단지 두 학파가 모두 정자와 주자를 배척하였다는 것만 갖고서 연원을 말한다면 잘못이다. 본체를 변론하고 이기(理氣)를 변론하고 성과 재질의 차이를 변론하는 것은 명대 유학자들에게도 이미 많은 논급이 있었으니, 동원이 반드시 안원과 이공에게서 그 설을 얻었다고는 할 수 없다. … 그러나 **사상이란 진실로 문을 걸어 잠그고 수레를 만들어도 문밖을 나서면 수레바퀴 자국에 합치될 수 있는 것이어서, 친한 사이보다 더 자주 보게 되고 형체가 없는 것보다 더 잘 잊는다.** 왕선산은 도(道)와 기(器)를 논하고 자연과 성성(成性; 습관이 쌓여 본성처럼 됨, 習與性成/역주)을 논하였으며, 진건초(陳乾初)는 천리는 인욕 속에서 발현됨을 논하였고 인재(人才)를 확충한 뒤에 성선을 본다고 논하였다. 이들은 대진과 상통하는 점이 또한 많았지만, 그러나 동원이 반드시 왕선산과 진건초의 글을 읽었던 것은 아니다"(『中國近三百年學術史』 제8장, 戴東原)라고 서술하고 있다. 시야는 전목 쪽이 넓다. 이제 우리는 전목이 부정하는 이 이유에 의거하여, 거꾸로 안원·이공과 대진의 역사적 연관성을 긍정하는 것이다.

아니라, '본래부터 있는' 기질선(氣質善)을 '시작'으로 삼아 각각의 선한 '자기' 성을 상호 완전하게 하는 **조리(條理)**로서 추구되기 시작하였다. "무릇 일에 조리가 있는 것을 리(理)라고 하다. 이는 다름 아닌 일 가운데에 있다[夫事有條理曰理, 卽在事中]"고 한 이공의 말은 이러한 관점을 반영한다.[57)]

그렇지만 안원은 아직 이 단계까지는 이르지 못하였다. 그는 단지 사의 극복은 '자기' 본성 내부에서는 자기 충족될 수 없음을 지적했을 뿐이다. 그러나 사를 '외물'로 보는 그의 외향성은 이공의 '오로지 사의 제거만을 일삼지 않음[不專去私]' 등을 거쳐 대진의 "오늘날 사람은 자기의 억견이 **사**에서 나오지 않는 것을 가지고 리라고 간주한다. 이 때문에 억견을 가지고 사람을 죽이면서도 자신에게는 모두 리라고 생각하고 있다"(뒤에 다시 언급함)고 말하는 데에 이르러 그 의미를 명백히 한다. 이제 '사에서 나오지 않음[不出於私]'은 한 개인의 내부에서 완결되는 것인 이상, 기껏해야 자기

---

57) 이공은 "주자는 '물 뿌리고 쓸고 응대하는 일은 나타나는 현상으로서 형이하학적인 것이고, 물 뿌리고 쓸고 응대하는 이치는 현상이 나타나게 되는 까닭으로서 형이상학적인 것이다'라고 하였다. 무릇 일에 조리가 있는 것을 '리(理)'라고 한다. 그것은 다름 아닌 일 가운데에 있다. 이제 '리가 일 위에 있다'고 말한다면, 이것은 리를 별도의 또 다른 하나의 사물로 간주하는 것이다. 리가 헛된 글자뿐이라면 사물이 될 수 있겠는가? 하늘의 일[天事]을 천리(天理)라 하고, 사람의 일[人事]을 인리(人理)라 하며 사물의 일[物事]을 물리(物理)라 한다. 『시』에 '사물이 있으면 법칙이 있다'고 하였으니, 사물을 떠나서 어떻게 리가 되겠는가?"(『논어전주문』, 子張 19)라고 하였다. 그는 또 이렇게도 말하였다. "송인은 의리의 성과 기질의 성을 나누어 둘로 하였다. 그리고는 '맹자가 말한 것은 의리의 성이므로 모두 선하며, 공자가 말한 것은 기질의 성을 겸한 것이므로 선도 있고 악도 있어서 단지 서로 근사할 뿐이다'라고 말한 것은 잘못된 것이다. 무릇 하늘이 사람을 낳은 즉시로 사람의 기질을 낳았다. … 원형이정(元亨利貞)은 하늘의 기(氣)로서 곧 하늘의 도이며, 인의예지(仁義禮智)는 사람의 기가 행하는 바로서 곧 사람의 도이다. 도는 곧 의리이니, 어찌 둘로 나눌 수 있으며 선과 불선의 구분이 있겠는가?"(『論語傳註』 下)라고 하였다. 본문의 소론과 대비하기 바란다.

의 억견을 만족케 하는 것일 뿐 리라는 명칭에는 어울리지 않는다고 간주되는 것이다. 여기서 대진은 리는 모든 사물을 끊임없이 낳고 낳게 하는 **조리**라고 주장하기에 이른다.58)

안원은 리가 어떠한 것인지에 대해서 말하지 못했다. 그는 "리는 곧 기의 리이다"라고 말할 뿐 기를 용인함에 있어서 리는 어떻게

---

58) 대진은 "리라는 것은 사물을 미묘한 부분까지 자세하게 살펴서 거기에 단락을 부쳐 서로 나누는 것에 대한 명칭이다. 이런 까닭에 그것을 분리(分理)라고도 말한다. 사물의 바탕에 나아가 말한다면 '가죽결[肌理]', '살결[腠理]', '무늬결[文理]'이라고 한다. 사물이 구분을 얻으면 '가닥이 생겨서 문란하지 않다'고 말하게 되는데, 이런 까닭에 이것을 '조리(條理)'라고도 말한다"(권상, 「리」)라고 서술하고 있다. 여기에서 주목되는 것은 안원·이공의 흐름을 계승하는 정정조(程廷祚)이다. 그는 "천리 두 글자는 「악기(樂記)」에 처음 보이는데, 옛 성인이 말한 천도와 같은 것이다. 『대전(大傳)』에서 말한 '리'는 모두 형체가 사물에 드러나는 것을 위주로 하여 말한 것이다. 그러므로 '천하의 리', '성명의 리', '궁리', '리어의(理於義)'는 모두 문리·조리를 두고 말한 것으로서, 도의 심오한 뜻을 가르켜 리라고 한 경우는 없다. 송인은 리학(理學)을 자칭하였기 때문에 「악기」의 천리·인욕의 설을 취하여 근본으로 삼았다. 이 장(「극기복례」장)에 이르러 공자는 예와 비례를 분별하여 안자에게 고하였으니, 곧 요순 이래 교학의 성법으로서 일의 실질을 말하는 것이지 혼연한 하나의 이치를 말하는 것과는 다르다. 『집주』에서 「악기」의 설을 끌어들인 것은 잘못이다. 어찌 제 군자들은 공자가 예를 말하고 리를 말하지 않은 이유에 대해서 의문을 품지 않을 수 있겠는가?"(『안씨학기』 권9)라고 하였다. 정정조는 "극기(克己)의 '기'와 유기(由己)의 '기'는 두 가지 '기(己)'가 아니다. 상하가 서로 이어지는 것이니, 이른바 사욕을 극복·제거한다는 말을 들어본 적이 없다"는 입장에서 주자의 "공자의 이른바 극기복례는 … 단지 사람으로 하여금 천리를 보존하고 인욕을 멸하게 하는 것이다"(『송원학안』, 「晦翁學案」)에 대항하였는데, '기'를 '사욕'으로 해석하는 것에 반대한 안원·이공 학파의 비판이 결국 리의 존재방식에 대한 비판으로 전개된 것이다. 그리고 정정조가 여기에서 종래의 '리'에 대한 정면으로부터의 수정을 가하는 것이 주목된다. 대진은 정정조의 '리'를 대체로 계승하면서 이를 한층 명백하게 전개시킨 것이다.(이제 호적이 논증한 정정조와 대진의 회동 가능성은 여기서도 전혀 문제가 되지 않는다. 전술하였듯이 이제 우리가 살피고 있는 흐름은 이러한 개인적 접촉 여하를 뛰어넘는 것이기 때문이다)

존재하는지를 논하지 않았다. 악을 기질에는 '본래 없었던' '외물'로 파악하였지만, 이 악이라고 하는 '외물'을 극복하는 벡터가 만인에게 '본래부터 있는' 인욕의 긍정에 뿌리를 둔 만인 상호간의 공존 원리로의 모색으로 나아가지 못하고 역으로 다시 발길을 되돌려 자기의 성으로 향하였다. 바꾸어 말하면, 단지 선(善)을 성의 선으로 한정시키는 종래의 틀을 타파하였을 뿐 '외물'에 대응해야 할 새로운 선을 제시하지 못했던 것이다. 이것이 리에 대해 안원이 침묵하지 않을 수 없었던 이유였다. 안원의 이른바 기질선(氣質善)의 주장을 송학에 대한 **우격다짐**이라고 평한 이유가 여기에 있다. 그것은 우격다짐이었기 때문에 물러설 줄 몰랐지만, 또한 물러설 줄 모르는 고집으로 인하여 새로운 전망을 할 수 없었다. 존인욕(存人欲)을 기점으로 하는 공존 원리의 리는 대진에 의해 종합을 보게 된다. 그렇지만 그 새로운 리는 안원의 물러설 줄 모르는 우격다짐을 필수의 전제조건으로 한다. 왜냐하면 이 새로운 리는 송학적 리에 대한 안원의 완강한 부정 혹은 무시와 직접적으로 관련되기 때문이다. 기질선을 물러설 줄 모르고 우겨대면 우겨댈수록, 기질악의 완전 제거를 전제로 성립하는 종래의 리는 그 존재 이유가 소멸되지 않을 수 없게 된다. 기질선을 강하게 주장하는 입장은 본연의 성만을 선으로 간주하는 송학적 성선(性善)을 무시한다.

안원에 따르면 송학적 성선은 기질악을 전제로 하는 그 한 가지 점만으로도 성악적 입장과 마찬가지가 된다. 그는 "고자(告子)와 혹인(或人)의 3가지 설을 살펴보건대, 맹자 때에 이미 순자·양웅·한유·장횡거·정자·주자의 제설이 있었다. 다만 기질 두 글자를 분명하게 말하지 않았을 뿐이다"(『존성편』 권1, 「성리평」)라고 하여 장횡거·정자·주자를 순자 등과 같은 차원에서 부정한다. 말할 나위 없이 순자로부터 주자에 이르는 어느 성설(性說)도 고자와 두 혹인의 "성에는 선도 없고 불선도 없다[性無善無不善]", "성은 선이 될 수도 있고 불선이 될 수도 있다[性可以爲善, 可以爲不善]", "성이 선한 사람도 있고, 성이 불선한 사람도 있다[有性善, 有性不善]"의 3가지 설[59]과 동일하게 취급될 수는 없다. 그런 의미에서 이것은 곡해라고 해도 좋다. 또 순자·양웅·한유가 장횡거·정자·주자와 같은 차원에서 다루어지는 것도 약간 난폭하다.[60]

그러나 문제는 이를 뛰어넘어, 안원의 주관 속에서 그러한 취급이 무리 없이 이루어지고 있다는 데에 있다. 주자에 한정해서 말하면, 주자는 본연의 성이야말로 인간의 본성이라고 하는 극히 엄숙한 성선설을 그의 입장으로 삼았다. 그럼에도 안원의 눈에는 그것이 성선설로 보이지 않았다는 데에 문제가 있다. 확실히 안원은 주자의 리를 완전히 무시하고 있다. 주자는 "기가 존재하지 않아도 리는 항상 존재한다"고 하면서도, 한편으로는 "이 기가 있으면 이 리도 있다. 이 기가 없다면 이 리도 없다"고 하였다. 안원은 이를 평하여 "뒤의 말은 자기의 창으로 자기의 방패를 찌르는 격"이라는

---

59) 자세한 것은『맹자』「고자상」.

60) 이를테면 주자는 "이(기질의 설을 가리킴)는 장횡거와 정자에서 비롯되었다. 나는 그들이 성인 문하에 극히 공적이 있고 후학에 보탬이 된다고 생각하여 사람들에게 그들의 글을 읽게 하여 장횡거와 정자에게 깊은 감동을 받도록 하였다. 이전에는 일찍이 이러한 설을 제기한 사람이 없었다. 예를 들면 한퇴지는「원성(原性)」가운데에서 '성에는 세 등급이 있다'고 말하였는데 그 설명이 또한 옳은 것이지만, 다만 기질의 성을 분명하게 말하지는 못했다. 성 어디에 세 등급이 있겠는가? 맹자는 성이 선하다고 말했다. 다만 근원처를 말할 수 있었을 뿐 도리어 그 뒤에 기질의 성을 말하지는 못하였다. 이것이 변명을 필요로 하게 된 이유이다. 여러 사람이 성은 악하다느니 선과 악이 섞여 있다느니 하는 주장을 하였다. 만일 장횡거와 정자의 학설이 일찍 나왔더라면 수많은 주장들이 스스로 분쟁할 필요가 없었을 것이다. 그러므로 장횡거와 정자의 학설이 확립되자 여러 주장들이 사라졌다"(『주자어류』권4-65)고 하였다. 그러나 실제는 "기질의 성을 분명하게 말하지는 못했다[不曾分明說是氣質之性]"는 말이 분기점은 아니다. 양웅·한퇴지가 존재하는 인간을 현상적으로 설명하는 것에 머문 반면, 장재·정자·주자는 존재해야 할 인간을 우주 본연과의 관련 속에서 통일적으로 파악하고자 하였다. 각각의 성설(性說)이 근거하고 있는 이 차이가 본질적인 것이다.

한 마디 말로 배척하고,[61] 주자의 리를 우선하고 기를 경시하는 이기론에 대해 매우 냉소적인 태도를 취한다. "이 기가 있으면 곧 이 리도 있다[有是氣則有是理]"는 것도 결국 형식에 불과하며, 안원에게는 "만약 **기를 악하다고 한다면 리 역시 악하다**[若謂氣惡則理亦惡]"는 것이 내용이었다.

그의 눈에는 악을 기질의 탓으로 돌리는 리는 리가 아니었다. 그만큼 기질은 그에게 있어서 중요하였다. 그리고 그것은 그의 시대와 상응하는 것이었다. "자기의 기질을 적으로 삼아 공격하고 토벌하는 것은 사람을 해치는 것을 가지고 인의라고 말하는 것과 같다"[62]라는 이공의 말에서 한층 통렬하다. 송학적 리는 사람을 해치는 것을 가지고 인의로 여긴다고 비판할 정도로 기질은 사람에게 모든 것으로 간주될 만큼 경제적 주체가 성숙된 시대, 또 현실의 악이 이제 더 이상 한 개인의 수신에 의해서는 해소될 수 없을 만큼 복잡한 윤리관계를 의식케 하는 시대, 악을 개인에게 맡겨두어서는 해결될 수 없는 그러한 사회모순 또 계급모순의 실재가 의식되는 시대에, 그들은 서 있었다.[63] 이러한 시대를 배경으로 한 안원

---

61) 실제로는 리가 구체적인 모습의 기에 비해서 선험적으로 우월하다는 것과 이기일원 사이에 논리적 모순은 없다. 덧붙여 아라키 겐고는 『佛教と儒教』에서 "리와 욕의 대립을 자각하고, 행위의 선도를 이루는 것은 천리의 작용·발현 등이다. 그러므로 리와 기는 동시에 존재하면서도, 기에 대한 리의 우선성이 주장된다. … 리선기후(理先氣後)란 주자학에서는 고원하게 치닫지 않고 비근하게 흐르지 않는 중용적인 실천적 입장에서 멈출 수 없는 체험의 자증(自證)이다. 또 그 선후의 의미도 … 시간적 선후가 아니며 … 무시간적 가치관계로 치환될" 수 있는 것으로서, 종밀(宗密)의 이른바 '의(義)와 세(勢)의 선후'에 상당하는 것이라고 서술하였다.(제3장 제5절)

안원의 비판은 청조 중기에 현실성(現實性)=기(氣)의 중후한 실존이 제기하는 새로운 '리와 욕의 대립'을 자각하지 못한 채 단조로운 기성의 본래성(本來性)=리(理)를 교조적으로 다루는 도학적 존재의, 그 도덕적 자태에 잠겨 지각하지 못했던 모순을 날카롭게 적발한 것이기도 하였다.

62) 본 절 주56 참조.

63) 이를테면 주작인(周作人)은 다음과 같은 우스개 얘기를 소개한다. 이 우

의 성선설은 맹자로 회귀하려는 그의 주관적 의도에도 불구하고, 또한 그의 성선 일원론이 형식상에서 맹자와 유사하였음에도 불구하고, 인성론으로 시종하는 맹자의 그것과는 이질적이며 역사적으로는 당연히 맹자를 뛰어넘고 있다.

인간 본성은 선한가 악한가, 선악은 선천적인 것인가 후천적인 것인가라는 인성론적 차원으로 시종하는 맹자의 성선설은, 본성이 선한 인간적 자연을 그 사회적 생존에서 어떻게 온전히 할 것인가 하는 새로운 차원을 지향하여 논하는 안원의 인성론과 너무나 이질적이다. 그의 새로운 차원으로의 지향으로 인해 정자·주자의 인성론적 성설은 양주·한유와 함께 일순간에 고자·두 혹인의 성설과 같은 차원의 장으로 쫓겨나게 되었다.

정자·주자 등에 대한 역사적 의의를 무시한 안원의 곡해는 그의 비역사적 관점을 드러낸다. 그럼에도, 아니 **오히려 그로 인해서** 역

스개 얘기는 청대 초기 석성금(石成金)이 편찬한 『전가보(傳家寶)』에 수록된 「소득호(笑得好)」에도 보인다.

"어떤 아들이 부친이 병져 눕자 의사를 불러 진찰하게 하였다. 의사가 말하였다. '아무래도 때를 놓친 것 같다. 다만 효심 있는 아들이 넓적다리 살을 베어 (병든) 부친에게 먹여 (병을 치료)하였다는 (어느 유명한 효자의) 이야기를 실행하여, 하늘이 이에 감동한다면 혹 회생할지도 모르겠다.' 아들은 그것은 간단한 일이라고 대답하였다. 의사가 돌아가자, 당장 칼을 꺼내 집을 나섰다. 마침 여름철이었는데, 어떤 남자가 옷을 벗은 채 문 밖에서 숙면을 취하고 있는 것을 보았다. 느닷없이 칼로 그 남자의 넓적다리 살을 한 조각 베어냈다. 그 남자는 깜짝 놀라 벌떡 일어났다. 아들은 손을 뿌리치며 '떠들지 마라, 떠들지 마라. 넓적다리 살을 베어 부모를 살리려는 것이다. 이것이 천지간에서 가장 좋은 방법인 만큼 따질 겨를이 없다'고 하였다. 이 이야기는 자못 핵심을 찌르고 있다. **습재(習齋; 顏元)도 이러한 (이야기의) 시대에 살았으며, 분명 나와 같은 감회를 갖고 이 이야기를 들었을 것이다.**"(『夜讀抄』「顏氏學記」-굵은 글씨는 미조구찌 유조)

이러한 신랄한 도학 비판은 청대 중기 기윤(紀昀)의 『열미초당필기(閱微草堂筆記)』에 이르러 한층 빛을 발한다. 리얼리스트 기윤의 눈은 형해화한 기성의 도통 이념을 가차없이 폭로하고, 당대의 시대사조가 갖는 민중의 건강한 웃음을 투영시킨다.

설적으로 기질선을 우겨대지 않을 수 없었던 당대의 사회상, 또 종래의 인성론적 성선에서 탈피하여 새로운 차원에서 '선=리'를 지향하지 않을 수 없었던 시대상을 우리들 앞에 **역사적**으로 보여준다.

안원은 비록 송학을 부정하였지만, 기질을 인간의 형이하학적인 것으로 파악하는 송학의 뼈대를 계승하면서 인간의 형이하학적 측면을 성(性)으로서 전면에 내세우고, 악을 기질에 대한 '외물'의 오염으로 보는 새로운 성설을 제시하였다. 그리하여 이제 안원은 사회 상관적 리의 생성을 목전에서 전망할 듯한 지점에 도달하였다. 도달한 그 지점은 천리 추구를 인간 본성에의 구심적 벡터로부터 인간 본성을 기점으로 한 원심적 벡터로 전환시키는 운동 기점이기도 하였다. 그 도달점이 이러한 운동기점이 될 수 있었던 점에, 안원이 수행한 역사적 역할이 있었다.

그러나 우리는 이 '외물'을 너무 과대하게 평가해서도 안 된다. 외물은 맑은 물을 오염시키는 썩은 흙으로서 맑은 물에게는 외부에 **존재하는** 사물[外**在**物]이다. 하지만 오염된 탁한 물에서 본다면 그것은 외부로부터 **들어와 있는** 사물[外**來**物]로서 탁한 물속에 존재한다. 다시 말해 이미 오염된 기질에서 본다면, 악은 외부로부터 **들어와 있는** 사물로서 기질 속에 존재하고 있다는 한계를 갖는다.

이 때문에 악은 여전히 기질의 혼탁이라는 점에서 이탈될 수 없었다. 그리고 그 결과 기질의 혼탁으로서의 '사욕'은 '극복'의 대상에서 벗어날 수 없었다. 안원은 이렇게 말한다.

> 내가 오로지 농사에만 힘쓴다면 잠자고 먹을 겨를도 없으며 사악하고 망령된 생각도 일어나지 않을 것이다. 만일 온갖 마음과 노력을 기울여 늘 천리를 지향하면서 일을 한다면 인욕이 어찌 저절로 생겨날 수 있겠는가?(『顔習齋先生言行錄』「理欲」 제2)

> 사람이 일을 하지 않으면 여유가 생긴다. 여유가 있으면 불순해진

다. 불순해지면 게으르고 나태해져서 사욕이 이를 틈타고 일어난다. (『안습재선생언행록』, 「禁令」 제10)[64)]

여기서 "자기가 항상 외물을 이긴다"고 했을 때의 '항상[常]'이라는 글자가 갖는 뉘앙스의 무게를 이해할 수 있을 것이다. 자기를 행위 주체로 한 도덕적 실천의 부단한 지속성은 '외물을 이기기' 위한 필수의 조건이다. '사욕'은 성에 '본래 없었던' 것으로 **외부로부터 들어와 있는 사물**이다. 하지만 그로 인하여 그것은 부단한 실천궁행에 의해서만 방어·제거될 수 있다. 그의 실천궁행은 지경정좌(持敬靜坐)를 부정하고, 또 지경정좌로 표현된 송학적 리의 일기완결성의 부정을 지향하는 것이었지만, 결국 송학에 대해서는 **방법론 상에서만** 승부를 건 것에 불과하였음이 여기서 분명해진다. '리는 곧 기의 리이다'라고 하여 새로운 국면을 보이면서도, '기는 곧 리의 기이다'라고 하는 '리의 기'가 기질의 무오염·무혼탁을 가리키는 데에 머물렀다. 이리하여 '기의 리'는 성의 무사욕·거인욕적 리로서, 송학적 리의 틀을 벗어날 수 없었다. 리에 대한 안원의 침묵은 다른 측면에서 말하면 새로운 리를 창조할 수 없었던 약점의 표현이기도 하였다. 그것은 기질이 '욕'의 본체로서 승인될 수 없었던 불철저함과도 연관된다.

악은 기질의 혼탁으로서 기질 속에 존재하는 것이 아니며, '외물'은 기질의 측면에서 말하면 외부에 존재하는 사물이라는 것, 그리고 기질이 '욕'의 본체로 승인되고 그리하여 '사욕'에서의 '사'가 '욕'으로부터 분리되어 '사'는 '욕'의 측면에서 말하면 외부에 존재한다는 것, 이상과 같은 인식이 확립되지 않고는 존인욕적 천리의

---

64) 그는 또 "육기(六氣; 인체의 여섯 가지 기운/역주)의 질병은 항상 살갗으로 들어오니, 그 증상이 가볍다. 사욕의 질병은 곧바로 마음을 범하니, 그 증상이 중하다. 육기는 변방을 침범하여 성에 웅거하고 있는 도둑이고, 사욕은 군주를 시해하고 찬탈하는 역적이다. 두려워하지 않을 수 있겠는가?"(『안습재선생언행록』, 「言卜」 제4)라 하여 단호하다.

진정한 새로운 탄생은 전망될 수 없었다.

여기에 대진이 기다려지는 이유가 있었다.

제2절 사회 상관적 리(理)의 창출

대진의 '극기(克己)' 해석

그럼 여기서 대진의 '극기복례' 해석을 보기로 하자. 그는 먼저 이렇게 질문을 던지고 있다.

> 질문: 『논어』에서 "극기복례위인(克己復禮爲仁; 자기를 이기고 예로 돌아가는 것이 인이다)"이라고 하였다. 주자는 이 말을 해석하면서, "기(己)는 자신의 사욕을 뜻하고, 예(禮)는 천리가 잘 조절된 문채[節文]"라고 하였다. … 노자·장자·불가는 욕망을 없애는 것이지 사(私)를 없애는 것은 아니다, … 성인과 현인의 도는 사를 없애는 것이지 욕망을 없애는 것은 아니다. '사욕'으로 말하면 성인과 현인에게는 진실로 그러한 것이 없다. 이렇게 볼 때 안자(顏子) 같은 현인이 사욕을 이기지 못하였다고 생각할 수는 없다. 어떻게 안자 같은 사람마저도 사욕에 무너지는 일이 있겠는가? 더구나 다음 문장에서 '위인유기(爲仁由己)'라고 하였으니, 무엇을 근거로 '극기(克己)'의 '기'와 '위인유기(爲仁由己)'의 '기'가 다른 뜻으로 사용되었다고 단정할 수 있는가? 이 장 이외에 '사욕'을 일컬어 '기(己)'라고 한 예를 결코 본 적이 없다. 주자는 또 "인을 행하는 것은 자기로부터 말미암는다. 타인이 관여할 수 있는 바가 아니다"라고 하였다. '가르쳐주면 게을리 하지 않는 자(가르쳐주면 그 말씀에 정밀하게 힘쓰는 인물로, 안연을 가리킨다. 『논어』「자한」)'라고 (공자에게) 칭찬받은 사람에게 어찌 이런 쓸데없는 말로 독려할 필요가 있었겠는가? 그가 잘못 해석하고 있음이 분명하다. 그렇다면 이 장을 어떻게 해석해야 하는지 들려줄 수 있겠는가?"(卷下, 「權」, 앞 절 주38 참조)

여기서 우리는 "성인과 현인의 도는 사를 없애는 것이지, 욕망을 없애는 것은 아니다"라는 말에서 '사욕'이 '사'와 '욕망'으로 분해되고, '욕망'이 '극복'의 대상에서 벗어나고 있음을 보게 된다. 극복해야 할 대상은 '사'이지 '욕망'이 아니며, 성인과 현인의 도는 '욕망의 제거'를 지향하지 않았다고 말한다.

안원이 '기사(己私)'라는 개념을 용인하지 않았던 것처럼 대진도 '사욕(私欲)'이라는 개념을 인정할 수 없었다. 안원에게 있어서 '자기[己]'가 그토록 실체적이었던 것처럼 대진의 '욕망[欲]'도 그만큼 실체적이었다.

엄밀하게 말하자면, 주자의 "사욕을 이긴다[勝私欲]"는 말을 욕망의 제거를 지향하는 것이라고 단정한 대진에게는 주자에 대한 곡해가 있었다. 주자의 이 해석은 그의 『집주』에 함께 기록되어 있는 정자의 "자기라고 하는 사를 완전히 제거한다[克盡己私]'와 마찬가지로 '사'에 역점을 둔 것이다. '사욕'의 **욕**은 **사**의 **욕**이라기보다는 **사**라고 하는 욕으로서, 말하자면 **사**에 포섭된 욕이다. 이는 '기사(己私)'의 **기**가 **사**의 한 상태로서 **사**에 포함되어 있는 것과 매우 유사하다.[65)]

---

65) 물론 정자와 주자에게 있어 모든 '기(己)'가 이러한 의미로 사용되고 있다는 말은 아니다. 이제 두서없이 보더라도 "자기를 헤아려 사물에 미치는 것이 인이요[以己及物, 仁也], 자기를 미루어서 사물에 미치는 것이 서이다[推己及物, 恕也]"(『河南程氏遺書』 권2), "성인은 경으로써 자기를 닦고 그럼으로써 백성을 편안하게 한다[聖人修己以敬, 以安百姓]"(『하남정씨유서』 권9) 등 『논어』로부터 원용한 또 다른 '기(己)'의 용례가 있다. 다만 이것은, "자기를 탓하고 자신에게서 원인을 찾는 것[罪己責躬]을 소홀히 해서는 안 된다"(『하남정씨유서』 권3), "자기를 버리고 남을 따르는 것[舍己從人]은 가장 어려운 일이다. 자기[己]라는 것은 나에게 본래부터 있는 것이기 때문이다"(『하남정씨유서』 권9)는 말과 모순되지 않는다. 요컨대 객체로서의 자기와 주체로서의 자기가 아직 분화되지 않은 채 "자기를 미루어 사물에 미치고", "자기를 버리고 남을 따르는 것"이 '자기를 닦는 것[修己]'의 내용이 되어 '자기를 닦는 것'은 일면 '자기를 탓하는 것[罪己]'으로 간주된다. 이러한 점이 이제 문제가 되는 것이다. 여기에서 '자기'는 하나의 객체적 내지는 주체적 존재가 아니라 행위의 현장 혹은 방향에 지나지 않는다. 그 바탕에는 "대체로 사람은 자신이 있음[有身]을 의식하게 되면 곧바로 스스로를 사사로이 하는[自私] 이치가 생겨나서 도

주자에게 있어 이른바 '극기'는 개인이 내부에서 그 자신의 천리를 희구하는 것이며,[66] 이른바 '사욕'은 천리와 길을 달리하는 비

와 하나되기가 어렵다"(『하남정씨유서』 권3)는 관념이 깔려 있으며, 이 '스스로를 사사로이 함'이 '미루고[推]', '닦고[修]', '탓하고[罪]', '버리는[舍]' 대상이 되는 것이다. 사정은 주자도 마찬가지이다. 이는 악을 기질 위에 설정함으로써 초래된 당연한 귀결이다.

이공이 "경을 가지고 자기를 닦고 마음을 바로잡으며, 그것을 가지고 몸을 닦는다. 여기서의 **'가지고[以]'는 '사용한다[用]'는 뜻이다.** 사람을 편안하게 하고 백성을 편안하게 한다는 것은 제가·치국·평천하를 말하는 것이다. '가지고[以]'라는 것은 자기를 닦고 이를 가지고 (사람과 백성에게까지) 미루어 넓힌다는 뜻이다. **'사람[人]'은 자기[己]와 상대시켜 말한 것이다.** … 후세의 유자들은 자기를 닦고 사람을 편안하게 하고 백성을 편안하게 하는 일에서 벗어나 **단지 주경(主敬)만을 말하고 또 이를 주정(主靜)이라 이름붙였다.** … 겉으로는 유자인 듯하지만 속은 불자이니, 이단이 도를 해치는 화가 극심하다"(『論語傳註』)라고 말한 것은 앞 시대의 유자들이 '자기'의 객체성을 '경과 정을 위주로 하는' '자기 닦음[修己]' 속에 매몰시킨 것에 대한 비판이었다. 이공에게서 "가지고라는 것은 사용한다는 뜻이다[以者用也]"라는 말은 중요하다. 그것은 "성인은 경으로써 자기를 닦고 그럼으로써 백성을 편안하게 한다[聖人修己以敬, 以安百姓]"의 '써[以]'가 갖는 일원적인 관통성과는 이질적이다. 이리하여 '자기를 닦는 것[修己]'과 '백성을 편안하게 하는 것[安百姓]'은 다른 차원 속에서 단계적인 것으로 파악되었다. "군주가 어질면 어질지 않을 사람이 없게 되며, 군주가 의로우면 의롭지 않을 사람이 없게 될 것이다. 천하의 다스림은 군주가 어진가 아닌가에 달려 있을 뿐이다"(『近思錄』 권8, 「明道」)라고 하는 것에서 보이는 자신을 닦는 것[修身]과 천하를 태평하게 하는 것[平天下]의 일원적인 관통성이 부정되었다.

66) "극(克)이라는 글자는 비유하자면 서로 죽이는 것과 비슷하여 반드시 이기고자 한다면 상대방에게 승리를 거둘 수 있다. 대체로 극기 공부는 스스로 노력해야 하는 일이다. 비록 타인과 서로 관계하지 않고 문을 꼭꼭 걸어잠근다 해도 스스로 자신의 몸 속에서 체인할 수 있으니, 조금이라도 사사로운 뜻이 있음을 깨달으면 곧바로 자기를 이겨내는 것이다. 그러므로 '인을 행하는 것은 자기로부터 말미암는 것이니, 타인이 관여할 수 있는 바가 아니다'라고 한 것이다", "극기에는 별도의 좋은 방법이 없다. 비유하자면 고립된 군대가 강적을 만나는 것과 같아서 단지 사력을 다해 앞으로 전진할 뿐이니, 그밖에 무엇을 따지겠는가?"(『朱子語類』 권41-14, 권41-6)라고도 하였다.

(非) 혹은 반(反)천리적 **지향**이었다. 그것은 그 자신의 천리 희구의 진지함 속에서 부정되어야 하며, 동시에 그 천리 희구의 의욕에 의해서 개인 내부에서 극복될 수 있는 것이었다. 이런 의미에서 주자의 '욕'은 주관적이며 내면적이다. 이는 "백성들의 소박함이여! 날마다 먹고 마시네!"(『詩』, 小雅, 「天保」), "먹고 마시는 것과 남녀관계는 인간의 근본적인 욕망이 존재하는 곳이다"(『禮記』 「禮運」)라는 문장을 인용하여 욕의 부정을 공격하는 대진의 인욕 개념이 갖는 객체성과는 이질적이다.67)

그러나 이것을 대진의 개인적인 곡해로만 귀결시킬 수는 없다. 앞서 들었던 이공의 "처음에는 사욕을 적으로 삼아 공격하고 토벌하다가, 마침내는 자기의 기질을 적으로 삼아 공격하고 토벌한다. 이는 사람을 해치는 것을 인의라고 말하는 것과 같은 것이다"(앞 절 주56 참조)라고 하는 인식에 나타나는 것처럼, '자기의 억견[己之意見]'68)*을 '리'라고 주장하면서 '사욕을 극복한다'는 명분 아래 사람을 함부로 해치는 현실이 배경으로 고려되어야 할 것이다. 또 한편에서는 '사욕을 이긴다'는 말이 사람의 생명을 해치는 것으로

---

67) 이미 상론에서 서술한 것처럼, 주자는 '음식남녀'를 부정한 적이 없었으며 오히려 천리로서 인정하기까지 하였다. 주자가 이를 '인욕'으로 부정한 것은 다만 그것이 과도하고 의롭지 못한 음식남녀에 한해서였다. 문제는 주자가 '음식남녀'를 개체 내부의 생리욕・본능욕으로 파악한 것에 반하여, 대진은 사회적인 생존욕 일반—소유욕・물질욕 등을 포함한—으로 파악하고 있는 그 차이에 있다. 주자에게서는 '인욕'이 개체 내부에서 극복될 수 있는 것임에 반하여 대진의 욕은 인간의 생존 전제로서 절대로 부정될 수 없는 것이었다. 양자의 욕 개념의 차이가 이와 같은 형태로 표현되고 있는 것이다.

68)* '자기의 억견[己之意見]: 대진의 『맹자자의소증』 원문에는 '의견(意見)'으로 되어 있는데, 이 용어는 대진에게서 독특한 의미로 사용되고 있다. 사의(私意), 억견(臆見), 억상(臆想) 등 주관적이고 자의적인 생각으로 남에게 강제한다는 의미를 담고 있다. 미조구찌는 본서에서 이를 짐작으로 하는 생각 곧 '억견(臆見)'으로 표현하고 있는데, 역자도 이를 따라 번역하였다.

인식될 만큼 '욕' 개념이 객체적으로 성숙하고 있었음도 배경으로 고려되어야 할 것이다.

대진은 '욕'에 대해서 이렇게 말한다.

> 주자도 '인욕에 가리워지는 것[人欲所蔽]'을 여러 번 말했는데, 모두(노장·불교를 가리킴)가 욕망만 없애면 가리워지는 일도 없을 것이라고 생각한 것이다. … 그렇지만 욕망에서 나오는 것치고 사람들의 살려고 하고 기르려고 하는 것과 관계되지 않는 것은 없다[凡出於欲, 無非以生以養之事](권상, 「理」)

'욕'은 이렇게 해서 '살려고 하고 기르려고 하는' 것의 근원으로 자리잡게 되는데, 동시에 그것은 도덕적 근원이기도 하였다.

> 불인(不仁)은 사실은 자신의 삶을 이루고자 하는 마음에서 생겨난다. 그러므로 이 욕망을 없애버리면 불인도 반드시 없어질 것이다. 그러나 이 욕망을 없애버린다면 천하 사람의 삶의 방도가 막혀버리는 사태에 대해서도 그저 멍하니 바라보기만 하게 될 것이다. 자기가 자신의 삶을 이루고자 하지 않으면서 남의 삶만은 이루어 주고자 한다는 그러한 이치는 있을 수 없다.(권상, 「리」)

자기의 욕망을 불인이라고 하여 제거한다면 결국 인(仁)도 없어지게 된다는 발언이다. 대진에게서—아니 대진의 시대라고 하는 편이 좋겠지만— '욕' 개념은 거의 인간의 생존욕 일반을 가리킬 정도로 실체성을 드러낸다.

이는 대진의 성설(性說)에 하나의 특징을 부여한다. 대진은 정자·주자의 성설을 순자나 노장·불교와 동일시하여 부정한다. 주자를 순자와 동일한 차원에서 다루는 것은 이미 안원에서도 보았다. 악을 기질의 혼탁으로 보는 것은 성에서 악의 선험성을 인정하는 것이므로 성악설로 이해하였다. 그리고 안원은 혼탁을 '외물'의 혼입으로 보는 관점에서 이를 비판하였다. 그렇지만 대진에 이르러

악은 이미 기질의 혼탁으로 간주되는 것 그 자체로부터 해방되고 있다. 기질은 본디 맑고 밝으며 선하다. 그러므로 혼탁의 제거라는 미명 아래 기질이 토벌되고 그리하여 사람의 생명이 해쳐져서는 안 된다는 안원·이공의 주장은, 대진에 의해 일보 더 진전된다. 기질은 이미 인간 존재의 근원이며 그 자체로서 악과는 무관하다. 그리하여 이제 **악은 기질에는 존재하지 않는 것**으로 파악되었다.[69]

> 사람이 사람인 이상, 기품과 기질을 제쳐두고 도대체 무엇을 가지고 사람이라고 하겠는가? … (정자와 주자는) 리를 마치 엄연히 별도의 사물이 존재하는 것처럼 보고 선을 리에 귀결시켰다. 겉으로는 맹자의 성선설에 따르고 있는 것 같지만, 결국 맹자가 (선을) 사람에 근거하여 말한 것에 반하여 정자와 주자는 사람을 떠나 허공에서 리를 논하였다. 그리하여 "맹자가 성(性)만 논하고 기(氣)를 논하지 않는 것은 잘못이다"(『하남정씨유서』 권6)라는 따위의 말을 하게 되었다. 송유의 입론은 맹자와 같은 것처럼 보이지만 실제로는 다르며, 순자와 다른 것처럼 보이지만 실제로는 같다. 맹자는 '성에는 선하지 않음이 없다'고 말한 것이 아니라 '인간에게는 선하지 않음이 없다'고 말한 것이다.(권중, 「性」)

이와 같이 대진에 의하면, 인간이란 기품과 기질 그 자체이며, 성선이란 인간이 기품과 기질에 있어서 선하다는 뜻이다.

대진이 주자를 순자와 동일시하여 비판하는 근거는 이러한 것이었다. 한편으로 정자와 주자의 이른바 기질의 성은 순자가 주장한 성악의 성과 같은 것이 아니냐는 안원의 관점을 계승하였지만,[70]

69) 이는 바꾸어 말하면 악이 이제 더 이상 지경정좌이든 실천궁행이든 한 개인의 도덕적 수양에 의해서는 극복될 수 없는 것으로 파악되었음을 뜻한다. 여기서 송학적 리의 일기완결성은 완전히 파탄하였다. 악의 극복은 개인적인 인간 이외에, 결국 상대방과의 상관관계 속에서 이루어질 수 있게 되었다. 그리고 거기에서 새로운 리가 출현한 것이다.

70) 대진의 "이제 맹자는 공자와 동일하고 정자와 주자는 순자와 양웅과 동일하다. 공자와 맹자는 모두 기품과 기질을 가지고 논하여, '인간의 기품

그러나 그의 비판은 여기서 머물지 않았다.

대진은 송유의 이른바 본연의 성이란 인간 실존에서 유리된 것이며, 그 때문에 존재 이유를 가질 수 없다고 생각하였다. 그것은 순자가 인간 실존에서 유리된 곳에 '예의'를 설정하고, 또 노장과 불교가 마찬가지로 '진공'과 '진재(眞宰)'71)*를 설정한 것과 동일하다고 보고, 그 유리화・이원화를 비판의 공통점으로 지적하였다.72) 대진의 앞에서 그러한 것들은 눈에 거슬리고 거추장스러운 것이었다. 그러나 그는 단지 여기에 머물지 않고, 순자와 정자・주자가 '예의'와 '리'의 이름으로 인간 실존을 압살하려고 하였던 점에 비판받아야 할 가장 커다란 공통성이 있다고 생각하였다.

(순자는) 성인은 보통 사람과 다르며 예의는 성인의 마음에서 나오기 때문에 보통 사람은 배운 뒤에야 예의를 밝힐 수 있으며, 만일

과 기질은 금수와 달라서 마음을 개통시킬 수 있고 행함에 잘못되지 않을 수 있으니, 이를 리(理)라 하고 의(義)라 한다'고 말하였다. 정자와 주자는 '리'를 마치 별도의 사물이 있는 것처럼 생각하였으니, 노장과 불가의 이론이 뒤섞여 있는 것이다. 그렇다면 정자와 주자의 학문은 노장과 불가에서 출발하여 순자와 양웅으로 들어간 것이다. 그들이 말하는 '성'은 공자와 맹자가 말한 '성'과 다르며, 그들이 말하는 이른바 '기질의 성'은 도리어 순자와 양웅이 말하는 '성'이 아니겠는가?"(권중, 「性」)라고 하는 말에서 그 계승점을 알 수 있다.

71)* '진재(眞宰)': 참된 주재자. 하늘은 만물의 주재자이므로 이를 진재라고 칭한다. 『장자』「제물론」에 나오는 말.

72) "대체로 정자와 주자의 학은 노장과 불가에서 발판을 빌어왔다. 그래서 기껏해야 '리'라는 한 글자로 이른바 진재・진공을 대신하였을 뿐 나머지는 바꾼 것이 없다"(권상, 「리」), "순자는 '예의'와 '성'을 이원화시켰고, 송유는 '리'와 '기질'을 이원화시켰으며, 노담・장주・고자・불가는 정신[神]과 형체[形]를 이원화시켰다"(『孟子私淑錄』 권하), "무릇 사람이 태어날 때에는 혈기(血氣)와 심지(心知)를 가질 뿐이다. 노장과 불가는 … 요컨대 혈기와 심지를 이원화시킨 것에 불과하다. 순자는 … 혈기와 심지를 합하여 일원화시켰지만, 예의의 근본을 터득하지 못하였다. 정자와 주자는 … 또한 혈기와 심지를 합하여 일원화시켰지만 다시 하나의 근본을 증가시켰다"(권상, 「理」) 등등 이와 유사한 지적은 많다.

본성의 자연에 따르면 쟁탈이 일어난다고 생각하였다. 그래서 예의는 인간의 본성을 제어하고 쟁탈을 제거하기 위한 것이라고 믿었다. … 순자는 예의가 성인의 가르침임은 알았지만, 예의 역시 성에서 나온다는 사실을 알지 못했다. 결국 예의가 그 필연(必然)을 밝히는 것임은 알았지만, 필연이 곧 자연(自然)의 궁극적 준칙으로서 그 자연을 완수하는 것임을 알지 못했다.(『緖言』 권중)

이처럼 선한 인간이 자신의 선한 성정의 자연을 충분히 발휘하고 온전히 하는 곳에서 비로소 궁극적인 지극한 선의 준칙이 형성될 수 있다. 이것이 '리'이며 '예의'이다. 이는 결코 '예의를 가지고 자기의 본성을 억제함'으로써 얻어질 수 있는 것이 아니다. 이렇게 하여 대진의 성설은 송학적 리에 대한 강력한 공격의 거점이 되었다.

성인의 도는 천하에 달성되지 못하는 정이 없도록 하여 각자 자신들의 욕망을 이룰 수 있도록 해 줄 뿐이었다. 그리하여 천하가 다스려졌다. 그런데 후세의 유자는 성정이 미세한 부분에 이르기까지 유감이 없어야 진정한 리가 된다는 것을 몰랐으며, 더욱이 그들이 말하는 리라는 것은 가혹한 관리들이 말하는 법과 같은 것이었다. 가혹한 관리가 법으로 사람을 죽였다면, 후세의 유자들은 리로 사람을 죽였다. 잇달아 법을 제정하고 리를 논하여, 그리하여 사람들이 죽어나갔다. 이제 어찌해도 손을 쓸 수가 없구나!(「與某書」)

리(理)라는 명분을 내세워 성정을 '억제하고' 심한 경우 사람까지 죽이기에 이르렀다. 대진은 또 다음과 같이 말하였다.[73)]

73) 대진은 또한, "오늘날 지극히 어리석은 사람이나 이치에 어긋나게 제멋대로 행동하는 사람조차도 어떤 일을 처리하고 어떤 사람을 꾸짖을 때에는 문득 '리'를 들먹이지 않는 경우가 없다. 이것은 송나라 이래 습속이 되어 일반화된 것으로, '리'를 마치 별도의 사물이 존재하는 것처럼 여기는 것이다. … 그리하여 자기 마음의 억견[心之意見]을 가지고 '리'라고 주장하였다. 이에 그 기세를 등에 엎고 그 지위와 권세를 끼고, 거기에다 말재주 깨나 있는 사람은 그 '리'의 폭이 넓었다. 힘이 약하고 기세가 위

> 지위가 높은 사람은 리의 이름으로 지위가 낮은 사람에게 요구하고, 어른은 리의 이름으로 어린 사람에게 요구하고, 귀한 사람은 리의 이름으로 천한 사람에게 요구하여 비록 자기들이 잘못되어도 리에 따른 것이라고 우겨댄다. 지위가 낮은 사람 · 어린 사람 · 천한 사람이 리를 가지고 대항하면 설령 그것이 타당하다 해도 리에 어긋난다고 책망한다.(권상, 「理」)

대진은 무엇보다 이러한 것을 용납할 수 없었다. "순자가 말하는 '예의'는 송대 유자들이 말하는 '리'이다"(『서언』 권하)라고 한 것은 바로 이를 두고 한 말이었다. 이와 같이 유리되고 이원화되고, 더욱이 있어서는 안 될 무의미한 리는 어떻게 하여 '리'라는 명칭을 얻게 되었을까? 그것은 고작해야 자기의 억견에 **사(私)**가 없다는 단지 그 한 가지 이유만으로 '리'라는 이름을 얻게 되었을 뿐이다. 더욱이 그와 같은 이름 아래서 사람까지도 죽이는,74) 도저히 허락될 수 없는 리라고 대진은 생각하였다. 송학적 리를 '자기의 억견[意見]'일 뿐이라고 질책하는 이 비판은 실로 단호하다. 여기서 "무릇 천하의 사람과 사물은 수없이 많은데 이들 모두를 나의 조리에 끼워 맞추고자 한다면, 그것은 천지신명조차 할 수 없는 일이다"(『焚書』 권1, 「答耿中丞」)라고 하여, '사람과 사물[民物]'과 '나의 조리[吾之條理]'의 괴리를 갈파한 이탁오의 말을 떠올리게 된다. 이탁오에

축되고 말도 번드르르하지 못한 사람은 그 '리'가 움츠러들었다. 아아! 그 누가 이런 방식으로 일을 처리하고 이런 방식으로 사람을 규제하는 것이 '리'가 아님을 알았겠는가?"(권상, 「리」)라고 하였다.

74) 단옥재(段玉裁)는 자신이 편찬한 『대동원선생연보(戴東原先生年譜)』에서, "선생은 정유년 정월 14일에 나에게 편지를 보내어 말하기를 '옛 현인과 성인은 백성의 마음을 체득하여 백성의 욕망을 달성시켜 주는 것이 리라고 생각하였다. 오늘날 사람은 자기의 억견[己之意見]이 사(私)에서 나오지 않는 것이 리라고 여기고 있다. 이는 억견을 가지고 사람을 죽이면서도 스스로는 리라고 믿는 것이다. 이것은 글자의 본뜻 · 제도 · 명물과 언어의 훈고를 내팽개치고 남겨진 경전에서 성인의 도를 얻고자 하는 것과 같은 것이다'라고 하였다"라고 기록하고 있다.

게 있어 '사람과 사물'이란 '입고 먹는 것'이며, '나의 조리'란 '인간의 윤리와 사물의 이치 위에서 인륜과 사물의 이치를 변별하는 것'(『분서』 권1, 「答鄧石陽」)처럼 전혀 유익하지 못한 관념적 산물이었다. 이탁오의 이와 같은 직각적인 변별이 대진에 이르러 비로소 체계적으로 전개되고 있다.

한 개인의 내부에서 사가 없는 상태[無私]를 완결시키고 있는 송학적 리는 기껏해야 "자기의 억견이 **사**에서 나오지 않는 것을 가지고 리라고 생각하는 것"과 같은 주관적이고 독선적인 자기폐쇄적 리일 수밖에 없다. 송학적 리의 현실적 파탄이 이제 정면에서 폭로되고 있다. 대진은 또 이렇게 말했다.

> 설령 사람 됨됨이가 청렴하고 결백하며 스스로 긍지를 갖고 마음에 사특함이 없다 해도, 어떤 일을 처리하고 어떤 사람을 꾸짖는 단계에 이르면 그 자신의 억견에 의거하여 자기가 옳다고 생각한 것만 옳다고 우기고 자기가 그르다고 생각한 것만 그르다고 말한다. 자기 자신은 마음을 엄정히 하여 악을 마치 원수 보듯 미워한다고 믿고 있겠지만, 그러나 일의 실정을 파악하기 어렵고 그 시비 판단은 한쪽에 치우치기 쉽다. 그 결과 종종 타인에게 화를 끼치고 있다는 사실을 깨닫지 못한다.(권상, 「리」)

설령 어떤 사람이 '사람됨됨이가 청렴하고 결백하며 스스로 긍지를 갖고 마음에 사특함이 없다'고 해도 그 사람의 시비 기준이 반드시 보편타당한 것이 아니라면, 이러한 '무사(無私)'는 그의 주관성으로 인해 새로운 '사'가 되지 않을 수 없다. "노장과 불교는 욕망을 없애는 것이지 사를 없애는 것은 아니다"라고 했을 때의 '사'에는 이미 이와 같은 새로운 개념이 스며들어 있었다. 대진에 따르면 노장과 불교는 "그 입론에 약간의 차이는 있지만 대체로 모두 자사(自私)로부터 출발하였으며"(『서언』 권하), "그들은 욕망을 없앤다는 미명 아래 그 자사를 이루었다."(권하, 「權」) 대진은 이 '자사(自私)'

에 대해 다음과 같이 말한다.

> 노담, 장주, 고자, 석씨는 … (자기의 본성이) 천지와 동등하다고 생각한다. 그래서 자신을 지키는 데에 스스로 만족하여 오로지 정욕을 제거하고 성을 해치지 않도록 힘쓴다. 그리하여 학문에 의한 충족을 필수로 여기지 않는다.(『孟子私淑錄』 권하)

> 성현의 도덕은 곧바로 실제적인 일에 실행할 수 있지만, 불가와 노장은 (실제적인 일과 관계없이) 별도로 자기 마음에서 혼자 터득하는 도덕이 있다고 믿는다.(「與某書」)

요컨대 '자사'란 '자신을 지키는 데에 스스로 만족하고', '자기 마음에서 혼자 터득하는' 것이다. 그들이 설령 그 자신의 마음속에서 '정욕을 제거한 도덕'을 획득했다 해도, '자신을 지키는 데에 스스로 만족하고' '마음에서 홀로 얻는'다는 주관적인 유심 유아성(唯心唯我性)으로 인해서 그것은 '자사'가 된다.

이와 마찬가지 관점에서, '자기의 억견이 사에서 나오지 않는다' 또는 '마음에 사특함이 없다'는 것 역시 주관적인 유심 유아성으로 인해 '자사'라고 할 수 있다. 앞에서 "성인과 현인의 도에는 사가 없다"고 하였을 때의 '사가 없다'는 말은 이와 같은 '자사'가 없음을 뜻한다. 또 "이제 '사욕'으로 말하면, 성인과 현인에게는 진실로 그러한 것이 없다"고 한 말은, 부연 설명하자면 "욕망은 사이다"라고 하면서 '정욕을 제거하고' '마음에 사특함이 없는' 가운데에서 추구되는 그와 같은 의미의 '사'는 이제 더 이상 문제가 될 수 없다는 뜻이기도 하다. 안회(顔回) 정도의 현인이 그러한 의미의 '사'에 무너질 리가 없다고 대진은 말하였다. 이는 공자가 그와 같은 의미의 '사'를 극복해야 한다고 안회에게 말했을 리가 없다는 뜻이기도 하다. '극기'를 그와 같은 의미의 '사'를 극복하는 것이라고 해석한다면, 안회는 벌써 그것을 구현하였다. 이미 '사가 없는' 안회가 오히려 목표로 삼아야 할 '극기'야말로 이제 대진이 해석해야 할 '극기'이다. '사의 제거'를 '시작'으로 삼은 끝에 나타나게 될 새로운 '무사'야말로 목적지로 삼아야 할 '도달처'이며, '리'는 그것에 의해서만 충족될 수 있다. 그리고 이 '리'는 결코 '자기의 억견' 혹은 '마음'을 가지고 객체로서의 기질을 '억제'하고 욕망을 '부정'하는 것이어서는 안 되며, 기질과 욕망의 존재를 보편타당케 하는 객관성을 갖는 것이어야 한다. 대진은 이렇게 말한다.

> (사람들의) 마음이 한결같이 그렇다고 인정해야만 비로소 '리(理)'라고 할 수 있으며 '의(義)'라고 할 수 있다. 요컨대 아직 한결같이 그렇다고 인정하는 시점에 이르지 못했을 때에, 어느 특정한 사람의 의견만 갖고서는 '리'도 아니고 '의'도 아니다. 한 사람이 그렇다고 생각하고, 이에 천하와 만세의 모든 사람들이 '이것은 바꿀 수 없는 진리'라고 하면서 동의한다면, 이것이 바로 '한결같이 그렇다고 인정하는 것'이다.(권상, 「리」)

> 『시(詩)』에 … "사물이 있으면 법칙이 있다[有物有則]"고 하였다. … 사물이란 일이다. 그 일은 날마다 먹고 마시는 것 이외에 아무것도 아니다. 이를 제쳐두고 '리(理)'를 운운한다면, 옛 성현이 말하는 '리'라고 할 수 없다.(권상, 「리」)

"날마다 먹고 마시는" 가운데 '한 사람'과 '천하'가 보편적으로 충족될 수 있는 리를 지향해야 한다. 사가 없는 상태[無私]는 한 개인 내부에서 완결되는 것이 아니라, 한 개인과 천하 사이의 상호관계 속에서 이루어져야 한다. 그렇다면 한 개인과 천하 사이의 상호관계 속에서 극복되어야 할 **사(私)**란 무엇일까?

대진은 말한다.

> 어떤 한 사람의 욕망이 천하의 욕망과 관통하는 것이 인(仁)이다. … '먹고 마시는 것과 남녀관계[飮食男女]'는 낳고 기르는 도인데, 천

지가 그것으로 낳고 낳는다. … 그러므로 낳고 기르는 도를 제거한다면 도를 해치게 된다. … 자기의 욕망을 이루고 동시에 남의 욕망까지 이루어 주고자 생각한다면, '인'은 헤아릴 수 없을 만큼 넉넉하게 될 것이다. 자기의 욕망만을 즐기고 남의 욕망을 잊어버린다면, 그것은 **사**이며 불인이다.(『原善』 권하)

"한 사람의 욕망이 천하의 욕망과 관통하는 것이 인이다[人之有欲也, 通天下之欲, 仁也]"라고 이해하는 기반 위에서, "자기의 욕망만을 즐기고 남의 욕망을 잊어버리는 것[快己之欲, 忘人之欲]"은 사이며 불인[私而不仁]으로 파악하고 있음을 볼 수 있다. 주자에게 있어 **자신**을 닦는 것[修**身**]과 **천하**를 태평하게 하는 것[平**天下**]이 종적으로 관통되었다고 한다면, 여기에서 자기와 천하는 자기와 타자와의 상호 충족적인 관계를 포함함으로써 횡적으로 관통되고 있다. 또한 한 개인 내부에서 완결될 수 있었던 '사가 없는 상태[無私]'는, 이제 상호관계 속에서 사가 없게 되는 것으로 새롭게 규정되고 있다.

그럼 다시 '극기' 해석으로 되돌아가 보자.

앞에 들었던 질문자의 물음에 대한 대진의 답변은 아래와 같다.

"자기를 이기고 예로 돌아가는 것이 인이다"라는 문장에서 '자기'는 천하와 상대시켜 한 말이다. 예는 지극히 마땅하여 바꿀 수 없는 법칙이다. 그러므로 "모든 행동거지가 예에 맞는 것이 훌륭한 덕의 지극함"(『맹자』, 「진심하」)이라 한 것이다. 의견이 조금이라도 편벽되고 덕성이 아직 순수하지 못한 것이 모두 **자기**[己]와 **천하**[天下]를 가로막는 단서이다. 자기를 잘 이겨서 지극히 마땅하여 바꿀 수 없는 법칙으로 돌아갔을 때, 천하와의 단절이 없어진다. 그러므로 "어느 날 자기를 이기고 예로 돌아간다면 천하가 인으로 돌아간다"고 한 것이다. 그러나 그것이 인으로 결정되는 것은 천하 사람의 판정에 의한 것이 아니다. 인으로 결정되는 것은 실로 자기에 의해서 판정되는 것이지 남으로부터 판정받는 것은 아니다. 그러므로 "인이 되는 것[爲仁]은 자기로부터 말미암는 것[由己]이지 남에게서 말미암겠는가!"라고 한 것이다(권하, 「권」)

느닷없이 "'자기를 이기고 예로 돌아가는 것이 인이다'라는 문장에서 '자기'는 천하와 상대시켜 한 말이다"로 시작되는 이 답변은 '극기'를 개인 내부에서 사가 없는 상태[無私]를 추구하는 것으로 보는 자[75]의 눈에는 매우 당돌하게 보일 것이다. 그렇지만 이제 자기의 욕망과 타인의 욕망의 상호 연계성 위에서 사(私) 및 사가 없는 상태[無私]를 설정하는 대진에게 있어서 자기[己]는 안원처럼 한 개인의 주체인 '자신[身]'에 머물지 않고 천하와 상대시킴으로써만 의미를 갖는 객체적 존재였다. 이는 안원이 '욕'을 자기가 극복해야 할 대상으로 자기 안에 포함시켰던 것에 반하여, 대진이 이를 객체로서 인정한 것에 대응된다.

객체로서의 자기와 타자의 총칭으로서의 천하 사이에 단절을 없앤 끝에 '예로 돌아가게 된다.' 여기에 '예'가 '지극히 마땅하여 바꿀 수 없는 법칙'인 이유가 있다. 말할 것도 없이 이 '예'는 순자의 예가 성을 '억제'하는 것이었던 것과는 달리, "예의도 또한 성에서 나온다"고 말한 그러한 예이다. 대진은 "순자는 … 예의가 필연(必然)을 밝히는 것임은 알았지만, 이 필연이 자연(自然)의 궁극적 준칙으로서 그 자연을 완수하는 것임을 알지 못했다"(권중, 「성」)고도 말하였다. 이는 약간의 보충 설명을 필요로 한다. 대진에 따르면 성(性)의 실체는 혈기(血氣)와 심지(心知)로서, 혈기의 자연은 욕망이며 심지의 자연은 도를 좋아하는 것이라고 한다. 앞에서의 "욕망을 없애버리면 인도 없어진다"고 하는 생각은 여기에서 비롯되었다. '리'는 혈기와 심지, 즉 성의 자연에 내재하는 것으로서 이것이 필연이다. 혈기의 욕망은 낳고 낳음의 본체이며, 심지에 의해서 올바

75) 주자는 "극기의 '기(己)'는 타인이나 사물과 상대시켜 한 말이 아니라, 무엇보다 공(公)이라는 글자와 상대시켜 한 말이다. 요컨대 사(私)라는 말과 같을 뿐이다"(『주자어류』 권14-96)라고 하였다.

른 낳고 낳음을 인식할 수 있다. 그 혈기와 심지의 자연이 낳고 낳는 올바름의 극치가 필연이다. 이 때문에 "자연과 필연은 두 가지가 아니다[自然之與必然, 非二事]"(권상, 「리」)라고 하였다. 대진은 이어서 다음과 같이 말한다.

> 그 낳고 낳는 것으로 말미암아 자연의 조리[自然之條理]가 있다. 조리에 가지런한 질서가 있음을 본다면, 예(禮)가 어떠한 것인지를 알 수 있다.(권하, 「仁義禮智」)

> 예는 천지의 조리이다. … 예를 설정한 이유는 천하 사람의 감정을 다스려 혹은 넘치는 것을 제재하고 혹은 모자라는 것을 북돋우어 천지의 '중도[中]'를 알도록 하기 위한 것이다.(권하, 「인의예지」)

예(禮)는 낳고 낳음에 있어서 넘치거나 모자람이 없이 자연(自然)의 조리가 필연(必然)에서 완전해지는 것을 말한다. 그것은 천지의 조리의 사회적 표현이며 그로 인하여 지극히 마땅하여 바꿀 수 없는 것이 된다.

이를 자기 욕망[己欲]에 근거하여 말하자면,

> 욕망의 치우침[欲之失]이 사이다. 사가 있으면 탐욕과 사특함이 뒤따라 생겨난다. … 사가 없으면 그의 욕망은 모두 인(仁)이며 모두 예의(禮義)이다.(권하, 「才」)

라고 하여 '탐욕과 사특함'의 **사(私)**가 없는 자기 욕망[己欲] 속에 예의가 있다고 말한다. 또한 "한 사람의 욕망은 천하 사람이 똑같이 욕망하는 것"(권상, 「리」)이므로 '천하 사람의 똑같은 욕망'을 가로막는 '한 사람의 욕망'의 '탐욕과 사특함'을 극복하고, 자기와 천하 사이의 단절이 없도록 하는 데에 '극기복례'의 존재 이유가 있다고 말한다.

'극기'는 '사욕으로 간주되는 자기'를 극복하는 것도 아니며, 자기가 사욕을 극복하는 것도 아니라, 타인의 욕망과의 상호관계 속에서 자기 욕망에 치우침이 없도록 하는 것으로 전개되기에 이른다.

극복되어야 할 '욕망의 치우침'으로서의 **사**는 탐욕과 사특함 또는 넘치거나 모자람을 의미한다. 하지만 그것은 이제 더 이상 '자기라고 하는 사[己私]'나 '사욕'이 아니므로 개인 내부에서 완결될 수 없게 되었다. 넘치거나 모자람[過不及]은 개체 안에서의 욕망의 양적인 넘치고 모자람이 아니라, 그 기준은 타인의 욕망과의 상대 속에서 판단된다. 이 점에서 사회적이며 상호 연계적이다. 요컨대 그 넘치고 모자람의 기준은 외적인 것이다.

> 사람의 삶에서 그 삶을 이룰 수 없는 것만큼 비참한 것은 없다. 자신의 **삶**[生]을 이루고자 하면서도 동시에 남의 **삶**까지도 이루어 주고자 하는 것이 인(仁)이다. 자신의 삶을 이루기 위해 남의 삶을 해치고서도 아무렇지도 않게 생각하는 것이 불인(不仁)이다.(권상, 「리」)

> 한 사람이 자신의 **삶**[生]을 이루고, 이를 미루어 천하와 더불어 함께 그 **삶**을 이루고자 하는 것이 인(仁)이다.(권하, 「인의예지」)

이러한 대진의 '욕'의 상호 연계성은 '욕망'으로부터 '삶'에 이르기까지 모두 충실하게 됨으로써, '남의 욕망을 **잊음**[忘人之欲]'에 보이는 사유적 측면이 '남의 생명을 **해침**[戕人之性]'이라는 사실적 측면으로 전이하여 한층 객관성을 띠게 된다.

'한 사람'과 '천하'의 상호 연계성은 자기와 타인의 개체적 생존을 매개로 함으로써 사회 연계적인 양상이 농후해진다. 따라서 극복되어야 할 **사(私)**란 주체적 측면에서는 자신을 수양하는 것에 스스로 만족하는 소극적인 자기 집착성은 물론, 객체적 측면에서는 '남의 생명을 해치는' 적극적인 이기성까지를 포함하는 것으로서 도덕적이며 동시에 사회적·정치적인 측면을 강하게 띠게 된다.

그러나 좀 더 분명하게 말하면, 대진이 그런 의미의 사(私)의 극복을 '극기복례' 해석상에서 전개하지는 않았다. 그의 주관적 의도를 뛰어넘어 부여되고 있는 이러한 사회적·정치적 측면에 대해서, 그는 자각하지 못하였다고 보는 편이 더 정확할 것이다. 그렇지만 '극기복례' 해석에 대하여 말하자면, 자각하지 못한 가운데서도 '극기'에 대한 해석을 하지 않는 소극적인 행위 속에 사실상 이와 같은 측면들이 제시되고 있다고 할 수 있다. 다시 한 번 반복해서 보도록 하자.

> "자기를 이기고 예로 돌아가는 것이 인이다"라는 문장에서 '자기'는 천하와 상대시켜 한 말이다. 예는 지극히 마땅하여 바꿀 수 없는 법칙이다. … 의견이 조금이라도 편벽되고 덕성이 아직 순수하지 못한 것이 모두 자기[己]와 천하[天下]를 가로막는 단서이다. 자기를 잘 이겨서 지극히 마땅하여 바꿀 수 없는 법칙으로 돌아갔을 때, 천하와의 단절이 없어진다.

이렇게 '복례(復禮)'의 해석은 있지만 '극기(克己)'에 대한 축자(逐字) 해석은 빠져 있음을 알 수 있다. 어거지로 말한다면 "의견이 편벽되고 덕성이 순수하지 못한 것"이 극복되어야 할 자기[己]를 가리킨다고 일단은 말할 수 있다. 하지만 이것이 결코 '**극**기(**克**己)'에 대한 해석일 수는 없다. "자기는 천하와 상대시켜 한 말이다"라는 테마로 진행되는 대진의 해석은 '극(克)'이라는 동사에 대해서는 강한 위화감을 갖고 있었다. 야스다 지로(安田二郎)는 대진의 '극기복례'를 "자기를 죽이고 지극히 마땅하여 바꿀 수 없는 법칙으로서의 예에 따르는 것을 의미한다"고 해석하였다. 그렇지만 대진에게서 '극기'는 『논어』의 원문을 그대로 인용한 것일 뿐이라는 점, 또 '극'이 '죽인다[殺]'의 뜻이 될 수 있는 근거가 전혀 없으며 오히려 역의 벡터를 갖는다는 것을 무시한 점76)에서 야스다의 해석은 이중의

---

76) 安田二郎, 「孟子字義疏証の立場」(中國文明選 『戴震集』所收, 朝日新聞社). 앞

오류를 범하고 있다. "예의도 또한 성에서 나온다", "필연이 곧 자연의 궁극적 준칙"이라 하여 예를 가지고 '억제하는' 것에 반대한 대진에게 '극'은 너무나 이질적이었다. 동시에 천하와의 상호관계 속에서만 파악되는 자기[己]에게 있어서도 그것은 이질적이었다. 그리고 '극기'를 해석하지 않음으로써 실은 해석의 새로움이 가장 잘 제시되고 있다. 또한 그 '극'에 대한 위화감으로 말미암아 지키고자 하면서도 지킬 수 없었던 자의상의 파탄은 도리어 그의 해석의 새로움을 상징적으로 보여준다고 하겠다.

대진의 새로운 해석은 그의 방법론과 불가분의 관계를 맺고 있다. 그는 다음과 같이 말한다.

> (어떤 사람은) "한대 유자의 경학이 있으며, 송대 유자의 경학이 있다. 한쪽은 훈고(訓詁)를 위주로 하고 다른 한쪽은 리(理)와 의(義)를 위주로 한다"고 말하지만, 나는 이 말을 이해하지 못하겠다. 이른바 '리'와 '의'라는 것이 경을 제쳐두고 공허하게 마음속에 의지하여 사람들로 하여금 허공에서 천착하여 얻게 하는 것이라면, 어찌 경학이라고 이름할 수 있겠는가? … 훈고와 리·의를 둘로 나누어버린다면, 훈고는 리와 의를 밝히지 못하게 된다. 그런 훈고가 무엇이 되겠는가?(『戴東原集』 권11, 「題惠定宇先生授經圖」)

여기서 "경을 제쳐두고 공허하게 마음속에 의지하는" 리(理)와 의(義)란 자기의 억견이 **사**에서 나오지 않았음을 이유로 리(理)라고 생각하는 것과 같은 것이다. 되풀이하여 말했던 것처럼 이와 같이 한 개인 내부에서 모든 것이 완결되는 리가 대진이 가장 강렬하게 비판하던 바였다. 그는 또 말한다.

에서도 보았듯이 이공(李塨)은 "송대의 유자는 오로지 사의 제거[去私]만을 중시하였으니, … 지극히 밝고 지극히 굳센 자는 단지 사욕과 싸울 뿐이었다. 그래서 극(克)을 '이기다[勝]', '죽이다[殺]'로 해석하였다"고 하여 송대 유자들의 해석을 배격하였다. 사정은 대진도 마찬가지이다.

> 사람이 굶주림과 추위에 울부짖고 남녀가 슬퍼하고 그리워하는 것으로부터, 나아가서는 죽음에 임박하여 생명을 희구하는 것까지가 모두 인욕이 아닌 것이 없는데, 헛되이 감정과 욕망의 느낌[情欲之感]을 완전히 끊는 것만을 가리켜 천리의 본연이라 한다. … 자기의 억견에 집착하여 그것이 천리이지 인욕이 아니라고 스스로 믿는 것일 뿐이다.(권하, 「권」)

> 이제 (송대의 유자들은) '리'와 '욕망'을 절연히 둘로 나누어서 본다. 그리하여 자기를 다스림에도 욕망에서 나오지 않는 것을 가지고 '리'라 하고, 남을 다스림에도 역시 욕망에서 나오지 않는 것을 가지고 '리'라고 한다. 그리고 백성들의 굶주림과 추위, 슬픔과 원망, 먹고 마시는 것과 남녀관계 같은 일상적인 감정의 복잡한 느낌을 모두 하찮은 인욕이라고 간주하고, … 자기야말로 천리(天理)와 공의(公義)를 존중한다고 말한다. 말은 아름답지만, 그러나 이러한 것을 가지고 사람을 다스린다면 사람들에게 해를 끼칠 뿐이다.(권하, 「권」)

'자기의 억견[己之意見]'은 단지 한 개인이 마음속으로 자기만족하는 데에 머물지 않는다. '사에서 나오지 않으며' '욕망에서 나오지 않는다'는 공허한 리는 사람들의 굶주림과 추위, 음식과 남녀관계 등 인간 본래의 삶의 희구마저 인욕으로 부정하여 마침내는 사람에게 해를 끼친다. 그러므로 그것은 부정되어야 한다고 생각했다. 대진에게 리는 그런 존재가 아니었다. "한 사람이 그렇다고 생각하고, 이에 천하와 만세의 모든 사람들이 '이것은 바꿀 수 없는 진리'라고 하면서 동의한다"고 하였듯이 천하와 서로 관계하는 리여야 했다. 또한 그것은 "천리란 자연의 분리(分理)를 말한다. 자연의 분리란 나의 감정을 가지고 남의 감정을 헤아려 서로 공평함을 얻도록 하는 것[自然之分理, 以我之情絜人之情, 而無不得其平, 是也]"(권상, 「리」)이며, 굶주림과 추위, 먹고 마시는 일상적인 감정에서의 분리(分理)여야 했다. 이러한 사람들의 일상적인 감정이 서로 넘치거나 모자람이 없이 '공평함'을 획득하고, 그리고 이에 의해서 천하

만세토록 '바꿀 수 없는' 객관성을 갖춘 것이어야 했다.

이 '리(理)'는 '욕망에서 나오지 않음'으로써 충족되는 공허한 리가 아니라 만인 보편의 '일상의 먹고 마시는 즐거움'을 온전하게 하는 사실적인 조리(條理)여야 한다. 또한 그것의 옳고 그름은 한 개인의 마음속에서 활연히 자득할 수 있는 것이 아니라 만인이 공유할 수 있는 객관적 규범성을 가져야 한다. 이것은 만인이 공유하는 경전에 근거하여 정립되는 리의 옳고 그름이며, 이러한 리의 옳고 그름은 만인에게 보편타당한 것이어야 한다. '한 사람이 그렇다고 생각하는' 경전의 리(理)와 의(義)는 누가 해석해도 '똑같이 그렇다고 인정하는 것'이어야 한다. 여기에 리와 의는 반드시 훈고에 의거해야 한다는 방법론을 필수로 하는 대진적 리의 새로움이 있다. 대진의 고증학적 방법론은 요컨대 그의 존인욕(存人欲)적 천리와 불가분의 관계에 있다. 그것은 또한 지경정좌(持敬靜坐)를 방법론으로 하는 송학적 천리를 뿌리에서부터 부정할 수 있는 방법론이기도 하였다. 따라서 대진의 고증학에서의 주관적 측면, 즉 한 가지 해석을 지키고자 하면서도 지킬 수 없었던 파탄을 가지고 이른바 **근대**적인 객관적 실증주의의 미숙함으로 인해 생겨난 주관성이라고 하여 부정적으로 평가해서는 안 된다. 오히려 그가 객관적일 것이라고 생각한 그의 **주관적 의도의 새로움**으로써 긍정적으로 평가해야 할 것이다.

그런데 그 한계는 이상에서 서술한 새롭게 탄생한 리(理)와 의(義) 속에 동시에 내포되어 있다. 대진이 리의 **필연**을 혈기·심지 자연의 궁극적 준칙으로 파악하고, "필연이란 바꿀 수 없는 법칙이다. 그 자연을 억제하여 이를 강제로 따르게 하는 것은 아니다"라고 한 바에 그의 리·의가 새로움이 되는 이유가 있다. 그렇지만 인간의 자연(自然)에 대한 긍정이 필연(必然)으로의 귀결을 선험적인 전제로 하여 성립되고 있다는 점에 하나의 문제가 있다.

대진은 또 이렇게 말한다.

> 만약 그 자연 그대로에 내맡겨서 잘못된 데로 흐른다면 이윽고 그 자연을 상실하여 자연이 아니게 된다.(권상, 「리」)

위의 발언은 필연으로 귀결됨으로써만 자연이 될 수 있다는 뜻으로서, 잘못된 데로 흐르는 것을 원리적으로 허락하지 않으며 그러한 자연은 '자연이 아닌 것'으로 파악하는 것이다. 욕망을 예로 들어 말하자면, 잘못된 데로 흐르는 욕망은 욕망이 아닌 것이 된다. 이것은 기질에 악이 소재한다는 것을 인정하지 않고 완전한 선으로 파악하는 안원의 성선설을 계승한 대진의 하나의 귀결점이었다. 혈기·심지의 자연, 기품과 기질, 인간을 모두 선험적으로 합법칙적인 것으로 파악하는 이와 같은 완전한 성선설에서 승인되는 자기 욕망[己欲]이란 본래적으로 타인의 욕망과의 상호 연계성을 내재한 것이어야 한다. 따라서 개체의 생존은 선험적으로 천하적 연계성을 내재하고 있으며, 그 때문에 이 천하적 연계는 개체 대 개체의 주체적 대립을 배제한다.

이 문제는 일단 접어두고 뒤에서 다시 고찰하기로 하겠다.(제4장 제2절) 여기서는 대진의 '극기복례' 해석이 자기와 천하와의 상호관계 속에서 욕망 상호간의 조화를 인(仁)으로 파악하는 새로운 토대 위에 서 있었다는 점만을 확인해 두기로 하겠다. '극기' 해석에 따라 시도해 본 이상의 고찰은 '극기(克己)'를 해석하지 않는 대진의 새로움을 이끌어낸 것으로 그 목적은 달성되었다고 하겠다.

제3절 명청 사상의 계기적 전개의 종단면

명대 후기의 '극기(克己)' 해석

이상으로 청대 전·중기 '극기' 해석의 전개를 안원과 이공으로부터 대진까지 살펴보았다. 이와 같은 경전 해석상의 새로운 동향은 이 시기에 갑작스럽게 출현한 것이 아니라 그 싹은 이미 명대 후기 초엽에 나타났다. 서술의 순서는 역순이 되겠지만 대진 등의 '극기' 해석이 어떠한 경과를 거쳐 왔는가를 알아보기 위해, 그 전 단계의 양상을 사회적 배경에 눈을 돌리면서 이하에서 살펴보겠다.

주자의 '극기(克己)' 해석에 대해 그 '기(己)'의 부정합성을 지적한 초기의 예로 추수익, 왕용계 등 양명 문하의 해석을 들 수 있다. 인용문이 좀 길기는 하지만 먼저 추수익(鄒守益; 1491~1562)[77)*]의 예를 들어보겠다.

> 극기복례는 경(敬)으로써 자기를 닦는 일이며, 예(禮)는 선천적으로 저절로 갖추고 있는 중용의 도이다. … 보고 듣고 말하고 행동하는 것은 자기의 조목이며, 예가 아니면 보고 듣고 말하고 행동하지

77)* 추수익(鄒守益; 1491~1562): 자는 겸지(謙之), 호는 동곽(東廓). 강서성 안복(安福) 출신. 1511년(正德 6)에 진사가 되어 한림원편수(翰林院編修)가 되었지만 얼마 뒤 공주(贛州)로 돌아와 강학을 하였다. 1522년(가정 원년), 세종(世宗)이 즉위하자 관직에 나아갔지만, 대례의(大禮議)에 관련되어 지방으로 좌천되었고, 또 남경예부낭중(南京禮部郎中), 남경국자감좨주(南京國子監祭主)가 되었다. 그러나 다시 세종의 노여움을 사서 관직에서 물러났고, 이후 오로지 고향에서 수많은 사람들에게 강학을 하면서 생애를 마쳤다. 처음 나흠순(羅欽順; 1465~1547)을 사사하였고, 뒤에 양명학을 신봉하여 경(敬)으로 양지(良知)를 해석하였다. 저술로 『동곽문집(東廓文集)』이 있다.

말라는 것은 자기를 닦는 조목이다. 말하고 보고 듣고 행동하는 것을 빼버리면 도대체 어디에 자기가 있겠는가? 예(禮)란 본래 자기에게 있었던 것이므로 '돌아간다[復]'고 하였고, 비례(非禮)는 본래 자기에게 없는 것이므로 '말라[勿]'고 한 것이다. 이제 비례를 가지고 자기의 사(私)라고 하는 것은 좋지만, 자기를 사욕이라고 하는 것은 불가하다. 만일 (주자처럼) '자기[己]'는 두 다리를 쭉 뻗고 앉아 있는 것이고 '예(禮)'는 시동(尸童)처럼 앉아 있는 것이며, '자기'는 한쪽 다리를 꼬고 비스듬히 기대어 서 있는 것이고 '예'는 재계하듯이 서 있는 것이라고 해석한다면78), 그 시동처럼 하고 목욕재계하듯 하는 주체는 자기가 아니고 누구이겠는가? 선사(先師; 왕양명)는 "마음의 본체는 본디 하늘의 이치일 뿐이다"라고 하였다. … 몸 바깥에 도가 있는 것이 아니며 자기 바깥에 예가 있는 것이 아니다. 옛 해석을 하나하나 살펴보건대, … 자기를 사욕으로 해석한 사례는 전혀 없다. … "인을 행하는 것은 자기로부터 말미암는다"고 한 것은 바로 자기를 힘쓰는 장소로 삼는다는 뜻이다. … 자신을 닦는 것[修身]이 극기(克己)임이 명명백백하다.(『鄒東廓集』 권9, 「論克己復禮章」)

이는 말할 것도 없이 주자의 '극기' 해석에 대한 정면비판이다. 두 다리를 쭉 뻗고 앉고 한쪽 다리를 꼬고 비스듬히 기대어 서 있는 것은 각각 의례에 맞지 않게 앉고 서 있는 모습이며, 시동처럼 앉고 재계하듯이 서 있는 것은 의례에 따른 단정하고 가지런한 모습을 말한다. 그 자체 특별히 이의를 제기할 만한 것은 없을 듯하다. 그런데 이것이 문제가 되는 것은 이 조목에서 주자가 "기(己)라

78) 주자는 말한다. "공자는 예가 아니면 보고 듣고 말하고 행동하지 말라고 하였다. 이것이 극기복례의 조목이다. 안자가 질문하고 공자가 대답한 것인데, 대답이 극히 포괄적이다. '기(己)'라는 글자는 '예(禮)'라는 글자와 상대시켜 칭한 것이다. 예에는 규범과 준칙이 있다. 우선 앉고 서 있는 자세를 가지고 말한다면, '기'는 두 다리를 쭉 뻗고 앉아 있는 것이고 '예'는 시동처럼 앉아 있는 것이며, '기'는 한쪽 다리를 꼬고 비스듬히 기대어 서 있는 것이고 '예'는 목욕재계하듯이 서 있는 것이다."(『주자어류』 41-20). 여기에서 '시동처럼 앉는다[坐如尸]', '재계하듯이 서 있다[立如齋]'라는 말은 『예기』 「곡례(曲禮)상」에 보인다.

는 글자는 예(禮)라는 글자와 상대시켜 칭한 것이다"라고 말한 점에 있다. 주자는 다른 곳에서 다음과 같이 서술하고 있다.

> 극기의 '기(己)'는 타인이나 사물과 상대시켜 한 말이 아니라 무엇보다 공(公)이라는 글자와 상대시켜 한 말이다. 요컨대 사(私)라는 말과 같을 뿐이다.(『주자어류』 41-96)

다시 말해 '기(己)'라는 글자를 철두철미 예(禮)·공(公)과 대비시켜 부정되어야 할 비례(非禮)·사(私)로 파악하고 있다. 이 점이 문제가 된다.

추수익에 의하면 예는 자기에게 본래부터 있는 것, 비례는 자기에게 본래 없는 것으로서 바깥에서 들어온 사(私)이다. 이 때문에 본래부터 있는 자기를 비례·사라고 하여 제거하는 것은 도덕적 행위의 주체를 부정하는 것과 마찬가지라고 생각하였다. 물론 주자에게서도 극기의 도덕적 행위 주체는 자기이다. 그러므로 주자의 입장에서 보면 추수익의 비판은 빗나간 혹은 말꼬투리를 붙잡고 늘어지는 격이라고 하지 않을 수 없다. 그런데 '자기'에 대한 양자의 이러한 인식차는 주자가 "예가 아니면 보고 듣고 말하고 행동하지 말라는 것은 극기복례의 조목이다"라고 한 것에 반하여, 추수익은 "보고 듣고 말하고 행동하는 것은 자기의 조목이다. 예가 아니면 보고 듣고 말하고 행동하지 말라는 것은 자기를 닦는 조목이다. 보고 듣고 말하고 행동하는 것을 빼버리면 도대체 어디에 자기가 있겠는가?"라고 하였듯이, 보고 듣고 말하고 행동하는 것에 대한 인식의 차이에서 기인한다. 이렇게 보면 추수익의 비판의 안목도 좀 명료해질 것이다. 즉 보고 듣고 말하고 행동하는 기질의 작용을 즉시로 본래부터 갖추어져 있는 도덕적 행위의 주체로 볼 것인가, 아니면 이를 극복의 대상으로 삼아 제거하고 마땅히 되돌아가야 할 본연의 성을 본래부터 갖추어져 있는 주체로 볼 것인가 하는 주체에서의 본래성의 인식에 관하여 양자는 대립하고 있는 것이다. 이곳의 논의에서는 이 문제가 표면화되고 있지는 않다. 또한 추수익 자신도 그렇게까지 의식하고 있는 것 같지는 않다. 그러나 여기에는 성을 본연과 기질의 이원론으로 파악할 것인가 일원론으로 파악할 것인가 하는 성론(性論)의 대립이 있다. 아울러 주자의 성즉리에 대한 양명의 심즉리의 대립이라는 또 하나의 중요한 측면이 나타나고 있다.

인간은 기질의 성으로 현재 존재하고 있다. 반면 본연의 성은 마땅히 있어야 할 것으로 간주된 이념적 존재이며, 따라서 그것은 비(非)현재적이며 초(超)현재**적**이다. 주자의 주체는 초현재적으로 설정된 비현재의 주체이다. 요컨대 객체성을 갖지 못한다. 여기서 다시 정자의 "공적이면 하나요 사적이면 만 갈래, 지극히 합당한 것은 하나로 귀결된다"(『程氏遺書』, 권15)는 말을 상기해 보도록 하자.

주자도 기질의 만 갈래는 만 갈래 그 자체로 인하여 사적이며, 따라서 극기해야 할 기질의 자기도 사적인 것으로 보았다. 이 '자기'가 사람이나 사물에 상대되는 것이 아니라 공에 상대되는 것이라고 한 말은 현재 존재하는 기질의 개별다양성이 '하나', 즉 예에 의해서 극복되고 수렴되어야 하는 것으로 파악되었음을 보여준다. 현재 존재하는 개별적이고 다양한 기질의 객체적 측면은 원리적으로 인정되지 않는다. 주자에게서 리는 본연의 '하나'로 간주된 성(性)에서만 존재한다. 따라서 리의 개별적이고 다양한 자립성은 원리적으로 인정되지 않는다. 양명의 심즉리(心卽理)가 마음이라는 자립적이고 개별 다양한 현재적 존재에 리를 뿌리내리게 한 것과 비교할 때, 이 점에서 주자와 양명은 대립적이다. 요컨대 추수익의 비판은 주자의 **정해진** 이치[**定**理]에 대한 비판이기도 한 것이다.

양자의 이와 같은 대립은 '단 하루라도 극기복례하면 천하가 인으로 돌아간다'의 해석을 둘러싸고서도 나타났다. 주자는 이를 "천하 사람이 모두 그 인에 참여한다"고 하고, "그 효과가 매우 빠르고 지극히 큼을 극언"(『논어집주』「안연」)한 것이라고 해석하였다.

또한 여기에 설명을 덧붙이면서 “자기가 일마다 인(仁)하게 하면 천하 사람이 그의 일이 모두 인에 합치되는 것을 보고 이것이 인이다라고 말한다”, “단 하루라도 극기복례하면 천하 사람이 그의 인을 칭찬한다”(『주자어류』 권41-6, 62)라고 하였다. ‘참여한다’는 ‘함께한다’로 해석해도 좋을 것이다. 어쨌든 자기가 ‘하나’인 리(理)에 도달하기만 한다면, 천하 사람은 곧바로 이 ‘하나’를 일컬어 리라고 칭하면서 거기에 복종한다. 이와 같이 천하는 하나(곧 리)로 귀착된다고 하는 **하나**의 보편성에 대한 낙관주의(optimism)를 갖고 있다. 이에 반하여 추수익은 “천하가 인으로 돌아간다는 것은 경(敬)으로써 자기를 닦아 사람을 편안하게 하고 백성을 편안하게 하는 것”이라고 하여, 경을 매개로 자기를 사람이나 백성과 상대시킨다.79) 여기서 “경(敬)으로써 한다”의 ‘경’은, 그에 따르면 “양지의 순수하고 밝음으로써, 사욕이 섞이지 않은 것”이라고 하여 대체로 양지 그 자체로 파악되고 있다.

> 양지(良知)의 순수하고 밝은 유행에 따른 것이라면, 문왕과 무왕이 용맹을 좋아하고 공유(公劉)와 태왕(太王)이 재화와 여색을 좋아한 것80)*도 모두 천리가 된다. 만일 여기에 사욕이 섞이면 제환공과 진문공이 노(魯)나라와 위(衛)나라를 구하여 오랑캐를 물리치고 중국을 편안하게 한 것도 모두 인욕이 된다.(『東廓鄒先生文集』 권7, 「答余汝定」)

추수익은 이처럼 인간이 현재 존재하고 있는 것의 단적인 표현인

79) 여기서는 『논어』 「헌문(憲問)」의 ‘경으로써 자기를 닦는다[修己以敬]’, ‘자기를 닦아 사람을 편안하게 한다[修己以安人]’, ‘자기를 닦아 백성을 편안하게 한다[修己以安百姓]’의 3항목의 ‘자기[己]’를 극기의 ‘자기[己]’와 일관시킨 것이다. 주자의 주에서는 제2항목의 ‘사람’에 대해 “사람[人]은 자기[己]와 상대시켜 말한 것이다”라고 서술하고 있다. 역으로 말하면 자기를 닦는다[修己]의 ‘자기’는 주자의 이해로는 자기를 이긴다[克己]의 ‘자기’와 달리 타인과 상대되는 자기이다. 추수익은 주자의 이해를 그대로 이용한 것이라고 하겠다.

80)* 『맹자』 「양혜왕하」 참조.

재화와 여색에도 양지가 존재함을 표명한다. 사실 그는 아래의 인용문처럼 부귀를—다만 지주와 사대부가 선을 권면하는 입장에서 말한 것이지만— 긍정하고 있다.

> 부귀와 장수는 하늘이 선을 권장하기 위한 권도이다. 재물을 내려주어 궁핍함을 구제하게 함에, 선이 날로 넉넉해졌다. 지위를 내려주어 만물을 구제하게 함에, 선이 날마다 넓어져갔다.(『동곽추선생문집』 권4, 「艮山叔父壽考」)

결국 '자기를 닦아 사람을 편안하게 하고 백성을 편안하게 한다'는 그의 말은 "부유하면서도 곡물을 내놓는 데에 인색하거나, 가난하다고 하여 곡물을 갚는 데에 항거하는"(『동곽추선생문집』 권10, 「書鄕約義穀簿」) 사태가 벌어지지 않는, 지주와 사대부가 주도하는 향촌의 경제적 안정과 깊이 관계되어 있음을 엿보게 한다. 덧붙여 그는 다음과 같은 발언을 하고 있다.

> 모호(某戶)의 부민이 수확량을 줄인 것 얼마, 모호의 대상인이 수확량을 줄인 것 얼마, 모호의 사대부가 허위로 보수(步數)를 늘리고 허위로 수확량을 줄인 것 얼마에 대해서, 혹은 조세대장을 조사하고 혹은 토지를 측량하여 응당 줄여야 할 것은 줄이고, 응당 늘려야 할 것은 늘려야 한다. 천리왕법이 준엄하니 어지럽혀서는 안 된다.(『동곽추선생문집』 권7, 「復王純卿侍御」)

그의 천리가 "빈부를 짐작하여 이갑(의 세역)을 균등하게 하는"(『동곽추선생문집』 권1, 「時中說贈景山李公」)[81] 것, 즉 이갑제 해체에 수반하여 진행된 질서 재편과 밀접한 관계가 있음을 알 수 있

81) "빈부를 짐작하여"라고 하였지만, 물론 빈부 사이를 균등하게 하자는 것은 아니다. "이갑(里甲)을 균등하게 하여 고통과 즐거움을 공평히 하고, 도적의 무리를 징계하여 **싹을 없애 버린다**"(『東廓鄒先生文集』 권7, 「復聶雙江文蔚」)고 하였듯이 궁극적으로는 향촌의 치안을 지향하는 것이다.

다. 추수익의 '극기'는 현존하는 경제적 모순에 대처하는 것이었다. 그것은 말하자면 각각의 기질들이 한창 동요하는 시기에 리를 모색하는 것으로 기질의 현재적 자기를 빼고서 리는 없다는 것이다. 주자는 개별적인 자기를 그 다양성 때문에 사로 규정하고, 이 다양성을 하나(곧 리)로 수렴시킬 수 있다고 보았다. 이와 같은 낙관주의는 아마 군주~관료~민의 일원적인 질서 신분에 대한 확고한 신뢰 속에서 나왔을 것이다. 이제 추수익은 그러한 낙관주의를 갖고 있지 않다. 주자는 극기 공부를, "타인과의 관계를 끊고 단단히 문을 걸어잠그고 자신의 몸에서 자세하게 체득"(『주자어류』 권41-14)해야 한다고 말하였다. 이는 군주를 정점으로 한 사대부 관료가 먼저 개인 내부에서 도덕을 완성한다면, 그 덕의 영향으로 천하 사람이 인으로 돌아간다는 상하 일원적인 질서관이다. 이런 까닭에 주자의 극기는 한 개인 내부에서 완결될 수 있었다. 도덕적 행위는 자기를 대상으로 삼고 **자기를 향해** 즉자적으로 완결한다. 타자로서의 민(民)은 그의 도덕 안에 포섭된 몰객체이고 타자를 객체로서 인정하지 않는 그 행위 주체도 몰객체적 존재이다. 그러므로 사람·백성을 편안하게 해 주어야 할 객체로 파악하는 추수익이 **자기로부터 출발하여** 사람·백성을 향해 대자적으로 행위하고자 하는 것과는 아무래도 충돌하지 않을 수 없었다. 추수익은 "성인 문하의 요체는 다만 경(敬)으로써 자기를 닦는 데에 있다"고 하여 일견 주자의 주경(主敬)과 유사한 듯한 발언을 하였다. 그렇지만 곧바로 이어서 다음과 같이 말하고 있다.

> 경(敬)이란 양지의 순수하고 밝음이다. … 항상 순수하고 항상 밝으면, … 백성에게 재물이 있는 것을 보고 마치 자기 집의 재산처럼 여긴다. 어찌 절제하지 않을 수 있겠는가?(『동곽추선생문집』 권7, 「簡明鹿崖匡卿」)

여기에서 백성의 재물까지 언급한 것은[82], 객체로서의 민재(民財)

에 대처하여 그것을 안정시키지 않고서 명대 후기의 리는 없는 것임을 표명한 것이라 하겠다.

주자의 '극기' 해석이 명대 후기에 무너진 것은 이갑제가 갖는 군민(君民) 일원적인 질서 이데올로기의 파탄을 상징하는 것이기도 하였다.[83)]

---

82) 추수익은 이어서 "재능 있는 백성을 보면 마치 자기 집의 빼어난 가족처럼 여긴다. 어찌 사랑하지 않을 수 있겠는가? 노동하는 백성을 보면 마치 자기 집안 사람이 아침에 일찍 일어나고 저녁 늦게 쉬는 것처럼 생각한다. 어찌 때에 맞게 일을 시키지 않을 수 있겠는가?(계절과 기후를 무시하고 민의 노동력을 징발하지 않는다는 의미)"라고 서술하고 있어, 관료적 입장에서의 발언이기는 하지만 민을 지주와 전호 관계 속에서 파악하고 있음이 분명하다.

83) 예를 들면 왕선산은 "극기복례에는 이중의 공부가 있다. 자기를 이기면 예로 돌아갈 수 있으며 예로 돌아가면 자기를 이길 수 있다. 이것은 서로 보탬이 되는 공부이다. 자기를 이기는 것에만 편중되는 것은 잘못이다"(『四書訓義』 권16)라고 하였고, 또 "만약 자기만 이기면 곧바로 예로 돌아갈 수 있으니, 자기를 이기는 것 이외에 별도로 예로 돌아가는 공부가 있는 것이 아니라고 말한다면, 이는 도에 어긋나도 한참 어긋난 것이다. 자기를 이기지 않으면 예로 돌아갈 수 없다고 말하거나 예로 돌아가지 않으면 자기를 이길 수 없다고 말한다면, 그것은 옳다. 그러나 예로 돌아가는 공부는 소홀히 하고 오로지 기력을 쥐어짜서 자기를 이기는 것만을 추구한다면, 도대체 무엇이 자기이고 무엇이 자기가 아닌지 불분명하게 된다"(『讀四書大全說』 권6)라고 하였다. 이는 주자의 주(註)가 사실상 자기를 이기는 것을 예로 돌아가는 것과 동일시한 것에 대한 비판이다. 송학의 '극기' 해석은 사욕을 이기는 것[克己]이 결국 천리로의 귀일[復禮]이며, 극단적으로 논한다면 극기를 천리적 세계를 실현하는(치국・평천하) 열쇠로까지 생각하였다고 말할 수 있다. 여기에는 유덕자(정치상의 상위자, 곧 군주・신하・관료)가 개인적인 도덕수양을 완성한다면, 이를 기점으로 하여 백성이 그의 도덕에 감화되고 그리하여 치국・평천하가 실현된다는 상→하 일원적인 질서 이데올로기의 낙관주의가 존재한다. 추수익과 왕선산 등은 그러한 낙관주의를 부정하고, 수신과 치국・평천하를 일원적으로 관통시키는 것이 아니라 이원적인 것으로 파악하였다. 요컨대 치국・평천하라는 정치과제는 그 자체로서 독자적인 영역이며, 그러한 독자적 영역의 정치과제를 과제로 삼고 그 과제를 짊어질 수 있는 자기를 확립하는 것이 극기이며, 또 확립된 자기에 의해서 독자적

명대 후기의 '극기' 해석에 나타나는 이러한 사회적 배경의 특징은, 한편에서는 극기복례의 인을 만물일체의 인으로 파악하고 그리하여 극기를 만물일체에 도달하기 위한 과제로 삼는 특징으로 나타난다. 그 대표적인 예가 앞에서 보았던 왕용계의 망기(忘己)이다.

즉 왕용계(王龍溪)는 추수익과 마찬가지로 극기(克己)를 수기(修己)로 해석하고, 그리하여 여기서의 '기(己)'를 유기(由己)의 '기(己; 자기)'와 같은 뜻으로 본다. 이런 까닭에 그는, "한편에서는 이것을 '자신의 사욕'으로 간주하여 제거하고자 하면서도 또 다른 한편에서는 이것을 '말미암는다'고 말하는 것은 모순"(『용계전집』 권3, 「書累語簡端錄」 등)이라고 하여 주자의 해석을 비판하면서도, 다음과 같이 말하기에 이른다.

자기를 이긴[克己] 후에 자기를 잊을[忘己] 수 있으며, 자기를 잊

영역으로서의 정치과제를 자각하고 구체적으로 검토·실현하는 것이 복례, 즉 치국·평천하의 실현으로 파악하였던 것이다.

마찬가지 발언은 당견(唐甄; 1630~1704)의 저작에서도 발견된다. 즉 "극기복례는 한가지이다. 극기만을 취하여 천하가 인으로 돌아가는 것을 배제해 버린다면, 천하가 인으로 돌아갈 수 없을 뿐 아니라 극기도 성취될 수 없다"(『潛書』上, 「性功」)고 하였다. 이공도 "'경을 가지고 자기를 닦는다[修己以敬] … '의 '가지고[以]'는 '사용한다[用]'는 뜻이다. ('자기를 닦고, 그것을 가지고 사람을 편안하게 한다[修己以安人]'·'자기를 닦고, 그것을 가지고 백성을 편안하게 한다[修己以安百姓]'고 할 때의) 사람을 편안하게 하고 백성을 편안하게 한다는 것은 제가·치국·평천하를 말하는 것이다. 여기서의 '가지고[以]'라는 것은 자기를 닦고 그것을 가지고 (사람·백성에게까지) 미루어 넓힌다는 뜻이다. '사람[人]'은 자기[己]와 상대시켜 말한 것이다. … 후세의 유자들은 이와 같은 자기를 닦고 사람을 편안하게 하고 백성을 편안하게 하는 일에서 벗어나 단지 주경(主敬)만을 말하고 또 이것을 주정(主靜)이라 이름붙였다. … 이는 겉으로는 유자인 듯하지만 속은 불자이니, 이단이 도를 해치는 화가 극심하다"(『論語傳註』, 28상)고 서술하고 있다. 이러한 발언들은 모두 "성인은 경으로써 자기를 닦아 백성을 편안하게 한다"(『河南程氏遺書』)고 하는 송학적 낙관주의, 즉 '경으로써 자기를 닦으면 천하가 저절로 다스려진다'는 즉자적이고 일원적인 사고가 파탄되었음을 선언하는 것이다.

으면 만물과 일체가 된다. … 보고 듣고 말하고 행동하는 것은 자기이며, 예가 아니면 보고 듣고 말하고 행동하지 말라는 것은 자기를 닦는[修己] 방법이다. … 한결같은 생각으로 망령되이 행동하는 것을 비례(非禮)라고 하고, 망령됨이 망령되지 않음으로 돌아가는 것을 복례(復禮)라고 한다.(『龍溪全集』 권5, 「竹堂會語」)

이렇듯 그는 자기를 닦는[修己] 것은 자기를 잊는[忘己] 것을 지향한다는 점을 분명히 한다. 다만 여기서의 '닦는다[修]'는 것은, "어느 날 갑자기 이루어지는 것, 이것이 돈교(頓教)이다"(『용계전집』 권20, 「鄉貢士陸君與中傳略」)라고 하였듯이 돈수(頓修)이다. 그러므로 자기를 닦는 것은 자기를 잊는 것을 **지향한다**고 말한 것도 사실 타당하지 않다. 잊는 것이 즉시로 닦는 것의 내용이 되어야 한다.

무념(無念)을 닦을 때 무념을 가지고 깨달음을 삼지 않고, 공(空)을 닦을 때 공을 가지고 깨달음을 삼지 않는다. 즉 끊임없이 무위(無爲)하는 것이다. 조금이라도 말이나 문자에 얽매이면 곧바로 과구(窠臼; 구속, 통상의 관례/역자)로 떨어진다. … 마음으로 깨달아 들어가고 견해·의식으로 추측하지 않아야 비로소 자득할 수 있다.(『용계전집』 권20, 「鄉貢士陸君與中傳略」)

곧 위와 같은 **잊음[忘]**이어야 한다. 요컨대 자기 잊음[忘己]을 닦는 것이 아니라 '자기가 즉시로 잊음'임을 닦는 것이며, 자기 잊음을 지향하는 것이 아니라 저절로 자기 잊음임을 깨달을 뿐이다.

용계의 망기가 그의 무아·무욕과 함께 기성의 가치 판단을 뿌리째 부정한 끝에 제기된 것이었음은 앞에서 이미 살펴보았다. 요컨대 망기란 '하나'에 속박되지 않는 활기로 가득한 자기이다. 그렇다면 이러한 '망기'에 있어서 '극기'는 결국 어떠한 것일까? 왕용계는 이렇게 말한다.

보고 듣는 것은 사물이며, 예가 아닌데 보고 듣는 것은 욕망이다.

예가 아니면 보고 듣지 말라고 한 것은 이것이 바로 자기를 이기고 사욕을 없애는 공부라는 뜻이지, 결코 보고 듣는 것을 욕망으로 간주하여 제거하라는 말은 아니다. 이긴다는 것은 닦고 다스린다는 뜻이다. 자기를 이긴다는 것을 자기를 닦는다는 뜻으로 본다면 좋지만 자기를 욕망으로 해석해서는 안 된다.(『용계전집』 권6, 「格物問答原旨」)

자기를 잊는다는 것은 자기가 만물과 일체가 되는 것인 이상, 자기를 이기는 것이 자기를 제거하는 것이어서는 안 된다. 욕망을 없앤다는 것은 만물과 일체가 되는 것을 가리키는데, 여기에서 '욕망'이란 자기가 보고 듣는 것 가운데 예가 아닌 부분을 말한다. 만일 자기가 보고 듣는 것을 욕망으로 간주하여 부정한다면 일체가 되는 행위 주체는 상실되어 버린다. 자기를 곧바로 욕망으로 간주할 수는 없다. 이와 같은 논리는 명대 후기의 만물일체관을 잘 집약한 것이다. 즉 무욕(無欲), 무아(無我), 무기(無己)는 **자기**로 하여금 만물일체 속에서 **살아 움직이게 한다**는 것이지 자기를 제거하고 만물일체에 동화시키려는 것은 아니다.

사정은 나근계(羅近溪)도 거의 마찬가지다. 그는 극기(克己)와 유기(由己)의 '기'를 같은 뜻으로 보고, '극'은 극복하여 제거한다는 뜻이 아니라 『대학』에서 말한 극명덕(克明德; 능히 덕을 밝힘)·극명준덕(克明峻德; 능히 큰 덕을 잘 밝힘)의 '극'으로서 이기다[勝]·능하다[能]의 뜻이며, 극기복례란 자신이 능히 예로 돌아가는 것이라고 하였다.(『近溪子集』, 兌·禮) 그의 고제자 양복소도 이를 그대로 받아들여 다음과 같이 서술하고 있다.

보는 것은 내가 보는 것이다. 나 이외에 능히 볼 수 있는 것은 없다. 여색을 즐기는 것도 내가 여색을 즐기는 것이다. 나 이외에 여색을 즐길 수 있는 것은 없다. 이를 두고 예에 의해서 본다[禮視]고 말하는 것이다. … 예는 곧 하늘이며, 하늘은 곧 나이다. 나를 떠나서는 하늘이 없으며, 하늘을 떠나서는 예가 없다. 그러므로 극기복례는 자기의 사욕을 제거한다는 말이 아니라 능히 자기가 예로 돌아가는 것일 뿐이다[能自復於禮而已].(『證學編』)

나근계의 '자기가 **능히 하다**[能己]'·'자기를 **이기다**[勝己]'는 용계의 '자기를 **닦다**[修己]'와 약간 뉘앙스를 달리하지만 '극'을 '제거한다'는 뜻으로 보지 않는 것을 주안점으로 하는 점에서는 동일하다. 요컨대 극기복례를 **자기가** 하늘의 법칙에 따라 **살아가는** 것으로 파악한 점은 양복소의 예를 기다릴 것도 없이 나근계의 만물일체관에서 매우 분명하다.

나의 이 몸은 천지만물과 다를 바가 없으며, 천지만물 또한 나의 이 몸과 다를 바가 없다. 그 마음이라는 것은 단지 하나의 마음일 뿐이다. … 이 하나의 마음은 곧 하늘의 마음이다. … 천지는 (나를 의식하는) 마음이 없이 (만)물을 낳는 것으로 마음을 삼는다. 이제 단지 '마음[心]'이라는 글자만 가지고 말하면 … 너무나도 천차만별이다. 그러므로 이 마음이라는 것을 솜씨 있게 표현하고자 한다면 '낳는다[生]'라는 글자로 바꾸어 보는 것이 가장 좋다. 그렇게 하면 하늘의 해와 달과 별, 땅의 산과 강과 사물, 내 몸의 보고 듣고 말하고 행동하는 것이 모두 이 낳고 낳는 것[生生]을 기틀로 삼는 점에서 똑같게 된다.(『근계자집』, 震·數)

나근계의 경우는 이제 **'낳는다[生]'**라는 글자를 사용하지 않고는 만물일체의 흘러넘치는 생기를 표현할 수 없을 정도다. 그리하여 왕용계에 비해 한층 능동적인 측면을 드러낸다.

송학적 리관은 자기의 현재 상태를 기질로 파악하고, 이 기질을 제거함으로써 본래 상태인 천리의 절문(節文)으로 돌아가고자 하였다. 이에 반해서 자기의 **현재 상태를 더욱 잘 살아가게 하는 것**이 천리에 의거하여 살아가는 것이라고 파악하는 명대 후기의 리관은 만물일체의 인(仁) 속에서 활발하게 살아 숨쉬고 있었다.

'극기'를 자기의 사욕을 이겨내어 제거하는 것이라고 해석하는 어떤 친구에게 양복소(楊復所)가,

질문 : 자기의 사욕을 이겨내어 제거하는 주체는 무엇인가?

대답 : 내 마음의 본연의 밝음이다.

질문 : 그렇다면 그대는 왜 그 본연의 밝음을 그대로 취하여 인(仁)으로 인정하지 않고, 그 위에 다시 사욕을 이기는 것[勝私]을 필수적인 것으로 보는가?"(『楊復所全集』, 「楊先生終日記」)

라고 문답할 때에, '자기의 사욕을 이겨내어 제거한다'고 해석하는 것에 대한 명대의 반론이 단적으로 표방되고 있다.

이상에서 명대 후기의 '극기' 해석에 나타나는 공통된 분위기를 지적한다면 다음과 같이 정리될 수 있다. 첫째, 도덕 주체의 객체적인 확립, 따라서 자기는 타인·만물과 상대되는 자기로 파악된 점. 둘째, 자기는 자기를 부정하고 '하나'로 수렴되는 것이 아니라, 자기를 살아가게 하는 형태로 개별적이고 다양한 생(生; 기질적인 자기)을 횡적으로 관통하는 일체(一體)의 인(仁)으로 통섭되며, 따라서 먼저 이러한 측면으로부터 주자적 극기의 구심적인 일기완결성(一己完結性)을 타파하였다는 점 등이다.

그 하나의 정점이 이탁오의 무인무기(無人無己)였음도 이제 되풀이말할 필요는 없을 것이다. 그렇다면 그 만물일체로의 통섭이란 구체적으로 어떠한 것이었을까?

이를테면 명말에 성행한 신사서학(新四書學)의 대표작 가운데 하나인 『사서호남강(四書湖南講)』[84]에서,

(만물일체 공부의) 입문은 다만 극기에 있다. 만물일체가 되지 못하는 이유는 모두 자기를 위하기 때문이다. 자기가 한번 방종하면 반드시 남과 어긋나고 욕망을 따르게 되어, 인정과 서로 체첩(體貼)하지 않게 된다.(『사서호남강』, 내각문고 소장본, 권33, 25葉)

고 하였듯이 먼저 자기의 욕망을 타인과의 대응관계 위에 놓고서

84) 荒木見悟, 「四書湖南講について」(『明代思想研究』 제10장) 참조.

억제해야 한다는 일체통섭(一體統攝)이다. '체첩(體貼)'이란 자신의 입장을 상대방의 처지에서 생각하는 것이다. 그렇다면 극기란 자기의 욕망을 방종하여 타인을 해치지 않는 것이며, 상호 체첩의 일체(一體)란 자기의 욕망과 타인의 욕망의 조화태라고 일단 말할 수 있다. 그런데 여기서 일체의 인(仁)이라고 할 때의 '일체(一體)'는 불인(不仁)이 신체의 마비에 비유되는 것에서도 알 수 있듯이, 흡사 신체의 혈맥이나 기관이 하나의 유기적 연관 속에 있는 것처럼 맥락하는 그 연관성을 말한다. 요컨대 하나의 질서 속에서 만물의 낳고 낳음이 하나로 연결되어 있음을 말한다. 인간사회에서 그것은 공동체적 질서 속에서의 인간과 인간들의 연관성을 말한다고 보아도 좋다.

그리고 이러한 공동체는 앞의 인용문에 뒤이어 서술되는 아래와 같은 문장에서 알 수 있듯이 주로 종족, 향촌 등의 가부장적 공동체를 가리킨다.

> 만약 한 집안 사람을 대할 때에 모두가 자기를 생각하지 않으면 한 집안은 모두 일체, 한 마을 사람을 대할 때에 모두가 자기를 생각하지 않으면 한 마을이 모두 일체가 된다. 이리하여 국가와 천하에 이르기까지 그렇지 않음이 없게 될 것이다.

저간의 소식을 이탁오의 친구 가운데 한 사람인 초횡(焦竑)은 다음과 같이 말한다.

> 인(仁)이란 효제, 양지, 예라고도 불리운다. 이 예(禮)라는 것이 체(體)이며 천칙(天則)이다. 사람은 이 예에 의해서 보고 듣고 말하고 행동하며, 부모에 효도하고 어른을 공경하고 훌륭한 사람을 존경하며, 군주를 섬기고 친구를 사귈 수 있다. 이렇게 하여 사람마다 요순이 될 수 있으며, 또 천지에 통하고 만물과 함께 자라날 수 있게 된다. 이는 사람마다 충분히 갖추고 있고 또 사람마다 혼연히 이루고 있는 것이다. 이른바 만물과 일체가 된다는 것은, 그 체(體)가 본래 이와 같은

> 것이어서 내가 억지로 만물과 하나가 되는 것이 아니다. … 무릇 부지불식간에 천제(天帝)의 법칙에 따르는 것이니, 만일 자기를 따른다면 그것은 지식・식견이며 또한 작위・기필・고집・아집일 뿐이다. 그렇다면 어떻게 천칙에 따를 수 있겠는가?(『澹園集』 권12, 「答友人問」)

여기서 '일체'는 기성의 지식과 식견에 의해 형성된 작위와 분별을 뿌리째 부정한 끝에 멈출 수 없음 그 자체로서 천칙과 관통하는 것이다. 그렇지만 인용문에서도 분명하게 나타나는 것처럼 그 천칙은 효도하고 공경하고 훌륭한 사람을 존경하며 군주를 섬기고 친구를 사귀는 예이며, 그것은 또한 종족과 향촌 공동체를 바탕으로 한 상하적 질서윤리이다.

이렇게 볼 때 자기의 욕망과 타인의 욕망의 조화태로서의 일체란 구체적으로는 이러한 질서윤리를 기준으로 서로 체첩하는 상하간의 조화이며, 극기복례는 자기의 욕망을 억제하고 조절하여 이루어지는 공동체적 윤리로의 통섭이 될 것이다. "아아! 자기의 이익을 도모하면서도 공적인 것이라고 둘러댈 때에는 반드시 만물일체의 설을 칭하여 끌어들이는"(『初潭集』 권19, 「篤義」) 얄궂은 풍조가 생겨나는 것은 위와 같은 만물일체가 사실상 상위자의 자기 욕망[己欲]을 우선하였음을 지적한 것이다. 일체로의 통섭이란 결국 예가 공동체 상위자의 통괄 아래 있었음을 말해주는 것이라고 해도 좋을 것이다.

그렇지만 이 예의 통괄이 자기의 욕망과 타인의 욕망의 조화(상하적이긴 하지만)를 지향한 것이라는 일면을 경시해서는 안 된다. 명말의 어느 호족은 "서민 대중이 균등하게 은택을 받는 방법이 아니다"라는 이유로 자신의 면세 특권을 사절하고 자진해서 부역의 부담에 응하였다. 이에 대해 진용정(陣龍正; 1585~1645)은 "진실로 만물일체로부터 견해를 일으킨 것이다. 일찍이 정밀하고 의로운 학문이 없다면 이렇게까지 극기할 수 있겠는가?"(『幾亭全書』 권21, 「家載上」)라고 찬탄하였다. 이렇게 보면 적어도 그들은 이미 극기를 상위자 자신의 극기에도 해당된다고 의식하고 있었다. 아니, 어쩌면 그것이 당시 유자 엘리트의 강한 자각이었을지도 모른다. "대두(大蠹; 특권적 대지주)를 진실로 개혁하고 … 자기의 사욕[己私]을 이겨서, … 그리하여 온갖 부역을 균등하게 하고 백성의 고단한 삶을 소생케 한다"(『기정전서』 권37, 「辛巳役法議」)고 하였듯이 당시 엘리트층은 균전·균역을 강하게 지향하였다. 이는 그들이 향촌질서 재편에 즈음해서 새롭게 별도의 '하나'를 강제하는 것이 아니라, "만물일체의 **분량(分量)**을 다하는"(『사서호남강』 권3, 26葉) 형태로 "자기의 사욕을 이기"면서 그 나름으로 자기의 욕망과 타인의 욕망의 '분(分)'적 조화를 지향하였음을 보여주는 것이다. 덧붙여 말하자면 앞에 인용한 예 가운데의 '자기의 사욕'은 문자상으로는 송학의 '극기' 해석과 같다. 하지만 그 내실은 자기 욕망[己欲; 여기서는 가산의 보전과 확충 욕망]을 전제로 인정한 그 자기 욕망, 특히 호강의 저 자기 욕망의 배타적 확충 욕망을 가리킨다. 이는 의미상에서는 이후 대진의 '욕망의 **치우침**[欲之**失**]'과 대체로 연결된다는 점에 유의하기 바란다.

'자기의 사욕'의 이와 같은 내용상의 질적 전환을 보여주는 예는 다른 곳에도 있지만, 여기서는 '극기' 해석에 근거한 한 예로서 청초 모기령(毛奇齡; 1623~1716)의 해석을 들어보겠다.

> (욕망을 제거한다고 할 때의) 욕망이라는 용어는 악의 별칭이다. 이치를 보존하여 욕망을 제거한다는 것은 선을 실천하여 악을 제거한다는 뜻이다. 악은 제거되지 않으면 안 된다. … 주자가 "자기의 사욕을 이겨내어 제거한다[克去己私]"고 말한 것은 요컨대 사특함이나 사욕을 … 반드시 제거한다는 뜻이다. 자기의 사욕을 이겨낸다고 말할 때, 이겨내는 대상은 **사욕**이지 자기가 아니다. 인욕을 제거한다고 말할 때, 제거하는 것은 (악인) 욕망이지 사람은 아니다. … 만약 이목구비를 (제거해야 할) 욕망으로 간주하고 욕망의 제거를 이목구비(의 욕망)를 제거하는 것이라고 한다면, 주자가 "기(己)는 자신의

사욕을 말한다"고 운운한 것은 결국 '극기(克己)는 극신(克身)이다'라고 말하는 것과 같아지지 않겠는가?(『西河文集』, 析客辨學文, 「存理不存欲二條」)

진용정과 마찬가지로 주자의 '자기의 사욕'·'사욕'이라는 용어를 용어로서 용인하면서도, 다만 그 내용을 안원이나 이공과 같은 방향으로 이해함으로써 사실상 주자 해석을 환골탈태시키고 있다. 이에 선행하여 천리를 '인욕에서의 알맞은 것'으로 규정한 진확(陳確)은 이렇게 말하고 있다.

극기(克己)란 욕망을 없앤다는 뜻이 아니다. 비례(非禮)의 자기를 이겨야 참된 자기가 저절로 존재하게 되는 것이니, 어찌 이길 수 있겠는가? … '극(克)'이라는 글자는 '이긴다[勝]'는 말이지 '멸절시킨다[滅]'는 말은 아니다.(『진확집』 별집 권5, 「瞽言」4, 與劉伯繩書)

진확은 이처럼 극기를 인욕과 사욕의 완전 제거로 보는 주자적 해석에 대해 철학적 용어상에서도 수정을 가하기 시작하였다. 이는 명말 이래 '극기'에 대해 끊임없이 새로운 해석을 시도한 당연한 결과이기도 하였다.

이상으로 명대 후기부터 명말청초에 걸친 '극기복례' 해석은 이갑제의 해체, 그 해체를 초래케 한 재지(在地)에서의 토지 소유관계의 변화, 그러한 변화에 대응한 향촌질서의 재편이라는 사회상황을 배경으로 하면서, '자기'의 객체성의 자립을 기초로 자기의 욕망과 타인의 욕망을 만물일체로 통섭하는 방향으로 전개되었고, 아울러 철학상에서도 '인욕'이 긍정적으로 포용되기 시작하였음을 보았다. 안원과 이공으로부터 대진에 이르는 '극기' 해석은 이러한 전개 끝에 있었으며, 아울러 그들은 이 문제를 인성론, 이기론의 구조 속으로까지 더욱 깊이 파고 들어갔다. 요컨대 그들은 원리적이고 추상적이긴 하지만 어쨌든 인간 일반의 본질 파악을 지향하면서 더욱 보편성을 갖는 탐색을 시도하였던 것이다.

이러한 지향은 안원과 이공 등의 사회적 발언에도 반영되고 있다. 본 절의 서술에 근거해서 이에 대해 살펴보기로 하겠다. 이공은 안원의 전호분종설(佃戶分種說)을 다음과 같이 소개한다.

> 토지가 균등하지 않으면 부유한 사람과 가난한 사람이 균등하지 못하고 사람마다 일정한 생업을 가질 수 없게 된다. 토지를 균등하게 하는 것이 어진 정치를 펼치는 첫번째 조목이다. … 안원 선생은 전호분종의 설을 제시하였는데, 이제 생각해 보면 참으로 오묘하다. 예를 들어 어떤 한 부유한 집에 토지 10경(頃)이 있다면, (자신을) 위해 1경(=100무)을 남겨두고 아홉 집으로 하여금 (그 나머지의) 9경을 소작하게 한다. 경작하는 소와 씨앗은 전호가 스스로 마련한다. (소와 씨앗이) 없는 자는 관에서 수령하고 가을 추수 때에 반환한다. 가을에 곡식이 익으면 40무(분량의 수확물)를 지주에게 소작료로 바치고, 10무는 지주를 대신하여 관청에 (세로) 납부한다. … 전호 자신은 50무를 거두어들이고, 30년을 기한으로 한 세대를 삼는다. 지주는 토지의 이익을 향유하다 자신이 죽게 되면 또한 그만두어야 한다. 즉 토지는 모두 전호에게 돌아가는 것이다.(『의태평책』 권2, 「지관」. 『顔李叢書』 수록)

또한 이공은 같은 안원 문하의 왕원(王源)[85]이 저술한 『평서(平書)』에 교정을 가하고, 아래 인용문에서 운운하는 이론까지도 찬동의 뜻을 표하며 소개하고 있다.

> 백성들이 선을 행하지 않는 것은 송곳 꽂을 땅조차 없기 때문이다. 송곳 꽂을 땅조차 없게 된 것은 대토지 소유자[豪强]들이 토지를 겸

---

85) 『서곡후집(恕谷後集)』 권6, 「왕자전(王子傳)」 참조. 이에 의하면 왕원은 서건학(徐乾學)의 초청에 응하여 만사동(萬斯同)이나 염약거(閻若璩) 등과 어울렸다고 한다.

병하였기 때문이다. 이제 다음과 같이 법을 제정한다. 토지를 소유한 자는 반드시 직접 경작하고, 사람을 징집하여 대신 경작하게 하는 일이 없도록 한다. 직접 경작하는 자가 농민이 된다. … 경작하지 않으면 토지를 소유할 수 없다. … 오직 농민만이 토지를 소유할 수 있을 뿐이다. … 그리고 농민이 직접 경작하는 토지는 1부(夫) 100무를 넘을 수 없도록 한다.(『平書訂』 권7, 「田制」 제5, 상. 『안이총서』 수록)

이와 같은 주장들은 황종희의 토지 재분배론(『명이대방록』 「전제」 2 참조)이나 왕선산의 한전론(『독통감론』 권2, 文帝 조목 참조)과 궤를 같이하면서도, 또한 그 이상으로 전호의 입장을 강하게 반영하고 있는 점에서 주목된다.

명대 후기부터 말기에 이르는 '극기' 해석은 모두 이갑제 재편 아래서의 균량(均糧)·균역(均役), 즉 부세나 요역의 공평 부담의 문제를 배경으로 하고 있었다. 이에 반하여 청대 전기에는 다시 지주와 전호 사이의 토지 소유권을 둘러싼 문제로 이행하고 있어, 이 1세기 사이에 문제가 되는 테마에 질적인 변화가 발생하고 있음을 알 수 있다.

역으로 말하면 안원과 이공의 '극기' 해석은 지주와 전호 사이의 모순을 배후에 또렷하게 의식하고 혹은 이 모순을 정면의 시야에 넣고 있었다는 점에서, 전대의 그것이 전호를 (지주들의) 날개 아래로 통섭한 것과는 다르다. 필시 이 배경 혹은 시야의 차이가 각 시기의 '극기' 해석 차이에 반영되었을 것으로 생각된다. 즉 안원과 이공 등은 주자적인 '극기' 해석에 부분적인 수정을 가하는 데에 머물지 않고, 주자학의 인성론·이기론 그 자체에 구조적으로 대항하면서 이제 그것을 해체시킬 듯한 지점까지 도달한 곳에서 '극기' 해석을 보고 있다. 이러한 점에서 전대의 '극기' 해석을 뛰어넘고 있다고 평가할 수 있다. 사정은 대진도 마찬가지다. 예를 들면 앞 절에서 그가 '백성들의 굶주림과 추위, 슬픔과 원망'이라고 하였을 때의 백성이나, 혹은 지위가 높은 사람·어른·귀한 사람의 리에 의해 억압 당하고 있는 지위가 낮은 사람·어린아이·천한 사람이, 전호나 빈고농 혹은 노복 등을 가리킨다는 것은 의심을 허락치 않는다.[86] 요컨대 대진은 이들 전호층의 생존욕을 자기의 삶에 대한 타인의 삶으로써 대상화하고 상호관계로서 인식하는 지평에서 그의 인(仁)의 학설을 입론하고 있다. 그 입장의 진전이 그의 주자학 비판을 더욱 총체적이고 근본적인 것으로 만들었다. 바꾸어 말하면, 전호층의 생존욕을 **타인의** 삶으로써 파악하지 않을 수 없을 만큼 모순이 격화되어 이의 없이 주자적 이기관을 해체케 하였다고 말할 수도 있겠다.

명말 단계의 지주 주도형 상하 '분(分)'적 조화가, 대진에 이르면 타인과 자기의 상호관계 속에서 '자연의 분리(分理)'가 되어, 천하적인 횡적 확대를 보여주기 시작하였다. 적어도 원리적으로는 '분' 자체가 상하 신분적 종렬로부터 천하 모든 사람의 횡렬로 추향(趨向)하기 시작하였던 것이다. 이 미묘한 변화 역시 그 모순의 격화로 초래된 것이었음에 틀림없다.

이상으로 명대 후기 이래의 '극기' 해석을 사회적 배경에 눈을 돌리면서 조감하고, '극기' 해석의 전개—정확하게 말하자면, 시대의 추동력에 의해서 저절로 전개되지 않을 수 없었던 '극기' 해석—를 대략적으로 추적해 보았다. 이제 결론을 내리자면 다음과 같이 정리될 것이다. 양명학에서 대진학까지, 보다 일반적으로 말해 명청 사상은 이 '극기' 해석이라는 한 항목에 한정시켜 본다면 사상사적으로 하나의 맥락 속에서 계기적으로 전개되었던 것으로 파악할 수 있으며, 또 파악되어야 한다. 덧붙여 말하면, 이 전개는 왕양명 문하의 위선거악파(추수익), 무선무악파(왕용계 등)를 불문함은 물론 동림파(진용정) 아니 실천궁행파(안원·이공), 고증학파(대

86) 森正夫, 「明末の社會關係における秩序の變動について」(『名古屋大學文學部30周年記念論集』 수록, 1979) 참조.

진) 등의 학파적 차이에 상관 없이 시대의 멈출 수 없는 흐름이었다. 여기에서도 우리는 학파적 변별이 사상사의 흐름을 해명하는 데에 2차, 3차적인 의미밖에 갖지 못한다는 것을 확인할 수 있을 것이다.

제4장
중국적 자연법의 특질과 그 전개

제1절 중국적 자연법의 이(異)유럽적 특질

주자적 자연법의 아시아적 · 초월적 성격 /
천리자연에서의 본래(本來)와 합당(合當)

자연법 개념을 매개로 하여 송학의 인성론 · 이기론, 일괄하여 이기 세계관이라고 할 수 있는 중국적 특성을 검토하는 것은 중국사상사를 세계사적 시야에서 살펴보는 데 있어 의미 있는 시도라고 하겠다. 다만 그 경우 자연법 사상은 유럽의 것이지 중국의 것은 아니다. 당연한 말이지만, 우리는 중국에는 자연법 **사상**이라 칭할 만한 것이 역사적으로 존재하지 않았다는 자명한 사실을 전제에 깔지 않으면 안 된다. 중국의 송대에 실재한 것은 이른바 이기 세계관이었다. **설령** 이를 주자적 혹은 중국적 자연법이라 칭한다 해도, 그것은 어디까지나 호칭자의 가정에 불과하다. 역사적으로 실재한 유럽적 자연법 사상에 대응되는 중국**적** 자연법 사상이 실재하지 않았던 이상, 양자 사이에는 애당초 **비교**작업이 성립되지 않는다. 한 예를 들어 말하면, 유럽에서는 토마스(Thomas Aquinas)의 중세적 자연법이 해체되어 가는 과정에서 자연법의 근대적 재생이 있었다. 하지만 그것은 유럽의 경우이지 중국의 경우는 아니다. 중국에는 애당초 해체해야 할 혹은 해체되어야 할 중세적 자연법 사상 그 자체가 없었다. 따라서 이른바 주자**적** 자연법이 해체되었는가 아닌가는 사실로서 문제의 대상이 되지 못한다.

더구나 그 해체과정이 어떠하였는가 하는 따위는 더욱 비꼿거리가 되지 못한다. 어떤 논자가 주자**적**·중세적 자연법 사상이 있다고 가정하여 상정하고, 그렇다면 해체도 있을 것이라는 가정을 중복하고, 다시 그렇다면 어떠한 해체의 양상을 보이는가라는 식으로 논리를 구성했다 해도 그것은 가정 위에 2중 3중의 가정을 중복하여 성립시킨 **논리**조작에 지나지 않는다. 따라서 **중국사상사**의 해명에 있어 그 유효성은 사실상 한계가 있다. 일견 비교사상사적 방법일 것 같지만 실은 방법론적으로 불완전하다는 것은 자명하다.

우리가 주자학**적** 체계를 자연법**적**으로 본다 해도, 그곳에 나타나는 것은 어디까지나 자연법 개념이라는 특정한 광선(光線)에 의해 비추어진 어떤 국부적인 영상일 뿐 주자학적 체계의 전체적인 영상은 아니다. 그것은 흡사 X선을 통해 투시된 가죽구두가 가죽구두의 전체 모습이 아니라, 다만 그곳에 확실하게 나타나 있는 것은 몇 개의 구두징과 그 밖의 쇠붙이에 불과하다는 것과 유사하다. 그렇지만 그 구두징은 단순한 부품 일반이 아니라 **그** 가죽구두를 구성하는 중요한 일단(一端)이며, 또한 육안으로는 볼 수 없는 가죽구두의 전체 구조를 구두징의 존재형식을 통해 보여주는 것이다. 요컨대 그것은 국부적이기는 하지만 나름으로 가죽구두의 전체 모습을 가능성으로서 **암시**한다. 마찬가지로 자연법**적**으로 간주된 주자학적 체계는, 주자학의 구조를 이기적 체계가 아니라 별도의 국면에서 포착한 또 다른 하나의 가능성으로서의 전체 모습이라는 의미를 갖는다. **이와 같은 한정된 범위 내에서,** 그것은 주자학적 체계 그 자체로 간주될 수 있다. 이러한 한정된 범위가 전제되어야 비로소 중국적 자연법을 문제삼을 수 있는 것이다.

이 점을 미리 서술해 두는 이유는, 종래 이른바 주자적 자연법은 그것이 자연법으로 간주되는 근거에 토마스적 자연법이 있었기 때문이다. 좀더 말하자면 토마스적 자연법과 비교하기 위해 자연법으로 간주되었다고 해도 좋을 만큼 주자적 자연법은 처음부터 토마스적 자연법과의 비교 위에서만—의식적이든 무의식적이든— 특질지워지는 편향이 있었다. 요컨대 주자적 자연법은 알게 모르게 토마스적 자연법에 비유된, 말하자면 **중국의 토마스적 자연법으로** 설정됨으로써만 중국적으로 특질지워졌지, 자연법 개념 일반에 근거하여 **이(異)**유럽적으로 특질지워지는 경우는 없었다. 여기서 말하는 '중국적'과 '이유럽적'이란 동일한 것의 안과 바깥인 것처럼 보이겠지만 사실은 그렇지 않다. 전자는 토마스적 **자연법의 범주 속**에서 파악된 중국적 특질—유럽적 범주에서 파악되는 한에서의 비(非)유럽적 특질이라 해도 좋다—이다. 반면 후자는 범주상에서는 토마스적 자연법과 별개의 것이라는 점을 전제한 뒤, 다만 자연법 개념 일반에서 볼 때 토마스적 자연법이 중국의 자연법과 다른 것과 대응해서 유럽적인 것과 다르다고 간주되는 중국적 특질을 말한다.

추상적인 논의는 이 정도로 해두고 구체적인 논의로 들어가겠다.

마루야마 마사오(丸山眞男)가 주자학적인 규범이 첫째, 우주적·자연적 질서에 뿌리를 두며, 둘째, 그것이 인간에 내재된 자연적 소여(所與)로 간주되었다는 두 가지 점에서 자연법적으로 보았다는 것은 너무도 잘 알려진 사실이다.[87] 그의 이러한 견해는 주자학적인 리(理)가 자연적 질서의 조리(條理)이면서 동시에 인간에게 있어

---

87) 이하 丸山眞男, 『日本政治思想史研究』(東京大出版會, 1952) 제2장, 제2·4절 참조. 인용은 202쪽, 204쪽, 228쪽, 236쪽.

내재적 소여의 도덕본성임을 서술한 것으로서 일견 타당한 것처럼 보인다. 그러나 앞의 두 가지 점이 또한 단적으로 “정치적(곧 사회적) 질서가 천지자연에 존재하는 주자학적 사유”라는 말로 귀결되기에 이르면, 우리의 이해와 상당한 차이를 보인다고 하지 않을 수 없게 된다. 마루야마의 이러한 주자학 이해는 그가 인용하여 예로 든 하야시 라잔(林羅山; 1583～1657)88)*의,

> 하늘은 스스로 위에 있고 땅은 스스로 아래에 있다. … 자연의 리(理)에 질서가 있다는 것은 이 위아래를 보면 알 수 있다. 사람의 마음도 이와 같다. 윗사람과 아래 사람이 서로 다투지 않고 또한 귀하고 천함이 서로 혼란하지 않을 때에 인간의 윤리가 바르게 된다.(「經典題說」 굵은 글씨는 마루야마)

라고 하는 **일본** 주자학의 리관(理觀)을 토대로 하여 이루어졌다. 따라서 그것을 자연법적인 것으로 볼 수 있을지 어떨지는 일본사상사 분야에서 문제삼을 바이므로89) 우리가 이러쿵저러쿵 할 수는 없다. 그럼에도 여기에서 문제삼는다면, 마루야마의 이른바 주자학이 일본적인 것인가 어떤가보다는 그와 같은 주자학을 자연법적인 것으

---

88)* 하야시 라잔(林羅山; 1583～1657): 일본 에도(江戶)시대 초기의 유학자. 22세 때 후지와라 세이카(藤原惺窩)와 편지를 통해 학문논쟁을 벌였고, 이어서 세이카를 사사하였다. 1605년 토쿠가와 이에야스(德川家康)를 알현하고, 1608년에 막부의 고문에 임명되어 교학과 제도의 수립에 관여하였다. 라잔은 주자학의 이론으로 토쿠가와 막부체제의 계층적 질서, 봉건사회 도덕의 기초를 세웠기 때문에, 주자학은 막부의 관학이 되었다. 또 그는 후지와라 세이카와 달리 철저하게 주자학의 입장에서 역사를 연구하여, 배불로·신도론을 전개했다. 즉 주자학적 합리주의에 의거하여 불교의 허탄(虛誕), 그 인간도덕의 무시, 승려의 부도덕을 공격하였으며, 동시에 신도(神道)까지 유교적으로 해석하여 이를 이성신도(理性神道)로 구성하였다.

89) 尾藤正英, 『日本封建思想史研究』(青木書店, 1961년) 및 田原嗣郎, 『德川思想史研究』(未來社, 1967년) 참조.

로 간주하는 마루야마의 자연 개념, 다시 말해 자연법의 핵심인 자연 개념의 내실이 어떠한 것인가에 있다.

이를테면 마루야마가,

> 오륜(五倫)에 있어 마땅히 그러해야 할 당위(當爲)는, 하늘이 만물을 덮어주고 땅이 만물을 실어주며 추위가 오면 더위가 간다고 하는 자연적 필연성과 같은 것으로, '실리(實理)'에 기초한다.

고 말한 데서 분명한 것처럼, 그의 이른바 자연은 인간의 힘이 미칠 수 없는 천연적이고 필연적인 것이며 그리하여 초월적인 성격을 갖는 것이었다.[90] 이러한 일본적인 자연 개념을 핵심으로 하는 마

---

90) 약간의 보충설명을 해 두겠다. 주자적 자연법이라고 할 때의 일반적인 이미지는 우선 그 자연법에서의 도덕 질서(=봉건적 상하 질서)는 흡사 천지자연처럼 인간의 인력·작위로는 미칠 수 없는 고정 불변하는 것이며, 또한 인간에게 있어 선천적으로 주어진 것으로 이해되고 있다. 그리고 그와 같은 내재적이면서도 초월적인 것으로 인하여 그 자연법은 중세적이라고 말해진다. 요컨대 여기서 자연은 대체로 인간의 능력·작위가 미치지 못하는 **천지**자연으로서, 필경 이는 일본적 자연관을 기준으로 삼은 것이다. 이 일본적 자연관에서의 자연은 인간의 '멈출 수 없는' 자연이라고 추상적으로 관념되는 경우에도 그 '멈출 수 없음'은 인간의 지식·의지가 미치지 못하는, 인간의 능력을 초월한 무언가 눈으로 볼 수 없는 커다란 힘의 작용으로서 이미지되는 것이 통례이다. 예를 들자면 그것은 일본적인 '천(天)' 혹은 '지성(至誠)'일 것이다. 그 자연은 '천지'이든 '멈출 수 없음'이든 모두 동일한 위상에 속하는 것으로서 인간의 작위에 대해서 초월적이다.

한편 중국적 자연관에서의 자연은 초(超)작위적이라기보다는 정확하게 말하면 **몰(沒)**작위적이라고 해야 한다. '천지'이든 '멈출 수 없음'이든 그것은 어디까지나 '본래부터 그러한 것' 혹은 '그 존재방식'에 지나지 않는다. '의(義)'를 가지고 말할 것 같으면, '의'가 인간의 자연이라고 하는 것은 흡사 이성(理性)을 가지고 있는 것이 금수와 다른 인간의 자연(natural)이라고 말하는 것과 유사하다. 그런 까닭에 그것은 작위에 의해 좌우될 수 없다. 이와 동일한 위상에서, 이 자연은 인간의 본능·욕망일 수도 있으며, 그 '멈출 수 없음'으로 인하여 예를 들면 상론에서 보았던 이탁오의 사적 소유욕이 될 수도 있다. 요컨대 그 자연은 선험적으로 **존재하는** 것에서 벗어나는 것도 아니

루야마의 이른바 주자적 자연법의 내실에는 자연에서의 그 초월적 인 관념을 매개로 한 탓인지 '차안의 세계'와 서로 '관련되어[牽聯]' 있는 '피안의 신'의 그림자, 즉 토마스적 **신(神)적** 자연법이 짙게 투영되어 있다. 그런 까닭에 마루야마의 '자연에서 작위로'의 추이가 프란츠 보르케나우(Frang Borkenau; 1900~1957)[91)*]와 동일한 시각에서 문제된다. 필경 마루야마의 이른바 주자적 자연법은 비록

지만 그것을 초월하는 것은 더더욱 아니다.

우리가 주자적 나아가서는 중국적 자연법을 문제삼을 때에는 이 자연 개념에 있어서 '중국적'과 '일본적'의 구분을 엄격히 할 필요가 있다. '중국적'에서 본다면, "의(義)는 인간의 자연이다"라는 말을 곧바로 초월적인 것이라는 뜻으로 볼 수는 없다. 다만 주자의 경우, 그 '의'가 군신 상하의 명분으로 간주되는 그 봉건적 상하성이 인간에 대해 초월적으로 기능하기는 하였다. 하지만 그것이 '의' 자체의 선험적 존재방식이 초월적이었음을 의미하는 것은 결코 아니다. 이 '의'는 근대에 이르게 되면 그 선험성으로 인해서 도리어 이를테면 평등의 공의(公義)로서 강력하게 주장되는 경우도 있게 되는 것이다.

일본적 자연관에 대해서는 相良亨, 「'自然'という言葉をめぐる考え方について」(『日本倫理學會論集; 自然—倫理學的考察』14집, 以文社, 1979 수록) 참조.

91)* 프란츠 보르케나우(Frang Borkenau; 1900~1957): 독일의 저술가, 특히 근대형성기의 사상과 공산주의 운동의 사상가로 유명하다. 1900년 빈에서 출생하여, 빈과 라이프치히에서 역사학을 배웠다. 1921년 독일 공산당에 들어가 1930년대 초에는 당내 우파(KPO)의 일원이 되었다. 1920년대 후반에는 베를린의 국제정치 연구소에 소속되어 프랑크푸르트 사회연구소와도 접촉이 있었다. 1933년에는 「파시즘의 사회학」이라는 상황론적 논문을 발표하고, 이듬해 영국으로 망명하였다. 2차 대전 후 독일에서 대학교수로, 후에는 서독, 미국에서 자유 저술가로 활동하였다. 1957년에 취리히에서 사망. 학문적으로 커다란 영향을 끼친 보르케나우의 대표작 『봉건적 세계상에서 시민적 세계상』(1934)은 토마스・아퀴나스에서 시작하여 홉스, 파스칼에 이르는 사상가를 자연법칙이나 자연법, 사회계약의 개념을 사용하여 분석한 대저로, 자연과학, 기술, 생산과의 관련에서 세계상의 변천을 살펴보고 있어 사상사의 방법론에 있어서도 주목된다. 이 밖에 1930년대에는 『스페인의 전장(戰場)』, 『세계공산당사』, 전후에는 『러시아의 내전(內戰)』 등을 저술했다.

아시아적 특질을 추출해 낸 것임에도 불구하고 도리어 이로 인해서 유럽의 범주 속에서 파악된 자연법이라고 말하지 않을 수 없다. 이러한 경향을 더욱 극단적으로 밀고 나간 것이 모리모토 준이치로(守本順一郎)이다.[92] 모리모토는 마루야마의 정체론적이고 비역사적인 주자 이해를 비판하면서 주자에 대한 이해를 정당하게도 역사적인 수준으로 끌어올렸다. 하지만 다른 한편에서는 주자학적 리의 역사적인 그 봉건적 성격을 내재성·원리성에 대한 초월성·실체성의 대항으로 파악하였다. 그리고 그것이 토마스적 사유와 공통된다는 점에서 "봉건적 사유로서의 세계성을 띤다"고 평가하였다. 결국 이 봉건적 성격은 토마스적 자연법과의 "대비를 통해서"—모리모토에 의하면 그 대비를 "무언의 전제"로 삼음으로써—만 비로소 세계사적으로 보편적 의의를 갖는다고 이해하였던 것이다. 이제 여기서 우리는 이기적 체계에서의 내재적·원리적인 성격과 초월적·실체적인 성격이 모리모토가 의문을 던지고 있는 것처럼 매개 없이 그리고 즉자적으로 이어지는 것(마루야마의 이해)인가, 혹은 모순·대항하며 그리하여 해체의 역사적 계기를 잉태하는 것(모리모토의 이해)인가에 대해서는 전혀 간여할 생각이 없다. 우리에게 문제가 되는 것은 주자적 리의 **성격에** 무언가 초월적인 것을—혹은 초월적·중세적인 것을 이기적 체계의 고유한 특질로서— 상정할 수 있는가 어떤가에 있기 때문이다. 그리고 결론부터 말하자면 그것은 부정적이며, 바로 이 점에 신과 상대되는 리의 **이(異)**유럽적 특질이 있다고 생각된다.

마루야마의 주장처럼 주자학에서 '정치적(=사회적) 질서' 즉 봉건적 신분질서가 '천지자연에 존재하는' 것으로 이해되고 있는가 어떤가? 이 점을 살피기 위해서는 먼저 위진 시대의 노장사상가 곽상(郭象; 252?~312)의 "군주와 신하의 상하, 손과 발의 내외(=상하)는 곧 천리자연이다. 어찌 사람이 인위적으로 할 수 있겠는가?"(『장자』

92) 守本順一郎, 『東洋政治思想史硏究』 참조. 인용은 199쪽 및 194쪽.

「제물론」주)라는 말을 참고삼아 들고, 이것과의 대비 속에서 주자의 이른바 "군주와 신하는 의를 가지고 합쳐진 관계[君臣義合]"라는 주장을 고찰해 보는 것이 지름길일 것이다. 곽상에게 있어 천리로서의 군주와 신하의 상하는 손과 발의 상하처럼 자연적으로 주어진 것이다. 그 자연적으로 주어진 소여성은 말하자면 '천지자연에 존재하는' 것의 외연(外緣)적인 소여성과 유사한 까닭에 **운명적**이다. 그러므로 여기서의 천리는 인간에게 있어 자연적인 그것이 일견 운명적이며 초월적인 것처럼 보인다고 일단은 말할 수 있다.

이에 반하여 주자는 다음과 같이 서술하고 있다.

> 부모와 자식은 친애하고자 하고 군주와 신하는 의롭고자 한다. 하지만 이는 본디 저절로 그렇게 되는 것이어서 의도할 필요도 없다[是他自會如此, 不待欲也]. 부모와 자식은 저절로 친애하게 되며, 군주와 신하는 저절로 의롭게 된다[父子自會親, 君臣自會義].(『주자어류』 권6-81)

주자는 이어서 손에 들고 있던 부채를 예로 들어 설명한다.

> 부채를 부치는 것으로 비유하자면, 더울 때 사람은 저절로 이렇게 (부채를) 부치게 된다. 부치려고 의도하여 그렇게 하는 것이 아니다. (『주자어류』 권6-81)

여기서 알 수 있는 것처럼 주자에게 있어 의(義=理)는 흡사 굶주리고 추위에 떨 때 음식과 옷을 생각하는 것만큼이나 내연(內緣)적다. 즉 주자의 의는 '멈출 수 없는' 자연으로 관념되고 있어 결코 매개 없이 곧바로 천지자연으로 이어지는 것은 아니었다. 뿐만 아니라 주자는 이렇게도 말하였다.

> 부모와 자식, 형과 아우, 지아비와 지어미 (사이의 제 윤리)는 모

> 두 천리자연이다. 사람은 모두 스스로 사랑하고 공경할 줄 모르는 사람이 없다. 군주와 신하(의 관계) 역시 천리이다. 그러나 그것은 의를 가지고 합쳐진 관계이다. 세상 사람은 스스로 이를 소홀히 하기가 쉬웠다. 그러므로 반드시 이것(군주를 섬기는 것)에 대해서 (사람의 진실한 마음인) 충(忠)을 말한 것이다. 이는 (사람에게) 부족한 측면을 가지고 말한 것이다(『주자어류』 권13-71)

또 "군주와 신하의 관계와 부모와 자식의 관계는 똑같이 천륜이다. 그런데 군주를 사랑하는 마음이 끝내 부모를 사랑하는 것보다 못한 이유는 무엇 때문인가?"라는 질문에, "(군주를) 등지는 것은 오직 서민뿐이요, 현인과 군자는 그렇지 않다"(『주자어류』 권13-72)라고 하여 군주와 신하의 질서가 때로 소홀히 여겨지고 혹은 서민계층에서는 실제로 군주를 등지는 사태까지 발생하고 있음을 인정하고 있다. 주자가 인식하는 군주와 신하의 질서는 하야시 라잔이나 곽상의 그것처럼 운명적으로 견고한 것은 아니었다. 그렇다고 해서 주자가 군주와 신하의 질서를 무시하였다는 의미는 결코 아니다. 아니, 오히려 그와 같은 불안정을 인식하였기 때문에 그는 『장자』 「인간세(人間世)」편에 인용되어 있는 "신하는 군주에 대해서 언제나 의롭지 않을 수 없으니, 하늘과 땅 사이에 도망할 곳이 없다"(『주자어류』 권13-72)는 공자의 말로 앞의 문답을 매듭지었다.

결국 주자의 '의(=리)'는 인간에게 내재적으로 주어져 있는 이념적인 도덕본성으로서, 감성적인 도덕본성이라 할 수 있는 혈연적 윤리에 비해 그 농도가 좀 희박하다고 생각되는 그만큼 이념적인 투철도를 한층 강화하려는 것처럼 보인다. 따라서 하야시 라잔에게 보이는 이른바 자연주의적 낙관주의와는 함께 논할 수 없다. 또한 '천지자연'—표현이 허락된다면 신(神)적 질서—의 '아시아'적 초월성을 주자의 의(義)와 직접적으로 연결시킬 수는 없다. 하지만 이 '의(義)'는 말할 나위 없이 군주와 신하의 상하적 질서윤리이다. 더욱이 "하늘과 땅 사이에 도망할 곳이 없는" 것인 이상, 이 상하적 규범은 인간에게 내재적으로 주어져 있는 본성임을 구실로 인간을 틀지운다. 인간에 대해 가해지는 그와 같은 작용은 초월적인 관념으로 인간의 자연을 강제하는 것이라고 할 수밖에 없다. 그런 점에서 모리모토가 주자의 리를 상하의 규범으로 파악하고 거기에서 내재와 초월의 대립적 통일을 보고자 한 것은 앞의 내용에 한정시켜 본다면 탁견이라 할 수 있다. 그렇다면 주자의 리가 궁극적으로 봉건사회의 상하 질서의 안정을 지향했으며, 그리하여 "마침내는 초월적·실체적·초자연적인 성격을 띠지 않을 수" 없었던, 요컨대 초월성이 주자의 리 혹은 일반적으로 이기적 체계에서의 리의 **고유한 성격**이라고 결론[93]내릴 수 있을까? 그렇지만 이미 주자학을 유리학(儒理學)으로서 파악하고 그리고 그 속에서의 리관의 질적 전환의 전개를 보아 온 우리에게 있어서는, 여기에서 이질감을 피할 수 없게 된다.

아직은 유리학을 언급하기보다는 주자의 리에 근거해서 고찰해야 할 것이다.

『주자어류』 권4~권9, 즉 성리론, 실천론, 학문론이 설명되어 있는 이 부분을 읽고 느끼게 되는 것은 '합당(合當)'이라는 기묘한 용어가 빈번하게 나타난다는 점이다. 한두 가지 예를 들자면, "성은 합당한 것이다[性是合當底]"(권5-9), "도는 단지 합당함이 이와 같을 뿐이다[道只是合當如此]"(권5-45), "양지지(楊至之)가 (體用의) 체에 대해 물었다. (선생은) '합당한 것이 체이다[合當底是體]'라고 말씀하셨다"(권6-23) 등이 있다. 여기서의 '합당'이 성(性)·도(道)·체(體)를 개념적으로 규정하기 위해 쓰여진 용어라는 점에 주의할 필요가 있다.

성·도·체가 리의 움직이는 모습 혹은 존재양태를 표시하는 것이라면, 이 '합당'이란 용어는 리의 움직이는 모습 혹은 존재양태를 하나의 공통된 추상개념으로 설명하기 위해 사용된 것이다. 좀 더 정확

93) 守本順一郎, 『東洋政治思想史研究』(展望), 329쪽 참조.

히 말하자면 그와 같은 움직이는 모습이나 존재양태를 통해 나타나는 리의 공통적인 성격을 추상적으로 그리고 구어적인 용법으로 알기 쉽게 설명하기 위해 사용된 것으로 이해할 수 있다. 그런데 이 '합당'에서의 '합'이나 '당'은 모두 한문에서는 '마땅히 … 해야 한다'로 해석되는 조사(助辭)이다. 그렇다면 앞에 든 "성은 합당한 것이다"라는 말은 결국 "성이란 마땅히 이와 같이 되어야 하는 것", 다시 말해 성이란 당위적인 것이라는 뜻으로 해석된다. 마찬가지로 도나 체에 대해서도 그러한 해석이 타당하다면, 결국 리의 성격은 당위적인 것이라고 일단 결론내릴 수 있다. 사실 "사람이 단지 마땅히 **해야 하는** 것이 곧 체이며, 사람이 실제로 하는 것이 곧 용이다[人只是合當做底便是體, 人做處便是用]"(『주자어류』 권6-24)라는 용례가 있다. 여기서의 '마땅히 해야 한다[合當做]'와 '실제로 하다[做]'는 행위에 있어서 당위(sollen)로서의 체(體)와 존재(sein)로서의 용(用)을 나누어 말한 것으로 이해할 수도 있다. 그러나 주자는 바로 이어서 "만약 이 부채에 비유하자면, 살과 자루가 있고 (거기에) 종이와 풀을 사용하는데 이것은 체이며, 사람이 부채질하는 것은 용이다"(『주자어류』 권6-24)라고 하여 체와 용에 대한 주자의 설명이 이어지고 있다. 이러한 발언을 보면 알 수 있듯이, 아니 이런 설명을 볼 것도 없이 본디 중국에서 체·용 개념이 당위·존재 개념으로 옮겨질 수 없다는 것은 오히려 상식에 속한다. 요컨대 '합당'은 사실 단순한 당위 개념만 가지고서는 이해할 수 없는 것이다.

그래서 좀 다른 용례를 검토해 보도록 하자.

> 맹자는 본성이 선하다고 말했는데, 선은 본성에 본래부터 갖추어져 있는[合有] 이치이다.(『주자어류』 권5-67)

> (사람은) 물에 빠지면 죽지만, 물고기는 물에서 살아간다. 이는 모두 자연적으로 저절로[合當] 이와 같이 되는 이치이다.(『주자어류』 권13-75)

> 이 도리라는 것은 … 단지 마땅히[合當] 이와 같이 되어야 하는 것에 불과하다. 이를테면 대나무로 만든 의자[竹倚]와 같다. 반드시 네 개의 다리가 있어야 안정되어 비로소 앉을 수 있다. … 이를테면 소의 코에 코뚜레의 구멍을 뚫고, 말의 입에 재갈을 물리는 것은 또한 하늘의 이치상 마땅히[合當] 이와 같이 해야 한다. 소의 입에 재갈을 물리고 말의 코에 코뚜레를 뚫는다면 반드시 잘못될 것이다.(『주자어류』 권9-55)

이처럼 '당위(當爲)'의 뜻에서 벗어나는 용례가 많음을 알 수 있다. 인간은 물속에서 호흡할 수 없지만 물고기는 물에 서식하는 것, 의자의 네 다리가 가지런히 갖추어져 있어야 앉을 수 있는 것, 소의 입에 재갈을 물리는 것이 이롭지 않기 때문에 코뚜레를 꿰는 것 등의 '합당'은 '당위'보다 움직이는 모습이나 존재양태의 자연성·본래성 혹은 필연성·개연성을 함의하는 것이라 할 수 있다. 요컨대 본래부터 그렇게 되어 있는 혹은 그렇게 될 수밖에 없어서 그렇게 되어 있는, 따라서 마땅히 그렇게 되지 않으면 안 되는, 그렇게 되어 있어야 한다고 간주된 존재방식이 '합당'의 의미라고 생각할 수 있다. 이를 통해 위 인용문 가운데의 본성에 선이 "본래부터 갖추어져 있다[合有]"고 말한(이 '合'은 '合當'과 같은 뜻) 의미도 이해될 것이다. 곧 본성이 선하다는 것은 그렇게 될 수밖에 없는 인간의 올바른 존재방식이라는 말이다. 마찬가지로 성·도·체 역시 본래적으로 **그렇게 될 수밖에 없으며 마땅히 그렇게 되어야 하는 올바른 존재방식**이라는 개념 규정에 의해 공통으로 묶을 수 있음이 명백해진다.

이것이 바로 리의 성격을 가장 잘 설명하는 개념 규정이다. 이러한 개념 규정은 이를테면 "마시고 먹는 것은 천리이지만, 맛있는 음식을 추구하는 것은 인욕이다"(『주자어류』 권13-22)라는 개체의 생리적 욕구에 대한 천리 개념 및 이와 동시에 앞에서 든 곽상의 군주와 신하의 상하, 손과 발의 상하 혹은 주자의 군주와 신하의 의에도 모두 포괄적으로 모순 없이 적용할 수 있을 것이다.

이상의 서술에 의거하여 리의 성격을 가령 '합당한 것'이라고 칭한다면, 그렇다면 리의 초월성이란 리의 **기능에 근거하여** 지적한 것이라고 생각할 수 있다. 앞의 '의도할 필요가 없는' 몰작위의—같은 문맥 속에서 주자는 "저절로 그렇게 되는 것이어서 작위할 필요도 없다"고도 말하고 있다— 의(義=理)는 내용적으로 군주와 신하의 상하적 윤리를 가리키는 이상, 의를 인간에게 있어 합당한 행위로 간주하는 것은 그것을 합당한 것으로 간주하는 인간의 측면에서 보면 확실히 초월적인 기능을 갖는 것으로 이해될 수밖에 없다. 먹고 마시는 것에서의 천리 혹은 손과 발의 상하에서의 천리자연에 대해서는 전혀 초월적이지 않았던 그 합당성이 군주와 신하의 의라는 이념적 국면에서 초월적인 것이 되었다. 이는 군신적 윤리의 초월성이 리의 합당적 성격에 침투함으로써 그 기능을 초월적인 것으로 만든 것이다. 요컨대 리의 성격과 기능을 변별하여 고찰하는 것이 여기에서는 바람직하다.

이렇게 리를 성격과 기능의 두 부분으로 나누는 것은 구분을 위한 구분처럼 보이겠지만 실은 그렇지 않다. 이제 단숨에 시대를 청말까지 내려가서, 이를테면 엄복(嚴復; 1853~1921)의 "인간의 자유를 침해하는 자는 곧 천리를 어그러뜨리고 인도를 해치는 것이다"(『嚴幾道文鈔』 권1, 「論世變之亟」)라고 하는 자유로서의 천리, 혹은 강유위(康有爲; 1858~1927)의 "하늘의 공리(公理)를 가지고 말하면 인간은 각각 자주 독립의 권한을 갖고 있으니, 마땅히 평등해야 한다"(『大同書』, 兵部, 「去級界平民族」)라고 하는 평등의 공리를 조감해 본다면, 리가 그 합당적 성격으로 도리어 천부인권을 강조하고, 리가 가지는 그와 같은 성격으로 인해 더욱 근대적으로 기능하고 있음을 알 수 있다. 여기서 우리는 자유·평등의 인권이 리로 간주되어 주장됨으로써 그렇게 될 수밖에 없으며 마땅히 그렇게 되어야 하는 인간의 올바른 존재방식, 바꾸어 말하면 '의도할 필요가 없는' 또는 '작위할 필요가 없는' 합당한 존재방식으로서 공통으로 관념되고 있으며, 주자의 군신적 의리에서의 '의도할 필요가 없는' 혹은 '작위할 필요가 없는' 합당성이 그대로 인권의 **천부성(天賦性)**으로 유전되고 있음을 알 수 있다.

즉 리가 가지고 있는 '합당한 것[合當底]'이라는 애매하고 추상적 성격이 도리어 리의 기능을 유연하게 하여 고대에는 운명적인 상하적 질서윤리로서, 송대에는 이념적인 질서윤리로서 각각 초월적으로 기능하게 하는 한편, 후술하겠지만 명말 이후에는 이를테면 사회적 욕망 사이의 '분(分)'적 조화의 질서윤리로서, 청대 중기에는 생존욕 상호간의 연계적 질서윤리로서 기능하게 하였다. 이렇듯이 각 시대 시대에 따른 질서 이데올로기로서의 역할을 맡아 왔다는 것이 앞의 두 가지 구별에 의해서 명백하게 드러난다.

이상의 고찰을 토대로 다시 한 번 주자학적 체계로 되돌아가 보자. 주자학의 이기적 체계를 중세 자연법적인 것으로 파악하는 근거는 마루야마이든 모리모토이든—양자 사이에 적지 않은 차이는 있지만— 요컨대 모두 봉건적인 상하적 질서가 인간과 사회에 있어서 초월적으로 주어진 자연으로 규정되고, 또한 인간은 그 질서윤리를 내재화함으로써 질서 그 자체에 '주체적으로' 참여한다는 점에 있다고 하였다. 하지만 이는 리의 합당적 성격에 봉건적 질서가 침투한 결과, 그 단계에서 리의 기능이 인간에게 있어 초월적인 것이 되었던 것에 지나지 않는다. 따라서 이 초월적인 질서로의 참여—이것이 리의 내재성과의 사이에 모순·대항을 잉태하든 그렇지 않든 관계없이—를 사회적인 사실관계로 인식하는 것은 옳지만, 그 사실관계를 그대로 이기적 체계의 고유한 성격으로 규정할 수는 없다. 리 그 자체의 비초월적 혹은 무성격적이라 할 수 있는 합당적 성격에서 볼 때 그렇게 말할 수는 없다. 위의 견해는 토마스적인 신적 질서로의 이성적 참여, 즉 신에 의해서 초월적으로 설정된

‘완전한’ 질서로의 주체적 참여라는 구도(構圖)로부터 착상된 것이다. 따라서 이기적 체계의 실상과는 부합하지 않는 견해임이 거의 명백하다.

토마스적 자연법에서의 자연적 질서는 신의 창조와 관계되기 때문에 초월적이었다. 하지만 리에는 어떠한 의미에서도 창조력이 부여되지 않았다. 이 차이를 이기적 체계를 조명할 때에 고려해 넣지 않았기 때문에 위의 견해는 이기적 체계의 실상과 부합되지 않는다고 한 것이다. 이 차이를 신의 입장에서 지적한 것이 마테오 리치(Matteo Ricci)이다. 그는『천주실의(天主實義)』속의 신(神)과 리(理)의 우열 논쟁에서, “그 리가 없으면 그 사물이 없다. 그러므로 우리 주자는 리가 사물의 근원임을 믿었다”는 ‘중국측 인사[中士]’의 주장에 대해 ‘서양측 인사[西士]’의 입을 빌어 반론을 펴고 있다.

> 만약 헛된 리[虛理]를 가지고 사물의 근원이라 한다면 이것은 불·노의 주장과 다름이 없다. 오늘날의 실제적인 리[實理]도 사물을 낳을 수 없는데, 옛날의 헛된 리가 어찌 사물을 낳을 수 있겠는가?

> 또 묻건대 리라는 것은 영험과 깨달음이 있는가? … 만약 아니라면 … 저 리라는 것은 자기에게 없는 것을 가지고 사물에게 베푸는 것이니, 이를 있다고 할 수는 없다. 리에 영험도 없고 깨달음도 없다면 영험을 낳고 깨달음을 낳을 수 없다.

> 리라는 것은 … 곧 의뢰(依賴)의 부류로서 자립할 수 없다. 어찌 영험과 깨달음을 내재하여 자립할 수 있는 부류이겠는가? 리는 인간보다 하등이니, 리는 사물이다.

앞머리에서 ‘중국측 인사’가 “리는 사물의 근원”이라고 말했을 때, 그 근원의 의미는 말할 것도 없이 존재근거를 뜻하는 것이지 창시(創始)를 뜻하는 것은 아니다. 잘 알고 있듯이 주자의 이른바 리선기후(理先氣後)에서의 **선(先)**이 시간적 선후가 아니라 가치적 선후를 말하는 데에 불과한 것과 마찬가지이다. 이 근원을 '서양측 인사'는 일방적으로 창조주의 의미로 끌어들여 발언한다. 영험도 깨달음도 없는 사물이 어떻게 영험과 깨달음이 있는 인간을 낳을 수 있는가, 그리고 "이 기(氣)가 없다면 이 리(理)도 붙어 있을 곳이 없다"(『주자어류』 권1-2)고 말해지는, 즉 인간·사물과의 상즉적인 관계 속에서만 존재할 수 있는 자립할 수조차 없는 리가 어떻게 천지만물의 창조자·주재자인 신에 대항할 수 있는가라고 다그쳐 묻고 있다. 논쟁은 처음부터 서로 앞뒤가 맞지 않은 채 '서양측 인사'의 일방적인 주장으로 끝난다. 사물은 사물에 의해서 생겨나는 것이 아니라 저절로 그렇게 되는 것이다. 그럼에도 문란함이 없는 생성의 질서를 내재하고 있다. 이러한 '사물의 저절로 그러함[物之自爾]'이라고 하는 중국적인 천지자연관 속에 '서양측 인사'와 서로 맞물릴 수 없는 중국적 이기관의 이(異)유럽성이 단적으로 드러난다.

마테오 리치가 '의뢰의 부류' 즉 비자립의 의존적 존재라고 적절하게 지적하였듯이, 리는 만물을 초월하여 실체적으로 존재하는 것이 아니다. 다시 말해 리는 **애당초 질서를 창조하거나 주재하는 능력을 갖고 있지 않았다**. 중국에 자연법 사상이 끝내 존재하지 않았던 것은 무릇 법(칙)의 창시자·주재자라는 관념 그 자체가 없었으며, 그 때문에 그러한 관념에 근거하는 법률의 구도도 없었던 데에 하나의 이유가 있다. 이기적 체계를 자연법적인 것으로 간주할 때에 이러한 중국적 특성을 충분히 고려해야 한다.

그렇다면 우리는 주자학적—유리학이라는 관점에서는 중국적—이기 체계를 어느 점에서, 그리고 어떻게 자연법적인 것으로 파악할 수 있을까?

무릇 리는 법의 창시와 관계가 없다. 관념상에서 말한다 해도 비자립적 존재이며, 따라서 법의 구도에 대해 작동성을 갖지 못한다. 또한 리는 '합당한 것'이라는 추상적인 성격으로 인해 시대의 질서 관념이 침투해야 비로소 그 기능이 사실적으로 사회화되는 수동적인 반영자일 수밖에 없다. 그렇다고 한다면 우리가 이기적 **체계** 속에서 자연법적인 것을 발견해내는 것은 물론이요, 리의 **성격**에서 그것을 찾아내는 것도 아마 불가능할 것이다.

만일 이기적 체계를 자연법**적**으로 볼 수 있다는 전제 아래 가능성으로서의 전체상을 표현해낸다면, 그것은 단지 리의 사회적 기능의 양상일 수밖에 없다. 결국 그것은 리 기능의 능동적 배경 아래서 투시되는 그 시대의 사회관계일 뿐이다. 다만 그것을 자연법적으로 투시한다고 한 이상, 사회관계는 사실적인 관계가 아니라 관념적인, 요컨대 그 사회의 **질서관념을** 자연법적으로 어떻게 파악할 것인가 하는 것이 된다.

그렇다면 여기서 무엇을 자연법적이라고 할 것인가가 먼저 문제된다. 토마스에 있어서 '자연법칙'이 단순히 "자연=법칙을 의미하는 것일 수밖에 없으며", 결국 "자연(곧 인간의 자연) 속에 법칙(곧 도덕법칙)에 대한 성향이 존재한다"고 말하는 보르케나우의 해석[94]은 하나의 기준점이 될 것이다. 이 해석이 토마스의 실제에 근거하고 있는가를 따질 필요는 없다. 다만 이와 같은 단순한 자연법[칙]관이야말로 자연법 개념 일반으로서 중국에도 적용할 수 있을 것이다. 특히 '자연(곧 인간의 자연)'을 투시의 대상으로 삼고 아울러 중국에 있어서는 그것의 상즉적인 투영태, 바꾸어 말하면 자연이 자연적으로 성향하는 바의 '법칙(곧 도덕법칙)'을 조명해 볼 수 있을 것이다.

여기서 다시 한 번 중국에는 자연법 사상이 존재하지 않았다는 것의 의미를 고찰해 보겠다. 앞에서 그 원인의 하나로 중국에는 법[칙]의 창시자·주재자, 요컨대 신의 관념이 없었다는 점을 들었다. 그런데 이 신의 법이 부재함으로써, 신(곧 이성)의 인간으로의 질적 전환이라 할 수 있는 근대적 자연법의 성립도 중국에는 나타나지

94) 水田洋 등 역, F. 보르케나우, 『封建的世界像から市民的世界像へ』(みすず書房) 2장 Ⅲ.

않았다. 개괄해서 말하면 위와 같은 이유들로 인하여 중국에는 법은 있어도 법 사상이랄 것이 없었다는 점에 유의하고자 한다.

법 사상이 없다는 것은 법에 대한 가설이 없다는 뜻이기도 하다. 즉 토마스의 신, 홉스나 루소의 이성 혹은 일반의지 등을 기반으로 한 법적 가설 위에 현실사회와는 **별개로** 구축된 법의 세계라고 할 수 있는 것이 중국에는 존재하지 않았다는 말이다. 물론 이러한 법의 독자적 세계도 유럽에서의 봉건적 신분사회의 붕괴과정이나 부르주아의 흥기과정을 간접적으로 반영한다. 그런 의미에서는 현실사회와 무관한 것은 아니지만, 그럼에도 그것은 현실과는 **같을 수 없는** 관념의 세계였다. 이에 반하여 중국의 질서관념은 항상 현실에 근거한 말하자면 현실적 혹은 사실적인 관념으로서 현실을 직접적으로 그려내고 있었다. 따라서 그것은 법 **사상**이 아니라 자연과 융합적으로 일체화된 리(理) **관념**이었다.

요컨대 우리가 '자연(곧 인간의 자연)'을 대상으로 삼는다고 하는 것은, 가설적으로 상정된 신의 법이라든가 일반의지라든가 하는 약속이 전혀 없는 문자 그대로의 자연, 그것에 의해서만 자연적으로 융합되고 혹은 저절로 그렇게 되는 성향을 갖는 도덕법칙, 그것이야말로 중국의 **자연법적**이라 할 수 있는 바로 그것을 대상으로 삼는다는 뜻이기도 하다.

여기서 우리는 번거롭지만 '천리자연'이라는 중국의 독자적인 개념에 대해 다시 한 번 생각해 보기로 하자. 이미 서장에서 살펴보았듯이 곽상(郭象)에게 있어 자연이란 "사물의 저절로 그러함[物之自爾]"이다. 요컨대 '사물'은 "저절로 그렇게 존재하는 것이어서 그렇게 존재하도록 만든 것이 없으며", 그런 까닭에 "만물은 반드시 자연으로서 올바름[正]을 삼는" 것이었다. 이러한 인식의 밑바탕에는 "**작위하지 않는데도** 저절로 그렇게 된다"고 하는 몰작위적으로 **존재하는** 것 자체가 이와 같이 **존재할 수밖에 없어** 이와 같이 존재하며 **때문에** 그것은 본래적으로 올바른 존재방식이라는, 말하자면 자연에서의 자연적(自然的)과 본래적(本來的)의 둥근 고리[圓環] 혹은 나선회귀식의 왕복유통이 있었다. 이렇게 생각하면 금방 알 수 있듯이, 이 자연에서의 본래적(本來的)과 리에서의 합당적(合當的)은 '이렇게 될 수밖에 없는 혹은 마땅히 이렇게 되어야 하는 올바른 존재방식'이라는 공통적인 측면을 공유하는 형태로 한 쌍의 고리[雙環] 관계에 있다. 요컨대 자연과 천리는 각각의 본래적과 합당적의 한 쌍의 쇠고리에 의해 연결되는 개념이었다. 곽상에게 있어 손과 발의 상하가 군주와 신하의 상하로 관념된 것은 본래와 합당의 연결을 매개로 했기 때문이다. 덧붙여 말하자면 이것은 마루야마의 이른바 정적인 혹은 자연주의적인 낙관주의, 즉 "사회질서가 천지자연에 존재한다"는 자연과 규범의 아시아적인 연속성과는 사실 구조적으로 유사해 보이지만 다른 것이다. 우리가 도덕법칙이 자연과 서로 융합되어 있으며, 자연은 저절로 그렇게 되는 성향을 갖는다고 한 것은 본래와 합당에서의 상즉성(相卽性), 자이성(自爾性)을 보았기 때문이다. 요컨대 그것은 결코 규범이 '천지자연에 존재'함을 의미하는 것이 아니다.

바꾸어 말하면 중국에 있어 '자연(곧 인간의 자연)'은 본래와 합당이라는 한 쌍의 고리를 통해서만 멈출 수 없이 천리(=도덕법칙)를 지향하고 혹은 천리와 서로 융합될 수 있다. 이와 같은 자연에서의 본래와 합당이라는 한 쌍의 고리의 양상을 우리는 중국적으로, 다시 말해 이(異)유럽적으로 **자연법**적이라고 말하는 것이다. 따라서 우리가 '자연법적'이라고 말할 때, 그것은 마루야마나 모리모토가 말하는 그것과는 다른 것이다.

제2절 중국적 자연법의 전개 양상

곽상 · 주자 · 여곤의 자연법 / 대진의 자연법 /
중국적 자연법의 근대적 잔영과 그 평가

'천리자연'에서의 본래 · 합당이라는 한 쌍의 고리는 이기적 체계에서의 자연법적 요소라고 할 수 있다. 문제는 그렇다면 이 요소에서의 그것이 어떻게 자연적이며 또 자연적일 수 있는가 하는 그 구조적 · 역사적 특질을 검토하는 데에 있다.

예를 들면 전술한 곽상의 손과 발[手足]에 비유되는 군주와 신하의 상하, 주자의 의를 가지고 합쳐진[義合] 군주와 신하의 상하, 여기에 또 다른 하나 "인욕자연의 사(私)를 바로잡아 천리자연의 공(公)에 따른다"고 한 여곤의 '분(分)'적 조화, 이 세 가지의 천리자연에 대해 각각의 특질을 살펴본다면 어떨까?

곽상(郭象)의 경우 손과 발의 상하가 군주와 신하의 상하에 비유될 수 있었던 것은 손과 발의 상하에 본래 · 합당을 매개시켰기 때문이다. 그러나 손은 위에 있고 발은 아래에 있다고 말하는 이 본래 · 합당성은 인간의 의지와 아무런 관계도 없는 말하자면 존재론적으로 선험적이다.—이는 기질의 품수의 차등을 개괄하여 결정론적 혹은 숙명론적으로 논하고 있던 3~4세기 경의 분위기를 충실하게 반영한다[95]— 따라서 이러한 군신 상하적 자연법의 기능은 인간에 대해 초월적이라고 할 수밖에 없다. 여기서 인간의 자연은 우주적 자연의 일부분에 지나지 않으며, 하늘로부터 지상으로 떨어져 나온 본성이라는 의미의 인간자연은 아직 자립적 영역을 갖지 못한다. 그런 까닭에 이 자연법은 결국 하늘[天]의 자연법에 불과하다.

95) 小野澤精一 · 福永光司 · 山井湧 編, 『氣の思想』(東京大出版會, 1978) 제2부 제1장 참조.

이에 반해서 의를 가지고 합쳐진[義合] 관계에서의 본래·합당은 이른바 본연의 성[本然之性]의 본래·합당이다. 요컨대 그것은 인간에 내재되어 있는 지상의 본성으로서 설정되어 있으며, 따라서 그 질서는 이성적이다. 또한 이 자연법에서 인간의 자연은 우주적 자연에 대해 자립적이며 동시에 주체적이다. 다만 인간의 자연은 개별적인 기질의 입장에서 볼 때, 일체의 기질이 각자의 주체적 영위상에서 본연일 수 있다—성인은 배워서 이를 수 있다—고 말하는 한에서의 피안의 자연 혹은 형이상의 자연이다. 이런 까닭에 인간의 자연에서의 자립·주체에는 현실적인 객체성이 없다. 자립·주체는 기질의 개별적인(곧 형이하학적인) 측면을 배제한 형이상학적인 세계의 자립·주체이다. 그런 까닭에 그 질서관념은 이성적이지만 또한 그 이성적인 것으로 인하여 도리어 초현실적인 것이 되어버린다. 관점을 바꾸어 말하자면, 여기서의 본래·합당은 천리자연의 기능을 초현실적인 것으로 만든다.

이렇게 주자적 자연법은 인간의 자연(=본연의 성)에 의해 자립적·주체적으로 구축된다. 그러나 그 자립·주체는 초현실적이며 이념적인 자립·주체로서 현실의 객체에서 착상된 것이 아니다. 그런 까닭에 자립·주체는 내면 주관적이며, 따라서 또한 즉목적(卽目的)이다. 인간은 자기에게 내재되어 있는 자연이라 칭해지는 본연의 성에서 본래·합당을 한 개인이 내적으로 체득하는 것이 자연법 내에서 살아가는 것이 된다. 이 자연법은 개별적으로 객체들 상호간에 발생하는 자타의 모순을 잉태하지 않는다. 결국 주자적 자연법은 한 개인의 내부에서 내면적으로 체득된다. 요컨대 관념적으로 자기완결하는—때문에 그 일기 내성(一己內性)은 또한 유심적인 것으로 평가된다— 것이다. 체득되는 본래·합당은 말할 것도 없이 인의예지이다. 인의예지는 봉건적인 상하적 질서로서 사회적이며 사실적인 윤리이다. 그 때문에 불교의 공리(空理)에 대해 실리(實理)임이 강조되고, 그 객관실재의 실리는 한 개인이 내부적으로 체득할 수 있는 것으로—그 객관적 실리를 내면적으로 체득한다는 측면에서 그것은 또한 객관 유심적인 것으로 평가된다— 간주된다. 이런 까닭에 그 자연법은 일기완결적(一己完結的)이면서도 범사회적이며 사람마다에 보편적인 것으로 간주된다. 다만 이 보편성은 기질적 개별에 근거하지 않는 몰객체적・몰현실적인 '하나'라고 하는 정해진 이치[定理]이다. 그런 까닭에 이 '하나'는 개별에 대해 초월적으로 기능한다. 바꾸어 말하면 주자적 자연법은 인간 개별의 형이하학적 자연에 대해서는 배타적으로 작용한다.

이에 반해 여곤의 '분(分)'적 조화에서의 천리자연은 인욕의 자연, 즉 기질적인 개별에서 착상된 것이다. 요컨대 여기서는 인간의 자연이 현실적・객체적인 형이하학적 자연—구체적으로 말하면 소유욕 등의 사회적 욕망—에 뿌리를 두고 있다. 그 때문에 본래・합당은 한 개인이 내적으로 체득할 수 있는 것이 아니다. 바꾸어 말하면 자연법은 주자학의 즉목적・일기완결적인 자연법에서 대자적・자타 상관적인 자연법으로 구조적으로 열린 것이 되었다. 여기서 유의해야 할 것은 "**인**욕의 자연이 **천**리자연에 따른다"고 했을 때의 인(人)과 천(天)의 상즉적인, 이른바 천인합일에서의 독자 중국적인 천인 상즉관계의 내실이다.

천과 인의 합일은 적어도 송대 이후에는 리를 매개로 한 합일이었다. 이 천은 운명적인 천이나 천체 운행의 천처럼 초월적인 것이 아니라, 말하자면 리의 천이라고 할 수 있는 만물 생성의 근거・조리로서의 천이다. 이점에 대해서는 간략하나마 별고에서 이미 언급[96]하였으므로 여기서 되풀이하지는 않겠다. 다만 문제는 이 리의 천이 리이면서도 여전히 천이라는 점, 즉 이 천은 단순히 근거나 조리 일반일 뿐 아니라 **만물**의 생성을 생성케 하고 있다는 의미에서 생성의 우주적인 유기적 통일성 혹은 전체성까지도 함의하고 있

96) 溝口雄三,「天人合一における中國的獨自性」(日本思想大系 46,『佐藤一齋・大鹽中齋』, 岩波書店, 1980).

다. 그런 까닭에 "천리자연의 공(公)"이라고 할 때의 공은 사(곧 放縱)에 대한 공(곧 中正)의 의미와 함께 개별에 대한 전체라는 의미도 담고 있다. 즉 이른바 "천리자연의 공에 따른다"는 것은 **천**리에 따르는 것—곧 **전체적인** 조화를 천리자연으로 보는 것—을 욕망의 자연에서의 본래·합당으로 파악한다는 의미이다. 주자가 말하는 전체는 기질적인 개별을 배제한 형이상학계의 말하자면 일차원적인 질서세계였다. 이에 반하여 여곤의 전체는 기질적인 개별에 근거한 형이하학계의, 그로 인하여 자타가 상호 관계하는 이차원적인 질서세계였다. 이런 점에서 여곤의 전체는 주자의 전체에 비해 더욱 열려 있다. 하지만 이 자타의 상호관계는 자(自)와 타(他)가 개별 자립적으로 상호 관계하는 것은 아니다. 그것은 봉건적 질서 속에서의 전체적 조화를 본래·합당으로 파악한, 요컨대 '분'에 의거한 전체적 질서를 선험적으로 내재시킨, 말하자면 모자이크(mosaic)식의 상호관계이다. 구체적으로 말하자면 부유한 자는 부유한 자로서의 분을 지키고, 가난한 자는 가난한 자의 분을 뛰어넘을 수 없다는 상하의 '분' 사이의 상호관계이다. 또 전체는 '분'의 조리에 의거하여 구성되는 모자이크식의 봉건적 전체이며, 질서는 여전히 상하적 질서이다. 그렇지만 이 상하적 질서는 군주와 신하 사이의 세습적인 신분관계의 질서가 아니라, 비세습적인 경제관계의 질서이다. 따라서 원리적으로는 변화하고 유동적일 수 있는 질서이다. 결국 여곤의 자연법은 '분'을 본래·합당으로 파악한 점에서 정태적이지만, '분'이 경제상의 대항관계에 의거하여 존재하므로 이미 동태적 요인을 내포하고 있다. 요컨대 모자이크식의 전체는 **분적** 자연법임에 의해서 안정성을 가지고 있지만, 그러나 동시에 분적 **자연법**임에 의해서 불안정하지 않을 수 없는 것이다.

불안정할 수밖에 없는 이유의 하나는 이 전체가 전제적 **국가** 혹은 신분제적 **사회**라고 하는 초개체적으로 정비된 추상적인 전체가 아니라, 개개의 욕망을 만물의 전체성 위에서 충족케 하는 구체적

· 집체적인 전체라는 것에 기인한다.

> 세상만물은 모두 욕망을 가지고 있다. 이 욕망은 모두 하늘의 이치이며 사람의 감정으로서, 천하 만세에 공통된 마음이다. … 하늘과 땅은 수많은 인간과 사물을 낳았고, 자연은 그들을 양육시키기에 충분하다. 그런데도 충족되지 못하는 자가 생기는 것은 바로 불균(不均) 때문이다.(『呻吟語』 권5, 「治道」)

> 하늘과 땅 사이의 수많은 인간들은 모두 일단의 삶의 이치이다. 이 이치를 각각으로 하는 것이 곧 불인(不仁)이요, 이 이치를 함께하는 것이 곧 인(仁)이다.(『高子遺書』 권4, 「仁者人也」)

여곤과 고반룡(高攀龍; 1562~1626)의 이러한 발언들은 양명 이래 새롭게 고양된 만물일체의 인(仁) 사상의 흐름 속에서 나온 것이다. 그런데 명대 후기의 이 욕망을 포괄하는 만물일체적 전체가 바로 모자이크식의 '분'에 안정과 불안정을 초래케 하였다. 특히 명말에 있어서 만물은 구체적으로 **개체 욕망**의 집합이다. 개체 욕망이 충족될 수 있는가 없는가는 욕망 **상호**간의 균과 불균 혹은 욕망을 각각으로 하는가(각자의 방종에 맡기는) 함께하는가(전체의 충족을 지향하는) 하는 인(仁)과 불인(不仁)에 달려 있다고 관념될 만큼 만물은 물 각자에 있어서 주체화되고 있었다. 실제로 여곤이,

> 사물에 정해진 분[定分]이 없다면, 사람마다 각각 자기 욕망을 채우기 위해 만물을 놓고 다투게 된다. 분(分)이라는 것은 사물이 각각의 사물에 부합하게 하여, 사람의 나태하고 탐욕한 마음을 그치게 하며 일마다 그 이치를 얻게 하는 것이다.(『신음어』 권5, 「치도」)

라고 했을 때의 나태·탐욕은 인간 일반의 나태·탐욕이 아니라 대체로 전호층 등 농민의 나태·탐욕을 가리킨다. 그러므로 여곤의 '정해진 **분**[定**分**]' 역시 "군주는 높고 신하는 낮으며, 부모는 앉고

자식은 서 있다", "작은 것은 큰 것의 부림을 받고, 약한 자는 강한 자의 부림을 받으며, 빈자는 부자의 부림을 받고 천한 자는 귀한 자의 부림을 받는다"(『신음어』 권4, 「天地」)고 하였듯이 상하 신분 질서의 '분'이다. 그리하여 그것은 '정해진 것[定]'으로 간주되지만, 그러나 실상은 큰 것과 작은 것, 강한 자와 약한 자, 귀한 자와 천한 자 등의 경제적인 힘의 관계를 군주와 신하, 부모와 자식 등 '정해진 분'의 관계에 의제(擬制)시킨 것에 지나지 않는다. 그 의제된 '정해진 분'을 본래·합당에 얼마만큼 농후하게 침투시킬 수 있는가, 전체의 안정은 바로 이 한 가지 점에 달려 있다고 하는 점에서 그것은 불안정한 것이다. 모자이크식이라는 것은 경제적 힘의 관계의 불안정한 요소를 배경으로 한 그 '정해진 분'의 안정의 위약성을 표현한 것이라 말할 수도 있겠다.

이상으로 곽상, 주자, 여곤의 3가지 천리자연에서의 자연법적 측면을 극히 대략적으로 살펴보았다. 이것만 가지고도 곽상으로부터 주자는 물론, 이제 우리가 문제삼고자 하는 주자로부터 여곤으로의 변화가 결코 작은 것이 아님을 알 수 있을 것이다. 가장 커다란 변화를 주자에 대한 여곤의 입장에서 말한다면, 여곤의 본래·합당에는 이제 군신적 질서가 직접적으로는 거의 반영되고 있지 않다. 그것은 경제적 힘의 관계를 통해 '정해진 분'으로서 간접적으로 투영되고는 있지만 실제상 본래·합당은 만물일체의 인(仁)으로서 사회적 욕망의 전체적 조화를 지향하기 시작하였다. 지상(地上)적 본성으로서의 인간의 자연이 형이상학적인 본연의 성으로부터 형이하학적인 기질의 성으로 이행하였다고 하는 이 점이 여곤의 자연법을 주자의 자연법으로부터 구분짓게 하는 결정적인 요인일 것이다. 이러한 의식상의 변화를 가져오게 한 것은 명대 후기 이래의 지주제적 구조의 발전, 그에 따른 '부민'층의 대두 및 그들과 이른바 '세민(細民)'과의 계급적 모순의 현재화 등일 터이다. 이와 같은 사회적 변화가 **곧바로** 본래·합당에서의 질서관념 내실의 변화, 나아가서는 자연법의 구조변화가 되어 나타난 점에 하나의 중국적 특질이 있다.

이미 서술하였듯이 중국에 법 사상이 없다고 하는 그 점이 도리어 자연법의 구조적 변질을 순조롭게 하였다. 이를테면 주자에서 여곤에 이르는 이 변화 속에도 유명론(唯名論)은 물론 신비주의나 절대주의 등의 개입을 전혀 필요로 하지 않았다. 또한 관점에 따라서는 완만하고 단조로운 흐름 속에 그 변화가 있었다고 할 수도 있다. 변화가 이처럼 단조로웠던 것은 그 자연법이 본래·합당이라는 단순하고 소박한 개념에 의해 구성되었기 때문이다. 하지만 그로 인해 중국적 자연법의 숨결은 오히려 오래갈 수 있었다. 또한 그것은 자연법인 까닭에 부단히 인정법(人定法)에 우위를 차지하였고 아울러 사회의 변화에 따라 변화를 계속하였다. 즉 이러한 변화는 여곤 이후에도 끊임없이 이어졌던 것이다.

예를 들면 우리는 대진의 자연법이 여곤보다 더욱 열려진 것임을 보게 된다.

앞 장에서도 보았듯이 그에게 자연이란 그 궁극적 준칙[極則] 상에서 필연(必然)으로 돌아가는 것, 그리고 필연으로 돌아가야 비로소 자연은 자연으로서 완성될 수 있는 것, 만일 잘못된 데로 흐르면 더 이상 자연일 수 없는 것이라고까지 관념되고 있었다. 필연이란 바꾸어 말하자면 리(理)이며 도덕법칙이다. 그런데 그 필연으로 돌아가야 비로소 자연(=인간의 자연)은 자연일 수 있다고 말하는 것은 우리 식으로 말하면 자연은 본래·합당에서 필연과 서로 고리를 함께하는[共環] 관계에 있다는 뜻이다. 그만큼 이 자연은 즉시로 자연법적이라고 할 수 있다. 그렇다면 '필연으로 돌아간다'는 것은 자연의 입장에서는 구체적으로 어떠한 것일까?

『맹자자의소증(孟子字義疏證)』의 앞머리는 다음과 같은 구절로 시작된다.

리(理)란 사물을 미묘한 부분까지 자세히 살피고 거기에 단락을 붙여 서로 나누는 것에 대한 명칭이다[理者, 察之而幾微必區以別之名也]. 이런 까닭에 이를 분리(分理)라고도 말한다. … 사물이 그 분(계)을 얻으면 "가닥[條]이 생겨서 문란하지 않다."(『書』「盤庚上」에 나오는 말/역자) 이런 까닭에 이를 조리(條理)라고도 말한다(卷上, 「理」)

이렇게 책을 펴면 가장 먼저 '리'의 정의로부터 시작되는 데에서도 알 수 있는 것처럼, 그리고 사실 대진 자신이,

오늘날 사람은 옳든 그르든 모두 '억견[意見]'이 리라고 잘못 이해하고 있다. 그리하여 백성에게 화를 끼친다. 그런 까닭에 『맹자자의소증』을 쓰지 않을 수 없었다.(『대동원선생연보』, 丁酉 4月 24日)

고 서술하고 있듯이, '억견', 즉 한 개인이 내적으로 완결하는 송학적인 리를 분쇄하고 객체(=욕망적 주체) 사이를 분계하는 객관적인 분리·조리를 내세우는 것, 이것이 『소증』의 수미일관된 목적이었다.

대진은 다음과 같이 술회하고 있다.

지위가 높은 사람은 리의 이름으로 지위가 낮은 사람에게 요구하고, 어른은 리의 이름으로 어린 사람에게 요구하고, 귀한 사람은 리의 이름으로 천한 사람에게 요구하면서 비록 자기들이 잘못되어도 리를 따르는 것이라고 우겨댄다. 지위가 낮은 사람·어린 사람·천한 사람이 리를 가지고 대항하면 설령 그것이 타당하다 해도 리에 어긋난다고 책망한다. … 윗사람은 리의 이름으로 아랫사람에게 요구한다. 그 결과 아랫사람에게 강제된 죄는 도저히 헤아릴 수 없을 정도다. 사람이 법을 어겨 죽으면 그래도 불쌍하게 여겨줄 사람이 있지만, 리에 걸려 죽으면 그 누가 불쌍하게 여겨주겠는가?(권상, 「리」)

이를 문자 그대로 받아들이면, 지위가 높은 사람·어른·귀한 사람의 상위층(부민층)이 자기중심적으로 재단한 리를 가지고 지위가 낮은 사람·어린 사람·천한 사람의 하위층(세민층)을 강제하는 것이다. 대진은 그와 같은 불공정을 그의 '분리(分理)'를 통해서 시정하고자 의도하였다. 대진은 그의 집필 의도에서 처음부터 '정해진 분[定分]'의 틀을 깨고자 하였던 것으로 생각된다.

> 천리란 자연의 분리[自然之分理]를 말한다. 자연의 분리란 나의 마음[情]으로 타인의 마음을 헤아려[絜] 상호간의 (공)평을 얻게 하는 것이다.(권상, 「리」)

따라서 대진이 위와 같이 말할 때의 나와 타인은 적어도 원리적으로는 부민과 세민—다만 세민의 **최저한의** 생존권을 상위자가 인정한다는 범위 내일 터이지만—을 동일평면 상에서 나란히 한 것이다. 그렇다고 한다면 생존의 차원에서는 의제된 '정해진 분'도 더 이상 통용될 수 없는 시점에서 이 자연의 **분**리가 발상되었으며, 따라서 '헤아린다[絜]'라는 상호적인 동사가 '분'에 대해 사용된 것으로 파악된다.

이 '헤아림[絜]'에 의거한 '분리'는 인(仁)으로 구체화된다. 번거로움을 무릅쓰고 열기해 보면 다음과 같다.

> 인(仁)이란 낳고 낳는 덕[生生之德]이다. "백성들의 소박함이여! 날마다 먹고 마시네!"(『詩』, 小雅, 鹿鳴, 「天保」)라고 하였듯이, (인은) 낳고 낳게 하는 것으로서의 인간의 도이다. 한 사람이 자신의 삶[生]을 이루고, 이를 미루고 확대하여 천하 사람과 함께 그 삶을 이루는 것이 인(仁)이다.(권하, 「仁義禮智」)

> 어느 한 사람의 욕망이 천하의 욕망과 관통하는 것이 인(仁)이다.(『原善』, 권하)

> 자기의 욕망을 이루고 동시에 타인의 욕망까지 이루어주고자 생각한다면, 인(仁)이 헤아릴 없을 만큼 넉넉하게 될 것이다. 자기의 욕망만을 즐기느라 타인의 욕망을 잊어버린다면, 그것은 사(私)이며 불인(不仁)이다.(『원선』, 권하)

> 욕망의 치우침이 사사로움[欲之失爲私]이다. 사사로우면 탐욕과 사특함이 뒤따라 생겨난다. … 사사롭지 않으면 그의 욕망은 모두 인(仁)이며 모두 예의이다.(권하, 「才」)

> 사람의 삶에 있어서 그 삶을 이룰 수 없는 것만큼 비참한 것은 없다. 자신의 삶[生]을 이루고자 하면서도 동시에 남의 삶까지도 이루어주고자 하는 것이 인(仁)이다. 자신의 삶을 이루기 위해서 남의 삶을 해치고서도 아무렇지도 않게 생각하는 것이 불인(不仁)이다.(권상, 「리」)

지루할 정도로 반복되는 이 '인(仁)'은 "부유한 자는 베푸는 것으로 덕을 삼는다"는 저 인혜(仁惠)의 '인'이 아니다. 대진의 고제자 완원(阮元; 1764～1849)97)*이 "이 사람과 저 사람이 서로 만나고, … 반드시 두 사람이 있어야 인이 드러난다"(『揅經室一集』 권8)고 말한 '서로 만남[相偶]'의, 요컨대 자타 상호적인 인(仁)이다. 잘 알고 있

---

97)* 완원(阮元; 1764～1849): 자는 백원(伯元), 호는 예대(藝臺). 강소성 의징(儀徵) 출신. 1789년(건륭 54)에 진사가 됨. 산동·절강의 학정(學政)을 거쳐, 2번 절강순무(浙江巡撫)가 되었다. 또 호광(湖廣)의 총독을 거쳐 체인각대학사(體仁閣大學士)가 되었다. 한편, 학자의 영수로서 광동에 학해당(學海堂), 항주에 고경정사(詁經精舍)를 세워 인재를 육성하였다. 『경적찬고(經籍纂詁)』, 『십삼경주소교감기(十三經注疏校勘記)』, 『황청경해(皇淸經解)』 등을 저술하여 학계에 큰 공헌을 하였다. 그는 한학자(漢學者)로서 송학(宋學)에 반대하면서도 건륭(乾隆) 연간의 학문 경향을 뛰어넘어 독자적인 학설을 전개했다. 금석문에 관해서는 『산좌금석지(山左金石志)』, 『적고재종정이관지(積古齋鍾鼎彝款識)』가 있다. 또 화론에서는 송 이래의 첩학(帖學)을 배척하고, 한예(漢隸)의 유풍을 전하는 북비(北碑)를 존중하여 이른바 북파의 이론을 만들었다.

듯이 '인'은 『논어』에서 "자신이 서고자 한다면 다른 사람까지도 세워주고, 자신이 통달하고자 한다면 다른 사람까지도 통달하게 해준다"(「雍也」)와 "자신이 원하지 않는 것을 다른 사람에게 하지 말라"(「顔淵」)고 한 두 가지 준칙을 포함한다. 대진의 인은 이 두 준칙이 가지는 상호성의 측면을 가장 구체적으로 사회화하였다. 원래 '인'은 상호적인 개념으로서, 자기와 타인의 관계없이는 인이 될 수 없다. 하지만 자기가 원하는 것을 타인에게 베푸는 것도, 원하지 않는 것을 시키지 않는 것도 자기의 덕성 여하에 관계된 것이라면, 사실상 상하적 질서 속에서는 하위자인 타자(他者)에 대한 상위자인 자자(自者)의 인혜(仁惠)·측은(惻隱)의 정으로 기능하기만 하면 충분하다. 그 결과 여기서의 타자는 자자의 덕이 미치는 대상이 되는 몰주체적인 피체일 수밖에 없다. 결국 그 상호성도 자자 한쪽만의 일기내적(一己內的)인 덕성 속에 수렴되어 버린다. 그러한 종래의 상하 일방적이며 자기 내적인 상호성이 대진에 이르러 타인도 자기도 각각 생존을 원하는 객체로서 대립적으로 마주하게 되었다. 그런 까닭에 이 상호성은 주체적으로 상호 **연계**적이다.

대진은 인간의 자연을 '혈기·심지의 자연'으로 파악하였다. 혈기(血氣)의 자연이 욕망(생존욕)임에 반하여 심지(心知)의 자연은 "혈기의 자연으로 말미암아 깊이 살펴보면 필연을 알게 되니, 이것을 리(理)라고 하고 의(義)라고 한다"(권상, 「리」)고 하였듯이 '필연을 **아는[知]**' 도덕적 판단능력이다. 이 심지는 혈기를 규제하는 것이 아니라 "혈기의 자연으로 **말미암아서[由]**", 즉 혈기의 자연의 발동에 따르는 형태로 자연의 궁극적 준칙인 필연으로 이끄는 능력이다. 이런 점에서 자연과 필연은 서로 고리를 함께하는[共環] 관계이지 하나의 고리[一環]를 각각으로 하는 것이 아니다. 따라서 혈기의 자연은 필연에 대해 주체성을 가지고 있다. 요컨대 혈기의 자연은 인(仁)에 의해서 미리 규제된 자연이 아니라 그 주체적 발동의 **결과** 심지에 의해서 궁극적 준칙에 **이르는** 것이다. 이때 궁극적 준칙으로서의 인(仁)은 자와 타를 상호 온전하게 하는 분계(分界)로서 양자로부터 상호적으로 이해된 조리이다. 이 인 속에서 자와 타의 자연은 상호 주체적으로 연계적이다.

이것은 인으로서의 분리(分理)의 분(分)에 새로운 의미를 부여하지 않을 수 없게 한다. 이미 『맹자자의소증』의 앞머리에 "단락을 붙여 서로 나눈다. … 이런 까닭에 이를 분리(分理)라고 말한다"고 한 것을 보았듯이 이 분(分)은 확실히 경계를 서로 구별하고 나누는 분이다. 이는 여곤의 '정해진 분'에서의 분이 "군주는 높고 신하는 낮으며, 부모는 앉고 자식은 서 있는" 등의 '당연(當然)'을 "성분(性分)에 있어서 마땅히 그러해야 할 것, 직분(職分)에 있어서 마땅히 극진히 해야 할 것"(『신음어』 권1, 「談道」)으로 바꾸어 말한 그 성분·직분의 분, 즉 선천적으로 부여된 분수(分數)인 것과는 결정적으로 다르다. 이제 그것은 정해진 소여의 분이 아니라 자와 타의 생존욕이 상호 주체적으로 '헤아리고[絜]' 상호간의 심지에 의해 공동으로 승인된 경계선이다. 만일 이윽고 자(自)와 타(他)가 부민과 세민의 계급적인 틀을 깨고서 평등의 원칙을 가지고 서로 대립하게 된다면, 이러한 상호 연계적인 인은 그 단계에서 봉건적 상하 질서를 내부로부터 파괴시키지 않을 수 없게 될 것이다.

덧붙여 토마스 홉스(T. Hobbes; 1588~1679)의 이른바 '제2의 자연법'은 "'너희가 남이 너희에게 어떻게 대해 주기를 바라거든, 너희가 원하는 모든 것을 남에게 너희가 행하라'고 한 복음서(마태복음)의 법" 및 "'네가 남이 너에게 행하기를 바라지 않는 것을, 너 또한 이를 남에게 행하려고 하지 말라'고 하는 모든 사람의 법"(제1부, 제14장)을 그 기초로 하고 있는데, 또한 그것은 말 표현은 달라도 루소의 이른바 '일반의지'에도 포함되어 있다.[98] 또한 1793년

98) 또한 루소는 『인간불평등기원론』에서 '연민의 정'에 대해 "'네가 남에게 받고 싶다면 너 또한 남에게 주라'고 하는 저 숭고하고 합리적인 정의의 준칙 대신에, '타인의 불행을 가능한 한 적게 하여 너를 행복케 하라'고 하는 또 다른 하나의 자연적인 선(善)의 준칙을 모든 사람들에게 고취하

의 프랑스 『산악당헌법(山嶽黨憲法)』의 '권리선언' 제6조에는 자유의 권리에 대해, "그 도덕적 한계는 타인이 자기에게 하기를 원하지 않는 것을 타인에게 하지 말라고 하는 격률(格律, maxim)에 존재한다"(『人權宣言集』 수록)고 하여, 이것이 실정법에 명기되어 있는 것을 볼 수도 있다. 이들 부르주아 시민적인 근대 자연법이 그 전제로서 인간의 자연을 어떻게 상정하였든, 또 그것이 얼마나 이(異)중국적인 역사 속의 산물이었든, 생존의 개체적 자유에 있어서 도덕적 한계는 필수였다고 하는 그 도덕적인 상호 연계성은 대진의 인(仁)의 상호 연계성을 생각할 때 시사적이다.

물론 대진의 인(仁)은 부르조아 시민사회와는 무관한 중국의 도시·향촌에서의 부민(주로 지주)과 세민(주로 농민)의 모순 속에서 생겨났다. 이는 이미 역사적으로 유럽과 구별되는 특질이지만, 그의 자연법이 상호 생존의 인(仁)을 본래·합당으로 간주하였을 때, 그것은 '정해진 분'을 넘어서 즉각적으로 새로운 지평을 열었으리라는 것을 우리에게 예감케 한다.

여기서 우리는 "리에 걸려 죽게 되면 어느 누구도 불쌍하게 여기지 않는다"고 탄식한 대진의 말을 떠올리게 된다. 이는 사람이 만든 법은 법을 집행하는 과정에서 잘못이나 착오가 발생하는 경우도 있을 수 있지만, (하늘에서 나온) 리에는 절대의 올바름밖에 없다고 공통적으로 관념되었음을 전하는 것이다. 바꾸어 말하면 인정법에 대해 자연법이 얼마나 절대 우위로 관념되었는가를 간접적으로 보여준다. 이 절대 우위는 본래·합당에 침투한 질서관념이 가지는 몰작위성·자연성의 우위로서, 역사적으로 전통적인 것이며 대진에 한정되는 것은 아니다. 한데 이 우위성이 대진의 상호 연계적인 인에 근거하여 완전하게 발휘될 수 있게 되면, 이 인에 의해서 성립되는 그의 자연법은 그의 주관적 의도를 뛰어넘어 상하적 질서에 대한 파괴력을 더욱 강화시키게 될 것이다.

는 것이 곧 연민의 정이다"(제1부)라고 설명하고 있다.

노파심에서 하는 말이지만, 대진의 자연법이 상하적 질서를 깨뜨리고 개별의 생존을 상호 평등하게 하는 공화국(Commonwealth)적 조화를 지향하였던 것은 아니다. 그렇게 말하는 것은 비현실적이며 동시에 비역사적이다.

대진의 인은 확실히 자타의 주체적인 상호성에 근거하고 있다. 하지만 그것이 부민에 대한 세민의 주체를 의미한다거나 그들이 상과 하 또는 지배와 피지배의 질서관계로부터 자유로웠다고는 말할 수 없다. 부민과 세민을 현실의 제 관계로부터 각기 해방시키고, 설령 **가설**이라 해도 인간을 원시의 자연상태로 환원시켜 거기에서 **개체로서의** 인간적 자연이 상정되고, 그 원자(atom)와도 같은 개체에서 혈기·심지의 자연이 상정되는 그러한 **법 사상**의 구상은 대진에게는 애초부터 없었다.

> 명(命)이란 '제한한다'는 뜻이다. 그러므로 마치 동쪽으로 가라고 명령하면 서쪽으로 갈 수 없는 것처럼 본성의 욕망에는 적절한 절제가 필요하다.(권상, 「리」)

> 명(命)이란 다름이 아니라 필연으로 돌아감으로써 일정한 제한을 실현하는 것이다. 이것이 바로 자연의 궁극적 준칙[自然之極則]이다(『緖言』, 권상)

오히려 위의 두 예문처럼 인(仁)으로서의 필연은 하늘의 의지[天意]의 필연이지 개체와 개체 사이의 자유로운 인간 의지[人意]에 의해 도덕적 한계로 설정된 것은 아니다. 주체는 하늘의 의지에 대해서 여전히 자유롭지 못한 주체이며, 상호 연계적—곧 필연으로 돌아가야 비로소 주체일 수 있는—이어야 하는 천의(天意)적 주체이다. 이른바 천의적 주체는 선험적으로 전체적 조화를 '명(命)'으로 파악한 개체 없는 주체이다. 이와 같은 의미를 가지는 주체에서 현실의 상하적 질서를 파괴하는 개체의 **내발적 원리성**을 기대하기란

확실히 불가능하다.[99)]

하지만 우리는 이 인의(人意)에 대한 천의적 필연(必然)의 전통적 우위에 도리어 주목해야 한다. 손과 발의 상하[手足上下]로부터 의를 가지고 합쳐지는 관계[義合]로, 의를 가지고 합쳐지는 관계로부터 정해진 분[定分]으로, 정해진 분으로부터 상호 연계적인 인(仁)으로라고 하는 중국적 자연법에서의 본래·합당의 추이는 인간적 자연을 천리 자연에 자연스럽게 융합시켰다. 단적으로 말하면 그것은 천리 혹은 천의적 필연의 **내실**의 추이였다.—그 내실은 각 시대 **현실**의 인간적 자연을 서로 융합적으로 수렴하였다. 바꾸어 말하면 인간적 자연의 형이하학적 팽창의 침투를 받은 것이다. 그 때문에 그 추이는 천리나 천의에 있어서는 스스로의 질적 전환의 과정이었다— 그렇지만 그 내실을 현실에 근거하여 질적인 전환을 하면서도 여전히 천의적 자연법으로서의 우위, 특히 인정법(人定法)에 대한 우위성을 상실하지 않았다. 바로 이 점에서 인간이 설정한 현실의 질서에 대한 파괴의 동기를 발견할 수 있다.

"한 사람이 자기 삶을 이루고, 이를 미루어 확대하여 천하 사람과 함께 그 삶을 이룬다"는 말은 모든 한 사람이 천하적 전체의 제한을 받는 몰개체적인 주체임을 의미한다. 앞에서도 말했지만 이 같은 주체에서는 천하적 유대를 분해하는 내발적 기동력을 기대할 수 없다. 하지만 천하적 전체가 이와 같은 제한을 1인의 전제자(專制者)에게 가하게 된다면, 대진의 몰개체적 인(仁)은 그 몰개체성으로 인하여 도리어 전제자의 개인적인 사사로움의 방종을 이치에 어긋난 것으로 규탄할 수 있게 된다. 또 몰개체적인 전체는 피지배**민의** 전체의 입장에 서서 소수자의 '욕망의 치우침', 즉 전제적 독점을 규탄할 수 있게 된다. 여곤의 정해진 분[定分]에서는 예측될 수 없었던 그것이 대진의 인(仁)에서 예측될 수 있다는 점에서 중국적 근대로의 계기(moment)를 발견할 수 있다. 다만 그것은 계기

99) 西順藏, 『中國思想論集』 IV(筑摩書房, 1969), 「戴震の方法」試論, 367쪽 참조.

이지 그 이상은 아니다.

우리가 이상의 논리를 진정으로 실감하게 되는 것은 말할 것도 없이 청말 이후이다.

손문(孫文)의 '공(公)'이나 이대조(李大釗; 1889~1927)[100]의 '민이(民彛)'에서 그것을 보게 된다. 하지만 정합적인 형태의 이기적 체계는 대진의 시대에 사실상 이미 붕괴되고 있었으며, '학(學)'은 이기적 체계로부터 각각 자립하여 전문영역화하기 시작하였다. 정치 영역에서도—비록 정치학, 법학이라는 장르는 없지만— 그것은 현저하였다. 이런 까닭에 지금까지 보아 왔던 이기적 체계에서의 본래·합당을 청말의 정치사상에 적응시키는 것은 신중을 기해야 한다. 다만 체계상에서는 붕괴하였지만, 리의 관념이 여전히 잔영으로 짙게 남아 있었다는 사실도 부정할 수 없다. 그러므로 우리가 '공'과 '민이'를 문제삼을 수 있는 것은 그 잔영이라는 한정된 범위 안

---

100)* 이대조(李大釗; 1889~1927): 중국공산당의 창시자. 1917년 북경대학 도서관 주임, 후에 교수가 되었다. 5·4신문화운동에 참가하고, 동료 진독(陳獨秀), 호적(胡適) 등과 『신청년』 집필. 18년, 제1차 대전의 종결을 볼세비키즘의 승리라고 찬양하여 그 세계사적 의의를 지적하였다. 19년, 5·4운동 후, 『나의 마르크스주의관』을 써서 중국 최초로 마르크스주의를 체계적 학설로 소개하였다. 유물사관의 경제결정론적 해석에 계급투쟁설을 대치시켜 양자의 통일적 해석을 시도하고, 또 경제조직의 구조와 동시에 사상개조를 중시하는 '물심(物心) 양면의 개조'를 제기하였다. 그 후 열강자본주의에 의한 반(半)식민지 상황하의 중국인민을 '세계의 무산계급'이라 지적하고, 중국의 앞길은 자본주의를 경과하지 않고 직접 사회주의로 이행되어야 한다는 방향을 제시했다. 상해에서 진독수와 협의하여 중국공산당의 조직화를 추진하고, 21년 7월, 창립하였다. 중공중앙위원으로서 제1차 국공합작을 적극적으로 추진하고, 중공 북방구 책임자, 국민당 중앙집행위원으로, 5·30운동 후 남방의 정세 고양에 호응하여 국민대회를 조직 '수도혁명'을 지도했다. 1926년 3월 18일의 대탄압 후, 북경의 국공 양당의 지도부를 소련대사관으로 피난시키고, 지하운동을 지도했다. 1927년 봉천(奉天) 군벌 장작림(張作霖)의 급습으로 체포되어 교수형에 처해졌다. 『李大釗文集(上·下)』(人民出版社, 1984)가 있다.

에서다.

손문의 '공'에 얼마만큼 전통적인 리의 관념이 잔영으로 남아 있었는가, 또 그 잔영은 과연 어디까지 인간의 본래·합당으로 관념되고 있었는가? 이를 손문의 문장 속에서 발견해내기란 곤란하다. 설령 단편적으로 발견해낼 수 있다 해도, 그 자체만으로 적극적인 의미를 갖는다고는 생각되지 않는다. 다만 손문의 공이,

> 인민의 권리를 제창하는 것은 공천하(公天下)의 도리이다. 공천하는 가천하(家天下)의 도리와 상반된다. 천하를 공(公)으로 여기면 사람마다의 권리가 모두 크게 평등해진다.(「救國救民之責任在革命軍」)

라고 말한 것처럼 천하의 공이기도 하였으며, 그 천하성이 만물일체적인 천하성의 청말 혹은 민국적 잔영일 것이라는 점을 우선 지적할 수 있다. 사실 손문은 이보다 일찍이 「동맹회선언(同盟會宣言)」에서 다음과 같이 밝힌 바 있다.

> 온 천하에 한 지아비도 제 자리를 얻지 못하는 사람이 없게 하겠다. 감히 농단하여 국민의 생명을 강제하는 자가 있다면 대중과 함께 일어나 그를 없애버리겠다.

모든 사람들이 제 자리를 얻는 것, 이를 농단하는 소수의 전제자를 타도하는 것이 민국혁명의 일관된 목적이었다. 손문의 '공천하'도 모든 한 사람 한 사람 각각에 대해 공(=평등)을 실현시킨다기보다는 천하를 제 집으로 여기는, 즉 천하를 독점하는 전제자로부터 한 사람 한 사람 **전체**의 천하를 탈환한다는 의미다. 이 때문에 위 인용문 바로 뒤에 "천하를 제 집처럼 여기면 모든 사람의 권리는 불평등하게 된다. 이렇게 불평등한 전제는 이민족의 전제와 마찬가지다"는 말로 이어지고 있다. 이러한 한 사람 한 사람의 천하적 전체성은 다음 발언에서 더욱 또렷하다.

우리의 삼민주의는 대체로 재산축적 이론[發財主義]에 가깝다.(『三民主義』, 民權主義, 第2講)

다만 일반인은 개인의 재산축적[個人發財]을 원하지만, 우리 당은 모든 한 사람 한 사람의 재산축적[人人發財]을 원할 뿐이다.(위의 곳)

그러므로 각계의 인사들에게 설명하지 않으면 안 된다. '만일 당신이 진정으로 재산축적을 원한다면, 반드시 모든 한 사람 한 사람이 재산을 축적해야 비로소 진정한 재산축적의 목적을 달성할 수 있다'는 것을.(「黨員應協同軍隊來奮鬪」)

여기서 말하는 재산축적[發財]이란 한 집안의 경제적 충실이나 번영을 뜻하는 것으로 보면 된다. 재산축적은 개인이 아니라 모든 사람이, 그리고 모든 한 사람 한 사람이 함께 성취해야 진정한 개인적인 성취가 된다고 말한다. 전체적이라기보다는 천하 한 사람 한 사람의 전수적(全數的)인 성취를 지향하고 있다. 이는 말할 것도 없이 소수의 농단 독점을 천하적 전수(全數)의 이름으로 배척하려는 것이다. 그러므로 "민권주의란 모든 사람이 평등하며, … 절대로 소수의 사람이 다수의 사람을 압박할 수 없게 하고"(「實行三民主義改造新國家」), "소수의 사람이 정치를 농단하는 폐해를 배척하는"(「提唱民生主義之眞義」) 것으로 정의될 수 있다. 즉 손문의 민권은 개인의 사적인 시민적 권리가 아니라 다수자 한 사람 한 사람을 전체로 하여 도리어 소수자 개인의 사적인 농단과 전제를 배척하는 권리이다. 이것이 천하의 공이며, 그런 까닭에 공(=평등)도 몰개체적—개인의 사적인 것을 배격한다는 의미에서 비(非)개체적이라 할 수 있을 듯—으로 천하적이다. **요컨대 전수적(全數的)인 것이다.** 이 전수성(全數性)은 "민생주의의 가장 중요한 문제는 먹는 것[吃飯]", "두번째로 중요한 문제는 입는 것[穿衣]", "곧 전국 4억 인이 모두 의식의 수요를 충족하고, 4억 인 모두가 잘 입고 잘 먹도록 하는 것"(『삼민주의』, 민생주의, 제3~4강)이라고 서술되는 민생주의에서 더욱 구체적이다. 아니, '한 지아비도 제

자리를 얻지 못함이 없는' 천하적 전수성이 손문의 '공'을 경제적 영역으로까지 미루어 확대하고, 공화혁명을 사회주의적으로 나아가게 한 바탕이었다.

이러한 손문의 '공'에 반해, 이대조의 「민이(民彝)와 정치」라는 글 속에 보이는 '민이'는 '민이'라는 용어가 본디 선천적인 민의 도덕본성을 의미하는 데에서 알 수 있듯이 본래·합당의 잔영을 좀 더 짙게 한다. 잘 알고 있듯이 '민이'라는 용어는 『시(詩)』의 "하늘이 뭇 백성을 낳으니, 사물이 있으면 법칙이 있다. 백성이 떳떳한 법칙을 붙잡고 있으니[民之秉彝], 이 아름다운 덕을 좋아하네!"에서 나온 것이다.

하지만 이대조는 이를 아래와 같이 부연 설명하였다.

> 하늘이 뭇 백성을 낳으니, 형이하의 기(器)가 있으면 반드시 형이상의 도(道)가 있다. 도는 곧 리(理)이다. 이 백성이 태어남에, 곧 이 리에 근본하여 그것을 성(性)으로 삼아 지선(至善)으로 향하여 멈춘다.

그는 인민이 그 도덕적 본성으로 지선의 리를 추향(趨向)한다는 전통적 관점에 서 있음을 분명히 하고 이를 '유민주의(唯民主義)'라 칭하였다. 이대조는 "인간은 태어나면서부터 욕망이 있다. 정치도 그 욕망을 달성하는 한 방법일 뿐이다", "정치란 한 무리 민이(民彝)의 결정체이며, 민이란 모든 일의 진리의 저울대"라고 하였다. 이는 인민의 욕망을 인민이 본래부터 가지고 있는 민이에의 추향에 의거하여 실현하자는 주장이다. 하지만 여기에는 프랑스혁명이나 미국독립 등이 "리의 힘으로 법의 힘을 무너뜨리고, 이리하여 흘러 넘치는 민이가 아님이 없는" 것이라고 하는 인식이 있었다. 즉 그는 국가의 존립은 법에 기초하지만, 인간의 생존은 리에 달려 있으며, 법은 리에 의해서만 기초가 주어지는 것이라고 생각했다. 그러므로 형해화한 기성의 법은 항상 리에 의해 무너지고 리에 의해 새롭게 태어나야 하며, 그리고 이를 실현하는 주체가 '민이'라고 하는 철저한 '리'의 우위에 대한 낙관적인 확신을 갖고 있었다. 그 확신은 "하늘이 부여한 것을 어찌 (특정한) 한 사람이 빼앗을 수 있겠는가? … 도(道)는 민이가 스스로 추향하는 바에 맡겨두는 데에 있을 뿐"이라는 리 또는 민이의 천부성에 대한 확신에 의한 것이었다. 이윽고 마르크스주의로 탈바꿈하는 그의 '유민주의'는 이렇게 인민(=세민)의 선천적인 도덕본성, 즉 인민의 천리자연에 기반을 두었다. 특히 인정법에 대한 리의 우위 및 그것에 의한 법 질서의 파괴와 새로운 탄생에의 전망은 중국적 자연법의 미래를 보고자 할 때에 시사적이다.

만약 이들의 '공'이나 '민이' 또는 '리'에서 전통적인 천리관념의 잔영을 간파할 수 있다면, 거슬러 올라가 대진의 '인'에서의 몰개체적인 천하성 또는 천의적 필연성은 그것이 몰개체적·천의적이라는 이유로 부정적으로 평가될 수 없음을 알게 될 것이다.

본디 이른바 '몰(沒)개체'라는 것은 상술한 것처럼 인간—가설이기는 하지만—을 사회의 유대로부터 떼어내어 개체로 환원시키고 다시 개체의 본질에 기초하여 사회를 재구성한다는 근대(다만 유럽의) 자연법의 작위성이 대진의 인에서는 볼 수 없음을 말한 것이다. 사실 이것은 대진의 비(非)유럽적 측면을 지적한 것에 지나지 않는다. 요컨대 중국의 이(異)유럽적 특질은 고려되지 않은 것이다. 말할 필요도 없지만, 홉스이든 루소이든 그들이 말하는 '자연상태로 환원된 개체'란 발흥기 자본계급의 현재형으로부터 연역적으로 가정된 것이다. 그 개체의 근저에는 상공업으로 축적된, 원리상으로는 무한한 재부가 있었다. 가설이긴 해도 이 개체는 상승하는 경제영역을 자신들의 고유한 것으로 간주할 수 있었다. 이와 대조적으로 대진의 눈에 파악된 인간은 자(自)·타(他) 모두 기본적으로 농촌사회를 기반으로 하는 인간이었다. 유한한 토지를 생산수단으로 삼아 단지 단순 재생산만을 할 수 있으며, 생산력도 유한한 그 압도적 다수의 농촌사회 속에서 **생존을 함께 나누는** 인간군이었다. 이렇게 양자는 사회적 인간의 현재형을 애당초 달리하고 있었다. 홉스의 이성, 루소의 '연민' 혹은 스미스(Adam Smith; 1723~1790)의 '공감(共感)' 등은 표면상으로는 대진의 인과 그 선천적인 소여성까지 포함하여 유사하다. 하지만 그들의 그것은 대체적으로 말해—왜냐하면 루소의 경우는 톤을 좀 달리하기 때문에— 어떻게 자기의 자유로운 경제영역을 조화 있게 신장할 것인가 하는 개체의 고유한 영역을 위한 도덕적 본성이었다. 이에 반하여 대진의 인은 공동체적인 전체 속에서 각각의 생존 조건과 영역을 상호 규제하지 않고는 개체의 생존이 성립될 수 없는 현실에서, 상호 조화롭게 함께 나누는 분리(分理)로서의, 더욱이 전체로부터 규제된 조리로서의 도덕적 본성일 수밖에 없었다.

따라서 우리는 대진의 인을 몰개체적이라는 이유로 부정적으로 평가해서는 안 된다. 그 서로 나눔이 부민과 세민의 '정해진 분'의 틀을 깨고—상하 '분'적인 의제(擬制)를 떨쳐버리고— 드러낸 전수(全數)적 생존에 대한 도덕적 분계일 것이라고 생각한 바로 그 점을 긍정적으로 평가해야 한다. 한편 그의 역사적 한계는 몰개체적이라는 데에 있는 것이 아니다. 그보다는 분계(分界)에 여전히 '명(命)'으로서의 제한, 즉 경제적—경제외적 강제를 동반하였다는 점에서는 봉건적인— 상하관계의 현실을(세민의 생존을 인정하는 것 외에는) 여전히 고수하려 한 그 봉건적 지배계급의 이기적인 제한이 있으며, 그 때문에 일견 상호 연계적인 인(仁)마저 실은 봉건적 상하에 기초한 불평등한 분계일 수밖에 없다고 하는 점에서 찾아야 할 것이다.

한편 홉즈, 루소, 스미스 등을 탄생시킨 유럽의 시민사회는 유럽 이외의 슬라브 사회, 아시아 사회 혹은 유럽 내의 천민이나 하층민 등을 시민사회 바깥으로 배제시켰다.[101] 뿐만 아니라 이러한 사람들을 자신들 자유영역의 경제적 비료로 삼아 성립하였다. 이에 반

101) 예를 들면 良知力, 『向う岸からの世界史』(未來社, 1978년)에 의거한다.

해 대진의 인은 아시아 사회 속에서 천민이나 하층민을 똑같이 생존을 원하는 타자, 동일한 지평상의 인간으로서 응대하였다. 그런 점에서 대진의 인은 **시민 사이의**—혹은 시민 사이만의— '연민'이나 '공감'의 틀을 뛰어넘은 것임도 잊어서는 안 될 것이다. 손문이나 이대조가 공화주의에서 사회주의로 이행해 간 것도 그들의 이른바 '전체'가 천민이나 하층민을 천하적 생존을 함께 나누는 모든 사람으로서 전수(全數)적으로 동일한 지평 위에서 포괄하였던 것과 무관하지 않다. 이렇게 보자면 대진의 몰개체적인 천하 전체성은 **이(異)**유럽적으로만 평가되어야 할 것이다.

같은 것은 천의(天意)적 필연에 대해서도 말할 수 있다. 이를테면 '민이(民彝)'를 예로 들어 말하자면, 주자가 "부모와 자식 사이의 인(仁)과 군주와 신하 사이의 의(義)는 천부의 본연이요 민이(民彝)의 고유함이다"(『朱子文集』 권82, 「跋宋君忠嘉集」)라고 한 것과 마찬가지로, 이대조는 세민층의 사회적 변혁의 주도성 혹은 신사회 구성의 도덕적 지선성(至善性)으로 이를 계승하였다. 이렇게 보자면 천의적 필연 그 자체를 봉건적인 짐으로 간주하는 것은 적어도 중국에서는 타당하지 않음을 쉽게 깨닫게 될 것이다.

이제 중국적 자연법의 사상사적 역할에 대해 새삼 고찰해 보기로 하겠다. 앞에서 우리는 중국에는 자연법 사상의 가설적 체계가 없으며, 있는 것은 본래·합당에 침투한 현실사회 질서관념의 자연법적 양상뿐이라고 하였다. 하지만 이렇게 수동적인 일면만을 말하는 것은 너무 단편적이다. 대진의 인(곧 분리)을 예로 들어 말해 보자. 그것은 확실히 생존욕을 배제한 종래의 상하 일원적인 주자학적 리를 거의 완전하게 타도하고 새롭게 세민의 생존욕까지도 온전케 하는 규범질서로서 제시되었다. 또한 그것은 생동하는 현실을 단지 무비판적·수동적이 아니라 리얼하게 비판적이고도 능동적으로 인식하는 것이었다. 또한 현존하는 기성의 질서관념을 안이하게 본래·합당에 침투시킨 것이 아니라 제 모순을 **바로잡을 수 있는 미래**

형의 본래·합당으로서 창조적으로 관념된 것이다. 여곤의 '정해진 분' 역시 상하 일원적인 리가 아니라 그 시점에서 부민층의 소유관계를 마땅히 그러해야 할 미래형의 리(理)로서 전망한 것이다. 이 점은 주자에 대해서도 말할 수 있다. 주자의 경우, 본 절에서는 종래의 견해를 원용하여 그의 자연법을 오로지 군신적 자연법으로만 다루었다. 하지만 주자는 리의 이름으로 황제를 비롯한 지배자 집단을 비판하고, 리에 의거해서 그 나름으로 규범질서를 체계화하였다. 이러한 것들은 주자의 능동적 이념으로서—이제 여기서 이를 서술할 만한 여력은 없지만— 다른 측면에서 재평가되어야 할 것이다.

어쨌든 지금까지 살펴본 중국적 자연법은 현재형이면서 미래형을 포함한다. 아니 미래에서 현재를 되짚어 보고 그 현재 속에서 미래를 파악하였다는 의미에서 현재즉미래형이다. **이리하여 그것은 변혁적이기도 하다.** 이렇게 보자면 대진의 인이 천의(天意)적 필연이라는 것은 그 변혁적인 것에 긍정적일망정 부정적으로 작용하지는 않는다. 우리가 천(天)을 곧바로 봉건적인 짐이라 생각하는 것은 머리속에 일본식의 초월적 천관(天觀)이 투영되어 있기 때문일 것이다. 그렇지만 천이 이치이기도 한 중국적인 우리의 이른바 '리의 천'의 성격은 질서가 인간과 사물에 내재적 또 선험적으로 부여되어 있다. 이를 다짜고짜 운명적으로 초월적인 것이라고 비난해서는 안 된다. 천의적 필연의 능동적 측면은 오히려 적극적으로 평가받아야 한다. 적어도 천이 곧바로 고대적·봉건적인 것은 아니다. 이 역시 리와 마찬가지로 거기에 침투되어 있는 현실의 제 관계로 되돌아가서 시비를 따져야 할 것이다.

이상 본 절에서는 몇 개의 자연법적인 것을 중국적인 자연법으로서 살펴보았다. 보르케나우의 이른바 '자연에서 작위로'는 중국과는 무관하였다. 오히려 인간적 자연이 천리자연이기도 한 그 중국적인 자연법적 특질로 인해, 그것은 그 자체의 근대를 지향할 수 있었다. 독자 중국적인 전개로부터 대진의 인(仁)에서 중국적 근대의 싹을 보고자 한다면, 그것도 허락될 것이다. 다만 자연법적이라고 한 이상, 그것은 대진을 종언으로 삼아야 하겠지만.

저자후기

나 자신을 표현하기라도 하듯 좀 장황한 후기가 되어버린 점, 독자 여러분의 넓은 아량으로 이해해주기 바란다.

상론의 제1장과 제2장은 「명말을 살았던 이탁오(明末を生きた李卓吾)」라는 제목으로 도쿄대학 『동양문화연구소기요(東洋文化研究所紀要)』(제55책, 1971년)에 발표한 것인데, 이번에 약간의 손질을 가했고, 또 제2장의 제3절을 다시 새롭게 고쳐 썼다. 그런 탓에 이 절만 문체도 좀 다르고 앞뒤의 맥락에서 벗어난 느낌을 피할 수 없게 되었다. 의론도 충분하지 못하기 때문에 교정 단계에서 근본적으로 뜯어고칠까, 아니면 차라리 전문을 생략해 버릴까 궁리하지 않은 것도 아니지만, 사정상 허락되지 않았다. 후에 이 책임을 메울 기회가 오기를 기대할 도리밖에 없다.

하론의 제3장은 앞의 글보다 앞서 「맹자자의소증의 역사적 고찰(孟子字義疏證の歷史的考察)」이라는 제목으로 역시 『동양문화연구소기요』(제48책, 1969년)에 발표한 것 가운데 약 3분의 1만을 추려서 본 장의 제1절과 제2절로 살리고, 그 대신 제3절을 새롭게 써서 재정리한 것이다. 사실 이 글이 필자가 사상사 분야에 들어서는 계기가 되었던 최초의 논문이기도 하다.

개인적인 일을 언급하게 되어 황송한 마음 금할 수 없지만, 필자

는 본디 대학에서는 중국문학과에 소속되어 학부논문도 인민문학 가운데 조수리(趙樹理)* 문학을 연구하였다. 졸업 후 한동안 집안 사정으로 고향인 나고야로 돌아가 머물고 있었다. 마침 당시 나고야대학에서 교편을 잡고 계시던 이리야 요시타카(入矢義高) 선생을 우연히 만나, 대학원(중국문학 전공과정)에 들어가게 되었다. 필자는 중국 문학을 공부할 예정으로 중국 신문학의 원류로 지목되던 명말로 거슬러 올라가 이탁오를 연구대상으로 선택하였다. 하지만 결국 석사논문은 「일본의 근대와 중국의 근대(日本の近代と中國の近代)」라는 막연한 것이 되어버렸다. 거기에는 이유가 있었다. 처음 이리야 요시타카 선생께 "이탁오를 연구하려면 무엇을 단서로 시작해야 하나요?"라고 쭈뼛쭈뼛 여쭈어 보았던 바, 선생께서는 살며시 미소를 띄우시면서 "이탁오를 연구하려면 이탁오의 글을 읽어야지!"라고 명쾌하게 말씀해 주시는 것이었다. 그래서 어쩔 수 없이 날마다 머리를 싸매고 『분서』에 몰두해야 하는 괴로운 처지가 되었다. 그럭저럭 다 읽었다고 생각할 즈음, 시마다 겐지(島田虔次) 씨의 『중국에 있어서 근대사유의 좌절(中國における近代思惟の挫折)』을 읽고 이탁오에 대한 나의 이미지와 어딘가 다르다는 느낌이 들었다. 이를 계기로 '근대'라는 것을 필자 나름으로 생각하지 않을 수 없게 되었다. 그 결과가 앞의 석사논문이었다. 하지만 이 논문은 몇

* 조수리(趙樹理): 1905년 산서(山西)성의 몰락한 중농의 아들로 태어나 산서성의 사범학교에 입학하고, 그곳에서 중국 및 외국의 근대문학을 연구하였다. 1920년대 혁명운동이 고양되는 가운데, 산서성의 군벌 염석산(閻錫山)에 대항하는 운동을 주도하다 '공산당'으로 지목되어 체포되었다. 1943년 해방된 농민의 새로운 형태의 결혼을 묘사한 「소이흑의 결혼[小二黑結婚]」을 발표하여, 모택동의 「문예강화」에 기초한 최초의 성과로서 명성을 넓히기 시작하였다. 이어서 「이유재판화(李有才版話)」(1943), 「이가장의 변천(李家莊的變遷)」(1945) 등 새로운 농민상의 탄생을 그린 장·단편을 발표하여 대표적인 인민문학 작가로 알려지게 되었다. 조수리에 대해서는 국내에 번역본으로 가마야 오사무 지음, 조성환 옮김, 『자오수리 評傳』(도서출판 동과서, 1999)이 소개되어 있다.

개의 독립된 소논문을 합책한 것으로, 이탁오론(李卓吾論)은커녕 아마도 이리야 요시타카 선생이 아니었다면 졸업논문으로 인정조차 받지 못했을 것이다. 다만 이 논문 가운데 대진론(戴震論) 1편을 가까스로 넣을 수 있었으며, 대진이 이탁오 사상의 흐름임을 염두에 두게 됨으로써 그럭저럭 애초의 면목을 세울 수 있었다. 이 대진론을 뒤에 다시 정리한 글이 앞의 「맹자자의소증의 역사적 고찰」이다. 다만 당시에는 필자가 사상사를 전공하게 되리라고는 꿈에도 생각하지 못했으며, 단지 빨리 이탁오에 다다르고 싶은 생각으로 다급해 있을 뿐이었다. 그런 까닭에 「명말을 살았던 이탁오」를 발표할 때에도 사상사 운운하는 생각은 거의 마음에도 없었다. 명말이라는 시대 속에서 이탁오라는 인물의 삶의 모습을 포착하리라는 마음뿐이었다. 그러던 터에 아라키 겐고(荒木見悟) 씨의 『불교와 유교(佛教と儒教)』를 접하고 자각적으로 유교와 불교를 배우게 되었다. 정신을 차리고 보니 어느덧 사상사의 길에 빠져들고 있었던 것이다.

이러한 사정으로 유교든 불교든 또 그 후의 경제사 방면에서든, 필자의 공부는 모두 자기 식이었으며—그런 필자를 전문가의 입장에서 그때마다 친절하게 가르쳐 주신 유교, 불교, 경제사, 일본사상사 분야의 선학과 동학의 제현에게 이번 기회에 마음으로부터 예를 표한다— 그 어느 분야에서든 요컨대 풋내기였다.

하론의 제1장은 본디 『사상(思想)』(636호, 1977년)에 「명말청초 사상의 굴절과 전개(明末清初思想の屈折と展開)」라는 제목으로 발표한 글이다. 이 논문은 이탁오와 대진 사이에 존재하는 굴절과 계승의 양상을 좀 더 알고 싶은 생각으로 쓴 글인데, 이번에 약간의 손질을 가하였다. 이 논문을 쓰면서 경제사 공부의 필요성을 통감하고 앞서 말한 자기 식, 즉 정석에서 벗어난 공부로 2년쯤 전에 「이른바 동림파 인사의 사상—전근대 시기 중국사상의 전개(상)(いわゆる東林派人士の思想—前近代期における中國思想の展開(上)」을 역시 『동양문화연

구소기요』(제75책, 1978)에 발표하였다. 이 논문은 연재물이기 때문에 이번에는 수록하지 않았지만, 이러한 **일단의** 도달점을 토대로 하여 서장을, 본서의 앞머리에 대강의 줄거리를 쓸 심산으로 새롭게 썼다.

하론의 제2장은 같은 제목으로 『히토바시논총(一橋論叢)』(81권 3호, 1979)에 발표한 글이다. 이 글은 앞의 '일단의 도달점'에서 청대를 통관하고, 그 짐작을 바탕으로 황종희의 역사적 평가를 시도한 것이다. 그런 까닭에 아무래도 오류가 포함되어 있을 터이지만, 과감하게 그대로 수록하기로 하였다.

도쿄대학 출판회의 가도쿠라 히로시(門倉弘) 씨가 여태까지 발표한 논문을 한 권의 책으로 묶어 출판하자고 권유한 것은 앞의 논문을 쓴 뒤의 일이었다. 마침 그 무렵에는 이전까지는 뚜렷하게 보이지 않던 청대가 보일듯이 생각되던 참이어서, 이전 같으면 사양했을 그와 같은 권유에 그때는 그만 고맙게 여기고 우쭐해져 있었다.

그런데 그로부터 1년 뒤, 보일 듯이 생각되었던 것은 실은 경제사적으로 보였던 것일 뿐 사상사적으로 보인 것이 아니었음을, 새삼 뼈저리게 느끼지 않을 수 없었다. 그리하여 가도쿠라 히로시 씨와 여러 차례 상의를 거쳐 심사숙고한 끝에 다음과 같은 결정을 내렸다. 필자 나름으로 파악한 청대의 전망을 토대로 하여 앞에 들었던 「맹자자의소증의 역사적 고찰」의 후반부를 수정하여 본서의 마지막 장으로 삼으려던 애초의 계획을 급히 취소하고, 그 대신에 때때로 생각하여 두었던 문제와 그리고 최근 『히토바시논총』(83권 4호, 1980년)에 「중국 전근대 '리'의 기능을 둘러싸고(中國前近代における'理'の機能をめぐつて)」라는 제목으로 발표한 것을 넣기로 하였다. 그래서 갑작스럽게 게다가 몹시 고민하면서 다시 이 논문을 손보게 되었는데, 그것이 하론의 제4장이다.

생각해 보면, 필자는 중국사상사를 도대체 어떻게 연구해야 하는지 아직까지 분명하지 못하다. 이제껏 필자는 아라키 겐고 씨, 시마다 겐지 씨, 니시 준조(西順藏) 씨의 연구를 각각 사상사적 혹은 사상사적으로 생각하여 필자 나름으로 배워왔다. 세 분의 연구를 세 가지의 다른 형태로 간주하여 배워왔지만, 그러나 필자 자신의 영역을 말하게 되면 그것은 미정(未定)이며 부정(不定)이다. 결국 필자는 세 분 사이를 왔다갔다 배회한 것에 지나지 않았던 것이다.

하론의 제4장을 쓸 즈음, 필자는 대학원 시절에 읽었던 프란츠 보르케나우(Franz Borkenau) 및 그 밖의 사람들의 글들을 다시 읽고, 일본과 유럽에 관계된 제 연구자의 무게 있고 골격이 굵은 글들을 이리저리 되풀이하여 읽었다. 결국 필자는 이제 새로운 불안과 동요의 한가운데 서 있음을 느끼고 있다. 한층 노력을 쌓고 쌓을 수밖에 없을 것이다.

1980년 4월 13일

옮긴이의 말

이 책은 미조구치 유조(溝口雄三)의 『中國前近代思想の屈折と展開』(東京大學出版會, 1980)를 우리말로 옮긴 것이다. 저자는 1932년 나고야에서 태어났다. 도쿄(東京)대학 문학부를 졸업한 후, 나고야(名古屋)대학 대학원에서 그의 스승 이리야 요시타카 선생을 만나면서 이탁오를 중심으로 하여 중국의 근대문학을 전공하였다. 이것이 후에 저자가 중국의 '근대'에 천착하게 되는 하나의 계기가 된다. 그 후 사이타마(埼玉)대학 교양부, 이찌바시(一橋)대학 사회과학부, 도쿄대학 문학부 교수를 거쳐 현재 같은 대학 명예교수로 있다.

저자는 본서 이외에도 『方法としての中國』(東京大出版會, 1989), 『中國の公と私』(硏文出版, 1995) 등의 저서와 「いわゆる東林派人士の思想—前近代期中國思想の展開(上)」(『東京大學東洋文化硏究所紀要』 75, 1978), 「儒教資本主義と儒教社會主義」(『UP』 195, 1989), 「中國儒教の10のアスペト」(『思想』 792, 1990), 「中國思想史における近代・前近代・近世」(『溝口雄三教授退官記念特集』, 1993) 등 수많은 논문을 발표하였다.(본 번역본 부록: '미조구치 논저목록' 참조)

1945년 2차 대전 종전 후 일본의 중국 역사학계는 이른바 '아시아적 정체론'의 극복을 그 주된 과제로 삼았다. 그 배경에는 말할 것도 없이 '빛나는' 중국의 혁명이 자리하고 있었다. 외부의 충격이

가해지지 않는 한 자생적인 발전과 진보가 불가능할 것으로 보였던 중국에서, 역사발전의 최종단계인 공산사회가 성립되었다는 사실은, 당시 일본 좌파지식인들에게 하나의 충격으로 받아들여졌다. 탈아주의(脫亞主義)를 통해 서구화의 길을 걷던 일본이 도리어 패전으로 그 실험의 막을 내린 반면, 정체되어 있어야 할 중국은 이미 역사발전의 최종단계에 도달하였던 것이다. 이리하여 중국은 새로운 사회모델의 '동경(憧憬)'의 대상이 되었고, 중국사에서 세계사적 보편법칙을 검출하려는 연구가 진행되었다.

한편 사상사 분야에서 근대의 검출은 주로 명말청초 시기, 인물로는 양명학 좌파 특히 이탁오를 중심으로 연구되는 경향이 강하였다. 그것은 질곡과 구속으로 관념되어 온 송명이학으로부터 '개인'의 출현, '자유'와 '욕망'의 확충 경향이 이탁오에게 현저하게 나타난다고 보고, 이를 적극적으로 평가하여 '근대'에의 징표로 삼으려는 것이었다. 이를 전형적으로 보여주는 예가 시마다 겐지의 『중국 근대사유의 좌절(中國における近代思維の挫折)』이다. 그는 왕양명으로부터 태주학파를 거쳐 이탁오로 이어지는 사상사적 전개를 역사적 전망 하에서 그려내면서 당시의 사회와 사상사적 운동의 숨결을 재현하였다. 그러한 흐름 속에서 '사회(=유교적 규범)'를 파괴하는 '개인의 자립' 즉 근대적 시민의식의 메아리가 출현하였으며 동시에 그것이 너무 빨랐기 때문에 '좌절'하지 않을 수 없었다고 지적하였다. 결국 그는 양명학 좌파의 사상을 근대사유로 보고 유교의 반역자 이탁오의 죽음을 그 좌절로 파악하였던 것이다.

본서는 바로 이러한 시마다 겐지의 중국 근대관에 대한 계승적 비판에서 출발하였다. 그것은 "『중국 근대사유의 좌절』을 읽고 이탁오에 대한 나 자신의 이미지와 어딘가 다르다는 느낌이 들어"(본서 저자후기) 중국의 '근대'에 몰두하게 되었다고 말한 데서 확인된다. 저자의 비판적 논점은 두 가지로 요약된다. 첫째, 시마다 겐지의 중국 근대관이 그의 주관적 의도와는 관계없이 여전히 서구의 근대 가치기준을 외재적으로 중국에 끼워 맞추었다는 것이다. 즉 시마다 겐지가 이해하는 '근대'에는 '천(天)과 인(人)의 분열'에 따른 천리(天理)적 사회에 대한 인욕(人欲)적 인간의 자립, '외(外)'의 규범에 대한 '내(內)'의 인간자연의 자립 그리고 사회[公]에 대한 개인[私]의 자립이라는 일본 명치시대 이래의 근대개념이 도입되고 있으며, 그 배경에는 '신과 인간의 분열'을 연원으로 하는 유럽근대의 시민적 사회가 조망되어 있다고 지적하였다. 이는 결국 유럽근대를 세계사적 '보편'으로 간주하는 입장이 된다고 본 것이다. 둘째는 이탁오를 중국 근대사유의 '좌절'로 파악함으로써 이후 명말청초에서 중국현대에 이르는 사상사적 흐름과의 단절을 초래하였다고 보았다. 이러한 인식은 '인욕'긍정을 근대의 지표로 삼고, 역으로 '천리'를 봉건적 질서규범으로 파악하는 틀에서 기인된 것이라고 한다. 그러나 이탁오의 욕망긍정은 천리에 대한 부정이 아니라 천리의 내실을 현실사회에 적응할 수 있도록 그 관계설정을 정립하고자 함으로써 새로운 리관(理觀)을 탄생시킨 것이다. 미조구찌는 이러한 사상사적 흐름이 이후 왕부지·대진 등을 거쳐 손문의 '공리(公理)'로 계승되며 궁극적으로는 모택동의 인민주의로까지 이어진다고 보았다. 이탁오의 죽음은 '좌절'이 아니라 일종의 굴절이었으며, 그 굴절은 이후 그의 비판자들에 의해 역설적으로 계승·전개되었던 것이다. 즉 이른바 중국 독자적인 '리관(理觀)'의 전개였다는 것이다. 요컨대 저자는 시마다 겐지가 양명학 좌파를 '근대사유'로 보고 이탁오의 죽음을 그 좌절로 규정하여 '근대사유의 좌절'이라 한 것에 대응하여, 명청사상은 전근대적 사상이며 그 흐름은 이탁오의 시대에 좌절된 것이 아니라 청대에 이르러 다시 재생·전개되었다는 의미에서 본서의 서명을 『중국 전근대 사상의 굴절과 전개』라고 명명한 것이다.

우리는 살아가면서 끊임없는 만남과 헤어짐을 되풀이하지만, 그

만남과 헤어짐의 이유를 알지 못한다. 하지만 거듭된 우연적 만남 속에서 그것의 의미를 필연화시키는 작업을 하게 된다. 그래서 의도된 인연이라 하는 것이다.

옮긴이가 저자의 글을 처음으로 접한 때는 대학원 입학 첫학기였다. 당시 저자의 『방법으로서의 중국』을 교재로 사용하였는데 쉽지 않은 문장에 확실한 내용파악은 불가능하였지만 어렴풋이 중국사상에 대한 매력을 느끼게 되었다. 그러다 몇 년 뒤 박사과정에서 정태섭 선생님의 수업시간에 저자의 본서를 읽게 되었다. 사실 당시에는 학문적 접근이라기보다는 상론에서 서술되어 있는 이탁오라는 한 인간의 처절하면서도 광적인 삶에 어떤 표현할 수 없는 감동을 받았다는 말이 어울릴 것이다. 나이 50이 넘어서 자신의 지나온 삶에 대한 반성, 그것이 '개[犬]의 인생'이었다는 자각, 그러한 반성과 자각 속에서 출가 삭발을 통해 인생의 본질을 캐고자 하는 그의 열정, 자식의 죽음을 눈앞에서 지켜보아야만 했던 아버지로서의 슬픔, 아내의 죽음이 믿어지질 않아 한없는 눈물을 흘리는 통절함, 그러면서도 자신의 죽음에 대한 공포감에서 벗어날 수 없었던 나약함을 보여주는 인간 이탁오.

언어로 그의 역동적 삶을 논한다는 것이 너무 규정적이라는 생각이 들긴 하였지만, 옮긴이는 본서에 인용되어 있는 글들을 『분서(焚書)』에서 뽑아내어 번역을 해두고 틈틈이 관련 내용들을 모아 메모해 두었다. 언젠가 번역을 해 보았으면 하는 마음으로.

그러나 본서가 중국사상사의 위대한 저작임을 깨닫게 된 것은 그 후 하론을 읽어가면서부터였다. 마치 문학작품처럼 보였던 상론의 서술이 하론에 들어서면 이탁오라는 한 개인의 삶을 단순하게 그려내는 것이 아니라, 그의 삶 속에 중국사상의 본질이 그대로 드러나 있음을 치밀한 논리와 깊이 있는 담론으로 자연스럽게 깨닫도록 한다. 유럽처럼 신을 갖지 못하였던 중국, 그래서 그들은 자신들의 이상사회를 인간이 살아가고 있는 현실세계에서 만들어갈 수밖에 없었다. 그러나 인간이 살아가는 세계는 항상 모순으로 가득 차 있다. 그 모순을 모순으로 받아들일 수도 없고, 그렇다고 그 모순된 세계에 매몰될 수도 없을 때 방황과 좌절은 필연이다. 그것이 이탁오의 삶이었다.

본 번역은 가능한 한 우리말 표현을 원칙으로 하였다. 본문과 주에 인용된 한문 원전 자료 역시 우리말로 번역하였다. 번역을 하게 되면 누구나 느끼는 것이겠지만, 옮긴이 역시 많은 어려움이 있었다. 타국의 서적을 우리말로 옮긴다는 것이 단순한 글자 옮김이 아니라 그 내용과 의미의 전달인 이상 책 전체에 흐르고 있는 저자의 학문적·사상적 깊이를 이해하지 못하면 제대로 된 번역이 있을 수 없다. 옮긴이는 명청사상에 대한 이해 없이 단순히 개인적 호기로 시작된 작업이 얼마나 무모한 것이었는지 뼈저리게 느끼지 않을 수 없었다. 다만 위안이 되는 것은 옮기는 과정에서 명청사상사에 관련된 다양한 문집과 서적을 뒤적이면서 나름으로 지식이 축적되었다는 극히 개인적인 만족감이 있었다는 것이다. 그러한 개인적 만족감을 공개적으로 드러내는 것에 대한 부끄러움이 남기는 하지만 말이다.

보잘것없는 번역이지만 이 분야의 전공자와 독자에게 조금이라도 보탬이 되었으면 한다. 본서를 번역하면서 많은 도움을 주었던 분들에게 감사의 말씀을 드리지 않을 수 없다. 본서의 번역에 많은 격려를 해 주신 은사이신 조영록 선생님, 일본어의 우리말 표현방식 같은 조그마한 문제에서부터 번역에 필요한 공구류, 관련서적의 제공, 명청시대 사상사 이해에 대한 가르침, 그리고 힘들어할 때마다 늘 위로의 말씀을 아끼지 않으시는 정태섭 선생님께 머리 숙여 감사드린다. 초고부터 꼼꼼하게 읽고 교정해준 이원석 형, 문외한인 옮긴이에게 철학적 개념 등에 대해 많은 조언을 해준 철학과 유만

춘 선생, 그리고 국내의 열악한 출판 사정에도 불구하고 큰 애정을 갖고 흔쾌하게 이 책의 간행을 맡아준 도서출판 '동과서'의 여러분들께도 깊이 감사드린다.

2007년 3월
옮긴이 씀

부록 :
미조구찌 유조 논저 목록

* 이 목록은 1993년 미조구찌 유조 퇴관기념 논문집에 부록으로 실린 것에, 그후 발표된 글을 추가하여 정리한 것이다.

◆ 著書・譯書・編著

『焚書』(李贊) 抄譯, 入矢義高編『近世隨筆集』(中國古典文學大系・55), 平凡社, 1971.

『傳習錄』(王陽明) 全譯, 荒木見悟編『朱子 王陽明』(世界の名著・4), 中央公論社, 1974.

『佐藤一齋 大鹽中齋』(相良亨・福永光司 共編, 日本思想大系・46), 岩波書店, 1980.

『中國前近代思想の屈折と展開』, 東京大學出版會, 1980.

『李卓吾—正道を步む異端』(中國の人と思想・10), 集英社, 1985.

『中江兆民全集』(全18卷, 松本三之介・松澤弘陽・松永昌三・井田進也 共編), 岩波書店, 1983～86.

『儒教史』(戶川芳郎・蜂屋邦夫 共著), 山川出版社, 1987.

『方法としての中國』, 東京大學出版會, 1989.

『中國の思想』, 財團法人・放送大學教育振興會發行, 發賣・日本放送出版協會, 1991.

『儒教ルネッサンスを考える』(中嶋嶺雄 共編著), 大修館書店, 1991.

Yuzo MIZOGUCHI et Léon VANDERMERSCH(eds.), *CONFUCIANISME ET SOCIETES ASIATIQUES*, Collection ≪Recherches Asiatique≫, dirigee par Alain Forest, Editions L'Harmatten-Sophia University(Tokyo), 1991.10.

『中國思想史基礎範疇の體系的研究』(研究代表者), 平成2～3年度科學研究費補助金 (綜合研究A) 研究成果報告書, 1992.

『碧巖錄』(上) (入矢義高・末木文美士・伊藤文生 共譯注), 岩波書店・岩波文庫,

1992.
『漢字文化圏の歷史と未來』(富永健一・中嶋領雄・浜下武志　共編著), 大修館書店, 1992.
『碧巖錄』(中) (入矢義高・末木文美士・伊藤文生 共譯注), 岩波書店・岩波文庫.
『中國前近代思想的演變』(中文), 臺灣・國立編驛館.

◆ 論文(日文)

「『吶喊』ノ-ト」(1), 『魯迅硏究』 31, 魯迅硏究會, 1963.
「『一件小事』をめぐって」<「『吶喊』ノ-ト」(2)>, 『魯迅硏究』 32, 魯迅硏究會, 1963.
「『頭髮的』故事」をめぐって」<「『吶喊』ノ-ト」(3)>, 『魯迅硏究』 33, 魯迅硏究會, 1963.
「中國の魯迅硏究と日本の魯迅硏究」, 『魯迅硏究』 34, 魯迅硏究會, 1965.
「魯迅における知識人と民衆」<「『吶喊』ノ-ト」(4)>, 『魯迅硏究』 35, 魯迅硏究會, 1966.
「知識人のえがく農民像」, 東京大學文學部　中國文學硏究室編(小野忍教授還曆退官記念), 『近代中國の思想と文學』, 大安, 1967.
「魯迅」, 『中國文化叢書』 5 「文學史」, 大修館書店, 1968.
「'明代における個人主義'について」, 『中國の文化と社會』 1-8, 東京大學教養學部 中國語硏究室, 1968.
「『孟子字義所證』の歷史的考察」, 『東京大學東洋文化硏究所紀要』 48, 1969.
「反宋學の道」, 『實存主義』 54, 以文社, 1970.
「明末を生きた李卓吾」, 『東京大學東洋文化硏究所紀要』 55, 1971.
「中國・道統・世界」, 『理想』 464, 理想社, 1972.
「土着中國に對する土着日本」, 『理想』 470, 1972.
「中國思想史硏究上のいくつかの問題―岩間一雄氏『中國政治思想史硏究』」, 『歷史學硏究』 400, 歷史學硏究會・靑木書店, 1973.
「公安派の道」, 『入矢・小川教授退休記念中國文學語學論集』, 筑摩書房, 1974.
「中國的理觀とその展開」, 相良亨編 『東洋倫理思想史』(現代哲學選書・7), 學文社, 1977.
「明末淸初思想の屈折と展開」, 『思想』 636, 岩波書店, 1977.

「いわゆる東林派人士の思想─前近代期における中國思想の展開(上)─」, 『東京大學東洋文化研究所紀要』 75, 1978.
「『明夷待訪錄』の歷史的位置」, 『一橋論叢』 81-3, 一橋大學一橋學會・日本評論社, 1979.
「明末清初思想研究の當面の課題─奧崎裕司『中國鄉紳地主の研究』」, 『歷史學研究』 468, 青木書店, 1979.
「中國における公私觀念の展開」, 『思想』 669, 岩波書店, 1980.
「中國前近代における『理』の機能をめぐって」, 『一橋論叢』 83-4, 1980.
「天人合一における中國的獨自性」, 『佐藤一齋　大鹽中齋』(日本思想大系・46), 岩波書店, 1980.
「無善無惡の思想史的意義─荒木見悟『佛敎と陽明學』『明末宗敎思想研究』」, 『歷史學研究』 487, 歷史學研究會・青木書店, 1980.
「『中國の近代』をみる視點」(一), 『UP』 96, 東京大出版會, 1980.
「『中國の近代』をみる視點」(二), 『UP』 97, 東京大出版會, 1980.
「『中國の近代』をみる視點」(三), 『UP』 98, 東京大出版會, 1980.
「『中國の近代』をみる視點」(四), 『UP』 99, 東京大出版會, 1981.
「二つの陽明學」, 『理想』 572, 理想社, 1981.
「明末における道と文」, 『東洋文化』 61, 東京大學東洋文化研究所, 1981.
「明淸期の人性論」, 『佐久間重男敎授退休紀念中國史・陶瓷史論集』, 燎原, 1982.
「日本的陽明學をめぐって」, 『現代思想』 10-12, 青土社, 1982.
「近代中國像は歪んでいないか─洋務と民權および中體西用と儒敎─」, 『歷史と社會』 2, リブロポ-ト, 1983.
「儒敎・封建・反君主制思想」, 『國語通信』 278, 筑摩書房, 1985.
「ある反'洋務'─劉錫鴻の場合─」, 『伊藤漱平敎授退官記念中國學論集』, 汲古書院, 1986.
「天下と國家・生民と國民」, 『歷史學研究』 553, 青木書店, 1986.
「ふたたび[近代中國像]をめぐって」, 『史潮』 新19, 歷史學會, 1986.
「光緖初期の議會論」, 『中國-社會と文化』, 東大中國學會, 1986.
「中國思想の受容について─林羅山を一例に─」, 『日本の美學』 9, ぺりかん社, 1986.
「方法としての中國」, 『UP』 171, 東京大學出版會, 1987.
「中國の'理'」, 『文學』 55-5, 岩波書店, 1987.

「中國の'自然'」,『文學』55-6, 岩波書店, 1987.
「李贄―正統ゆえの異端―」, 日原利國編『中國思想史 下』ぺりかん社, 1987.
「中國の'道'」,『文學』55-8, 岩波書店, 1987.
「中國の'天'」(上),『文學』55-12, 岩波書店, 1987.
「中國の'天'」(下),『文學』56-2, 岩波書店, 1988.
「津田シナ學とこれからの中國學」(上),『津田左右吉全集』(第2次) 18・月報, 岩波書店, 1988.
「津田シナ學とこれからの中國學」(下),『津田左右吉全集』(第2次) 19・月報, 岩波書店, 1988.
「中國の'心'」,『文學』56-6, 岩波書店, 1988.
「中國の'公と私'」(上),『文學』56-9, 岩波書店, 1988.
「中國の'公と私'」(下),『文學』56-10, 岩波書店, 1988.
「ヨコ糸をもたない儒教」,『讀賣新聞』10月11日・夕刊文化欄, 1988.
「日本の宋明學研究と中國の宋明學研究」,『空潭』2, 1988.
「フランスシナ學と日本漢學と中國哲學」,『空潭』3, 1989.
「儒教資本主義と儒教社會主義」,『UP』195, 東京大學出版會, 1989.
「中國における'封建'と近代」,『文明研究』7, 東海大學文明學會, 1989.
「『讀四書大全說』ロ語語彙考」,『山根幸夫教授退休記念 明代史論叢』, 汲古書院, 1990.
「中國儒教の10のアスペクト」,『思想』792, 岩波書店, 1990.
「中國の民權思想」, シリズ・世界史への問い・10『國家と革命』, 岩波書店, 1991.
「中國の天―日本との比較から―」, 祖父江孝男編『人間を考える』, 放送大學教育振興會, 1992.
「宋學成立についての一考察―天理觀の成立を中心に」,『東方學』86, 1993.

◆ 論文(中文)

「關于無善無惡論思想史的意義―讀荒木見悟先生『佛教和陽明學』『明末宗教思想研究』」(深澤助雄譯),『中國哲學史研究』1982-2, 天津人民出版社, 1982.
「論明末淸初時期在思想史上的歷史意義」,『史學評論』12, 史學評論社編輯委員會・臺北華世出版社, 1982.

「論明末清初時期在思想史上演變的意義」(李永祥譯), 『日本學者論中國哲學史』, 中華書局, 1986.
「陽明學与佛教(禪)」(秦惠彬譯), 『世界宗教研究』 1988-1, 中國社會科學出版, 1988.
「儒教・近代和現代」, 『哲學社會科學動態』 94, 山東社會科學院主辦, 1990.
「日本人爲何硏究中國」, 『新史學』 1-2, 臺北三民書局, 1990.
「中國民權思想的特色」, 『近代中國史硏究通訊』 9, 中央硏究院近代史硏究所, 1990.
「中國儒教的十个方面」(于時化譯), 『孔子硏究』 1991-2, 齊魯書社, 1991.

◆ 論文(佛文)

"Confucianism et sociétés asiatiques", *CONFUCIANISME ET SOCIETES ASIATIQUES*, Editions L'Harmatten-Sophia University(Tokyo), 1992.10.

◆ 書評

「島田虔次著『中國における近代思惟の挫折』」, 『日本讀書新聞』 1586, 日本出版協會, 1971.
「荒木見悟著『明代思想硏究』」, 『週刊讀書人』 972, 讀書人, 1973.
「社會思想の歩み・その古典をたずねて/王陽明『傳習錄』」, 『學生新聞』 598, 1975.
「王家譁『日中儒學の比較』」, 『週刊文春』, 1988年 7月.
「最近の中國學の成果―佐野公治著 『四書學史の硏究』・滋賀秀三著 『淸代中國の法と裁判』」, 『週刊讀書人』 1744, 1988.
「いま・日本と中國を考える―日中比較文化論」, 『神奈川大學評論』 7, 神奈川大學廣報委員會, 1990.

◆ 監修

「『朱子語類』譯注」(1), 『汲古』 12, 汲古書院, 1987.
「『朱子語類』譯注」(2), 『汲古』 13, 汲古書院, 1988.

「『朱子語類』譯注」(3),『汲古』14, 汲古書院, 1988.
「『朱子語類』譯注」(4),『汲古』15, 汲古書院, 1989.
「『朱子語類』譯注」(5),『汲古』16, 汲古書院, 1990.
「『朱子語類』譯注」(6),『汲古』17, 汲古書院, 1990.
「『朱子語類』譯注」(7),『汲古』18, 汲古書院, 1990.
「『朱子語類』譯注」(8),『汲古』19, 汲古書院, 1991.
「『朱子語類』譯注」(9),『汲古』20, 汲古書院, 1991.
「『朱子語類』譯注」(10),『汲古』21, 汲古書院, 1992.
「『朱子語類』譯注」(11),『汲古』22, 汲古書院, 1992.

◆ 小品文

「中國思想史研究」(一), 週刊『東洋經濟』3619, 東洋經濟新聞社, 1971年 9月.
「中國思想史研究」(二), 週刊『東洋經濟』3620, 東洋經濟新聞社, 1971年 9月.
「思想史からみた中國」(一),『中國研究』38, 日本中國友好協會出版部, 1971.
「'公'と'おおやけ'」,『中國研究』44, 日本中國友好協會出版部, 1973.
「思想史からみた中國」(二),『中國研究』46, 日本中國友好協會出版部, 1974.
「袁中道のことなど」,『中國語』175, 大修館書店, 1974.
「知なき［知］のテ-ゼ」,『日本讀書新聞』1848, 1976.
「'孤獨'の知己―松陰における李卓吾」, 吉田常吉・藤田省三・西田太一郎編『吉田松陰』(日本思想大系・54), 月報61, 岩波書店, 1978.
「わが著書を語る」,『出版ニュ-ス』1189, 出版ニュ-ス社, 1980.
「中國近現代思想の研究と現況」,『價値ある情報』18, ダイヤモンド社, 1981.
「ある異端・李卓吾という人」, 陣舜臣著『中國の歷史11-明から淸へ』, 研究ノ-ト11, 平凡社, 1982.
「淸末'民權''官權'」, 同『中國の歷史12-明朝二百余年』, 研究ノ-ト12, 平凡社, 1982.
「共和革命思想と儒教」, 同『中國の歷史13-斜陽黎明』, 研究ノ-ト13, 平凡社, 1983.
「天における'おのずから'と'自然'」,『講座 日本思想』1「自然」月報, 東京大學出版會, 1983.

「今年私はこれをやりたい—『碧巖錄』改訂作業」, 『中外日報』 1月1日, 1988年 1月.
「儒教と近代」, 『學人』 1, 江蘇文藝出版社, 1991年 11月.

◆ 飜譯

魯迅 『明天』, 尾上兼英・丸山昇編 『魯迅集』(中國現代文學選集・2), 平凡社, 1963.
嚴復『天演論』(一) 原文對譯, 『埼玉大學紀要・外國語學文學編』 12, 1978.

◆ 대담・강연

「朱子・王陽明をめぐって」(尾藤正英・荒木見悟와의 대담), 荒木見悟編 『朱子 王陽明』(世界の名著・續4) 부록, 中央公論社, 1974.
「中江兆民の漢學」(入矢義高・島田虔次와의 대담)<1>, 『中江兆民全集』 3・月報11, 岩波書店, 1984.
「中江兆民の漢學」(入矢義高・島田虔次와의 대담)<2>, 『中江兆民全集』 6・月報13, 岩波書店, 1985.
「中世におけるイエ」(武田幸男・水林彪・峰岸純夫・三好洋子・山崎利夫 등과의 대담), 『中世史講座』 4 「中世の法と勸力」, 學生社, 1985.
「異と同の瀬踏み—日本・中國の概念比較—」(相良亨과의 대담), 『文學』 55-1, 岩波書店, 1987.
「中國現代化離不開前近代時期的文化遺產—与日本教授溝口雄三談中國現代化問題」(張謙 등과의 대담), 『北京青年報』 2월 6일, 1992.
「關于“科學・道德・政治”的對話」(汪暉 등과의 대담, 北京友誼賓館에서 1991년 2월 21일), 『學人』 2, 江蘇文藝出版社, 1992.
「中國에서의 近世・近代에 대하여」(서울 中央大學校 강연), 『明淸史硏究』 2, 1993.

중국 전근대 시기 주요 사상가 생몰 연표

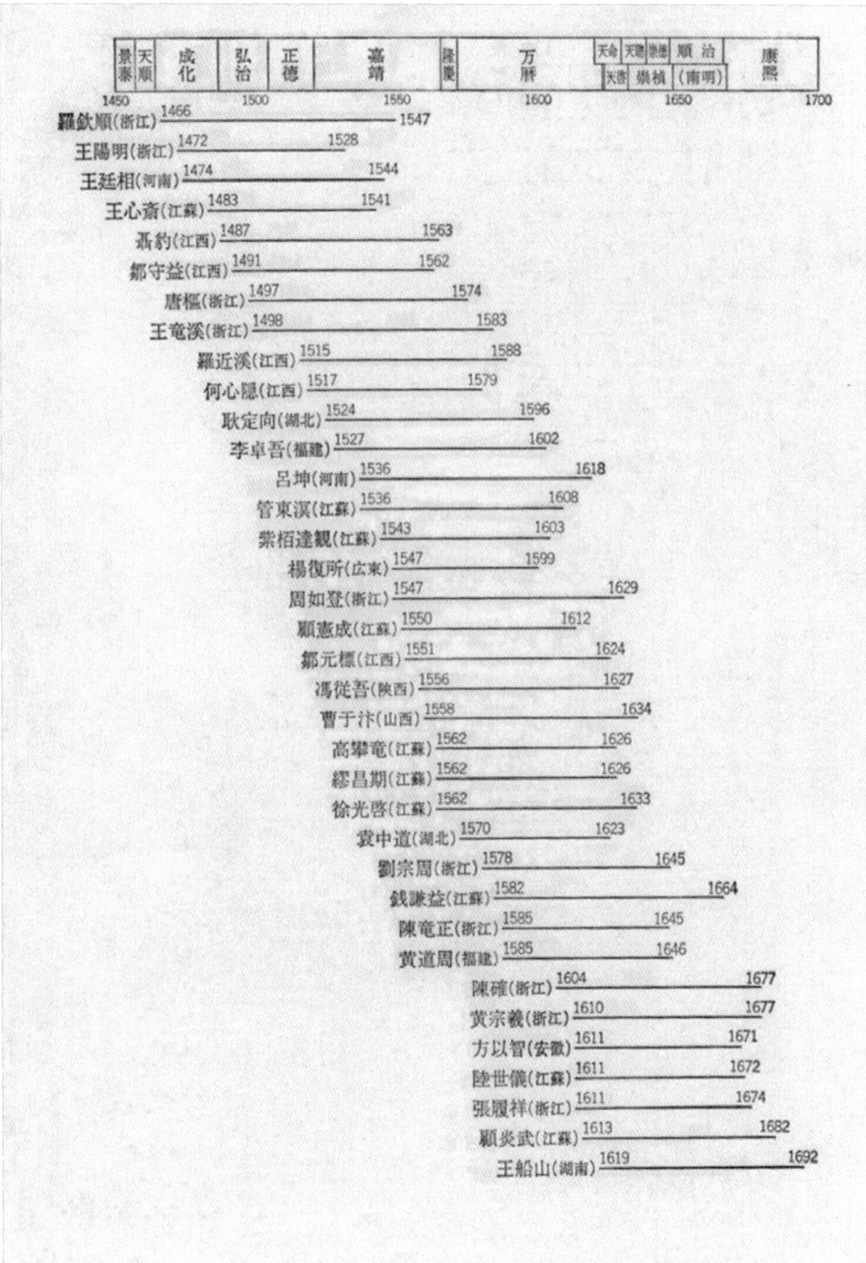

중국 전근대 시기 주요 사상가 생몰 연표

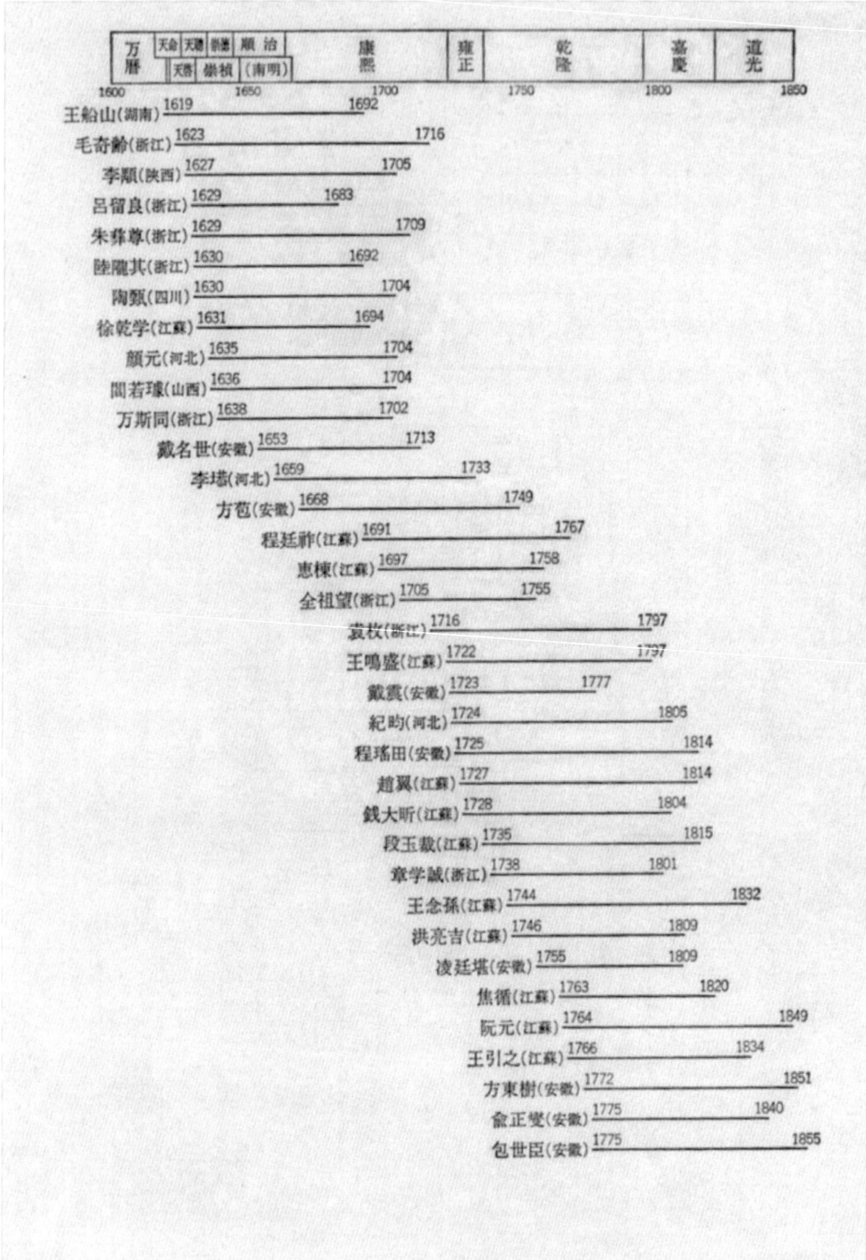

중국 전근대 시기 주요 사상가 생몰 연표

乾隆	嘉慶	道光	咸豊	同治	光緒	民国	人民共和国

1750 1800 1850 1900 1950

인물	출생	사망
包世臣(安徽)	1775	1855
林則徐(福建)	1785	1850
龔自珍(浙江)	1792	1841
魏源(湖南)	1794	1857
馮桂芬(江蘇)	1809	1874
曾国藩(湖南)	1811	1872
左宗棠(湖南)	1813	1885
洪秀全(広東)	1814	1857
陶煦(江蘇)	1821	1891
李鴻章(安徽)	1823	1901
王韜(江蘇)	1828	1897
張之洞(河北)	1837	1909
薛福成(江蘇)	1838	1894
鄭観応(広東)	1841	1933
馬建忠(江蘇)	1845	1899
孫詒譲(浙江)	1848	1908
林紓(福建)	1852	1924
厳復(福建)	1853	1921
康有為(広東)	1858	1927
譚嗣同(湖南)	1865	1898
孫文(広東)	1866	1925
唐才常(湖南)	1867	1900
蔡元培(浙江)	1868	1940
章炳麟(浙江)	1869	1936
梁啓超(広東)	1873	1929
黄興(湖南)	1874	1916
陳天華(湖南)	1875	1905
秋瑾(浙江)	1875	1907
陳独秀(安徽)	1880	1942
魯迅(浙江)	1881	1936
鄒容(四川)	1885	1905
朱執信(浙江)	1885	1920
李大釗(河北)	1889	1927
胡適(安徽)	1891	1962
毛沢東(湖南)	1893	1976

찾아보기